修訂二十二版

國際貿易實務詳論

張錦源

學歷／
・國立臺灣大學經濟學系畢業
經歷／
・台灣金融研訓院資深顧問
・國立政治大學國際貿易研究所教授
・國立交通大學經營管理研究所教授
・東吳大學企業管理研究所教授
・司法官訓練所講座
・中央信託局副局長
・考試院甲等特考高普考典試委員
・國際貿易仲裁研究委員會委員
・對外貿易發展協會國際企業人才培訓中心「國際貿易實務」榮譽顧問

康蕙芬

學歷／
・國立政治大學國際貿易研究所碩士
現職／
・中國科技大學國際商務系專任副教授

三民書局

修訂二十二版序

　　國際經貿情勢變化激烈、快速，因此本書亦須適時因應變化進行內容修訂。

　　國際之間廣為使用的貿易條件國際慣例 Incoterms，國際商會已於 2019 年公布新版 Incoterms® 2020，於 2020 開始適用，本次修訂適逢其時，也將本書相關部分做了對應的修訂。

　　其他部分，為配合實務上的需要，也做了小幅度的增刪。

　　國際貿易實務涉及層面廣泛，且國際經貿情勢時有重大變化，書中所述難免與現時實際情形有些出入（讀者可隨時利用網際網路查詢），疏誤錯漏也在所難免，尚祈讀者不吝指正。

康蕙芬

2021 年 4 月

序

　　「如果沒有對外貿易，本島將會是個什麼樣子？對百姓來說，那將是個閉鎖之地，而他們將只不過是些與世隔絕的隱士罷了；對外貿易給我們帶來了財富、榮耀和偉大，它使我們名揚四海，舉世尊崇。」(What would this island be without foreign trade, but a place of confinement to the inhabitants, who (without it) could be but a kind of Hermites, as being separated from the rest of the world; it is foreign trade that renders us rich, honourable and great, that gives us a name and esteem in the world.)，這是 1676 年查理士・莫羅 (Charles Molloy) 在其法學著作 *De Jure Maritimo et Navale* 內所說的一句話。這句話印證於今日的臺灣，仍然是至理名言。對外貿易於海島經濟的重要性，毋需我們再作強調，三百年前如此，現在也如此，將來仍將必如此。

　　國際貿易的研究，大致可循兩個方向，一為理論或原理方面的研究，另一為實務方面的研究。前者即「國際貿易理論（或原理）」，後者為「國際貿易實務（或技術）」。兩者雖關係密切，但各有不同的研究領域。其間最大的不同乃為理論的研究多以國民經濟為出發點，而實務的研究則多以私經濟為出發點，因此，兩者各有其獨立的體系。讀者幸勿認為國際貿易實務即為國際貿易理論或原理的實際應用。倘若有此誤解，則差之毫釐，失之千里矣！

　　國際貿易實務之學，涉及範圍頗為廣泛，但以國際間商品買賣的基本原理為核心，旁及銀行、運輸、保險等各方面。本書旨在充作大專國際貿易實務的教本並供有志從事貿易業務的社會人士參考，因此循下列各項原則撰寫：

　　1.以國際間商品買賣的原理、原則為核心：買賣的原理、原則為貿易實務的重心，貿易條件 (trade terms) 的解釋、交易條件 (terms and conditions of transaction) 的內涵、契約成立的過程、契約條款的訂定要領等，均為初學貿易實務者所不可或缺的知識。本書對此都予以詳細的介紹，期使讀者日後實際從事貿易業務時，能駕輕就熟。

　　2.按交易過程先後敘述其內容：國際間的每一宗交易，從初步接洽開始，中間

經報價、接受、訂約，以迄交貨、付款為止，其間有相當錯綜複雜的過程。本書按交易過程先後作有條理的說明，期使讀者對全部交易過程，能獲得一完整的概念。

3.專章介紹信用狀、託收、運輸及保險：期能使讀者除諳熟國際買賣原理外，尚能學得與貿易息息相關的銀行、運輸以及保險等方面知識。

4.專章討論貿易索賠問題：貿易索賠為國際商務往來的病態現象，處理極不易，常令從事貿易者深感困擾。本書特闢專章討論貿易索賠解決及預防之道。

5.專章介紹三角貿易與相對貿易：近年來盛行三角貿易與相對貿易，為此，本書特闢專章介紹有關這方面的操作實務。

貿易實務涉及層面頗為廣泛，著者學驗有限，因此疏誤脫漏在所難免，尚祈讀者不吝指正是幸。

張錦源　謹識

1987 年 9 月

國際貿易實務詳論

目　次

第十七章　國際貨運㈡——航空運輸、郵遞及快遞

第十八章　國際貨運㈢——複合運輸

第十九章　貿易單據

建議：專科／技職院校如採用本書為教材，對上面註有※的章節，老師可斟酌授課時數，列為
　　　學生自修參考資料，毋需在課堂講授。

第一章 緒　論

🌐 第一節　國際貿易實務的概念

1908 年，美國哈佛大學初成立商學院，羅威爾 (A. Lawrence Lowell) 出長該院發表就職演說，曾把商業形容為「最古老的藝術，最新穎的行業。」(The oldest of the arts, the newest of the professions.)。時至今日，將這句話用來形容國際貿易，也屬恰當。商業本來就是一種互通有無的經濟行為，這種行為擴張到兩個不同的國境間進行，就成了國際貿易；國際貿易在今日毋寧是一種最新穎又最複雜的行業。

國際貿易的研究範疇，通常可分兩大類：(1) 「國際貿易理論」 (theory of international trade)，係以公經濟的觀點，探討國際貿易發生的原因及其對總體經濟活動的影響，而兼論國際金融理論；(2) 「國際貿易實務」(practice of international trade) 的研究，是以私經濟的觀點，探討本國企業與他國企業之間進行商品交易的一切有關知識和技術，亦即所謂實際的貿易作業 (trade operations)。本書乃是針對後者而寫；至於前者，則非本書討論範圍。

國際貿易實務是建築在「法律」基礎之上，而以國際間商品買賣的理論和國際商務慣例為研究基礎，本質上是實際知識與應用技術的混合體系。其內容包括貨物買賣契約、外匯買賣契約、運輸契約及保險契約的簽訂，貨物的包裝、檢驗、裝卸及通關納稅的手續，以及開製單據、草擬文電及解決糾紛的方法等。因此，國際貿易實務的研究，除涉及各種商品知識外，舉凡貿易習慣、貿易法規、海關手續、電訊交通、貨幣及度量衡制度、檢驗公證、乃至運輸業務、保險業務及銀行業務等均在涉及之列。就以上所述看來，國際貿易實務，實際上就是商業、運輸、保險及銀行四種實務的交叉綜合運作，運輸、保險、銀行無國際貿易不盛，而國際貿易無運輸、保險、銀行則不立。然而國際貿易本身具有獨立的性格，運輸、保險、銀行不過是扮演著輔助加持角色的功能而已。

「國際貿易」一詞，其英文有三個：

1. International Trade：通常譯成「國際貿易」，是泛指國與國之間的交易，而不

以本國為立場，所以用於理論研究的場合較為適當。

2. Foreign Trade：通常譯成「對外貿易」，是以本國為立場，專指本國與外國間的貨物交易，乃相對於國內貿易 (domestic trade; home trade) 的稱呼，通常用於實務研究的場合較為適當。

3. Oversea Trade：通常譯成「海外貿易」，也是以本國為立場，專指本國與外國的貨物交易，但使用這種用語的國家，大都屬於海島型國家，例如日本、英國是。

國際貿易的用語有上述三個，就實務觀點而言，與其用「國際貿易」一詞，不如用「對外貿易」一詞好，但因前者已相沿成習，所以本書仍採用「國際貿易」一詞。

🌐 第二節　國際貿易的型態

國際貿易因分類的標準不同，有下列幾種的分類：

一、從貨物移動的方向觀察，可分為

(一)出口貿易 (export trade)

本國出口商向國外銷售貨物，貨物自本國運往國外者，稱為出口貿易或輸出貿易，俗稱外銷。

(二)進口貿易 (import trade)

本國進口商自國外購買貨物，貨物自國外運回本國者，稱為進口貿易或輸入貿易。

出口貿易與進口貿易，為一事的兩面，每一宗交易的成立，必有買方與賣方。國際貿易從賣方立場而言，就是出口貿易；從買方立場而言，就是進口貿易；兩者只是輸出輸入手續有所不同而已。至於雙方應遵守的國際貿易規則和慣例，並無差異。

(三)過境貿易 (transit trade)

貨物自輸出國運往輸入國，並非直接運達，而是經由第三國地區時，就該第三國立場而言，即為過境貿易。如甲國貨物僅因轉運需要過境乙國，而毋需在其倉庫存放者，稱為直接過境貿易；若轉運過程中，雖然不在乙國加工（但改包裝、弄乾、分類或裝飾工作除外），但需在其海關倉庫存放者，則為間接過境貿易。

此外，輸入本國的貨物再輸出時，稱為「復運出口貿易」(re-export trade)；反之，

輸出國外的貨物再行輸入本國時，稱為「復運進口貿易」(re-import trade)。

二、依交易是否經由本國商人主動而達成者，可分為

㈠主動貿易 (active trade)

由本國商人主動與國外商人接觸而達成交易的，是為主動貿易。

㈡被動貿易 (passive trade)

經由國外貿易商或駐在本國的外國商行居間接洽而達成交易的，是為被動貿易，而後者普遍又稱洋行貿易或居留地貿易。

殖民地貿易大多為被動貿易，一個國家經濟愈發展，對外貿易潛力愈深厚，自能逐漸擺脫外國商行在貿易上的壟斷，而走上主動貿易之路。

三、依交易進行方式，可分為

㈠直接貿易 (direct trade)

貨物生產國（地區）的業者將自己的貨物直接輸出到消費國（地區），消費國（地區）的業者直接輸入生產國（地區）的貨物時，此兩者之間發生的貿易，稱為直接貿易。即由輸出入兩國的業者直接完成交易，而無第三國業者介入的貿易。例如我國生產的電子產品，直接輸銷泰國，則臺泰兩國之間的電子產品貿易就是直接貿易。

直接貿易的優點：

1. 可直接與對方國客戶發生關係，掌握市場情況。

2. 可迅速採取適當對策。

3. 對自己的銷售方針，服務或最終消費者能充分了解。

4. 可親自銷售自己的商品，並掌握行銷的活動。

5. 可培育行銷人才。

直接貿易的缺點：

1. 風險負擔大。

2. 資金及人員的負擔較重。

3. 在初期，欲維持其利益較難。

4. 有抱怨與有糾紛時，雖可直接接觸，但也因之調整或解決糾紛時，較費時費工夫。

(二)間接貿易 (indirect trade)

相對於直接貿易的稱為間接貿易。貨物生產國（地區）的業者不直接向消費貨物的國家（地區）輸出，貨物消費國（地區）的業者不直接從生產該貨物的國家（地區）輸入，而透過第三國（地區）將貨物從生產國（地區）輸銷消費國（地區）時，該生產國（地區）與消費國（地區）之間的這種貿易稱為間接貿易。即兩國間的貨物輸出入透過第三國商人之手而完成的貿易方式。例如我國生產的個人電腦，透過香港的貿易商輸銷到巴基斯坦時，因我國輸出商與巴基斯坦的輸入商並未直接接觸，而是透過第三地區（國）的港商完成交易，所以屬間接貿易。

間接貿易的優點：

1. 可利用中間商協助擴張業務。

2. 可減少零星交易。

3. 可減少在國外市場的交易風險。

4. 可減少客戶的信用風險。

5. 可減少間接費用。

6. 可提供售後服務。

間接貿易的缺點：

1. 未與客戶直接發生關係，不易了解當地市場情況。

2. 不能直接發掘潛在客戶。

3. 售價的隨機應變措施較差。

4. 中間商所銷售商品很多，無法全神貫注在特定商品。

5. 分配通路較長，增加分配費用。

6. 中間商若能賺，則儘量賣；反之，若無法賺錢，則不願去從事投資市場的開拓和調查。

間接貿易的型態，約可分為下列三種：

1. 轉口貿易 (entrepôt trade)：如果貨物由輸出國輸入到第三國後，原封不動或改包裝或略經加工，再出口 (re-export) 運到輸入國，那麼，這種貿易方式稱為轉口貿易或中繼貿易 (intermediate trade)。這種貿易方式雖然是過境貿易 (transit trade) 的一種，但屬間接過境貿易，因此與直接過境貿易不同。直接過境貿易通常是貨物從出口地裝出時，目的地已確定，並且是原封不動通過中間國；而轉口貿易則於貨物從

出口地裝出時，其真正的目的地常尚未確定，往往在貨物運到第三國卸下後，甚或經過改包裝或簡單加工後，再決定最後目的地。此外，轉口貿易與直接過境貿易還有一點區別，即在轉口貿易中，通常由輸出國的出口商與第三國的中間商簽訂買賣契約，另由第三國的中間商與最後輸入國的進口商簽訂買賣契約，貨款各自清算，本質上三方面都是自負盈虧責任的直接貿易；而直接過境貿易通常無過境第三國的中間商介入，實際上只是借道而已，買賣契約都是由出口地的出口商與進口地的進口商直接訂定。

2.媒介貿易 (merchanting trade) 或三角貿易 (triangular trade)：又稱中介貿易或居間貿易 (intermediary trade)。即：輸出國的出口商未與輸入國的進口商直接訂約，而由第三國中間商以買方的地位與輸出國的出口商訂立購貨契約，另又以賣方的立場與輸入國的進口商訂立售貨契約，貨物則直接從輸出國運到輸入國，其間並未經過中間商所在地的第三國，這種貿易方式，從該第三國的立場來說，是為媒介貿易。媒介貿易貨款的清償，通常都是由出口商向中間商收取貨款，然後由中間商再向進口商收取貨款。國際貿易局在 62 年 4 月公布開放文書往來 (documents process) 方式的三角貿易辦法，其中所指的「三角貿易」實即這裡所說的媒介貿易。實務上所稱的「三角貿易」與國際貿易政策中所指的「三角貿易」(triangular trade) 涵義並不同。例如甲國需要乙國的貨物較多，但乙國不需要甲國貨物，而丙國需要甲國貨物，乙國則需要丙國貨物，於是為解決三國家之間貨物的供求和貿易的平衡，該三國間訂立貿易協定，建立起三角貿易的關係，使貿易獲得抵銷和平衡。

3.轉換貿易 (switch trade)：這種貿易方式常為一些外匯缺乏的國家或地區所採用，其處理的方式有兩種：⑴甲國的出口商將貨物先運到乙國卸下後，由乙國的中間商辦理轉運，運到進口國丙國的進口商那裡，貨款清償可以由丙國進口商匯付給乙國中間商（在丙國外匯管制下不能直接付給甲國出口商），然後再由乙國中間商轉付給甲國出口商，或者也可以由丙國進口商付當地的貨幣給乙國中間商，再由乙國中間商在乙國兌換成外幣付給甲國出口商。⑵貨物並不在乙國卸貨轉運，而載運出口貨物的船舶在抵達乙國港口之前，利用乙國外匯充裕的方便，甲國出口商把貨運單據透過銀行向乙國的中間商收回貨款，然後由中間商再把貨物運往外匯短缺的最後進口地丙國，並向進口商收回貨款。

外匯短缺的國家，外匯通常受到極嚴格的管制，其支付有時限定於某些特定國

家，有時甚至無法獲得核配。上述第三國的中間商主要即在處理價款外匯的清算，通常稱其為 Switcher（姑譯為轉換交易商），出口商付給轉換交易商的佣金，稱為轉換佣金 (switch commission)。

四、依貨物運送的方式，可分為

(一)陸路貿易 (trade by roadway)

陸地毗鄰國家間的貿易，貨物的運送，通常是採取陸路運輸方式，其運輸交通工具為火車 (rail) 或卡車 (truck)。

(二)海路貿易 (trade by seaway)

國際貿易大部分的貨物是以海路運送，運送的船舶有內燃機船 (motor vessel, M/V; motor ship, M/S)、汽船 (steamship, S/S)、貨櫃船 (container ship)。

(三)空運貿易 (trade by airway)

高價品或數量較少的貨物，為爭取時效，往往以航空貨運的方式裝運。

(四)快遞、郵購貿易 (trade by courier or mail order)

數量不多的交易，通常也有採取快遞或郵政包裹的方式寄送，進出口的報關手續均比照海路貿易規定辦理。

五、依貨款清償方式的不同，可分為

(一)商業方式貿易 (commercial system trade)

國際貿易有關貨款的清償，如果是以貨幣作為償付工具者，稱為商業方式貿易。現代國際貿易，大多是以貨幣作為償付工具，但能作為國際支付工具的貨幣，多為國際上能被普遍接受的關鍵貨幣 (key currency)，如美元、英鎊、歐元等。

(二)易貨方式貿易 (barter system trade)

國際貿易不以貨幣為媒介，而直接以貨物相交換者，稱為易貨方式貿易。易貨方式原為貨幣尚未發明以前的交易方式。自貨幣發明後，因有了共同衡量價值的標準，易貨方式乃成了歷史陳跡。現代國際貿易下所採用的易貨方式，大多是由於某些國家外匯不足，無法以正常的商業方式與其他國家進行交易，乃由政府與他國政府簽訂「易貨協定」(barter agreement)，以出口貨物所獲得的價款，抵償進口貨物所應付的價款，雙方設立「易貨帳戶」，以記帳方式清算，而免除外匯的收付。1953 年

中日貿易協定所成立的易貨帳戶，即屬這種易貨貿易，該易貨帳戶已於 1961 年取消。

六、依交易商品型態的不同，可分為

㈠有形商品貿易 (tangible goods trade)

又稱有形貿易 (visible trade)，國際間交易的商品，如果是有形的貨物，如原料、半成品、製成品，則為有形商品貿易。一般所稱的國際貿易，以及本書所講的國際貿易，多屬有形商品貿易。

㈡無形商品貿易 (intangible goods trade)

又稱服務或勞務貿易 (service trade) 或無形貿易 (invisible trade)，國際交易的商品，如果是屬於無形的勞務 (services)，如船運、保險、金融、旅行、技術（專利、投資收益）等勞務的提供和接受，則為無形商品貿易。這種無形商品貿易是屬於輔助性質，通常是伴隨有形商品貿易而發生，一般均不列入海關貿易統計內。上述有關技術的交易稱為技術貿易，在現代國際貿易中至為重要。

有形商品貿易與無形商品貿易的主要區別在於：有形商品的進口和出口須經過海關手續，而表現在海關的貿易統計上，這種有形商品貿易是國際收支的主要構成部分。無形商品貿易雖然也構成國際收支的一部分，但因不經過海關手續，通常不顯示在海關的貿易統計上。例如我國遠洋漁船在外洋捕魚，就地銷售，不經過海關手續，其交易不顯示在海關貿易統計上，所以視為無形商品貿易，但其外匯收益則列於國際收支中。

七、依貨品是否可自由經營，可分為

㈠專營貨品貿易 (monopolized commodities trade)

一些貨物，政府基於政策，授權特定機構獨家買賣，一般商業組織不得經營，是為專營貨品貿易。例如以前指定臺灣糖業公司獨家出口砂糖，指定臺灣糧食局獨家出口米。

㈡自由貨品貿易 (free commodities trade)

一般自由進出口貨品，不限定特定人，只要登記合格的進出口業者，均可經營，是為自由貨品貿易。國際貿易的發展，大致循自由貨品貿易方式進行，自由貨品貿易在今日已占絕大多數。

八、依經營風險的不同，可分為

(一)利潤制貿易 (business on profit)

又稱本人間貿易 (business through principal to principal; business as principal)，這是當事人雙方都用自己的名義，由自己負擔盈虧而直接進行的交易。交易根據買賣契約而成立，買賣雙方當事人希望從交易當中直接獲得利潤。大多數的貿易都是屬於這種類型。

這種交易，從買方的立場言，叫做進口交易 (import business)，所訂的契約叫做進口契約 (import contract)，專門從事這種進口業務者稱為進口商 (importer)。反之，從賣方的立場言，叫做出口交易 (export business)，所訂的契約叫做出口契約 (export contract)，專門從事這種出口業務者稱為出口商 (exporter)。

(二)佣金制貿易 (business on commission)

即以中間商地位進行的交易，該中間商不負擔交易盈虧風險，而以服務換取佣金為原則，佣金制貿易依交易當事人是否以自己名義進行交易，又可分為：

1.代理交易 (transaction through agent)：一國的廠商將交易的代理權授與國外廠商時，前者（即授予代理權的人）稱為本人 (principal)，後者（即接受代理權的人）稱為代理商或代理人 (agent)。代理商受本人的委託，在代理的法律關係下，以本人的名義與他人從事交易，並從中賺取佣金，至於交易的盈虧則歸本人承擔，這叫做代理交易❶。常見的代理交易為銷售代理。此外，代理商不僅做交易的代理，也可以做交易的媒介。如果，代理商繼續為本人進行代理交易時，此代理商即成為該特定本人的銷售代理商 (selling agent)。不論交易的代理或交易的媒介，都向本人收取銷售佣金 (selling commission)。

為證明代理權的授予，通常在本人與代理商之間，簽訂代理契約 (agency contract) 或代理協議書 (agency agreement)，如果不簽訂代理契約，至少也有代理關係的安排與建立 (agency arrangement)。

2.委託交易 (transaction through factor)：一國的廠商，委託國外的廠商，銷售或購買商品時，前者稱為委託人，後者稱為受託人（factor，或稱行紀商），而受託人

---

❶ 依英美法，所謂代理，包括直接代理與間接代理兩種，在我國則僅指直接代理而言，間接代理則稱為行紀。

與其國內的第三者所進行的交易即屬委託交易。受託人係依據國外廠商的委託，以自己的名義與國內第三者交易，故對第三者負直接的權義。委託交易與代理交易的差異在於前者係以自己名義進行交易，而後者則以本人的名義進行交易❷。

委託交易可以分為下列兩種：

(1)委託採購（或委託購買）(indent)：係指國內業者接受國外進口廠商的委託，以自己的名義向國內供應商採購特定的商品，運交國外進口廠商，從而收取採購手續費 (buying commission) 的交易方式。委託人（即國外進口廠商）稱為委託採購人 (indentor)，受託人 （即國內業者） 稱為受託採購人 (indentee)。

在委託採購（或委託購買），雖然委託方與受託方之間，也有代理關係的建立或代理協議書的簽訂，但受託的一方係以自己的名義進行交易，所以不是代理交易。但習慣上卻將受託人稱為採購代理商 (buying agent)。

(2)委託銷售 (consignment)：又稱寄售。國內的貨主將貨物運往國外，委託國外廠商，由其以自己的名義，將貨物賣給該當地消費者 (consumer) 或用戶 (end-user) 者，稱為委託銷售。在委託銷售交易中，委託人（即國內貨主）稱為委託銷售人 (consignor)，受託人 （即國外廠商） 稱為受託銷售人 (consignee)。委託銷售的盈虧由委託人負擔，受託人雖以自己名義進行交易，但基於行紀的法律關係，並不負盈虧責任，只以服務換取佣金而已。

委託銷售是從委託人的立場來說的，如從受託人的立場來說，則叫做受託銷售。又委託銷售的交易方式，在習慣上都叫做寄售。所以委託銷售人又稱為寄售人，受託銷售人則稱為被寄售人。

九、依交易性質的不同，可分為

㈠普通貿易 (regular trade)

指單純的出口或進口貿易而言，一般所指貿易即指這種貿易而言，本書所述貿易也以這種貿易為主。

---

❷ Factor 又稱為 Factoring Agent、Mercantile agent、Commercial Agent 或 Commission House。Factor 與本人 (principal) 在同一國者，稱為 Domestic Factor；不在同一國者，稱為 Foreign Factor。

㈡加工貿易 (improvement trade; processing trade)

進口（或出口）的目的為加工後再出口（或進口）者，這種貿易即為加工貿易。

加工貿易可分為三種：

1.主動（出口）加工貿易 (active improvement trade; active processing trade)：又稱加工輸出貿易 (improvement trade for export)。即先從國外輸入原料或半成品，在國內加工製成成品或半成品後再輸出，一般所稱的加工貿易大都指這種貿易。

2.被動（進口）加工貿易 (passive improvement trade; passive processing trade)：又稱加工輸入貿易 (improvement trade for import)。即將本國生產的原料或半成品先輸出國外，經國外加工後再將成品或半成品運回國內。這種加工貿易就國外加工國家而言，即為加工輸出貿易。

3.過境加工貿易 (transit improvement trade)：即將原料或半成品運到第三國加工後，再輸出到原料或半成品來源國以外的地區。這種加工貿易並非與前兩種相對立的另外一種，而可視為廣義的主動加工貿易的一種。我國的加工貿易，大都屬於上面的第一種。

加工貿易在我國分為兩種：⑴一般加工外銷：是國內加工業者從國外購買原料，加工後外銷；⑵委託加工外銷：是國內加工業者受國外廠商委託，替國外廠商將其供應的原料或半成品予以加工後輸出，委託人則以外匯或原料支付加工費。

十、依貿易方式的不同，可分為

進出口貿易、經銷、代理、寄售、委託購買、委託加工、OEM 貿易、整廠貿易、三角貿易、技術貿易、相對貿易等。所謂進出口貿易係指單邊進口 (straight purchase) 與單邊出口 (straight sale)，即買賣雙方直接透過函電往來或面談，就商品買賣條件進行磋商、簽約，然後履行交貨、付款，也即一般所指的商品進出口，為當前最常見的貿易方式。至於其他各種貿易方式，其說明請參看本書相關章節。

🌐 第三節　國際貿易的主要特色

不論是國際貿易或是國內貿易，貨物自賣方的手中移轉到買方的手中，其所進行的交易程序本來是大同小異的。但在國際貿易中，交易雙方分處不同的國度，因多了一層涉外的因素，買賣雙方在交易過程中所遭遇到的困難及其所冒的風險，自

然較國內貿易為多。此外，國際貿易的交易過程、處理手續也比較複雜多變，並且涉及專門知識與特殊技術，經營者如非經驗豐富，實難愉快勝任。因此，國際貿易的確不同於國內貿易。茲將主要的特色說明於下：

一、國際貿易比國內貿易困難

㈠語言不同

國際貿易的交易當事人在不同的兩個國家，如當事人使用同一種語言，如美國和英國同樣使用英文，其溝通上較無困難。但如非使用同一種語言，則必須採用一種共通的語言，交易的洽談方有可能。由於當今國際貿易最通行的商業語言是英文，故經營者須通曉英文，才能應付裕如，但要精通第二國語言，實非易事。此外，英文並非暢通無阻，如德國使用的是德文，法國及中西非國家通行的是法文，而西班牙及大部分中南美國家則以西班牙文最為普遍，貿易經營者如不諳這些種語言，而想與這些特定地區的商人做貿易，則其所遭遇的困難自可想而知。

㈡法律、風俗習慣不同

世界各國有關商事的法律規定並不一致，其間差異有的頗大。國際貿易因涉及兩個國家或地區的交易，在分別適用不同法律的情況下，如一旦發生糾紛引起爭執，而雙方無法私下解決，則可能需要根據某些國際規則、慣例或某一國法律付諸仲裁或甚至以訴訟解決，其較國內貿易尤難於圓滿解決，顯然可見。此外，國際貿易經營者對於外國的風俗習慣也必須通曉，才不致徒勞無功，或發生誤會。經營者所需具備的知識如此廣泛，顯然遠超過國內貿易所需。

㈢貿易障礙多

國際貿易的基本原則，是建立在「比較成本理論」的基礎上，但有些國家為保護本國工業，往往採取關稅、進口配額、衛生條例、包裝及標籤規定等各種措施來限制國外貨物的進口。所以出口商除了須設法降低成本，以便在國際市場競爭外，尚須面臨這些價格以外的障礙。此外，在許多國家，政府都採取外匯管制的措施，出口貨物所得的外匯都須結售給政府，進口貨物所需的外匯也須向政府申購，經營貿易者都要受到約束。上面這些種障礙或限制都是國內貿易所沒有的，其難易繁簡，不言可喻。

㈣市場調查不易

在國際貿易買賣雙方對於國外市場的商情，必須經常予以調查分析，才可操勝算。然而國外商情的蒐集、整理分析，費時費力，並且也很難獲得完整的資訊，國外市場調查確實較國內市場調查困難得多。

㈤信用調查不易

交易開始前，買賣雙方雖然都須經過信用調查，但因遠隔重洋，調查頗為不易。如透過往來銀行代為調查，往往失之簡略，語意含糊；如委託徵信所調查，雖較詳盡，但所費頗多，難以負擔。再者，交易開始後，對於對方的信用狀況，又要不斷密切加以注意，實際上不易辦到。

㈥交易技術以外的困難

國際貿易大多依賴電傳 (teletransmission) 往返接洽。然而，電文往往有不明、錯誤或誤解之時。交運貨物的品質、價格、數量、交貨日期、包裝等也有可能與原定條件不符之時。買賣雙方間，可能因此引起種種糾紛，以致增加雙方技術以外的困難。

㈦交易接洽不便

國際貿易以信函往返洽商，曠日費時，而商機又稍縱即逝，致常失去許多良機。現在雖可以利用 Fax、E-mail、Smart Phone 等以爭取時效，但畢竟不如面對面洽商。所以一般而言，國際貿易的接洽比不上國內貿易方便。

二、國際貿易比國內貿易複雜

㈠貨幣與度量衡制度

國際貿易買賣雙方所處的國家不同，其所使用的貨幣和度量衡制度可能也就有所差異。那麼應該採用哪一國的貨幣作為交易的媒介？兩國的貨幣應如何折算，才能使雙方估算其成本與盈虧？又各國的度量衡制度不同，究竟應採取何種單位？各種不同單位應如何折算？凡此從事國際貿易都需費心加以考慮。

㈡商業習慣

各地市場商業習慣不同，貿易業者應如何謀求溝通？國際貿易所遵循的規則和慣例，其適用範圍及效力又如何？彼此間的解釋是否有歧異？從事貿易者也都須加以瞭解。

(三)海關制度及其他有關貿易法規

　　許多國家對於貨物的進出口，都有准許、管制或禁止的規定，經營貿易者都必須遵照辦理。貨物出口，不但須在輸出國家辦理出口報關手續，並且出口貨物的種類、品質、規格、包裝和標籤也需要符合輸入國家海關的規定。至於貨物的進口報關手續，比出口報關手續更為複雜。

(四)國際匯兌計算

　　國際貿易價款的清償多以外匯支付，而外匯的價格（即匯率或匯價）依各國所採取的匯率制度如浮動匯率制度、固定匯率制度或管理的伸縮制度的差異而有不同的決定方式。此外，外匯匯率又有多種分類，因此計算國際匯兌的方法，相當的複雜。所以經營國際貿易者，對於國際間的金融、外匯情勢非時時刻刻留意不可。

(五)貨物的運送

　　國際貿易貨物的運送，除大多數採取海上運輸或複合運輸方式外，也採用陸運、空運、快遞或郵寄方式。運送時應如何洽訂運輸契約？運費如何計算？運送人和託運人的權利義務如何？如何辦理裝運手續？如何辦理提貨手續？貨物如發生損害應如何向運送人求償等等，均極為複雜。

(六)貨物的保險

　　國際貿易貨物，從出口國運到進口國，路程遙遠，途中風險多，通常均須加以保險，以策安全。但如何洽購保險？保險條件為何？保險契約如何訂定？保險人與被保險人權利義務如何？保險費如何計算？貨物損害時如何求償等等，經營貿易者均須倍加注意。

三、國際貿易比國內貿易風險大

　　經營國際貿易時，承擔的風險較國內貿易為多，較常見的有下列各種：

(一)信用風險 (credit risk)

　　在國際貿易，自買賣雙方接洽開始，其間經詢價、報價、還價、承諾而後訂立契約，以迄賣方交貨，買方支付貨款，需經一段相當長的時間。在這段期間內，賣方或買方的財務營業可能發生變化，以致取消契約。以記帳、寄售或託收方式貿易，賣方所承擔的風險尤大。即使託收採用付款交單 (D/P) 方式貿易，買方也可以不附任何理由拒絕付款贖單。這時賣方雖然仍可將貨物運回或就地轉售，另根據契約請求

賠償損失或提起訴訟，但損失業已發生。採用信用狀方式貿易時，因有銀行介入擔保付款，風險較小，但也不能因此就認為毫無風險。比如開狀銀行倒閉、貨運單據有瑕疵、假信用狀、假貨運單據等等問題，都與信用風險有關。凡此種種風險都比國內貿易為大。

此外，國際貿易市場，因距離較遠，雙方情況隔閡，常有詐騙情事發生，交易前如未加詳細調查，很可能就遭受損失。總之，為避免信用風險的發生，貿易廠商應於交易之前做好信用調查，以及投保輸出保險（視信用的好壞）。

㈡商貨風險 (merchandise risk)

就出口商而言，所謂商貨風險是指進口商可能拒絕接受商品的風險。由於國際貿易自報價、還價、接受、訂約、裝船至交貨須經過相當長的時間，其間市況可能發生變化。不肖進口商可能製造事端，對貨物百般挑剔，從而拒絕受領貨物，或藉此要求減價或解約，這是出口商要承擔的風險。反之，就進口商而言，所謂商貨風險是指出口商交付非「契約貨物」(contract goods) 的風險，也即出口商可能以劣貨抵充、偷斤減兩，或故意摻假等等，這是進口商要承擔的風險。

㈢匯兌風險 (exchange risk)

在國際貿易中，買賣當事人必有一方須以外幣計算價格，但匯率時有漲跌，其中一方必須負擔貨款以外的匯兌盈虧，這就是匯率變動風險 (exchange rate risk)。此外，賣方對買方所在地國家的外匯情況也須多加考慮，例如，外匯充足否？有無外匯管制？凡因外匯不足或外匯管制，致貨款匯出可能受到限制，這種外匯移轉風險 (exchange transfer risk) 也非設法規避不可。匯兌風險可藉遠期外匯 (forward) 制度規避，必要時還可藉匯率選擇權 (foreign exchange options) 等交易，以規避。

㈣運輸風險 (transportation risk)

國際貿易貨物運送路程，較國內貿易遙遠，因此在運輸途中可能發生的風險，也隨之增大。有些運輸上的風險固然可藉貨物運輸保險 (cargo transportation insurance) 轉由保險公司承擔，以彌補損失，但有些則無法由保險公司承擔，例如貨物如及時運抵目的地，買方即可獲得厚利，但由於天災人禍，貨物在途中稽延，運抵目的地時，已時過境遷，市場發生變化，買方可能因而遭受損失。又如買方為工廠進口原料，但因貨物遲延運抵，致工廠發生停工待料現象。凡此情形，均不易獲得補償。

㈤價格風險 (price risk)

買賣契約成立後，貨價如上漲，而賣方未及備貨，則其漲價風險歸其負擔；貨價如下跌，而買方未及脫手，則其跌價風險歸買方承擔。經營貿易多為「將來貨」(future goods) 交易，且為大量交易，其所面臨的價格變動風險尤大。貿易廠商想規避價格風險，除大宗物資交易可採期貨 (futures) 交易方式外，可儘量縮短交易時間，或於交易契約中約定價格發生變動時，當事人保留調整價格的權利，或約定價格變動而生的損失由買方或賣方負擔或由雙方共同負擔。

㈥政治風險 (political risk)

所謂政治風險係指因一國政治或法令規章發生變動致買賣當事人一方無法履約的風險。一國政治發生重大危機，必然會使進行中的貿易受到重大的干擾。再者，世界各國或多或少都實施貿易管制，這項管制措施一般均授權行政部門視國內實際經濟情況的需要，以行政命令來決定。這種措施經常變更，在許多經濟情況欠佳的國家，更是朝令暮改，以致經營貿易者須承擔許多國內貿易所不必負擔的政治風險。政治風險可藉輸出保險規避。

㈦管轄風險 (jurisdictional risk)

又稱法律風險，儘管國際間有許多成文或不成文的貿易規章或慣例，但由於交易過程牽涉兩國以上，其間的法律管轄及適用法問題難保不發生衝突，此為法律管轄風險。

由上述可知，國際貿易與國內貿易雖然同樣是商品的交易行為，但其間卻有顯著的差異。在國際貿易所遭遇的種種困難中，大部分「固有的」困難，乃為國際貿易的「國際性」或「涉外性」使然。另外部分，如果經營者對於貨物與市場的特性，能有充分的認識和經驗，則並非不可克服。至於國際貿易的複雜性，那是純粹技術問題，亦即國際貿易實務的「靜態」部分，只要經營者勤於求知，即可應付裕如。此外，國際貿易的風險，乃為國際貿易實務的「動態」部分，這種風險的預防、規避及轉嫁有賴經營者嫻熟的貿易技術運作。經營者是否能成功，端視其是否有深遠眼光、專業知識及豐富經驗，並能善加應用，隨機應變而定。

🌐 第四節　國際電子商務

電子商務 (electronic-commerce, E-commerce, EC) 一詞近年來頗為風行，何謂電

子商務？電子商務就是將傳統的商業活動 (commerce) 搬到新興的網際網路 (internet) 上來進行，泛指經由電子化形式所進行的商業交易活動。簡單地說，舉凡交易的當事人透過網路，而非借助紙面文件的傳輸所進行的交易活動，均可稱為電子商務。根據統計，企業對企業 (business to business, B to B) 的電子商務總額遠高於企業對個人消費者 (business to consumer, B to C) 的電子商務總額。

早在 1970 年代，利用電子方式，例如電子郵件 (electronic-mail, e-mail) 以及電子資料交換 (electronic data interchange, EDI) 等所進行的貿易活動就已經發展起來。到了 1990 年代，隨著網際網路 (internet) 的盛行，在網際網路上出現了日益蓬勃的經濟貿易活動，透過網際網路，實現市場調查、尋找交易對手、信用調查、產品介紹、廣告、詢價、報價、訂購、付款等一系列的網路交易活動。隨著這些網路交易活動的迅速發展，真正的、全面的電子商務乃應運而生，並且快速地演變成為一股全球性的經貿活動新潮流。

由於全球經濟發展快速，競爭日益激烈，國際貿易的交易效率不斷提昇。近年來，隨著電子商務的廣泛應用，更加快了國際貿易活動的節奏，大幅降低交易的成本，而國際貿易的信息化與無紙化 (paperless) 也已成為未來的必然趨勢。

利用電子商務方式進行的網路貿易 (trade on internet)，可大略區分為以下四個階段：

一、建立貿易關係階段

係指買賣雙方當事人在交易之前的準備活動階段，包括在網路上發布和尋找交易機會、比較交易條件、瞭解對方國家的經貿政策和一般市場狀況、寄發電子開發信、信用調查、選擇交易對象等。

二、交易磋商與簽約階段

係指買賣雙方利用網路寄發電子郵件進行詢價、報價、還價、下單、接單，以及簽訂電子式的貿易契約的階段。

三、履約階段

這個階段除買賣雙方之外，另涉及各輔導及支援的相關機構及行業，例如銀行、

運送人、保險人、海關、簽審機關等，買賣雙方利用網路相互或與這些當事人進行各種聯繫、申請及電子單據交換作業，也同時透過電腦網路追蹤貨物、付款等。

四、索賠階段

買賣雙方有一方（或雙方）未依約履行，將遭另一方索賠，另貨物運到目的地發現毀損、短失，將向運送人、保險人或其他應負責的當事人索賠。當然，糾紛與索賠的處理也同樣透過網路來進行。

在傳統貿易作業方式之下，無論是報價、簽約、各種手續的申請，均以紙面形式進行。此外，貨物的運送及貨款的清償，也以單據代表，將其文件化，以單據表彰貨物，提示單據以請求付款。這種做法，隨著國際貿易電子商務（或貿易無紙化）時代的來臨，將呈現完全不同的面貌。

以電子商務方式完成國際貿易，可以省卻貿易單據的製作和往返傳遞的手續，進而縮短貿易流程與時間，減少人為錯誤和干預、降低成本、加速資金周轉，對於促進國際經濟貿易的發展，將產生深遠的影響。

不過，由於電子商務發展所衍生出的諸多法律問題，例如租稅的課徵、交易安全的維護、電子文件的法律效力及定位、智慧財產權的保護等，各國雖已逐步就此方面立法，但國際間迄無統一的法律規定或原則可資遵循（聯合國國際貿易法委員會 (UNCITRAL) 為因應全球電子商務的發展而於 1996 年通過「電子商務模範法」(Model Law on Electronic Commerce)，供各國電子商務立法參考的法律範本，並為各國電子商務統一提供一個示範的法律模式，但並不具國際法的效力）。因此業者必須對上述問題有所認識，並掌握其發展趨勢，方能避免不必要的法律紛爭。

就我國情況來看，目前已全面實施貨物進出口通關自動化，所有報關相關文件，如報單、艙單、准單、稅單、放行通知單、進倉單等已全部電子化，但除通關作業外，其他貿易相關作業仍多以傳統紙面方式處理，如商業發票、包裝單、提單、信用狀申請、保險單等，貿易相關單位須花費相當時間處理文件繕打、郵寄等作業。因文件錯誤或郵寄錯誤等的補救措施，更是耗時費力，影響貿易作業的效率，為提昇我國整體貿易的國際競爭力，貿易作業無紙化（電子化）勢在必行，因此相關主管機構已著手推動相關計畫。

在往後各章當中，將適時介紹在我國已實施的各項貿易電子商務作業，諸如電

子簽證、通關自動化、裝貨單電子作業等。

 習 題

1. 何謂直接貿易？間接貿易？其優缺點為何？

2. 國際貿易依經營風險的不同，可分為利潤制貿易與佣金制貿易，請就其內容加以分析。

3. 何謂加工貿易？可分為幾種型態？

4. 國際貿易比起國內貿易，有哪些困難？

5. 試述從事國際貿易可能面臨的風險及其規避方法。

6. 試述電子商務在國際貿易中的重要性。

第二章

國際貿易的主體與客體

國際貿易的主體為貿易商，客體為商品，以下就兩者加以說明。

第一節　貿易商的概念

一般所稱貿易商 (traders; trading houses; trading firms; trading companies)，是指以營利為目的，而在國際間從事商品買賣活動的公司行號而言。這種公司行號本身不事生產，只從事商品交易，是為狹義的貿易商。其中專營進口業務的，稱為進口商 (importers)；專營出口業務的，稱為出口商 (exporters)；同時兼營進口和出口業務的，稱為進出口商 (importers and exporters)。然而，貿易商的概念，實際上已不能單從名稱來加以認知。一家名為出口商的公司，實際上其所經營的，可能不以出口業務為限，它可能還兼營進口或其他業務。不但如此，有些大規模的出口商，自己擁有製造工廠，或在一些製造工廠中擁有股份，掌握其外銷權，並且可能還經營倉儲、船運、銀行等業務。此外，在各國有不少製造商 (manufacturers) 或生產者 (producers) 都兼營出口業務，尤其是那些大型企業，很多是在公司裡面設立出口部門，或在國外設立分支機構，直接經營出口業務。

在進出口貿易中，買方 (buyer) 又稱為購貨人 (procurer)，也就是進口商或輸入商，有時又稱為採購人 (purchaser)；賣方 (seller) 又稱為售貨人 (vender; vendor)，也就是出口商或輸出商，有時又稱為供應商 (supplier)。這些可互相替用的名稱，仔細研究起來，實際上仍有區別。在許多場合，往往可能是指不同的關係人。例如工廠甲需用塑膠皮原料，向貿易商乙訂購，乙轉向外國貿易商丙訂購，而丙則向當地製造工廠丁訂購。在此情形下，如以甲乙間的交易而言，甲為買方，乙為賣方；如就乙丙間的交易而言，則乙為買方，丙為賣方；若以丙丁間的交易而言，則丙為買方，丁為賣方。若單就進出口的交易來看，買方乙是進口商或稱採購人，賣方丙為出口商或稱供應商。但就甲乙丙丁間整個交易而言，往往為便於區別各個關係人，稱甲為採購人，乙為進口商，丙為出口商，丁為供應商。又如甲進口其所需原料，未透過中間商乙、丙，而直接向丁採購，丁需自行辦理出口，在此場合，進口商與採購

人，出口商與供應商，又各合而為一。

　　有些公司行號或個人，本身既不接觸貨物，也不經手單據，只是介紹買賣，賺取佣金，稱為佣金商或經紀人 (commission agent; broker)。此外也有公司行號或個人接受國內外廠商的委託，代辦進口或出口業務，他們有的是靠拉訂單，有的也經手買賣單據，但多數不接觸貨物，這種人有的只是廠商的代表 (representative)，有的可能是獲有委任授權的代理商 (agent)，有的既經手單據也經手貨物，這種人稱為 Factor（行紀商）。以上種種，在國際貿易中均扮演重要的角色，即是 Trader 的地位。

　　綜上所述，廣義的貿易商包括五種：⑴狹義的貿易商；⑵雖以經營某一類的貿易為主，但實際其所經營的業務並不以其固有的業務為限；⑶名義上雖為某一類的貿易商，但其業務可能是以其他行業為主；⑷雖名義上為製造商或生產者，但實際上卻兼營進出口業務；⑸佣金商等，本身並不從事買賣，只賺取佣金者。

　　本書所稱貿易商，是指廣義的貿易商，即凡是在國際間從事商品進出口貿易或媒介的公司行號均包括在內。

🌐 第二節　貿易商的基本經營型態

貿易商的經營型態因交易主體的不同，可分為三種：

　　1. 以自己的名義 (in own's name) 從事交易，並由其自行負責盈虧者。這種貿易的經營方式稱為「主體制貿易」(business as principal) 或「貨主間貿易」，也即「本人對本人貿易」(principal-to-principal business) 或「利潤制貿易」(business on profit)。

　　2. 有些經營者並非以自己的名義及計算 (not in own's name and account) 從事貿易，而是以代理人 (as agent) 的身分從事貿易，且不負交易盈虧，只是以服務換取佣金而已，這叫做代理商貿易 (business through agent)。

　　3. 有些則表面上雖以自己名義從事交易，但實際上則在他人負責盈虧的條件下經營貿易，這叫做委託貿易 (business through factor)。換言之，這些經營者，只是就其服務換取報酬（佣金），至於交易盈虧則由貨主本人 (principal) 負責。

　　實務上將代理商貿易與委託貿易此二種經營方式合稱為佣金制貿易 (business on commission)。例如：接受國外進口商的委託，在本國購買貨物裝運出口的購貨代理商或採購代理人 (buying agent)，或充任國外出口商的代理商在國內推銷商品的售貨代理商 (selling agent)，或受國內用戶的委託從國外進口物資賺取佣金的進口代理

商 (import commission house) 等等都是屬於佣金制貿易的經營者。

　　茲以商人從事貿易時，是否自行承擔盈虧風險以及是否由製造業直接從事貿易為標準，將其貿易經營型態及相應的名稱予以列表如第 22 頁。

🌐 第三節　貿易商的分類

　　貿易商有種種分類，茲依經營型態予以分類，並分述相關貿易商的名稱及其業務內容。

一、利潤制貿易的貿易商

　　所謂利潤制貿易乃經營貿易的當事人以自己的名義及計算從事交易，其因而產生的一切盈虧，統統歸由交易當事人自己享受或承擔。這種貿易經營者所負風險遠較佣金制貿易的經營者為大。在利潤制貿易下雙方當事人之間所成立的貿易契約稱為買賣契約。利潤制貿易的經營者可分為：⑴自營貿易製造商（或生產者）；⑵專業貿易商。製造商又可分為出口製造商或生產者與進口製造商兩種；而專業貿易商也可分為專業進口商與專業出口商兩種。以下就其經營國際貿易的方式及其在交易中所處地位加以說明。

　　㈠出口製造商或生產者 (exporting manufacturer; maker; producer)

　　出口製造商或生產者對於自己產品的銷售，除可透過專業出口商輸出外，往往也以自己的名義直接向國外市場銷售。

　　　1.出口製造商或生產者直接辦理輸出的優點如下：

　　　⑴可直接與國外客戶接觸，並提供必要的服務。

　　　⑵便於監督一切輸出活動，統籌規劃全部業務政策。

　　　⑶可免支付中間商佣金。

　　　⑷易於採取主動，避免銷路受制於中間商。

　　　2.出口製造商或生產者直接辦理輸出的缺點如下：

　　　⑴必須增加營業人員兼辦原為專業出口商所做的出口業務，人事費用因而增加。

　　　⑵原為專業出口商所承擔的國外買方信用風險，必須改由出口製造商或生產者自己承擔。

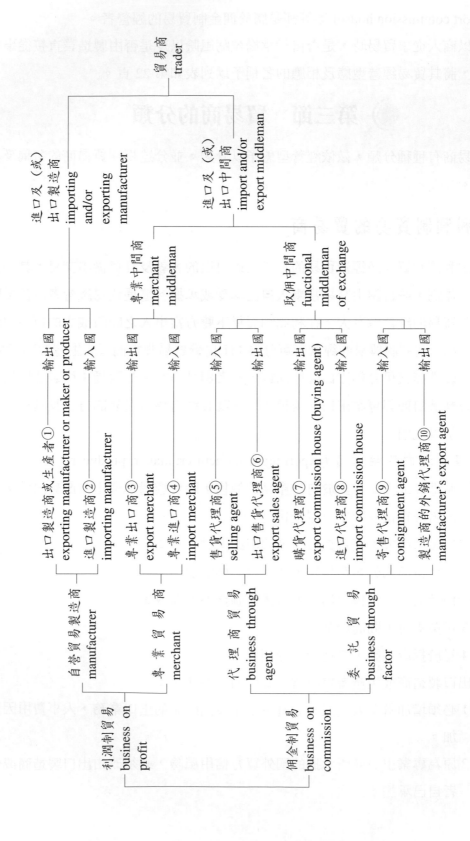

貿易商 trader

　進口及（或）出口製造商 importing and/or exporting manufacturer

　進口及出口中間商 import and/or export middleman

專業中間商 merchant middleman

耽佣中間商 functional middleman of exchange

出口製造商或生產者① exporting manufacturer or maker or producer ——輸出國

進口製造商② importing manufacturer ——輸入國

專業出口商③ export merchant ——輸出國

專業進口商④ import merchant ——輸入國

售貨代理商⑤ selling agent ——輸入國

出口售貨代理商⑥ export sales agent ——輸出國

購貨代理商⑦ export commission house (buying agent) ——輸出國

進口代理商⑧ import commission house ——輸入國

寄售代理商⑨ consignment agent ——輸入國

製造商的外銷代理商⑩ manufacturer's export agent ——輸出國

自營貿易製造商 manufacturer

專業貿易商 merchant

代理商貿易 business through agent

委託貿易 business through factor

利潤制貿易 business on profit

佣金制貿易 business on commission

⑶國外市場的研究分析及推銷工作須由出口製造商或生產者自行負責，因而增加推銷費用。

不過大致說來，製造商或生產者自己辦理輸出較為有利，尤其一些規模日益擴大的製造商，更是逐漸由委託中間商推銷，轉由自己辦理直接外銷業務。

直接辦理出口業務的製造商，其所掌理的出口部門，約可分為下面幾種組織型態：

1.附設出口部 (built-in export department)：若製造商產品項目不多，以內銷為主，並且外銷市場僅限於少數幾個地方，則通常在公司的營業部門內附設出口部，不另置專人，而由原有的經理、會計、助理等人員兼辦外銷業務。

2.分設出口部 (separate export department)：以外銷為主的生產工廠或規模較大的製造商，通常在公司內設立一個獨立的出口部門，與辦理內銷的營業部門分開，另置專人辦理外銷業務。通常按作業的需要，在經理、副理之下，設業務、會計、財務、運輸、企劃等科。在業務科下，可依照外銷地區，分設美洲、歐洲、亞洲、非洲、澳洲等區分組工作。

3.附屬出口公司 (subsidiary export company)：一些屬於同一系統的企業集團，為推廣屬下各公司產品行銷各國，往往在總公司之下附設一個獨立的出口公司，集中管理全部對外貿易，並規劃外銷計畫。

附屬出口公司的內部組織與上述附設出口部大致相同。但除在國外委任經銷商外，更在國外設立分支機構，並經常由總公司派遣代表分赴各經銷地區巡視業務，甚至由總公司派遣技術人員前往國外擔任裝配工作，或在國外附設製造工廠生產成品或零件。在一般情況下，企業集團附屬的出口公司所經銷的都是其關係企業的產品。但目前很多附屬出口公司往往也取得其他製造商的獨家代理權，兼營其他製造商產品的出口業務。

4.聯營出口公司 (allied export selling company)：產品相同的製造商，為避免在國外市場互相殺價，招致不良後果，乃共同出資組織聯營出口公司，為聯營公司負責各廠同類產品的外銷業務，不但可以節省人力和費用，並可劃一外銷價格，控制出口數量，爭取更多外銷機會的利潤。例如我國以前的中國鋼鐵貿易公司、中國紙業貿易公司、臺灣香茅油公司、臺灣聯合蘆筍罐頭廠出口公司、臺灣洋菇罐頭廠聯合出口公司、中國味精貿易公司等，都屬於聯營出口公司性質。

(二)進口製造商 (importing manufacturer)

　　國內製造商所需的原料或半成品或機器設備、零件等，有從國內專業進口商購買的，也有透過國內進口代理商從國外訂購的。如製造商規模宏大，需用原料較多，則可由製造商以自己的名義直接從國外供應商（國外製造商或其出口代理商）採購，需要量愈多，自行採購愈經濟。例如我國較大的製造商多在公司內設有國外購料部門或派有專人負責國外採購業務，而不透過中間商。

　　1.製造商直接辦理進口的優點如下：

　　(1)可免支付中間商利潤，減低進貨成本。

　　(2)直接與國外供應商建立關係，可穩定貨源。

　　(3)購貨迅速，時間較易把握，可避免停工待料情事。

　　2.製造商直接辦理進口的缺點如下：

　　(1)多置人手辦理進口手續，增加用人費用。

　　(2)需增加倉庫設備，以供進口原料儲存之用。

　　(3)原由專業進口商承擔的國外供應商信用風險、匯兌風險、運輸風險、價格風險及政治風險等，因製造商的直接介入交易，而必須改由製造商自行承擔。

　　上面所說的製造商，或者以製造者的立場直接出口貨物，或者以需要者的立場直接進口貨物，所以一般稱為進出口製造商 (exporting and importing manufacturer)，與下面要介紹的各種進出口中間商 (export and import middleman) 不同。

(三)專業出口商 (export merchant)

　　所謂專業出口商，本身並非製造商或生產者，而是以中間商 (middleman) 的身分，從事貨物出口以博取利潤的商號，其經營的方式是以自己的名義從國內生產者或製造商購進貨物，再行輸往國外市場銷售。其買賣盈虧，由其本身以本人的身分 (as principal) 自行負擔，因此具有採購和銷售的雙重任務。從現代國際貿易經營的趨勢看來，出口商以專營某種原料或產品的居多數，綜合性的專業出口商已難立足。造成這種情勢，實因綜合性的專業出口商具有下列先天性的缺點：

　　1.因為貨物完全是從生產者購買而來，再轉向國際市場銷售，本身須負國際市場行情漲跌的風險。

　　2.在國外市場銷售時，本身居於貨主的地位，自然也須承擔買方信用上的風險。

3. 貨物並非自己生產，無法掌握主動，所以很難獲得鉅額的交易。

為了克服獲取貨源的困難並爭取主動，專業出口商逐漸兼充製造工廠或生產者。

㈣專業進口商 (import merchant)

專業進口商也是中間商，本身並非貨物的需要者，其經營方式是以自己的名義直接從國外製造商或出口商採購貨物，然後運入本國市場銷售，自己承擔買賣盈虧風險。專業進口商可分為二種：⑴經營一般商品：是指輸入各種不同的產品，多屬日用雜貨，如文具、衣著、服飾、玩具、廚房用具等；⑵專營特定商品：是指專營某種或某類商品，如化工原料、藥品、奶粉、棉花、菸草等。經營一般商品的進口商，大多兼營出口貿易；而經營特定商品的，多不經營出口貿易。

上面專業出口商與專業進口商只是中間商，本身並非生產者或需要者，在經營上自負盈虧風險，一般稱為專業中間商 (merchant middleman)，與前述的進出口製造商不同，也與後述以賺取佣金為目的的取佣中間商 (functional middleman of exchange) 有別。

二、佣金制貿易的貿易商

有些商人並不以自己的名義及計算從事貿易，而是以他人的名義及計算經營貿易，或雖以自己的名義出面，但卻以他人的計算 (account) 從事貿易，從而賺取佣金。換句話說，交易的盈虧歸他人享受或承擔。這種貿易經營方式，稱為佣金制貿易。這裡所指的「他人」就是法律上的「本人」(principal)，而以「本人」名義及計算或雖以自己名義出面卻以「本人」的計算從事貿易的人，則稱為「代理人」或「代理商」(agent)❶。

「本人」與代理商之間成立的貿易契約稱為「代理契約」(agency contract/agreement)。從事佣金制貿易的商人，依其所處地位來分，可分為：⑴在輸出國的佣金制貿易商；⑵在輸入國的佣金制貿易商。

㈠在輸出國的佣金制貿易商

在輸出國從事佣金制貿易的商人，可分為下列三種：

---

❶　這裡所指的 Agent 是就廣義的代理商而言，也就是說包括直接代理與間接代理的代理人，因此與我國等大陸法系統下的僅指直接代理的代理人範疇不同，間接代理下的代理人，在我國稱為行紀人。

1.購貨代理商或採購代理商 (export commission house; buying agent; export commission agent; export commissioner)：購貨代理商是受國外進口商或用戶的委託，在輸出國採購貨物，辦理出口，從而賺取佣金的貿易商。委託人委託購買時，用委託購買書 (indent; indent form) 進行。購貨代理商，在我國稱為採購代理商。購貨代理商的任務是循國外買主的指示 (order)，從本國製造商或供應商購入買主所指定的貨物，並依其指示打包、刷嘜、安排出口貨運、購買保險、辦理通關及裝運事宜，將所購貨物運交買主。對於購貨代理商這種服務，國外委託人（買主）則酌付手續費──購貨佣金 (buying commission)。至於購貨代理商墊付的貨款、內陸運費、海洋運費、保險費則連同佣金由購貨代理商於貨物裝運出口後，一併以押匯方式收回。

上述這種委託購買的貿易，英文稱為 "Indent"，委託購買的人稱為 "Indentor"，受託購買的人稱為 "Indentee"。

委託購買固然也有以一次為限的，但通常多由委託人與受託人之間訂有長期契約，繼續進行交易。在繼續的關係下，受託購貨的人就是購貨代理商。購貨代理商與委託商之間所訂的契約則稱為購貨代理契約 (buying agency agreement)。購貨代理契約在本質上是獨家性的 (exclusive)。

國外的買主之所以要透過購貨代理商進口商品，理由很多，但其主要理由為：

⑴委託商可享受到信用 (credit) 的便利。

⑵透過購貨代理商，不但可減少通訊，且可達到迅速的目的。

⑶購買多種商品時，可由購貨代理商將所有商品以一套提單裝運，進而節省運費。

如前所述，購貨代理商所得的報酬是佣金，因此不必承擔一般出口商所須承擔的貨物價格漲跌風險。然而，對本國賣主而言，購貨代理商多以自己名義購入貨物，所以負有支付貨款的義務；他方面，對國外買主，則須負擔信用風險。就這一點而言，又與一般出口商並無兩樣。由此可知購貨代理商雖然稱為代理商，但與我國法律上所指的代辦（理）商卻不同，而是相當於我國的行紀人。

購貨代理商，原則上只向國外買方收取購貨佣金 (buying commission)，但也有同時向賣方收取售貨佣金 (selling commission) 的情形。

2.製造商的外銷代理商 (manufacturer's export agent)：有時製造商自己不經營直接出口業務，或雖也經營直接出口業務，但銷售能力較差，於是在國內指定外銷代

理商，請其充任外銷的代理人。這類外銷代理商有時又稱為製造商的直接代表 (manufacturer's direct representative)。通常製造商與其外銷代理商之間訂有外銷代理契約 (export agency agreement)，由製造商授權代理商為其外銷代理。這種代理商通常擁有獨家代理權，因此須在國外市場為製造商積極推銷其產品。在代理商享有獨家代理權條件下，外銷代理商通常再也不能代理具有競爭性的他人商品。未經同意，也不得將其代理權出讓。

製造商的外銷代理商，雖有代理商的名義，以佣金基礎執行業務，但對國外買方則以自己名義，為委託人（即製造商）計算，進行交易。就國外買方的立場來說，製造商的外銷代理商與普通出口商並無不同；就國內關係來說，製造商的外銷代理商雖以自己的名義出面向外銷售，但實際上是受國內製造商的委託。因此，本質上是間接代理性質，也即我民法上所指的行紀，而非我民法上的代理。

外銷代理商與國外客戶接洽時，是以印有自己箋頭 (letterhead) 的信紙通信，商業發票也是用自己的。但這並不是說外銷代理商為本身的計算 (own's account) 加價後再行轉售 (resell)。發票價格實際上乃由製造商所訂定。雖然，在很多情形下，外銷代理商先對製造商支付出口貨物的 "Net Cost"，然後再從國外買主收取貨款，但這種情形實際上只是外銷代理商對於製造商所作的資金融通而已。

外銷代理商本身並不負盈虧風險，而僅就對製造商所提供的服務收取售貨佣金。

3.出口售貨代理商 (export sales agent)：出口售貨代理商乃在出口地受本國製造商的委託，以委託人的名義及計算，向國外推銷委託廠商產品，從而賺取佣金的商號。美國的 Combination Export Manager (CEM) 即是最好的例子。

㈡在輸入國的佣金制貿易商

在輸入國從事佣金制貿易的商人有下述三種：

1.進口代理商 (import commission house)：進口代理商是在輸入國接受本國需要者的委託，代理從國外進口貨物的貿易商。這類進口代理商與專業進口商一樣，或從國外製造商或專業出口商直接買進，或者經由國外製造或專業出口商的售貨代理商 (selling agent) 間接買進，都是以自己的名義出面購買並辦理進口。就國外賣方觀點而言，進口代理商與專業進口商並無不同。但就國內而言，進口代理商雖以自己名義出面向國外採購，但實係受國內需要者的委託，本質上屬於委託買賣，盈虧風險由委託者負擔，進口代理商僅從交易中賺取若干購貨佣金 (buying commission) 而

已。所以進口代理商雖有代理商之名，實際上則為我民法上的行紀。我國有許多貿易商充當歐美日等國外製造商或專業出口商的代理人或代表，參與國內公營企業的投標或議價進口貨物，並向賣方收取佣金。這種情形，其身分為國外製造商或專業出口商在國內的售貨代理商，而非進口代理商。

　　2.售貨代理商 (selling agent)：售貨代理商是在輸入國為輸出國製造商或供應商或專業出口商從事代理推銷貨物的中間商。廣義的售貨代理商包括在輸出國的出口售貨代理商（即前述 CEM 等），但通常所指的售貨代理商僅指在進口國的售貨代理商而已。所以有時又以國外售貨代理商 (foreign selling agent) 稱之。總之，在國際貿易中，狹義的售貨代理商乃指國外售貨代理商而言。至於製造商的外銷代理商雖也稱為代理商，但其以自己的名義為製造商的計算從事貿易，所以並非我民法上嚴格意義下的代理，而是屬於間接代理的行紀。

　　售貨代理商乃以委託人的名義及計算從事貿易。如以委託人的身分來分，又可分為：

　　　(1)製造商或生產者的售貨代理商 (manufacturer's or producer's selling agent)：
　　　　製造商為銷售其產品，往往在國外市場各地指定代理商代為推銷，這種代理商也可稱為駐在代理商 (resident agent) 或特約代理商。其任務是在輸入國推銷國外製造商的產品，接到訂單後即轉給國外製造商，由製造商直接向買方發貨，代理商則從中賺取售貨佣金。國內有許多貿易商接受國外製造商的委託，參加公營貿易機構的投標，即屬這類代理商。代理商資格大部分是根據雙方代理契約而來，但有些則根據臨時授權而來。

　　　(2)專業出口商的售貨代理商 (export merchant's selling agent)：國外專業出口商為擴大國外市場，與製造廠商同樣，也可在各國主要市場指定售貨代理商代為推銷，其任務與製造商的售貨代理商相同。如國內許多棉花代理商、大豆、玉米、小麥等代理商多是國外專業出口商的在臺售貨代理商。

　　按一般情形，售貨代理商並不保證買方的信用，而由製造商或專業出口商自己衡量買方的信用，並承擔風險，貨款由賣方直接向買方收取。售貨代理商不經手貨物，只利用樣品、目錄、說明書及價目表等作為推銷的工具。在約定的代理區域內，售貨代理商享有獨家代理權，但原則上不能代銷別家的同類產品。

　　享有締約權的售貨代理商，其推銷貨物是以貨主本人的名義代替貨主簽訂買賣

契約，但對於契約的履行卻不負責任，也就是說對貨主並不保證買方支付貨款，而對買方也不保證貨主交付貨物。如此買賣雙方都負有對方毀約的風險，所以事實上買方往往要求售貨代理商以自己的名義簽訂買賣契約出售貨物，而貨主也往往要求其售貨代理商對其招攬的訂單作支付貨款的保證。在此場合，該售貨代理商即稱為保信代理商 (del credere agent)，如買方不能清償貨款，則由保信代理商負責代為償還。因為保信代理商承擔這種保證責任，所以貨主除應給付售貨佣金外，另須給付保信佣金 (del credere commission)。

以售貨代理商名義經營貿易時，代理商與委託人（即貨主）之間通常多訂有代理契約。這種契約以代理商是否享有獨占的貿易權 (trading rights) 來分，又可分為：

　　(1)獨家代理商 (exclusive agent)。

　　(2)非獨家代理商 (non-exclusive agent)。

如以代理商是否擁有締約權來分，又可分為：

　　(1)締約代理商。

　　(2)媒介代理商。

　3.寄售代理商 (consignment agent)：製造商或專業出口商為爭取市場或打開新市場或推銷新產品，往往先將貨物運往國外市場，委託其在進口國的代理商代為銷售，等貨物售出後，再由代銷商將貨款匯給國外製造商或出口商。這種寄售方式的代銷商即為寄售代理商。寄售代理商本身不負擔盈虧責任，同時也不保證貨物如期售出，完全秉承委託人的指示代為推銷。其服務的代價即為寄售佣金 (consignment commission)。

前述購貨代理商與進口代理商都是代表買方的商號 (business firm representing the buyer)，而製造商的外銷代理商、出口售貨代理商、售貨代理商及寄售代理商則為代表賣方的商號 (business firm representing the seller)。不管是充任買方的代表或充任賣方的代表，他們本身都不負交易盈虧責任，僅以服務賺取佣金為目的。在性質上均屬取佣中間商 (functional middleman of exchange)。因此，與負盈虧責任的專業進口商不同。取佣中間商和專業中間商合稱進出口中間商 (export and import middleman)，本身既非生產者也非需要者，在國際貿易上是居於中間人地位從事買賣，除了出口製造商對進口製造商（或直接用戶）之間的貿易外，所有國際間的交易，幾乎都是透過這些中間商之手完成的。

第四節　貿易商的組織

貿易商組織規模的大小，視其本身屬於哪一類貿易商而定。一般而言，佣金制貿易的代理商，規模較小，而利潤制貿易的製造商或專業貿易商規模較大，但屬同一性質的貿易商，其規模大小也不一，甚至相差很大。綜合性的貿易商，從業人員有多達數百或上千人的。日本的三井、三菱、丸紅飯田、伊藤忠等大商社從業人員更多達數千人。國內的大貿易商一般多在一、二百人之間，而大多數的貿易商則多屬中小型規模，員工通常只有一、二十人，組織較為單純。在貿易界有所謂一人商號 (one man concern) 的，一張寫字桌、一部電話、一部電腦、一部影印機、一部傳真機，憑著靈活的貿易技巧，從事貿易自也能生存。不過貿易日趨複雜，分工也越來越細，如非有完善的組織，實無法應付日益擴展的業務。茲將其各部門的組織及職掌說明於下。

一、董事會 (board of directors)

董事會是貿易商的決策機構，由公司董事組成，並由其推舉一人為董事長。董事會以下置總經理一人，通常由董事兼任，或另聘請幹才專任，綜理公司全盤業務。總經理為公司的靈魂，必須熟諳國際貿易業務，總經理以下另置副總經理或協理二至三人，佐理總經理處理業務。

二、管理部 (management division)

置經理一人，副理、襄理數人，並視需要設置企劃、文書、公關、總務、人事等科，分掌公司內部的事務。管理部主要的任務是處理公司內部的一般事務。就組織功能而言，是業務部的支援單位，所以一切措施均應配合業務部門，儘量避免發生牽掣現象。

三、業務部 (business division)

業務部是貿易商業務的重心，經副理等主管人員必須由精通國際貿易業務人士擔任。視情形可設出口科、進口科及買賣科等單位，出口科及進口科可視業務需要，以產品項目分類，分設食品組、纖維製品組、電子產品組、雜貨組及化工組、雜糧

組、纖維原料組等劃分工作。這種以產品分類劃分組別的方式，廣為許多貿易商所採用，因其有助於承辦人員熟識所經辦商品的特性及市場。但也有依地區分組，如歐洲組、美洲組、亞洲組、澳洲組、非洲組等，這種分法也有其優點，即可使經辦人員精於一地市場並兼通各項商品，與上述的依產品項目分組法可說各有所長，但在國內貿易界採用者較少。另外，買賣科是負責對外貿易與對內貿易交易達成後的各項作業事務，可依履約程序分設貨運組、保險組、報關組、單據組、通訊組及服務組等。買賣科的設立在國內貿易界並不多見，平常都是由出口科或進口科的承辦人員一手經辦，這種做法雖有掌握全部案情的優點，但容易發生遺漏或錯誤。有的貿易商將洽船、保險、製作單據全部委由報關行代為處理，但一旦因錯誤而發生糾紛，則很難善後。成立買賣科分組分段作業，就分工而言，當更具有效率。

四、財務部 (finance division)

財務部掌理公司的財務，置經理一人，副襄理若干人，其下設資金籌劃、外匯、會計、稽核等科。財務部的主要任務為控制公司收支，也屬公司的內部作業單位，對業務部門應給予有力的支援，儘量配合業務部門的要求。

五、國內分公司 (domestic branch)

貿易商可在國內重要地區設立分支機構，在組織上雖是獨立的部門，但作業上則須配合總公司的經營政策。在進口方面，總公司進口的貨物由分公司轉銷國內各地市場；在出口方面，分公司須就地訪問供應商，尋求貨源，並且須隨時調查當地市場，與總公司業務部密切連繫。

六、國外分支機構 (foreign branch)

貿易商可視國外市場的重要性，在各國要衝設立分公司、辦事處或派駐代表。編制上雖屬於獨立單位，但業務上須配合總公司業務部門。實際上，國外分公司就是國內業務部的延伸，也是業務部在國際市場的觸角，除了尋求交易對手外，還須從事市場調查，提供商情。典型大貿易商的組織，有如上述，但也可針對本身的需要加以調整。其他規模較小的貿易商，組織當更單純。但只要合理調配，發揮效率，並不一定要侷限於某種固定組織形式。

🌐 第五節 貿易商應具備的條件

一、長遠的眼光

貿易經營者，眼光必須遠大，才能有長足的發展。國際貿易本質上多屬大宗交易，並且是將來貨 (future goods) 交易，其受一國一地的國民經濟影響，至深且鉅，經營者除須隨時調整本身組織，以適應變動的經濟狀況外，更須留意本身所屬行業的變遷以及進出口國全盤的經濟演變，以掌握先機。例如紡織業本為勞力密集工業，三、四十年前本省勞動力充足，工資低廉，正適合發展這種工業。自這種工業建立後，市場即以外銷為主，經營者的眼光自不以內銷市場為限。近年來各種工業急速發展，工資顯著高升，經營者為適應環境的變遷，更新設備，改以自動化機器生產，於是紡織業又轉變為資本密集工業。所以經營者要在國際市場上穩操勝算，非具有深邃眼光，實無以致之。近年來，我國高科技產業，突飛猛進，高科技產品成為外銷主流。經營者如何隨潮流應變經營項目，更須有敏銳眼光。

二、專門的知識

國際貿易是涉及兩個甚至多個不同國家間的交易，經營者非具有專門知識，實無法順利經營。我們認為貿易商從事國際貿易，除須具有基本的買賣知識外，欲期成功，至少尚應具備下列專門知識：

㈠運輸實務的知識

國際貿易為異國之間的貨物買賣，出口商將貨物交付進口商時必定會涉及運送。然而國際貨物運送卻是一項很繁雜的工作。因此，貿易經營者，欲期圓滿完成交易，則非熟識一般國際運輸實務不可。

㈡保險的知識

貨物從出口地運到進口地，路程遙遠，可能遭遇的風險很多。貿易商必須就貨物的性質，購買適當的保險，才能將風險化消於無形。至於投保何種險類才算適當，以及萬一發生保險事故時如何進行索賠，則非具備充分的保險知識不可。

㈢各國關稅制度及法規的認識

各國海關制度和法令有異，貿易經營者除必須瞭解本國有關規定外，對買賣對

手國的規定也應有所瞭解。例如對手國是否實施差別關稅、進口手續是否有特別規定、是否需使用特定的海關發票等，凡此，對貨物的進出口均有很大的影響，業者自應特別注意並隨時留意其變化。

㈣國際匯兌的知識

經營國際貿易，買賣雙方中必有一方須使用外國貨幣，則貨款如何清償，如何計價，外匯銀行在國際貿易中的功能如何，經營者必須要有充分的認識。

㈤通曉外國語文

從事國際貿易，既須與外國商人接觸，則必須使用共通的語言，才能溝通，達成交易。現今英文已成國際貿易上共通的語言，自須熟諳。對其他特定地區的貿易，有時英文並不通行，則尚需熟諳該特定地區的語言，才能收便捷之效。

㈥行銷學的知識

國際貿易不外是貨物的採購及行銷，對於貨物買賣的技術、行銷通路、定價、推銷，以及儲運等，經營者也必須要有深入的研究，才能成為成功的貿易經營者。

㈦經營商品的知識

國際貿易的客體是商品，經營者對於所經營商品的性能、品質、生產方法、成本計算等必須要有深刻的認識，否則無法經營得很成功。

㈧通曉本國貿易法令規章、貨運、報關檢驗手續

各國對於貿易都有一套管理法令規章，經營者必須在法定範圍內從事業務，不得逾越。業者對於經常變動的法令規章及進出口處理手續須隨時密切注意，以免遭遇困難。

三、靈通的消息

國際市場瞬息萬變，常受外在因素的影響，例如中東戰事影響及原油價格的暴漲，波及其他有關物資價格的上揚，最後導致各國經濟的不景氣，均非始料所及。再者，各國國民習性、嗜好、法律規章、商業習慣差異甚多，因而影響國際市場的開拓。貿易經營者日常即必須對於一般情勢加以調查、分析，時時刻刻注意國際情勢，一週情況變動，就當機立斷，以免情勢惡化，遭致重大損失。

四、雄厚的資本

國際買賣多屬大宗交易，非有雄厚資本，難以經營。經營進出口的製造商，固需大量的資金購置原料，以維持生產；即使一般專業進出口商，有時也因所經營商品的看漲，而需大量補進或囤積暫不脫手。凡此，在在需要大量資金，才能靈活運用，掌握商機。至於一般代理商，本身不置存貨，自然毋需太多資金，但國際貿易，首重信用，倘資本過小，也難望獲得客戶的信賴。一般國際交易，初次來往，例須向對方作一番徵信調查，而資本即為重要的調查事項，資本可代表對方的經營實力，素為經營者所重視。

五、完善的組織

規模越大的公司，分工越細，越能展現經營的效率。國際貿易本來就是一種繁複的技術，手續繁瑣，非賴多數人協力合作，難期周全。經營者應視本身經營的範圍，設置適當的人員，並予妥善的組織，使各盡其力，才能獲得圓滿的經營效果。

🌐 第六節　國際貿易商品標準分類

國際上買賣的商品，不下千萬種。對於商品的分類，各國原各有自己的一套分類標準，因此商品排列次序、分類項目範圍、商品解釋的定義，均難求一致。但由於國際貿易擴展的結果，各國對於商品分類國際化的需要也日感迫切，因而促成了國際有關機構對各種商品分類法的編訂。其主要分類制度先後有：

㈠國際貿易統計商品最低限度品名表

國際間最早的商品分類法是日內瓦商品分類 (Geneva Nomenclature)，又稱國際貿易統計商品最低限度品名表 (Minimum List of Commodities for International Trade Statistics)，在國際聯盟時代 1938 年編成。

㈡布魯塞爾稅則分類 (BTN)

其後歐洲關稅聯盟參考日內瓦商品分類大加增刪，於 1949 年初步完成布魯塞爾稅則分類 (Brussels Tariff Nomenclature, BTN)，嗣經多次修訂，終於 1961 年全部生效。

布魯塞爾稅則分類經多次修改，嗣於 1976 年改稱關稅合作理事會稅則分類

(Customs Cooperation Council Nomenclature, CCCN)。1989 年 1 月以前大多數國家都採用 CCCN 作為海關稅則分類。

㈢國際貿易標準分類 (SITC)

在編撰布魯塞爾稅則分類的同時，聯合國統計委員會也參照日內瓦商品分類，編撰了一套國際貿易標準分類 (Standard International Trade Classification, SITC)，於 1950 年 7 月 20 日由聯合國經濟社會委員會議決通過，目前為世界各國普遍採納的商品貿易分類體系，最近一次於 2006 年修訂。該分類法將商品分為 10 大類，63 章，223 組，786 個分組和 1,924 個項目。

㈣中華民國商品標準分類 (C.C.C.)

我國的商品標準分類編於 51 年，稱為中華民國商品標準分類 (Standard Classification of Commodities of The Republic of China, C.C.C.)，於 52 年 9 月 17 日經行政院核定實施。而其商品編號稱為中華民國商品標準分類號列 (C.C.C. Code)。這項標準分類原則上是採用前述國際貿易標準分類 (SITC) 及另一種聯合國所編的國際行業標準分類 (International Standard Industrial Classification, ISIC) 為藍本，再參酌我國特殊商品種類，如中藥材等編成。其分類結構大體與前述國際貿易標準分類相同。

「中華民國商品標準分類」制度實施以來，已達成統一商品分類的目的，嗣因世界關務組織所訂「國際商品統一分類制度」(HS) 足敷我國商品統計分類之需，故自民國 92 年 8 月 1 日起停止適用，此後機關所需的十位碼商品分類乃參考國貿局所編訂的「中華民國輸出入貨品分類表」(詳閱本節㈥)。

㈤調和制度 (HS)

聯合國歐洲經濟委員會 (Economic Commission for Europe, ECE) 鑑於世界商品分類制度的分歧與複雜，乃從 1970 年代初期開始研究商品分類的合理化，並尋求全球統一的海關稅則號列分類制度，並向關稅合作理事會提出方案，於是關稅合作理事會自 1973 年開始推動 「調和商品說明及代號制度」 (Harmonized Commodity Description and Coding System)，簡稱「調和制度」(Harmonized System, HS) 或「國際商品統一分類制度」。經過十年左右的努力終於在 1983 年完成。調和制度係綜合並歸併布魯塞爾稅則分類與國際貿易標準分類而成。我國自 78 年 1 月開始採用此一制度。從此以後，不僅可統一進出口商品的認定標準，並可直接與各國資料進行交

換比對，國際貿易的運作更為順暢。

㈥中華民國海關進口稅則及輸出入貨品分類表合訂本

為使進出口商使用貨品進出口稅則稅率方便，我國政府將進口稅則與貨品分類編成合訂本，於 101 年 1 月由海關總局與國貿局共同印行，以適應對邦交國與 WTO 會員國的優惠稅率使用。茲將該合訂本要點列舉如下：

1. 本合訂本係中華民國海關進口稅則及中華民國輸出入貨品分類表的合訂本。前者主管機關為財政部；後者主管機關為經濟部國際貿易局。本書的貨品分類架構採用世界關務組織 (World Customs Organization, WCO) 制定的國際商品統一分類制度 (The Harmonized Commodity Description and Coding System, HS) 2007 年版，分為 21 類、97 章（其中第 77 章列為空章，國際間保留該章以備將來使用）、1,221 節（4 位碼）及 5,052 目（6 位碼）。我國海關進口稅率依 8 位碼貨品配置，稱為稅則號別，在 HS 2007 年版的架構下分為 8,726 款；貿易管理及統計則採用 10 位碼分類，計 10,995 項。另於 10 位碼之後加一位檢查號碼，廠商申請輸出入許可證及報關時，均須在申請書及報單上填列 11 位碼之貨品分類號列。我國加入 WTO 後，為實施關稅配額制度，自 91 年起，於 HS 6 位碼分類架構外，另增訂第 98 章「關稅配額之貨品」，該章分為 32 款（8 位碼）及 85 項（10 位碼）。

2. 關於貨品號列及品目的劃分，及稅則號別的認定，應依據海關進口稅則總則及解釋準則所載有關規定辦理。進口稅率的適用，請查閱總則有關規定。貨品的輸出入規定為管制或有條件准許、應施檢疫或檢驗，以及大陸物品不准輸入或有條件准許輸入等，均以代號標示於「輸出入規定」欄。「單位」欄內所列代號標示為 "KGM" 及另一單位時，除應填報公斤數於海關進出口報單的淨重欄外，亦應將另一單位量填報於統計用數量欄，詳細代碼說明請查閱「貳『單位』欄使用代碼說明」。「稽徵特別規定」欄計加註取消退稅等 12 種代碼，詳細代碼說明請查閱「參『稽徵特別規定』欄使用說明」。

3. 凡各章增註中標示 "R" 者，係財政部核定並公告取消退稅的貨品項目。

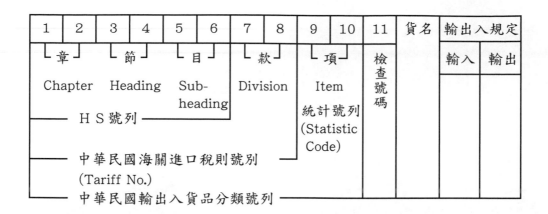

⊕ 習　題

1. 何謂貿易商？其分類為何？

2. 採購代理商與出口代理商 (export agent) 在性質及功能上有何不同？

3. 我國貿易法規對從事貿易的人有何規制？

4. 經營貿易者應具備哪些條件才容易成功？

5. 國際間有關機構對商品分類有不同的標準，請就主要的分類法及我國商品分類制度加以說明。

第三章

進出口程序概說

🌐 第一節　一般進出口程序

　　國際上的任何一筆商品交易，從買賣雙方建立業務關係開始，經買方詢價、賣方報價、買方接受、雙方簽訂貿易契約，而至雙方履行契約，完成交易，其間須經過許多繁複的手續。實際上，進出口貿易的處理程序並非每一筆交易都完全一樣。其間仍須視貨物的性質、買賣方式（議價買賣、比價、公開招標……）、付款方式（信用狀、託收、記帳、預付貨款……）、貿易條件 (FOB、CIF ……)、以及進出口國家外匯貿易管制措施的規定，而有不同的處理手續。本節先暫且撇開個別交易的特殊手續，而以信用狀付款方式、CIF條件及海運為前提的交易，說明一般的進出口交易程序。本節可視為以下各章的概要，而以下各章則在闡述本節的內容，並兼及個別交易的特殊手續。

一、出口程序概要

(一)調查市場

　　出口商要將貨物推銷到國外市場，首先必須做國外市場調查，蒐集商情資訊，仔細分析研究，然後再採取推銷行動。國際市場廣大，各地市場特性並不相同，因此除對於某地區的一般性調查外，最重要的，毋寧是關於擬銷貨物的產銷調查。

(二)尋求交易對手

　　經過市場調查後，出口商即可根據調查的結果選定某些潛在的輸出市場，作為推銷的目標市場。但儘管是很有希望的市場，若找不到特定的交易對手，交易仍然無法進行。因此，尋找交易對手對於出口商而言，可以說是比探求交易市場更為重要。

(三)發出招徠函

　　在市場上找到可能的買主 (prospective buyer) 後，即可發出招徠函電 (letter/teletransmission of proposal)，表示願與其交易，附上產品目錄 (catalog)，價目表 (price list)，表明函（電）索即寄樣品等，並將往來銀行告知買方，供其作為調查信用的備詢人 (reference)。

(四)調查信用

　　取得聯絡並獲得可能的買主反應，表示願意交易後，在尚未正式進行交易之前，應調查對方的信用情形。國際貿易本來就是一種冒險的事業，有些進口商本無購買的誠意，乃專門以騙取樣品為業，出口商不察，則易遭受損失。出口商對交易對手的信用可透過多種途徑進行調查，如調查結果顯示信用欠佳，應即停止往來，以免日後蒙受損失，悔之已晚。

(五)協議一般交易條件

　　出口商對於交易對手徵信的結果，如對方確實為殷實的進口商，即可積極進行推銷。但較謹慎的進出口商在開始交易之前，往往先就日後交易的一般條件議妥，訂立「一般交易條件協議書」(agreement on general terms and conditions of business)，作為未來個別實際交易的基礎，以免因交易條件不明確而發生爭執時，無所遵循。然而，就目前實情而言，大多數業者已省掉此項手續。

(六)招請訂貨及報價

　　出口商與國外進口商訂妥一般交易條件後，即應積極展開推銷。平常推銷的手段，不外寄發通函 (circular)、貨品目錄 (catalog)、價目表 (price list)、市場報告 (market report)，以及樣品 (sample) 等。如適合對方需要，對方當會來函或來電詢價 (enquiry)。接獲詢價後，如出口商本身為製造商，自應根據貨物成本、出口費用及銷售利潤，算出出口價格，向買方提出報價 (offer; quote)。倘出口商本身非製造商，則需轉向國內製造商或供應商詢價，俟取得報價後，再行向國外買方報價。國外進口商接到報價後，如認為合意而接受 (accept)，交易即告成立。

(七)簽訂書面貿易契約

　　交易成立後，一般均需簽訂書面貿易契約來規範及保障雙方交易的順利進行。簽訂書面契約的方式，常見的有三種：

　　1.由買方向賣方發出訂單 (order sheet; indent)，或購貨確認書 (purchase confirmation)。

　　2.由賣方向買方發出售貨單 (sales note)、售貨確認書 (sales confirmation) 或預期（先行）發票 (proforma invoice)。

　　3.由買方製作輸入契約書 (import contract) 或購貨契約書 (purchase contract)，簽字後寄兩份給賣方，由賣方簽字後將其中一份寄回買方。或由賣方製作輸出契約書

(export contract) 或售貨契約書 (sales contract)，簽字後寄兩份給買方，由買方簽字後將一份寄回賣方。

(八)準備貨物

簽訂書面契約後，出口商如為製造商，依交貨期遠近，將貨物排入生產計畫；如為專業出口商，就應向國內往來的貨物製造商或供應商下單完成訂購。貨物生產出來或買進後，須加以檢驗，並依約定條件加以包裝、刷印嘜頭，之後裝運出口或存進倉庫，以待裝運。

(九)洽訂艙位

如依交易條件須由出口商負責洽船（機）時，出口商必須依買賣契約或信用狀規定，配合備貨情形，向船（航空）公司洽訂艙位，通常洽船（機）的手續是填具託運單 (booking note; shipper's letter of instructions)，經船（航空）公司接受後，船（航空）公司即另交予裝貨單 (shipping order, S/O) 憑以辦理裝貨。

(十)辦理出口簽證

依我國目前規定，凡輸出「限制輸出貨品表」中所列貨品者，應向簽證機構申請核發輸出許可證，憑以辦理貨物出口通關。輸出未列入「限制輸出貨品表」的貨品，免證。目前大部分貨品均屬免證出口貨品。

(士)報　驗

貨物如屬應實施出口檢驗（疫）的項目，出口商須向檢驗（疫）機構洽取「報驗申請書」連同「輸出檢驗（疫）合格證書」，按欄先予繕填，持向檢驗（疫）機構申請檢驗（疫）。

(圭)投保運輸險

貨物從出口地運到進口地，路程遙遠，需要相當時間才能運達。因為貨物在運送中，可能會遭遇意想不到的危險，所以國際貿易貨物運輸，必須投保運輸險，以防萬一危險發生時，貨物所有人可以獲得補償。至於應由何方投保，端視貿易契約的貿易條件而定。

(圭)辦理出口報關與裝船

貨物出口報關與裝運手續，不能分開，必須雙管齊下。裝貨單一經船公司簽署即須一面向海關辦理報關，一面向棧埠管理處及船公司辦理裝船，才能完成裝運手續。裝貨完竣後，船上大副即在收貨單 (mate's receipt) 上簽署，發交裝貨人，由裝

貨人將收貨單提交船公司換領提單 (bill of lading)。但在貨櫃運輸，程序略有不同，詳第十六章。

(古)開製發票

貨物裝上船後，出口商應即開製交易發票。發票為整套貨運單據的中心，是出口商押匯時不可缺少的基本單據之一。貨物如果件數眾多，無法在發票中一一列出，或信用狀另有規定需提供包裝單，則出口商應另製作包裝單，以補充發票未能記載的部分。

(圭)申領產地證明書

進口商如有要求或信用狀規定需提供產地證明書，則出口商應向有關單位申請核發此項文件。產地證明書簽發的機構有標準檢驗局及商會等，如進口商指定須由官方簽發的，則出口商應向標準檢驗局申請核發，如無指定，通常只需向商會申請核發即可。

(夫)申請領事簽證

依一些進口國家的規定，貨物輸入到這些國家如必須附上輸入國駐輸出國領事的簽證文件，出口商應在貨物裝船之後，向該國領事館申請簽發領事發票，或請求在有關貨運單據上簽證。這些單據往往也構成必要的押匯單據。

(圭)發出裝運通知

出口商將貨物運出後，應即通知買方，俾便買方購買保險（按 FOB 或 CFR 條件交易時）或準備提貨手續。出口商作此項裝貨通知時，並應附上或另行寄上貨運單據抄本，以便進口商明瞭裝貨內容，並防萬一貨運單據遲到時，可及時辦理擔保提貨，以免影響提貨。此外，如有需要，出口商應寄出裝運樣品，俾買方可據以先行推銷。

(大)辦理押匯

上述各種單據準備齊全後，即可持向外匯銀行申請辦理押匯。押匯手續是由出口商開具（或免開）匯票，併同信用狀及有關單據送進銀行，經銀行審核無誤，銀行即予受理押匯，扣除押匯費用後，將貨款付給出口商。

(圭)索　賠

假如進口商不依約付款，則可向其索賠因其違約而遭受的損失。

二、進口程序概要

國際間的交易，有由賣方發動的，也有由買方發動的。在賣方居上風的市場 (seller's market)，由買方發動的交易顯得特別普遍。不論交易是由賣方或買方發動，

通常進口商所需的準備手續大致與前節出口程序相同。進口商經營進口貿易，首先也須調查市場。等到與國外出口商取得聯繫後，便應著手調查對方信用。如對方殷實可靠，即可協議簽訂「一般交易條件協議書」（現在多免除），作為日後雙方交易的準則。上面這些買賣準備手續，實為出口商和進口商雙方共同必經的步驟，非僅著眼於一筆交易而已。所以，進口程序為：

(一)調查市場——選定適當市場

(二)尋找交易對手

(三)調查信用

(四)協議一般交易條件

(五)詢價及接受

　　進口商與出口商議定一般交易條件後，即可就出口商提供的貨品目錄、價目表與樣品等進行研究，或分洽國內可能的客戶 (prospective customer) 以兜售。如滿意，即將品名、規格、數量、希望交貨時期電告出口商請其報價。出口商接獲此項詢價後，即可提出報價，報價一經進口商接受，交易即告成立。

(六)簽訂書面貿易契約

　　簽訂書面貿易契約乃買賣雙方的共同行為，所以這項手續與前節所述完全相同。不過在此應該一提的是，倘若進口商是受國內客戶的委託而進口，則在與國外出口商簽訂貿易契約之前，應與國內客戶簽妥委託進口契約。

(七)辦理進口簽證

　　依我國目前規定，凡輸入「限制輸入貨品表」中所列貨品者，應向簽證機構申請核發輸入許可證，憑以辦理貨物進口通關手續，輸入未列入「限制輸入貨品表」的貨品，免證。目前大部分貨品均屬免證進口貨品。

(八)辦理結匯與申請開發信用狀

　　進口商取得輸入許可證後（免證者除外），應於有效期限內，向指定銀行辦理結匯並申請開發信用狀。信用狀或以航郵或以電傳開發，悉依買賣雙方的約定，如交貨緊迫，應以電傳開發為宜。

(九)洽訂艙位

　　如貿易條件為 FAS、FOB、C&I、FCA，須由進口商洽船者，進口商應依契約交貨期限洽訂艙位，並適時通知出口商，以便出口商按時裝貨。

㈩投保運輸險

如貿易條件為 EXW、FAS、FOB、CFR、FCA、CPT 時，買方須負責投保運輸險。因此在申請開發信用狀時，即應預先購買保險。

(十一)付款贖單

貨物裝出後，國外出口商即備妥匯票及（或）單據辦理押匯，出口地押匯銀行讓購後便將匯票連同貨運單據寄到進口地的開狀銀行或其指定付款銀行請求付款，開狀銀行收到單據後即對進口商發出付款贖單的通知，進口商付清貨款及利息後，即可取得貨運單據。

(十二)進口檢驗與檢疫

依規定須辦理進口檢驗的貨物，在貨物運抵港口卸入海關倉庫後，辦理報關手續前，進口商應向港口檢驗機構申請檢驗。檢驗合格，即發給合格證書，憑以報關進口。須辦理進口檢疫的貨物，在船舶進口前，進口商應先向港口檢疫機構申請檢疫；船隻靠岸後，檢疫機構即派員執行檢疫，合格者即發給合格證書，憑以報關進口。

(十三)辦理進口報關及繳納關稅

貨物卸入海關倉庫後，進口商應於規定期限內向海關申報進口。報關時應填進口報單，檢附提貨單（以提單正本向船公司換取）、發票、輸入許可證（免證者，不在此限）、包裝單及其他有關文件等。經查驗、繳稅後，海關即發出放行通知，進口商便可向倉庫辦理提貨手續。

(十四)辦理提貨

貨物辦妥報關手續後，進口商應在提貨單上加蓋印章並請船公司背書放行，再至棧埠管理處結算繳納各項棧埠業務費用後，換取出倉單，再到貨物儲存倉庫請駐倉庫海關關員及倉庫管理人員核銷進口艙單，在提貨單上簽署准予提貨，即可至倉庫提貨，於是完成進口手續。

(十五)索　賠

進口貨物如有發生短缺或毀損，如應由船公司負責的，可向船公司索賠。如非船公司負責的，應向出口商、保險公司或其他應負責的單位索賠。

茲將進出口貿易的進行步驟圖示如下：

㈠建立貿易關係階段

包括確定目標市場，尋找可能的交易對手，推銷招攬交易、寄發招徠函，乃至調查信用。

1. 確定或尋找目標市場：

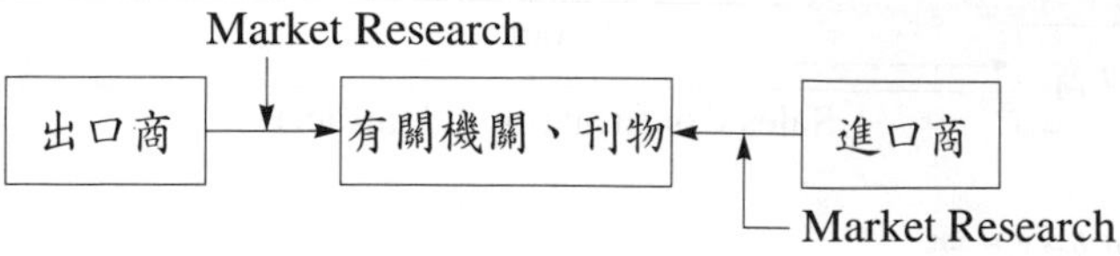

2. 尋找交易對手：

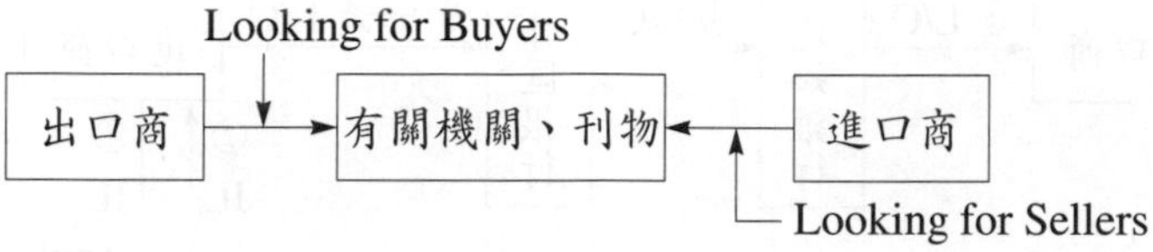

3. 發出招徠函、詢價：

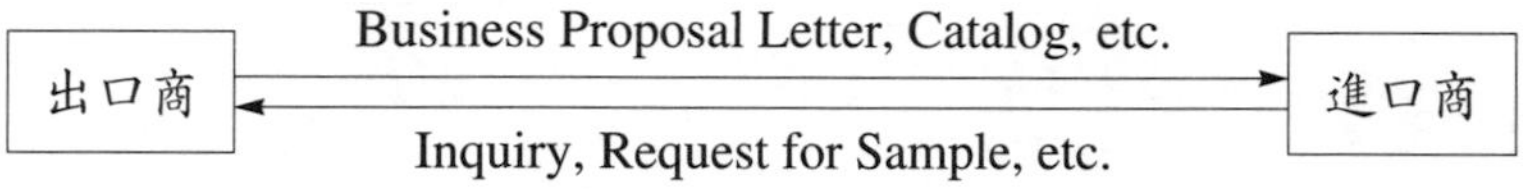

4. 信用調查：

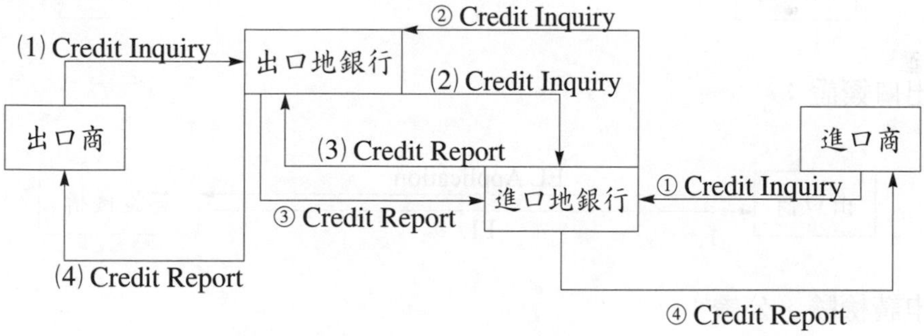

㈡交易磋商與簽立買賣契約階段

有了交易對手之後，則可進一步洽商更具體的事項，例如提供資料、洽商交易條件，必要時可事先簽立一般交易條件備忘錄，進行報價、還價、下單、接單或簽約。

5. 報價、還價、接受：

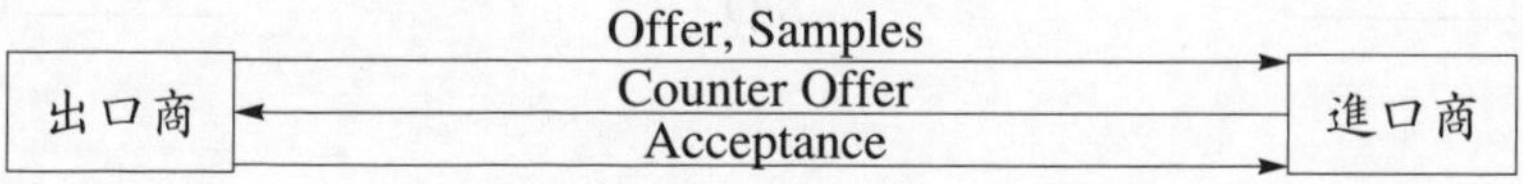

6.訂貨、簽約：

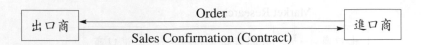

㈢履行買賣契約階段

7.進口簽證、開發信用狀、收受信用狀：

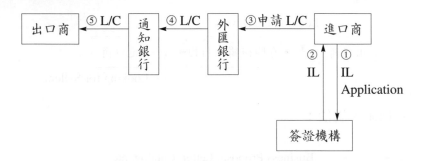

8.備貨：

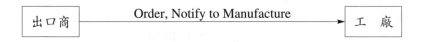

9.出口簽證：

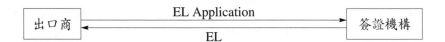

10.申請檢驗、公證：

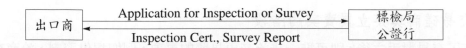

11.洽訂艙位：

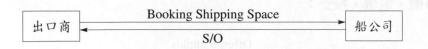

12.購買保險：

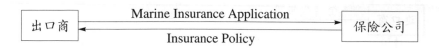

13.出口報關及裝船：

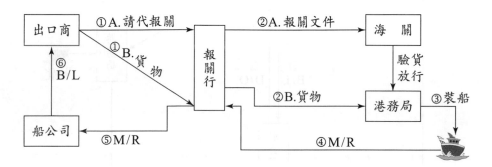

14.領事簽證、裝運通知等：

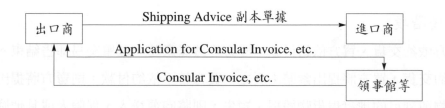

15.出口押匯：

16.付款贖單：

17.進口報關、提貨:

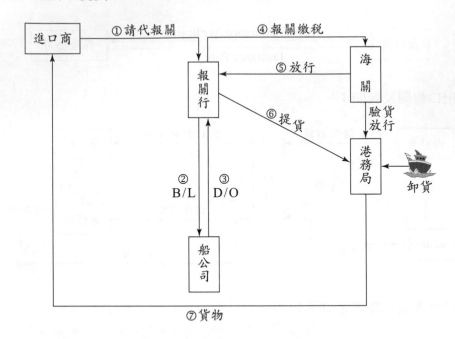

(四)善後階段

　　賣方依約交貨、買方依約付款,雙方均感滿意時,該筆交易即告結束。但若賣方未依約交貨,買方將提出索賠;反之,買方若不依約付款,則賣方將提出索賠。另外貨物運到目的地發現貨物毀損、短失,則將向運送人、保險人或其他應負責的人索賠。

　　18.索賠:

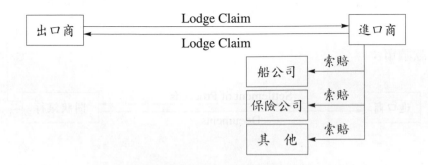

🌐 第二節　其他進出口程序

前面一節係就目前最通行的信用狀付款方式為基礎,說明國際貿易的一般交易

程序。除此之外,尚有以託收 (D/P、D/A)、記帳 (O/A)、寄售、訂貨付現 (CWO)、分期付款等其他付款方式交易者,隨著付款方式的改變,貿易的處理程序亦有所不同。例如以付款交單 (D/P) 或承兌交單 (D/A) 方式交易者,在出口商方面,於簽妥買賣契約後,即可積極備貨,而不必如信用狀方式交易須等待收到信用狀後才備貨。迨貨物報關裝運出口後,即可備妥有關貨運單據委託銀行辦理代收貨款事宜。俟銀行收妥貨款後,出口商才領取貨款。

又在預付貨款的場合,出口商收到貨款後,才備貨裝運出口。有關貨運單據則逕寄國外進口商,與信用狀項下交易比較,可免除透過銀行辦理押匯的手續。

由上述可知,國際間的任何一筆交易,買賣雙方的貿易處理程序並非完全一樣,其間的差異有大有小,變化多端,不勝枚舉,更無固定不變的規則可循,本節所述亦僅係其中一、二而已,無法一一述及。

🌐 第三節　國際貿易管理、輔導機構

國際貿易的主角為進出口商,進口商的任務在付款取得貨物,出口商的任務在交貨取得貨款。為了使整個交易過程順利圓滿達成,就會有一些配角出現,這些配角所扮演的角色不一,有的是在旁輔導、協助,有的則是管理。茲將配角逐一介紹。

一、管理貿易機關

在國內管理貿易的政府機關為經濟部 (Ministry of Economic Affairs, MOEA)、國貿局 (Bureau of Foreign Trade, BOFT)。經濟部是我國管理貿易事務的主管機關,國貿局則是隸屬於經濟部的直屬直接管理進出口貿易的機關,掌理我國國際貿易政策的研擬、貿易推廣及進出口管理事項、貿易談判、推動簽訂自由貿易協定等等。

網址:http://www.trade.gov.tw/（經濟部國際貿易局）

二、其他與貿易管理有關機構

1. 中央銀行外匯局 (Foreign Exchange Department):主管外匯業務。

網址:http://www.cbc.gov.tw/

2. 經濟部標準檢驗局 (Bureau of Standards, Metrology & Inspection, BSMI):掌理進出口貨品檢驗工作。

網址：http://www.bsmi.gov.tw/

3.外交部 (Ministry of Foreign Affairs)：對外商洽經濟與技術援助、推廣貿易、簽訂商務協定、協助廠商聯絡參加國際商展事宜。

網址：http://www.mofa.gov.tw/

4.財政部 (Ministry of Finance)：掌理海關業務、制定有關法令。

網址：http://www.mof.gov.tw/

5.交通部 (Ministry of Transportation and Communications)：擴展國際交通電訊及航運業務。

網址：http://www.motc.gov.tw/

6.國防部 (Ministry of National Defense)：戰略物資進出口的管制。

網址：http://www.mnd.gov.tw/

7.教育部 (Ministry of Education)：審理教育文化用品的進出口。

網址：http://www.moe.gov.tw/

8.衛生福利部 (Department of Health and Welfare)：出進口藥品的檢驗登記及對申請進口藥品品名數量的審核。

網址：http://www.mohw.gov.tw/

9.法務部 (Ministry of Justice)：各級法院對貿易廠商違犯刑事法令案件的監督。

網址：http://www.moj.gov.tw/

10.僑務委員會 (Overseas Chinese Affairs Council)：海外僑商有關貿易業務的聯繫。

網址：http://www.ocac.gov.tw/

11.文化部 (Ministry of Culture)。

網址：http://www.moc.gov.tw/

12.農業委員會 (Council of Agriculture)：農產品進出口的管制、進出口動植物及其產品的檢疫。

網址：http://www.coa.gov.tw/

13.國家發展委員會 (National Development Council)：國家整體發展的規劃、設計、協調、審議及管考。掌握國內外經貿情勢，研提經濟與貿易的振興與發展策略，推動經貿結構調整，加速產業創新轉型，促進經商環境國際化。

網址：http://www.ndc.gov.tw/

14.經濟部工業局 (Industrial Development Bureau, IDB)：掌理外銷品原料核退進口關稅標準的審定、外銷工廠登記、分期繳納關稅、投資抵減證明、獎助新發明新技術、策略性工業輔導、融資、各種核定的器材、物料免稅證明等等。

網址：http://www.moeaidb.gov.tw/

15.智慧財產局 (Intellectual Property Office, IPO)：綜理國內相關的標準、智慧財產權（商標、專利、營業祕密、積體電路電路布局等）的申請與權利維護的相關事務。

網址：http://www.tipo.gov.tw/

16.行政院大陸委員會 (Mainland Affairs Council)：輔導規範兩岸經貿交流。

網址：http://www.mac.gov.tw/

三、民間支援及服務性機構（輔導機構）

1.指定銀行：為中央銀行外匯局所指定授權辦理有關進出口業務的銀行金融業者。其業務範圍包括徵信、融資、結匯以及信用狀的開發、通知、押匯等。

2.中華民國對外貿易發展協會 (Taiwan External Trade Development Council, TAITRA)：一般稱外貿協會，為政府與民間共同捐出基金合組而成的非營利性財團法人，其工作項目為開拓海外市場，收集商情資料，介紹貿易機會，統籌參加國外商展，在臺舉辦外銷產品展覽，組團出國推銷，接待來訪廠商，培訓貿易或國際企業人才和解決貿易問題等工作。

網址：http://www.taitra.com.tw/

3.公證行：對進出口貨品執行質、量或包裝上的公證。

4.運輸公司：從事進出口貨物的載運工作。

5.郵政公司：負責進出口郵件的傳遞工作。

6.快遞公司。

7.電信公司：提供電話、電報和傳真等信息的傳遞。

8.保險公司：承辦進出口貨物運輸保險與信用保險業務。

9.報關行 (customs broker)：受進出口商委託代辦報關、進出口簽證、申請開狀、結匯、押匯、沖退稅及代訂艙位、倉庫等事宜。

10.中華民國全國商業總會 (General Chamber of Commerce of the Republic of

China)：促進貿易及經濟發展，調和同業間關係增加共同利益，加強聯絡全世界商會為其宗旨。

網址：http://www.roccoc.org.tw

11.中華民國國際經濟合作協會：在配合政府政策下，藉由各種方式與歐洲、中南美洲、大洋洲、東南亞、中東及非洲各國之工商團體達成增進雙邊貿易、促進雙向投資、推動科技交流、拓展民間經貿外交的目標。

12.中華民國紡織業外銷拓展會：簡稱紡拓會。接受政府委託與紡織品進口國家進行設限談判，及辦理紡織品配額管理事項。

13.臺灣省、臺北市、高雄市等進出口商業同業公會。

14.中華民國仲裁協會：仲裁國內外各類糾紛。

網址：http://www.arbitration.org.tw/

15.中國輸出入銀行：承辦輸出保險業務。

網址：http://www.eximbank.com.tw/

16.金屬工業研究發展中心：受標檢局委託代施檢驗金屬製品的出口檢驗及品管考核。

網址：http://www.mirdc.org.tw/

17.資訊工業策進會：受標檢局委託代施檢驗電腦、列表機、電視、遊樂器等出口產品的電腦軟體。

網址：http://www.iii.org.tw/

18.通關網路服務公司：目前有關貿網路 (Trade-Van Information Services Co., Ltd.) 與汎宇電商 (Universal EC Inc.) 兩家業者。除了通關自動化服務外，也提供海空運電子資料交換服務、空運承攬業服務系統、稅費電子收付系統、海空運進口艙單分送系統、海運裝貨單電子作業等服務。

網址：http://www.tradevan.com.tw（關貿網路）

第四節　國際經貿組織

國際經貿組織繁多，有政府參加的，也有私人機構組成的；有全球性的，也有區域性的；有實體性的，也有鬆散性的。國際組織的出現可追溯到十九世紀初。但是國際經貿組織的迅速發展則是二次世界大戰以後的事。目前各種國際經貿組織有

數百個，但從全球貿易體系的發展來看，發生重要作用的只有一、二十個而已。以下就分述這些重要的國際貿易組織。

一、全球性經貿組織

㈠聯合國 (UN)

英文全名為 United Nations，簡稱 UN。於 1945 年依聯合國憲章 (UN charter) 而成立，為參加會員國最多、代表性最廣泛的國際政治經濟組織。總部（秘書處）設於紐約，成立宗旨為維護世界和平與安全，並透過國際組織合作以解決國際經濟、社會、文化及人道問題。聯合國本身由六大機構組織而成：(1)大會 (General Assembly)；(2)安全理事會 (Security Council)；(3)經濟社會理事會 (ECOSOC)；(4)託管理事會 (Trusteeship Council)；(5)國際法庭 (International Court of Justice)；(6)秘書處 (Secretariat)。此外，另設有許多國際貿易及融資相關的專門機構，例如國際貨幣基金會 (IMF、世界銀行 (World Bank) 等。我國原為 UN 會員，但於 1971 年退出。

㈡國際貨幣基金會 (IMF)

英文全名為 International Monetary Fund，簡稱 IMF。成立於 1945 年，於 1946 年 3 月開始營運，屬於 UN 的專門機構，總部設於美國首都華盛頓，有 188 個會員國，設立宗旨為：設立一個永久性的國際金融合作機構，促進國際間匯率穩定；建立多邊支付制度，消除有礙國際貨幣的匯兌限制，以利國際貿易的擴張與平衡發展。我國原是 IMF 原始會員國，但在 1980 年 4 月理事會通過排除我國納入中共案後，結束了我國與 IMF 的關係，IMF 主要是由美國操控。

㈢世界銀行 (World Bank)

英文全名為 International Bank for Reconstruction and Development（國際復興開發銀行），簡稱 IBRD 或 World Bank。為聯合國經濟社會理事會之下的專門機構，與 IMF 同時成立，並於 1946 年 6 月開始正式營運，總部設於美國首都華盛頓，設立宗旨為：透過長期資金的融通方式，促進各地區的經濟建設與發展，會員國有 188 個。我國原本是世界銀行創始會員國，但於 1971 年退出聯合國後，在 1980 年 4 月結束了與世界銀行的關係。

㈣聯合國貿易暨發展會議 (UNCTAD)

英文名稱為 United Nations Conference on Trade and Development，簡稱

UNCTAD，於 1964 年 12 月由聯合國委員國簽署成立，總部設在日內瓦，成立宗旨為：加速經濟發展，協助開發中國家發展對外貿易，提供市場研究與調查。其下設有國際貿易中心 (International Trade Center)，負責實際的推展服務與人才訓練。該組織不定期召開各類專業會議，締結一些有利於開發中國家的國際協定，如國際天然橡膠協定、國際複合運送公約等；並於 1971 年起促使工業國家對開發中國家實施普通化（優惠）關稅制度 (GSP)。

㈤國際商會 (ICC)

英文全名為 International Chamber of Commerce，成立於 1920 年，總部設於法國巴黎，係民間組織。其成立宗旨為促進全球各國商會的合作，以改善國際貿易；制定有關國際性工商慣例與規則（例如 UCP、URC、Incoterms 等）；從事國際間有關商務糾紛的調解與仲裁；增進各國商業團體的聯繫及互助。我國於 1931 年加入該會，並於 1966 年在臺北成立「國際商會中華民國總會」(Chinese Business Council of the ICC in Taipei)。

㈥世界貿易組織 (WTO)

1. 基本介紹：英文全名為 World Trade Organization，係在「關稅暨貿易總協定」(General Agreement on Tariffs and Trade, GATT) 完成階段性任務後取而代之的全球性經貿組織。由一百一十七個參與 GATT 烏拉圭回合談判的國家於 1993 年 12 月達成協議，簽署了世界貿易協定，並於 1995 年 1 月正式成立世界貿易組織 (WTO) 取代 GATT，成為推動與規範全球自由貿易的新組織，被稱為「經貿聯合國」。迄 2015 年 9 月為止，共有一百六十一個會員，我國於 2002 年 1 月 1 日成為 WTO 的第一百四十四個會員，正式名稱為「臺灣澎湖金門馬祖單獨關稅領域」，簡稱「中華臺北」(Chinese Taipei)。

2. 功能：WTO 設立的宗旨在於經由 WTO 內的完整架構，確使 WTO 協定所涵蓋的各項協定能有效履行，依 WTO 第 3 條規定可知，WTO 的主要功能有下列五項：

　⑴強化 WTO 協定與多邊貿易協定的履行、管理、運作以及長遠目標的達成，同時亦為複邊貿易協定的履行、管理及運作提供一架構。

　⑵為會員國提供一談判的論壇，而利於會員國間多邊貿易關係協商的進行。

　⑶掌理爭端解決程序與規則瞭解備忘錄。

　⑷掌理貿易政策檢討機制 (Trade Policy Review Mechanism, TPRM)。

(5)適時與 IMF、IBRD 及其附屬機構密切合作。

3. 組織架構：依 WTO 第 4 條規定，WTO 有下列幾個內部機構：

(1)部長級會議 (Ministerial Conference)：由全部會員國的部長級代表所組成，每 2 年至少開會一次（聯合國大會係 1 年一次）。部長級會議為執行 WTO 機能的機構，必要時得採取相關的行動以實現 WTO 的機能。部長級會議召開時，或基於特定會員國的邀請，就多邊貿易協定事項有決定權，但其決定應依 WTO 協定及特定的多邊協定程序為之。

(2)一般理事會 (General Council)：係由各會員國代表組成，為了避免頻繁召開部長級會議，乃創設理事會在部長級會議休會期間，就特別重要事項代行有關的職權及依規定賦予理事會的職權，理事會係於必要時召開。

理事會有兩項重要任務：

①擔任附屬書類二所訂紛爭解決備忘錄底下紛爭解決機構 (Disput Settlement Body, DSB) 的職責。

②負責附屬書類三所訂檢訂貿易政策機制底下的檢討貿易政策機構的任務。

(3)一般理事會外，另外設立三個特別理事會，由各會員國代表所組成，於必要時得隨時集會，且得設置輔助機構：

①商品貿易理事會 (Council for Trade in Goods)：負責監視附屬書類 IA 有關的多邊貿易協定運作的情形。

②服務業貿易理事會 (Council for Trade in Services)：負責監視附屬書類 IB 有關的服務業貿易協定執行情形。

③貿易有關的智慧財產權理事會 (Council for Trade–Related Aspects of Intellectual Property Rights)：負責監視附屬書類 IC 有關 TRIPS 協定有關的執行情形。

(4)部長級會議將設立貿易發展委員會；國際收支平衡委員會；預算、財務及行政委員會。

(5)複邊貿易協定 (Plurilateral Trade Agreement, PTA)，又稱多邊貿易協定 (Multilateral Agreement) 下設置的機構：複邊貿易協定得設置必要的機構，嚴格而言它並非 WTO 的機構，僅能在 WTO 體制的架構下活動，同時應定

期向一般理事會報告活動的狀況。

(6)秘書處 (Secretariat)：由部長級會議任命秘書長，並設有職員若干人。

二、區域性經貿組織

由於 WTO 多邊貿易談判進展不順利，各會員國紛紛藉由區域結盟來加深貿易自由化，各國之間簽訂「區域貿易協定」(regional trade agreement, RTA) 或「自由貿易協定」(free trade agreement, FTA) 遂蔚為一股風潮。目前全球實施的 RTA/FTA 已超過三百個，WTO 的會員國幾乎都已簽屬一個以上的 RTA/FTA。全球區域經貿整合，從最早發展的歐洲區域經濟整合，到北美自由貿易協定的簽署，而後則是亞洲區域經濟的整合。經過半世紀的發展，三大板塊的區域經濟整合規模已然形成。茲簡要介紹如下：

㈠亞太經濟合作會議 (APEC)

英文全名為 Asia–Pacific Economic Cooperation，成立於 1989 年，成立時有十二個會員，分別是北美地區的美國及加拿大，東北亞地區的日本及南韓，東協國家的新加坡、印尼、泰國、馬來西亞、菲律賓及汶萊，以及大洋洲的澳洲及紐西蘭。成立目的在經由諮商會議，尋求亞太地區經貿政策的協調，促進亞太地區貿易自由化與區域合作，維持區域成長與發展。後來我國、香港、中國大陸、墨西哥、巴布亞新幾內亞、智利、秘魯、俄羅斯、越南等陸續加入，共有二十一個會員國。

㈡東南亞國協 (ASEAN)

英文全名為 Association of Southeast Asian Nations，簡稱東協，於 1967 年 8 月在泰國曼谷成立，總部設在印尼的雅加達，會員國有菲律賓、泰國、馬來西亞、新加坡、印尼、汶萊、柬埔寨、越南、寮國、緬甸等十國。成立宗旨為促進貿易合作，促進區域和平及穩定。2010 年中國大陸與東協組成東協加一；而東協加三（中國大陸、南韓、日本）的自由貿易區也已成形。

㈢歐洲聯盟 (EU)

英文全名為 European Union，簡稱歐盟，其前身為歐洲共同體 (European Communities, EC)，於 1993 年 10 月改稱為歐盟。迄 2015 年 8 月為止，共有二十八個成員國，人口超過 5 億。經過半世紀的努力，歐盟已先後實行共同外貿、農漁業政策、經濟與貨幣聯盟，因而得以統一內部市場，實現商品、人員、資本及服務的

自由流通，另成為歐元區國家已達十九個（立陶宛於 2015 年加入）。

㈣**北美自由貿易協定 (NAFTA)**

英文全名為 North American Free Trade Agreement，是由加拿大、美國和墨西哥此北美三國於 1992 年 8 月，在美國首都華盛頓締結的自由貿易協定 (FTA)，主要協定內容為消除彼此之間關稅及非關稅貿易障礙（例如外匯管制、配額、輸入許可等），促進公平競爭條件，增加區域內投資機會，提供區域內的智慧財產權保護，並遵守 NAFTA 規章所訂的爭端解決條款。區域內彼此貨物可免除關稅，相互流通，但對區域以外的國家，則可維持原關稅與貿易障礙。

㈤**經濟合作暨發展組織 (OECD)**

英文全名為 Organization for Economic Co-operation and Development，成立於 1961 年 9 月，總部設於巴黎，其宗旨為促進會員國的經濟發展，達成充分就業，提高生活水準，維持金融穩定，擴大自由貿易。迄 2015 年為止，共有三十四個會員國。

㈥**石油輸出國家組織 (OPEC)**

英文全名為 Organization of Petroleum Exporting Countries，簡稱 OPEC，係亞、非、拉石油輸出國為了對抗幾個主要石油公司片面降低石油價格，於 1961 年 1 月成立的組織，旨在協調各會員國的石油政策，將石油價格維持在合理之水準。並提供各會員國技術與經濟的援助，會員國包括伊朗、伊拉克、科威特、沙烏地阿拉伯、委內瑞拉、卡達、印尼、利比亞、阿拉伯聯合大公國、阿爾及利亞、厄瓜多爾以及加彭等國。

㈦**亞洲開發銀行 (ADB)**

英文全名為 Asian Development Bank，簡稱 ADB（亞銀或亞開行）。於 1966 年 11 月在日本東京創立，總行設在菲律賓馬尼拉。亞銀有六十七個會員，我國為創始國之一，成立宗旨為提供亞洲及太平洋地區開發中會員的投資、擔保、貸款低利融資與技術協助，以加速經濟建設，擴大區域內的經濟與貿易合作。亞銀主要由日本與美國操控。

㈧**日歐經濟夥伴關係協定 (EU-Japan EPA)**

英文全名是 EU-Japan Economic Partnership Agreement，經四年談判，終於 2017 年 6 月 6 日順利完成，日歐雙方並設定以 2019 年正式生效為目標。日歐經濟體不輸 TPP 與 RCEP。

日歐 EPA 是高品質的協定，自由化並不低於 TPP，雙方針對貨品貿易、服務貿易、投資、競爭、政府採購、智慧財產權、非關稅措施等，多項議題均有深度的關注。日歐 EPA 對我國產業會產生相當的衝擊，例如石化、紡織、金屬製品等。

三、我國簽署區域性自由貿易協定 (FTA) 的情形

㈠已簽訂雙邊 FTA 者

1.中國——海峽兩岸經濟合作架構協議 (ECFA)

英文全名為 Economic Cooperation Framework Agreement。本協議由我國海峽交流基金會與中國大陸海峽兩岸關係協會於 2010 年 6 月簽署，協議目標為：

　　⑴加強和增進雙方之間的經濟、貿易和投資合作。

　　⑵促進雙方貨品和服務貿易 (trade in goods and trade in services) 進一步自由化，逐步建立公平、透明、便捷的投資及其保障機制。

　　⑶擴大經濟合作領域，建立合作機制。

ECFA 是「經濟合作協議」(economic cooperation agreement, ECA) 或 FTA 的一種。兩者的差異不大，如果一定要區別，只能說 FTA 偏向強調貨品貿易的關稅降低；ECA 則比較強調經濟合作，包括關稅減讓、勞工、環保、經濟等面向，其涉及內容較 FTA 更大。

2.新加坡——臺星經濟夥伴協議 (ASTEP)

英文全名為 Agreement between Singapore and the Separate Customs Territory of Taiwan, Penghu, Kinmen and Matsu on Economic Partnership。ECFA 於 2010 年 6 月簽署後，臺灣在對外簽署自由貿易協定上，獲得突破性的進展。例如臺灣與新加坡即於 2010 年 8 月共同發表洽簽經濟合作協議可行性的聲明。2010 年 12 月進行首次會談，並於 2011 年 5 月在新加坡舉行首輪談判；2013 年 11 月 7 日完成簽署，同年 12 月 27 日立法審查通過，並於 2014 年 4 月 19 日生效。ASTEP 涵蓋貨品貿易、服務貿易、投資、爭端解決、電子商務、關務程序及政府採購等議題。

3.紐西蘭——臺紐經濟合作協議 (ANZTEC)

英文全名為 Agreement between New Zealand and the Separate Customs Territory of Taiwan, Penghu, Kinmen, and Matsu on Economic Cooperation。於 2013 年 7 月 10 日簽署，同年 12 月 1 日生效。

4.其他國家

　(1)巴拿馬。

　(2)瓜地馬拉。

　(3)尼加拉瓜。

　(4)薩爾瓦多。

　(5)宏都拉斯。

以上五國與我國簽訂的是 FTA，且與我國貿易總額的比重所占有限。

　(6)巴拉圭。

　(7)史瓦帝尼。

以上兩國與我國簽訂的是 ECA。

㈡洽簽中的雙邊 FTA 或 ECA

臺美貿易暨投資架構協定 (TIFA)：英文全名為 Trade and Investment Framework Agreement。TIFA 會議的構想始於 1992 年 12 月初美國貿易代表訪臺時，提出簽署臺美雙邊「貿易暨投資架構協定」的建議，臺美雙方於 1994 年 9 月正式簽署 TIFA。

TIFA 是臺美貿易夥伴間為解決彼此關切的經貿事項，所建立的一種諮商管道或平臺。TIFA 會議前後開了六屆（第六屆會議日期為 2007 年 7 月），主要議題包括洽簽雙邊投資協定，智慧財產權、保護貿易安全、關稅減讓等。至 2008 年，臺美 TIFA 會議因美牛議題而停開。中斷超過五年的 TIFA 會議於 2013 年恢復談判，召開第七屆會議，談判進度緩慢備感挫折；2016 年後談判停擺。

㈢爭取加入的區域經濟組織（複邊 FTA）

1.跨太平洋夥伴全面進步協定 (CPTPP)

2005 年汶萊、智利、紐西蘭與新加坡四國協議發起泛太平洋夥伴關係，稱為「跨太平洋戰略經濟夥伴關係協定」 (Trans–Pacific Strategic Economic Partnership Agreement) ，2008 年美國加入後，改稱為 「跨太平洋夥伴協定」 (Trans–Pacific Partnership, TPP)，同時邀請更多國家加入，成員國包括美國、日本、加拿大、澳洲、紐西蘭、新加坡、馬來西亞、越南、汶萊、墨西哥、智利及秘魯等 12 國，於 2015 年完成談判，並於 2016 年簽署協定，2017 年美國新任總統川普宣布退出 TPP，對 TPP 造成重大衝擊。

在日本的積極推動下，美國以外的其餘 11 國宣布就核心議題達成共識，並將

TPP 改名為「跨太平洋夥伴全面進步協定」(Comprehensive and Progressive Agreement for Trans-Pacific Partnership, CPTPP)。CPTPP 大致維持原 TPP 簽署的內容，除了貨品貿易，還包含服務貿易（含電信、金融）、環境、電子商務、政府採購、競爭政策、政府控制事業、中小企業、知識產權、勞工、透明度與反貪腐、投資等，於 2018 年完成協定簽署並生效。

　　2.區域全面經濟夥伴關係 (RCEP)

　　英文全名為 Regional Comprehensive Economic Partnership，即 2012 年 11 月在第二十一屆東亞峰會提出的區域自由貿易組織，由東協十國倡議，邀請中國大陸、南韓、日本、紐西蘭、澳洲及印度共同籌組「十加六」（即東協十國加六國），消除貿易壁壘、創造自由投資環境、擴大服務貿易等，建立統一市場的自由貿易協定。表面上，RCEP 是由東協主導，實質上，最具影響力的是中國大陸。RCEP 自 2013 年開始談判，於 2019 年 11 月完成主體談判，但印度基於保護國內勞工與農民，決定暫不加入 RCEP。

CPTPP 及 RCEP 成員名單

CPTPP 成員	同時參與 CPTPP 與 RCEP 成員	RCEP 成員
日本	日本	日本
澳洲	澳洲	澳洲
紐西蘭	紐西蘭	紐西蘭
新加坡	新加坡	新加坡
馬來西亞	馬來西亞	馬來西亞
越南	越南	越南
汶萊	汶萊	汶萊
墨西哥		印尼
智利		寮國
祕魯		緬甸
加拿大		泰國
		東埔寨
		菲律賓
		中國大陸
		韓國

3.亞太自由貿易區 (FTAAP)

英文全名為 Free Trade Area of the Asia-Pacific，簡稱 FTAAP，係由中國大陸於 2014 年 APEC 會議時倡議推動，擬藉由多邊區域經濟整合而達成的自由貿易協定。與沒有拘束力的 APEC 相比，FTAAP 談成後，將是亞太地區具有約束力的貿易協定之一。原在 2014 年 11 月 APEC 峰會時，擬提出成立 FTAAP 的目標日期 (2025 年)，但未獲美國的正面力挺下，要在 2025 年以前誕生恐有困難。

4.亞洲基礎設施投資銀行 (AIIB)

英文全名為 The Asian Infrastructure Investment Bank，簡稱 AIIB（亞投行），在中國大陸的倡議下，由二十一國代表於 2014 年 10 月在北京簽署協議籌建，於 2015 年年底正式成立並投入運作。成立宗旨為提供亞太地區國家基礎設施建設所需資金。亞投行主要是提供「一帶一路」(one belt and one road) 沿線的基礎建設所需資金。「一帶一路」是指陸上的「絲綢之路經濟帶」和海上的「21 世紀海上絲綢之路」。沿線經過亞、非、歐、太洋洲及美洲。亞投行總部設在北京，創始會員國有五十七個，迄 2017 年 6 月成員總數已達 77 個，為全球第二大多邊開發機構，僅次於世界銀行。我國是否加入尚未確定。

 習　題

1.試說明影響進出口貿易程序的主要事項。

2.請就以信用狀付款方式、CIF 條件及海運為基礎的交易，說明我國進出口貿易的一般業務程序。

3.請就以 D/P 付款方式、C&I 條件及海運為基礎的交易，說明我國進出口貿易的一般業務程序。

4.試述我國目前與貿易支援及服務有關的機構主要有哪些？

5.試述報關行在進出口貿易所扮演的角色。

6.我國在哪一年成為 WTO 的會員？

7.國際商會制定了哪些與國際貿易實務有關的規則與慣例？

8.已與我國簽訂 FTA 的國家有哪些？

9. FTA 與 ECA 有何不同？

10.我國爭取加入 TPP 或 RCEP 的重要性為何？

第四章 交易前的準備
——貿易關係的建立

貿易關係的建立通常採下列方式進行：

1.市場調查：(1)就出口商而言，尋找國內供應來源，調查國貨的外銷市場；(2)就進口商而言，尋找國外供應來源市場，調查進口貨物在國內的去路市場。

2.尋找交易對手。

3.推銷宣傳廣告，招攬生意、詢價。

4.然後進行買賣條件的磋商、洽定一般交易條件。

第一節 輸出的市場調查

一、輸出的市場調查目的

從事國際貿易，經營者所面臨的是貨幣制度、語言、風俗習慣、法律、度量衡制度、交易方式等均與國內市場迥異的國外市場。所以出口商要將產品行銷到國外市場，必須先做充分的國際市場調查，蒐集有關的商情，加以分析研判後，才能採取有效的行動。出口商調查市場的目的，是在瞭解市場藉以行銷貨物。出口商初經營貿易，其第一步為選定市場。就初經營貿易的出口商而言，國外市場均屬新市場，所以需從事範圍較廣的市場調查。進軍國際市場後，雖然仍須不斷調查研究，但已屬舊市場的維護，只需就原有資料，隨時更新，並注意市場的變動即可。茲將調查新市場與調查舊市場的目的分述於下：

(一)調查新市場的目的

出口商調查新市場的目的，在於如何將自己的產品行銷到一個預定的新市場。其所面臨的工作有兩種：

1.開發新市場：該市場無出口商所擬行銷的同類商品應市，於是出口商擬加以開發，這可說是「無中生有」。這類商品只限於特產品、新產品及專利產品等。例如

我國百能免削鉛筆或資訊產品等不斷開發新市場、創造新市場即是一個例子。

　　2.爭取新市場：該市場本已有同類商品上市，但出口商希望憑較優的品質或較低的價格加以爭取，變成自己的市場，這可說是「鵲巢鳩占」。進軍國際市場的我國產品，大多屬於這類。例如我國以前紡織品、玩具、電子產品等打入美國市場，取代了日本產品即是。

㈡調查舊市場的目的

　　出口商對於已開發或已爭取到的舊市場也須繼續不斷加以調查，其目的不外乎：

　　1.增加營業，擴大既有的市場。

　　2.排除障礙，強化既有的市場。

　　3.對抗競爭，維持既有的市場。

　　4.檢討虧損，明瞭自己的市場。

　　5.重整旗鼓，恢復已失的市場。

二、輸出的市場調查項目

　　市場調查的項目，應配合調查的目的。換言之，所調查的項目應該是合乎調查目的的項目。輸出的市場調查可分為對外市場調查 (outward market research) 與對內市場調查 (inward market research)，前者旨在調查商品的國外去路，後者旨在調查商品在國內的供應來源。茲就對外市場調查，也即國外市場調查的項目加以說明。國外市場調查的項目有兩種：一為一般調查項目，是有關某一特定市場的一般性調查，與擬銷商品無特定的關係；另一為個別調查項目，是有關擬銷商品在該市場的產銷調查，與擬銷商品有直接的關係。

㈠一般調查項目

　　1.該市場所屬國家的一般結構：

　　　⑴地理狀況：位置、面積、地形、氣候。

　　　⑵人文狀況：人口、語言、教育水準、宗教風俗、所得水準、商業地區及其中心地點。

　　　⑶通訊、交通狀況：通訊方式、港口設施、運輸設施。

　　　⑷產業結構：農業國抑工業國、有無資源、開發狀況、開發計畫、生產種類、生產額。

⑸商業狀況：流通機構、商業習慣、需求季節、貿易狀況、國際收支。

2.該市場所屬政府的各項政策：

⑴貿易政策：是否採管制政策、貿易管理法令。

⑵關稅制度：有關關稅法令。

3.該市場所屬國家的外匯及金融狀況：

⑴通貨與外匯狀況：通貨的種類、幣值的穩定性、外匯制度、匯率、外匯管理。

⑵金融狀況與金融機構的發達程度。

由上述各項調查，可獲得下面的情報：

1.該國外市場的生活方式、文化水準如何？

2.該國外市場所屬政府是否穩定？友好？

3.該國外市場貿易政策如何？貿易管制措施如何？

4.該國外市場的外匯、外匯制度如何？

5.該國外市場的關稅制度如何？

6.與該國外市場的運輸及通訊條件如何？

7.該國外市場的人口、風俗習慣以及消費者嗜好如何？

8.一般購買力如何？

㈡個別調查項目──擬銷商品的產銷調查

1.供需情形：

⑴該商品在當地的生產量、生產廠商名單。

⑵該商品的輸出入量、輸出入業者名單。

2.當地競爭情形：

⑴當地產品資料：品質、價格、包裝、設計。

⑵進口產品資料：品質、價格、包裝、設計。

⑶消費數量：包括目前以及潛在的消費量。

⑷付款條件：該市場進口商以何種付款條件進口商品，其付款習慣如何？

3.行銷通路：

⑴該產品在當地的行銷通路、各階層的名單、每一階層的優缺點和利潤率。

⑵輸出到該市場的其他出口商的行銷通路。

⑶能否在當地找到有力人士的支持？

4.該商品的促銷方法：

　⑴在該市場做廣告時，以何種廣告媒體最具效果？

　⑵如何選定廣告代理商？費用如何？

　⑶競爭者的廣告方法如何？

由上述調查，可獲得下面的情報：

1.該商品在該國外市場的生產、輸入及消費數量如何？

2.就該商品的供需而言，自己的商品有無插足的餘地？

3.該商品在該國外市場的售價如何?自己的商品能否與其他人競爭?(定價策略)

4.競爭者的商品品質如何？（產品策略）

5.競爭者的付款條件如何？（付款策略）

6.當地產品及外來產品競銷情形如何？

7.該國外市場進口及行銷外國產品所採取的途徑如何？（行銷通路策略）

8.應採取何種促銷策略？（推廣策略）

三、輸出的市場調查方法

國外市場的調查方法，如按資料來源區分，可分為兩種：⑴利用既有的次級資料 (secondary data)；⑵蒐集原始的初級資料 (primary data)。前者是指他人已蒐集整理的資料；後者是指自己實地蒐集而獲得的資料。

次級資料來源甚廣，出口商計畫調查某一國家的市場，只要針對調查目的，盡力去蒐集現成的資料再加以整理分析，即可獲得滿意的結果。因此，一般出口商從事市場調查，通常即由自己蒐集次級資料，經整理分析後，即加以利用，而不再委託國外市場調查機構或自己去做實地調查。蒐集次級資料的來源約有下列各種：

1.被調查國家政府發行的公報、年鑑、統計報告、工商普查報告等。

2.聯合國及有關區域性經貿組織所發行的年鑑等資料。

3.被調查國家金融機構或海關發行的進出口結匯統計等資料。

4.國內外市場研究機構或徵信機構所發表的報告。

5.國內外報紙、雜誌等廣告媒體所發布的資料。

6.國內外大學及各種基金會的研究報告及刊物。

7.本國駐外使館及其他駐外單位所提供的報導。

8.本國進出口公會及各種職業團體所發行的刊物。

對外貿易發展協會 (TAITRA) 在臺北、新竹、臺中、臺南、高雄等地設有資料館，貿易廠商可申請閱覽證查閱資料。

次級資料的蒐集不太困難，花費較少，又已經他人整理，所以一般調查項目可取材於此。但個別調查項目，則每因次級資料過於籠統簡略而缺少參考價值，出口商必須進一步委託專業市場調查機構代為調查或自己前往國外市場進行實地調查。常用的初級資料調查方法有兩種：⑴用通信調查；⑵是派人出國訪問調查。前者費用較省，但效果不大；後者耗資頗鉅，但所獲得的資料必較正確。採用何種方式，全由出口商視調查目的自己權衡。至於委託市場調查機構調查，所費不貲，非初營貿易的出口商所能負擔，一般僅限於大規模企業才委託辦理。

市場調查必須經常地、長期地進行，因此平時就應閱讀下面幾種刊物上有關產品與市場的報導。日久必能增強判斷能力，據此所作的決定，既迅速又可靠，且不必花費很多。

1.《國際商情雙周刊》(*International Trade Biweekly*)：由中華民國對外貿易發展協會發行，為目前傳遞貿易訊息較佳的刊物。另發行「貿易機會」，每週一次。

2.《貿易雜誌》：由臺北市進出口商業同業公會出版。

3.《經濟日報》、《工商時報》以及其他國內外商業性新聞刊物或雜誌。

4.各種商品的專業刊物：多屬外文雜誌。

5.電腦商情網路：例如世界貿易中心商情網路 (World Trade Center Network)、臺灣經貿網 (Taiwan Trade) 等。

四、輸出的市場調查步驟

要獲得正確的國外市場情報，有賴於利用科學的商情調查步驟。茲將國外市場調查的主要步驟說明於下：

㈠確定調查主題及調查目的

在計畫調查之前，首先應確定主題及目的，例如為拓展我電動玩具對美國的行銷，即可將調查的主題訂為：「美國對臺灣電動玩具需求之研判及預測」，而將調查目的訂為：「分析研判美國電動玩具市場需求之結構，及預測其未來動向」，從調查

結果中發掘問題，以供拓銷該產品，迎合該市場需要的參考。

(二)計畫調查事項

調查及目的確定之後，跟著就要計畫調查事項。一般而言，計畫調查事項包括下列幾項工作：

  1.決定蒐集資料的種類及其來源：如前述電動玩具市場調查一例，為獲得較可靠的市場情報，可同時蒐集次級及初級資料。次級資料可從美國近年進出口統計刊物中尋取；至於初級資料則需藉實地調查以獲得。

  2.如需實地調查，則應先選定調查的對象標準（例如消費者、廠商及公會等等）。

  3.設計調查表格，並試查及修正調查表格。

  4.決定整理、分析及解釋調查結果的方法。

  5.確定所需要的工作人員及費用。

(三)蒐集資料

調查計畫完成後，即可有系統地從貿易資料圖書館、政府機構、同業公會、企業團體或上網蒐集現有的資料，或派員做實地調查。

(四)整理及分析資料

根據蒐集的資料，加以整理表列，以統計方法加以分析。

(五)解釋資料分析的結果並提出建議

由於使用方法及資料本身的限制，對於調查的結果必須加以解釋。此外，於詮解調查結果之後，即須據以作成結論，並提出能解決問題的辦法。

(六)撰擬書面報告

調查工作一一完成後，即當提出報告供決策當局參考，報告力求扼要中肯而有系統，以便閱讀者能於最短時間內獲致全盤的瞭解。

第二節　輸入的市場調查

一、輸入的市場調查目的

有輸出就有輸入，輸出的市場調查，對出口商固然很重要，但輸入的市場調查，對進口商而言，也同樣重要。輸入的市場調查目的，也可分為調查新市場與調查舊市場，茲分述於下：

㈠調查新市場的目的

進口商調查新市場的目的在於瞭解：

1.哪一國可供應擬進口的商品？

2.哪一國供應的商品品質較佳？價格較低廉？

3.其供應季節及數量如何？

4.誰能供應？

㈡調查舊市場的目的

進口商對於舊供應市場，也須繼續加以調查，其目的不外乎瞭解：

1.舊市場供應廠商增減情形及供應增減情形。

2.該商品在供應國國內的價格變動情形。

3.該商品的品質改進情形。

4.進口國其他進口商從舊市場進口的情形。

二、輸入的市場調查項目

輸入的市場調查，也可分為對外市場調查 (outward market research) 與對內市場調查 (inward market research) 兩種，前者為調查供應來源市場，後者為調查商品在國內的去路市場。其主要調查項目包括：

1.該項商品目前的供應國、地區、數量。

2.該項商品將來的供應國、地區、數量。

3.該項商品的供應季節、供應數量。

4.供應國所能供應的品質、價格、數量。

5.供應國過去及目前的輸出地區及數量。

6.供應國對該商品的出口管制情形。

7.供應國的政治、經濟情況，能否長期地供應？

8.供應廠商名稱、地址。

9.該項商品已否輸入本國？進口數量、價格、品質如何？

10.國內同業的進口數量、品質、價格及其他交易條件如何？

11.國內市場容納量與輸入數量的比率如何？

12.國內市場該項商品價格與行情變化情形如何？

13.有無輸入管制？

第三節　交易對手的尋找方式

經過市場調查後，可就所獲得的資料分析比較，選定最有希望的市場作為目標市場，再從這個市場尋求適當的交易對手。

尋求國外交易對手的方法，可分積極的物色方法與消極的物色方法兩種，茲分述於下：

一、積極的物色方法

可分為自己直接物色及委託第三者間接物色兩種。

1. 自己直接物色：

(1)賣方可在網際網路 (internet) 上刊登廣告，將公司簡介、型錄／目錄，以動／靜態的文字型態或圖檔方式，在廣告看板上呈顯。網際網路蔓延至世界各地，造成了第三次工業革命，二十一世紀企業決勝的關鍵在「速度」，如何掌握速度，創造企業競爭優勢，將主宰企業未來的經營成敗。在電子商務 (electronic commerce) 時代的今天，應多利用網際網路爭取客戶。買方也可上網從網頁上尋找貨主。上網尋找交易對象。即網路貿易 (internet trade) 不僅效果好、速度快、省時、經濟實惠，幾可取代傳統尋找交易對象的方式。

　　茲介紹若干國內貿易商常使用的貿易機會相關網站如下：

- 臺灣資訊服務業發展計劃畫網　網址：http://proj2.moeaidb.gov.tw/its/
- 臺灣經貿網（英文版）　網址：http://www.taiwantrade.com.tw/
- 台灣區體育用品工業同業公會　網址：http://www.sports.org.tw/
- 臺灣機械工業同業公會　網址：http://www.tami.org.tw/
- 台北市電腦商業同業公會（英文版）　網址：http://www.computex.com.tw/
- 歐銀公開招標資料（英文版）　網址：http://www.ebrd.com/
- 紡拓會全球資訊網　網址：http://www.textiles.org.tw/
- 臺灣區玩具暨兒童用品工業同業公會　網址：http://www.toybase.com.tw/
- 臺灣區電線電纜工業同業公會　網址：http://www.taiwancable.org.tw/
- 臺北市儀器商業同業公會　網址：http://www.instrument.org.tw/
- 日文商情網站（日文版）　網址：http://www.ippc.com.tw/

・日本貿易振興會 (Japan External Trade Organization, JETRO)　網址：http://www.jetro.go.jp/

・經濟部國際貿易局經貿資訊網　網址：http://www.trade.gov.tw/

・行政院主計總處　網址：http://www.dgbas.gov.tw/

・經濟部國際貿易局──中華民國進出口貿易統計　網址：http://cus93.trade.gov.tw/fsci/

(2)派員常駐國外或出國訪問尋求交易對手。這是一種最有效的方法，雖花費較多，但除了可在當地尋求交易對手外，還可直接洽談交易及調查信用，收效宏大。

(3)在國外貿易專業雜誌上刊登廣告。國外有許多貿易專業雜誌，介紹某一地區（如亞洲）的輸出產品，發行範圍廣大。在這類雜誌上刊登廣告，國外買主反應必然熱烈。

(4)在國內發行的貿易專業雜誌或工商年鑑上刊登廣告。這些雜誌或年鑑以外文編成，可能有數種語言的文字，分別行銷國外不同市場。如在這些刊物刊登廣告往往可以獲得意想不到的效果。此外，也可在中華民國對外貿易發展協會發行的刊物刊登廣告，以尋求國外買主。

(5)參加國際商展。世界各地每年都舉辦國際性商展，出口廠商不僅可透過對外貿易發展協會，也可透過其他主辦商展機構參加展出。因派有專人前往會場，接受詢問並與國外買主洽商，是為有效的促銷方法。

(6)利用我國設在國外的貿易中心展出產品。中華民國對外貿易發展協會在世界各重要商業中心設有貿易中心，貿易業者利用這種途徑，也可招攬到買主。

2.委託第三者間接物色：

(1)透過外匯銀行介紹。這種方法是寫信（或電傳）給往來銀行，轉請其國外分行或通匯銀行介紹當地買主。這種方法的好處是經銀行介紹的交易對手大都是信用可靠的商號，對於對方信用可比較放心。銀行對於這種服務，通常不收費用，所以頗為經濟。

(2)請本國駐外大使館、領事館、及其他政府半官方機構駐外單位代為介紹。本國駐在世界各地的使領館及政府半官方駐外單位甚多，經參處及外貿協

會駐外機構更是負責推展貿易的駐外單位，業者如有擬推銷或採購產品，自可請其代為推介買賣對手。

⑶請外國駐本國的大使館、領事館代為介紹。各國駐外使領館通常都負有促進經貿關係的任務，所以對於業者的請求，都樂於協助。

⑷委託國外進出口公會、商會或有關機構代為介紹。這種方法也極為簡便，只需花上郵電費即可。國外貿易商採用這種方法者極多，本國貿易商則較少採用這方法。

⑸請國外往來客戶（即 business friends）代為介紹。當然，以不能與往來客戶所經營商品有競爭者為限。

⑹向 Data Bank 訂閱商情報導資料。

二、消極的物色方法

1.根據國外發行的新聞雜誌廣告，尋找交易對手。國外發行的貿易專業雜誌，通常有刊登進口商及出口商的廣告，業者可根據本身需要發出函電連繫。

2.根據國外發行的工商名錄，發出函電聯絡。業者使用這種工商名錄尋求交易對手時，當應利用最新版本，以免內容變動而徒勞無功。

3.根據國內機構所發布的貿易機會，發出函電連繫。駐外單位所蒐集的貿易機會，貿協、進出口公會或商會收到的外國洽詢函電，都是寶貴的資料，因為對方既表示欲向本國購買或銷售，則接洽起來自較方便。

4.與來訪國外對手接談。國外業者往往組團或個別來訪，通常透過國內貿易機構或銀行國外部的介紹，直接拜訪廠商，或邀約至旅館晤談，從而認識成為交易對手。

5.與來信（電）的國外對手聯絡。國外業者往往透過我國駐外使領館的介紹，或從國內工商名錄中獲得名稱，而直接來信（電）要求交易，這種方法也可能尋求到新的國外交易對手。

尋求國外交易對手的方法，有上述各種不同的途徑，業者可從中選擇幾種比較容易實行的方法，加以併用。

🌐 第四節　招攬交易

一、招徠函電的內容

不論是採取積極的方法或消極的方法尋求交易對手，一旦找到了潛在買主或賣主，除了當面洽談者外，通常是直接發出招徠函電提議建立業務關係，進一步洽談交易。就出口商而言，其招徠函電宜根據不同的對象與情況分別撰寫，才能予對方親切感；否則，若用印定的通函 (circular)，雖較簡便，但恐難吸引對方注意。

至於招徠函電的內容（見第 74 頁），通常包含下列各點：

1. 說明透過何種途徑獲悉對方名稱。

2. 表示願與對方建立交易關係。

3. 自我介紹：說明我方所經營的商品種類或範圍，以及在此方面的經驗或心得，並保證令對方滿意。

4. 附上價目表、貨品目錄或樣品等供對方參考。

5. 必要時說明有關付款條件和交易的一般條件。

6. 提供銀行備詢人 (bank reference) 或商號備詢人 (house/trade reference)，供對方作信用調查之用。如業者在信箋上已印有銀行備詢人，則往往省略不提。

7. 表示歡迎來信（電）查詢。

二、招徠函的附件及貨樣的寄送

㈠招徠函的附件

出口商為有效的推銷貨物，於寄發招徠函時，可附上價目表 (price list)、商品目錄 (catalog)、市況報告 (market report) 等資料，以供國外買主參考。

1. 價目表：又稱定價表，簡寫 P/L。出口商寄送招徠函時，若其行銷的貨物來源、價格及其他相關條件均已確定，自可逕於信函中正式報價，不需另附價目表。反之，若尚未能確定者，只能視情形附上參考性的價目表予國外的可能買主。

國際貿易上所使用的價目表，並無一定的格式。較簡單者，只記載貨物名稱、規格及價格而已（見第 76 頁）。亦有較詳細者，除記載貨物名稱、規格及價格條件外，尚有將裝運 (shipment)、付款 (payment)、包裝 (packing)、檢驗 (inspection) 及其

招徠函

ABC Trading Co., Ltd.

39 Wu Chang Street, Sec. 1,

Taipei, Taiwan

XYZ Trading Company　　　　　　　　　　　　　　　December 6, 20–

P.O. Box 66,

New York

Gentlemen:

Your name has been known to us through the Taipei Chamber of Commerce, from which we have understood that you are general importers of Taiwan products.

We have the pleasure of introducing ourselves to you with hope that we may enter into business relations for mutual interest.

We deal in exporting business for more than ten years on behalf of Taiwan manufacturers. Our purchases are made direct from reputable manufacturers and suppliers, so our foreign customers can always be satisfied with the best prices we offer.

We are sending you our latest price list which is enclosed in this letter for your reference, and hope you will find some items interesting.

As for payment term, we usually ask customers to open an irrevocable L/C in our favor.

Regarding our financial standing, we wish to refer you to the Bank of Taiwan, which will be glad to furnish you any information that you may need.

Your prompt reply will be appreciated.

　　　　　　　　　　　　　　　　　　　　　　　　　　Yours faithfully,

　　　　　　　　　　　　　　　　　　　　　　　　　ABC Trading Co., Ltd.

　　　　　　　　　　　　　　　　　　　　　　　　　President

他交易條件一併記載，以作為國外買主訂貨的參考，從而可減少繁雜的書信或電傳往返，對買賣雙方均較便利。此外，尚有記載代表貨物的密碼 (code word) 及樣品號碼 (sample number)，以方便買賣雙方的電傳通信。

至於寄送價目表的性質為何？看法不一，有人將價目表的寄送，視為法律上所謂的「要約」；但根據我國民法第 154 條規定，「價目表之寄送，不視為要約」，而僅能視為要約的引誘（即邀請報價）。因此，即使有人對該價目表的價格加以接受，賣方亦不受約束。換言之，賣方得視市場情況的變化而任意調整其價目表上的價格。但是，為避免誤解或糾紛，出口商在其價目表上通常載有 "According to the market fluctuation, the prices shall be changed without notice."（隨市場的變動，價格亦隨之改變，不另行通知。）或 "The above prices are subject to our final confirmation."（上列價格需經我方最後的確認。）等類似條款。

2.商品目錄：有些出口商將商品的種類、名稱、價格、型態、規格、操作方法或品質等資料，印成專冊，並附上精美圖樣或照片及文字以吸引買主，從而達到銷售的目的，此類印刷媒體稱之為型錄 (catalog)。因其附有圖樣或照片，故又稱為圖示目錄 (illustrated catalog)，但並非所有出口商印製的目錄均如此。有的出口商為節省費用，往往不在商品目錄中刊印圖形或照片，而僅以較詳細的文字加以說明其商品特點而已。此類目錄，有人稱之為說明目錄 (descriptive catalog)。此外，尚有更簡單者，僅用簡單的文字記載商品的種類、名稱、規格及其價格而已，稱為普通目錄 (general catalog)，此種普通目錄的內容與價目表的內容差不多，嚴格說來與價目表無異，並非一完備的商品目錄。

3.市況報告：前面所說的價目表及商品目錄，係兩種最常見的招徠函附件。至於市況報告 (market report)，則非每一出口商於寄送招徠函時均會附上。因為市況報告的編製，需有專門知識及技術，加上長期而慎密的蒐集資料後，始可編製一份內容充實的市況報告。除較具規模的專業出口商或製造廠商外，一般出口商要編製一份詳實的市況報告，實非易事。至於市況報告的內容，雖隨行業、商品的不同而有異，但起碼應包括最近的市場行情趨勢、該商品的目前存貨量、進貨量、生產量、銷售量，以及未來的市況分析、需求量的預測等分析資料。

價目表

PRICE LIST (No.　　　)			
Messrs. _____		Taipei, _____ 20_____	
Sample No.	Article	Size	Price Per

Estimations made on this Price List are not firm offers, but are merely to give you the idea of current price level. According to the market fluctuation, the acceptable prices shall be changed without notice. In case of devaluation of the currency wherein the above prices are shown, revaluation shall be made according to the new parity rate.

(二)樣品的寄送

　　樣品是指一個或小量足以代表買賣標的物品質的現貨而言。有時出口商為讓國外買主對於買賣標的品質、形狀或性能得以瞭解或為激發其購買慾，往往將一些樣品寄送對方。出口商在推銷商品時，樣品雖可連同招徠函一併寄送，但大多數樣品因其體積或重量之故，多以航空小包 (air parcel)、航空貨運 (air freight) 或快遞方式另行寄送。

　　有關樣品的寄送應注意事項，請參閱第六章第一節。

 **第五節　信用調查**

　　招徠交易的函電寄出後，如獲對方回音表示同意建立商業關係，則買賣雙方在正式進行交易之前，宜先做好信用調查，以免實際交易後，因對方不守信而遭致損失。

　　以下就信用調查的目的、要點、方法等分別加以說明。

一、信用調查的目的

　　信用調查的目的，不外是在瞭解對方的信用情況，以作為與對方往來的參考，從而減少商業風險。國際貿易的風險，一如第一章第三節所述，遠較國內貿易為多。雖然部分風險可規避，但有些風險卻不可避免。就出口商而言，以信用狀為付款方式時，雖可獲較大的保障，但亦非絕無風險。又就進口商而言，依約開發信用狀後，如出口商遲不交貨，或所交貨物品質不符，或以劣貨充當，甚至偽造貨運單據冒領貨款，則進口商難免遭受損失。經營國際貿易，選擇信用可靠的交易對手，比什麼都重要。

二、信用調查的要點

　　信用調查的要點有 3C (three C's)，此 3C 即被調查人的品性 (character)、能力 (capacity) 以及資本 (capital)。

　　1.品性：品性是指經營者在商場上的商業道德及信譽而言。品性良好的進出口商，通常都能善盡契約義務，即使市場突變，遭致損失，也都能顧及自己商譽，不輕易藉故拒絕履約或索賠。倘若調查的對象是一個風評不佳並且經常與他人發生糾紛或涉訟的商號，則宜特加注意，避免與其往來。

2.能力：能力是指經營者的經營技能和實力而言。一家進口商或出口商，經營歷史較久，則其營業經驗必較為豐富，經營能力也較新經營者為強。

3.資本：資本是指經營者的資力而言。資力雄厚的進口商，交易金額較大，並且有較好的付款能力，如資本過少，則雖遇良好商機，也無力肆應，空有經營能力，無從發揮。同樣，出口商資力雄厚，容易掌握貨源，自能如期交貨。如資本過少，經營起來捉襟見肘，很難得心應手。尋求交易對手，自應選擇資力雄厚者為宜。

除上面 3C 外，信用調查還有所謂的 6C，即上面 3C 外，再加上國家 (country)、貨幣 (currency)，以及狀況 (condition) 等 3C。後面這 3C 的重點為對方國家政治是否安定、外匯是否有管制，以及一般市場情況。實際上這些調查是屬市場調查範圍，在選定交易對手前即應先予以調查。選定對手後所做的信用調查，通常多限於交易對手本身而已。

三、信用調查的方法

調查對方信用的方法，最常用的有下列幾種。

㈠利用電腦上網 (internet) 調查客戶的有關資訊

若客戶係上市公司(尤其在美國)，則可以很經濟、迅速地取得有關客戶的資訊，為目前很通行的徵信方式。

㈡委託往來銀行代為調查

一般外匯銀行對其客戶都有一份往來資料，貿易商擬調查該客戶信用時，可請往來外匯銀行代為調查。銀行接受委託後，即轉向其國外分行或往來銀行查詢。這種服務，銀行通常不收費用。

㈢逕向對方提供的銀行備詢人 (bank reference) 請其提供資料

買賣雙方初次往來，照例都向對方提供自己的往來銀行名稱，或在信箋上面列明自己的往來銀行，供對方徵信之用，從而建立交易信心。買賣雙方可據此直接要求對方銀行提供徵信資料。

初次建立商業關係的貿易商常採取上述第㈡、㈢兩種方式，主要是因這項資料出自銀行，主觀上認為較其他來源的資料更值得信賴。

銀行提供的資料，一般較為簡略，比較詳細的，也不過是包括對方的創立時間、沿革、組織型態、負責人姓名、資本額、營業範圍、存款餘額、信用融通額度，以

及經營能力等。當然，銀行有時也提供一些參考意見，諸如：

・We have a high regard for the company and its management, and believe they may be dealt with confidently.（本行對該公司及其經營極為重視，並相信與該公司來往值得信賴。）

・We consider them to be gentlemen of integrity and competent merchants.（本行認為該公司為殷實能幹的商人。）

・They understand their business, but have no capital and at the present time they cannot obtain credit at all in the trade. We would advise cash transactions only.（該公司熟悉其經營行業，但本身並無資金，目前無法獲得貸款，本行建議只可與其從事現金交易。）

㈣請對方所提供的商號備詢人 (house/trade reference) 提供資料

買賣雙方除提供銀行備詢人外，有時也提供有往來的商號作為備詢人，這些商號有的在對方國家，有的在本地。向商號備詢人查詢對方信用，雖簡便，但因這些商號所提供的僅限於與對方往來的經驗，對於其他有關對方的一般營業事項及信用狀況，則未必能提供有價值的資料。

㈤委託在對方所在地的往來商號代為調查

在對方所在地如已有交易關係良好的商號，也可委託其調查這新招攬的對手。但如兩者經營範圍相同，則必難獲理想結果。

㈥委託對方國家商會或進出口公會調查

對方國家商會、進出口公會通常可提供調查對象的一些基本資料，如設立時間、組織型態、負責人姓名、資本額、營業項目等。但如對方未加入公會，則可能無法獲得所需資料。

㈦委託本國駐外經濟參事處等機構代為調查

本國駐外經濟參事處、商務代表等均負有拓展貿易的任務，如有必要亦可請求協助查詢。

㈧委託徵信所代為調查

徵信所 (mercantile credit agency) 是專辦信用調查的機構，規模較大的，在世界各地都派有常駐人員，負責就地調查；規模較小的，也與各國同業有契約關係，互相交換情報。因此透過徵信所可獲得較詳細的情報。缺點為費用較貴。

委託徵信時，其擬徵信事項宜具體寫出，通常一封委託徵信函內容應包括下列各項：

1. 被調查商號名稱、地址。

2. 調查理由。

3. 調查事項：

   (1) Character（品性）：指負責人的 Integrity、Reputation、Willingness to Meet Obligation（履行債務的意願）、Attitude toward Business（對業務的態度）。

   (2) Capacity（能力）：經營者在商場上的經營能力、學經歷。

   (3) Capital（資本）。

以上稱為 3C，此外宜包括：

   ⑷創業日期 (date of establishment)。

   ⑸營業項目 (line of business)。

   ⑹過去三年營運量 (business volume for the past 3 years)。

   ⑺過去三年損益 (profit/loss for the past 3 years)。

   ⑻員工人數 (number of employee)。

4. 表示對所提供消息，保證絕對保密不外洩。

5. 表示惠請協助將感激不盡。

㈠請求本地外匯銀行代為徵信的函例

委託本地外匯銀行徵信時，可用本國文：

受文者：臺灣銀行徵信室

主旨：請代查報 ABC Co., Ltd., 123 Wall Street, New York, N.Y. 10012, U.S.A. 信用狀況。

說明：1. 本公司為貴行進出口及存款多年客戶，開有支票存款第 1234 號戶，每月結匯多筆。

　　　2. 茲正與上開紐約新客戶洽商交易中，據悉該商之備詢銀行為 Bank of America, New York。

臺灣貿易公司　謹上

中華民國××年××月××日

㈡逕向對方所提供備詢銀行查詢的函例

Dear Sir,

Anderson Co., Inc., 5000 Market Street, San Francisco, who have recently proposed to do business with us, have referred us to your Bank.

We should feel very much obliged if you would inform us whether you consider them reliable and their financial position strong, and whether their business is being carried on in a satisfactory manner. In addition to the above, please, if possible, also furnish us with the following information:

1. date of establishment
2. name of responsible officers
3. line of business
4. business volume for the past three years
5. profit/loss for the past three years

Any information you may give us will be held in absolute confidence and will not involve you in any responsibility.

We apologize for the trouble we are giving you. Any expenses you may incur in this connection will be gladly paid upon being notified.

Yours faithfully,

銀行有代客保密之責，因此逕向對方所提供備詢銀行調查客戶信用時往往得不到結果。所以，還是委託自己的往來銀行徵信較妥。

㈢向對方所提供商號備詢人查詢的函例

Dear Sirs,

Your name was referred to us as a reference by ABC Co., Inc., New York, who have recently proposed to do business with us.

We shall be grateful if you will furnish us with your opinion on the financial standing and respectability of this firm by filling in the blanks of the attached sheet and returning it to us in the enclosed envelope.

We assure you that all information will be kept in strict confidence and will be very glad to reciprocate your courtesy when a similar opportunity arises.

Yours faithfully,

ATTACHED SHEET

Name: ABC Co., Inc.

1. Date of establishment:

2. Line of business:

3. Integrity and ability of its management:

4. Manner of paying obligation:

　　...prompt...medium...slow

5. Your opinion as to this firm:

6. Period of transaction with the firm:

　　from...to...

7. Largest amount of one transaction with the firm: US$...

關於貿易關係建立的英文往來函電撰寫實務，請參閱拙著《貿易英文撰寫實務》（三民版）。

※第六節　一般交易條件的協議

一、協定一般交易條件的意義

國際貿易的進行，貴在速度，因此常以電傳方式進行。就出口商而言，當其向國外尋求交易對手時，通常已確定經營項目並對貨源已有相當的把握。在這種情況下，一接到對方同意建立商業關係及詢價函電，為爭取商機，即以電傳方式提出報價。在電傳報價中，所提及的不過是品名、規格、價格、數量、交貨期限，及報價有效期限等。至於其他條件，如檢驗條件、包裝條件及索賠條件等，多付闕如。一旦報價為對方所接受，契約即告成立。雖然雙方為慎重起見，往往另訂書面契約，詳列契約條款，但須知這書面契約，如非賣方製作，即為買方製作，製作者往往將對自己有利的條款儘量列入。當送請對方簽署時，如對方無相反意見，自不成問題，但對方對報價或接受報價中未言及的條件倘若不同意列入契約書中，而雙方又彼此堅持不讓，則糾紛因此而起。

因此謹慎的出口商在取得對方同意建立業務關係後，第一步為調查對方信用，如調查結果認為對方信用良好，值得往來，則第二步為與對方洽訂一般交易條件，

議訂雙方權責，以作為日後實際交易的基準。尤其對對方的信用調查結果未能十分滿意時，更應訂定相當嚴密的交易條件，約束對方，俾免日後遭受意外的不利或不必要的損失。這種一般交易條件是就雙方所開示的希望交易條件，經往返磋商而達成的，通常均須作成書面協議書 (agreement)，雙方簽署後各執一份，作為日後個別交易的依據。實際上，這份協議書即為雙方一切交易的「主約」(master contract)，與日後實際交易所簽訂的「個別契約」(specific contract) 合併即構成一完整的契約。在雙方簽有協議書的場合，買賣雙方實際進行交易時，即毋需每次重複一般交易條件，這對雙方都頗為省事。然而，衡諸目前實務界的情形，事先簽立一般交易條件協議書 (agreement on general terms and conditions of business) 的情形已不多見。

二、一般交易條件的內容

買賣雙方協議的一般交易條件，其內容雖因貨物種類、輸出目的地等種種情形的不同，而有若干差異，但一般而言，不外下列各事項。

㈠品質條件的協議

國際間貨物的買賣，有憑樣品交易的，有憑標準物交易的，也有憑規格說明交易的。但因種種原因，到貨的品質，往往與原先約定的有出入，而引起爭執。因此有關貨物的品質，在事前不可不加以協議。有關品質方面，應加以協議的有下列三項：

1. 究以裝運品質為標準，還是以到貨品質為標準。

2. 由誰檢驗品質，如有檢驗費用，應由何方負擔。

3. 品質低劣時，應如何處理。

㈡數量條件的協議

有關數量方面，應加以協議的有下列三項：

1. 如以噸為數量單位，則應載明哪一種的「噸」，如長噸 (long ton)、短噸 (short ton) 或公噸 (metric ton)。

2. 契約重量以毛重 (gross weight) 為準，抑以淨重 (net weight) 為準，並須規定包裝的種類，及皮重的計算方法。

3. 貨物重量以裝運重量 (shipping weight) 為準，抑或以起岸重量 (landed weight) 為準。

(三)價格條件的協議

有關價格方面,應加以協議的有下列二項:

1.採用何種貨幣交易,應先加協議。通常採用的貨幣,不外進口國家貨幣、出口國家貨幣、第三國貨幣及 SDR(特別提款權)等。

2.約定以何種貿易條件交易,如 FAS、FOB、FCA、CFR、CPT、CIF、CIP 等。

(四)交貨條件的協議

有關交貨方面,應加以協議的有下列三項:

1.約定運輸工具種類,如船舶、火車、卡車或飛機。

2.約定交貨期限,如契約中採用 Prompt Shipment 與 Immediate Shipment,應約定這些用語的涵義。

3.約定遲延交貨責任的歸屬,及其善後辦法。

(五)付款條件的協議

有關付款方面,應加以協議的有下列三項:

1.約定買方以何種方式付款。

2.如採用信用狀方式付款時,約定信用狀應於買賣契約成立後多少日內開發。

3.賣方所簽發匯票究應為即期匯票,抑或遠期匯票,如為遠期匯票,貼現息應由何方負擔。

(六)匯兌風險的協議

契約成立到貨物出口辦理押匯這一段期間,如匯率變動則可能有一方會發生損失,這項匯兌風險究應由何方負擔,可事先加以約定。

(七)保險條件的協議

約定(1)保險種類;(2)保險金額。

(八)運費、保險費變動的協議

如以 FAS、FOB 或 FCA 條件交易,運費、保險費均由買方負擔,費率發生變動,由買方負擔。如以 CIP 或 CIF 條件交易,保險費及運費是根據簽約時的費率計算,實際交貨時如發生變動,則這項費率變動風險應由賣方負擔,但也可事先約定由買方負擔。

(九)不可抗力事故的協議

因不可抗力事故發生,以致一部分或全部貨物不能於約定期間內交運,依國際

商業習慣，賣方不負任何責任。但是否因此解除契約，或待事故結束後再行交運，雙方應事先約定。

㈩索賠的協議

如到貨品質低劣、數量短缺等，買方應如何索賠，索賠時限如何，應事先協議。

㈣仲裁、訴訟的協議

如雙方發生糾紛，是否交付仲裁？或提出訴訟時，應適用哪一國法律？均須事先加以協議。

三、一般交易條件協議書實例

下面就一般交易條件協議書列出一例供參考。

AGREEMENT ON GENERAL TERMS AND CONDITIONS OF BUSINESS
AS PRINCIPAL TO PRINCIPAL

THIS AGREEMENT entered into between Summit Trading Company, 111, Lin-Sheng N. Road, Taipei, Taiwan, hereinafter referred to as Seller, and Hilton International Corp., 473, Bayside Parkway, Fremont, Califonia 94538, U.S.A., hereinafter referred to as Buyer, witnesses as follows:

1. Basis: Both Seller and Buyer act as principals and not as agents.

2. Commodities: Commodities in business, their unit to be quoted, and their mode of packing are as stated in the attached list.

3. Quotations and Offers: Unless otherwise specified in cables or letters, all quotations and offers submitted by Seller to this Agreement shall be in US Dollars on CIF L.A. basis.

4. Firm Offers: All firm offers shall be subject to a reply within the period stated in respective cables. When "immediate reply" is used, it means that a reply is to be received within three days from and including the day of the despatch of a firm offer. In either case, however, Sundays and all official holidays are excepted.

5. Orders: Any business concluded by cable/telex shall be confirmed in writing without delay, and orders thus confirmed shall not be cancelled unless by mutual consent.

6. Payment: Payment to be effected by Buyer by usual negotiable, confirmed and irrevocable letter of credit, to be opened 30 days before shipment in favor of Seller, providing for payment of 100% of the invoice value against a full set of shipping documents.

---

7. Shipment: All commodities sold in accordance with this Agreement shall be shipped within the stipulated time. The date of Bill of Lading is to be taken as conclusive proof of the day of shipment. Unless expressly agreed to, the port of shipment is at the Seller's option.

8. Marine Insurance: All shipments shall be covered ICC(A) for a sum equal to the amount of the invoice plus 10 percent if no other conditions are particularly agreed to. All policies shall be made out in invoice currency and payable in New York.

9. Quality: Quality to be guaranteed equal to description and/or Seller's samples, as the case may be.

10. Exchange Risks: The price offered in US Dollar is based on the prevailing official exchange rate in Taiwan between the US Dollar and the New Taiwan Dollar. Any devaluation of the US Dollar to the New Taiwan Dollar at the time of negotiating draft shall be for the Buyer's risks and account.

11. Inspection: Commodities will be inspected in accordance with normal practice of supplier, but if the Buyer desires special inspections, all additional charges shall be borne by the Buyer.

12. Expenses: Seller and Buyer to defray their own cable/telex and other expenses.

13. FAX: To Seller: 886–27015235

　　　　To Buyer: 510–2491150

14. Change in Freight and Insurance Rate: Any change in marine freight rate and marine insurance rate is for Buyer's account.

15. Claims: In the event of any claim arising in respect of any shipment, notice of intention to claim should be given in writng to the Seller promptly after arrival of the commodities at the port of discharge and opportunity must be given to the Seller for investigation. Failing to give such prior written notification and opportunity of investigation within 21 days after the arrival of the carrying vessel at the port of discharge, no claim shall be entertained.

16. Force Majeure: Non-delivery of all or any part of the commodities caused by war, blockage, revolution, insurrection, civil commotions, riots, mobilization, strikes, lockouts, act of God, severe weather, plague or other epidemic, destruction of commodities by fire or flood, obstruction of loading by storm or typhoon at the port of delivery, or any other cause beyond the Seller's control before shipment shall operate as a cancellation of the sale to the extent of such non-delivery.

17. Arbitration: And disputes, controversies or differences which may arise between the parties, out of in relation to or in connection with this Agreement may be referred to arbitration. Such arbitration shall take place in Taipei, Taiwan, Republic of China, and shall be held and shall proceed in accordance with the Chinese Government arbitration regulations.

In witness whereof, Summit Trading Company, have hereunto set their hand on the 1st day of December, 20–, and Hilton International Corp., have hereunto set their hand on the 20th day of December, 20–. This Agreement shall be valid on and from the 20th day of December, 20–, and any of the articles in this Agreement shall not be changed and modified unless by mutual written consent.

Buyer	Seller
HILTON INTERNATIONAL CORP.	SUMMIT TRADING COMPANY
General Manager	General Manager

 習 題

1. 交易前的準備工作主要包括哪些內容？
2. 就出口商而言，對國際市場的調查研究，主要調查些什麼？一般應如何進行？
3. 試述貿易業者尋找交易對手的主要方法。
4. 試述國際貿易信用調查的重要性及其調查方法。
5. 何謂「一般交易條件協議書」？其內容為何？

13. Arbitration: Any disputes, controversies or differences which may arise between the parties, out of or in relation to or in connection with this Agreement may be referred to arbitration. Such arbitration shall take place in Taipei, Taiwan, Republic of China, and shall be held and shall proceed in accordance with the Chinese Government arbitration regulations.

In witness whereof, Summit Trading Company have hereunto set their hand on the 1st day of December, 20—, and Hilton International Corp., have hereunto set their hand on the 20th day of December, 20—. This Agreement shall be valid on and from the 20th day of December, 20—, and any of the articles in this Agreement shall not be changed and modified unless by mutual written consent.

Buyer	Seller
HILTON INTERNATIONAL CORP.	SUMMIT TRADING COMPANY
General Manager	General Manager

第五章 貿易條件

🌐 第一節　貿易條件的意義

這裡所指的「貿易條件」，就是指 FOB、CIF 等條件而言，英文稱為 Trade Terms，也有譯成「報價條件」、「價格條件」、「交貨條件」、「貿易術語」或「價格術語」者。「貿易條件」是用一個簡短的詞語 (shorthand expression)，例如 "Free on Board"，或三個字母的縮寫 (three-letter abbreviation)，例如 "FOB"，來說明買賣雙方在一筆交易中有關風險、費用和責任的劃分，確定賣方交貨和買方接貨方面所應盡的義務。長久以來，這些條件在國際貿易上即被廣泛使用。當這些條件用於報價時，就成為報價條件的重要部分，等到報價接受以後，這些條件就成為貿易契約的重要部分。

基本上，貿易條件是用來確定貨物的交付方式，例如 FOB 即稱為「裝船港船上交貨條件」，CIF 稱為「運保費在內交貨條件」，FAS 則稱為「裝船港船邊交貨條件」。除了表示貨物交付方式外，貿易條件也用來表示貨物價格的結構，例如 FOB 通常即稱為「裝船港船上交貨價」，CIF 稱為「運保費在內價」。但在實務上，貿易條件較常應用在代表價格的結構。

一般而言，貿易條件的作用，在於規定買賣雙方在一筆交易中所應盡的義務，具體地說，即用來：

1.危險（風險）的劃分：規定賣方應負擔貨物滅失或毀損危險到何時何地為止，從何時何地起歸買方負擔。

2.費用的劃分：規定何種費用包括在售價中由賣方負擔，何種費用不包括在售價中而由買方負擔。亦即規定一筆交易的價格如何構成。

3.責任的劃分：規定輸出入所需許可證由何方負責申請，由何方負責安排運輸及保險，由何方負責辦理輸出／輸入通關手續。

從上可知，貿易條件實包含了許多甚為複雜而又極為重要的涵義。唯其如此，貿易條件成了貿易契約（或報價）的重要特徵。許多貿易契約都因具有這一特徵，而稱其為 "CIF Contract"、"FOB Contract"，以及 "FAS Contract" 等。

　　貿易條件雖為契約的重要部分，但並不涵括貿易契約中的一切條件，如數量條件、品質條件、交貨條件、保險條件、付款條件、索賠條件、仲裁條件、以及不可抗力條件等。因此在報價或簽約時，尚須記載上述各種條件，方能成為一完整的報價或貿易契約。

　　在國際貿易理論中，terms of trade(TOT) 亦可譯為貿易條件，與國際貿易實務中的貿易條件 (trade terms) 定義截然不同。國際貿易理論中的貿易條件是指一單位的出口貨物可以換得的進口貨物數量。在國際經濟學模型中，通常假設一國的貿易係均衡的（出口總值等於進口總值），故貿易條件也可以出口貨物價格與進口貨物價格的比例表示：

$$貿易條件 = \frac{出口價格}{進口價格} = \frac{總進口量}{總出口量}$$

　　此外，為了比較本期與基期貿易條件的變化，可以貿易條件指數 (terms of trade index) 表示：

$$貿易條件指數 = \frac{本期貿易條件}{基期貿易條件}$$

　　若貿易條件指數大於一，表示貿易條件改善。因為出口價格相對上漲，表示一單位出口貨物可換得較多單位的進口貨物；反之，若指數小於一，表示貿易條件惡化。因為進口價格相對上漲，表示一單位出口貨物可換得的進口貨物數量減少。

　　為了避免混淆，terms of trade 或可譯成「出進口比價」或「交換比價」。

🌐 第二節　貿易條件的解釋規則

　　在國際貿易實務中，各種貿易條件的使用，雖已很普遍，但各國對於各種貿易條件的解釋相當紛歧。國際商會在 1953 年曾將澳洲、加拿大、法國、英國、美國及捷克等十八個主要貿易國常用的貿易條件編成 *"Trade Terms 1953"* 一書印行，在這本書中將各國所用的貿易條件列成對照表，詳細比較其涵義的異同以供各國貿易業者參考使用。

　　基於事實的需要，國際相關機構認為貿易條件的解釋有加以統一的必要，乃陸續制定了下述三種解釋規則。

一、國際商會貿易條件解釋規則

本規則在 1936 年由國際商會制定，定名為 "Incoterms 1936"，副題為「貿易條件的國際解釋規則」(International Rules for the Interpretation of Trade Terms)，在 1953 年修訂時，標題改為 "Incoterms 1953"，副題仍同。Incoterms 1953 所解釋的貿易條件共有九種，"Incoterms" 為 "International Commercial Terms" 的略語，意即「國際商業用語」。嗣為因應事實需要，先後於 1967 年、1976 年、1980 年、1990 年、2000 年、2010 年及 2020 年補充或修訂。現行「國際商會貿易條件解釋規則」(我國通稱為「國貿條規」) 係於 2020 年所修訂，通稱 Incoterms® 2020，由國際商會以 ICC Publication No. 723E 刊行 (自 2020 年 1 月 1 日生效)，其所解釋的條件共有十一種。

二、美國對外貿易定義

本規則為 1919 年紐約舉行的全美會議所制定，原名為 "Definitions of Export Quotations"，先後於 1941 年及 1990 年經美國商會 (Chamber of Commerce of the United States of America)、美國進口商全國委員會 (National Council of American Importers, Inc.) 及全國對外貿易委員會 (National Foreign Trade Council, Inc.) 等三機構組成的聯合委員會 (Joint Committee) 加以修訂並改稱為「修訂美國對外貿易定義」(Revised American Foreign Trade Definitions 1990)，是目前所通行者，通常簡稱為「美國定義」(American Definitions)。本規則解釋的貿易條件，共有六種，不過其中的 FOB 條件，又分為六種，所以實際上其所解釋的共有十一種。美國商會早在 1980 年代就推薦以 Incoterms 取代「美國對外貿易定義」，但美國商人迄今仍常採用「美國對外貿易定義」的貿易條件。因此，業者與美國商人交易時，應特別注意。

三、華沙牛津規則

本規則的前身是華沙規則 (Warsaw Rules, 1928)，為國際法協會 (International Law Association) 於 1928 年在波蘭首都華沙制定，共有 22 條規則，旨在統一解釋 CIF 買賣契約下買賣雙方的權義。嗣於 1932 年在各國商會的協助下在英國牛津開會，修訂改稱「華沙牛津規則」(Warsaw-Oxford Rules, 1932)，共有 21 條規則，是目前所通行者。本規則僅解釋 CIF 的貿易條件，且自 1932 年起即未曾修訂，實務界不再採用。

第三節　貿易條件的種類

　　本節先就一般常見的貿易條件，依交貨地點的不同分類於下。有關國際商會貿易條件解釋規則，其內容將於第五節作進一步的介紹。此外，在國際貿易實務上所使用的非定型貿易條件，亦將於第七節說明。

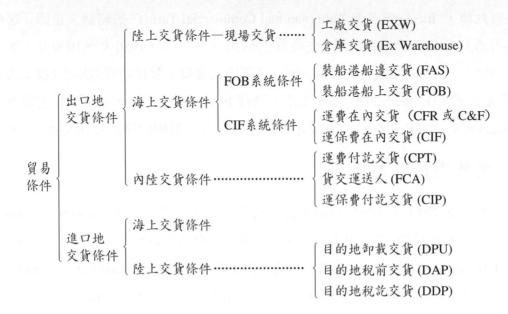

　　下列為 "Incoterms® 2020" 及 "Revised American Foreign Trade Definitions (1990)" 的貿易條件分類圖，從圖中可約略瞭解兩種解釋規則所解釋的各種貿易條件。

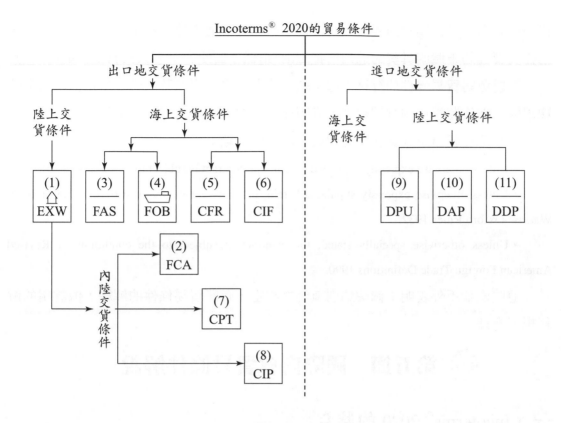

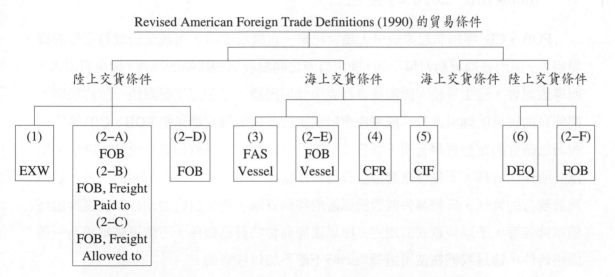

第四節　貿易條件解釋規則的選擇

上述三種解釋規則所解釋的貿易條件，其所涉及的範圍並不相同，而且對同一條件解釋，也不盡一致，有時甚至頗有出入。因這三種規則都未具備國際法或國際

條約的效力，所以制定這些規則的機構，都在各規則中建議採用這些規則的業者，應在買賣契約上載明其契約適用何種規則，這樣才對雙方當事人具有法律的拘束力。

　　為避免對貿易條件的解釋引起爭執，業者向對方報價時，應先確定採用何種解釋規則，然後將採用的解釋規則，訂明在契約中。這樣就可以避免許多不必要的誤會。通常可在報價單或契約中註明如下所列的條款：

　　・Unless otherwise expressly stipulated herein, this contract is subject to Incoterms® 2020.

　　・Unless otherwise expressly stipulated herein, this contract is governed by the provisions of Warsaw-Oxford Rules 1932.

　　・Unless otherwise specially stated, this contract is subject to the conditions of Revised American Foreign Trade Definitions 1990.

　　這些條款不外表明：倘契約別無明文約定，有關貿易條件的解釋，依註明的解釋規則處理。

🌐 第五節　國際商會貿易條件解說

一、Incoterms® 2020 的特色

　　FOB、CIF 等用語起源很早，幾世紀來一直廣泛使用，可說是已成為定型的貿易條件。但因各國貿易習慣不同，進出口商之間對於這些用語的解釋，難免有出入，而導致誤會、發生爭執。國際商會為克服此項困難，乃制定了國際統一解釋規則，期能有助貿易的圓滑進行。國際商會所制定的此項解釋規則是把 FOB、CIF 等用語視為已確立的定型貿易習慣，並且希望將這些定型的貿易習慣予以國際規則化。所以其所作的解釋，不僅僅是將這些貿易條件當作價格條件，表示價格的構成，並將買賣雙方的責任、貨物滅失或毀損風險的移轉界限、費用負擔的劃分以及應提出何種單據等等，予以條款式的規定。所以國際商會的貿易條件，不能單純地視為一種價格條件，這是我們在使用這種規則時不能不加以注意的。

　　國際商會為配合國際貿易實務的不斷發展，於 2019 年 9 月，正式發布第八次修訂版，即 "Incoterms® 2020"，以替代 "Incoterms® 2010"，並自 2020 年 1 月 1 日正式生效。

　　Incoterms® 2020（即 2020 年版國貿條規）的特色如下：

1.以信用狀付款時，信用狀往往規定應提示裝船提單 (on board B/L)，但在 FCA 條件下，賣方將貨物交付運送人即完成交貨義務，此時運送人簽發的提單可能並非裝船提單。因此 Incoterms® 2020 新增規定：以 FCA 條件交易，且採用船舶運輸者，雙方得於契約中約定，買方應指示運送人於貨物裝載之後簽發裝船提單給賣方，而賣方有義務提供此裝船提單給買方（通常經由銀行完成）。

2.各項費用集中規定於 A9/B9，提升查閱便利性。

3. Incoterms® 2020 規定，CIF 條件之下，賣方應投保協會貨物條款 (C) 或類似條款；CIP 條件之下，賣方應投保協會貨物條款 (A) 或類似條款。

4. Incoterms® 2010 對於貨物的運送，皆是設定在「貨物的運送係委託運輸業者」的前提，然實務上，買方或賣方有可能自備運輸工具（例如自己的貨車），因此 Incoterms® 2020 新增規定：FCA 條件下，買方得安排以自身的運輸工具運輸貨物；DAP、DPU 或 DDP 條件下，賣方得安排以自身的運輸工具運輸貨物。

5. Incoterms® 2010 的 DAT 條件，在 Incoterms® 2020 改名為 DPU 條件（目的地卸載交貨條件）。

6.運輸安全性的要求（例如貨櫃的強制檢查）已越來越普遍，這些要求將衍生出費用負擔與貨物遲延風險等問題。Incoterms® 2020 在每個條件的 A4/B4 和 A7/B7 義務中增列相關規定，明確分配義務，相關費用亦包含於 A9/B9 中。

二、各貿易條件規則要點、當事人義務及用法說明

㈠ EXW (Ex Works) 工廠交貨條件

1.要點：

⑴本條件下，賣方在其營業處所或其他指定地（即工廠或倉庫等）將貨物交付買方處置，即為已履行其交貨義務。

⑵賣方無須將貨物裝上任何收貨的運送工具。

⑶賣方無須辦理貨物輸出通關手續，若買方無法直接或間接辦理貨物輸出通關手續時，不宜使用本條件，宜改用 FCA 條件。

⑷在 Incoterms® 2020 的規則中，EXW 是對賣方加諸最少義務的條件。

⑸本條件可適用於任何運送方式，包括複合運送。

⑹本條件較適合國內貿易，國際貿易的場合則採用 FCA 條件較為適當。

2.買賣雙方的基本義務：

	賣方義務	買方義務
風險	負擔貨物減失或毀損的一切風險，直至將尚未裝上任何收貨運送工具的貨物在賣方營業處所或其他指定地交由買方處置時為止。	負擔賣方將尚未裝上任何收貨運送工具的貨物於其營業處所或其他指定地交付時起的一切減失或毀損風險。
費用	支付有關貨物的一切費用，直至其交貨時為止，包括檢查、包裝、標示等費用。	1.支付自賣方交付貨物時起的一切費用，包括輸出入通關手續費用與稅捐。 2.補償賣方因提供協助或資訊所產生的費用。 3.支付因怠於接受已交由其處置的貨物而發生的額外費用。
責任	1.提供符合契約的貨物，並提供發票及符合證明。 2.在約定交貨日期或期間，於其營業處所或其他指定地將約定貨物交由買方處置。 3.賣方對買方無訂立運送契約的義務。但須循買方要求、風險及費用，協助其取得安排運輸所需的資訊（包括與運輸有關的安全要求）。 4.賣方對買方無訂立保險契約的義務。但須循買方要求、風險及費用，協助其取得投保所需的資訊。 5.循買方要求、風險及費用，協助其取得出口／過境／進口通關手續的任何單據及／或資訊。 6.提供買方所需的任何通知，以使買方能夠受領貨物。	1.依約支付貨物價金。 2.當貨物交由其處置時，即受領貨物，並提供已受領貨物的證明。 3.由買方決定自付費用訂約或安排自指定交貨地起的貨物運送。 4.買方對賣方無訂立保險契約的義務。 5.自負風險及費用辦理出口／過境／進口通關手續。 6.若有權決定約定期間內受領貨物時間及／或地點，應將其決定給予賣方充分通知。

3.用法及說明：

　⑴本條件的 "Ex"，是指「交貨」或「離開」的意思。"Ex Works" 是代表性用語。因此隨交貨場所的不同可以使用 "Ex Factory"、"Ex Mill" 等用語，這些都可以譯成「工廠交貨」，其中 "Ex Works" 通常是用在鐵工廠、機械工廠及其他重工業工廠的場合；"Ex Factory" 用在輕工業工廠，如成衣廠、皮包廠等場合；"Ex Mill" 則用於紗廠、麵粉廠、鋸木廠等場合。另外 "Ex Plantation" 是指「農場交貨」，通常用於農產品交易的場合；"Ex Warehouse" 是指在業者的倉庫交貨。上面這五個用語實際上屬於同一類貿易條件，不同的只是交貨地點而已，一般將其總稱為 "Loco Terms"，即「現場交貨」

之意。

(2)以本條件報價或訂約,通常須在本貿易條件之後,列明交貨地的詳細地址,或城市名稱,例如:

We offer to sell T-Shirt No. 123 2,000 dozen, US$9.00 per dozen EXW seller's factory in Taichung, Incoterms® 2020, delivery during July, 20-.

（本公司報價出售圓領衫品號 123,2,000 打,每打 9 美元,臺中賣方工廠交貨,Incoterms® 2020,20- 年 7 月間交貨。）

報價時,如只列交貨地的城市名稱,則報價經接受後,賣方應及時通知買方或其代理人提取貨物的詳細地點。倘未為這項通知,則賣方對於買方未提貨所遭致的損失,不能要求賠償並由賣方自負全部責任。

(3)在國際貿易中,較少採用這種條件。除非買方在輸出國有分支機構、代理人或有代表派駐該國,否則買方就必須從輸入國前往輸出國辦理提貨,實際上甚少可能。目前國內廠商偶有採用這種條件出售貨物的情形,或許是因不諳出口手續,而採用這種條件出售貨物給國內買方,再由其以出口商身分轉售國外進口商。就製造廠商而言,以這種條件銷售貨物,實際上與其一般內銷業務並無多大區別。

㈡ FCA(Free Carrier) 貨交運送人條件

1. 要點:

(1)本條件下,賣方於指定地將貨物交給買方指定的運送人或其他人,或購買已如此交付的貨物時,即為已履行其交貨義務。

　①如指定地為賣方營業處所:當貨物裝上買方提供的運送工具時,即完成交貨義務。

　②如指定地為其他地方:將放在賣方運送工具上準備卸載的貨物交由買方指定的運送人或其他人處置時,即完成交貨義務。

(2)本條件可適用於任何運送方式,包括複合運送。

(3)本條件下,賣方負責辦理貨物輸出通關手續。

(4)以信用狀付款時,信用狀往往規定應提示裝船提單,但在 FCA 條件下,賣方將貨物交付運送人即完成交貨義務,此時運送人簽發的提單可能並非裝船提單。因此 Incoterms® 2020 新增規定:以 FCA 條件交易,且採用船舶運

輸者，雙方得於契約中約定，買方應指示運送人於貨物裝載之後簽發裝船提單給賣方，而賣方有義務提供此裝船提單給買方（通常經由銀行完成）。

2.買賣雙方的基本義務：

	賣方義務	買方義務
風險	負擔貨物滅失或毀損的一切風險，直至將其交付買方所指定的運送人或其他指定人時為止。	負擔自貨物交付其所指定的運送人或其他指定人時起的一切滅失或毀損風險。
費用	1.支付有關貨物的一切費用，直至其交貨時為止，包括檢查、包裝、標示、輸出通關手續費用與稅捐。 2.補償買方因提供協助以取得單據或資訊所產生的一切費用。	1.支付自賣方交付貨物時起的一切費用，包括輸入及通過任何國家的通關手續費用與稅捐。 2.補償賣方因提供協助或資訊所產生的一切費用。 3.支付因未指定運送人或其他人，或所指定的運送人或其他人未接管貨物，所產生的額外費用。
責任	1.提供符合契約的貨物，並提供發票及符合證明。 2.在約定交貨日期或期間內，將貨物交付買方所指定的運送人。並提供買方交付貨物的通常證明。 3.賣方對買方無訂立運送契約的義務。但須循買方要求、風險及費用，協助其取得安排運輸所需的資訊（包括與運輸有關的安全要求）。倘若買賣雙方有約定，賣方須以買方的風險與費用，依通常條件訂立運送契約。 4.賣方對買方無訂立保險契約的義務。但須循買方要求、風險及費用，協助其取得投保所需的資訊。 5.當買方依約定指示運送人簽發裝船提單給賣方，賣方須提供此類單據給買方。 6.自負風險及費用取得輸出許可證，並辦理貨物輸出通關手續。 7.將貨物已交付運送人或其他人乙節，或買方所指定的運送人或其他人未於約定時間內接管貨物乙節，給予買方充分的通知。	1.依約支付貨物價金。 2.賣方交付貨物時，即予接受，並接受賣方已經交貨的證明。 3.自負費用訂立契約或安排自指定交貨地起的貨物運送。 4.買方對賣方無訂立保險契約的義務。 5.若買賣雙方有約定，買方須以其費用及風險，指示運送人簽發裝船提單給賣方。 6.自負風險及費用取得輸入許可證，並辦理貨物輸入及通過他國的通關手續。 7.將運送人或其他人的名稱、接管貨物的時間、接受地點及運送方式（包括與運送有關的安全要求）等，給予賣方充分的通知。

3.用法及說明：

　(1)本條件與 FOB 條件（詳後述）主要原則相同，不同的是，本條件之下的賣方於出口地指定地點，將貨物交給買方指定的運送人或其他人時，其交貨

義務即完成，而非如 FOB 條件於裝運港船舶上交貨。本條件適用於包含複合運送在內的任何運送方式，而 FOB 條件僅適用於以船舶運輸的海運或內陸水路運送，貨櫃運輸的場合不宜使用 FOB 條件，應改用 FCA 條件。

⑵如當事人意在賣方營業處所交貨，則雙方必須確認該營業處所的地址作為交貨的指定地。反之，如有意在其他地方（如×××貨櫃場）交貨，則必須敘明該特定交貨地點。總之，當事人應儘可能清楚敘明交貨地 (place of delivery) 內的交貨地點 (point of delivery)，因為風險在該地點即移轉給買方。

⑶例如我國出口商向美國進口商報價時，約定在基隆貨櫃集散站交由某船公司承運，即可使用本條件報價如下：

We offer to sell Automatic Coffee Machine Model Number ESPCAP16RE 10,000 sets, US$100 per set, FCA Keelung CFS, Incoterms® 2020, delivery during July, 20–.

（本公司報價出售型號 ESPCAP16RE 自動咖啡機 10,000 部，每部 100 美元，基隆貨櫃場貨交指定運送人，Incoterms® 2020，20– 年 7 月間交貨。）

在空運時，如約定在臺灣桃園國際機場交貨，則其報價如下：

We offer to sell Automatic Coffee Machine Model Number ESPCAP16RE 1,000 sets, US$100 per set FCA Taiwan Taoyuan International Airport, Incoterms® 2020, delivery during October, 20–.

（本公司報價出售型號 ESPCAP16RE 自動咖啡機 1,000 部，每部 100 美元，臺灣桃園國際機場貨交指定運送人，Incoterms® 2020，20– 年 10 月間交貨。）

⑷本條件中所謂「運送人」(carrier) 係指以其名義立約而從事公路、鐵路、空中、海上運送或複合運送的人。

⑸Incoterms® 2010 對於貨物的運送，皆是設定在「貨物的運送係委託運輸業者」的前提，然實務上，買方或賣方有可能自備運輸工具（例如自己的貨車），因此 Incoterms® 2020 新增規定：FCA 條件下，買方得安排以自身的運輸工具運輸貨物。

㈢ CPT (Carriage Paid to) 運費付訖條件

1.要點：

⑴本條件下，賣方於一約定地方（如當事人間有約定此地方），將貨物交付賣

方所指定的運送人，或購買已如此交付的貨物時，即為已履行其交貨義務。

⑵賣方必須訂立運送契約，並支付將貨物運送至指定目的地所需的費用及運費。但貨物滅失及毀損的風險，則自貨物交付賣方所指定運送人時起，由賣方移轉予買方。

⑶C 類型條件（包括 CPT、CIP、CFR 及 CIF 條件）以其具有兩個分界點而異於其他貿易條件，以 CPT 條件為例，一個是風險負擔的分界點，也即風險移轉予買方的「交貨地」；另一個為費用負擔的分界點，也即賣方須負擔運費到「指定目的地」。因為表示負擔費用的分界點在指定目的地，本條件常被誤認為是屬於送達契約 (arrival contract)❶，致以為貨物直至約定目的地時，賣方的風險及費用才被解除。必須再強調，C 類型條件之下的賣方是在裝運地履行契約，與 FCA、FAS 及 FOB 條件一樣，因此這些條件都屬於發送契約 (shipment contract)❷。

⑷如賣方依運送契約承擔指定目的地與卸貨有關的費用，則除非當事人間另有約定，該等費用賣方無權要求買方歸還。

⑸本條件可適用於任何運送方式，包括複合運送。

⑹本條件下，賣方負責辦理貨物輸出通關手續。

2.買賣雙方的基本義務：

	賣方義務	買方義務
風險	負擔貨物滅失或毀損的一切風險，直至將其交付運送人時為止。	負擔自貨物交付運送人時起的一切滅失或毀損的風險。
費用	1.支付有關貨物的一切費用，直至其交貨時為止，包括檢查、包裝、標示、輸出通關手續費用與稅捐。 2.支付將貨物運至指定目的地或約定地點（如有者）的運送費用。 3.補償買方因提供協助以取得單據或資訊所產生的一切費用。	1.支付除運送費用以外自貨物交付運送人時起的一切費用，包括輸入及通過任何國家的通關手續費用與稅捐。 2.支付貨物在約定目的地的卸貨費用，除非運送契約中該項費用係由賣方負擔。 3.補償賣方因提供協助或資訊所產生的一切費用。

---

❶ 送達契約：又稱「目的地契約」，係指賣方須將貨物運至特定地點交由買方處置，並負擔貨物交由買方處置以前一切運送中的風險。

❷ 發送契約：又稱「裝運地契約」，係指賣方只須將貨物於裝運地交付運送人運往指定地點，但賣方不負擔貨物運送中的風險。

| 責任 | 1.提供符合契約的貨物，並提供發票及符合證明。
2.在約定交貨日期或期間，將貨物交給運送人（如有相繼運送人，則交給第一運送人），運往指定目的地，並提供通常的運送單據。
3.自負費用按通常條件，依通常路線及慣常方式，訂立運送契約，將貨物運往指定目的地的約定地點。
4.賣方對買方無訂立保險契約的義務。但須循買方要求、風險及費用，協助其取得投保所需的資訊。
5.自負風險及費用取得輸出許可證，並辦理貨物輸出通關手續。
6.將貨物已交付運送人，給予買方充分通知，以便提領貨物。 | 1.依約支付貨物價金。
2.賣方交付貨物時，即予接受，接受運送單據，並在指定目的地從運送人提領貨物。
3.買方對賣方無訂立運送契約的義務。
4.買方對賣方無訂立保險契約的義務。
5.自負風險及費用取得輸入許可證，並辦理貨物輸入及通過他國的通關手續。
6.若有權決定發貨時間及（或）指定目的地，或該地方內提領貨物的地點，則應將其決定給予賣方充分的通知。 |

3.用法及說明：

⑴本條件與 CFR 條件（詳後述）主要原則相同，不同的是，本條件之下的賣方於出口地指定地點，將貨物交給運送人時，其交貨義務即完成，而非如 CFR 條件於裝運港船舶上交貨。本條件適用於包含複合運送在內的任何運送方式，而 CFR 條件僅適用於以船舶運輸的海運或內陸水路運送，貨櫃運輸的場合不宜使用 CFR 條件，應改用 CPT 條件。

⑵買賣雙方應在契約中儘可能精確識別交貨地或交貨地內的地點 (point)，尤其是，倘若貨物的運送係利用多位運送人，而買賣雙方並未約定特定的交貨地點時，當貨物交付第一運送人時，風險隨即移轉，而此地點完全由賣方所選定，買方毫無能力控制。因此，若當事人希望風險在稍後的階段（例如在海港或河港或機場），或較早的階段（例如遠離海港或河港的內陸點）移轉，則必須在買賣契約中清楚敘明。

⑶買賣雙方應在契約中儘可能精確識別目的地內的地點，因為賣方必須訂立運輸契約至該地點，並負擔運費。

⑷例如我國新竹一家出口商向美國紐約一家進口商提出下面報價：

We offer to sell Automatic Coffee Machine Model Number ESPCAP16RE 10,000 sets, US$108 per set CPT New York, Incoterms® 2020, delivery during July, 20–.

（本公司報價出售型號 ESPCAP16RE 自動咖啡機 10,000 部，每部 108 美元，至紐約

運費付訖，Incoterms® 2020，20– 年 7 月間交貨。）

(四) CIP (Carriage and Insurance Paid to) 運保費付訖條件

1. 要點：

(1)本條件下，賣方於一約定地方（如當事人間有約定此地方），將貨物交付賣方所指定的運送人，或購買已如此交付的貨物時，即為已履行其交貨義務。

(2)賣方必須訂立運送契約，並支付將貨物運送至指定目的地所需的費用及運費。但貨物滅失或毀損的風險，則自貨物交付賣方所指定運送人時起，由賣方移轉予買方。

(3)賣方必須訂立承保自交貨地點至少至指定目的地的貨物運輸保險契約，並支付保險費。除買賣雙方另有約定外，賣方須投保協會貨物條款 (A) 或任何類似的保險條款，保險金額至少為契約金額加 10%。賣方可循買方的要求加保任何的附加保險，費用由買方負擔。

(4)本條件由於風險的移轉及費用的轉換地點不同因而具有兩個分界點。當事人最好在契約中精確地敘明這兩個不同地方：風險負擔的分界點，即風險移轉予買方的「交貨地」；費用分擔的分界點，也就是賣方須訂立運送契約與保險契約，並須負擔運費及保險費至「指定目的地」。因為交貨地是在賣方將貨物交付運送人時，所以 CIP 條件屬於發送契約。

(5)如賣方依運送契約承擔指定目的地與卸貨有關的費用，則除非當事人間另有約定，該等費用賣方無權要求買方歸還。

(6)本條件可適用於任何運送方式，包括複合運送。

(7)本條件下，賣方負責辦理貨物輸出通關手續。

2. 買賣雙方的基本義務：

	賣方義務	買方義務
風險	與 CPT 條件相同。	與 CPT 條件相同。
費用	除多負擔一項貨物運至指定目的地的保險費外，其餘與 CPT 條件相同。	除少負擔一項貨物運至指定目的地的保險費外，其餘與 CPT 條件相同。
責任	除多負擔一項責任外，其餘與 CPT 條件相同：即訂立貨物保險契約及支付保險費。若未約定投保範圍，則為符合協會貨物條款 (A) 或任何類似的一套條款，保險金額至少為契約價金加一成。	與 CPT 條件相同。

3.用法及說明：

⑴本條件與前述 CPT 條件相同，但增加了賣方一項義務，即必須就貨物於運送中滅失或毀損的風險購買保險，並支付保險費。

⑵本條件與 CIF 條件（詳後述）主要原則相同，不同的是，本條件之下的賣方於出口地指定地點，將貨物交給運送人時，其交貨義務即完成，而非如 CIF 條件於裝運港船舶上交貨。本條件適用於包含複合運送在內的任何運送方式，而 CIF 條件僅適用於以船舶運輸的海運或內陸水路運送，貨櫃運輸的場合不宜使用 CIF 條件，應改用 CIP 條件。

⑶買賣雙方應在契約中儘可能精確識別交貨地或交貨地內的地點，尤其是，倘若貨物的運送係利用多位運送人，而買賣雙方並未約定特定的交貨地點時，當貨物交付第一運送人時，風險隨即移轉，而此地點完全由賣方所選定，但買方卻毫無能力控制。因此，若當事人希望風險在稍後的階段（例如在海港或河港或機場），或較早的階段（例如遠離海港或河港的內陸點）移轉，必須在買賣契約中清楚敘明。

⑷買賣雙方應在契約中儘可能精確識別目的地內的地點，因為賣方必須訂立運輸契約及保險契約至該地點，並負擔運費與保險費。

⑸例如我國新竹一家出口商向美國紐約一家進口商提出下面報價：

We offer to sell Automatic Coffee Machine Model Number ESPCAP16RE 10,000 sets, US$110 per set CIP New York, Incoterms® 2020, delivery during July, 20–.

（本公司報價出售型號 ESPCAP16RE 自動咖啡機 10,000 部，每部 110 美元，至紐約運保費付訖，Incoterms® 2020，20– 年 7 月間交貨。）

㈤ DAP (Delivered At Place) 目的地交貨條件

1.要點：

⑴本條件下，賣方在指定目的地約定地點（如有者），將尚未辦理輸入通關手續仍放置於抵達運送工具上準備卸載的貨物交由買方處置，或購買已如此交付的貨物時，即為已履行其交貨義務。

⑵賣方須負擔將貨物運至上述指定目的地的風險及費用（但不包括在目的地國因輸入時應繳納的任何稅負（稅負一詞包括辦理通關手續的義務與風險，及支付通關手續費用、關稅、稅捐及其他費用），諸如通關手續費、稅捐及

其他費用）。所以 DAP 條件屬於送達契約。

(3)如賣方依運送契約承擔於指定目的地與卸貨有關的費用，則除非當事人間另有約定，該等費用賣方無權要求買方歸還。

(4)本條件可適用於任何運送方式，包括複合運送。

(5)Incoterms® 2010 對於貨物的運送，皆是設定在「貨物的運送係委託運輸業者」的前提，然實務上，買方或賣方有可能自備運輸工具（例如自己的貨車），因此 Incoterms® 2020 新增規定：DAP、DPU（詳後述）或 DDP（詳後述）條件下，賣方得安排以自身的運輸工具運輸貨物。

(6)在本條件下，賣方負責辦理貨物輸出通關手續，但無義務辦理輸入通關或支付輸入關稅及通關手續費。

(7)若當事人擬由賣方辦理輸入通關及支付輸入關稅及通關手續費，則宜改用後述 DDP 條件。

2.買賣雙方的基本義務：

	賣方義務	買方義務
風險	負擔貨物滅失或毀損一切風險，直至在目的地將其放置於抵達運送工具上，交由買方處置時為止。	負擔自貨物在目的地交由其處置時起的一切滅失或毀損風險。
費用	1.支付有關貨物的一切費用，直至其交付時為止，包括檢查、包裝、標示、輸出以及交付前除目的地國外，通過任何國家運送時的上列費用。 2.補償買方因提供協助以取得單據或資訊所產生的一切費用。	1.支付自賣方交付貨物時起的一切費用，包括貨物輸入時應付的通關手續費用與稅捐。 2.支付貨物在約定目的地的卸貨費用，除非運送契約中該項費用係由賣方負擔。 3.補償賣方因提供協助或資訊所產生的一切費用。
責任	1.提供符合契約的貨物，並提供發票及符合證明。 2.在約定交貨日期或期間內，於指定目的地約定地點，將貨物交由買方處置，並提供接管貨物所需單據。 3.自負費用訂立契約或安排將貨物運至指定目的地。 4.賣方對買方無訂立保險契約的義務。 5.自負風險及費用取得輸出許可證並辦理貨物輸出及交付前通過除目的地國外，任何國家運送所需通關手續。 6.給予買方所需任何通知，以便其接受貨物。	1.依約支付貨物價金。 2.賣方交付貨物時，即予接受，並接受運送單據。 3.買方對賣方無訂立運送契約的義務。 4.買方對賣方無訂立保險契約的義務，但須徇賣方要求、風險及費用，提供其取得投保所需的資訊。 5.自負風險及費用取得輸入許可證，並辦理貨物輸入通關手續。 6.若有權決定於約定期間內接受貨物的時間及（或）指定目的地內的接受貨物的地點，將其決定予賣方充分的通知。

3.用法及說明：

⑴若買賣雙方國家對輸入通關採取免稅政策（如 EU 國家間），則賣方擬將貨物運至買方國內交付時，可採用本條件。此外，輸入國為鼓勵貨物的加工出口，設置免稅特區，對於在免稅區內的買方，在其輸入貨物加工時，採用本條件也很方便。

⑵當事人應清楚地敘明約定目的地內的地點，因為至該地點的風險均歸賣方負擔。建議賣方簽立精確符合此選擇的運送契約。

⑶賣方擬以本條件報價時，其報價方式如下：

We offer to sell LCD monitors 1,000 sets, US$80 per set DAP Hamberg, (CY), Incoterms®2020, delivery during November, 20–.

（報價出售液晶監視器 1,000 套，每套 80 美元，漢堡貨櫃場交貨，Incoterms® 2020，20– 年 11 月間交貨。）

㈥ DPU (Delivered at Place Unloded) 目的地卸載交貨條件

1.要點：

⑴本條件下，賣方於指定目的地，將尚未辦理輸入通關的貨物自抵達的運送工具卸下，交由買方處置，或購買已如此交付的貨物時，即為已履行其交貨義務。

⑵賣方須負擔將貨物運至指定目的地並在該處將貨物卸載時所生的一切風險及費用。但不包括貨物輸入時應繳的任何稅負，諸如通關手續費、稅捐及其他費用。

⑶本條件可適用於任何運送方式，包括複合運送。

⑷本條件下，賣方得安排以自身的運輸工具運輸貨物。

⑸賣方須負擔在指定目的地卸貨的風險與費用，建議賣方訂立運送契約時，應確保能在該地方／地點安排卸貨的位置。

⑹如賣方不希望承擔卸貨的風險與費用，則應避免使用本條件，改用 DAP 條件。

2. 買賣雙方的基本義務：

	賣方義務	買方義務
風險	負擔貨物滅失或毀損一切風險，直至在目的地將其從抵達運送工具卸載，交由買方處置時為止。	負擔自貨物在目的地自運送工具上卸載交付時起的一切滅失或毀損風險。
費用	1. 支付有關貨物的一切費用，直至其交付時為止，包括檢查、包裝、標示、輸出以及交付前除目的地國外，通過任何國家運送時的上列費用。 2. 補償買方因提供協助以取得單據或資訊所產生的一切費用。	1. 支付自賣方交付貨物時起的一切費用，包括貨物輸入時應付的通關手續費用與稅捐。 2. 補償賣方因提供協助或資訊所產生的一切費用。
責任	1. 提供符合契約的貨物，並提供發票及符合證明。 2. 在約定交貨日期或期間內，於指定目的地約定地點，將貨物從到達的運送工具上卸載，交由買方處置，並提供接管貨物所需單據。 3. 自負費用訂立契約或安排將貨物運至指定目的地。 4. 賣方對買方無訂立保險契約的義務。 5. 自負風險及費用取得輸出許可證並辦理貨物輸出及交貨前通過除目的地國外，任何國家運送所需通關手續。 6. 給予買方所需任何通知，以便其接受貨物。	1. 依約支付貨物價金。 2. 賣方交付貨物時，即予接受，並接受運送單據。 3. 買方對賣方無訂立運送契約的義務。 4. 買方對賣方無訂立保險契約的義務，但須循賣方要求、風險及費用，提供其取得投保所需的資訊。 5. 自負風險及費用取得輸入許可證，並辦理貨物輸入通關手續。 6. 若有權決定於約定期間內接受貨物的時間及（或）指定目的地內的接受貨物的地點，將其決定予賣方充分的通知。

3. 用法及說明：

(1) 本條件係 Incoterms® 2010 的 「目的地終點站交貨條件」 (Delivered At Terminal, DAT) 加以修改而成。交貨地點「目的地」可以是任何地點，不侷限於運輸終點站，當然，賣方必須確保可以在指定的交付地點安排卸貨。

(2) 本條件與 DAP 條件差別在於在指定目的地的卸貨風險與費用，通常使用在同一貨櫃的貨物分屬多個受貨人的場合，或貨物在目的地卸貨過程中需額外或特殊處理，而賣方也同意為此負責，也適合採用 DPU 條件。反之，若賣方無法委派人員至目的地處理貨物並將貨物卸下，或不希望承擔與卸貨相關的風險與費用，則不宜採用本條件，建議改採 DAP 條件。

(3) 擬以本條件交易時，當事人最好清楚地敘明位在指定目的地的地方／地點，因為至該地方／地點的風險均歸賣方負擔。

⑷賣方擬以本條件報價時，其報價方式如下：

We offer to sell LCD monitors 1,000 sets, US$82 per set DPU Hamberg, (CY), Incoterms®

2020, delivery during November, 20–.

（報價出售液晶監視器 1,000 套，每套 82 美元，漢堡貨櫃場卸載交貨，Incoterms® 2020，

20– 年 11 月間交貨。）

㈦ DDP (Delivered Duty Paid) 目的地稅訖交貨條件

1. 要點：

⑴本條件下，賣方在指定目的地，將已辦妥輸入通關手續而尚未從抵達運送

工具卸下的貨物交付買方處置，或購買已如此交付的貨物時，即為已履行

其交貨義務。

⑵賣方須負擔將貨物運至目的地為止的一切風險及費用，並有義務辦理貨物

輸出入通關手續，支付一切出口及進口關稅。所以 DDP 條件屬於送達契約。

⑶若賣方依運送契約承擔於指定目的地與卸貨有關的費用，則除非當事人間

另有約定，該等費用賣方無權要求買方歸還。

⑷在 Incoterms® 2020 的規則中，DDP 是對買方加諸最少義務的條件。

⑸本條件可適用於任何運送方式，包括複合運送。

⑹本條件下，賣方得安排以自身的運輸工具運輸貨物。

⑺若賣方無法直接或間接辦妥輸入通關，則當事人不宜使用 DDP 條件，宜改

用 DAP 或 DPU 條件。

2. 買賣雙方的基本義務：

	賣方義務	買方義務
風險	與 DAP 條件相同。	與 DAP 條件相同。
費用	1. 支付有關貨物的一切費用，直至其交付時為止，包括檢查、包裝、標示、輸出、過境與輸入通關手續費用與稅捐。 2. 補償買方因提供協助以取得單據或資訊所產生的一切費用。	1. 支付自賣方交付貨物時起的一切費用。 2. 支付貨物在約定目的地的卸貨費用，除非運送契約中該項費用係由賣方負擔。
責任	除以下外，其餘與 DAP 條件相同： 自負風險及費用取得輸出與輸入許可證並辦理貨物輸出、過境與輸入通關手續。	除以下外，其餘與 DAP 條件相同： 循賣方要求、風險與費用，協助賣方取得貨物輸出入及為貨物通過任何國家所需單據及資訊（包括貨物安檢資訊與輸出入許可證）。

3.用法及說明：

　(1)在各種貿易條件中，以 EXW 條件交易時，賣方的義務最小。反之，按 DDP 條件交易時，賣方的義務最大。因為在此條件下，賣方須負責在進口國指定目的地交貨，並完成進口通關手續與支付進口稅捐。因此，由出口地至進口地指定目的地為止的一切費用（包括運費、保險費、進口稅捐等）以及貨物在運輸中的危險均由賣方負擔。按此條件交易時，就買方而言無異於國內買賣 (domestic sale)，而國外賣方所處地位，則猶如在進口國的賣方，其所負責任之大，由此可見一斑。

　(2) "Duty" 一詞包括了 "the responsibility for and the risks of the carrying out of customs formalities and the payment of formalities, customs duties, taxes, fees and other charges"，因此，進口國家所徵收的加值稅 (value added tax, VAT) 也須由賣方負擔。這對於身為外國人的賣方而言，毋寧是不受歡迎的。所以，在訂約時可考慮在 "Duty Paid" 後面加上 "Exclusive of VAT" 或 "VAT unpaid" 字樣，以表明賣方不負擔加值稅。

　(3)當事人應清楚地敘明約定目的地內的地點，因為至該地點的費用及風險均歸賣方負擔。

　(4)賣方擬以本條件報價時，其報價方式如下：

We offer to sell grapes 1,000 cartons, EUR50 per carton DDP Milan, Incoterms® 2020, delivery during August, 20–.

　（報價出售葡萄 1,000 箱，每箱 50 歐元，米蘭稅訖交貨，Incoterms® 2020，20– 年 8 月間交貨。）

㈧ FAS (Free Alongside Ship) 裝運港船邊交貨條件

1.要點：

　(1)本條件下，賣方在指定裝運港將貨物放置於買方所指定的船舶邊（例如在碼頭或駁船上），或購買已如此交付的貨物時，即為已履行交貨義務。

　(2)賣方須負擔將貨物運至裝運港船邊為止的一切風險及費用，並有義務辦理貨物輸出通關手續，支付一切出口通關費用與稅捐。

　(3)根據本條件，賣方對於貨物的費用及風險，負擔其交到裝船舶邊時為止，但「船舶邊」的定義並未界定。實務上，一般的解釋是指能夠用船舶的吊

　　貨索具 (ship's tackle) 或岸上的起重機或其他裝載工具進行裝貨的地方。換言之，是指買方所指定船舶預定停靠碼頭，以供裝載的地方。倘若指定船舶不能進港靠岸，而必須在港內拋錨停泊，則賣方必須僱用駁船或小艇將貨物運到港內拋錨的船舶旁邊，並負擔駁船費用。賣方對貨物毀損或滅失的風險也是在貨物運抵船舶邊時才移轉於買方。

⑷賣方為了交運目的，須將貨物交到船舶邊或購買 (procure) 已如此交付運送的貨物。所謂「購買」是迎合貨物在運送中，一再轉售的交易，也即為所謂的「連環買賣」(string sale) 而設。這在農礦產品（即所謂的大宗物資）的國際買賣是常見的。

⑸本條件僅適用於海運或內陸水路運送。

2. 買賣雙方的基本義務：

	賣方義務	買方義務
風險	負擔貨物滅失或毀損的一切風險，直至在指定裝運港將其放置於買方指定船舶邊（即碼頭或駁船上）為止。	負擔賣方於指定裝運港將貨物放置於買方指定船舶邊（即碼頭或駁船上）時起的一切滅失或毀損風險。
費用	1. 支付有關貨物的一切費用，直至其交貨時為止，包括檢查、包裝、標示、輸出通關費用與稅捐。 2. 補償買方因提供協助以取得單據或資訊所產生的一切費用。	1. 支付自賣方交付貨物時起的一切費用，包括輸入及（或）通過任何國家的通關手續費用與稅捐。 2. 補償賣方因提供協助或資訊所產生的一切費用。 3. 支付因未能發出裝運指示，指定船舶未按時抵達、未承載貨物，或截止裝運時間早於所通知的時間等所產生的額外費用。
責任	1. 提供符合契約的貨物，並提供發票及符合證明。 2. 在約定交貨日期或期間，於指定裝運港裝載地點，將貨物交到買方所指定船舶邊，並提供證明交貨的通常單據。 3. 賣方對買方無訂立運送契約的義務。但須循買方要求、風險及費用，協助其取得安排運輸所需的資訊（包括與運輸有關的安全要求）。倘若買賣雙方有約定，賣方須以買方的風險與費用，依通常條件訂立運送契約。 4. 賣方對買方無訂立保險契約的義務。但須循買方要求、風險及費用，協助其取得投保所需的資訊。	1. 依約支付貨物價金。 2. 賣方交付貨物時，即予接受，並接受交貨證明。 3. 自負費用訂立自指定裝運港起的貨物運送契約。 4. 買方對賣方無訂立保險契約的義務。 5. 自負風險及費用取得輸入許可證，並辦理貨物輸入通關手續。 6. 將與運送有關的安全需求、船名、裝載地點及交貨時間給予賣方充分的通知。

> 5. 自負風險及費用取得輸出許可證，並辦理
> 　貨物輸出通關手續。
> 6. 將貨物已交到指定船舶邊乙節，或該船舶
> 　未在約定時間內承載貨物乙節，給予買方
> 　充分的通知。

3. 用法及說明：

(1)在國際貿易上，以本條件交易的情形並不普遍。但在一些大宗物資以及木材交易，往往採用本條件來報價或訂約。

(2)當事人應儘可能清楚敘明位在指定裝運港的裝載地點，因為至該地點的風險及費用均由賣方負擔，且此等費用及相關的處理費用，可能依港口的作業而不同。

例如美國棉花出口商透過其在臺代理商向臺灣紗廠提出下面報價：

We offer to sell American raw cotton staple $1\frac{1}{16}''$, 200,000 lbs., US$0.415 per lb. FAS Houston, Incoterms® 2020, delivery in March, 20–.

（報價出售美棉纖維長度 $1\frac{1}{16}$ 英吋，數量 200,000 磅，每磅價格 0.415 美元，休斯頓港船邊交貨，Incoterms® 2020，20– 年 3 月間交貨。）

(3)本條件規定賣方須提供證明交貨的通常單據，這項單據通常是指碼頭收據 (dock receipt)、大副收貨單 (mate's receipt)，或船方收據 (ship's receipt) 等。

(4)貨櫃運送的場合，不適合使用 FAS 條件，而宜使用 FCA 條件。

(九) FOB (Free On Board) 裝運港船上交貨條件

1. 要點：

(1)本條件下，賣方在指定裝運港將貨物裝載於買方所指定的船舶上，或購買已如此交付的貨物時，即為已履行其交貨義務。

(2)當貨物裝載於船舶上時，貨物滅失或毀損的風險即移轉給買方，而買方則須負擔自該時點起的一切費用。

(3)本條件下，賣方負責辦理貨物輸出通關手續。

(4) FOB 價格在我國又稱為離岸價格。

(5)本條件僅適用於海運或內陸水路運送，貨櫃運輸的場合不宜使用本條件，而應改用 FCA 條件。

2. 買賣雙方的基本義務：

	賣方義務	買方義務
風險	負擔貨物滅失或毀損的一切風險，直至在指定裝運港將其裝載於買方指定的船舶上時為止。	負擔賣方在指定裝運港將貨物裝載於買方指定的船舶上時起的一切滅失或毀損風險。
費用	1. 支付有關貨物的一切費用，直至其交貨時為止，包括檢查、包裝、標示費用、輸出通關手續費用與稅捐。 2. 補償買方因提供協助以取得單據或資訊所產生的一切費用。	1. 支付自賣方交付貨物時起的一切費用，包括輸入及（或）通過任何國家的通關手續費用與稅捐。 2. 補償賣方因提供協助或資訊所產生的一切費用。 3. 支付因未能發出裝運指示，指定船舶未按時抵達、未承載貨物，或截止裝運時間早於所通知的時間等所產生的額外費用。
責任	1. 提供符合契約的貨物，並提供發票及符合證明。 2. 在約定交貨時間或期間，將貨物交到指定裝運港買方所指定船舶上，並提供證明交貨的通常單據。 3. 賣方對買方無訂立運送契約的義務。但須循買方要求、風險及費用，協助其取得安排運輸所需的資訊（包括與運輸有關的安全要求）。倘若買賣雙方有約定，賣方須以買方的風險與費用，依通常條件訂立運送契約。 4. 賣方對買方無訂立保險契約的義務。但須循買方要求、風險及費用，協助其取得投保所需的資訊。 5. 自負風險及費用取得輸出許可證，並辦理貨物輸出通關手續。 6. 將貨物已裝載於船舶上乙節，或該船舶未在約定時間內承載貨物乙節，給予買方充分的通知。	1. 依約支付貨物價金。 2. 賣方交付貨物時，即予接受，並接受交貨證明。 3. 自負費用訂立自指定裝運港起的運送契約。 4. 買方對賣方無訂立保險契約的義務。 5. 自負風險及費用取得輸入許可證，並辦理貨物輸入通關手續。 6. 將船名、裝載地點及選定的交貨時間，給予賣方充分的通知。

3. 用法及說明：

⑴在傳統國際貨物運輸（即非貨櫃運輸），本條件與後述 CIF 條件同為使用最廣泛的兩個貿易條件。在船位難訂或運費費率及保險費費率不穩定的場合，出口商往往會用 FOB 條件報價或訂約。另外，進口商與運費同盟訂有契約或與保險公司簽有預定保險契約的場合，也多希望以 FOB 條件交易，藉以節省運費及保險費。例如我國出口商向香港進口商提出下面報價：

We offer to sell Bonlai Rice 1,000 metric tons, US$600 per metric ton FOB Taichung, Incoterms® 2020, shipment in April, 20–.

（報價出售蓬萊米 1,000 公噸，每公噸 600 美元，臺中港船上交貨，Incoterms® 2020，20– 年 4 月裝運。）

(2)在本條件下，買方必須安排承運船舶並負責投保水險，這是傳統意義下的 FOB 條件所規定的。在一般大宗物資的交易，通常固然由買方傭船運送，但在雜貨交易採用定期船運送的場合，因艙位通常都須預先訂妥，除非買方在出口地有代理商可代辦，否則甚為不便。所以在實務上，一般以 FOB 條件成交的雜貨交易，多由賣方洽船，賣方成為直接簽訂運送契約的當事人，由其負責取得提單，而運費則為到付 (freight collect)，在目的港由買方支付。

(3)我國出口商如以 FOB Taiwan Port 報價或訂約，這就屬於多港口的 FOB 條款 (multi-port FOB clause)，如果貨物為大宗物資，須由買方自行洽船者，買方應於簽約後指定一艘有效船舶並選擇裝運港口立即通知出口商。倘貨物為小宗物資擬裝定期航線船舶，則出口商可就基隆、高雄或臺中等港口選擇一裝運港，洽訂船位將貨物運出。在多港口的 FOB 條款下，負責洽船的一方通常有權選擇自己方便的裝運港口。

(4)本條件與前面 FAS 條件的交貨地點極為接近。在 FAS 條件下，賣方將貨物交到船舶邊，其所負擔的費用及風險即告終了；而在 FOB 條件下，賣方須將貨物裝載於船舶上。換言之，其所負擔的風險須在貨物裝載於船舶時才移轉予買方，而其費用則包括這項裝載費用。

(5)在雜貨交易中，承運船舶多為定期船，其裝卸條件多為「碼頭條件」(berth terms)，即裝卸費用由船方負責，而這些裝卸費用都已包括在運費中，所以即使以 FOB 條件交易，實際上裝載費用是由買方負擔。因此與 FAS 條件交易在費用上幾乎無區別。但在大宗物資交易，多採取傭船方式，裝卸費用究由船方負責，抑或由買方負責，須視傭船契約所訂條件而定。所以在 FOB 條件下，買方所訂傭船契約的裝卸條件，自與 FAS 條件下不同。換句話說，在 FOB 條件下，裝載費用必由賣方負擔，因此賣方在 FOB 條件下比 FAS 條件須多負擔裝載費用。

⑹在貨櫃運送的場合，不適合使用 FOB 條件，而宜使用 FCA 條件。

㈩ CFR (Cost and Freight) 運費在內條件

1. 要點：

⑴本條件下，賣方在裝運港將貨物裝載於船舶上，或購買已如此交付的貨物時，即為已履行其交貨義務。

⑵賣方必須訂立運送契約，並支付將貨物運送至指定目的港所需的費用及海運費。但貨物滅失或毀損的風險，則自貨物在裝運港裝上船時起，由賣方移轉予買方。

⑶與其他 C 類型條件一樣，本條件具有兩個分界點，一個是危險負擔分界點裝運港，一個是費用分界點目的港。以 CFR 條件報價或簽約時，需在條件後加上指定目的港，以表明賣方負擔海運費至目的港。因此報價單或契約中可能不會規定裝運港，然而裝運港是風險移轉予買方的地點，如裝運港對買方有特別重要（例如買方希望確定價格的運費組成是合理的），則當事人最好在契約中儘可能精確辨認。

⑷當事人應儘量清楚地敘明在約定目的港內的地點，因為至該地點的費用均歸賣方負擔。建議賣方訂立精確符合此選擇的運送契約。

⑸若賣方依運送契約承擔指定目的港與卸貨有關的費用，則除非當事人間另有約定，該等費用賣方無權要求買方歸還。

⑹本條件下，賣方負責辦理貨物輸出通關手續。

⑺本條件僅適用於海運及內陸水路運送，貨櫃運輸的場合不宜使用本條件，而應改用 CPT 條件。

2. 買賣雙方的基本義務：

	賣方義務	買方義務
風險	負擔貨物滅失或毀損的一切風險，直至在裝運港將其裝載於船舶上時為止。	負擔賣方在裝運港將貨物裝載於船舶上時起的一切滅失或毀損風險。
費用	1. 支付有關貨物的一切費用，直至其交貨時為止，包括檢查、包裝、標示費用、輸出通關手續費用或稅捐。 2. 支付將貨物運至指定目的港的海運費。 3. 補償買方因提供協助以取得單據或資訊所產生的一切費用。	1. 支付除海運費以外自貨物交付時起的一切費用，包括輸入及通過任何國家的通關手續費用與稅捐。 2. 支付貨物在約定目的港的卸貨費用，除非運送契約中該項費用係由賣方負擔。 3. 補償賣方因提供協助或資訊所產生的一切費用。

| 責任 | 1.提供符合契約的貨物，並提供發票及符合證明。
2.在約定交貨時間或期間，將貨物交到裝運港船舶上，並提供通常運送單據。
3.自負費用按通常條件，依通常航線，訂立運送契約，將貨物以通常類型可供裝載該項貨物之用的船舶，運往指定目的港。
4.賣方對買方無訂立保險契約的義務。但須循買方要求、風險及費用，協助其取得投保所需的資訊。
5.自負風險及費用取得輸出許可證，並辦理貨物輸出通關手續。
6.將貨物已裝載於船舶上乙節，通知買方，且必須給予買方所需的任何通知，以便買方能夠提領貨物。 | 1.依約支付貨物價金。
2.賣方交付貨物時，即予接受，接受賣方提供的運送單據，並在指定目的港從運送人領取貨物。
3.買方對賣方無訂立運送契約的義務。
4.買方對賣方無訂立保險契約的義務。
5.自負風險及費用取得輸入許可證，並辦理貨物輸入通關手續。
6.若有權決定裝船時間及（或）指定目的港內收受貨物的地點，將其決定給予賣方充分通知。 |

3.用法及說明：

　(1)本條件中的所謂成本 (cost) 是指「裝運港船上交貨條件」(FOB) 的價格而言，而運費 (freight) 是指貨物從「裝運港運到目的港」的運費而言，故又稱「至目的港運費在內條件」。

　(2)以 CFR 條件報價或訂約時，應在 CFR 後加上指定目的港名稱，以表明價格中包含至該目的港的海運費，若有約定的目的港內的地點，當事人應儘可能明確清楚地敘明，因為至該地點的費用均歸賣方負擔，建議賣方簽立精確符合此選擇的運送契約。

　(3)例如日本出口商向我國進口商提出下面報價：

　　We offer to sell sunglass 1,500 dozen, US$12.00 per dozen CFR Keelung, Incoterms®

　　2020, shipment in November, 20–.

　　（報價出售太陽眼鏡 1,500 打，每打 12 美元，包括至基隆運費在內，Incoterms® 2020，

　　20– 年 11 月間裝運。）

　(4)賣方交貨地點與 FOB 條件相同，裝載於出口港船舶以後的一切風險以及除海運費以外的一切費用由買方負擔。

　(5)Incoterms® 2020 所解釋的十一個貿易條件中，有七個條件 (EXW、FCA、DAP、DPU、DDP、FAS、FOB) 是以其所示的運輸工具或場所（如 works、place、carrier）表示交付貨物的地點及方法；另外四個條件 (CFR、CIF、

CPT、CIP) 是以價格的構成要素來表示。所以光以「價格」來解釋所有貿易條件，顯然不夠充分。

(6) CFR 條件是屬於 CIF 系統的貿易條件。在應用上不如 CIF 條件普遍。通常是在買方與保險公司訂有預約保險契約的場合，要求賣方以 CFR 條件報價或訂約。有時賣方所報的是 CIF 條件，買方也往往要求賣方在押匯時扣除保險費，而以 CFR 金額作為押匯金額。在這種情況下，報價雖以 CIF 條件，但保險費由買方負擔，實際上也就是 CFR 條件。

(十一) CIF (Cost, Insurance and Freight) 運保費在內條件

1. 要點：

(1)本條件下，賣方在裝運港將貨物裝載於船舶上，或購買已如此交付的貨物時，即為已履行其交貨義務。

(2)賣方必須訂立運送契約，並支付將貨物運送至指定目的港所需的費用及海運費。但貨物滅失或毀損的風險，則自貨物在裝運港裝上船時起，由賣方移轉予買方。

(3)賣方必須訂立承保自交貨地點至少至指定目的港的貨物運輸保險契約，並支付保險費。除買賣雙方另有約定外，賣方須投保符合協會貨物條款 (C) 或任何類似的保險條款，保險金額至少為契約金額加 10%。賣方可循買方的要求加保任何的附加保險，費用由買方負擔。

(4)本條件由於風險的移轉與費用的轉換地點不同因而具有兩個分界點。雖然契約通常都規定「目的港」，但可能不會規定「裝運港」，而後者卻是風險移轉予買方的地點。如裝運港對買方特別重要（例如買方希望確定價格的運費和保險費組成是合理的），則當事人最好在契約中儘可能精確辨認。

(5)當事人應儘量清楚地敘明在約定目的港內的地點，因為至該地點的費用均歸賣方負擔。建議賣方訂立精確符合此選擇的運送契約。

(6)如賣方依其運送契約負擔於目的港的指定地點與卸貨有關的費用，則除非當事人間另有約定，該等費用賣方無權要求買方歸還。

(7)本條件下，賣方負責辦理貨物輸出通關手續。

(8) CIF 在我國又稱為到岸價格。

(9)本條件僅適用於海運及內陸水路運送，貨櫃運輸的場合不宜使用本條件，

而應改用 CIP 條件。

2.買賣雙方的基本義務：

	賣方義務	買方義務
風險	與 CFR 條件相同。	與 CFR 條件相同。
費用	除多負擔一項貨物運至指定目的港的海上保險費外，其餘與 CFR 條件相同。	除少負擔一項貨物運至指定目的港的海上保險費外，其餘與 CFR 條件相同。
責任	除多負擔一項責任外，其餘與 CFR 條件相同：即訂立貨物保險契約及支付保險費。若未約定投保範圍，則為符合協會貨物條款 (C) 或任何類似的一套條款，保險金額至少為契約價金加一成。	與 CFR 條件相同。

3.用法及說明：

(1)本條件與前述 CFR 條件比較，多出 "Insurance" 一字。這是表示賣方有義務為買方利益投保貨物至目的港為止的海上運輸險，並且負擔保險費。故又稱「至目的港運保費在內條件」。

(2)以 CIF 條件報價或訂約時，應在 CIF 後加上指定目的港名稱，以表明價格中包含至該目的港的海運費與保險費，若有約定的目的港內的地點，當事人應儘可能明確清楚地敘明，因為至該地點的費用均歸賣方負擔，建議賣方簽立精確符合此選擇的運送契約。

(3)例如本地出口商向韓國進口商提出下面報價：

We offer to sell colored pencil 3,000 boxes, US$4.20 per box CIF Pusan, Incoterms® 2020, prompt shipment.

（報價出售彩色鉛筆 3,000 盒，每盒 4.2 美元，包括至釜山運費及保費在內，Incoterms® 2020，即速裝運。）

(4)根據 CIF 條件的涵義，運費歸賣方負擔，故裝船費用總是歸賣方負擔，至於卸貨費用，視情形而定。依運送契約在目的港的卸貨費用由賣方負擔，則此項費用歸賣方負擔。

(5)CIF 條件是國際貿易中最具特色的一種貿易條件，使用最普遍。各國海關對於進出口貨物的統計，出口值大多根據 FOB 值，而進口值則根據 CIF 值，所以一般將前者稱為「離岸價格」，將後者稱為「到岸價格」。

(6)從法律觀點看，CIF 條件交易，基本上是由買賣契約、運送契約及保險契約三個契約所構成。賣方安排裝運，購買保險，取得提單及保險單，將這些貨運單據交付買方，貨物的所有權也就移轉給買方。如貨物在運輸途中發生損害或滅失，則由買方負責向有關方面索賠。所以有人說 CIF 交易是貨運單據的交易，而非貨物本身的交易。又，如將 CIF 譯為「到岸價格」或「起岸價格」，很容易使人誤會賣方對於貨物滅失或毀損的風險，須承擔到目的港時才終止。

🌐 第六節　美國式 FOB 條件解說

一、美國式 FOB 與 Incoterms FOB 的差異

　　美國式的 FOB 條件係指「1990 年修訂美國對外貿易定義」的 FOB 與美國統一商法 (UCC) 中的 FOB 而言（按 UCC§2–319 至 §2–322，美國若干州已於 2004 年刪除，但仍具參考價值）。

　　由於美國式的 FOB 條件與 Incoterms® 2020 的 FOB 有顯著的差異，特在此予以介述。

　　首先在這裡說明美國式 FOB 與 Incoterms® 2020 FOB 的主要差異，然後再分項介述美國式 FOB 的內容。

　　兩者的差異如下：

項　目 ＼ 種　類	美國式 FOB	Incoterms FOB
運輸方式	適用所有運輸方式，包括海運、空運、公路、鐵路及內陸運輸	海運及內陸水路運輸
運輸工具	所有運送工具均適用，包括火車、卡車、駁船、海船、平底貨輪	限以船舶為運送工具
FOB 條件種類	1.1990 年修定美國對外貿易定義的 FOB 共有六種 2.美國統一商法中的 FOB 共有三種	只有一種
契約性質	有些屬於裝運契約，有些屬於到達契約 (arrival contract) 或目的地契約 (destination contract)	裝運契約

二、美國對外貿易定義下的 FOB

　　美國定義下的 FOB (Free on Board) 是指「運輸工具上交貨」而言，與 Incoterms 的 FOB 是指「船上交貨」者，涵義迥然不同。再者，此一條件，實際上是六種 FOB 的總稱。這六種 FOB 關於買賣雙方的義務規定，各不相同。換言之，美國對外貿易定義下的 FOB 條件，實際上係六種不同的報價（貿易）條件。所以本規則提醒大家，乃有下列的 Note：

　　Seller and buyer should consider not only the definitions but also the "Comments on all FOB Terms" given at end of this section, in order to understand fully their respective responsibilities and rights under the several classes of "FOB" terms.（為期充分瞭解在各種 FOB 條件，雙方各自的權利與責任，賣方與買方不僅須顧及本定義，而且對於本節後面所列「對各類 FOB 條件的評註」也應加以注意。）

　　此六種 FOB，如以交貨地為區分標準，可分為：

$$
\text{FOB}\begin{cases}
\text{FOB Place of Shipment}\begin{cases}\text{(II–A)}\\ \text{(II–B)}\\ \text{(II–C)}\\ \text{(II–E)}\end{cases}\text{風險在裝運地運輸工具上移轉買方}\\[4ex]
\text{FOB Place of Destination}\begin{cases}\text{(II–D)}\\ \text{(II–F)}\end{cases}\text{風險在目的地運輸工具上移轉買方}
\end{cases}
$$

　　換言之，(II–A)、(II–B)、(II–C) 及 (II–E) 等四種 FOB 屬於裝運地契約，而 (II–D) 及 (II–F) 等二種 FOB 屬於目的地契約 (destination contract)。

　　又如以其使用於國內買賣抑或使用於國際買賣為區分標準，可分為：

$$
\text{FOB}\begin{cases}
\text{Domestic Terms（國內買賣用語）}\begin{cases}\text{裝運地條件}\begin{cases}\text{(II–A)}\\ \text{(II–B)}\\ \text{(II–C)}\end{cases}\\ \text{目的地條件}\begin{cases}\text{(II–D)}\\ \text{(II–E)}\end{cases}\end{cases}\\[4ex]
\text{Foreign Terms（國際買賣用語）}\begin{cases}\text{目的地條件──(II–F)}\\ \text{裝運地條件──(II–E)}\end{cases}
\end{cases}
$$

以下就各類 FOB 分別加以說明。

■ (II–A) FOB (named inland carrier at named inland point of departure)

(一)解　說

本條件簡稱 FOB Named Inland Carrier，係謂「國內指定起運地點的指定國內運輸工具上交貨」條件，或稱「起運地點運輸工具上交貨」條件。Carrier 一詞，可解作「運送人」，也可解作「運輸工具」，但貨物只能 On Board 某種運輸工具，而不可能 On Board 某運送人，所以，在這裡 Carrier 應解釋為「運輸工具」。以本條件報價時，賣方須在約定日期或期間內，在指定國內裝載地點，將貨物裝上指定國內運送人的運輸工具（包括火車、卡車、船舶、駁船、平底貨輪、飛機等）上或交給指定國內運送人，並負擔貨物的任何滅失及毀損的風險直至貨物在裝載地裝上運輸工具 (be responsible for any loss or damage, or both, until goods have been placed in, or on, conveyance at loading point)，取得運送人簽發的清潔提單或其他運輸收據 (transportation receipt) 為止；買方則須負擔貨物在裝載地點裝上運輸工具以後所生的任何滅失與毀損風險，並支付一切運輸費用。至於運輸契約究竟應由買方抑由賣方負責訂立，本定義並未規定，但原則上應由買方負責。當然，實務上不如委請賣方就近締結運輸契約較為方便。

本條件大致相當於 Incoterms 的 FCA，但有下列三點不同：⑴本條件的運輸工具包括火車 (railway cars)、卡車 (trucks)、駁船 (lighters)、平底貨輪 (barges)、飛機 (aircraft)、船舶及其他運輸工具，而 FCA 則可使用於包括複合運送在內的任何運送方式。⑵本條件的運輸是指出口國的內陸運輸，終點是在出口國國境以內，所以使用本條件交易，買方必須有分公司或代理人在運輸終點提貨，然後再辦理出口事宜，或者，另與賣方約定，由其代為協助辦理上述事宜，所以本條件屬於國內買賣條件。而在 FCA 條件下，其終點不是在出口國國境內，而是在進口國國境內，所以屬國際買賣條件。實際上，本條件多用於國內廠商之間或國內廠商與出口商 (exporter-buyer)之間的交易。⑶本條件對買賣雙方義務的各項規定較簡略，當事人如有必要，可用契約補充。

以本條件報價時，在 FOB 後面須列明運輸工具種類及起運地點名稱，例如：

We offer...10,000 cases, US$14 per case, FOB cars St. Louis, Missouri, shipment during March, 20–. （謹報價……〔某項貨物〕10,000 箱，每箱售 14 美元，密蘇里州、聖路易火車上交貨，在

20–年3月間交運。）

在上述報價中的聖路易就是「指定國內起運地點」，而其中的 Cars，則為 Railway Cars 之略，是指火車，也就是所指定的運輸工具。假如所指定的運輸工具是卡車，則上述報價中的 Cars 就改為 Trucks。除上述二種運輸工具以外，可能指定駁船 (lighters)、平底貨輪 (barges) 以及飛機 (aircraft) 等。

又以本條件交易時，買方必須有代理人或分公司在運輸終點提貨，然後再辦理出口貨運事宜。否則，應請求賣方協助辦理。

㈡本條件下買賣雙方的基本義務

在本條件下，所報出的價格僅適用於在國內裝運地點，由賣方安排將貨物裝上或裝入火車、卡車、船舶、駁船、平底貨輪、飛機或其他運輸用交通工具。

在本報價下：

賣方必須：

1.將貨物裝上或裝入運輸工具，或交付國內運送人裝載。

2.提供運費到付的清潔提單或其他運輸收據。

3.負擔貨物的任何滅失及（或）毀損，直至貨物在裝載地點裝入或裝上運輸工具，並由運送人掣給清潔提單或其他運輸收據時為止。

4.循買方要求並由其負擔費用，協助買方取得為貨物出口或在目的地國進口可能需要而由產地國及（或）裝運國，所簽發的單據。

買方必須：

1.負責貨物自國內裝載地點的一切搬運，並支付一切運輸費用。

2.支付因出口而徵收的任何出口稅或其他規費或手續費。

3.負責在國內指定起運地點裝載後所生的任何滅失及（或）毀損。

4.支付因取得為貨物出口或在目的地因進口可能需要而由產地國及（或）裝運國，所簽發單據而生的一切費用。

■ (II–B) FOB (named inland carrier at named inland point of departure) Freight Prepaid To (named point of exportation)

㈠解　說

本條件簡稱 FOB Freight Prepaid，是謂「國內指定起運地點的指定國內運輸工具上交貨，運費預付至指定出口地點」條件，或稱「起運地運輸工具上交貨運費付訖」

條件。較之 (II–A) FOB 多出一項運費條件。以本條件報價時，買賣雙方的義務，除賣方須負責締結運輸契約並預付運費至指定出口地點以外，其他都與 (II–A) FOB 完全相同。故賣方對貨物的風險責任仍為直至貨物裝上運輸工具取得運送人簽發的清潔提單或運輸收據時為止。例如在 (II–A) FOB 所舉例子，可改按本條件報價如下：

We offer...10,000 cases, US$17 per case, FOB cars St. Louis, Missouri, Freight Prepaid to Philadelphia, Pennsylvania, shipment during March, 20–. （謹報價……〔某項貨物〕10,000 箱，每箱售 17 美元，密蘇里州、聖路易火車上交貨，運費預付至賓州、費城，20– 年 3 月間交運。）

　　本條件大致相當於 Incoterms 的 Carriage Paid To (CPT) 條件，但有下列五點不同：(1)本條件的運輸，為國內運輸，終點是在出口國國境以內。因此本條件實際上多用於國內廠商間或國內工廠與出口商 (exporter-buyer) 之間的交易，而 Carriage Paid To (CPT) 的運輸跨越國境，終點是在進口國國境內。(2)本條件的運輸只限於單一式運輸 (single mode transport)，而 Carriage Paid To (CPT) 的運輸，可為單一式運輸，可為複合運輸。(3)在本條件下，貨物運到出口地點後，係由買方負責申報出口並繳納出口稅捐，而在 Carriage Paid To (CPT) 條件下，申請輸出許可證、繳納出口稅捐等均須由賣方負責，兩者責任範圍不同。(4)在本條件下，買方須有分公司或代理人在出口地辦理出口手續；而在 Carriage Paid To (CPT) 條件下，買方不必有分公司或代理人在出口國。(5)本條件對買賣雙方義務的規定比 Carriage Paid To (CPT) 簡略。當事人對於本條件未規定的事項，如有必要，應在買賣契約中加以訂明。

(二)本條件下買賣雙方的基本義務

　　在本條件下，賣方所報出的價格包括至指定出口地點的運輸費用在內，並預付至指定出口地點的運費。但賣方在國內指定起運地點取得清潔提單或其他運輸收據後，對貨物即不再負責。

　　在本報價下：

　　賣方必須：負擔與 II–A 所列賣方的相同義務，但他必須提供運費預付至指定出口地點的清潔提單或其他運輸收據。

　　買方必須：負擔與 II–A 所列買方的相同義務，但無需支付自裝載地至指定出口地點的運費。

■ (II–C) FOB (named inland carrier at named inland point of departure) Freight Allowed To (named point)

(一)解　說

本條件簡稱 FOB Freight Allowed，是謂「國內指定起運地點的指定國內運輸工具上交貨，扣除至指定地點運費」條件，或稱「起運地點運輸工具上交貨運費未付」條件。與 (II–A) FOB 比較多出一項運費條件。此一運費條件與 (II–B) FOB 又復不同。按本條件交易時，賣方所報價格包括起運地點至指定地點 (named point) 的運費，但在裝運時，由賣方與運送人約定，運費由買方在指定地點交付。因此，賣方在開製發票時，必須從貨價扣除上述運費。至於買賣雙方的其他義務，與 (II–A) FOB 條件相同。這裡所指「指定地點」通常係指出口地點 (point of exportation) 或出口港 (port of export) 而言。

然而，為什麼賣方先將運費計入貨價中，然後又將其從貨價中扣除呢？實際上以本條件交易者，多發生在使用商品目錄 (catalog) 報價的場合。原來有些行業其所經營的商品項目甚多，例如有幾十項甚至幾百項，而其經營者先按 (II–B) FOB 計算售價（即包括運費，freight prepaid），並編成商品目錄，必要時在目錄上特別註明，以該目錄當作正式報價，然後郵寄給買方。在此情形下，賣方往往在目錄上註明 "Freight Allowed To..." 字樣，表示扣除至某一地點的運費。於是，日後其中任何一項商品成交，賣方都可不必墊付運費。例如賣方先按前述 (II–B) FOB 編製商品目錄，某項貨物的單價是 17 美元，其中 3 美元是聖路易至費城的運費，倘日後該項商品成交 10,000 箱，賣方就須在裝貨時墊付運費 30,000 美元。此筆墊付的運費雖可當作貨價收回，但很可能是在數個月之後。假如在報價時，自售價中扣除運費，而改由買方在費城支付，則賣方在裝貨時，就不必墊付運費。

本條件畢竟是不易令人瞭解的條件，除上述靠商品目錄推銷的業者外，很少人使用。再者依本條件交易時，買方須有代理人或分公司在指定地點辦理出口貨運事宜。

茲以 (II–B) FOB 所舉例子，改按本條件報價如下：

We offer...10,000 cases, US$17 per case FOB cars St. Louis, Missouri, Freight Allowed to Philadelphia, Pennsylvania, shipment during March, 20–. （謹報價……〔某項貨物〕10,000 箱，每箱售 17 美元，密蘇里州、聖路易火車上交貨，扣除至賓州、費城運費，20– 年 3 月間交貨。）

從此例子可看出 (II–B) FOB 的售價與 (II–C) FOB 的售價均為每箱 17 美元，但對於運費的處理，在 (II–B) FOB，是由賣方預付，然後當作貨價收回，而在 (II–C)

FOB 則由買方在指定地點到付。

㈡本條件下買賣雙方的基本義務

在本條件下，賣方所報出的價格包括至指定地點為止的運費在內，但運費到付，故應扣除運輸費用。賣方在國內指定起運地點取得清潔提單或其他運輸收據後，對貨物即不再負責。

在本報價下：

賣方必須：負擔與 II–A 所列賣方的相同義務，但其發票應扣除至指定地點為止的運輸費用。

買方必須：負擔與 II–A 所列買方的相同義務，包括支付已由賣方扣除，自國內裝載地點至指定地點為止的運費。

■ (II–D) FOB (named inland carrier at named point of exportation)

㈠解　說

本條件簡稱 FOB named point of exportation，是謂「指定出口地點的指定國內運輸工具上交貨」條件，或稱「出口地點運輸工具上交貨」條件。本條件與 (II–B) FOB 相較，從起運地點至指定出口地點的國內運輸費用均同由賣方負擔，但貨物風險負擔的分界點則不同。在 (II–B) FOB 條件下，貨物在起運地點裝載後，貨物風險與費用即由賣方移轉為買方負擔；而在本條件下，賣方須負擔一切風險與費用，直至運輸工具內或之上的貨物運抵指定出口地點時為止，並在運輸工具上將貨物交付買方；買方則須自運輸工具上提貨並負擔運輸工具到達指定出口地點時起的一切費用及風險。本條件實際上也多用於國內廠商或國內工廠與出口商 (exporter-buyer) 之間的交易。

(II–A) FOB、(II–B) FOB、(II–C) FOB 三條件均為裝運地交貨條件，而 (II–D) FOB 條件則為目的地交貨條件。

又，本條件相當於 Incoterms 1936 的 Free...(named port of shipment)──指定裝貨港的國內運輸工具上交貨條件，不過後者在 1953 年修訂時已刪除。

依本條件報價時，在 FOB 之後須加上國內運輸工具種類及出口地點名稱。例如 (II–C) 所舉的例子，改以本條件報價如下：

We offer...10,000 cases, US$17 per case FOB cars Philadelphia, for export, delivery during April, 20–. (謹報價……〔某項貨物〕10,000 箱，每箱售 17 美元，費城火車上交貨，供外銷用，

20- 年 4 月間交貨。）

上述報價中 For Export 是有用意的。由於有 For Export 字樣，賣方就須保證：①貨物須在輪船碼頭 (steamer pier) 或鐵路駁船交接地點 (railroad lighterage point) 交貨，其因此而發生的額外費用（如果有的話）歸賣方負擔。②鐵路搬運費 (rail haul) 可適用外銷運費率 (export freight rate)。此項費率通常比國內鐵路運費率 (domestic rail rate) 要低。

㈡本條件下買賣雙方的基本義務

在本條件下，賣方所報出的價格包括貨物運至指定出口地點為止的運輸費用在內，並負擔至該地點為止所生的任何滅失及（或）毀損。

在本報價下：

賣方必須：

1. 將貨物裝上或裝入運輸工具，或交付國內運送人裝載。

2. 提供清潔提單或其他運輸收據，支付裝載地至指定出口地點的一切運輸費用。

3. 負責貨物的任何滅失及（或）毀損，直至國內運輸工具之內或之上的貨物運抵指定出口地點為止。

4. 循買方要求並由其負擔費用，協助買方取得為貨物出口或在目的地因進口可能需要而由產地國及（或）裝運國所簽發的單據。

買方必須：

1. 負責在指定出口地點將貨物自國內運輸工具上的一切搬移。

2. 支付因出口而徵收的任何出口稅或其他規費或手續費。

3. 負責自國內運輸工具之內或之上的貨物運抵指定出口地點以後，所生的任何滅失及（或）毀損。

4. 支付因取得為貨物出口或在目的地因進口可能需要而由產地國及（或）裝運國所簽發單據而生的一切費用。

■ (II–E) FOB Vessel (named port of shipment)

㈠解　說

本條件是謂「指定裝船港船上交貨」條件，或稱「出口地船上交貨」條件，依此條件交易時，賣方必須於約定日期或期間內，將貨物確實裝上買方所安排的船舶上，並負擔至此為止的一切風險與費用；買方則須負擔自此以後的一切風險與費用。

本條件與 (II–D) FOB 條件，在表示方法上只有一字之差，(II–D) FOB 是在出口港國內運輸工具上交貨（如火車），而本條件則在出口港船上交貨，使用 Vessel 一詞。兩者比較，在本條件賣方須多付貨物從國內運輸工具卸下再裝上船舶這一段的作業費用，承擔的風險也延伸到貨物確實裝上船舶時才終止。這一段的費用與風險，在平時也許不致有大問題，但萬一碼頭工人發生罷工以致碼頭作業停頓時，賣方的風險與費用就無法估計了。

　　本條件與 Incoterms 的 FOB 大致相當，但有下列五點不同：⑴在本條件下，賣方所負擔的費用與風險　，是於貨物在裝船港確實裝上船舶 (actually loaded on the board vessel) 時才終止；而 Incoterms 的 FOB 則以貨物裝載於船舶上 (on board the vessel) 作為買賣雙方費用及風險負擔的分界點。⑵對於出口稅捐以及有關出口規費或手續費，本條件規定由買方負擔；而 Incoterms 的 FOB 則規定由賣方負擔。在實務上以 FOB 條件交易，而未述明根據哪一規則時，發生在出口國的費用通常是由賣方負擔，而發生在進口國的費用則由買方負擔。但這也只是一般情形而已。實際上，可能因買賣雙方觀點的不同，仍會發生歧見。⑶由於美國定義對於 FOB 的解釋有六種之多，所以使用「指定裝船港船上交貨條件」時，須在 FOB 之後列明 Vessel 一詞，以免混淆；而 Incoterms 的 FOB 其本意就是出口港船上交貨條件，因此，在 FOB 後面不必加上 Vessel 一詞。否則有可能被視為美國定義下的 FOB Vessel。⑷本質上，本條件具有國內買賣與國際買賣的雙重性質。但用於美國廠商向美國出口商（即買方為出口商的情形）報價時居多。所以才有出口稅捐及費用等由買方負擔的規定。而 Incoterms 的 FOB 則在本質上係用於本國出口商向國外進口商報價的場合。也就是說，本條件主要是用於國內買賣，而 Incoterms 的 FOB 則用於國際買賣。當然如以本條件用於國際買賣時，這些出口稅捐及費用仍應依規定由買方負擔。⑸依本條件，申領輸出許可證的責任歸買方負擔，而依 Incoterms 的 FOB，此項責任歸賣方負擔（此外，在本條件下出口通關費用也須由買方負擔）。

　　茲將 (II–D) FOB 所舉的例子，改按本條件報價如下：

We offer...10,000 cases, US$17.50 per case FOB vessel Philadelphia, shipment during April, 20–. （謹報價……〔某項貨物〕10,000 箱，每箱售 17.5 美元，費城船上交貨，20– 年 4 月間交運。）

㈡本條件下買賣雙方的基本義務

在本條件下，賣方所報出的價格，包括貨物交至指定裝船港，由買方或為買方所安排海洋船舶上為止的一切費用在內。

在本報價下：

賣方必須：

1.支付將貨物在規定日期或期間內實際交至由買方或為買方所指定及安排的船上而生的一切費用。

2.提供清潔船方收據或裝船提單。

3.負責貨物的任何滅失及（或）毀損，直至貨物在規定日期或期間內交至船上為止。

4.循買方要求並由其負擔費用，協助買方取得為貨物出口或在目的地因進口可能需要而由產地國及（或）裝船國，所簽發的單據。

買方必須：

1.將船名、開航日、裝貨停泊處，以及向船舶交貨時間，給予適當的通知。

2.如其指定船舶未於指定時間內抵達或裝貨時，負擔自賣方將貨物交由其處置時起所生的額外費用，以及貨物的一切風險。

3.處理隨後至目的地的一切貨物搬運事宜：

⑴購買保險，並支付保險費。

⑵辦理海運或其他運輸，並支付運費。

4.支付因出口而徵收的任何出口稅或其他規費或手續費。

5.負責貨物裝上船舶以後的任何滅失及（或）毀損。

6.支付因取得清潔船方收據或提單以外，為貨物出口或在目的地因進口可能需要而由產地國及（或）裝船國所簽發單據而生的一切費用。

■ (II–F) FOB (named inland point in country of importation)

㈠解　說

本條件簡稱 FOB Named Point of Importation，是謂「進口國指定國內地點（運輸工具上）交貨」條件，或稱「目的地運輸工具上交貨」條件。在本條件下，賣方須負責安排將貨物運至進口國的指定地點的運輸及保險事宜，並負擔直至運輸工具內或上的貨物運抵進口國指定地點為止的一切風險與費用；買方則須於貨物運抵目

的地時迅速自運輸工具上提貨，並負擔貨物運抵目的地以後的一切風險與費用。故係目的地交貨條件之一。此一條件，在一般國際貿易概念上，不容易令人瞭解。實際上本條件大致相當於 Incoterms 1936 的 Free or Free Delivered (named point of destination) 及 Incoterms® 2010 的 Delivered Duty Paid 條件，也與歐洲大陸所使用的 Franco 或 Rendu 條件差不多。由於此條件下的賣方，其所負責任奇重，所以實務上較少採用。

又在本條件所稱 Inland Point 似應包括進口港在內。那麼美國賣方若以 FOB Keelung 向我方報價，則大致與 DDP Keelung 相當了。但賣方是否應支付進口稅捐呢？依本條件定義，賣方義務第 9.項規定觀之，自應由賣方負擔。

使用本條件報價時，在 FOB 之後應列明進口國國內運輸工具種類及交貨地點，例如前述 (II–E) FOB 所舉的例子，改按本條件報價如下：

We offer...10,000 cases, US$30 per case FOB cars Taipei, delivery during June, 20–.（謹報價……〔某項貨物〕10,000 箱，每箱售 30 美元，臺北火車上交貨，20– 年 6 月間交貨。）

鑒於依本條件交易時，賣方須負擔一切費用及風險，直至貨物運到進口國指定地點時為止，賣方須在進口國設有代理人或分公司，以便辦理進口通關，繳納進口稅捐，支付通關費用以及申請輸入許可證等事宜。

㈡本條件下買賣雙方的基本義務

在本條件下，賣方所報出的價格，包括貨物成本以及運至進口國指定國內地點的一切運輸費用在內。

在本報價下：

賣方必須：

1.安排至進口國指定國內地點的一切運輸，並支付運費。

2.支付因出口而徵收的任何出口稅或其他規費或手續費。

3.購買海上保險，並支付保險費。

4.除買賣雙方另有約定外，購買兵險，並支付保險費。

5.負責貨物的任何滅失及（或）毀損，直至運輸工具上的貨物運抵進口國指定國內地點為止。

6.支付為買方進口貨物至目的國，以及需要時，為運送途中通過其他國家，可能需要而由產地國及（或）裝船國所簽發產地證明書，領事發票或任何其他單據的

費用。

7.支付一切起岸費用，包括碼頭費、起岸費，以及稅捐。

8.支付在進口國通關的一切費用。

9.支付在進口國因進口貨物所需徵收的關稅及一切稅捐。

注意：在本報價下，賣方必須瞭解其將承受重大的責任、費用與風險。因此，應確實購買適當的保險。另一方面，進口商或買方可能希望藉此種報價以免除其他航行中的危險，並確定其在進口國國內地點的起貨成本。當競爭激烈，或買方習慣於別的賣方的這種報價時，賣方可以適當的方式留意保護其本身報出這種條件。

買方必須：

1.載運工具抵達目的地時，迅速提貨。

2.負擔貨物運抵目的地以後的任何費用，並負責一切的滅失及（或）毀損。

■ 對於各類 FOB 條件的評註

關於 FOB 條件，建議注意下列事項：

1.國內運輸方法，諸如卡車、鐵路貨車、駁船、平底貨輪或飛機，應予明確規定。

2.在國內運輸中，如涉及任何轉駁費用，應事先協議該項費用由賣方或買方負擔。

3. FOB（指定港口）的條件，若未指定賣方責任終止與買方責任開始的確實地點者，應避免使用。使用此條件，對於貨物在港口期間及在交付海洋運送人或裝上海洋運輸工具之前發生的滅失或毀損，其責任究竟歸賣方或買方，將引起爭執。這種誤解，得以指定交貨的特定地點而避免。

4.倘貨物從國內運輸工具搬運到船邊，需要駁船或卡車費用時，應事先瞭解此項費用究竟係由賣方或買方負擔。

5.賣方應將獲得一整車載量、一卡車載量或一內河貨輪載量的費率所需的最少數量，確實通知買方。

6.在各類 FOB 條件下，除「進口國指定國內地點（運輸工具上）交貨」條件外，洽訂海運艙位及購買海上保險與兵險的義務，均屬於買方。此項義務雖僅在買方，但在許多交易中，係由賣方代買方洽訂海運艙位，以及購買海上保險與兵險，並安排裝運事宜。因此，賣方與買方就洽訂海運艙位及購買海上保險與兵險一事，究竟

是由買方負責辦理，抑或由賣方同意代買方辦理，雙方應事先取得諒解。

7.賣方為保護本身，應在買賣契約中規定，由買方購買的海上保險應包括標準的倉庫至倉庫條款。

三、美國統一商法中的 FOB

㈠貿易條件的法典化

美國是將 FOB、CIF 等條件予以法典化的少數國家之一。美國統一商法，於 §2–319 就 FOB、FAS，於 §2–320、§2–321 就 C&F、CIF，於 §2–322 就 Ex Ship 條件詳加規定買賣雙方的義務（以上各條文美國若干州已於 2004 年刪除）。該法規定這些條件除另有約定外，即使僅使用於有關記載價格 (stated price) 的場合，仍為交貨條件 (delivery term)。

如前所述，Incoterms、American Definitions 是任意規則，必須在契約中約定適用此等規則時，才對買賣雙方具有拘束力，而美國統一商法中所規定的 FOB、FAS、C&F、CIF 及 Ex Ship 等條件則為習慣法或任意法。在美國，買賣雙方若未明文約定，或在交易過程中未有約定或無交易習慣時，即適用統一商法的這些規定。這是與上述 Incoterms 等規則不同的地方。以下就美國統一商法中有關 FOB（運輸工具上交貨）條件（該法稱為交貨條件）的條文中譯列於下。

㈡第 2–319 條：運輸工具上交貨條件與運輸工具邊交貨條件

1.除非另有約定，「FOB 指定地」條件，即使僅僅與規定的價格一起使用，仍為一種交貨條件，於此：

    ⑴在條件為「FOB 裝運地」時，賣方必須在該地，依本編（第 2–504 條）規定方式在該地裝運貨物，並負擔將貨物交由運送人占有的費用及風險。

    ⑵在條件為「FOB 目的地」時，賣方必須自行負擔費用及風險，將貨物運至該地，並依本編（第 2–503 條）所規定方式交貨。

    ⑶在上述⑴款或⑵款，如條件為「FOB 船舶、車輛或其他運輸工具」時，賣方還須自行負擔費用及風險，將貨物裝上相應運輸工具。如該條件為「FOB 船舶」時，買方必須指定船舶，而在適當情形下，賣方必須遵循本編（第 2–323 條）有關提單形式的規定。

2.除非另有約定,「FAS 船舶」條件……。

3.除非另有約定,在本條第 1 項⑴或⑵款或第 2 項的情形,買方必須及時提供交貨所需的指示。如條件係 FAS 或 FOB 時,該項指示應包括該船舶的裝貨船席,及在合適的情況下,還須指定船名及開航日期。如買方不作出必需的指示,賣方可視其為未依本編(第 2-311 條)規定進行合作。賣方也可依其意願,將貨物以合理的方式予以搬動,以備交貨或裝運。

4.除非另有約定,在「FOB 船舶」或「FAS」條件下,買方必須憑規定單據的提出而付款,賣方不得以交付貨物代替單據,買方也不得要求以交付貨物代替單據。

㈢美國統一商法中 FOB 的類型

美國統一商法中的 FOB 或 FAS,不僅適用於對外貿易且適用於國內交易。再者,統一商法中所指的 Shipment 一詞除指「裝上船舶」之外,尚包括「裝上(船舶以外的)運輸工具」或「交給運送人占有」之意。

統一商法中所規定的 FOB,可分為三種類型,即:

⑴ FOB Place of Shipment ·· FOB Origin

⑵ FOB Place of Destination ····································· FOB Destination

⑶ FOB Vessel, Car or Other Vehicle

⑴與⑶的不同處在於⑴的場合,賣方須負擔費用與風險直至將貨物在發貨地交給運送人占有時為止,自此以後的費用與風險則歸買方負擔,而在⑶的場合,賣方須負擔費用與風險直至將貨物裝上運輸工具時為止,自此以後的費用與風險才歸買方負擔。在⑵的場合,賣方須負擔一切費用與風險將貨物運至指定目的地,並在運輸工具上交貨。如將 1990 年修訂美國對外貿易定義的六種 FOB 予以歸入上述三類,可得如下:

⑴ FOB Place of Shipment: (II-A)

⑵ FOB Place of Destination: (II-F)、(II-D)

⑶ FOB Vessel, Car or Other Vehicle: (II-A)、(II-B)、(II-C)、(II-E)

※第七節　其他貿易條件解說

Incoterms 及 American Definitions 中 FOB 所解釋的貿易條件,已如前面所述。但在實務上,有時也會遇到或使用上述解釋規則所未提及的貿易條件,例如 C&I、

FOB&C、CIF&E 以及 Franco 等。對於這些非定型的貿易條件，也有加以說明的必要。

一、C&I

此一貿易條件，是謂「成本及保費在內」(cost and insurance)，通常稱為「保費在內條件」。這一條件雖類似 C&F（或 CFR），但兩者性質有異。C&F 是屬於 CIF 系統的貿易條件，Incoterms 及 American Definitions 均有這種條件；而 C&I 則為非定型的貿易條件，一般學術上均不予承認。但在實務上以 C&I 條件作為交易條件的情形卻常見。最常見的情形是買賣雙方以 FOB 條件訂約，但規定保險由賣方負責購買（產生這種情形的原因有三：(1)是有些國家為扶持本國保險事業而硬性規定凡進出口貨物的保險均應由本國保險公司承保，如輸出契約未能以 CIF 條件訂立，自不得不採用 C&I 條件。(2)買賣雙方以 FOB 條件訂約，但由於貨物性質的特殊，買方無法在進口國保險公司購買到所要投保的險類，因此不得不請求賣方代為投保。(3)輸出入兩國的保險公司保險費率不同，買方為減少保險費負擔，而要求賣方代為投保）。在此情形下，賣方所製作的發票，通常先列明 FOB 價格，然後再加上實際支付的保險費，而構成 C&I 價格。買方則以 FOB 金額作為信用狀金額，但信用狀中另規定賣方須提供保險單（並規定保險費可計入押匯），賣方即以 FOB 金額加上保險費作為押匯金額。除上述情形外，買賣雙方有時雖以 CIF 條件訂約，但因買方與運費同盟訂有契約，費率可獲得優待，在此場合，即與賣方約定由買方指定船舶，運費則由其在進口地支付。在這種情形下，賣方在其發票上先列明 CIF 價格，然後扣除運費，而成 C&I 價格，賣方即以這金額作為押匯金額。

二、FOB&S

在 FOB 條件下，賣方所負擔的費用，是到貨物裝上船舶為止。貨物從船邊吊上船舶的裝貨費用 (loading charge)，以及貨物在船艙內堆積 (stow) 的堆積費用 (stowage)，在定期船 (liner) 的雜貨運輸下，是包括在運費內而由買方負擔。但在不定期船 (tramper) 的大宗貨物運輸下，運費多不包括裝貨費用及堆積費用在內。因此，在利用不定期船裝載貨物的交易，如貿易條件為 FOB&S（或 FOB & Stowed），即表示賣方須負擔堆積費用（FOB 條件裝貨費用應由賣方負擔，自不待言）。

三、FOBFI、C&F（或 CIF）FO、C&F（或 CIF）FIO、C&F（或 CIF）FIOST

FI、FO、FIO 及 FIOST 等為船方與貨主間約定的裝卸條件，在大宗貨物交易時，賣方以 FOBFI 條件報價，即表示賣方不負擔裝貨費用，而由買方負擔裝貨費用，但貨物風險的移轉，仍與 FOB 條件相同，即貨物越過船舷欄杆時，風險即轉由買方負擔（但有人持異議）。至於 C&F（或 CIF）FO、C&F（或 CIF）FIO 及 C&F（或 CIF）FIOST 等條件，各表示賣方雖負擔運費，但不包括卸貨費用 (FO)，裝貨及卸貨費用 (FIO) 或裝貨、卸貨、堆積及平艙等費用 (FIOST)，各該項費用均由買方負擔，至於買賣雙方的其他義務則與定型的 C&F 與 CIF 條件相同。

四、FOB Ex Chute、FOB Ex Spout

散裝穀物以 FOB 條件交易，賣方的交貨責任以裝船噴吸管口 (chute; spout) 為界限，而由管口噴布艙內以後的平艙費用或風險，則由買方負擔。在此情形下，可用 FOB Ex Spout 條件。又以使用斜槽裝船的貨物，以 FOB 條件交易時，賣方的交貨責任以貨物從斜槽滑下船艙為止，而貨物在艙內的平艙費用或風險，即歸由買方負擔，在此情形下，可使用 FOB Ex Chute 條件。

五、FOB&C

在貨主對貨主的交易中，通常無佣金存在。但如交易是經由居間的取佣代理商促成，則通常須支付售貨佣金或購貨佣金，以為其提供服務的報酬。佣金一般是按交易金額的百分比計算，並且習慣上是以 FOB 值作為計算基礎。在買賣雙方初次接觸時，即須表明本身經營貿易的方式，如對方為進口商，出口商報價時當以淨價 (net price) 報出，而不含任何佣金，如對方為取佣代理商時，則需在報價中包含對方售貨佣金，如 FOBC3、FOBC$_{5\%}$（或 FOB&C3、FOB&C$_{5\%}$）。這條件表示價格中已含對方佣金，對方可按所報價格出售，毋需另加佣金。至於其他條件，如 C&F、CIF 等，當然也可以在其後加上 "C"，如 C&F&C、CIF&C 以表示內已含佣金。但這佣金計算基礎究以 C&F、CIF 值為準，抑或仍以 FOB 值為準，難免發生爭執。因此，在報價時不管是採用何種貿易條件，如須包括對方佣金，最好另以文字說明，如「上述

價格內含買方佣金 3%，以 FOB 值計算」(The above price includes your commission 3% on FOB basis)。

六、CAF

本條件即「運保費在內」條件 (cost, assurance, freight)，與 CIF 同。在英國，保險常以 Assurance 一字代替 Insurance，所以有 CAF 的用語。

七、CIF&E

本條件是 CIF 加上 "E"，以 "E" 代表 Exchange。一般對於本條件內的 "E" 有兩種解釋。一種解釋是指「銀行手續費或費用」(banker's commission or charge) 而言，賣方使用這種條件交易，即表示貨款中已包括賣方銀行費用（包括押匯手續費、郵電費及雜費等）。另一種解釋是指「匯兌風險」(exchange risks) 而言，如匯率發生變動，則匯兌的風險歸由賣方負擔。CIF&E 既有上述兩種不同解釋，容易引起爭執，因此宜避免採用這種條件。

八、CIF&I

本條件是 CIF 加上 "I"，"I" 代表 Interest，即利息。在採用外幣即期信用狀交易的場合，賣方於貨物出口後開發即期匯票向出口地外匯銀行押匯取得國幣，押匯銀行即扣除從墊付資金日起至收回票款時這一段期間的貼現利息。這項貼現利息事實上是由賣方負擔，所以在 CIF 加上 "&I" 聲明這項利息由賣方負擔並無意義。在採用遠期信用交易的場合，如契約未訂明利息條款，信用狀也未列有貼現息條款，則賣方將遠期匯票請求外匯銀行予以貼現時，貼現息將均歸由賣方負擔，而賣方通常已將此項貼現息列入 CIF 價款中，所以實際上亦無採用 CIF&I 的必要。如契約約定或信用狀條款規定貼現息由賣方負擔，更無使用 CIF&I 條件的必要。因在這種情況下，貼現銀行所收的貼現息也必歸由賣方負擔。所以 CIF&I 這種條件在實務上甚為罕見。

九、CIF&CI

本條件是 CIF 加上 "C" 及 "I"，"C" 為 Commission，"I" 為 Interest，其解釋同

上面五及八。為避免誤會，這種條件應避免使用，而宜採用正規的 CIF、FOB 等條件交易，對於佣金、利息等條件則另外以文字約定。

十、CIF Cleared

本條件是「運保費通關費在內」條件，為變體的 CIF 條件。以這種條件交易，賣方負擔的義務除定型的 CIF 條件所示者外，尚必須負擔貨物在進口國家的通關費，包括進口關稅、其他稅捐以及報關費用等。在本條件下，賣方除須多負擔進口關稅及通關費用外，其所負擔危險與 CIF 條件一樣，以貨物在裝船港越過船舶的船舷時為止。

十一、In Bond

本條件是「保稅倉庫交貨」條件，又稱「關棧中交貨」條件。其表示方法如 US$5.00 per pc. In Bond Keelung，即基隆保稅倉庫內交貨每件 5 美元。依本條件交易，賣方須以自己的費用及危險將貨物運到進口地辦妥保稅手續後寄存在保稅倉庫，並須負擔約定交貨日交貨完竣時為止的一切費用（包括運到保稅倉庫的搬運費、進倉費用、及到交貨日為止的倉租及保險費）及風險。買方則須在約定交貨日，向海關辦理進口手續，繳納進口稅，並負擔交貨以後的倉租、以及提貨時的搬運費。本條件應用於進口商把保稅貨物轉售他人的場合，或出口商先把貨物運到進口地待售或以寄售方式交易的場合。

十二、Franco

本條件是法文 Franco Rendu 的簡稱，即「進口國指定目的地交貨」條件，例如 €10 per yard Franco Taipei（臺北交貨每碼 10 歐元），依本條件交易時，賣方除負擔 CIF 條件的各項費用外，尚須負擔進口地的一切費用，如卸貨費、進口稅、報關費、運至指定交貨地點的內陸運輸費等，並負擔貨物交付買方前的一切風險。除非賣方在進口地有分公司或代理人，否則不宜以本條件交易。本條件相當於美國定義的第六類 FOB 條件。

第八節　選用貿易條件的原則

貿易條件 (trade terms) 的選用，如純從買賣雙方義務的觀點而論，基本上當盡可能選用義務最少的條件為上策。準此，在洽談契約時，賣方盡可選用在現場交貨的 EXW 條件；但就買方而言，則盡可選用在目的地交貨的 DDP 條件。然而，實務上並非如此簡單。因為貿易條件的選用常涉及買賣雙方的談判或協商能力，同時還需要顧及各項外在的因素，諸如市場狀況、運輸及保險的控制、政府的干預、地理因素及外匯管制等等。茲就一般及個別考慮因素，分析選擇貿易條件的原則說明如下：

一、選擇貿易條件的一般原則

(一)市場狀況的考慮

在競爭劇烈的市場中，賣方為了與競爭者競爭起見，有時不得不遷就買方，而應允採用對買方較為有利的 DPU、DAP 或 DDP 等目的地交貨條件。至少賣方也得採用 CFR、CPT、CIF 或 CIP 等條件，以示願意由賣方負擔安排運輸事宜及支付運費的責任。但須知，羊毛出在羊身上，賣方接受須負擔更多風險與費用的貿易條件，終必反映在價格上，使得價格水漲船高。

(二)運輸及保險的控制

在許多事例中，有大量貨物出口及經常出口貨物的出口商，常比偶爾進口貨物的進口商居於有利地位，可從運送人及保險人獲得較優惠的條件。而且，一般而言，在出口地安排運輸事宜總是較為便利。此外，出錯的機會也較少。因此，除非另有原因，否則出口商實無必要堅持必須以 EXW、FCA 或 FOB 等條件交易。換言之，出口商應可接受須負擔較多義務的貿易條件，例如 C&F（即 CFR）、CPT、CIF 或 CIP 等條件。

在正常情形下，凡具有良好設施的貨櫃港口及比較溫和勞工條件的國家，因政治騷亂、港口擁塞、罷工致貿易中斷的風險比較小。在這種情形下，出口商當可選擇將其義務延伸至在目的地交貨的貿易條件，例如 DPU、DAP 或 DDP 等條件。當然，若出口商認為上述風險難以確定，以致不易計算價格時，那只好求其次，改採 FAS、FOB、CFR、CPT、CIF、CIP 等條件，而將上述危險轉由進口商承擔。

(三)政府的干預

各國政府當局常直接或間接地指令或規定本國廠商須以 CFR 或 CIF 條件出口貨物，或以 FOB、FAS 或 FCA 等條件進口貨物。其理由為：

1.以貿易條件為工具，引導本國廠商利用本國船舶裝載進出口貨物，從而達到保護或扶助本國航運及保險事業的目的。就運輸而言，如①以 CFR 或 CIF 等條件出口時，運輸的安排將由出口商負責，故出口商可儘量利用本國船舶裝載；②以 FAS 或 FOB 等條件進口時，運輸的安排將由進口商負責，故進口商可儘量安排由本國船舶承運。就保險而言，如①以 CIF 或 C&I 條件出口時，由出口商負責安排保險，故出口商可儘量向本國保險公司投保；②以 FAS 或 FOB 等條件進口時，進口商負責安排保險，故進口商可儘量向本國保險公司投保。

2.以干預手段增加或節省外匯收入或支出。就出口國而言，出口商以 CFR 或 CIF 等條件出口貨物時，出口商雖承擔運輸及保險費用，但這些費用已計入價格內，故可增加外匯的收入。就進口國而言，進口商以 FAS 或 FOB 等條件進口貨物時，進口商雖承擔運輸及保險費用，但因在大多數情況下可以本國幣繳付運費及保險費，故可節省外匯的支出。

㈣地理因素的限制

一個島國的貿易商從事對外貿易，由於地理上的限制，自不便或不能以 DAF 等條件交易。

㈤外匯管制

由於外匯的管制，若以 EXW、DPU、DAP 或 DDP 等條件出口貨物，在實務上將增加很多困難。目前許多國家仍採行外匯管制，這正說明為什麼很少人採用上述這些條件。

二、選擇貿易條件的個別原則

依一般實務的經驗，進出口商通常係斟酌下列各種情形之後，再決定選用適當的貿易條件：

㈠出口商選用貿易條件的個別原則

1.就出口商而言，在下列情形下，宜選用 FOB 條件：

⑴運價有上漲趨勢時。

⑵找船不易時。

⑶需備船，而不諳備船實務時。

⑷進口港擁塞時。

⑸本國幣有升值趨勢時。（因如用 CFR 或 CIF 等條件，則支付運費時的匯率較高，結匯時的匯率較低，且如需預售外匯，則其預售外匯成本將增加。）

⑹賣方市場 (sellers' market) 時。

2.就出口商而言，在下列情形下，宜選用 CIF（或 CFR 或 C&I 條件，視情形而定）：

⑴運價有下跌趨勢時。

⑵找船容易時。

⑶精於運價及保險費的計算時。

⑷進口港不擁塞時。

⑸進口國外匯短絀時。（若進口國外匯短絀，船公司將要求出口商先付運費，而不管出口商以何種貿易條件交易。）

⑹活鮮、易腐爛貨物，或在目的地拍賣時不足抵付運費者。

⑺本國保險費率較低廉時。

⑻本國幣有貶值趨勢時。（支付運費時的匯率較低，結匯時的匯率較高，這裡所指匯率均指應付匯率而言。）

⑼出口商須控制交貨期時。

⑽小額交易時。

⑾需要出口實績時。

⑿付款方式為付款交單 (D/P) 或承兌交單 (D/A) 時。（宜用 C&I，否則在 CIF 條件下，出口商須先支付運費，將影響資金調度。）

⒀郵資沒有後付的制度，故利用郵遞時，應採 CFR 或 CIF 條件。

㈡進口商選用貿易條件的個別原則

1.就進口商而言，在下列情形下，宜選用 FOB 條件：

⑴運價有下跌趨勢時。

⑵找船容易時。

⑶大宗貨交易，而熟諳備船實務時。

⑷運費占貨價成本較大比率，且以即期信用狀 (sight L/C) 交易時。（可少繳結

　　匯保證金、輸入許可證簽證費、開狀費等。)

　(5)本國幣有升值趨勢時。(因開狀結匯保證金中,運費部分不必繳付結匯保證金,俟貨到時,才以較低匯率折付本國幣。)

　(6)本國保險費率較低廉時。(且在保險索賠時,較為方便。)

2.就進口商而言,在下列情形下,宜選用 CIF 條件:

　(1)運價有上漲趨勢時。

　(2)找船不易時。

　(3)在大宗貨物交易,不諳熟備船實務時。

　(4)以遠期信用狀 (usance L/C) 交易,需由銀行融資時。(因運費及保險費也可獲得融資。)

　(5)以郵政包裹進口時。

　(6)需要進口實績時。

　(7)本國幣有貶值趨勢時。

　(8)小額交易。

　(9)活鮮、易腐爛貨物。

　　關於貿易條件更進一步的研究,讀者可參閱作者與劉鶴田合著《國貿條規解說與運用策略》(三民版)。

三、賣方選用貿易條件 (trade term) 的決策過程

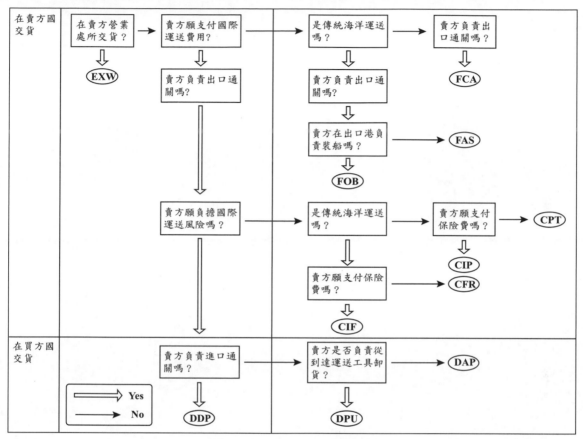

賣方選用貿易條件的決策過程

習　題

1. 何謂貿易條件？其重要性為何？

2. 國際間目前主要的貿易條件解釋規則有哪些？哪一種規則最為通行？

3. 試述選用貿易條件時應考慮的因素有哪些？

4. 試比較 Incoterms® 2020 FOB 與 American Definition FOB Vessel 的異同。

5. Incoterms® 2020 FAS 與 FOB 有何不同？

6. 簡述 FOB、CFR 和 CIF 三種貿易條件的異同。

7. 簡述 FCA、CPT 和 CIP 三種貿易條件的異同。

第六章　基本交易條件

國際貿易一如國內買賣，一筆交易的成立，買賣雙方必須就交易的內容有所約定，雙方方能遵照履行。買賣雙方對於交易內容的約定，即為「交易條件」(terms and conditions of the transaction) 的協議。交易條件內容的詳略，端視貨物種類、買賣習慣，以及事實需要而定。國際間每一筆交易通常約定的條件主要有七項，即品質條件、數量條件、價格條件、包裝條件、保險條件、交貨條件以及付款條件。這七項條件在報價時，為報價的「基本交易條件」，是構成一般穩固報價 (firm offer) 的基本要素。報價一經對方有效接受，買賣契約即告成立，而這七項基本交易條件則轉而成為買賣契約的基本條款。雖然國際貿易買賣契約中的條款甚多，每一條款都與買賣雙方有直接間接的利害關係，但其中以這七項基本條件最為重要，原則上為每一買賣契約所應具備。至於其他條件則屬一般性條件，除另有特別約定者外，雖未具備也不致有太大的影響。關於一般性條件即「一般條款」，容於第九章說明，本章先就上述七項基本交易條件分節加以說明。

🌐 第一節　品質條件

品質 (quality) 是商品買賣中最受重視的一個項目。所謂「品質」係指商品的化學性質及物理表徵而言。在一筆交易中，買方最重視的就是商品的品質。因國際貿易大多不是面對面的買賣，所以買賣雙方對於品質的約定，就顯得特別的謹慎。

為預防品質糾紛的發生，在報價、訂約時，對品質問題，應就下列事項作確切的約定：

　1.商品品質。

　2.確定商品品質的時、地。

一、約定品質的方法

在國際貿易，約定商品品質的方法，可分為二種：(1)以實物約定品質；(2)以說明約定品質。至於應以何種方式約定，須視商品種類、特性、交易習慣及磋商情形

而定。茲分別說明如下：

(一)以實物約定品質的方法

商品的品質以實物約定者，通常又可分為兩種：

1.看貨買賣 (sale by inspection)：假如交易磋商在賣方所在地面對面進行，則買方（或其代理人）可親自檢視其品質，認為滿意後再行交易。有時賣方將商品先運至進口地待售，在此情形，買方也可親自檢視其品質，並當場成交。凡此都是以實物品質 (actual quality) 約定買賣商品的品質，所以稱為看貨買賣。存貨交易 (stocklot transaction) 多採用此方式交易。以此方式成交時，所交付的商品，當然以該批現貨的品質為準，賣方只要交出買方所指定的現貨，買方不能就其品質提出異議。其約定方法為：Quality: "As Is"。

2.憑樣買賣 (sale by sample)：國際貿易買賣雙方通常遠隔兩地，交易多半靠通訊方式進行。賣方即使有現貨在手，買方也不易以實際檢驗商品的方法約定品質。再者，國際貿易多屬大批買賣，買方即使有代理人代為驗貨，也無法逐一檢驗。因此，在國際買賣，有關品質的約定，往往憑一個或數個或少量足以代表買賣商品品質的現貨，議定品質。此項代表的現貨，稱為「樣品」或「貨樣」(sample)，憑樣品進行的交易，稱為「憑樣買賣」。憑樣品成立的交易，賣方日後所交正貨 (bulk) 的品質，必須與樣品相同。

憑樣買賣，基於提出樣品者為賣方抑買方，又可分為，憑賣方樣品買賣 (sale as per seller's sample) 與憑買方樣品買賣 (sale as per buyer's sample)。

(1)品質如以賣方樣品為準，則在報價單或契約上應訂明 "Quality As Per Seller's Sample"。

(2)有時賣方所提示的樣品並不合買方要求，而由買方另提供樣品交由賣方依樣承製，在這種場合契約則訂明 "Quality As Per Buyer's Sample"，賣方日後所交正貨的品質，自須與買方樣品相符。憑買方樣品交易極易發生糾紛，故謹慎的出口商往往不願憑買方樣品交易。

理想的做法是根據買方來樣提供自己類似的樣品請買方確認，這種相應買方樣品而提出的賣方樣品，稱為相對樣品或回樣 (counter sample)。買賣雙方對於自己提供的樣品，應附標籤或記號，註明品名規格、提供日期並予編號。尤其在多次寄送樣品的場合，在報價單或契約上更應加列相關樣品編號，以免發生差錯。

在憑樣品交易的場合，不論契約上有無特別註明，賣方對於日後所交正貨的品質，有義務使其與樣品相符（參見我民法第 388 條：「按照貨樣約定買賣者，視為賣方擔保其交付的標的物，與貨樣有同一的品質」）。如所交正貨與貨樣不符，買方可拒絕收貨或解除契約，也可提出賠償要求。因此，凡正貨品質無法與樣品絕對一致者，自不宜憑樣買賣。謹慎的出口商，如對自己日後所交的貨物，在品質上無絕對的把握的，宜在契約中特別訂明，類似如下條款。

　　‧Quality shall be about equal to the sample.（品質與樣品大致相同。）
　　‧Quality to be similar to the sample.（品質與樣品類似。）

憑樣品的交易，賣方於備妥貨物交運時，常從交運貨物中抽取具有代表性者若干寄送買方，此即所謂「裝運樣品」(shipping sample)。賣方以此證明其交運貨物的品質，買方也可藉此預知賣方所交運貨物的品質，並以此樣品向客戶出示預作銷售活動。

(二)以說明約定品質的方法

商品無法用實物表示或不需用實物表示其品質時，賣方可以說明或記述方式表示品質、性質。買方憑這種說明或記述而對商品品質及特性有了基本的概念，即可憑此概念，與賣方締結契約。這種憑說明或記述而成立的買賣，稱為「憑說明買賣」(sale by description)。憑說明約定品質的買賣，賣方負有交付與說明或記述相符的商品的義務。有時，賣方以說明及樣品併用方式約定商品品質。在這種情形，賣方所交付商品，不僅須與說明相符，而且須與樣品一致。憑說明買賣，可細分為：

1. 憑標準物買賣 (sale by standard/type)：國際上一些商品如農產品中的棉花、小麥、黃豆、砂糖及咖啡等的交易，如其為現貨交易，固然可憑樣品買賣，但實際上這些商品，往往成交當時，尚在成長中或甚至尚未播種。所以，這些商品的交易，多屬「將來貨交易」(future goods transaction)。因為這種生長中的商品，易受大自然的影響，各年各季出產品質無法一致，通常並無法以樣品表示商品的品質。又如礦產品，構成品質的條件很多，各種條件中，如有一項不合格，即影響全盤品質。此類商品，由於品質差異太大，選取合理樣品甚為困難，也無法用樣品來表示商品的品質。唯其如此，在國際貿易上，洽談此類商品的交易時，通常都約定日後所交商品的品質以各該商品的交易習慣或以某地、某機構所制定的一定品質為標準。這裡所指「某地」可能是進口地，也可能是出口地，「某機構」則或指同業公會，或指商

品交易所，或指商品檢驗機構。表示這項一定標準品質的商品，稱為「標準物」(standard; type)。詳言之，標準物乃指擁有各種等級的同種類商品中，在市場上用以代表特定等級品質的貨物而言。賣方進行銷售時，即以標準物作為其商品的品質標準，並以此簽訂契約。這種以標準物作為品質標準的交易，稱為「憑標準物買賣」。

標準物與樣品不同，後者是代表交易商品品質之物，也即「代表的現貨」，前者則非代表交易商品品質之物，而只是表示品質的標準而已。所以標準物也可稱為「標準樣品」(standard sample; type sample)，買賣雙方之間，雖不以實物樣品為準，但事實上則有此樣品的存在。例如美國棉花分為九級，並備有各級樣品專供比較之用。

憑標準物交易時，可只列明品質等級而不必列出規格。例如美國二級黃豆的標準規格為：

Bushel wt.: 54 lbs. min., Moisture: 14% max., Splits: 20% max.

Damaged total (including heat damaged): 3% max.

Foreign material: 2% max., Brown, black/bicolored: 2% max.

但習慣上並不一定要加列上述規格，而僅訂明 "Yellow Soy Beans, U.S. Grade No. 2" 即已足。

日後賣方即以與此等級相等的規格交貨，但除另有規定外，不一定須與此標準物絕對一致。如所交商品品質，雖低於標準物，但只要仍適合所需，則買方不能要求退貨，而只能要求減價 (allowance; discount; penalty)。反之，如品質優於原定標準物，則賣方也可要求加價 (premium; bonus)，這是與憑樣買賣不同的地方。至於價格調整的幅度，視品質差距而定，但實際上，或已有約定在先，或依約定機構的規則辦理，或約定品質免責限度 (quality franchise)。如雙方對於貨價的增減有歧見時，則依契約所定的仲裁方式解決。關於免責限度，以原棉輸往英國的交易為例，通常多約定因品質較差，致貶低售價者，如每磅原棉貶低不超過 1/16 便士，賣方可不負責任。

2.憑規格買賣 (sale by grade)：又稱憑標準規格買賣 (sale by standard specification)，在農業加工品或工業產品中，例如食米加工品、橡膠製品、水泥、玻璃板、汽車輪胎、鋼板或鋼筋等，多由政府或工業團體，訂定有關品質標準規格 (standard specifications)，以供業者作為買賣的依據（這種規格稱為 standard、type 或 specification）。買賣這類商品時，不必以實物表示其品質或作詳細的說明，而只以公

認的規格等級 (grade) 或規格號碼（例如 JIS No.、BS No. 或 ASTM No. 等）就可決定品質。這種憑規格決定品質的買賣方式，稱為「憑規格買賣」。目前國際上常見的標準規格可分為五大類：

(1)公司標準 (company standards)：在一企業範圍之內所作的標準化規格，稱為公司標準或公司規格。

(2)團體標準 (group standards)：標準規格由產業團體或學會等所制定者，稱為團體標準或團體規格。例如 UL、ASTM 等。

(3)國家標準 (national standards)：由國家制定的標準規格，稱為國家標準或國家規格。在世界上所有進步的國家都以國家性規模來實施商品標準化，由政府設立專門機構掌管標準化事務。例如 CNS、BS、DIN、JIS 等。

(4)區域標準：指由區域標準組織，例如歐洲標準化委員會 (CEN) 等制定的標準 CE。

(5)國際標準 (international standards)：以國際性規模來作標準規格的，即稱為國際標準或國際規格，國際性標準化機構在瑞士日內瓦有本部，並有二個機構在密切的協助之下作各部門的活動 。 其中之一是 IEC （International Electrotechnical Commission，國際電器標準會議），另一是 ISO（International Organization for Standardization，國際標準組織）。

憑規格買賣時，應將所用規格（如有年份之分者，包括年份）作明確記載。例如：

Quality: Conforming to JIS G3106 SM 41C.

3.憑平均品質或適銷品質買賣：憑標準物買賣時，除一部分商品能以科學方法確定其品質（例如生絲的纖度 (size)、棉紗的支數 (counts)），或國際上已有公認的標準分級（如美棉的 Middling）外，其餘一般農產品，如棉籽、芝麻籽等，不易以科學方法確定其品質，也無國際公認的標準分級，所以只好以下列方法表示其標準品質，此等方法均為現代國際市場通用者：

(1)憑平均品質買賣 (sale on FAQ)：FAQ 條件主要應用於農產品的將來貨買賣，農產品如棉花等，除有公認的標準分級外，其餘農產品無法就其品質作明確的約定，只好籠統地以平均中等品為條件，訂定買賣契約。以這種條件作買賣者即稱為「憑平均品質買賣」。

按 FAQ 為 "Fair Average Quality" 的略語，FAQ 條件就是指所交商品的品質以 「裝運時裝運地該季所裝運商品的中等平均品質」 (fair average quality of the season's shipment at time and place of shipment) 為條件之意。這種平均中等貨 （FAQ standard，又稱為 fair average quality sample） 的調製，通常是由裝運地的公會或檢驗機構就該季運出的各批貨物中，抽出部分樣品，然後予以混合調製而成，並由該調製機構加封保管，以作為各批同類商品品質的比較標準。但事實演變的結果，在英國農產品的進口交易中，往往不是以裝運地的平均中等貨為準。例如倫敦穀類業公會所採的辦法是從過去一個月內，由某一裝運地運到倫敦並經起岸的各批同種商品中，經公會所任命的專家抽出部分樣品予以混合調製，以此作為 "FAQ standard"，並由公會加封負責保管。當某批同種商品運到時，再由專家抽取該批商品的樣品，與公會保存的 "FAQ Standard" 互相比較，決定等級是否相同，或相差若干，而後決定是否應調整價格。

依本條件交易時，必須約定以何地、何年、何季的 FAQ 為標準。例如：

Quality: Brazilian soybeans, 20– New crop, FAQ.

⑵憑適銷品質買賣 (sale on GMQ)：GMQ 為 "Good Merchantable Quality" 的略語，所謂 GMQ 條件，乃謂賣方須保證所交商品的品質在商業上須良好可銷而言。這種買賣條件，多用於無法利用樣品或無國際公認標準物的場合，如木材、冷凍魚蝦以及 「業經交運貨物」 或 「路貨」 (afloat cargo) 等。按此條件買賣時，賣方毋需以其他方式證明其品質，賣方只須保證所交商品在品質上具有適銷性 (merchantability) 即可。所謂 「適銷性」 也即 「可銷性」，但卻是一個很抽象的用語，很難有明確的定義。概括地說，乃指商品在一般市場中具有一般的、合理的品質而言。商品是否具適銷性質，應視該商品是否與同類商品具有同樣的用途或使用目的來決定。由於 GMQ 標準過於籠統，不宜採用。其約定方法為：

Quality: GMQ

4.憑商標或品牌買賣 (sale by trade mark or brand)：著名廠商的製品大都憑商標或品牌買賣。現代生產技術進步，貨物構造精微，生產者對於自己所生產的貨物，常使用特定的商標或品牌，以與他人產品有所區別，而便利購貨人購買。生產者為

使其商標或品牌在商場上享有良好聲譽，莫不設法維持其一定的品質水準，因此商標即可代表貨物的品質，例如：

味全結晶味素　　（其純度 99% 以上）

克寧奶粉　　　　（成分含脂肪 28%，蛋白質 26.5%）

貨物一經約定商標或品牌，實際上已確定品質標準，賣方日後所交貨物必須完全符合此項標準。

因為同一品牌或商標的商品，也有各種品種、類型、規格。所以在交易時，除品牌、商標之外，也應將其品種、類型、規格等明確約定。例如同是黑人超氟牙膏，有超大號、特大號、大號及中號四種規格，個裝錫管有白色、黃色之分是。

5. 憑說明書或型錄買賣 (sale by specification or catalog)：商品的品質不易或無法以樣品、商標或標準物表示時，即可憑說明書或型錄交易。例如複雜的工作母機、電機、交通工具、工廠設備和巨型機械等，事實上無法將實物寄送買方當作樣品；有些商品有時即使檢視實物，仍無法獲悉其實質構造或其性能。又如貨品是由買方自行設計，交給賣方承製的場合，其品質事前多無現成標準。對於這種商品的買賣，每每由賣方或買方提出詳細的說明書 (specifications) 或型錄或手冊說明貨物的規格、構造、原料、型式、尺寸及性能等。有時還附上設計圖或藍圖、照片、圖樣、成分的分析表及化驗書等。這種憑說明書或規格的買賣，稱為「憑說明書買賣」。例如構造及設計複雜的機械，其所用材料、構造、效能 (production capacity) 等都是買方所要知道的。那麼，就可以用規格說明書來說明其品質；又如藥品、油脂、肥料等則大多以化驗書證明其品質；而手錶、眼鏡以及擺設品的各種款式則頗為買方所重視，所以可用照片或圖樣說明其品質。

憑說明書交易，賣方所交貨物品質必須與說明書完全相符。倘若除說明書外，另有約定樣品，則尚須與樣品相符。

二、樣品的概念、種類、蒐集與寄發

(一)樣品的概念

所謂樣品係指一個或數個或小量足以代表買賣標的物品質的現貨而言。樣品可使買方對於買賣標的物的性質或形狀一目了然，同時可判定其價值，從而決定是否購買。因此，真正的樣品必須自待售的整批貨物中，以隨機抽樣 (random sampling) 方

式抽出其一部分 (a part)，而確能代表全體待售正貨 (bulk) 品質者。倘若樣品非從待售貨物中抽取者，該樣品只能稱為類似樣品 (similar sample)，而非真正的樣品。在此場合，應事先取得對方的諒解，並在契約中加列寬容條款 (allowance clause)。實務界對樣品的定義採取比較寬鬆的看法，即認為樣品是指從一批商品中抽取出來的或手頭尚無現貨而臨時由生產、使用部門加工設計出來的，足以反映和代表將來擬交付的商品品質的少量實物。憑樣品交易者，賣方日後所交付的正貨必須與樣品相符 (correspond with the sample)。如所交付正貨與樣品不符，買方可拒絕受領或解除契約，並請求損害賠償。須知賣方交付的正貨，其品質劣於樣品，買方固然可拒絕受領，縱使正貨優於樣品，倘買方不予承認，仍可視為與樣品不符，而拒絕受領。因為優於樣品的正貨，未必能適合買方的實際需要，甚至使買方遭受損失。

(二)樣品的種類

樣品依其區分標準的不同，有種種分類。

1. 依提供者，可分為：

(1)賣方樣品 (seller's sample)：指由賣方向買方提供的樣品而言。在國際貿易中，所謂樣品，原則上係指賣方樣品而言。因賣方對買方商品的品質須負保證的責任，如由買方提供樣品，則除非賣方有十分的把握，否則不會輕率地以買方所提供樣品作為品質的標準。

(2)買方樣品 (buyer's sample)：指由買方向賣方所提供擬購商品的樣品而言。在訂貨生產 (production to order) 情形下，買賣商品的樣品常由買方主動提供。但如上所述，除非賣方確有把握，能供應符合買方樣品的正貨，否則賣方不宜輕率以買方樣品為決定品質的標準。

(3)相對樣品 (counter sample)：乃指買方將賣方所提供的樣品加以修改或變更其中一部分後，向賣方提供的樣品，或指賣方依買方所提供樣品仿製或揀選另一近似買方樣品，而向買方提出的樣品而言。嚴格地說，相對樣品是指買方對賣方所提供的樣品加以修改或變更其中一部分之後，向賣方提出的樣品而言，也就是說，是一種買方樣品。但實際上，在訂貨生產情形下，樣品常由買方提供，因此，賣方依據買方樣品仿製而向買方提出的樣品，也可稱為相對樣品。所以，凡是依據對方所提供樣品仿製，而再向對方提出的樣品，即是相對樣品。

2.依其提供時間，可分為：

⑴銷售用樣品 (sample for sale; sales sample; selling sample)：又稱為推銷用樣品或兜售樣品，指賣方為推銷其商品而向買方提供的樣品，係賣方樣品的一種。

⑵先發樣品 (advance sample)：指於訂約後，在交運之前，由賣方向買方提供的樣品，這種樣品通常係由生產中就完成的部分，取出若干，以航空寄交買方。假如先發樣品與契約所規定品質不符，則可能會被取消契約。這種樣品因其用途的不同，可分為①確認用樣品 (sample for confirmation; sample for approval)；②買方銷售用樣品 (sample for buyer's selling)；③化驗用樣品 (sample for test)。

⑶裝運樣品 (shipping sample; shipment sample)：指賣方從即將裝運的貨物中，抽取一部分寄給買方的樣品。裝運樣品通常係於產品完成後即將裝運時選取。這種樣品可作為即將裝運貨物品質的證明，有時則可作為報關時之用。賣方也應保留一份供作參考。

⑷到貨樣品 (outturn sample)：又稱卸貨樣品，係指商品運抵目的地時，由買方就運抵的商品中抽取一部分，作為檢查用的樣品。諸如罐頭食品、易腐貨物等以卸貨品質確定品質者，買方即可將卸貨樣品向公證行提出，供其作為檢驗公證之用。

3.依其用途，可分為：

⑴確認用樣品 (sample for confirmation; confirmation sample; confirmatory sample; sample for approval)：當買方擬以其所提供樣品訂購商品，而賣方未曾製造過這種商品，或對於生產符合該樣品的商品無十分把握時，通常多以須經確認為條件 (subject to confirmation) 先行訂立契約。然後由賣方依據買方所提供樣品 (buyer's sample) 先行生產若干，提供買方檢視。經買方認可後，才正式開始生產，這種提供買方作為確認之用的樣品，稱為確認用樣品。故確認用樣品係相對樣品的一種，同時也是賣方樣品。這種樣品如未能獲得買方的確認（認可），契約即不生效力。

⑵買方銷售用樣品 (sample for buyer's selling)：在商品運抵進口地之前，買方為爭取銷售時效，往往要求賣方須從其即將運出的商品中抽取若干，迅速

提供買方，以供其作為推銷之用。在契約中也常常約定賣方應在商品裝運之前，儘速向買方提供若干樣品。這種樣品如未適時提供，致影響買方的商機，則買方可能因而向賣方提出索賠。

(3)化驗用樣品 (sample for test)：由賣方提供買方，供其試用、化驗分析的樣品，稱為化驗用樣品。例如食品、化學藥品等交易，賣方多須向買方提供化驗用樣品，供其嚐試或化驗分析之用。

4.依其是否從擬售商品中選樣，可分為：

(1)現貨樣品 (sample of existing goods; bulk quality sample; actual sample)：指從擬售商品中選出，作為代表商品全體的樣品。從法律觀點而言，現貨樣品才是真正的樣品。因為它是從現貨中選取，只要選樣符合隨機抽樣的原則，即可真正代表買賣標的物的品質。憑樣買賣中所指的樣品，應該是指這種樣品而言。從事計畫生產 (production to schedule) 的廠商，因其手頭確有待售的實際商品，所以，可以現貨樣品洽銷。

我國廠商以樣品洽銷時，其所提供的樣品，多屬臨時打樣，這種臨時製作的樣品，並非現貨樣品，然而卻在契約中使用如 "Same As Per Attached Sample" 的字樣，難怪品質糾紛層出不窮。

(2)類似樣品 (similar sample; same quality sample)：賣方手頭尚無擬出售的商品，而從類似商品中選出一部分或臨時設計打造，以作為代表買賣標的物品質的大概情形者，稱為類似樣品。我國廠商所提供的樣品，多屬類似樣品。以類似樣品作為買賣標的物品質的標準，最容易引起糾紛。因此，賣方應就將來所交付正貨與該樣品可能有若干差異乙節加以述明，並訂定可接受差異 (acceptable difference) 的寬容範圍，以免發生糾紛。最好約定以樣品須經確認為條件 (subject to confirmation) 的方式訂約，然後由賣方先行生產若干，提供買方確認，經其確認後才正式開始生產。歐美人士常將類似樣品稱為 Standard 或 Type。

5.依樣品代表性質，可分為：

(1)色彩樣品 (color sample)：指代表商品外觀色彩的樣品。布料等交易，很重視其顏色，往往因顏色的不同，決定能否成交。

(2)式樣樣品 (design sample)：指代表商品外觀、式樣、圖案、結構或是形狀的

樣品。

(3)品質樣品 (quality sample)：指代表擬售商品品質的樣品。通常所指樣品即指品質樣品而言。商品的材質、大小、粗細、長短、厚薄、花樣、顏色、手感、軟硬等均以此為依據。因此，選樣時應特別注意。如認為將來所交正貨可能與樣品會有若干差異，宜加列寬容條款。

6. 依樣品保存人，可分為：

(1)正份樣品 (original sample)：又稱原樣，憑樣品交易時，通常賣方必須準備一式數份的樣品，並編以同一樣品號碼 (sample number)，其中向買方提供的一份，稱為正份樣品。因為此樣品是代表買賣標的物品質的樣品，所以又稱為代表樣品。

(2)複份樣品 (duplicate sample)：又稱複樣品，賣方發送樣品給買方時，就一式數份的相同樣品中抽取一份，留供日後作為交貨的根據或糾紛時作依據之用者，稱為複份樣品，有時又稱為留存樣品 (keep sample) 或存查樣品 (file sample) 或查對樣品 (checked sample)。

(3)第三份樣品 (triplicate sample)：賣方發送樣品給買方時，就一式數份的相同樣品中抽出一份，交給工廠憑以生產或交給第三者（可能是公證行）以備查考作證之用者。

7. 其他樣品：

(1)密封樣品 (sealed sample)：指為防範被調包而以包裝容器加以密封，並由利害關係人在包裝上蓋章或簽字的樣品。如有人企圖調包，必將破壞包裝，易於被查覺。一般而言，樣品宜儘量密封並加簽。

(2)新樣品 (fresh sample)：指再度訂立新契約時，向對方所提供足以代表新買賣標的物品質的樣品。每訂一次新的買賣契約，都必須用新樣品作為交易商品品質的根據。如一時無法取得新樣品而不得不依據舊樣品進行交易，則必須於契約中附加寬容條款，俟取得新樣品時，即儘速向買方提供，請其確認。此樣品即為前述的確認用樣品。

(3)免費樣品 (free sample)：即免費提供的樣品。通常，如樣品本身價值不大時，都免費提供。

(4)折扣樣品 (discount sample)：如樣品本身價值昂貴，而無法免費提供者，往

往要求對方酌付成本費，故稱為折扣樣品。

(5)參考樣品 (sample for reference; reference sample)：為了推銷一些不為買方所熟悉的商品，如新產品，而向買方寄出，為買方提供商品品質的實物參考。通常這種樣品不能作為交貨時品質的依據。這一點常被一些賣方利用，以推銷「貨」、「樣」難以一致的商品藉以規避「貨、樣不符」時所應承擔的法律責任。

(6)花樣樣品 (pattern)：以圖案花樣為主要品質要件的布料等商品，在買賣時所用的樣品，稱為 Pattern，其涵義較樣品 (sample) 為狹，係以色彩花紋或花樣作為表示品質重點的樣品。

(7)小塊樣品 (swatch)：布料或皮革等商品，切成小塊片，供作樣品之用者，稱為 Swatch。

(8)模型 (model)：又稱雛型，指商品未生產前或未完成前，為便於檢視之用所特別製作，或因體積過於龐大，不宜以實物作為品質決定標準時所作，與實物相同，但大小不同的代表性商品，稱為 Model，這種模型具有代表性，可使買方確信賣方將來所交付的商品將與該模型有相同的型態、效用或功能。

(三)樣品的蒐集及寄發

1.樣品的蒐集：樣品的蒐集，應參酌市場調查及買方的要求，研判樣品種類及商品的品質等，選取能代表商品的平均水準者為宜。如果賣方本身就是製造商，自可從自己的產品中選取適當樣品，但如果是一般貿易商，就必須向外界蒐集。在此場合，樣品的來源，約有下列幾種：

(1)直接向製造廠商蒐集：這是最常用的方法。只要正貨係由提供樣品的製造廠商供應，以此樣品交易時，一般而言，品質糾紛較少。

(2)庫存的舊樣品：以舊樣品作為新交易樣品，非常危險，將來很容易引起品質不符糾紛。

(3)借用他人的樣品：賣方接到國外詢價函，所詢購貨品，本身並未生產，乃向同業商借樣品寄出報價。此種方式，由於樣品非本身所生產，將來亦容易引起品質糾紛。

(4)向市面搜購的樣品：採用此種方式的樣品，常見於新創立的小型出口商。

因創業伊始，與供應廠聯繫不夠，一時無法找到合適的廠商供應。乃依客戶詢購的貨品規格向市面搜購近似樣品，先行報價。俟成交後再覓廠供應。此種方式隱伏甚大風險，實不足取。

2.蒐集樣品時應注意事項：蒐集樣品時，除了取得樣品之外，尚應注意下列事項：

(1)提供樣品廠商是否信用可靠？將來能否依樣提供正貨？

(2)同時取得商品的價格，但應注意其價格是否確實？有無漫天要價的情形？

(3)同時取得有關買賣的條件，包括最低買賣數量、交貨期、付款條件等。

(4)樣品份數應多備一份，以供備查。

(5)樣品是否需要付出樣品費？樣品費如何？

3.樣品的編號、裝訂及寄發：

(1)編號：樣品編號的目的為：①便於日後查封；②電報往返時，只要提及樣品編號即可，可節省記述之煩。

(2)裝訂：按編號裝訂或包裝，並求其能以美觀、乾淨、引人注目的狀態寄達買方。

(3)寄發：寄樣品時，最好同時寄出報價單，樣品上註明報價單號碼，使買方便於查對。樣品的寄發，小者可利用航空包裹 (air parcel) 或快捷服務 (courier service)，大者可利用航空貨運 (air freight)，價值高昂者可購買保險，在包裹外層註明 "Sample of No Commercial Value" 字樣，以便買方減免繳交進口關稅，並順利通關。此外，應注意關稅法、商品檢驗法等對樣品寄送的規定。

(四)以樣品進行交易時應注意事項

1.樣品的選擇應以平均、中等 (average; fair) 具有代表擬銷售產品品質為原則。

2.樣品應為新樣品，而且以現在或最近將來接受訂貨時能生產或有充分貨源供應者為限。

3.必要時，宜加列寬容條款，尤其商品憑五官判斷的事項，如色彩、花樣、軟硬等，表明正貨可能與樣品會有差異，以取得對方諒解。

4.對樣品品質說明用語，宜稍具彈性，不宜使用類如 "Strictly same as per sample submitted to you..." 等字樣。

5.注意樣品保存時間與變質的可能性。所保存的樣品當然應為新鮮者，不致因時間的經過而發生變化。

6.以樣品表示的品質，原則上以寄出時的樣品內容為準，但因交易貨物的種類、性質，也有以樣品寄達時的內容為準者。

7.應以賣方樣品進行交易為原則。

8.應保留樣品妥予保管，以便核對及作為生產及預防索賠的根據。

9.樣品應予以編號、加註商品名稱、規格、生產者、價目表號碼等。

10.樣品應予以封緘，在封口加蓋印章。

11.寄出的樣品，應妥予作記號，以防對方調包或變更 (modify) 樣品品質。

三、確定品質的時、地及方式

㈠確定品質的時間與地點

如前所述，不論是憑樣買賣或是憑說明買賣，原則上賣方應交付與原約定同一品質的商品。但是，在國際貿易，商品從出口地運到進口地，其間輾轉搬運，曠日費時，有些商品由於其性質或種類，在出口地裝運時的品質與進口地卸貨時的品質，難免發生差異。那麼這種賣方在裝運時雖合乎約定品質，但在進口地卸貨時卻與約定品質不一致的情形，應如何處理呢？換言之：商品的品質，應以何時、何地的狀態為準呢？關於此，通常視買賣雙方所訂契約的貿易條件 (trade terms) 而定。基本上貨物品質的確定應以貨物風險由賣方移轉買方之時、地作為標準。依貿易條件的不同，可分為：

EXW ································ 以賣方營業處所或其他指定地（工廠）交貨時的品質為準

FAS ································ 以在裝船港船邊交貨時的品質為準

FOB、CFR 及 CIF ············ 以在裝船港船上交貨時的品質為準

DPU ································ 以貨物運抵目的地且已卸載交由買方處置時的品質為準

FCA、CPT 及 CIP ·············· 以交給運送人時的品質為準

DAP、DDP ···················· 以在目的地到達載運工具上貨物交由買方處置時的品質為準

上述 FOB、DDP 條件雖以「交貨時」為準，但實際上也就是以「裝運時」（FOB）或「卸貨時」（DDP）為準。所以實務上國際買賣契約有關品質確定的時間與地點，通常只有兩個條件：一為「以裝運品質為準」(shipped quality final)，適用於 FAS、

FOB、CFR、CIF、FCA、CPT、CIP 等條件；另一為「以卸貨品質條件」(landed quality final)，適用於 DPU、DAP、DDP 等條件。

根據「裝運品質」的交易，賣方只須負責貨物在裝運時的品質與契約相符，至於貨物到達目的港（地）的品質如何，可不負責。買方依「裝運品質」交易，顯然對其較為不利。所以許多交易，即使在 FOB、FAS 等條件下，也往往與賣方協議，在買賣契約上改採「卸貨品質」作為確定品質的依據。

在「卸貨品質」的交易中，賣方須負責貨物到達目的港（地）起卸時品質與契約相符。換言之，賣方須承擔貨物在運輸途中品質發生變化的風險。這在 FAS、FOB、CFR、CIF 等條件下，以出口港（地）作為交貨地點的賣方而言，實屬一項額外的負擔，所以除非經雙方另有特約，賣方總以約定「裝運品質」較有保障。

關於穀物交易，因海上長途運輸的關係，極易因自然關係、海水浸濕或其他原因而發生品質變化，因此國際上訂有種種條件，專供穀物交易採用。例如 London Corn Trade Association 曾制定八十多種標準契約以供其自世界各地進口穀物之用。這些標準契約，對品質的確定方法定有下列三種條件：

1. T.Q. 條件（現狀條件）：T.Q. 為拉丁文 "Tale Quale" 或法文 "Tel Quel" 的略語。其意義為 "As It Is"（如現狀），即賣方僅保證裝運品質良好，至於貨物到達目的地的狀況如何不負責任而以現狀交貨 (shipment in good condition, but Tale Quale as regards condition on arrival)。換言之，貨物在運輸途中因潮濕或其他原因所致的損害，皆由買方負責，但因水或油而生的增量則應予減價，這條件相當於 "Shipped Quality Final"。以前我國臺糖公司粗糖銷日的品質條件即採用 T.Q. 條件交易。

2. S.D. 條件（海水損害條件）：S.D. 為 "Sea Damaged"（海水損害）的略語。本條件原則上雖屬於 "Shipped Quality Final" 的條件，但按這條件交易時，賣方須負責海上運輸中，海水浸濕的損害，但也僅以海水浸濕為限，至於其他原因的品質損害，除非另有特約，賣方不負責。本條件原僅指海水浸濕的損害，不過現在一般解釋已擴大範圍，包括了 Sweeping 和 Condensation，前者是指穀物因流散被掃集而發生的品質損害，後者是指穀物結成塊狀的損害。本條件賣方所負責任較前面 T.Q. 條件為重，但較後面 R.T. 條件為輕。

3. R.T. 條件：為 Rye Terms 的縮寫，中文稱為「裸麥條件」。依本條件交易，賣方須負責貨物運到目的地時，其品質與契約所定者相符，相當於 "Landed Quality

Final"，對於買方最為有利。本條件原僅適用於英國自蘇俄進口裸麥 (rye) 的交易，後來在倫敦穀物市場對於其他穀物的交易也同樣採用這種條件，但採用情形不若 T.Q. 條件普遍。

(二)確定品質的方式

對於樣本抽取的比率、方法及檢驗的過程宜儘可能約定。

(三)確定品質的機構

賣方所交貨物，其品質是否與買賣契約相一致，必要時，可由有關方面出具證明。如契約規定以「裝運品質為準」，可約定由下列機構之一證明品質：

1. 製造商 (manufacturer; producer; maker; supplier)：契約可訂：

Certificate of quality issued by the manufacturer to be final.（以製造商所簽發品質證明書為準。）

2. 出口商 (seller; exporter; shipper)。

3. 標準檢驗局、動植物防疫檢疫局及其代施檢驗單位：我國標準檢驗局及動植物防疫檢疫局對於出口貨物實施檢驗，合格後簽發「輸出檢驗合格證書」(certificate for export inspection) 或「輸出動（植）物檢疫證明書」，是我國官方出具的檢驗證明文件。

4. 公證行：買方如對上述各機構所出具的品質證明有所顧慮，可在契約中約定由獨立的公證行 (independent/public surveyor) 執行檢驗，必要時並可在契約中指定特定的公證行檢驗（例如 SGS，遠東公證公司），並由其出具公證報告以證明品質。公證行所出具的檢驗證明有下列各種名稱：Survey Report（公證報告）、Surveyor's Report（公證人報告）、Survey Certificate（公證證明書）、Inspection Certificate（檢驗證明書）、Testing Certificate（試驗證明書）、Certificate of Analysis（化驗證明書）、Certificate of Quality（品質證明書）。

如約定賣方所交貨物以「起岸品質為準」，則可約定由下面機構之一證明品質：

1. 進口商 (buyer; importer)。

2. 用戶 (consumer; end user)。

3. 標準檢驗局、動植物防疫檢疫局及其代施檢驗單位。

4. 公證行。

有關檢驗公證費用應由何方負擔，應在契約中訂明。Incoterms® 2020 對於輸出

國政府強制實施的檢驗，其費用規定由賣方負擔（EXW 條件除外），但裝運前檢驗 (preshipment inspection, PSI) 的費用，除另有約定外，須由買方負擔。而華沙牛津規則規定由買賣雙方平均負擔，至於美國定義則無規定。就實務情形而言，如契約未規定，而以「裝運品質」為準的交易，一般檢驗公證費用原則上多由賣方負擔，以「起岸品質」為準的交易，則多由買方負擔。

第二節　數量條件

　　數量條件為買賣契約的基本條款之一，買賣雙方應在契約上將交易數量予以明確的約定，以為雙方履行契約的依據。在國際貿易上，關於數量條件應加考慮的有：數量單位的約定、確定交付數量的時、地及方法以及交付數量過多與不足的解決三點，茲分述於下：

一、數量單位的約定

　　貨物買賣的數量單位，隨貨物種類而有所不同。就某一種貨物而言，其數量單位在習慣上雖已大致一定，與甲國交易時事實上也採用這種單位，但與乙國交易時則未必使用同一單位。因此，數量單位在買賣契約中需明確規定，以免日後發生糾紛。

　　國際貿易上常用的數量單位有七種，即：重量 (weight)、個數 (number)、面積 (area)、長度 (length)、容積 (capacity)、體積 (volume; cubic) 及其他。

　　1.重量：國際貿易貨物大部分按重量交易，其常用單位有：磅 (pound)、噸 (ton)、公斤 (kilogram)、英擔 (hundredweight, cwt)（英制 $= \frac{1}{20}$ ton $= 112$ lbs.，美制 $= \frac{1}{20}$ ton $= 100$ lbs.）、公克 (gram)$(= \frac{1}{1,000}$ kg.)、盎司 (ounce) $(= \frac{1}{16}$ lb.)。

　　一般天然產品，如羊毛、棉花、穀物，及部分工業製品等用重量單位交易。

　　2.個數：依個數交易的單位有：件 (piece; each)、套 (set)、打 (dozen)（$= 12$ 個）、籮 (gross)（$= 12$ 打）、大籮 (great gross)（$= 12$ 籮）、捲 (roll; coil)。

　　一般雜貨及工業製品，如成衣、文具、紙張、繩索、鐵絲、玩具等多採用個數單位。

　　3.面積：按面積交易的單位有：平方英尺 (square foot)、平方碼 (square yard)、平方公尺 (square meter) 等。

這種單位用於木板、皮革等的交易，但多需加列厚度 (thickness)。

4.長度：按長度交易的單位有：碼 (yard)、英尺 (foot)、公尺 (meter)。

這種單位用於布疋、塑膠皮（布）、電線電纜、繩索等的交易。

5.容積：按容積交易的單位有：蒲式耳 (bushel)、加侖 (gallon)、公升 (liter)、立方公分 (c.c.) 等。

這種單位用於部分穀物如小麥、玉米，及流體物質，如汽油、油精等的交易。

6.體積：按體積交易的單位有：立方英尺（立方呎，cubic foot, cft)、立方英寸（立方吋，cubic inch)、立方碼 (cubic yard)、立方公尺 (cubic meter, cbm) 等。1 cbm = 35.315 cft（才），1 英寸 = 2.54 公分，1 英尺 = 12 英寸 = 0.3048 公尺。

這種單位用於化學氣體，如 VCM（氯乙烯）、天然瓦斯及木材等的交易。

7.其他：在化學藥品的交易，常用百分率等表示其成分。

關於數量單位，尚須注意下列三點：

1.同一種貨物，其使用的數量單位未必相同，例如小麥，有時以容積「蒲式耳」作為數量單位，有時以重量「噸」作為數量單位。而且所用的重量單位，有時為「磅」，有時為「公斤」，全視習慣而定。又如木材，固然採用體積單位（例如立方英尺），但有時採用「石」（相當於 9.825 立方英尺），圓木則採用表呎 (super feet) 或稱板呎 (BMF，1,000 BMF = $83\frac{1}{3}$ 立方英尺) 為數量單位。BMF 為 Board Measurement Foot 的縮寫，又稱為 Board Measure，簡稱 BM，或 Board Foot，簡稱 BF。

2.數量單位的名稱雖然相同，但未必相等，例如：

　(1)噸 (ton)：英制重量 = 2,240 lbs.，美制重量 = 2,000 lbs.，公制重量 = 2,204.6 1bs.。

　(2)蒲式耳 (bushel)：美制一蒲式耳大麥重量 = 48 lbs.，美制玉米重量 = 56 lbs.，美制小麥黃豆重量 = 60 lbs.。

　(3)公擔 (quintal)：英制 = 112 lbs.，美制 = 100 lbs.，公制 = 100 kgs.。

3.數量單位未必與計價單位一致。例如：銅條的數量單位為磅，但其計價單位為 100 磅。夾板的數量單位為 sq.ft.，但其計價單位為 100 sq.ft. 或 1,000 sq.ft. （即 MSF，M = 1,000, SF = square feet）。

上述計價單位大於數量單位，主要為便於計算價格，因如採取原來數量單位計價，則單位價格常在角分以下，計算起來甚為不便。

二、確定交付數量的時、地及方法

在國際貿易實務，如交易所採用的數量單位為個數、面積、長度、容積或體積，一般而言，買賣雙方對於交付數量並無需另作特別的約定，賣方只須依契約所定數量交付貨物，如到貨發現數量不足，其原因如何，責任誰屬極易確定。但在按重量單位交易的場合，因貨物經過長途運送，水分極易蒸發，某些液態貨物會發生自然的漏損。因此，雖在裝船港依契約數量交運貨物，但運抵目的港時可能發生重量不足現象。倘若雙方在契約中未約定確定數量時間地點，則很可能發生糾紛，這點尤其是在散裝貨物的交易，更應加以注意。

(一)確定重量的時間地點

原則上貨物重量的確定應以貨物風險移轉界限作為基準。根據貿易條件的不同，可分為：

EXW	以賣方營業處所或其他指定地（工廠）交貨時的重量為準
FAS	以在裝船港船邊交貨時的數量為準
FOB、CFR 及 CIF	以在裝船港船上交貨時的重量為準
DPU	以貨物運抵目的地且已卸載交由買方處置時的數量為準
FCA、CPT 及 CIP	以交給運送人時的重量為準
DAP、DDP	以在目的地到達載運工具上貨物交由買方處置時的數量為準

現代的國際貿易，實際上較少採用 Ex 系統的貿易條件（即 EXW），而多採用 FAS、FOB、CFR、CIF、FCA、CPT 及 CIP 等條件。依這些條件，賣方交付貨物重量以在裝運港（地）的裝運重量為準，即所謂 Shipped Weight Final。只要裝運重量與契約相符，即令在運途中重量發生損耗，賣方可不負責任。由於這種重量確定方法對買方不利，所以即使在 FAS、FOB、FCA 等出口地交貨條件下，買方也往往要求重量的確定以貨物在進口港（地）起卸時的重量為準，即所謂 Landed Weight Final。在此場合，賣方所交貨物在目的港（地）起卸的重量應與契約相符，這條件對買方自然較有利。

(二)確定重量的方法

包裝貨 (packed cargo) 按重量交易時，其所謂「重量」究竟指哪一種重量呢？換言之，價格究竟按照哪一種重量計算呢？因為所謂「重量」，實際上有毛重、淨重及

法定重量之分，如契約中不明確約定按哪一種重量計算，有時難免發生爭議。實務上，作為計價的重量有下述五種：

　1.以毛重為準：毛重 (gross weight, G.W.) 為包括包裝材料在內的商品重量，包裝材料的重量稱為皮重 (tare weight)。

　　國際上按毛重交易的商品有袋裝小麥及雜糧。例如我國從澳洲進口袋裝小麥時，即以連袋的毛重為交易條件，在契約中規定 “××× long tons of 2,240 lbs. bagged wheat, gross for net, bags as wheat, such bags to be paid as wheat”，其中 “Gross for Net” 是指以毛重代替淨重之意，也就是說，按毛重計價之意。凡是按毛重交易的條件，稱為「毛重條件」(gross weight terms)。按毛重交易時，買賣雙方大都事先約定一定的包裝材料與方法，而且這種包裝材料的價值通常不比等量的該商品低廉，所以與按淨重計價並無差異。

　2.以淨重為準：淨重 (net weight) 為毛重除去包裝材料後的重量，也即商品本身的實際重量，所以淨重又稱為 “Actual Net Weight”。

　　絕大多數的重量交易都是按淨重買賣，我民法第 372 條規定：「價金依物之重量計算者，應除去其包皮之重量。但契約另有訂定或另有習慣者，從其訂定或習慣。」條文中「包皮之重量」即商場上所稱的「皮重」。

　　約定按淨重條件交易時，稱為「淨重條件」(net weight terms)。按淨重買賣時，皮重如何計算很重要。通常計算皮重的方法有五種：

　⑴實際皮重 (actual tare; real tare)：將各件商品的包裝材料逐件過磅所得的重量總合，即為該批商品的實際皮重。

　⑵平均皮重 (average tare)：從整批商品中隨機抽取若干件 (通常為 $\frac{1}{10}$)，秤量各件皮重，求出其平均皮重，再以其平均數乘總件數，即可得該批商品的皮重。往昔，為節省人工與費用，多採用下述的習慣皮重。但由於包裝技術的改進，包裝方式及材料已漸標準化，所以採用平均皮重的情形已漸普遍，於是將其稱為「標準皮重」(standard tare)。

　⑶習慣皮重 (customary tare)：某些商品，因其包裝方法與包裝材料，在習慣上已經有一定的標準，所以對這些商品，毋需再逐件計算皮重，而逕以習慣上認定的皮重乘以該批商品的總件數，作為該批商品的皮重。例如我國

外銷水泥 PVC 編織袋、裝稻穀的麻袋、肥料塑膠編織袋，習慣上已經有一定的重量。

⑷推定皮重 (computed tare; estimated tare)：對於產品種類紛歧，秤重麻煩，而包裝材料所占重量比率不大時，買賣雙方得事先協議以某重量，或由同類 Shipment（貨載）推定以某重量作為推定皮重，然後以這推定皮重乘以該批商品的總件數，以求得的重量作為該批商品的皮重。

　　採用習慣皮重或推定皮重時，契約中宜規定具體的皮重，例如約定「每件皮重以 1 公斤計算」，以免引起爭論。

⑸裝運皮重 (shipping tare)：又稱為賣方皮重 (shipper's tare)，即賣方於裝運時，將過磅所得的皮重記載於商業發票上，並由買方逕予承認的皮重。

此外還有所謂「接受皮重」(accepted tare)，這種皮重是臨時確定的。例如本來約定按「實際皮重」或「平均皮重」計算皮重，但賣方運出商品並將重量單 (weight list) 寄交買方後，買方認為重量單所列皮重（在賣方而言，是實際皮重或是平均皮重）合理，即不再作實際的過磅手續，而逕認可賣方在重量單所開列皮重。這種臨時決定接受賣方所開示的皮重即稱為「接受皮重」。這是信任賣方，省卻麻煩的一種權宜辦法。

3.以法定重量為準：自毛重扣除包裝材料後的重量，仍不一定是真正代表商品本身的實際重量，因為有些商品還有與其直接接觸可以連同商品零售的裝飾包裝材料，如包裝紙 (wrapper)、小罐、小瓶等裝飾包裝。這種裝飾包裝材料的重量，習慣上並不剔除，而逕視為商品的一部分。因此商品重量包含裝飾包裝重量者，稱其為「法定重量」(legal weight)。有些國家（主要為南美國家）的進口稅，採從量課稅 (specific duty)，規定商品的重量須包括直接接觸商品的包裝材料在內，所以在商業發票或重量單上須載明這種法定重量。我國以前出口大宗的豬鬃，係以繩束捆束，這種繩束重量計價時並不扣除，這就是按法定重量買賣的例子。

此外還有所謂 "Net Net Weight"（姑譯為純淨重）者。其涵義為毛重扣除外包裝、內包裝材料及其他附屬物後的重量。也就是法定重量扣除直接接觸商品的包裝材料及其他附屬物後純粹商品本身的重量，例如成衣，扣除襯托紙板、大頭針或塑膠套等附屬物後所得的重量即為 Net Net Weight。又如胚布的出口包裝，通常以塑膠紙包裝之外，另加外包裝，胚布本身加內外包裝材料的重量為毛重，扣除內外包裝後的

重量為 Net Net Weight。由此可知，在某些情形，所謂 Net Net Weight 實際上就是 Net Weight。

4.公量 (conditioned weight)：以科學的方法抽去貨物中的水分，再加上標準含水量所求得的重量，稱為公量。這種重量計算方法，適用於經濟價值較高，而含水成分又不穩定的商品。例如生絲、羊毛交易，通常由公立生絲檢驗機構先以一定溫度將水分蒸發，然後再加上 11% 的公定水分。以此稱得的重量——公量——作為計價的交易重量，就此出具的證明書則稱為 "Certificate of Conditioned Weight Test"。

$$公量 = \frac{實際重量 \times (1 + 標準含水量)}{1 + 實際含水量}$$

5.理論重量 (theoretical weight)：如馬口鐵、鋼板等有固定規格和固定尺寸的商品，只要尺寸符合，規格一致，其重量大致相等，因此，根據其張數、件數即可推定出其重量。按此方法計算出的重量，稱為理論重量。

⊜交付數量的證明

如契約以 「裝運重量」 為條件，貨物在出口地過磅後即可由賣方簽發重量單 (weight note) 或尺碼重量單 (measurement and weight list) 作為交付重量的證明。如買方對賣方自行證明不具信心，可要求由公共重量檢定人 (public weigher) 證明，公共重量檢定人在國內通常由公證行擔任，其所出具的證明為「重量證明書」(certificate of weight)。

如契約以「起岸重量」為條件，則貨物在進口地過磅，並以此作為賣方實際交付的貨物重量。在進口地檢定重量通常由公共重量檢定人（即公證行）擔任，但賣方為慎重起見也可預先指定進口地特定公證行擔任過磅工作。

不管是按裝運重量或起岸重量交易，如須由公證行代施檢量簽發重量證明書，買賣雙方應於契約中明白加以規定。至於公證行收取的公證費用，應由何方負擔，也應加以約定。如未約定由何方負擔，根據一般習慣，在出口地發生的費用由賣方負擔，在進口地發生的費用由買方負擔。但如指定特定公證人，如非經特別協議，應由指定人自行負擔。

三、交付數量過多與不足的解決

如上所述，按重量交易時，貨物的裝運數量與交付數量可能產生出入，則契約

所訂數量與交付數量間也可能發生差額。在按其他數量單位交易時，雖也可能發生差異，例如銷胚布一批，契約所訂數量為 100,000 碼，到貨時少 2,000 碼，這短少的 2,000 碼可能是賣方少裝（賣方按 98,000 碼收取貨款），也可能是賣方十足交貨，而在運送途中遺失。不管情形如何，責任較容易區分。如為前者，賣方已少收價款，雙方不致爭執；如為後者，可由買方向船公司或保險公司要求賠償，也不致發生爭執。但在按重量交易時，所發生差異大多為一種耗損或溢重，賣方無法控制，而買方不能負責，所以必須在買賣雙方間，求取合理的解決。

(一)裝運重量與契約重量相同時

按重量交易的貨物，雖可視貨物的種類，按裝運重量或起岸重量交易，但一般習慣上以採用裝運淨重為原則。揆其原因，不外是：(1)貨物在運輸途中，究將發生多少損耗，難以預知。(2)對於樟腦、薄荷腦等類易揮發性貨物，在運輸途中發生損耗，實為不可避免。(3)上面這類揮發性貨物，如按起岸淨重交易，賣方易受意外損失。但若依裝運淨重，對買方殊為不利。折衷辦法，通常是在契約中預先規定損耗的限度，如起岸重量少於裝運重量超過此限度，其超過的部分即歸由賣方負擔。例如契約中規定：

Shipping weight, any loss in weight exceeding 2% to be allowed for by the seller.（以裝運重量為準，如起岸重量損耗超過 2% 時，超過部分由賣方負擔。）

根據上述條款，賣方依契約所訂重量裝出貨物，貨物運抵目的港時如起岸淨重比裝運淨重短少超過 2% 時，買方方可就超過部分向賣方提出賠償要求，如短少未達 2%，則不得提出賠償要求。就賣方而言，損耗未超過 2%，可不負賠償責任，所以這 2% 也稱「免賠額」(franchise)。

(二)裝運重量與契約重量不同時

對於大宗散裝貨物，由於船舶配合較為困難，賣方沒有把握裝運數量與契約的數量絕對一致，因此在訂約時，往往在契約數量前冠上 About 或 Approximate 一字，以表示契約數量是概數，或甚至特別規定得多交或少交百分之幾，此種條款稱為「增減條款」或「過與不足條款」(more or less clause)。例如買賣契約中數量條款規定：

Quantity: One hundred long tons, 5% more or less at seller's option.（數量 100 長噸，賣方交貨時得增減 5%。）

在數量前冠用 About 或 Approximate 一字時，因各地市場解釋不一，為免解釋上發生爭執，最好能在契約中預為界定，較為妥善。

第三節　價格條件

價格是商品買賣契約的中心，買賣雙方來往折衝，大多為價格問題，商人所以熱衷於逐什一之利，亦無非想從交易中獲致差價賺取利潤。在國際貿易上，作為買賣契約中心的價格條件遠較國內貿易為複雜，通常與價格有直接關係的條件有下列四項：

　　1.價格的種類。

　　2.價格的結構（即計價基礎，貿易條件）。

　　3.計價幣別（結算貨幣）。

　　4.計價的數量單位。

價格種類是在說明價格的性質，並說明與買賣貨物維持何等關係，所以最為重要，另外三項，則為組成國際貿易價格的三項要素。例如：

US$10 per pound CIF Keelung net

在這個價格條件中，包含了上面所述四項條件，其中：

CIF Keelung 表示價格的構造，除貨物的成本 (cost) 外，另包括貨物從出口地運至目的地基隆的運費及保險費在內。US$ 表示價格的幣別，以美元來表示貨值。Per Pound 表示計價的數量單位，以每磅若干元來計算貨值。Net 表示價格的種類，表明每磅 10 美元為淨價，而不含任何佣金或折扣。

本書第五章所闡述的 FOB、CIF 等貿易條件，不但可表示買賣雙方間的權利義務關係，並且也可表示有關貨物的價格構造。當這些條件用來報價時，它就成為報價條件中價格條件的一部分，而報價經接受買賣契約成立後，這些貿易條件即成為契約中價格條件的一部分。這些條件所代表的價格構造，已於前面有所闡述，不再贅述。以下就其他三項加以說明。

一、價格的種類

國際貿易上所採用的價格，約有下列幾種：

(一)淨價與含佣價格

所謂「淨價」，即 Net Price，指賣方所開出價格為實價，不含任何佣金或折扣，一經成交，買方即須按此價格支付貨款。通常用於貨主之間的交易，其表示方法為

在價格後加上 Net 一字，例 HK$5.00 per dozen net，或者在報價單或買賣契約上註明 The price is net price without any commission。實務上，不加 Net 一字，則解釋為淨價。

含佣價格，即 Price Including Commission，價格中含有售貨佣金 (selling commission) 或購貨佣金 (purchasing commission)，是交易成立後付給中間商的酬佣。普通為貨主透過代理商或佣金商交易時採用。佣金的多寡，買賣雙方在進行交易時應事先協議。其表示方法是在貿易條件之後加上 $C_{X\%}$，例如 US$1.50 per yard FOB&C$_{3\%}$ 或 FOBC$_3$。沒有約定時，佣金計算通常雖以 FOBC3 值為基準，但也可約定按 FOB 值為給付佣金的計算基礎。又採用 FOB 以外條件報價或訂約時，如以 CFR&C$_{2\%}$、CIF&C$_{5\%}$ 表示而不預先聲明佣金計算基準，通常是按所報出的金額作為佣金計算基準，但無形中連同運費、保險費、佣金都須支付佣金，似不合理。因此，在報價或訂約時，最好將貿易條件與佣金分開，貿易條件用 FOB、CIF 等條件表示，而佣金則另以文字約定，例如：

The price includes your commission 5% calculated on FOB basis.（價格包含貴方佣金 5%，按 FOB 值計算。）

(二)基價與推算價格

國際貿易上有些貨物，如棉花、生絲等，是以某種標準的品質的價格作為基礎價格，其他等級的價格則與基礎價格有一公定的差距。報價時，毋需將各等級品質的價格全部列出，而只報出標準品質的基礎價格即可，至於其他各級品質價格可從基礎價格推算出來，標準品質的基礎價格，即所謂「基價」(base price)，而由基價推算出來的各級品質價格即所謂「推算價格」(computed price)。

(三)上限價、底價、統一價格

所謂上限價或最高價 (ceiling price)，是指一國為制止物價急遽上漲，釀成惡性通貨膨脹，而由政府出面干預市場商品價格，限制該商品出售的最高價格。所謂底價或最低價 (floor price; check price)，是指同業公會或政府為防止本國出口商在國外惡性競爭，或防止不法出口商壓低價格，逃避外匯，或外國政府的傾銷指控，而制定該項貨物出口最低價格，規定出口商不得低於該項價格輸出。臺灣以前香茅油、網球拍、鞋類出口即曾採取此項措施。底價如由輸出同業公會制定並執行者，稱為統一報價或統一價格 (uniform price)，其效果與實施底價相同。又上限價通常見於進口貨物方面，而底價及統一價格則見於出口貨物方面。

㈣指標價格與交易價格

出口商向進口商初次進行洽銷，或在進口商尚未提出具體的詢價時，通常並不立刻提供穩固報價，而是先寄產品目錄、價目表等供對方參考，等到知道對方屬意某項產品，始正式報價進行交易。價目表上所列價格，實際上只是一種指標價格 (indication price)，乃在便於對方衡量產品售價而已。至於報價時所開示的價格，則為賣方願意銷售的交易價格，這種價格一經有效接受，即成為契約價格，雙方均同受其拘束。

二、計價幣別（結算貨幣）

在一筆交易中，用來表示計價結算的貨幣，不外下列四種：出口國貨幣、進口國貨幣、第三國貨幣及 SDR（特別提款權）。

在國際金融相當穩定的時期，採用上面任何一種貨幣計價，對進出口商而言，並無差別。但在國際金融動盪不安的情況下進行交易，買賣雙方只有採用本國貨幣交易，才能免除匯率變動的風險。

例如紐約某出口商，以美元向英、法兩國的進口商報價，一旦成交，該出口商將貨裝運出口後即開出美元匯票，在紐約辦理出口押匯，因其領取的貨款是美元，所以不受匯率變動的影響。換言之，不論英鎊或歐元貶值，其所領取的美元價款均不受影響。但英法兩國的進口商，在該筆交易中，顯然處於不利的地位。

反之，如該筆交易是採用進口地貨幣計價，則即使英鎊或歐元在契約成立後貶值，也不影響進口商按照其本國貨幣支付的貨款。對進口商而言，反而較為有利。

因此，出口商以外幣報價或簽約時，為預防報價（或簽約）後新臺幣升值而招致損失，可在報價單或（契約）上加列下述條款：

‧The price of this offer (contract) is calculated at the rate of US$1.00 to NT$30.00; any exchange risks are for your (buyer's) account.（本報價〔契約〕的價格是按 US$1.00 = NT$30.00 計算，匯兌風險由貴方〔買方〕負擔。）

一般而言，就出口商立場，宜選擇強勢貨幣 (strong currency) 報價，所謂強勢貨幣係指行情看漲的通貨。就進口商而言，則宜選擇弱勢貨幣 (weak currency) 計價，所謂弱勢貨幣係指行情看跌的通貨。

國際間主要國家（地區）貨幣名稱及代號

國別（或地區）	貨幣名稱	商場簡字	ISO Code
澳大利亞 (Australia)	澳元 (dollar)	A$	AUD
加拿大 (Canada)	加元 (dollar)	C$	CAD
丹麥 (Denmark)	克羅納 (krone)	Dkr	DKK
歐盟 (European Union)	歐元 (euro)	€	EUR
香港 (Hong Kong)	港幣 (dollar)	HK$	HKD
日本 (Japan)	日圓 (yen)	¥	JPY
挪威 (Norway)	克羅納 (krone)	Nkr	NOK
新加坡 (Singapore)	新加坡幣 (dollar)	S$	SGD
瑞典 (Sweden)	克朗 (krona)	Skr	SEK
瑞士 (Switzerland)	瑞士法郎 (franc)	Sfr	CHF
英國 (United Kingdom)	英鎊 (pound)	£ stg.	GBP
美國 (United States)	美元 (dollar)	US$	USD
臺灣 (Taiwan)	新臺幣 (dollar)	NT$	NTD
南韓 (South Korea)	韓圜 (won)	Won	KRW
中國大陸 (China)	人民幣 (renminbi)	CNY	RMB

三、計價的數量單位

計價的數量單位，是表示一單價所能購得的貨物數量，一般即應用本章第二節所述各種數量單位。例如毛衣數量單位是以「打」計，計價的數量單位也用每「打」若干元計，此為通例。

不過，計價的數量單位有時與訂約的數量單位並不一致。在實際上，為求計算方便，往往針對貨物的性質，加大其計算單位，例如 20 支單股棉紗每磅 US$0.80，但習慣上多以每件（400 磅）US$320.00 作為計價數量單位，這是因棉紗都以整件出售，用「件」作為計價數量單位比用「磅」簡便並較切實際。又如細小貨物如尼龍繩，每碼 US$0.023，計算起來頗為不便，並且美分以下並無輔幣，所以不如約定每千碼為 US$23.00 計算起來較為簡便，且合乎實情。在國際貿易上，常以數量單位的十倍、百倍或千倍，作為計價數量單位，其理由即在此。

四、價格變動風險的規避

㈠匯率變動風險

廠商為預防報價或簽約後，本國貨幣升值而遭受損失，可在報價單或買賣契約中，加上下列條款：

1. Exchange risks, if any, are for buyer's account.

2. In case of variation in exchange rate after the date of contract, any deficiency shall be for buyer's (seller's) account.

3. Exchange rate differential is to be account as follows:

If it is less than 2%, it will be absorbed by seller; if it is over 2%, it will be billed to buyer.

4. When there is any fluctuation in the exchange rate (at present US$1.00 = NT$30) at the time of negotiating a bill of exchange, the exchange risks shall be for applicant's (buyer's) account.

㈡費用變動風險

在貿易進行中，若發生某項額外費用，其金額可能會很大，則可在買賣契約中預做規避約定。

Any increased charge （例如 increased freight rates, insurance rates, taxes） in respect of the goods after the date of this contract will be paid by buyer, unless otherwise contained in the terms of sale.

㈢原料或成本變動風險的規避

一般商品，自訂約至交貨、付款完成交易，其期間不致太長，買賣當事人易於預料物價、工資的變動趨勢。但有些商品交貨期間很長，如船舶買賣，或長期繼續買賣，在此漫長的期間，物價、工資的漲跌難免。或者在一些經濟成長甚速的國家、地區，即使在短期間，物價、工資的漲幅往往也甚大。在這種情形下的交易，如訂立價格變動條款，或採取適當的確定價格措施，當事人即可規避意料不到的風險。例如：

1. Said price will be adjusted on the basis of the United Nations Escalation Formula detailed as follows based on the wholesale prices and price indexes published by the Department of Labor of the United States Government as of June, 20...

United Nation Escalation Formula:

$$P_1 = P_0(a + b\frac{M_1}{M_0} + c\frac{S_1}{S_0})\ (P_1：交貨時價格)$$

P_0 = current price（現時或訂約時價格）

a = fixed portion of base（管理費用，例如固定為 10%）

b = material（各種主要原料的成本率，即 $\dfrac{原料成本}{單位產品售價}$）

M_1 = material cost 12 months later（實際交貨時躉售價格指數）

M_0 = present material cost（現時或訂約時躉售價格指數）

c = labor（工資成本率，即 $\dfrac{工資成本}{單位產品售價}$）

S_1 = labor cost 12 months later（實際交貨時工資指數）

S_0 = present labor cost（現時或訂約時工資指數）

在農產品或礦產品交易，如石油、糖、小麥及玉米等交易，當事人往往不預先確定價格，而約定交貨時以某種標準作為確定價格的依據。例如在原油交易，對於價格的約定，即常按類如下列方式決定：

2. The price per barrel to be paid by buyer for the quantities of crude oil purchased under the present agreement shall be twenty cents below "posted price"; the "posted price" used for invoicing shall be the "posted price" in force on the day on which the vessel commences to load.

On the date of the present agreement, the "posted price" FOB Fao is US$11.80 per barrel for crude oil of 35° to 35°9 API.

If the API gravity of the crude oil delivered FOB loading terminal does not conform to the limits given above, the price as above stipulated shall increase by twenty cents (US¢20) per barrel for each full degree of gravity above 35° API and decrease by twenty cents (US¢20) per barrel for each full degree of gravity below 35°9 API.（API gravity 為美國石油學會比重，簡稱 API 比重。）

3. Said price shall be adjusted on the basis of the following formula:

$$P_1 = P_0(a + b\frac{M_1}{M_0} + c\frac{W_1}{W_0} + d\frac{F_1}{F_0} + e\frac{I_1}{I_0}) \times \frac{E_0}{E_1}$$

P_1 = price to be charged

P_0 = current price

a = fixed portion of base

b = material

M_1 = material cost at the time of shipment （or wholesale price indexes one month before

shipment published in *Commodity Price Statistics Monthly, Taiwan District, The R.O.C.*，
《中華民國臺灣地區物價統計月報》）

M_0 = present material cost (or wholesale price indexes one month before contract date published
in *Commodity Price Statistics Monthly, Taiwan District, The R.O.C.*)

c = labor

W_1 = labor cost at the time of shipment（or wage indexes one month before shipment published
in *Monthly Bulletin of Labor Statistics, The R.O.C.*，《中華民國勞工統計月報》）

W_0 = present labor cost (or wage indexes one month before contract date published in *Monthly
Bulletin of Labor Statistics, The R.O.C.*)

d = freight

F_1 = freight rate at the time of shipment

F_0 = present freight rate

e = insurance

I_1 = insurance premium rate at the time of shipment

I_0 = present insurance premium rate

E_1 = exchange rate at the time of negotiation of draft

E_0 = present exchange rate

第四節　包裝條件

一、包裝條件

貨物包裝分內包裝 (packaging; inner packing) 與外包裝 (packing; outer packing)
兩種，內包裝是指貨物製造出來後，以適當的材料或容器裝盛貨物的初次包裝。例
如酒用瓶裝、奶粉用鐵罐裝，這種包裝的目的在於保護貨物品質，兼提高貨物價值，
所以通常力求外表美觀醒目，以便銷售。外包裝則指貨物運送時，將 1 件或數件貨
物裝入容器內或以特定方式包紮的二次包裝。例如 5 打酒裝 1 木箱、2 打 1 磅裝奶
粉裝 1 紙箱。這種包裝的目的在於保護貨物，便於運輸儲倉。內包裝屬商品學研究
範圍，本書不擬討論。

國際貿易貨物，因大多需經長途的運輸，所以其包裝不論在材料上或構造上均
需較國內運輸所用的更為牢固完整，貨物在運輸或裝卸時才不致遭到損害。除散裝

及裸裝貨物外，一般貨物無論以何種條件交易，賣方均應給予適當的包裝。

貨物包裝是否適當，關係運送安全至鉅。根據海牙規則及一般貨物運輸契約或提單條款，均明文規定因貨物包裝不良致發生任何短損時，運送人不負賠償責任。因此就賣方而言，與其節省包裝費用，實不如給予貨物妥善的包裝。一完善的出口包裝，應具備下列各項條件：

1. 應求牢固、堅固、完整。

2. 包裝材料應適合貨物的性質、運輸方式，並應注意裝卸港（地）的氣候變化。

3. 應儘量減小重量及體積，不宜超長、超大、超重。

4. 應在安全的原則下，儘量節省包裝費用。

5. 每件大小應整齊劃一，以便裝卸、堆積、計算、檢量及識別。

6. 應適照買方的指示辦理。

7. 應合乎進口國家海關規定。

有關包裝條件，賣方在報價或訂約時，應予訂定的有：包裝種類及包裝的重量與尺寸兩點，茲分述於下：

(一)包裝的種類

出口貨物，依需否加包裝，可分為三大類：

1. 散裝貨物 (bulk cargo; cargo in bulk)：散裝貨物毋需包裝，可直接交運。這類貨物多為不易包裝、或不必包裝、或可以散裝方式交運以節省運費的貨物，如小麥、黃豆、玉米、煤、礦砂、廢鐵等。

2. 裸裝貨物 (nude/unprotected/unpacked cargo)：裸裝貨物是型態上自成件數，猶如包裝貨，而毋需加以包裝的貨物，例如鋼鐵、錫塊、銅、鐵塊、車輛等。

3. 包裝貨物 (packed cargo)：包裝貨物是需加包裝的貨物，一般貨物除上述散裝貨及裸裝貨外，均需加以包裝。這類貨物依包裝材料及包裝方法的不同，又可分為下列多種：

(1)箱裝貨物：大多數質輕價高的貨物都用箱包裝。所謂「箱」(carton; case)，多指木箱或紙箱而言。在木箱的場合是用堅韌乾燥的木箱裝貨後，密封釘住，再在外層加釘十字木架，或在四周以鐵皮條箍牢。

(2)捆包貨物：蓬鬆貨物如羽毛、羊毛、棉花、布疋、蠶絲等先壓縮體積，而成正方形或長方形，然後以塑膠布、麻布、草蓆包裹。這種捆包方式稱為

Bale Packing。Bales 簡寫為 B/–、B/S。

⑶袋裝貨物：粒狀及粉狀貨物，多用袋裝法包裝 (bag; sack)。

⑷桶裝貨物：凡揮發性的液體或半液體，以及粉狀、粒狀貨物，均可用桶裝 (barrel)。

⑸瓶罐裝貨物：容易起化學作用及具有危險性的液體貨物，如鹽酸、硫酸、液化瓦斯、酒類等，是裝於玻璃、陶瓷或鐵製的特殊容器裡。

⑹簍裝貨物：蔬菜水果等是裝於竹片、柳條、藤條等所編製的容器，即簍 (basket)。

⑺捲裝貨物：繩索、電纜等貨物，毋需裝於容器內，其包裝方法多捆成束狀或捲成圈狀 (roll)。

⑻籠裝貨物：鳥獸家禽等是裝於籠 (cage)，而牛、羊等則裝於檻 (kennel)。

⑼櫃裝貨物：晚近貨櫃運輸興起，貨物包裝的設計儘量符合貨櫃運輸的需要，使包裝大為簡化。

包裝貨物的外箱內部，須襯墊雜物，以固定位置，普通所用的襯墊物有屑紙 (paper scrap)、新聞紙 (newspaper)、保麗龍 (polyfoam)、木屑 (saw dust)、棉絮 (cotton wool)、稻草 (straw) 等。這些包裝材料有時為若干國家所禁止進口。例如美國禁止以新聞紙、稻草、棉絮作包裝材料包裹貨物進口，又澳洲、紐西蘭海關規定，使用稻草、乾草 (hay)、麻毯 (flax rug) 等作包裝材料，須於包裝前先經消毒，並於海關發票上附上此項證明才准予進口。有關包裝材料的選用及包裝方式，買賣雙方應加協議，訂於契約中。

㈡包裝的重量與尺寸

除散裝貨物外，不論裸裝貨物或包裝貨物，賣方在報價時，應列明每件貨物的重量，如為蓬鬆貨物，更應列出每件貨物的包裝尺寸。尤其以 FAS、FCA 及 FOB 條件交易的場合，更有其必要。運送人對於運費，通常按其最有利的計算方式收取，在 FAS、FCA 及 FOB 條件下，運費由買方負擔，買方需明瞭將負擔多少運費，即使在 CFR、CIF、CPT 及 CIP 條件下，買方通常也需知道貨價中含多少運費或保險費。此外，船公司對於超重貨物（例如每件重量 3 噸以上、貨櫃貨除外）、超大貨物（例如每件體積 3 立方公尺以上、貨櫃貨除外）、超長貨物（例如每件長 10 公尺以上、貨櫃貨除外）均加收附屬費 (additional rate)，運費負擔較一般貨物多。因此，買賣雙

方對於貨物包裝的重量與尺寸，也有加以約定的必要。

　　報價或訂約時，對於包裝的約定，視貨物種類及內容而有所不同，但通常採取的不外下列兩種：一為約定習慣包裝 (customary packing) 或出口標準包裝 (export standard packing)，不特別註明包裝種類或包裝方式，而依該行業習慣上採取的方式包裝。例如：

　　　・To be packed in the usual way.（按習慣方式包裝。）

　　　・To be packed in export standard packing.（按出口標準包裝。）

　　另一種為約定包裝種類、包裝方法及包裝重量或尺寸。買賣契約中的包裝條件以詳細訂明內容較妥。這類條件例如：

　　　・Packed in wooden cases, each weighs about 1,200 lbs. net.（木箱包裝，每箱淨重 1,200 磅。）

　　　・One piece in a polybag, one dozen in a paper box, then 60 boxes packed in an export carton, its measurement about 20 cu.ft.（1 件裝一塑膠袋，1 打裝一紙盒，60 盒裝一出口紙箱，紙箱體積約 20 立方呎。）

二、包裝標誌

　　為便於使貨物在裝卸、運輸途中易於識別，及提醒裝卸、搬運工人注意安全，在貨物外包裝上用油墨、油漆，或以模板 (stencil) 加印的標誌 (mark)，通稱為包裝標誌 (packing mark)。包裝標誌可分為運輸標誌（shipping mark，俗稱嘜頭）、附屬標誌和指示性或警告性標誌三種。包裝標誌的主要功用有五：

　　1.在搬運貨物時，易於識別，可避免誤裝誤卸。船公司所簽發的提單條款中往往記載如標誌中未包括目的港，或其字體過小，運送人對於漏裝誤卸可不負責任。

　　2.貨物包裝刷有標誌，賣方製作單據可簡化，就買方而言，容易從單據上明瞭貨物的內容。

　　3.可以知道貨物的來源國家。有些國家的海關，對於包裝上未標明原產地來源的貨物，往往不准進口。

　　4.標誌是以圖形或字母代替文字，多不記明受貨人的全名，所以就出口商而言，可使同業競爭者不易探知買主，而保持商業祕密。

　　5.以標誌提醒裝卸工人注意裝卸及避免損害其他船貨。

　　依國際標準，運輸標誌字體最小須有 2 平方吋。至於標誌的形式應如何製作，

買方應將其指示訂明於買賣契約中，買方如不指定或授權賣方製作，賣方自可隨意設計，但上面所謂由買方指定運輸標誌，也不過是指「主標誌」(main mark) 而言。包裝標誌中的其他標誌，例由賣方視實際情形刷上。

　　茲舉一示例說明包裝標誌所包含的內容：

（一）主標誌 (main mark; principal mark; leading mark; shipping mark)

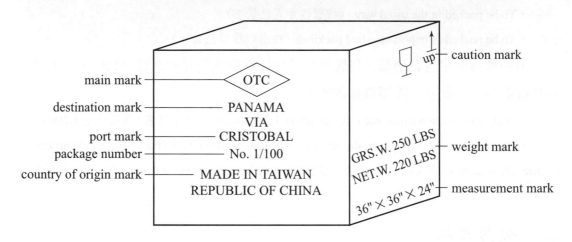

　　即主嘜，通常包括兩部分：(1)圖形；(2)代表買方（受貨人）或賣方的英文字母。但有時僅有英文字母，而不配以圖形。主嘜的設計，通常根據買方的指示辦理，例如第 174 頁圖，買方指示 Shipping Mark 為 OTC in Diamond，則 OTC 往往就是買方名稱的開頭字母 (initials)，倘買方未指定嘜頭，則通常由賣方以自己名稱的開頭字母填入圖形裡面。

　　主標誌的圖形很多，其作用在使搬運貨物的工人，能將圖形相同的貨物堆在一起，藉以避免發生誤裝誤卸。

（二）卸貨港標誌 (port mark) 與目的地標誌 (destination mark)

　　為說明貨物運送目的地，以免誤卸的標誌，如第 174 頁圖中 Cristobal 為卸貨港 (port of discharge)，是為卸貨港標誌 (port mark)。而事實上貨物要運到 Panama 市，所以在主標誌下方，刷上了 Panama Via Cristobal 標誌，意思是「經由 Cristobal 運往 Panama 市」，箱上的 Panama，即為目的地標誌 (destination mark)。Via 為拉丁字，意為 By the Way of，亦即「經由」或「取道」之意，Via 之後常附有港名，貨物經由該港運往進口國家內地，該港也就是卸貨港。但有時跟在 Via 之後的未必就是卸貨港，而是指航路，例如 New York Via Panama，是指「經由巴拿馬運河運往紐約」，

這時的卸貨港是 New York，而非 Panama。

㈢件號 (package number; case number; carton number; serial number; consecutive number)

是箱號 (case number)、袋號 (bag number) 等的總稱。說明一批貨物總件數與本件貨物的號數。件號是用來和包裝單 (packing list) 對照，從而可看出該件包裝中的貨品內容。第 174 頁圖中，No. 1/100 就是箱號，也就是全批貨物 100 件中的第 1 箱。全批貨物有 100 箱，如為第 30 箱，則該箱就應刷上 No. 30/100。在提單、發票、保險單及包裝單上，必須畫上全部嘜頭，並且在這些單據上的件號，是指全批貨物的件號，而非每箱的個別件號，即應寫成 No. 1–100。

以上㈠、㈡、㈢的標誌總稱為運輸標誌、嘜頭或識別標誌。

㈣原產國標誌 (country of origin mark)

所謂原產國標誌是用以說明貨物在某國製造、生產或加工的標誌，通常以 "Made in (country of origin)" 或 "Produced in (country of origin)" 表示。例如第 174 頁圖刷上 "Made in Taiwan, Republic of China"，即表示該項貨物為中華民國臺灣製造。大多數國家的海關，對於未標明原產國的貨物，不准其進口。而我國政府也規定凡出口貨物原則上均應於包裝上標示原產地。

㈤重量與體積標誌 (weight and measurement mark)

重量與體積標誌是用以表明該件貨物的毛重、淨重及體積。這種標誌多刷印於包裝上的側面。例如第 174 頁圖中標明該貨物毛重為 250 磅、淨重為 220 磅，體積為 $36'' \times 36'' \times 24''$，合 18 cu.ft.。每件貨併列重量及體積，可便於船公司安排艙位及計算運費，有時船公司信任裝貨人，逕以裝貨人的數據計算運費，不再逐件過磅或丈量，以節省時間。

以上㈣、㈤的標誌合稱為附屬標誌。

㈥指示性 (indicative) 或警告性 (warning) 標誌

又稱注意標誌、小心標誌 (caution mark)、安全標誌 (safety mark) 或保護標誌 (protective mark)，是為避免或減少貨物在運輸期間遭受損害，刷印於包裝外側，以促請輪船、碼頭及倉庫工人注意貨物搬運、裝卸或保管的標誌。注意標誌通常用英文表示，如 "KEEP DRY"、"THIS SIDE UP"、"FRAGILE"、"POISON"、"EXPLOSIVES" 等。此外，一般常另加刷圖案，這種圖案比文字標誌醒目且易瞭解，

頗具實用價值。茲將我國國家標準的貨物搬運用注意標誌圖案，舉數例如下。

USE NO HOOKS

HANDLE WITH CARE

THIS SIDE UP

KEEP AWAY FROM HEAT

POISON

KEEP DRY

常見的英文注意標誌用語有下列多種：

　⑴ THIS SIDE UP or THIS END UP　　　　　　　　　　　此端向上

　⑵ HANDLE WITH CARE or WITH CARE　　　　　　　　　小心搬運
　　　or CARE HANDLE

　⑶ USE NO HOOKS or NO HOOKS　　　　　　　　　　　請勿用鉤

　⑷ KEEP IN COOL PLACE　　　　　　　　　　　　　　放置陰涼處
　　　or KEEP COOL　　　　　　　　　　　　　　　　　（保持低溫）

　⑸ KEEP DRY　　　　　　　　　　　　　　　　　　　保持乾燥

　⑹ KEEP AWAY FROM BOILER　　　　　　　　　　　　遠離鍋爐
　　　or STOW AWAY FROM BOILER

　⑺ INFLAMMABLE　　　　　　　　　　　　　　　　　易燃貨物

　⑻ FRAGILE　　　　　　　　　　　　　　　　　　　　當心破碎

　⑼ EXPLOSIVES　　　　　　　　　　　　　　　　　　易炸貨物

　⑽ GLASS WITH CARE　　　　　　　　　　　　　　　小心玻璃

　⑾ POISON　　　　　　　　　　　　　　　　　　　　小心中毒

　⑿ HEAVE HERE　　　　　　　　　　　　　　　　　　此處舉起

　⒀ OPEN HERE　　　　　　　　　　　　　　　　　　　此處開啟

⑴ SLING HERE　　　　　　　　　　　　　　　　　此處懸索

⑴ DO NOT DROP　　　　　　　　　　　　　　　　勿使掉落

⑴ NEVER LAY FLAT or NEVER BY FLAT　　　　　　請勿平放

　　or NOT TO BE LAID FLAT

⑴ TO BE KEPT UPRIGHT　　　　　　　　　　　　豎立安放

⑴ KEEP AWAY FROM HEAT　　　　　　　　　　　隔離熱氣

⑴ PERISHABLE　　　　　　　　　　　　　　　　易壞貨物

⑳ GUARD AGAINST WET　　　　　　　　　　　　勿使受潮

㉑ NO SMOKING　　　　　　　　　　　　　　　　嚴禁煙火

㉒ KEEP FLAT　　　　　　　　　　　　　　　　　注意平放

有關包裝標誌的刷印有下列數點須加補充：

　1.包裝上所標示的每包重量及體積，若是為了配合進口國家海關的規定或迎合買方的需要，則所使用的單位應為進口國家所通常採用的度量衡單位。

　2.主標誌、目的港標誌及件號是運輸標誌所不可缺少的三個項目。主標誌及目的港標誌所刷印的文字必須醒目清晰。

　3.包裝標誌切勿標示出所裝貨物的名稱，以防宵小覬覦偷竊。

　4.訂單或契約上所約定的標誌條件，除可用圖形表示外，另可用文字訂明，如：

Marking: Every package shall be marked with "OTC" in diamond and marked the package number.（每件包裝應刷上菱形圖案內有 "OTC" 三字，並應刷上件號。）

三、Neutral Packing 的問題

國外進口商常要求 Neutral Packing，何謂 Neutral Packing？其用意何在？Neutral Packing 可譯成「中性包裝」，意指商品上和內外包裝上不標明生產國和廠名的包裝。Neutral Packing 在實務上可分為「指定品牌中性包裝」和「無品牌中性包裝」兩種。

「指定品牌中性包裝」是指在商品上或包裝上使用買方指定的品牌或商標，但不標明生產國。「無品牌中性包裝」是指在商品上和包裝上都無任何品牌或商標，也不標明生產國。

要求中性包裝，其主要用意是為了因應或衝破某些國家（或地區）對進口商品實施的歧視和限制（包括關稅壁壘配額限制、非關稅壁壘等），有利於擴大商品的行銷。

第五節　保險條件

　　貨物從出口地運至進口地這一段路程中可能遭遇種種危險，致發生滅失 (loss) 或毀損 (damage)。對於此，運送人多於運輸單據上列有各種貨運條款，限制或免除其責任。因此，為期萬一貨物受損時，可獲得充分的補償，購買保險乃成為國際貿易易不可或缺的一個環節。

　　在一筆交易中，貨物運輸保險究應由買方或賣方負責投保，端視交易所採用的貿易條件而定。如貿易條件為 EXW、FCA、FAS、FOB、CFR、CPT 等條件，除非雙方協議由賣方代為購買保險，否則賣方通常無投保的義務。在這些貿易條件下，貨物從出口地至進口地的運輸風險是由買方負擔，因此運輸保險自應由買方負責投保。所以貿易契約中並無訂定保險條款的必要。但為謹慎起見，在契約書中，通常都載有類似下述的文字：

Insurance to be covered by the buyer.（保險由買方負責購買。）

　　上面各種貿易條件，原則上應由買方負責購買保險，但經特約，也可由賣方代為購買，如：

Marine insurance shall be covered by the seller at the specific request of the buyer and at the buyer's expense and risk.（應買方的特別要求並由買方負擔費用及風險，賣方應代為購買海上保險。）

　　如貿易條件為 DPU、DAP 等條件，運輸風險是由賣方負擔，自應由賣方負責投保運輸保險。因此在貿易契約中也無訂定保險條款的必要，但為謹慎起見，通常也於契約書中填列有如下述保險條款：

Insurance to be covered by the seller.（保險由賣方負責投保。）

　　貿易條件如為 CIF、C&I 或 CIP 等條件，則情況與前面所述者不同。在這些條件下，賣方有義務購買保險、負擔保險費，並向買方提供保險單或保險證明書，但貨物交運以後，貨物運輸風險即歸由買方負擔。貨物如有滅失或損害，由買方根據賣方所提供的保險單或保險證明書向保險人請求賠償。在此情況下，就賣方立場而言，雖其有投保運輸保險的義務，但貨物損害則與本身無關，因此希望保險費負擔愈少愈好；但就買方立場而言，貨物的損害風險是由其負擔，當然希望能將所有風

險全部轉嫁給保險人負擔，至於保險費是否高昂，自可不過問。因此，在 CIF、C&I 或 CIP 等條件下，買賣雙方應於貿易契約中訂明保險條款，約定投保的險類及投保的金額，以免日後履約時發生爭執。有關保險的問題將於第十四章述及貨物運輸保險時再專章討論，在此僅先就貿易契約中所應約定的保險種類及保險金額略作介紹。

一、保險種類

有關貨物運輸保險的詳細內容，容於貨物運輸保險一章中說明。這裡僅就海上貨物保險種類，略予說明。

保險公司承保的海上貨物運輸保險險類，原則上可分為基本險及附加險。基本險又分為：

(一)協會貨物保險條款 C 條款

投保這種險，保險公司除了對全部滅失須負責賠償外，對於共同海損引起的部分損失也負責賠償，但對於單獨海損引起的損害則不賠償（也有例外予賠償的情形）。依Incoterms的規定，CIF 契約如買賣雙方未約定保險的種類，賣方僅負投保 ICC(C) 的義務。

(二)協會貨物保險條款 B 條款

投保這種險，保險公司除對全部滅失、共同海損引起的部分損失負責賠償外，對於單獨海損引起的損失也須負責賠償。保險公司承保的範圍顯然較協會貨物保險條款 C 條款為大，所以其費用也較高。

(三)協會貨物保險條款 A 條款

投保這種險，其承保範圍最大，但並非承保一切危（風）險，只是其承保危險的範圍比上述兩種險類大而已。因其承保範圍最大，所以其費用也最貴。

除上述基本險外，海上貨物運輸保險還有因實際情況需要而產生的附加險，主要的有下列幾種：

(一)兵　險

兵險即 War Risk，又稱戰爭險。投保這種險，保險公司對於戰爭或海盜引起的損失須負責賠償，這種險不包括在上述基本險裡面，被保險人如有此需要，可另行加保。在 CIF 或 CIP 契約中，如約定保險包括兵險，賣方自須負責加保，並負擔保險費。但如契約無約定，依 Incoterms 及 Warsaw-Oxford Rules 的規定，只有在買方

提出請求時，賣方才有義務代為購買，但依 American Definitions 的規定，除非契約約定由買方購買，否則賣方有義務代為購買。不過上述三種解釋規則均規定兵險的保險費由買方負擔。

(二)罷工暴動險

罷工暴動險即 Strike, Riot, and Civil Commotions，簡稱 SR&CC，亦稱罷工險。這種險也不包括在上述基本險裡面，被保險人如有此需要也可另行加保。嚴格來講，罷工暴動險與兵險是分立的，不過目前保險公司對於加保兵險的場合，也將罷工暴動險包括在內，而不另行收費。

(三)偷竊、挖竊、遺失險

偷竊、挖竊、遺失險即 Theft, Pilferage and Non-Delivery，簡稱 TPND，這種險亦屬附加險，不包括在上述第一、第二種基本險內，如被保險人有此需要，可要求保險公司加保，並負擔保險費。

(四)其他附加險

根據貨物性質，被保險人除就貨物投保一項基本險外，也可就其他特定危險加保。常見的特定危險有破損 (breakage)、漏損 (leakage)、鉤損 (hook hole)、油汙 (oil)、淡水及雨水損害 (fresh water and rain) 等等。

在 CIF 契約裡，對賣方最有利的保險條件為 ICC(C)，其次為 ICC(B)，最不利的是 ICC(A) 加保兵險、罷工暴動險，因這項險類保險費負擔最重。而買方則與此相反，最有利的是 ICC(A) 加保兵險、罷工暴動險，最不利的是 ICC(C) 或平安險，因後者對其保障最少。

二、保險金額

以 CIF、C&I 或 CIP 條件以外的其他貿易條件交易，保險是買方或賣方單方的事，貿易契約中故無需約定保險金額，但如為 CIF、C&I 或 CIP 條件，因保險金額關係賣方的費用負擔及買方的利益，所以雙方有加以訂明的必要。如貿易契約中未訂明保險金額，習慣上是按契約金額，也即按 CIF 或 CIP 金額的 110% 投保，以補償預期利潤的損失及避免因保險公司調查及理賠時間過久，而遭致利息上的損失，這與 Incoterms、Warsaw-Oxford Rules、信用狀統一慣例以契約金額，即 CIF 或 CIP 金額加 10% 的規定相符。

下面舉幾種保險條款用語，以供訂定貿易契約時參考使用：

‧Insurance to be covering ICC(A) and War Risk for CIF invoice value plus 10%.（保險按 CIF 發票金額加 10% 投保 A 條款及兵險。）

‧Marine insurance to be effected by the seller against ICC(C) for invoice amount plus 10% only, any additional insurance required by the buyer shall be effected by him and at his own expense.（海上保險由賣方按發票金額加 10% 投保 C 條款，買方如需加保，應由其自行投保並自行負擔費用。）

‧Sellers shall arrange marine insurance covering ICC(B) plus TPND and War Risks for 110% of the invoice value and provide for claim, if any, payable in New York in US currency.（賣方必須安排承保 B 條款加偷竊、挖竊、遺失險及兵險的海洋保險，保險金額為發票金額的 110%，並約定若有理賠事宜，在紐約以美金支付。）

🌐 第六節　交貨條件

交貨條件為買賣契約中最重要條件之一。在一份買賣契約中，買方的主要義務為支付貨款，而賣方的主要義務則為交貨。在國際貿易上，大多數的情形買方的付款義務是因賣方的交貨而發生。所以就賣方而言，按期交貨乃為確保買方付款的先決條件。國際貿易因多非現貨 (existing goods) 交易，買方既然無法預先確定收貨日期，則必須訂立一定的交貨期限，以確保可在一定期限內收到貨物。若交貨遲延，買方不但可以不提貨拒絕付款，而且還有要求賠償損失的權利。

在國際貿易中，「交貨」(delivery) 與「裝運」(shipment) 是兩個不同的概念：

1. 以「裝運地契約」(shipment contract) 下的貿易條件 (FAS、FOB、CFR、CIF、FCA、CPT、CIP) 交易時，因「交貨地」就是「裝運地」，所以「交貨時間」(time of delivery) 就是「裝運時間」(time of shipment)。

2. 以「目的地契約」(arrival contract) 下的貿易條件 (DPU、DAP、DDP) 交易時，「裝運地」在出口地，而「交貨地」則在目的地，所以「裝運時間」與「交貨時間」是完全不同的概念。

總之，在 Shipment Contract 下，「交貨時間」就是「裝運時間」，但為避免誤解，宜用「裝運時間」一詞；在 Arrival Contract 下貿易條件的交易則應將「裝運時間」與「交貨時間」明白區分。

　　國際貿易商品的買賣，其交貨必須透過運輸實現，因此交貨條件要約定的事項有：①運輸方式；②交貨（裝運）地點；③目的地（港）；④交貨（裝運）時間；⑤交貨（裝運）的附帶條件；⑥交貨（裝運）通知。

　　以下就上述各點分項說明約定方法，附帶說明交貨日期與遲延交貨的問題。

一、運輸方式

　　國際貿易商品的運輸方式包括海運、空運、陸運、郵運、快遞、複合運送等多種方式，究以何種方式，自應明定。

二、交貨（裝運）地點

　　賣方在何處交貨在法律上很重要，因為很多法律關係及法律效果都有賴於此決定之故也。諸如危險負擔、費用負擔、訴訟管轄。國際私法上法律行為的準據法等都與交貨地點有密切的關係。所以，買賣雙方對於交貨地點 (place of delivery) 應有所約定。雖然，貿易條件，諸如 FOB、DDP 等一經確定，即可同時決定交貨地點，不過，貿易條件所定的交貨地點僅是一般性的規定，買賣雙方仍應就具體的交貨地點另行約定，即裝運地點 (place of shipment)。例如在 FOB 條件下，依貿易條件雖然其交貨地點為輸出港船上，但是哪一輸出港卻未確定，所以應進一步約定以輸出國的哪一港口為輸出港，俾利賣方交貨。其他例如 FAS、CFR 與 CIF 等於輸出港交貨的條件，亦同。若約定 DAP、DDP 等於目的地交貨的貿易條件時，也應約定具體的交貨目的地。例：

FOB: Port of shipment: FOB Keelung, Incoterms® 2010

DDP: Place of delivery: DDP Milan, Incoterms® 2010

　　茲將各種貿易條件下的交貨地點列表於下：

貿易條件	交貨地點
EXW	賣方營業處所或其他指定地
FCA、CPT、CIP	發貨地運送人倉庫
FAS	輸出港船邊
FOB、CFR、CIF	輸出港船上

（貿易條件　輸出交貨條件）

交貨條件 輸入地	DAP、DPU、DDP	目的地指定地點

三、目的地（港）

採用目的地交貨的貿易條件（例如 DAP、DDP）時，應約定目的地，即使以裝運地為交貨地點者（例如 FOB、FAS），通常在約定裝運地之外，同時也應約定目的地（港），以便安排運輸。例：

Port of destination: New York

四、交貨（裝運）時間

交貨時間 (time of delivery) 是交貨條件中最主要的條件。交貨時間一經約定，賣方即有在約定日期或期間內將貨物交付買方的義務。但因國際貿易多採海上運輸，又以裝運地契約下的 FOB 與 CIF 系統貿易條件盛行的結果，在國際貿易上的習慣，所謂「交貨時間」乃指「裝船時間」(time of shipment) 而言。雖然「裝船」(shipment) 一詞，其本義為「將貨物裝上船」(the loading of goods on a ship) 或「將貨物交給海洋輪船」(the delivery of goods to an ocean carrier)，但在實務上，與「交貨」(delivery) 一詞並無區別。有些國家，尤其美國，將貨物裝載火車、卡車或飛機運出，也稱 Shipment，所以 Shipment 一詞不限於以船舶運送的場合。在目的地契約下的 DPU、DAP 及 DDP 等貿易條件，所謂「交貨時間」乃指在約定目的地的「交貨時間」，而非指出口地的「裝運時間」。

㈠即期交貨

1. shipment contract 下，即期交貨的約定有下列六種：

⑴ Immediate Shipment（隨即裝運）。

⑵ Prompt Shipment（即期裝運）。

⑶ Ready Shipment（已備裝運）。

⑷ Shipment As Soon As Possible (ASAP)（儘速裝運）。

⑸ Shipment by First Available Steamer (Ship; Vessel)（有船即裝）。

⑹ Shipment by First Opportunity（優先裝運）。

上述六種交貨條件，均未明確規定裝運時間，在英國 Immediate Shipment、Prompt Shipment 解釋相同，都意指賣方在契約成立後二星期內須將貨物運出。但在歐陸各國則解釋不一，有謂 Immediate Shipment 為二星期內裝船，而 Prompt Shipment 為三星期內裝船；另有謂 Immediate Shipment 為三星期內裝船，而 Prompt Shipment 為四星期內裝船，但實際上並無定論。雖然上面各種條件解釋發生糾紛時可交付仲裁或由法院判定，但其判決並不能拘束其他案件。所以買賣雙方以這類條件訂約時，對於其涵義宜事先規定，才能避免日後在解釋上發生歧異。

上面各種交貨條件多用於零星交易或賣方手頭上有存貨、現貨，可馬上交貨的場合。因此，一般而言在國際貿易上應用不廣。

2. arrival contract 下：immediate delivery（隨即交貨）。

㈡定期交貨

約定於某日以前、或某月以內、或某連續數月以內裝運，為國際貿易較常用的交貨時間條件，有下列五種：

1.限定某月內裝運。如：

‧July shipment, 20–.

‧Shipment during July, 20–.（限定於 20– 年 7 月交貨，賣方可於 20– 年 7 月 1 日至 31 日一個月期間內任何時間裝運。）

2.限定某月中的一段期間內裝運。如：

‧Shipment during first half of March, 20–.（20– 年 3 月上半月間裝運，亦即 20– 年 3 月 1 日至 15 日裝運。）

‧Shipment during second half of June and first half of July, 20–.（20– 年 6 月下半月及 7 月上半月間裝運，亦即 20– 年 6 月 16 日至 20– 年 7 月 15 日間裝運。）

‧Shipment in the end of October and beginning of November, 20–.（20– 年 10 月下旬及 11 月上旬裝運，亦即 20– 年 10 月 21 日至 20– 年 11 月 10 日間裝運。）

上面這些條件是約定在某一月的某一段期間，或跨越兩月中的某一段期間內裝運。由於這些用語涵義不甚明確，解釋往往有出入，因此最好明確約定某日至某日較為妥當。

3.限定某日前裝運。如：

‧Shipment on or before 20th August, 20–.（20– 年 8 月 20 日前裝運。）

‧Shipment before the end of December, 20–.（20– 年 12 月底前裝運，亦即 20– 年 12 月 31 日前裝運。）

4.限定於連續數月內裝運。如：

‧January/February shipment, 20–.（20– 年 1 月到 2 月間裝運。）

‧September/October/November shipment, 20–.（20– 年 9 月、10 月、11 月間裝運。）

在這種條件下，賣方可於約定月份的任何一日裝運，如未限定不可分批交貨，並可跨越月份分批裝船。

5.限定發生某種事之後一段期間內裝運。如：

‧Shipment within 60 days after receipt of L/C.（收到信用狀後六十天內裝運。）

‧Shipment within one month after receipt of T/T, M/T or D/D.（收到電匯、信匯或即期匯票後一個月內裝運。）

我國出口商銷售貨物，多於收到信用狀之後才備貨，因此報價時關於交貨時間的約定，多採用這種條件，以求穩當。

(三)業經裝運

貨物如裝運之後才進行兜售，則其交貨條件即可使用本條件。例如某出口商出售毛衣 1,000 打給英國一進口商，貨物「業經裝運」(afloat)，但押匯時因所提供單據與信用狀規定不符，致被買方拒付時，出口商為免損失加劇，不得不另向英國其他進口商積極推銷。 這時他所用的交貨條件即可能為 Afloat per S.S.“ORIENTAL QUEEN”，這表示該 1,000 打毛衣已在航行中的東方女王號輪船上，其到達英國日期當可預期。表示業經裝運的「路貨」(afloat goods) 交貨條件，其用語有三，即 Afloat（在海上）、To Arrive（將抵達）、In Transit（在運途中）。採用本條件時往往在後面加上載運船名。在寄售交易中，進口地的受託人在貨物尚未運到前，也常常以這種交貨條件向客戶進行兜售。

(四)未約定交貨時間

如買賣契約中未約定交貨時間，法律上多默示賣方應於合理時間內履行交貨義務。

所謂「合理時間」(reasonable time) 須視個別情形而定。在未發生有關交貨時間的爭執時，此用語固無解釋的必要，但一旦發生爭執，則非確定其意義不可。發生爭執時，如進出口兩地間無習慣可資依據，而一方堅持必須解決時，不得不以調解、

仲裁乃至訴訟解決。不論調解、仲裁或訴訟，貨物性質、市場情形、運輸情況及需要季節等均為決定「合理時間」的重要因素。我民法第 315 條規定：「清償期，除法律另有規定或契約另有訂定，或得依債之性質或其他情形決定者外，債權人得隨時請求清償，債務人亦得隨時為清償。」準此，如買賣契約中未約定交貨時間，同時又不能依其性質決定交貨時間，則買方得隨時請求交貨，賣方也有權隨時交貨。

五、交貨（裝運）的附帶條件

(一)有關分批交貨的條件

貨物是否可以分批（部分）裝運，影響買賣雙方權益甚大。就賣方而言，如一筆交易金額甚大，需較長時間才能備貨完竣，若等貨物全部備齊再一次裝運，則在資金周轉上可能遭遇困難。在這種情況下，賣方在報價或訂約時可約定准許分批（部分）裝運，其用語為：

· Partial shipments (to be) allowed.

· Partial shipments (to be) permitted.

· Shipment during July/August, partial shipments allowed.

分批交貨有利於賣方，但對買方而言，並不見得有利，尤其批次過多，每次辦理提貨不勝其煩，提貨費用也在無形中增加不少。另外有些貨物具有整體性，如整套機器設備，倘缺乏其中一部分，其餘部分將形同廢物。若允許賣方分批交貨，萬一賣方取得部分貨款後對於其餘部分不再交貨，則買方損失必甚嚴重。在許多交易裡，買方往往在契約中加列下述條款，以限制分批交貨：

Partial shipments (to be) prohibited (not permitted; not allowed).

又如買方進口貨物，為配合生產檔期或銷售市場需要，亦可在契約中規定分批裝運期間及裝運數量，如：

· Shipment during November and December, 20– in two equal lots.（分兩批各於 20– 年 11 月及 12 月間平均裝運。）

· Shipment in three months in equal instalments commencing with April, 20–.（從 20– 年 4 月起分三個月裝運，每月各裝 $\frac{1}{3}$。）

依據 UCP 600 Art. 31 (a) 規定：

Partial drawings or shipments are allowed.

　　因此，如信用狀無限制分批（部分）交貨，依一般慣例，賣方得在約定交貨期限內將貨物分批運出。但在買賣契約中有限制分批交貨條款時，雖信用狀未規定不得分批裝運，賣方仍不宜分批裝運。此乃因信用狀與買賣契約為個別獨立的交易，賣方雖符合信用狀條款取得貨款，但卻可能被認為違反買賣契約約定，而不能對抗買方的索賠。

(二)有關轉運的條件

　　有時進出口兩國間並無直接航線，貨物從出口國家運往進口國家，必須在第三國的國際港口轉運，方能到達目的地。例如臺灣到錫蘭無直接航線，必須在香港或新加坡轉運；又如臺灣到大溪地雖有直接航線，但船期不定，不如在日本或澳洲轉運方便。賣方在報價或訂約時，如貨物須轉運，則在交貨條件中另加上轉運條件，例如：

Transhipment (to be) allowed at Hong Kong.（容許在香港轉運。）

　　轉運時貨物搬上搬下容易遭致損害，延誤到貨時間，並且船公司每多收附屬費，因此除非有必要，買方多不同意轉運。尤其進出口國家間有直接航線通達者，買方每在契約中加列下述條款，限制轉運：

Transhipment is not allowed (or prohibited).

　　然而，現今複合運送盛行，而複合運送又必涉及轉運，因此，在很多情形下，如堅持不准轉運，則恐將影響交易的進行。

(三)有關船舶的條件

　　指定船舶多由買方提出。有的是因與船公司有協議，而將所有進口貨物全部交由該輪船公司承載；有的是因某船公司所屬的船隻，設備優良、航速迅捷，可提早收到貨物。例如許多西非國家的進口商即往往限定由 RIL (Royal Interocean Line) 船隻裝載。買方指定船隻，必須在契約中附加條款，例如：

Shipment to be effected per American President Line steamer.（貨物交由美國總統輪船公司船隻裝運。）

　　各國為扶持本國航業，許多進口貨物，尤其大宗物資，限定以 FAS 或 FOB 條件成交，然後交由國輪裝運。例如南韓進口貨物限裝南韓輪，以前我國進口大宗物資限裝國輪。進口商為配合政府政策，在契約中或信用狀上例須加上這種限制條款，例如：

Shipment to be effected per South Korean flag vessel. （須交由掛南韓國旗的船舶裝運。）

(四)有關任意港的條件

在一筆交易裡，訂約時目的港（即卸貨港）多已確定，賣方只須裝運開往該目的港的船舶即可。但有時買方訂購貨物是用於轉售他人，在訂約時，除約定一個目的港外，還可指定二、三個目的港，這種附加的港口稱為「任意港」(optional ports)。買方得於貨到目的港前若干小時（一般為二十四小時或四十八小時）通知所在地的承運船公司或其代理人，請其通知輪船，將貨物卸於指定的「任意港」。買方利用此項條件，當貨物尚在運輸途中，即向第二或第三「任意港」的人兜售，一旦成交，即令該批貨物卸下該港，以免重複裝卸運輸，節省費用、時間。買方所指定的「任意港」當然必須是原定航線沿途必經的「停靠港」(port of call)。其約定方式通常附帶於價格條件之後，如：

Price: CIF Hamburg, option Antwerp, Rotterdam. （CIF 漢堡，任意港安特衛普、鹿特丹。）

凡以「任意港」方式裝運的貨物，稱之為「任意卸貨港貨物」(optional cargo)，載有二個以上卸貨港，而貨主可任意選擇其中任一港口為卸貨港的提單，則稱之為「任意卸貨港提單」(optional B/L)。

託運貨物如有選擇卸貨港，船公司必須將貨物放置於託運人所選擇數個港口中任何一個港口均能起卸的艙位。因此可能浪費艙位，所以船公司每多加收附屬費。選擇港口愈多，增收費用愈大。在 FAS、FOB 條件下，因運費由買方負擔，自不成問題。但在 CFR 及 CIF 條件下，如買方指定任意港，則額外增加費用應約定由何方負擔。

(五)有關交貨時期的附帶條件

有關交貨時期的約定，賣方也可視情形加列一些附帶條件。例如：

‧Shipment during August, 20– subject to shipping space (or vessel) available. （20– 年 8 月間交貨，但以獲有船位（或船舶）為限，換言之，如無船位得延期裝運。）

‧Shipment by April 30th, 20– subject to buyer's L/C reaching seller on or before March 15th, 20–. （20– 年 4 月 30 日之前裝運，但以買方信用狀在 20– 年 3 月 15 日前開達賣方為限。）

(六)延滯、快卸條款

在大宗物資交易使用傭船運送時，契約中需規定裝船或卸船的期間或每天裝卸多少，即裝卸期間及裝卸率及延滯罰款及快速獎金。例如：

1,000 M/T loading/discharging per WWD of 24 consecutive hours S&HExUU (unless used), if used half time counted DEM/DES US$10,000/US$5,000. （WWD、S&HExUU、DEM/DES，詳本書第十六章第八節。）

六、交貨（裝運）通知

交貨通知，又稱裝運通知 (notice of shipment; shipping advice)，指賣方對買方所發出有關貨物已於某月某日或將於某月某日運出的通知。其內容通常包括貨名、裝運數量、契約訂單或信用狀號碼、船名、裝船日期、裝運港口等。此項通知，大多以電傳通知，但也有用航郵方式通知的，視買賣雙方而定。

在國際貿易中，裝運通知的意義，就賣方而言，在於通知買方貨物的運輸風險已開始由買方承擔；就買方而言，裝運通知的意義有三：

1.便於買方購買保險：在 FOB、CFR 或 FAS 等條件下，貨物的風險於輸出港的船上或船邊移轉買方，所以賣方（或代買方）於洽妥船位後，應將裝運的內容迅速通知買方，以便買方在進口地適時購買保險。即使以 CIF 條件交易，買方也可能因需要額外保險 (additional insurance)，而需要知道裝運內容。

倘賣方疏於此項通知，致買方未能購買保險，而貨物又不幸發生損失，則買方有權向賣方請求賠償。以 FAS、FOB 或 CFR 條件交易時，謹慎的買方在簽約後多先向保險公司購買預約保險，但仍須根據賣方的裝運通知向保險公司申告裝運內容。而此項裝運內容則有待賣方的裝運通知。

2.便於買方早日著手準備提貨事宜。

3.便於買方準備轉售貨物：裝運通知，除以電傳發送外，尚須把貨運單據抄本（有時尚須寄送裝運樣品）寄給買方，買方收到電傳及這些資料後，即可著手向其客戶推銷，預售貨物。

至於裝運通知的電傳費用，根據華沙牛津規則規定應由買方負擔，此乃在 CIF 條件下，保險已由賣方購買，以電傳通知裝運，殊無必要。因此，電傳費用自應由買方負擔。不過在一般實務上，不管以何種條件交易，在出口地發生的費用多由賣方負擔，CIF 條件裝運通知電傳費用也無例外。

此外，買方為期事先瞭解賣方所裝運貨物的品質是否與約定品質相同，或為便於著手兜售，常常約定賣方須從裝運貨物中抽出一部分作為樣品，於裝運時或裝運

後立即寄交買方，這種樣品稱為裝運樣品 (shipping sample)。如約定賣方須寄發裝運樣品，則契約中可作如下約定：

Two sets of shipping samples to be sent by airmail prior to shipment of the goods.

七、交貨日期與遲延交貨

(一)準時交貨的重要性

賣方有義務將所售貨物，於約定交貨時間內全部交付買方，已如前述。假如賣方未能依約如期履行交貨，不管是遲延交貨或提前交貨，均構成違約。依英美法，交貨期的違約將構成根本違約 (fundamental breach of contract)，買方不但可解除契約，而且可以請求損害賠償。但依日本民法（第 541 條）規定，裝船遲延時，除非約定不需經催告而得解除契約者外，應催告於一定期間內裝船，如未在該期限內裝船時，才可以解除契約，並請求損害賠償。我國規定與日本法相同。所以，在契約中常有如下的規定：

In the event of delay in shipment, buyer may cancel the contract and claim damages for breach of contract.

實務上，因遲延交貨或裝運 (delay delivery or delay shipment) 而引起糾紛者相當多，故以下將有關遲延交貨的問題加以說明。

(二)裝貨日期的認定

在 FOB、CFR 及 CIF 等出口地交貨條件的買賣，交貨是否構成遲延，須視交貨期限及實際裝貨日期而定。只有實際裝貨日期在約定交貨期限之後，才可認定其交貨已遲延，而由賣方負責。然而，實際上，裝貨的手續甚繁，貨物自裝載開始至裝載完畢，常常非一天之內可完成。在此情況下，究以何日視為裝運日期，便產生裝貨日期認定的問題。關於此，在國際貿易上，一般都以提單日期或足以證明裝運的其他運送單據所載的收貨日期，推定其為實際裝貨日期。

(三)遲延交貨的原因及責任

交貨遲延的原因很多，但可歸納為下列四種：

1. 起因於賣方的故意或過失。
2. 起因於不可抗力事故的發生。
3. 起因於第三者的故意或過失。

　　4.起因於買方的故意或過失。

　　原因不同,賣方所負的責任也有差異,茲分述於下:

　　1.由於賣方的故意或過失,致發生交貨遲延,致買方遭受損失時,賣方應負全部責任。其情形有二:

　　　⑴起因於賣方的故意行為:賣方貪圖非分利益,將備好的貨物以高價轉售別人,等價格回降後再補進裝運。

　　　⑵起因於賣方的過失行為:賣方該筆交易是屬拋售性質,臨時無法補進,或按市價補進將遭重大損失,於是等市場回穩後再行補進裝運。

　　上述兩種情形大多發生在市價突然急遽上漲的時候。有時賣方甚至不惜毀約 (breach of contract),或不裝運 (non-shipment),情形較交貨遲延 (delay in shipment; delayed shipment) 尤為嚴重。這些都屬於「惡意」(mala fide) 的行為,買方絕難容忍,除可索賠外,不宜再與其繼續交易。

　　2.由於不可抗力事故以致交貨遲延,原則上賣方得免其責任,因這些事故的發生非人力所能控制或加以補救。(關於因不可抗力而免除遲延責任的規定,請參閱我民法第 230 條)

　　因不可抗力而引起交貨遲延或甚至無法交貨,賣方通常可免除責任,但有些事件是否可認定為不可抗力,仍不無商榷餘地。例如生產工廠發生罷工或火災,如買賣契約中訂有該生產工廠名稱或列有品牌,或可構成不可抗力。但如契約上未訂明製造商名稱或品牌,則賣方通常不能主張為不可抗力。因不管以 FOB、CFR 或 CIF 條件成交,貨物在未裝運前,契約貨物尚未確定,賣方遇廠方不能供應,即有義務另找其他供應商提供同一產品代替,除非能證明無法獲得代替品。

　　3.由於第三者的故意或過失,致交貨遲延,賣方仍須負責。

　　賣方本身若非製造商,因廠方出貨遲延致無法如期交貨,賣方雖本身無過失,但既身為契約當事人的一方,對於自己廠商的過失,自應負全部責任。賣方在締結契約時,即應考慮到各種因素,如無確切把握,絕不可貿然簽約,既經簽約,當應負不履行契約的後果。

　　又因船位缺乏,致交貨遲延,也非賣方本身過失。但基本上,賣方於訂約時,即應充分考慮船期及船位,如無充分把握,可於契約中加列「以獲有船位為條件」(subject to ship's space available) 的條款,或於簽約後請船公司預留船位,甚至在報價

時即預請船公司保留船位。賣方未能預先籌謀，對其後果自難脫卸其責任。

4.由於買方故意或過失致交貨遲延，賣方不負責任。例如約定在 5 月 30 日以前交貨，同時規定信用狀須在 4 月底以前開到。如買方遲開達信用狀，致交貨遲延，則其責任在買方，賣方原則上不負遲延交貨責任。又按 FOB 條件成交，買方未按期派船前來接運，致交貨遲延時，其責任應由買方負責，而且賣方還可以向買方要求支付 Carrying Charges（持有費用，也即遲延提貨費用）。

🌐 第七節　付款條件

在一筆交易中，賣方最關心的，莫過於貨款的收回。賣方出售貨物，無非將本求利，倘不幸遇買方不付款，則雖售價甚高，也將血本無歸。所以在買賣契約中的諸條件中，賣方無不將付款條件視為一重要條件。

付款條件就賣方立場而言，固然求安全無風險，並期早日收回貨款，但就買方立場而言，無不希望能延後付款，以利資金周轉。在這種矛盾的情況下，賣方如何考慮到雙方利益而選擇一種合理且能為買方所接受的付款方式，殊有斟酌必要。賣方在決定付款方式時，應考慮下列各種因素：

1.進口國政經情勢：進口國政經情況是否良好？

2.進口國外匯：進口國外匯有否管制？

3.政府規定：進口國對於付款方式有否限制？

4.買方信用：買方信用狀況如何？

5.商品種類：交易貨物是屬哪一類？如消費品、耐用消費品、資本設備或易腐貨物等。

6.交易金額：交易金額多寡。

7.付款習慣：進口國一般付款方式如何？

8.市場狀況：該類貨物屬買方市場？抑賣方市場？

上面這些因素對賣方決定付款方式均有或多或少的影響。例如奈及利亞財政困難，外匯短絀，當地進口商無法以信用狀方式支付貨款，此際賣方即不宜強求以信用狀為付款條件。又如買方信用欠佳，賣方如欲與其交易，就不宜採延付貨款條件，否則難免吃倒帳。另如資本設備，交易金額多甚龐大，習慣上多採分期付款方式，倘賣方堅持交貨時一次付清，勢難為買方所接受。還有中南美洲國家商場盛行付款

交單 (D/P)、承兌交單 (D/A) 付款方式，如賣方堅持以信用狀方式付款，則難望打開該地市場。總之，賣方在決定付款條件之前，應先行考慮到各種因素。

買賣雙方在契約中對於付款條件的約定，可分下列三部分：①付款時間；②付款方式；③付款的其他條件。茲分述於後。

一、付款時間 (time of payment)

付款時間以裝運時間為準，可分為二種：

(一)裝運前付款 (payment prior to shipment)

裝運前付款是指契約簽訂後賣方裝運之前買方即須付款。普通用於下列場合：

1. 交易金額不大，屬於試訂 (trial order) 或訂購樣品。
2. 買方信用欠佳或信用情況不明。
3. 特殊規格貨物，賣方須先收貨款才願產製。
4. 買賣關係良好，買方充分信任賣方。
5. 賣方資金短絀，須先收貨款才有能力購料生產。
6. 賣方貨物供不應求。

(二)裝運後付款 (payment after shipment)

裝運後付款為賣方將貨物裝運出口後，於一定時日後由買方付款。一般採用裝運後付款的付款方式有信用狀、託收、記帳、分期付款、交貨付現 (COD)、交單付現 (CAD) 以及寄售等。裝運後付款對買方較為有利，因可獲得資金上的周轉。但對賣方而言，則較為不利，如無信用狀、銀行保證函等作付款的擔保，貨款收回並無保障，所以除非買方信用卓著，或賣方急於開拓新市場，否則不輕易採用。

付款條件雖依付款時期不同而有上述二種方法，但實際上有些交易並不如此嚴格劃分，例如於簽訂契約時，買方先預付貨款 30%，餘款 70% 等貨物裝運後再憑信用狀付款，在此場合，30% 貨物為裝運前付款，而 70% 為裝運後付款。

二、付款方式 (methods of payment)

目前國際貿易貨款結算採用的付款方式有匯付、信用狀和託收三種基本方式，而匯付則為最簡單的一種。

(一)匯　付

匯付 (remittance) 又稱匯款，是債務人或進口商透過銀行，將款項匯交債權人或出口商的結算方式。在匯付業務中，結算工具（匯款通知單或票據）的傳遞與資金的流動方向相同，故屬順匯。

1.匯付方式的種類：匯付方式可分為電匯、信匯和票匯三種。

(1)電匯：即 Telegraphic Transfer (T/T; T.T.) 或 Cable Transfer，由買方向其銀行繳付現金，然後由該銀行以押密電傳通知其在出口國的往來銀行，將貨款解付賣方。這種匯款方式最為迅速，但費用較高，買方須多負擔電傳費用。目前電匯多以 SWIFT Transfer 方式進行。

(2)信匯：即 Mail Transfer 或 Air Mail Transfer (M/T; M.T.; A.M.T.)，這種匯款方式是由買方向其銀行繳付現金，由該銀行將付款委託書 (payment order) 郵寄其往來銀行，將貨款解付賣方。郵寄分航空郵件與普通郵件兩種，實務上銀行多用航郵遞寄。這種匯付方式，現在很少使用。

(3)票匯：即 Demand Draft (D/D; D.D.)，也稱為 Draft Transfer (D/T)，即由買方向銀行購得該銀行所開以其國外往來銀行為付款人的即期匯票，自行郵寄給賣方，然後由賣方憑票向銀行兌款或請銀行代收票款。

2.使用匯付方式的各種付款條件：使用匯付的付款條件，依付款與裝運何者在先的基準來分，可分為「先付後運」（裝運前付款）與「先運後付」（裝運後付款）二種。

匯付方式中「先付後運」(payment prior to shipment) 的付款條件有：

・訂貨付現 (cash with order, CWO)：是指買方發出訂單時即支付現金的付款條件，與預付貨款 (payment in advance) 或預付現金 (cash in advance, CIA) 相當。在本付款方式下，買方應於訂貨時，支付部分或全部貨款，所以對買方甚為不利，被採用的情形較少。

付款條件如約定為訂貨付現或預付貨款，可訂明下列條件：

Payment shall be made Cash With Order by means of T/T or M/T.（訂貨時以電匯或信匯付現款。）

至於匯付方式中約定以「先運後付」(payment after shipment) 的付款條件有：

(1)交單據付現 (cash against documents, CAD)：使用時，須在 Cash Against

Documents 或 CAD 之後列上付款地地名，通常為出口地地名，但目前大多約定以進口地為付款地。一般採用此付款方式交易時，賣方在裝運完畢後，即憑貨運單據在出口地向買方指定的銀行或其代理人領取現金。如以進口地為付款地者，可透過銀行向買方提示貨運單據，在此情形下，與付款交單 (D/P) 類似。契約中使用本條件，其用語如下：

Terms of payment: Net cash against documents payable in New York.（憑單據在紐約付現金。）

CAD 與 D/P 的比較

	CAD	D/P
相同之處	1. 商業信用 2. 交單付款	1. 商業信用 2. 交單付款
不同之處	1. 屬於匯付 2. 順匯 3. 不需匯票 4. 不受 URC 522 拘束 5. 貨運單據不一定透過銀行	1. 屬於託收 2. 逆匯 3. 需匯票 4. 受 URC 522 規範 5. 透過銀行提示單據

(2)交貨付現 (cash on delivery; collect on delivery, COD)：依這種付款方式交易，賣方先將貨物運出，貨物到達目的地時，買方須將全部貨款交付賣方或其代理人，方可取得貨物。嚴格說，這種付款方式應屬於「到貨付現」。此付款方式多用於國內交易，在國際貿易中很少使用。普通僅見於空運方面。買賣雙方約定以交貨付現方式付款者，賣方託運貨物時，通常委託貨運承攬商 (forwarding agent) 辦理交運及收款工作，貨運承攬商則轉洽航空公司。航空公司於貨物運到目的地後，即通知買方付款提貨，然後再由航空公司將代收貨款交貨運承攬商轉交賣方。

契約中以這種方式付款，其用語如下：

Terms of payment: COD.

(3)寄售 (consignment)：屬裝運後付款的一種。依本條件交易，出口商（即寄售人 (consigner; consignor)）先將貨物運交受託人 (consignee，通常為代理商)，等貨物售出後，再由受託人將扣除寄售佣金及有關費用後的餘款，結付出口商。實務上，在寄售交易下，提單通常是使用記名式提單 (straight

B/L)，貨運單據也多直接寄交受託人，所以貨物一經裝運，出口商對貨物實際上即失去控制。因其所承擔的風險甚大，一般僅應用於開拓新市場而冒險試銷以及雙方有密切代理關係的場合。

在寄售人與受託人所訂的寄售契約中，有關付款方式通常多約定於貨物售出後，由受託人用匯款方式或以支票將貨款交付寄售人，但有時也有約定由寄售人定期開發光票 (clean bill of exchange) 向受託人收取貨款的。

寄售下的付款條件用語如下：

‧Terms of payment: Payment shall be made by check when the goods have been sold.（貨物一經出售，應以支票付款。）

‧Terms of payment: Payment shall be effected by T/T or M/T immediately after sale of goods.（貨物銷售後，應即以電匯或信匯方式支付貨款。）

(4)記帳 (open account, O/A)：也屬裝運後付款的一種。依這種條件交易，賣方於貨物裝運出口後，即將貨運單據直接寄交買方提貨，有關貨款則以應收帳款科目記入買方帳戶借方，等約定期限（如每半年或一年）屆滿時，再行結算。「記帳」與前面所述「寄售」，在性質上並不同，前者應用於記帳買賣 (open account sale)，具有買賣的性質；後者應用於委託銷售，僅具代理的性質。「記帳」實際上就是賒帳買賣 (sale on credit)，常見於國內交易，在國際貿易上除了買方信用可靠，或總分支公司、母子公司之間的交易之外，其餘情況較少見。一般僅在一些公司對於其海外分公司或附屬子公司或大客戶銷售產品，市場競爭激烈時才以此方式交易。

採用本條件交易時，契約中可約定：

Terms of payment: O/A, payment to be made within 60 days after B/L date.

有時可藉折扣誘引進口商提前付款，例如規定：

2% discount for payment within 10 days after B/L date.

關於記帳貿易，詳閱本書第二十五章第二節。

(5)分期付款 (instalment payment)：這種付款方式係將貨款依約定，於一定期間內分若干期攤付。一般用於整廠設備或造船等交易。

付款期間的長短，則視交易金額大小及貨物性質而定。在大型機械設備的交易，分期付款的期間有長達十年以上者。一般多約定按六個月或按年攤付 (yearly instalments) 若干分之一。

㈡信用狀

憑信用狀付款 (payment against letter of credit)，為現代國際貿易上使用較多的一種付款條件。依本條件，買方應於契約成立後，依據契約所載的條件，請求當地外匯銀行，向賣方開出信用狀。信用狀按例都由開狀銀行透過其在出口地的往來銀行轉達賣方，賣方收到信用狀後，即著手備貨裝運，並備妥信用狀所規定的一切單據，開發求償匯票（有時不必簽發匯票），連同信用狀一併提交外匯銀行請求押匯，押匯銀行經審核單據，如完全符合信用狀條款，即讓購跟單匯票，並將匯票及單據逕寄開狀銀行，或經由其在進口地的往來銀行轉交開狀銀行。開狀銀行收到匯票及單據後，經審核無誤，就通知買方前來付款贖單。有關信用狀的詳細內容，將在第十一章說明。契約中約定以信用狀為付款方式時，其用語如：

・Payment by draft at 60 days after sight under an irrevocable L/C.（憑信用狀下所開匯票見票後六十天付款。）

・Payment shall be made by a prime banker's irrevocable and transferable letter of credit in favor of the seller, available by draft at sight for 100% invoice value.（憑一流銀行開給賣方的不可撤銷可轉讓信用狀，照發票金額開發見票即付匯票。）

㈢託　　收

託收 (collection) 為信用狀之外最常用的付款方式。在美國有時稱為 Draft Terms。依本條件交易，並無銀行信用的介入，貨物裝運出口後，由賣方開出求償匯票，這種匯票因無銀行信用的付款擔保，外匯銀行多不願讓購，而只願代為洽收而已。外匯銀行承作託收，是將匯票及貨運單據寄給進口地的往來銀行，請其代向買方收款，等票款收到後，才付給賣方。貨運單據交付買方的條件有兩種：

一種是規定買方（即匯票付款人）付款後交付單據，稱為付款交單，即 D/P (documents against payment)，賣方所開的匯票，多為即期匯票 (sight bill; sight draft)，稱為 Sight D/P。例如契約中付款條件約定：

Payment by sight bill, documents against payment.（憑即期匯票付款，付款交單。）

依上面條件，匯票一經託收銀行提示買方，買方應即付款，然後才能取得單據辦理提貨。付款交單條件下，賣方所開的匯票，也有遠期匯票 (time bill; usance bill; time draft; usance draft) 者，稱為 Usance D/P，例如：

Payment by 60 days sight bill, documents against payment.（憑見票後六十天付款之匯票付款，

付款交單。）

依上面條件，買方可於見票後六十天內付款，而貨運單據則於付款後才能取得。

另一種貨運單據交付買方的條件為規定買方承兌匯票後交付單據，稱為承兌交單，即 D/A (documents against acceptance)，買賣雙方如約定交付單據的條件為承兌交單，則賣方所開匯票必為遠期匯票，例如：

・Payment by 180 days after date bill, documents against acceptance.（憑發票後一百八十天付款之匯票付款，承兌交單。）

・Payment by draft payable 120 days after sight, documents against acceptance.（憑見票後一百二十天付款之匯票付款，承兌交單。）

在承兌交單條件下，託收銀行向買方提示匯票，經買方承兌後，即交付單據。這種條件對於買方甚為有利，因可先行提貨轉售，等到匯票到期時再予付款。但就賣方而言，風險甚大，如到期買方拒絕付款，則可能遭受重大損失。有關付款交單、承兌交單詳細內容，請參閱第二十四章。

三、付款的其他條件

在買賣契約中，付款條件有時也根據實際的需要，由買賣雙方約定一些附帶條件。

(一)開發信用狀時間的條件

買賣契約如約定以信用狀付款，則應同時規定信用狀應於何時開發。尤其在貨價不穩定的時候，惡意的買方往往於價格下跌時遲開或不開信用狀，等物價回揚後才開發，致賣方無所適從。契約中如未訂明信用狀的開發期限，雖然一般可解釋為應「在契約成立後合理期間內」開發，但所謂合理期間，當事人的解釋難免發生歧異。為免日後爭執，不如預先在契約中訂明信用狀開發期限。例如：

・L/C to be opened within 10 days after conclusion of contract, otherwise this contract shall be cancelled unconditionally. And, seller reserve the right of claim for damage, if any.（信用狀應於契約成立後十日內開發，否則本契約即無條件解約。並且賣方保留損害索賠權。）

・L/C must reach seller's hand latest in the end of August, 20–.（信用狀最遲必須於20–年8月底到達賣方手中。）

㈡指定由第三國開發信用狀的條件

戰亂國家或戰爭邊緣地區銀行所開出的信用狀，出口地銀行往往認為風險過大而不願承作押匯。又某些外匯短缺的國家，如奈及利亞、迦納等國，當地銀行所開出的信用狀，多附有付款的特殊條款，出口地銀行對於這類信用狀也多不願承作押匯。出口商與上述國家或地區的進口商交易，如付款方式約定採用信用狀，則該信用狀應約定由第三國信用卓著的銀行開出，如信用狀由進口地當地銀行開出者，則應由第三國的一流銀行加以保兌 (confirm)。例如：

　　‧L/C must be opened by a prime bank in key currency country.（信用狀須由關鍵貨幣國家主要銀行開出。）

　　‧If L/C established by local bank of importing country, such an L/C should be confirmed by a first class banker in U.S.A. or U.K.（如信用狀是由進口國家當地銀行開出，則須經美國或英國的第一流銀行加以保兌。）

四、各種付款方式的結合使用

在實務中，為了促成交易，在雙方未能就某一付款方式達成協議時，也可以採用兩種或多種付款方式結合使用的方式。常見的有：

㈠信用狀與匯付相結合

即雙方約定部分貨款用信用狀支付，餘數用匯付方式結算。例如對礦砂等初級產品的交易，雙方約定：信用狀規定憑貨運單據先付發票金額的 85%，餘數俟貨到目的地後根據檢驗的結果，按實際品質或重量計算確切金額用匯付方式支付。

㈡信用狀與託收相結合

即部分貨款用信用狀支付，餘數用託收方式結算。一般的做法是信用狀規定出口商簽發兩份匯票，屬於信用狀部分的貨款憑光票付款，而全套單據則附在託收部分匯票項下，按即期或遠期付款交單方式託收。信用狀上必須訂明「在發票金額全部付清後才可交單」 (All the documents are not to be delivered to buyers until full payment of the invoice value) 的條款，以策安全。

㈢匯付、託收及信用狀三者相結合

在整廠設備、大型機械產品和交通工具的交易中，因交易金額較大，產品生產時間較長，一般採按工程進度和交貨進度分若干期攤付貨款，即分期付款的方法，

一般採用匯付、託收和信用狀相結合的方式。其做法是：

簽立買賣契約後，買方一般要預付一小部分貨款作為定金。有的還規定按工程進度和交貨進度分期支付部分貨款，但大部分貨款是在交貨後若干內分期攤付，即採用遠期信用狀支付。尾款則採託收方式。

㈣匯付與擔保信用狀相結合

在預付貨款或分期付款條件下，由賣方開立擔保信用狀給買方（預付貨款時）或由買方開立擔保信用狀給賣方（分期付款時）以保證履約。在記帳、承兌交單付款條件下，則由買方開立擔保信用狀給賣方。

 # 習　題

1. 約定出口商品品質的方法有哪些？試分別說明其涵義和使用時應注意的問題。

2. 什麼是「原樣」？「複樣」？「密封樣品」？它們的作用各如何？

3. 何謂「毛重」？「淨重」？「以毛作淨」？

4. 何謂數量「過與不足條款」(more or less clause)？試解釋之，並說明使用時應注意的事項。

5. 貨物買賣契約中關於價格條件的應約定事項有哪些？

6. 何謂包裝標誌？其作用何在？一般記載哪些項目？

7. 在何種情形下，進出口商須在買賣契約中約定保險條款？

8. 進出口商對於交貨條件應加協議的事項有哪些？

9. 試述 Shipment 與 Delivery 有何區別？

10. 試述出口商在決定付款方式時應考慮的因素有哪些？

11. 以 CIF 交易時，為什麼其保險金額通常係按 CIF 金額加 10% 投保？

12. 試述以信用狀為付款方式的優缺點。

13. CAD 與 D/P 有何不同？

第七章 進出口價格的計算

第一節　概　說

國際商品交易的成立，在實務上，通常經過下列步驟：①買方詢價；②賣方計算出口價格；③賣方報價；④買方計算進口價格；⑤買方還價或接受報價；⑥訂立書面契約。

買方詢價又稱探價，即英文中 Inquiry 或 Enquiry 一語。因此買方詢價實際上就是買方對於某種商品的查詢。買方的查詢固然多屬於價格方面，但並不以此為限，諸如商品的種類、數量、船期及付款條件等往往也在查詢之列。買方即使已收到賣方的價目表或貨品目錄、樣品，仍可能查詢。例如價目表只記載 FOB 價格，而買方卻想知道 CFR 或 CIF 價格，因而發出函電查詢。又如關於船期、數量等問題，買方欲知詳情，因而向賣方查詢。然而，顧名思義，國際貿易的詢價，莫不以價格為重心，抑又有進者，在國際貿易上，買賣價格不僅是交易的重心，而且也是一個複雜的計算問題。因為國際貿易，除少數獨占商品外，其價格乃受國際性競爭的支配，又因運輸費時，時間因素特別濃厚，再因牽涉外幣，匯率乃成為決定性的計算基礎。所以國際貿易價格的決定因素與國內貿易價格大為不同外，其內容也遠較國內貿易價格為複雜。假定國內貿易價格的公式如下：

　　　成本＋合理利潤＝國內貿易價格

則國際貿易價格的公式如下：

　　　（成本＋出口費用＋預計損失）×匯率＋合理利潤＝國際貿易價格

國際貿易價格內容的複雜錯綜，可由上述公式中窺見一斑。本章擬就進出口價格的構成因素及計算方法分別予以說明。但有一超計算的問題，特在此首先提出，願有志於國際貿易經營者再三注意。因國際貿易市場對於商品價格的漲跌，殊為敏感，鉅額上漲，必須有充分的理由與明顯的因素，即必須為所謂「合理的上漲」(justified rise)；反之，下跌亦然。如無故漲價過高或抬價過甚，殊易為對方視為經營不善，價格不能與同業競爭，以後不再往來。所以經營國際貿易，每次交易，在計

算價格前，必須對對方市場先有相當的瞭解與試探，才不致所報價格與市價相去過遠，為對方所詬病。一種出口商品的國外價格，普通在進口地比在出口地容易調查，這是因進口地更接近消費者，而消費者並沒有將購進價格加以保密的必要；出口商如能先探得進口地的市況，再進行報價，使報價儘量接近市價，則對未來的營運，當大有裨益。總之，商品的定價 (pricing) 在國際市場的角逐上，是一個成敗的關鍵。定價不但要顧及成本及利潤，而且還要將市場當地的情形，上至有關進口的政策以及競爭國家的供應價格，下至市場需求趨勢、國民所得以及當地生活程度等等，都應在考慮之內。

🌐 第二節　出口價格的構成因素

　　國際貿易價格的構成因素，通常為貿易經營者列為商業祕密 (business secret)，而不予公開，但同時又往往為同業所感興趣而企圖加以探詢，經營者的效率即顯示於此。進出口價格的內容不僅繁雜，而且因貿易條件的不同，其內容也不同。就出口價格的構成因素而言，例如按 CFR 或 CIF 條件交易，則運輸費用成為主要因素之一，但按 FOB 或 FAS 條件交易，則不包括此一因素。又如按 CIF、DAP 及 DDP 條件交易，則海上保險的保險費須計算在內；但如按 FOB、CFR 及 FAS 條件交易，則不必將保險費計算在內。再就進口價格的構成因素而言，也因場合而不同。本節先就出口價格的構成因素加以說明。如上述所說，出口價格的構成因素，因場合而異，然而在構成出口價格的許多可能因素中，通常出現在 CIF 計算表 (CIF calculation sheet) 上的，則有貨品成本、出口費用及預期利潤三大類，茲分析於下：

一、貨品成本

　　貨品成本 (purchase cost) 又稱為基價 (base price)，出口貨品的來源不外購進及自行製造。就專業出口商而言，這項貨品成本即為其自國內製造商或其他供應商購入出口貨物所付的貨款。然進貨價格條件，種類頗多，或為生產製造地交貨，或為廠方倉庫交貨，或為車站交貨，或為出口商倉庫交貨。如生產製造地或廠方倉庫交貨，由上述地點至出口商儲存地點的運輸及保險費 (freight & insurance)，有時由廠方負擔，即包括於進貨成本之內，但也有時由出口商負擔，即屬於出口商的進貨附帶費用。其他如採購上付出的旅費 (travelling expenses)，以及辦貨時負擔的一切費用等均

應計入。至於直接從事出口的工廠則其貨品成本即為出廠價格。此外尚應考慮進口原料加工出口的沖退稅因素。

二、出口費用

出口費用的項目繁多，茲分析於下：

1. 包裝費用 (packing expenses)：包括裝箱費、保險鐵皮費、鉛皮箱胎費、盛貨費、包紙費、刷嘜費、標籤費等。然而不必包裝的商品，則無這項費用。又，出口商為專業出口商的場合，往往約定由供應商打包，則以上各費用已包含於進貨成本之內，當無須列入計算。

2. 存儲及處理費用 (storage and handling expenses)：有些商品，如農產品，未必符合外銷要求，必須進倉整理揀選過磅。於是產生倉租、火險費、揀選費 (sorting)、整理費 (reconditioning)、堆壓費 (lotting)、過磅費、精選費 (garbling) 等費用。

3. 國內運費 (inland forwarding expenses)：又稱 Inland Transportation Expenses 或 Inland Freight，即將商品運至出口地點碼頭所需的運費，如鐵路運費、內河運費、卡車運費、搬運費（cartage，即在本地短距離搬運所需費用）、裝卸費、內陸運輸保險費。如專業出口商的進貨成本已包含以上各費用，則不必重複計算。

4. 檢驗及證明書費用 (inspection & certificate fees)：包括品質檢驗費、公證費、領事簽證費、品質（化驗）證明書費、原產地證明書費、商會證明書費等。

5. 裝貨費用 (shipping expenses)：裝貨費用就是商品在輸出港口碼頭裝船、裝機以及貨櫃場作業所需的費用，這項費用所包括的範圍，往往視計算者的意思而定。最狹義的裝貨費用是指裝載費 (loading charges) 而言。較廣義的裝貨費用尚包括起重機使用費、駁船費及過磅費。最廣義的裝貨費用則還包括報關費在內。

6. 商港服務費 (harbor service fee)：依散雜貨、併櫃貨及整櫃貨有不同的計算方式（詳閱散雜貨、整櫃貨貨物商港服務費收費等級費率表）。（逕向港務局繳付）

7. 進貨利息 (interest on payment for purchase)：進貨利息為自支付進貨成本日起至收到出口貨款日止的利息（為避免計算複雜，此項費用每作一般支出，不加入計算）。

8. 通訊費 (correspondence charges)：與客戶往來洽商的電訊費攤提。

9. 銀行手續費 (banking charges)：包括押匯等手續費。

10. 銀行押匯貼現息 (discount charges)：銀行押匯因先墊付本國幣，而向國外收回

墊付款需一段時間，所以酌收若干天（七天或十二天）的貼現息。

11.推廣貿易服務費 (promotion charges)：這是為拓展貿易，因應貿易情勢，支援貿易活動，就出口貨品而言，目前係按出口貨品 FOB 價格收取 0.04%。

12.預計損失 (expected loss)：出口貿易上所指預計損失乃屬耗損、短損、漏損、破損、變質等。這種損失視貨物性質而定。其中一部分為存倉時期可能發生的倉儲損失，所以必須以一定比率加入價格計算，另一部分為運輸途中可能發生的損失，如與買方訂有協議，在一定範圍內歸由賣方賠償，也應列入價格計算。有些個裝貨物則無此項損失，毋需計入。

13.海運或陸空運費 (ocean, land or air freight) 及 THC 或 LCL Service Charges。

14.海運、空運或陸運保險費 (marine, air or transportation insurance premium)：如約定兵險由賣方負擔，則包括兵險保險費。

15.買方回佣 (return commission)：給予買方（或代理商）的回扣或佣金。這項回佣或按 FOB 計算或按銷貨毛值（即發票價格）計算，視雙方的約定而定。

以上各項費用，並非一切出口貿易均會發生，而且出口費用也不限於上述各項。要看貿易條件、交易性質及商品種類而定，某項費用或為某一筆交易所必須，但在另一筆交易中，則未必有此項負擔。

三、預期利潤

專業出口商在計算出口價格時，於上述第一、二類（貨品成本，出口費用）之外另加預期利潤 (expected profit)。預期利潤通常包含營業開支 （或稱為間接費用 (overhead)）。至於預期利潤的高低，又須視貨品種類、進口市場情形、交易數量、供求關係、買方信用、付款條件及手續繁簡而異，並無一定的準則。至於從事直接出口的工廠，則多將這類預期利潤包括在貨品成本中。

以上所述，均屬出口價格的「正因素」(positive factors)。按出口價格的構成，在競爭劇烈時期，尚須將「負因素」(negative factors) 加入計算。例如貨品在出口前須加相當程度的整理，因此支出的整理費用，自為價格因素之一，而整理耗損也為價格因素之一，但整個結果產生的副產品，如予售出，又可收回相當的款項。其他如政府為獎勵出口而退還的稅款、減免的營業稅、印花稅款以及出口貨品所用各種進口原料在進口時所繳稅捐的退稅款因素等，均應自成本中扣除。

第三節　出口價格的計算方法

　　價格計算在國際貿易上是一項非常重要的工作，通常先由一人算出後，再經第二人複核，才對外報價。其計算方式可採用計算表，以便日後查考，而內容構成因素，又必細分詳列，於是哪一項費用可予減少，哪一項費用未必發生，可一目了然，從而可斟酌售價，以求營業的擴展。

　　出口價格的計算方法，就計算的詳密粗疏，可分為兩種：①總價法；②單價法。而就計算的次序言，又可分為兩種：①順算法；②倒算法。茲分別說明於下：

一、總價法與單價法

　　總價法是先求出整批貨物的出口總價，亦即先將整批貨物（最低訂購量）的基價加上整批貨物的出口費用及利潤，再除以計價的總單位數量，求出單位價格。這種方法計算詳密，求出的單價比較正確，但計算則比較複雜，錯誤也容易發生。因大部分費用，除不變動費用外，原始資料皆屬單價性質，例如打包費用多以每件或每包計算，要求得總值，必須乘以總數量，但與他種價格因素合併後，仍須除以總數量，顯然多此一舉。

　　單價法是自始即按「計價數量單位」為價格計算的基礎，逐一加上各項費用而得單價。這種方法的缺點是容易流於粗疏，因為各項費用每一計價數量單位的分攤額都是幾近假設，且常出現小數點，若四捨五入，多項加起來，誤差甚大，尤其是單價小的低價品為然。但不是沒有補救辦法，如將各項費用單位計算至角、分以下數位，仍可達到精確的目的。然而價格的計算，故應力求精確，但報價卻不必同其畸零。各項貨物，自有其行業中公認的價格彈性，即波動幅度，以計算得出的價格，進整減零，原可由報價人靜觀市場，默察趨勢而加以斟酌。

二、順算法與倒算法

　　順算法為對外性的計算，即由成本按序加計各項費用及利潤而求得價格，以供對外報價之用。

　　倒算法則為對內性的計算，即由國外擬購價格（即客戶的出價，bid price）減去各項費用及利潤後，以便取決客戶所開出的價格可否接受。

總價法與單價法，均可有順算、倒算之分，但一般所採用的，大多為按照總價計算的順算法，因其較簡便而自然之故。

🌐 第四節　出口價格計算實例

現代一般國際貿易大多以 FOB、CFR 或 CIF 條件交易，而此三種交易條件中又以 CIF 較複雜，因其包含運費、保險費。由於不同的貨物，因性質不同，運費、保費的計算也就有差別。現就舉一實例來說明如何計算 FOB、CFR、CIF 等三種不同條件下的價格。

有一 ABC 公司擬將 A 型運動衫從臺灣運銷美國紐約，工廠交貨價為每打 NT$700，共計 500 打（最低訂貨量），每箱裝 50 打，體積為 0.6 m × 0.6 m × 0.5 m，毛重為 50 kgs.，每箱打包費為 NT$100；國內運費 NT$500；檢驗費 NT$500；裝貨費用 NT$1,500；郵電費 NT$400；外銷沖退稅 NT$20,000；銀行手續費 0.1%（按交易價格為準）；推廣貿易服務費按 FOB 價計算；商港服務費依商港服務費收費費率表規定；出口押匯貼現息 0.23%。向船公司查知運費為每 1 立方公尺為 US$125，保險費率為 1%，按發票金額加一成投保，以即期信用狀付款，ABC 公司預期利潤率為 10%，現擬分別以 FOB、CFR、CIF 價報給紐約 XYZ 進口商，則每打應報價多少？(US$1=NT$35)

FOB, CFR, CIF Calculation Sheet (for Export)

Commodity: sport shirts, style A　　　　　　　Date: March 5, 20–

Buyer: XYZ Inc., N.Y.　　　　　　　　　　　Price basis:

Quantity: 500 doz. (minimum)　　　　　　　　Payment: Sight L/C

M: 0.6 m × 0.6 m × 0.5 m/case/50 doz.

W: 50 kgs./case

	Item	Explanation	Sub-Total	Total
1	Base Price	Ex Factory NT$700/Doz. 500Doz.		NT$350,000
2	Export Packing Fees	@NT$100, 10c/s	NT$1,000	
3	Storage, Handling Fees		–	
4	Expected Loss		–	
5	Inland Transport	Factory to Port	500	
6	Inspection Fees		500	

7	Shipping Expenses		1,500	
8	Postage & Cable Fees		400	
9	Harbor Service Fees	NT$80/M^3, $0.6 \times 0.6 \times 0.5 \times 10 \times 80$	144	
10	Drawback Tax		−20,000	−15,956
11	Banking Charges	0.1%		NT$334,044
	Promotion Charges	0.04%		@35
	Discount Charges	0.23% $\rbrace$ On FOB Selling Price		US$9,544.11
	Expected Profit	10%		(FOB net)

FOB Selling Price
$$= \frac{\text{FOB Net}}{1 - (0.1\% + 0.04\% + 0.23\% + 10\%)}$$
$$= \text{US\$}10,648.34$$

FOB Selling Price/Doz. = $\boxed{\text{US\$}21.30}$

12	Ocean Freight	US$125 × 0.6 × 0.6 × 0.5 × 10		225.00
11−1	Banking Charges	0.1%		US$9,769.11
	Discount Charges	0.23% $\rbrace$ On CFR Selling Price		(CFR net)
	Expected Profit	10%		

CFR Selling Price
$$= \frac{\text{CFR Net} + \text{Promotion Charges}}{1 - (0.1\% + 0.23\% + 10\%)}$$
$$= \frac{\text{US\$}9,769.11 + \text{US\$}4.26}{0.8967}$$
$$= \text{US\$}10,899.26$$

CFR Selling Price/Doz. = $\boxed{\text{US\$}21.80}$

11−2	Banking Charges	0.1%		
	Discount Charges	0.23%		
	Expected Profit	10% $\rbrace$ On CIF Selling Price		
	Insurance Premium	1% × 110% ※		

CIF Selling Price
$$= \frac{\text{CFR Net} + \text{Promotion Charges}}{1 - (0.1\% + 0.23\% + 10\% + 1\% \times 110\%)}$$
$$= \frac{\text{US\$}9,769.11 + \text{US\$}4.26}{0.8857}$$
$$= \text{US\$}11,034.63$$

CIF Selling Price/Doz. = $\boxed{\text{US\$}22.07}$

※保險金額係按交易金額 (100%) 另加 10% 計算，此 10% 稱為「保險加成」。

一、計算內容

1. 貨品成本：NT$700/doz. × 500doz. = NT$350,000。

2. 出口費用：

   (1)出口包裝費 (export packing expense)：NT$100/case。

   500 打貨物，每 50 打裝 1 箱，故共計 10 箱。

   NT$100 × 10c/s = NT$1,000。

   (2)國內運費 (inland transport)（從工廠到港口）：NT$500。

   (3)檢驗費 (inspection fees)：NT$500。

   (4)裝貨費用 (shipping expenses)：NT$1,500。

   (5)郵電費 (postage & cable fees)：NT$400。

   (6)外銷沖退稅 (drawback tax)：NT$20,000。

   (7)銀行手續費 (banking charges)：0.1%（以交易價格為準）。

   (8)推廣貿易服務費 (promotion charges)：0.04%（即以 FOB 價為準）。

   (9)商港服務費 (harbor service fee)：依貨物數量計費，假設本批貨物以併櫃方式裝運，每計費噸（重量噸及體積噸取大者）NT$80，每單金額不足 NT$100 者，不予計收（依商港服務費收費費率表規定）。

   (10)出口押匯貼現息 (discount charges)：0.23%（利率 7%，收十二天，以交易價格為準）。

   (11)海運費 (ocean freight)：按 US$125/CBM 計算。

   (12)保險費率 (insurance premium)：1%。

3. 預期利潤率：10%（以交易價格為準）。

   ※一年以 360 天計算。

二、計算方式

1. Base Price NT$350,000⋯⋯①

2. Export Packing Fees NT$1,000

3. Storage, Handling Fees －

4. Expected Loss －

5. Inland Transport 500

6. Inspection Fees 500

7. Shipping Expenses 1,500

8. Postage & Cable Fees 400

9. Harbor Service Fees 144

10. Drawback Tax −20,000 −15,956……②

FOB Keelung Net Price NT$334,044, @35 = US$9,544.11 ……③

11.
- Banking Charges 0.1%
- Promotion Charges 0.04% ── on FOB Keelung
- Banking Discount Charges 0.23% ── Selling Price
- Expected Profit 10%

FOB Keelung Selling Price

$$= \frac{\text{FOB Net}}{1 - (\text{手續費率} + \text{推廣費率} + \text{貼現率} + \text{利潤率})}$$

$$= \frac{\text{US\$9,544.11}}{1 - (0.1\% + 0.04\% + 0.23\% + 10\%)}$$

$$= \frac{\text{US\$9,544.11}}{0.8963} = \text{US\$10,648.34}$$

∴ US$21.30/doz.

假設擬以 FOB 報價：則為 US$21.30/doz. FOB Keelung

12. Ocean Freight: $0.6 \times 0.6 \times 0.5 = 0.18$/case

$0.18 \times 10 = 1.8$ CBM──全部貨物的 Measurement

US$125 × 1.8 = US$225 (ocean freight) 225……④

CFR New York Net Price (③ + ④)……US$9,769.11

11–1.
- Banking Charges 0.1%
- Banking Discount Charges 0.23% ── on CFR New York
- Expected Profit 10% ── Selling Price

CFR New York Selling Price

$$= \frac{\text{CFR Net} + \text{推廣費}}{1 - (\text{手續費率} + \text{貼現率} + \text{利潤率})}$$

$$= \frac{US\$9,769.11 + 4.26}{1 - (0.1\% + 0.23\% + 10\%)} = \frac{US\$9,773.37}{0.8967}$$

$$= US\$10,899.26$$

$$\therefore US\$21.80/doz.$$

假設擬以 CFR 報價：則為 US$21.80/doz. CFR New York

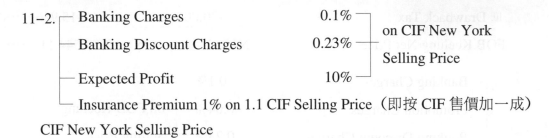

11–2. ┌── Banking Charges　　　　　　　　　　0.1% ┐
　　　├── Banking Discount Charges　　　　0.23% │ on CIF New York
　　　├── Expected Profit　　　　　　　　　10% ┘ Selling Price
　　　└── Insurance Premium 1% on 1.1 CIF Selling Price（即按 CIF 售價加一成）

CIF New York Selling Price

$$= \frac{\text{CFR Net} + \text{推廣費}}{1 - (1.1 \times \text{保險費率} + \text{手續費率} + \text{貼現率} + \text{利潤率})}$$

$$= \frac{US\$9,769.11 + 4.26}{1 - (1.1 \times 1\% + 0.1\% + 0.23\% + 10\%)}$$

$$= \frac{US\$9,773.37}{0.8857}$$

$$= US\$11,034.63$$

$$\therefore US\$22.07/doz.$$

假設擬以 CIF 報價：則為 US$22.07/doz. CIF New York

（註：　1. Banking Discount Charges 係指出口押匯貼現息而言。目前美元、英鎊、澳元等貨幣，按十二天收取，港幣、星幣等則按七天收取，利率則按押匯當時利率計算。在本例，年利率為 7%，十二天則為 $7\% \times \frac{12}{360} = 0.23\%$（一年以 360 天計算）。

　　　　2. FOB Selling Price 的來源：

　　　　FOB Net +（手續費率 + 推廣費率 + 貼現率 + 利潤率）× FOB Selling Price = FOB Selling Price，移項後，得

$$\text{FOB Selling Price} = \frac{\text{FOB Net}}{1 - (\text{手續費率} + \text{推廣費率} + \text{貼現率} + \text{利潤率})}$$

　　　　3. CFR Selling Price 的來源：

　　　　CFR Net +（手續費率 + 貼現率 + 利潤率）× CFR Selling Price + 推廣費 = CFR Selling Price，移項後，得

$$\text{CFR Selling Price} = \frac{\text{CFR Net} + 推廣費}{1 - (手續費率 + 貼現率 + 利潤率)}$$

4. CIF Selling Price 的來源：

CFR Net + CIF Selling Price × 1.1 × 保險費率 + (手續費率 + 貼現率 + 利潤率) × CIF Selling Price + 推廣費 = CIF Selling Price，移項後，得

$$\text{CIF Selling Price} = \frac{\text{CFR Net} + 推廣費}{1 - (1.1 × 保險費率 + 手續費率 + 貼現率 + 利潤率)}$$

* 1.1 為保險金額與售價的百分比。

5. Ocean Freight 的計算方法，詳第十六章第四節。）

三、佣金的計算方法

國際貿易佣金的計算方法歸納起來，約可分為以下幾種：（假設銀行手續費、貼現率等以「業務費」代替，佣金、利潤則按售價計算）

1. 不論以何種貿易條件 (trade term) 成交，均按 FOB 售價（不含佣）計付佣金。

2. 以 FOB 作為計佣基礎，但為保證外匯收入，按 FOB $C_{x\%}$ =

$\dfrac{\text{FOB Net}}{1 - (佣金率 + 業務費率 + 利潤率)}$，（這裡的 FOB Net 為 FOB Cost 之意，也即採購成本之意。）先找出包括佣金在內的 FOB 售價（含佣價），然後再按：佣金 = FOB $C_{x\%}$ × 佣金率，求得佣金。

3. 以某貿易條件成交，就按該貿易條件的淨價付佣，但報價時，加上應付佣金後報出。例如：CFR 為 US$100，佣金率為 5%，則報價為 US$105，支付佣金為 US$5。

4. 以某貿易條件成交，就按該貿易條件的成本價作為計佣的基礎。但為了保證外匯收入，並結合一般的付佣習慣和大多數公司的傳統做法，先按下面三公式，求得含佣價格：

⑴ FOB $C_{x\%}$ = $\dfrac{\text{FOB Net}}{1 - (佣金率 + 業務費率 + 利潤率)}$。

⑵ CFR $C_{x\%}$ = $\dfrac{\text{CFR}}{1 - 佣金率}$。（注意：不是 CFR net）

⑶ CIF $C_{x\%}$ = $\dfrac{\text{CFR}}{1 - (1 + 保險加成) × 保險費率 - 佣金率}$。（注意：不是 CFR net）

然後按 FOB C$_{x\%}$ 或 CFR C$_{x\%}$ 或 CIF C$_{x\%}$ 乘以佣金率付佣。

5.按淨價乘以佣金率，得出佣金，加在淨價上，作為含佣價報出，但按含佣價乘以佣金率付佣。本法是實務中較普遍的做法。

◎另外，在此再列出一些由某一報價（例如 CFR）變換為另一報價（例如 CIF）的變換公式於下：

(1)由 CFR 價變為 CIF 價：

$$CIF = \frac{CFR}{1 - (1 + 保險加成) \times 保險費率}$$

(2)由 CIF 價變為 CFR 價：

$$CFR = CIF \times [1 - (1 + 保險加成) \times 保險費率]$$

(3)佣金率由 y% 變為 x%：

$$CFR\ C_{x\%} = \frac{1 - C_{y\%}}{1 - C_{x\%}} \times CFR\ C_{y\%}; CIF\ C_{x\%} = \frac{1 - C_{y\%}}{1 - C_{x\%}} \times CIF\ C_{y\%}$$

(4)由 CIF 價變為 CIF C$_{x\%}$ 價：

$$CIF\ C_{x\%} = \frac{CIF \times [1 - (1 + 保險加成) \times 保險費率]}{1 - (1 + 保險加成) \times 保險費率 - 佣金率(C_{x\%})}$$

(5)由 FOB 價變為 CIF 價：

$$CIF = \frac{FOB + 運費}{[1 - (1 + 保險加成) \times 保險費率]}$$

(6)由 CIF 價變為 FOB 價：

$$FOB = CIF \times [1 - (1 + 保險加成) \times 保險費率] - 運費$$

(7)由 CIF 價變為 CFR C$_{x\%}$：

$$CFR\ C_{x\%} = \frac{CIF \times [1 - (1 + 保險加成) \times 保險費率]}{1 - 佣金率}$$

(8)由 FOB 價變為 CIF C$_{x\%}$：

$$CIF\ C_{x\%} = \frac{FOB + 運費}{[1 - (1 + 保險加成) \times 保險費率 - 佣金率]}$$

【實例】某出口商對外報價為 CIF Los Angels, US$1,000 per M/T，之後進口商要求改報 CFR C$_{5\%}$。已知保險費率為 2%，保險金額按慣例❶。請問價格應調整

❶ 所謂保險金額按慣例，意指按 110% 投保之意。

為多少？（只取整數位）

答：依上述(7)的公式：

$$CFR\ C_{5\%} = \frac{US\$1,000 \times [1 - (1 + 10\%) \times 0.02]}{1 - 0.05}$$

$$= US\$1,029$$

第五節　出口價格訂價策略

廠商在出口價格的制訂，理論上應該有一個基準價格，然後再依客戶或外銷地區的行銷活動策略，加以調整或變更。這就必須談到廠商如何形成出口價格的策略。

國際貿易市場活動有各種不同的策略，有些著重數量的多寡（包括市場占有率的提升），有些則看重出口利潤（可分為搶短線、賣一批賺一批，以及長期市場的確保）。不同的市場活動目的，有不同的出口訂價策略。茲分述如下：

一、流通費用回收策略

即著重在產品外銷過程中流通費用的回收。在訂定出口價格時，特別注重在外銷過程中所需的費用，然後估算外銷數量要多少才能回收 (cover)，因此要決定最低訂購數量 (minimum quantity)。在出口報價時，通常都會規定「最低訂購數量」，否則無法收回流通費用。

二、確保一定利潤的策略

出口商希望獲得的利潤（預期利潤）應加入從製造廠商購入的價格中，算出出口價格，用來確保希望獲得的利潤；但這種策略，可能遇到進口商提出減價的要求。為了確保利潤，出口商可用逆算法算出應得利潤的最低底線，並且考慮哪些流通費用可以壓低。

三、獲得最大利潤的訂價策略

新產品或有專利，而市場上相同或競爭產品少的時候可用高價策略，以求獲得最大利潤，行銷學上稱此策略為吸脂訂價 (skimming pricing)。

四、價格差異化策略

1.因地制宜：即市場差異訂價 (market-differentiated pricing)，依據各國購買力的不同訂定價格的高低。假設進口國的購買力強，可採取高價策略；反之，對購買力較差者可採低價策略。

2.因季節制宜：即季節差異訂價 (season-differentiated pricing)，例如夏季銷售冬季用品時，可採較便宜的策略。

五、付款方式策略

價格與付款條件脫離不了關係，對於價款回收快速的付款方式（例如付現或預付 (prepayment)），可提供通常外銷價格以外的折扣價 (discount price)。對一些開發中國家，如以 L/C 方式付款者，其售價可比 D/P 或 D/A 方式付款時便宜。

六、規避價格變動風險策略

有些貿易商恐契約成立後價格變動而蒙受損失，例如：

1.報價時：契約成立前報價時附上 "offer without engagement" 條款。

2.訂約時：於契約中加 slide clause，做為調整價格的特約（參閱本書第六章第三節「價格條件」）。

七、擴大銷售數量策略

為圖擴大銷售數量，鼓勵進口商大量購買，可採用「數量折扣（優惠）策略」(quantity discount)。數量折扣策略是價格差異化策略的一種方式。因為購買數量大，可以分攤固定費用，外銷手續費及流通費就會減少，因此銷售數量增加，利潤也會增加。

八、刺激買氣策略

為了刺激進口商的買氣，可提供暫時性、較便宜的外銷價格，引起對方購買的心理效果；也有人會用「搭售策略」，出口廠商生產的項目 (item) 如果多，可將多種產品加以變動組合在一起，用較低價格銷售。但要注意搭售策略是否抵觸公平交易法。

九、價格安定策略

價格安定策略 (stable price policy) 在總經銷契約中常會看到，出口商怕總經銷的地區經銷商低價賣出，引起價格下跌，不符其產品形象，因此會要求總經銷於轉賣給地區經銷商時，對再銷售價格 (re-sale price) 做約束或者設定轉賣的管理價格 (administrate price)。

十、變更交易標的名稱策略——運用有利法規進口至進口國

交易商品名稱與關稅或運費有密切關係。就關稅來說，銷美的 mild steel channel bar，如改稱為 mild steel channel，進口稅率就要低得很多；銷美家具如用 furniture，則其稅率要比改稱 furniture K. D. 時高一倍；又如銷巴拿馬的彌勒佛 (lucky Buddha) 如改稱東方藝術品（Oriental arts 或 arte de Oriental），則進口關稅大為降低。

就運費來說，dry wheat gluten（乾麥麩）更名為 cattle food（牛用飼料），運費可減少很多；又如銅掛鎖 (brass cylinder padlock) 如改稱五金掛鎖 (hardware cylinder padlock)，其運費也可大幅降低。

因此，進口商常要求出口商按關稅率或運費率比較便宜的商品名稱交易，而不要求減價。對進口商這種要求須注意到有關法令規章，以免被捲入是非的漩渦。

十一、新市場進入的策略

進入新市場，因晚於其他同業，產品的競合性強，為了開拓新通路，出口價格常採用的方式有：

1.價格追隨策略 (price followship policy)：可採用追隨競爭產品的市場價格方法，或者價格稍低一點。

2.低價策略 (low pricing policy)：要求製造廠商減價，流通費用節儉一點、減少一點利潤。

3.有時候可逆勢運作採高價策略 (high pricing policy)：增加附屬品、設計更豪華，提高附加價值。

十二、通路防衛策略

假如其他公司先針對我們的通路發動價格戰，為了防衛自己的通路，則可考慮放棄短期利潤，降價求售，希望擊敗對手。

十三、價格競爭規避策略

為了避免與競爭對手作價格戰，可改善產品性能、設計或包裝（即產品調整 product adaptation），從價格以外的因素滿足客戶的需要。另可考慮重行調整行銷通路結構 (reorganize the channel of distribution) 以求降低成本，通常是縮短通路，將某些中間商取消或採取一次行銷。

十四、對輸入限制的策略

對於進口國提高關稅，有人採取改善包裝，如臺灣的衛生紙減重或者改成半成品（即 knock down）在進口地組裝 (assemble oversea)，以降低售價維持通路。

十五、對於有殺價習慣的進口商策略

有些地區的商人愛殺價，殺價不成，惱羞成怒就不買了。因應有這種習慣的客戶可採用 high offer first，然後才逐漸降價。例如阿拉伯人認為任何一個價格都可以殺價，而且會要求高度讓步，所以報價時可採高價策略，讓對方殺價。

十六、滲透訂價策略

滲透訂價 (penetration pricing) 是指廠商為提高市場占有率，採低價搶單策略（飢餓行銷），快速攻占市場，以求建立品牌忠誠度。中國大陸的手機「小米機」就是典型的例子。

十七、組合產品訂價策略

組合產品訂價 (companion products pricing) 又稱刮鬍刀和刀片訂價 (razors and blades pricing companion products pricing)，此種做法是先以低價售出主產品（刮鬍刀），而其附屬的另一搭配（刮鬍刀片）則以高價售出，以賺取先前少賺的利潤。

（※參考資料：劉鶴田副教授自編講義，《國際商務談判》）

第六節　進口價格的構成因素

進口商接獲出口商報價後首先要考慮的是出口商所報價格是否合理?換句話說,出口商所報價格加上進口所需費用後是否尚有利可圖？想知道是否有利可圖,就需計算進口價格,而後與國外其他出口商所報出的價格比較。因此首先必須瞭解進口價格的構成因素。進口貿易中的進口價格構成因素與出口價格同樣,也因場合而異。在說明出口價格的構成因素時,曾述及通常以 CIF 為準,與此相對應的進口價格構成因素,則通常以通關後的起岸成本 (landed cost) 為計算標準。茲將通常出現於 Landed Cost Sheet 的各項說明於下:

一、貨品成本

又稱為基價,就是賣方的報價。但採用倒算法的場合,則指進口國的國內市價。

二、進口費用

進口所需費用,主要的有下面幾種:

1.海運或陸、空運費:這項費用成為進口價格的構成因素,只限於運費由買方負擔的場合。

2.海運、空運或陸運保險費:這項費用成為進口價格的構成因素,只限於保險費由買方負擔的場合。

3.起岸費用:即 Landing Charges,為貨物在輸入港起岸時所生的費用。這項費用包括的範圍,視計算者的意思而定。其中最狹義的是單指卸貨費而言,其較廣義的,尚包括起重機費、駁船費及過磅費,其最廣義的,還包括報關費在內。

4.進口稅捐:包括進口關稅、貨物稅等。

5.推廣貿易服務費:按完稅價格,即 CIF,付 0.04%。不足新臺幣 100 元者,免收。

6.商港服務費:按散雜貨、整櫃貨及併櫃貨三類收取,即:

　⑴併櫃貨依該貨櫃內不同貨物的計費噸數量,以每噸新臺幣 80 元分別計收;
　　不足新臺幣 100 元者不予計收。

　⑵整櫃貨物及散雜貨收費費率如下:

散雜貨、整櫃貨貨物商港服務費收費等級費率表

單位：新臺幣元

項次	貨品名稱	費率等級	散雜貨每計費噸費率	整櫃貨	
				20呎以下	21呎以上
1	米、麥、麥片、麵粉、麩皮、米糠、豆、豆粉、玉米、澱粉、豆餅、花生、花生餅、菜籽、棉籽、茶餅、飼料、漁粉、瓜子、胡桃、芝麻、糖、鹽、工業鹽、廢料及廢品柴薪、木片、空油桶、廢膠及其製成品、硫磺、石墨、磚、瓦、土製品、石製品、石棉及其製品、焦炭、柏油、紙漿、紙類及其製品(粗製)、化學肥料(粗製)、化工原料（粗製）	1	7	274	547
2	廢料及廢品（屬棉、麻、毛、絲、皮、人造纖維）、棉及其製品、麻及其製品、毛髮及其製品、豬鬃及其製品、草及其製品、廢金屬及廢品、鋼鐵及其製品、化學肥料(細製)、化工原料(細製)、紙類及其製品（細製）、石油及其煉製液體燃料、麥芽釀造酒類、蔬菜、鮮果	2	13	547	1,094
3	不屬第1、2等級貨類者，皆列為第3等級	3	19	684	1,368

附註：礦砂、煤炭、硫酸、土、石、砂、石灰、石膏、水泥、廢紙、松類原木、造紙用木片、以廢紙原料製成紙箱用紙（包括牛皮紙、紙板、芯紙）、竹簍（菜農使用）、製造飼料原料、糖蜜等貨類，以散雜貨輪裝卸者，每計費噸2.8元，每一筆報單之貨量若超過五萬公噸者，超過部分，每計費噸1.4元；以貨櫃輪裝卸者，倘裝載於20呎以下整櫃者，每櫃計收100元，裝載於21呎以上者，每櫃計收136元。

注意：請留意隨時有修訂的可能。

7.檢驗、證明書費用。

8.通訊費。

9.銀行手續費：包括開狀手續費、保兌費等。

10.預計損失：進口貿易的預計損失，其內容與出口貿易同。進口商居於買方的地位，對於運輸途中的損耗，故可預先訂立條款，要求賣方負擔，但賣方也得規定「免賠額」，這時進口商必須將此項預計損失加入計算（如可以保險補償，則免計列）。

11.進貨利息：即自結付貨款起至收到轉售價款日止的利息（為避免計算複雜，這項費用多含在一般進口費用中，不另計算）。

以上為 Landed Cost 的進口費用構成因素，但與出口貿易同樣，非一切進口貿易均有，須視貿易條件、交易性質及商品種類而異。假如進口商擬與國內市場比較，則尚須加算通關後至進口商倉庫或轉售地點為止的費用，這些費用包括下列幾項：

12.國內運費：即貨物由進口港埠至倉庫或轉售地點的運費。

13.存儲及處理費用：內容與出口部分同。

14.改裝費用：內容與出口部分的包裝費用同，如貨物不需改包裝即可出售，當無此費用。製造商輸入自用物資的場合也不計。

15.國內稅捐：包括營業稅等。

16.銷管費用。

三、預期利潤

預期利潤的計算，原則與出口貿易無區別。

第七節　進口價格的計算方法與實例

一、進口價格的計算方式

進口價格的計算方法，也有順算法與倒算法之分，而且這兩種方法也都有總價法與單價法之別。順算法就是將賣方報價加上進口費用後，再與國內市價比較的方法；而倒算法則為國內市價減去進口費用後，再與賣方報價比較的方法。

進口價格的計算與出口價格的計算各異其趣。就 CIF 報價而言，後者乃以進貨成本加運費、保險費等費用算出售價；前者則由 CIF 價直接加國內費用算出。反之，就 FOB 報價而言，計算進口價格，則須加計運費、保險費及國內費用等。在國內費用中，以進口稅最為重要。

按進口貨物並非一律須繳納進口稅，即非全部商品均為「應稅品」(dutiable goods)，在工業國家，對於重要進口原料多不課稅，或進口原料加工後外銷者，准予退稅。凡是不需繳納進口稅的貨物稱為「免稅品」(duty-free goods)。

關於海關課稅方法，約有三種，均與進口價格計算有直接關係。(1)以進口貨的重量或其他數量單位為標準，稱「從量稅」(specific duty)，例如按每噸抽稅若干。從量稅按重量計算時，又可分按毛重或淨重兩種。(2)以進口貨物的價值為抽稅標準，稱「從價稅」(ad valorem duty)，即按值抽百分之幾，又分按 CIF 價與 FOB 價課稅兩種，我國關稅法以交易價格（一般為 CIF 價格）作為課稅標準，即以通稱的到岸價格作為完稅價格 (duty paying value)。(3)複合稅 (compound/composite/mixed duty)，即

非為單純從量或單純從價，而是採用兩者配合，或依其他雙重或雙重以上的標準為課稅根據。

二、進口價格計算實例

(一)案　例

　　臺灣某公司擬自德國進口 100 臺自動轉臺，德商報價為 US$25 per set FOB Hamburg，每箱裝 1 臺，毛重 20 kgs.，體積為 0.5 m × 0.5 m × 0.54 m。

向船公司查悉：From Hamburg to Keelung: US$100 per W/M

向保險公司查悉：A/R + War Risks，費率為 2%

　　　　　　　　擬按發票金額加一成投保

　　　　　　　　付款條件為 Sight L/C

　　　　　　　　經查本案進口貨品進口稅率為 33%

　　　　　　　　　　商港服務費為每一體積噸 NT$19

　　　　　　　　　　推廣貿易服務費為按完稅價格的 0.04% 徵收

　　　　　　　　　　貨物稅為 10%

　　　　　　　　　　銀行墊款息為 8% p.a.（銀行墊付 90%，預估三十天）

　　　　　　　　　　銀行開狀費為 0.25%，Min. NT$400

　　　　　　　　　　銀行電訊費為 NT$500

　　　　　　　　　　報關等費用為 NT$2,000

　　　　　　　　　　基隆至臺北的內陸運費為 NT$1,000

　　　　　　　　　　營業稅為 5%

　　　　　　　　　　預期利潤為批發售價 (selling price) 的 20%

　　　　　　　　　　請算出建議售價應為多少？（每臺）

(二)計算表

Landed Cost Calculation Sheet (for Import)

Commodity: Automatic Turntable
　　　　　Elac Miracord 650
Seller: Electroacustic GmbH,
　　　　Germany
Quantity: 100 sets (minimum)
Price: US$25/set FOB Hamburg

Date: March 10, 20–
Packing: in export carton
　　　　　each one set
Weight: each carton 20 kgs., gross
Dimension: 0.5 m × 0.5 m × 0.54 m
Payment: Sight L/C
Exchange rate: US$1 = NT$30

	Item	Explanation	Sub-Total	Total
1	Basic Cost	FOB Hamburg@US$25 × 100 = US$2,500 @NT$30（賣出匯率）	NT$75,000	
2	Ocean Freight	Hamburg to Keelung@US$100 W/M $US\$100 \times \dfrac{100 \text{ sets} \times 0.5 \text{ m} \times 0.5 \text{ m} \times 0.54 \text{ m}}{1 \text{ m}^3}$ = US$1,350 @NT$30	40,500	
		CFR Keelung	NT$115,500	
3	Insurance Premium	Rate: 2%, for 110% of CIF Value $I = CFR \times \dfrac{k \cdot r}{1 - k \cdot r} = 115,500 \times \dfrac{1.1 \times 0.02}{1 - 1.1 \times 0.02}$	2,598	
		CIF Keelung ⋯⋯⋯⋯⋯⋯⋯→		NT$118,098
4	Import Tax & Due	DPV: CIF = NT$118,098		
	(1) Import Duty	NT$118,098 × 33%	38,972	
	(2) Harbor Service Fee	（請參閱 211 頁計算說明 2）	257	
	(3) Commodity Tax	(118,098 + 38,972) × 10%	15,707	
	(4) Promotion Charges	NT$118,098 × 0.04%	47	54,983
5	Banking Interest	Fund Advanced by Bank NT$75,000 × 90% = NT$67,500 Interest: $NT\$67,500 \times 8\% \times \dfrac{30}{360}$	450	
6	Banking Charges & etc.			
	(1) Banking Comm.	NT$75,000 × 0.25% = NT$188 Min: NT$400	400	
	(2) Postage, Cable	（估計）	500	
7	Landing Charges	Including Customs Clearance Charges, 　Storage, etc.	2,000	
8	Cable & Sundries	Estimated	1,000	4,350
		Total Landed Cost: Ex Dock Keelung ⋯⋯⋯⋯→		NT$177,431

9	Inland Truckage	Keelung to Taipei		1,000
		Total Cost = TC ·····················→		NT$178,431
10	Value Added Tax	$(118,098 + 38,972 + 15,707) \times 5\%$ ············→		NT$8,639
		（請參閱 212 頁計算說明 4）		
11	Selling Price	Expected Profit: 20% on Selling Price		
		TC + 營業稅 + Selling Price $\times$ 20%		
		= Selling Price		
		$\therefore$ Selling Price ·····················→		233,838
		（請參閱 212 頁計算說明 5）		
12	Suggested Selling Price Per Set	NT$233,838 ÷ 100 ·····················→	NT$	2,338
Checked by:			Calculated by:	

(三)計算說明

1.保險費的計算: 保險費的公式是 $I = CFR \times \dfrac{k \cdot r}{1 - k \cdot r}$，其中 k 為保險金額與 CIF 金額的百分比，如保險金額為 $CIF \times (1 + x\%)$，設 k = 1 + x%，x 為 10 時，k = 1 + 10% = 1.1，x 為 20 時，k = 1 + 20% = 1.2，r 為保險費率，視投保險類而定，如投數種保險則其保險費率為將各險別費率合計則可。故 k·r 這兩係數為已知數。

當然，我們也可直接先求出 CIF 價，其公式為 $CIF = \dfrac{CFR}{1 - k \cdot r}$，得知 CIF，減去 CFR 即為 I，亦可。

2.進口稅費的計算:完稅價格 (duty paying value, DPV) 是計算進口稅費的基礎，我國關稅法則以交易價格 (CIF)，即完稅價格，作為課稅標準。故進口稅 (import duty) 為完稅價格 × 進口稅率，商港服務費 (harbor service fee) 按商港服務費收費等級費率表收取（依散雜貨、整櫃貨貨物商港服務費收費等級費率表，電器品屬於第 3 項第 3 級費率貨類，其費率為每計費噸 NT$19，而本批貨物計費噸為：M: 0.5 m × 0.5 m × 0.54 m × 100 = 13.5 m^3，故應付商港服務費為 NT$19 × 13.5 m^3 = NT$257），推廣貿易服務費 (promotion service charges) 為完稅價格 × 0.04%，貨物稅 (commodity tax) 為（完稅價格 + 進口稅）× 貨物稅率。故進口稅費則為進口稅、商港服務費、推廣貿易服務費和貨物稅的總和。

3.銀行墊款利息的計算:銀行墊款利息以信用狀金額的 90% 為計算墊款息的基

礎，因進口商在要求銀行開狀時已付貨款的 10%。又假設銀行貸款年利率為 8%，開狀至付款期限約三十天，因而其計算方式為：

銀行墊款金額：NT$75,000 × 90% = NT$67,500

銀行墊款利息：NT$67,500 × 8% × $\frac{30}{360}$ = NT$450

4. 營業稅：

（完稅價格 + 進口稅 + 貨物稅）× 營業稅率 (5%)

(NT$118,098 + NT$38,972 + NT$15,707) × 5% = NT$8,639

5. 進口商批發售價的計算：進口商批發售價 = 總成本 + 營業稅 + 售價 × 預期利潤率，將其移項，而得：

$$
\begin{aligned}
\text{Selling Price} &= \frac{總成本\ +\ 營業稅}{1\ -\ 預期利潤率} \\
&= \frac{NT\$178,431 + NT\$8,639}{1 - 20\%} \\
&= \frac{NT\$187,071}{0.8} \\
&= NT\$233,838
\end{aligned}
$$

海關在正稅之外，常附徵或代徵種種稅捐及費用，例如貨物稅、營業稅及推廣貿易服務費即是，計算進口稅捐及費用時亦應一併計算。

課稅標準無論按哪一種方法，一定時期內必按一定稅率，即所謂 「關稅率」 (customs tariff) 課徵。關稅率在事實上也可分為兩類：⑴國定稅率 (national tariff)：一國法律制定的稅率，對通商各國的同類進口貨一律適用，不分軒輊；⑵協定稅率 (coventional tariff)：僅適用於由特定國家進口的特種商品，其釐定或廢止決定於條約。世界各國海關例有進口稅則 (import tariff) 編印出售，各類進口貨物是否應稅或免稅，應從量、從價或混合，從量時應從毛重或淨重，國定稅則如何，對最惠國 (most favored nation)（即訂有互惠條約國家）稅率如何，均有詳細明文規定。

 習　題

1. 出口價格的構成因素有哪些？

2. 進口價格的構成因素有哪些？

3. 出口價格的計算方法中，有所謂「順算法」與「倒算法」者，可否略作說明？

4. 某工廠擬外銷 250 套磁器至美國西雅圖，每套均以一木箱包裝，試根據下述資料求算每套磁器 CIF Seattle 的價格：

(1) NT$1,400/set ex factory

(2) Export Packing Expense: NT$100/box

(3) Inland Freight: NT$400

(4) Inspection Fee: NT$940

(5) Customs Brokerage: NT$1,700

(6) Cable/Postage: NT$500

(7) Dimension Per Box: 50 cm × 50 cm × 30 cm

　　Gross Wt. Per Box: 15 kgs.

(8) Expected Profit: 5% on FOB net

(9) Marine Insurance Rate: 1%, insured amount: as usual

(10) Trade Promotion Service Charges: 0.04% on FOB

(11) Harbor Service Fee: NT$80 per M/W (M: 1 m³, W: 1 M/T)

(12) Discount Charge: 7.5% p.a. for 12 days

(13) Excharge Rate: US$1 = NT$30

第八章

報價與接受

🌐 第一節　詢　價

傳統的貿易做法是在初次招攬交易 (trade proposal) 後，先做徵信。次之，訂立一般交易條件協議書，而後才正式進行實際的交易。但現今的做法，往往單刀直入，素不相識的買賣雙方，只要一方提議交易，即逕行進入商談 (business negotiation)，俟達到某程度的具體化後，才進行徵信。等到交易成立階段，才又將附有一般交易條件的 Sales Note 或 Order 送交對方確認。事實上，在很多場合買賣雙方取得聯繫或獲悉對方之後，賣方（出口商）即向進口商（買方）詢問有關事項並推銷其貨品，進口商則向出口商探詢有關貨品交易條件的種種問題。這種詢問或探詢，在貿易界稱為「詢價」(enquiry)。具體地說，詢價是指買方或賣方為洽購或銷售某項商品而向對手提出有關事項及交易條件的詢問。由於詢問的內容往往以價格為重點，因此稱為「詢價」。

詢價可由買方主動發出，也可由賣方主動發出，但實務上由買方主動發出者居多。

詢價依其性質可分為下列二種。

一、建立貿易關係之前的詢價

這種詢價是屬初次認識，未曾建立貿易關係就向對方發出的詢價。就買方而言，這種詢價為對某項貨品的查詢，查詢內容包括：(1)請寄送某項貨品的樣品、目錄或價目表；(2)探詢某項貨品的品質、數量、價格、交貨期等。

(一)撰寫詢價信要點

就出口商而言，這種詢價以推薦產品居多。這種詢價實際上與前述招攬交易很難區別。寫這種詢價信時應注意下列事項：

　　1.說明認識的經過，例如承某人或某機構介紹或在某處獲悉對方名稱、地址。

　　2.自我介紹：說明本公司業務項目，有意購買（銷售）的商品、種類、數量以及規格等。

3.請求報出價格、包裝及保險等交易條件，必要時說明本身所希望的條件。

4.說明商品市價的供需情形。

5.請求寄送型錄、價目表、樣品等。

6.要求答覆。

買方向賣方發出的詢價函例

We are very interested in the electronic products shown in "Taiwan Export Opportunity" published by CETRA.

We are importers of consumer electronics for distribution throughout our country. We shall be much obliged if you will send us your latest catalog and price list.

As the demand for consumer electronics is high, we may expect a successful sale depending on the cost and quality of your products.

For any information as to our financial standing, we refer you to Bank of Taiwan, Taipei.

Your early reply will be appreciated.

賣方向買方發出的詢價函例

We are much indebted to the CETRA for the name and address of your company and are pleased to learn that you are one of the leading importers of personal computers in Taiwan.

As you are aware that American personal computers have won excellent reputation in the American market. We, therefore, take pleasure in informing you that we are in a position to offer you our personal computers for your consideration. Our products are of superior quality and they are sold at the competitive prices as explained in the attached illustrated catalog.

If you have any requirement with regard to our product, please let us know.

We assure you of our best attention to your enquiry.

(二)答覆詢價要點

賣方收到這種詢價後，應做迅速而正確的答覆，以便抓住買方的買意，而免坐失商機。答覆這種詢價時，應注意下列各點：

1.對來信表示謝意。

2.針對詢價問題作確切的答覆。

3.檢送所索資料，諸如產品目錄、價目表……。

4. 適當說明交易產品的市況，激起對方的買意。

5. 希望對方訂購，但不宜強迫推銷。

6. 以期待回函或訂貨作為結尾。

答覆詢價函例示

Thank you for your letter of一asking for the latest catalog and price list of our products.

As requested, we are enclosing our latest catalog and price list covering the range our products in which you are interested.

Among our best selling products, we recommend our model CRT-100 because it has won the Chinese Government Good Design Award. And has been enjoying excellent sales ever since:

If there is any farther information, which our catalog does not answered, please let us know.

We look forward to receiving your order.

二、建立貿易關係後的詢價或邀請報價

這種詢價是買賣雙方已建立貿易關係之後的詢價。這種詢價有兩種形式：(1)一般詢價 (general enquiry)，即以瞭解市場情況為目的而要求賣方提供產品目錄、價目表、樣品、市場行情、銷路等作為以後訂購的參考。(2)具體詢價 (specific enquiry)，即買方有購買意圖，因而詢問的內容具體詳細，既要說明所需要的商品名稱、品質、規格、數量、價格，又要瞭解交貨期。實際業務中，這種詢價往往就是報價的邀請 (ask for an offer; invitation to offer; request to offer)。例如向賣方發出 "Quote us your lowest price for..."，這種詢價一般表達欲進行交易的願望，詢價的內容不具備報價 (offer) 條件，一般僅供參考。

建立貿易關係後的詢價函與建立貿易關係前的詢價函寫法略有不同，其內容要點如下：

1. 開門見山，將所要詢問的問題逐行提出，如問題複雜，應逐項清楚列出。

2. 其次，陳述詢問目的。

3. 說明該商品在市場上的需求情形。

4. 說明進行交易的誠意或要求回覆。

答覆這種詢價的形式，通常就是報價。

建立貿易關係後的一般詢價函例示

Cell Phone

Thank you very much for your extensive consideration in establishing business relations with our company. With the prospects of great success we wish to start off with an initial order for 1,000 sets of your most popular cell phone, Model CRC–137.

As the demand for inexpensive cell phones is high, we may expect a successful sale depending on the cost and quality of your products.

Incidentally we shall be much obliged if you will send us your latest catalog listing your cell phones and price with samples.

Your prompt reply will be much appreciated.

建立貿易關係後的具體詢價函例示

Your very helpful letter of April 10 and the samples of Xmas Deco. have been received with thanks.

We have received inquiries from our customers here and shall appreciate your quoting us your best price. For your reference, we are giving below the details of this inquiry.

Specification: #M–25 Approx. 15 mm lacqured mushroom 144 pcs. in box

Quantity: 10,000 boxes

Price: CIF New York

Shipment: During June 20–

Payment: by irrevocable sight L/C.

We are expecting to receive your earliest reply to this inquiry.

🌐 第二節　報價的意義

一、報價的意義

報價 (offer; quotation) 係指一方（即報價人，offeror; offerer）向他方（即被報價人，offeree）提出某種條件，表示願依所開條件與他方成立法律上有效契約的意思

表示。報價在我國民法上稱為「要約」。在國際貿易上，報價係指買方或賣方向對方表明交易的意願，並提出各項交易條件。因此，報價可能是售貨報價 (selling offer)，也可能是購貨報價 (buying offer)，但以前者較為常見。售貨報價通常是在賣方收到買方詢價之後所提出，不過也可以不經過對方詢價即主動提出。

報價不一定要用 "Offer" 字樣，只要實質上具備報價的內容即可，因此實務上也有使用 "Quotation" 一詞的。

二、有效報價的條件

國際貿易中的報價，通常都由報價人向被報價人為之，而很少以一般公眾 (general public) 為對象。國際性的招標及公告，通常只視為「報價的邀請」(invitation to offer)，但公告中如表明願以一定價格及條件出售某項商品則可視為「一般報價」(general offer)。至於寄送價目表、型錄、市況報告以及樣品，都不視為報價，而只視為「報價的邀請」。換句話說，這些行為，只能視為賣方邀請買方提出購貨報價而已（參閱民法第 154 條）。

依聯合國國際貨物買賣契約公約 (United Nations Convention on Contracts for the International Sale of Goods, 1980, CISG) 的規定，構成有效報價 (valid offer) 應具備的條件有三：

㈠報價人必須明確表明願意依所開出的條件訂約的意思

有效報價必須清楚地表明訂約意旨，即表明被報價人若對報價為有效的接受，報價人將承擔依所報條件與被報價人訂立契約的責任。例如使用 Offer、Firm Offer 或 Order、Book 等字眼即表明一旦報價被接受，即受約束的意旨，至於報價中僅表示交易的意向，而無確定意思表示的，例如以

1. We will offer...
2. We can probably offer...
3. We are willing to sell...
4. We hope to buy...

等用語報價的，均不視為有效（確定）報價，僅視為「報價的邀請」(invitation to offer)，意即招請對方向自己發出報價，對方收到報價的邀請之後提出的訂約意思表示才是報價，必須再經發出報價邀請的一方表示接受後，契約才能成立。

此外，有時報價人在報價時，由於某些條件尚未確定，因此經常在報價函電中附上條件，表明當該條件成立時，報價方為有效，這種報價稱為附條件報價 (conditional offer)。

(二)報價的內容必須十分確定

所謂「十分確定」依 CISG 的定義，乃指其報價內容應包括貨物名稱、規格、價格和數量等而言。因此如果報價中有表明標的物、數量及價金，縱然其他條件未完備，仍然視為有效報價。我國民法第 345 條第 2 項亦規定：「當事人就標的物及其價金互相同意時，買賣契約即為成立。」

(三)報價原則上必須向特定的人提出

報價應向一個或一個以上特定的人提出，報價若是未指定被報價人，而以一般大眾為被報價對象，則稱為一般報價 (general offer) 或不具抬頭的報價，例如商品推銷廣告是。另外，依我國民法第 154 條第 2 項規定：「貨物標定賣價陳列者，視為要約。」但各國法律規定則並不相同，依 CISG 的規定，貨物標定賣價陳列，乃是向一般大眾所提出的，並非向特定對象，因此並不視為有效報價或確定報價。

🌐 第三節　報價的種類(一)

報價在國際貿易上，因其性質的不同，有種種的分類法。茲分述於下：

一、售貨報價 (selling offer) 與購貨報價 (buying offer)

通常報價多指售貨報價而言。所謂售貨報價乃賣方為出售貨物，主動向買方發出的報價。所謂購貨報價乃買方為購買貨物主動向賣方發出的報價，例如：

Offer firm to buy subject immediate acceptance, 200 cases refined butter, 48 one-pound tins to case, each US$50.00 CIF Hong Kong.

購貨報價在美國也稱為 Bid，其本意為「出價」，是由買方發出，而 Offer 一語則大多於賣方發出報價時使用。然而現在貿易界則將兩者視為同義語。換句話說，Offer 可用於 Selling Offer 或 Buying Offer；同樣 Bid 也可用於 Selling Bid 或 Buying Bid。因此 Offer 或 Bid 在交易上同為「報價」的意思，在法律上的效力一樣，但在實務上 Bid 通常是屬於穩固報價性質，而 Offer 則未必如此。

二、穩固報價 (firm offer) 與非穩固報價 (non-firm offer)

廣義的報價可分為：含有確定意思 (definite intention) 的穩固報價（具時效性報價）與不含確定意思 (indefinite intention) 的非穩固報價（不具時效性報價），非穩固報價又稱為自由報價 (free offer)，或可撤銷報價 (revocable offer)。

有關穩固報價部分容於本章第六節說明，至於非穩固報價又可分為：

(一)出售意向 (selling idea) 或購買意向 (buying idea)

即指出售人或購買人對某商品「有按一定的價格或一定的條件出售或購買的意向」。換句話說，出售意向或購買意向只不過是表示一種出售或購買的意向而已。因其不含有「出售」或「購買」的確定意思，所以與穩固報價有別。至於表示這種意向的方法如下：

1. We may buy (or sell)...，是指「可以按某價格某條件購買或出售某商品」的意思，而非穩固報價。

2. We will buy (or sell)...，英語的 "Will" 為「表示將來的行動」或「表示當事人有……的意思」。前者是指將要購買或出售的意思，後者是指「有購買意思」或「有出售意思」之意。兩者在貿易英語上皆非穩固報價。因 "Will" 在文法上既可解釋為「表示將來的行動」，又可解釋為「表示當事人有……的意思」，所以當表示「有……的意思」時，宜用 Offer 一語，以免誤會。

3. We are going to buy (or sell)...，表示將來的行動，所以不是穩固報價。

4. We are willing to buy (or sell)...，這是表示樂意購買或出售的意思，不是穩固報價。

5. We are buying (or selling)...，語尾 -ing 是表示將來的行動，不是穩固報價。

6. We hope to buy (or sell)...，這是表示希望買或賣的意向，也不是穩固報價。

7. We wish to buy (or sell)...，與 6. 相同。

8. We are able to buy (or sell)...，這是表示能購買或能出售的意思，也不是穩固報價。

9. We can (probably) buy (or sell)...，這是表示大概能購買或出售的意思，也不是穩固報價。

10. Our buying (selling) idea is...，這是指有購買或出售的意向，"is" 的後面跟著

寫明價格與條件,也不是穩固報價。

11. We will offer...、We may offer...、We are able to offer...、We can offer...、We can probably offer...、We may be able to offer... 等等,在 Offer 之前有 Will、May、Are able to、Can、Can probably、May be able to 等字眼的都不是穩固報價。

(二)條件不完備的報價

如後述穩固報價的實質條件非完備不可,所謂「完備」是指非具備「主要條件」不可的意思。因此如報價欠缺若干主要條件,則即使冠有 Firm 字樣,也不視為穩固報價。這種條件不完備的報價在效力上僅視同出售意向或購買意向而已。

(三)有條件報價

有條件報價 (conditional offer) 通常視為非穩固報價,也即自由報價,因為穩固報價不可附有不確定的條件,所以穩固報價又稱為「無條件報價」(unconditional offer),茲就各種有條件報價,說明於後。

1. 經確認後有效的報價 (offer subject to confirmation)。例如:

We offer subject to our (final) $\begin{cases} \text{confirmation} \\ \text{approval} \end{cases}$

(此報價須經報價人(最後)確認後才有效。)

這種報價與前述(一)的效力相同,所以被報價人接受後尚須經報價人確認,交易才能成立,否則報價人並無訂約的義務。穩固報價經對方接受,契約即告成立,但經確認後有效的報價,對方不能以「我方已接受」(we accepted) 作答,而必須以「我方已接受,請確認」(we accepted, please confirm) 作答。這 "We accepted, please confirm" 的文句,具有穩固報價的效果,在貿易通信上極為重要。在 "Subject to Our Final Confirmation" 中的 "Final" 一語具有「終局性的」的意義,其用意為:「此報價並非表示報價人的終局性的意思,而需要再經報價人做最後的確認」之意。報價人於發出「經確認後有效的報價」後,被報價人來函(電)請求確認時,如報價人有意確認即可答覆 "We confirm..." 而使契約成立,否則可答覆 "We can not confirm..." 或 "Unconfirmable..." 而拒絕簽約。

2. 有權先售(購)報價 (offer subject to prior sale, presale offer; offer subject to prior purchase, prepurchase offer):這是以有權先購或先售為條件而提出的報價。就有權先售報價的場合而言,賣方可能手頭存貨不多,而這種存貨一時不易找到買主,乃同

時以一批貨物向一個以上的顧客發出報價函（電），希望能就現有數量，如數售出。其報價方式為 "We offer subject to prior sale..."，或 "We offer subject to being unsold..."。

在此例中，如其中有一顧客已來函（電）接受貨物的一部分或全部，則對其餘顧客將難以應付，所以報價人為顧全信譽，預先在函電中加上 Subject to Prior Sale 字眼聲明對於已售出部分，後到的函電不生效力。詳言之，在有權先售報價場合，以「先買先售」或「貨物尚未出售」為條件，對於已售出部分，後到的接受函（電）不生效力，亦即任一接受函（電），其效力僅及於尚未售出部分。反之，在有權先購報價的場合，表示買方有權先自他人購進，尤其買方擬以較有利的條件買入時，常用這種方式報價，其報價方式為 "We offer subject to prior purchase..."，或 "We offer subject to prepurchase..."。

對有權先售或先購的報價，被報價人不宜以 "We accept your offer" 方式接受，而應以 "We accepted your offer, please confirm immediately" 方式請求對方確認。假如報價人願意確認，即可以 "We Confirm" 答覆，如不願意確認，即可以 "Regret, Sold Out" 或 "Regret, Already Bought" 答覆。

3. 有權變更報價 (offer subject to alteration/change)：在市場變動劇烈時，報價人可以有權變更的條件報價。所謂「變更」，指報價人收到接受的函（電）後，可不照原報價條件確認，而得變更原報價條件，也可照原報價條件確認之意。

We offer
- subject to alteration ···························（謹報價，條件得變更）
- subject to change without notice ···········（謹報價，條件得變動，不另通知）
- subject to market fluctuation ···············（謹報價，條件得因市況變動而變更）
- without engagemen ·····························（謹報價，但不受約束）

當被報價人來函電請確認時，報價人如變更條件，則應答覆如下：

Confirmed, subject to following alterations...fax agreement.

如被報價人同意變更條件即可函（電）覆如下：

Agreed.

如不同意變更條件，則覆函（電）如下：

Disagreed.

　　總之，在上述情形下，報價人的第一次報價並不是穩固報價，而被報價人的接受報價則為穩固報價，至於報價人的 "Confirmed, subject to..." 則為反報價 (counter offer)。

　　4.附加裝運條件報價 (offer subject to conditions of shipment)：

　　⑴貨物安抵輸出港時有效報價 (offer subject to safe arrival of goods at port of shipment)：賣方有時應買方請求報價，而手中無現貨，須向內地較遠地區收購，但又不願保證必有貨物可以出售時，乃於報價中聲明「貨物安抵輸出港時有效」，即貨物如不能安然抵達輸出港，雖買方接受，仍屬無效。他方面進口商向國內顧客報價時可以 "Subject to safe arrival of goods at port of destination" 方式報價。

　　⑵有船位時有效報價 (offer subject to shipping space available)：有時從某一港口到另一港口的船隻稀少或港口擁擠，不易獲得船位時，可以 "Offer Subject to Shipping Space Available" 方式報價。

　　5.獲得輸出（入）許可證才有效的報價 (offer subject to approval of export/import license) 或以獲得配額才有效的報價 (subject to export/import quota available)：在外匯及貿易管制的國家，進出口貨物多需要先取得輸出入許可證或配額，所以為避免糾紛，可在報價函電中預先聲明以取得許可證或配額為條件。

※第四節　報價的種類㈡──其他報價

一、准許退貨報價 (offer on sale or return)

　　這種報價，契約成立後，買方在約定期間內，未能轉售出的部分，得任意退貨，所以稱為「准許退貨報價」，為非穩固報價的一種。On Sale 為「售出」之意。Or Return 為「或退貨」之意。例如：

We offer on sale or return.（謹報價……並允許退貨。）

　　這種准許退貨為條件的報價，對賣方甚為不利，契約成立後，貨物也交到買方手中時，如因遇市價下跌，買方無法轉售出去，即可退貨，因此除推銷不計成本的剩餘貨物或開拓市場的需要外，通常不採用。

二、以認可樣品為條件的報價 (offer subject to sample approval)

為非穩固報價的一種。在售貨報價，有時賣方憑買方樣品報價，但樣品尚未寄達賣方，無法確定品質，於是先行報出其他條件，但表明以樣品經賣方認可後，該項報價方為有效。此即為以認可樣品為條件的報價。反之，在購貨報價的場合，買方開示購買的各項條件（價格、數量、交貨、付款、包裝等），但品質則等賣方樣品寄達後再予認可。樣品經買方認可後，該項購貨報價方始有效。換言之，該報價是以買方對樣品的認可為有效條件。

三、撤回以前有效報價 (offer good until withdrawal) 又稱為持續報價 (standing offer)

賣方有時因為出口地市價安定，而手頭存貨甚多，可隨時應付買方的需要，或買方因進口地市價安定，需要甚大，可隨時進貨。在這情形的報價，往往聲明在撤回通知到達對方以前，報價繼續有效。被報價人只須在報價撤回以前加以接受，契約即告成立，例如：

We offer good until withdrawal 1,000 sets personal computers...

這種報價的有效期間長短，實際上任由報價人決定。如報價人擬在較短期間內撤回，則報價有效期間短；反之，則有效期間長。這種「撤回以前有效報價」最適於廠商自製自銷的情形。

四、未定期限的報價

未定期限的報價與穩固報價不同之處在於未載明接受期限。雖然如此，一般法律習慣仍認為有期限，這一期限為「相當期間」(reasonable time) 或依通常情形「接受」通知應該到達的期限（參照 UCC §2–205）。在買賣雙方對此期限未發生爭議時，此用語故無解釋必要，但一旦發生爭議則非確定其意義不可。如進出口兩地無貿易習慣可資依據，而一方又堅持必須解決時，就不得不採調解、仲裁乃至訴訟的方法解決。不論調解、仲裁或訴訟，其判斷「相當期間」的主要因素不外：①兩地間距離的遠近；②通訊聯絡的方便程度；③報價函電所開品質、價格以及是否使對方考

慮費時（商品種類及性質）；④交易商品市場變動的激烈程度（市場狀況）。此外報價方法也影響「相當期間」的解釋。關於這一點，也有一定習慣，即報價如用電傳，則依電傳傳遞所需時間考慮「相當期間」的長短；反之，如用書信，則依書信傳遞所需時間考慮「相當期間」的長短。

　　未定期限的報價，在相當期間內固然不得撤銷，但該報價一經逾相當期間，不待撤銷，即告失效，而成為自由報價 (free offer)，或無拘束力報價 (unbinding offer)，報價人不再受拘束，得自由片面地，隨時變更或取消其報價。

　　對自由報價，報價人得將其變更為定有期限的穩固報價。

五、聯合報價 (combined offer) 或合併報價

　　有時貨物因品質或價格關係，一批易售，一批難售。換句話說，該貨物有兩種以上的規格或等級，報價人希望同時成交，即可發出報價規定被報價人要接受就須一併接受，亦即所謂 "On All or None Basis"（以「全部接受或不接受」為條件）。在發出這種報價時，必須附加 This is a Combined Offer 字樣。例如：

　　We offer firm for reply here by October 12, 20– bleached cotton shirting No. 1 one hundred pieces, each US$10.50, No. 2 eighty pieces US$9.50 both on FOB Keelung basis, shipment during December, 20–. This is a combined offer.（謹報價，漂白棉布一號 100 疋，每批 US$10.50，二號 80 疋，每批 US$9.50，上述價格為基隆船上交貨價格，20– 年 12 月間交貨，此為聯合報價，答覆應於 20– 年 10 月 12 日前到達敝處。）

六、再度報價 (repeat offer)

　　買賣成交後，如尚有一批品質、數量等與上次報價內容完全相同，擬按前報價條件交易時，可用「再度報價」發出，省卻將各項條件一一再列明的麻煩，並節省時間及費用，例如：

　　We repeat offer per our fax of July 12 subject to reply here by August 10, 20–.（請參照敝號 20– 年 7 月 12 日傳真，謹再度報價，答覆應於 20– 年 8 月 10 日前到達敝處。）

七、反報價 (counter offer)

　　或稱「還價」，這是被報價人不能接受報價人所提出的條件，但尚有意交易時，

由被報價人變更原報價人所提條件或附加特別條件，而向原報價人提出反報價的情形。反報價在法律上視為新要約，而在貿易上，也視為新報價，這時原報價自動取消。還價的接受人，即為原報價的報價人（詳閱本章第十三節）。

八、原報價 (original offer)

原報價為反報價或還價的相對用語，在此情形，反報價或還價稱為新報價。

九、更新報價 (renewed offer; amended offer)

在報價有效期限內，而且對方未向報價人通知接受或不接受之前，報價人將原報價條件的一部分加以變更或修改者，稱為報價的更新 (renewal of offer) 或變更報價 (amendment of offer)，而修改或變更了的報價，稱為 Renewed Offer 或 Amended Offer。在報價期限屆滿後或期限內，報價人向對方發出延長報價期限者，係為 Extension of Offer 或 Extension of Validity of Offer。Extension of Offer 與 Amended Offer 極易混淆。實際上，Extension of Offer 只是報價期限的延長，如其他條件也變更，則屬於 Amended Offer。但廣義地說，Extension of Offer 乃為 Amended Offer 的一種。報價在其有效期限內，原則上不能變更。因此，Amended Offer 只限於對相對人有利時才有效，如對相對人不利，對方可拒絕。但也有例外，即雖對相對人不利，如對方同意者，或因不可抗力所致者不在此限。例如：

We renew our offer of October 12, 20– subject to alterations US$20.50 per piece CIF New York December shipment, 20–.（茲更新敝號 20– 年 10 月 12 日報價，條件變更為每件 US$20.50 CIF 紐約 20– 年 12 月裝船。）

十、廉售報價 (special offer)

即賣方就一批貨物，以大減價方式，同時向許多顧客所提出的報價，通常以先買先售為條件。

🌐 第五節　報價的方式

報價的方式大約可分為三種：

1. 書面報價：

凡以信函 (letter)、傳真 (fax)、電子郵件 (e-mail) 或智慧型手機 (smart phone) 等方式報價者,均為書面報價,為國際貿易上最常用的報價方式。

2.口頭報價:

例如買賣雙方面對面進行交易磋商,或以電話進行交易磋商時,所作出的報價就是口頭報價 (oral offer),由於口頭報價未以書面記錄,易引起糾紛,所以國際貿易上較為少見。

3.行為報價:

例如買方未向賣方訂購貨物,賣方即主動將貨物寄給買方,表明願以一定條件將貨物售予買方;賣方未向買方推銷貨物,買方即主動將貨款匯寄賣方,表明願以一定條件向賣方購買貨物的情形,但國際貿易中很少以此方式報價。

🌐 第六節　穩固報價的意義及其效力

一、穩固報價的意義

所謂穩固報價,又稱為不可撤銷報價 (irrevocable offer) 或確定報價,指載明接受期限,在期限內所報各項條件確定不變,而且在期限內繼續有效的報價。被報價人只要在期限內接受,契約即告成立,是目前國際貿易上最通用的一種報價。例如:

・We offer (to sell) firm for reply here by September 30, 20– Ten M/T Ponlai Rice US$265 Per M/T FOB Taiwan prompt shipment.

・We offer (to sell) valid until September 30, 20– Ponlai Rice Ten M/T US$265 Per M/T FOB Taiwan prompt shipment.

按 Firm 為「確定的」、「不變的」的意思,Firm Offer 即為確定的或穩固的出售或購買報價。英文為 "Expression of selling definite intention or buying definite intention"。平常所謂的報價即指穩固報價而言。

二、穩固報價的生效時期及有效期限

報價是以訂立一定契約為目的而做的意思表示。報價生效時期如何,依契約自由的原則,報價人得任意規定,當事人未有表示時,則應視被報價人是為特定人或不特定人而定。就國際貿易上的報價而言,以特定人為報價對象,而向特定人為報

價時，又視其為對話報價或為非對話報價而不同。向對話人報價時，其效力發生時期，通說則認為應準用非對話報價的規定，即採到達主義。換句話說，以報價到達被報價人時生效，而我民法第 94 條則規定：「對話人為意思表示者，其意思表示，以相對人瞭解時，發生效力」，所以是採瞭解主義（按電話報價屬於對話報價）。

　　非對話報價在實務上較重要，各國法律都詳加規定。按非對話報價，是以書信、電報表示為常例，其所經歷的過程不外四個階段，即作成、發送、到達及為相對人所瞭解。實際上，關係非對話報價的生效時期有四種說法，即表白主義、發信（報）主義、到達主義及瞭解主義。但現在多數國家都採到達主義，即以報價的意思表示到達被報價人的支配範圍時，才生效。我民法第 95 條第 1 項規定：「非對話而為意思表示者，其意思表示，以通知達到相對人時，發生效力。」英美法也有同樣的規定。

　　至於報價的有效期限 (term of validity of offer; time limit of offer)，其存續期間得由報價人自由決定。在實務上，通常均斟酌該商品的交易習慣、函電傳遞情形、市價變動情形而規定一定的有效期限，例如 "We offer until October 12..."。

　　在此場合，單單規定月日尚不夠完全。由於時差 (difference in time) 關係，上述報價中所指的 10 月 12 日究為接受的發送時間抑或其到達時間，不無疑問，因此應以下列方式報價：

We offer firm for reply here by October 12, 20–... 或

We offer until October 12, 20– our time (or our opening).

　　至於未定期限的報價，因報價人未訂明其報價的存續期間，在對話的場合，依各國法例，相對人須立時接受，在非對話人的場合，報價則在一定期間內仍然存續，德民法、我民法第 157 條稱為「依通常情形可期待承諾之達到時期」，而在英美法則稱為「合理期間」，請參閱前節四。

　　一般而言，報價因下列情況之一而失去效力，報價人不再受拘束。

　 1. 報價人依法撤回 (withdraw) 或撤銷 (revoke) 報價（但依我國民法，要約一經到達對方即不得撤回）。

　 2. 被報價人作出還價 (counter offer)。

　 3. 被報價人拒絕報價中所提出的條件 (rejection)。

　 4. 報價中規定的有效期屆滿 (passage of time)。

5.報價中未規定有效期者，已逾合理期間，而未被接受。

6.報價內容違法。

7.發生不可抗力事故。

8.在報價被接受前，當事人喪失行為能力、死亡或法人破產等。

三、穩固報價的效力

㈠報價人對於對方有效的接受，不得拒絕訂立契約

因穩固報價是確定的、不變的，所以對方如在穩固報價的有效期限內接受時，報價人不能拒絕訂立契約。例如提出售貨報價後，如在有效期間內獲得買方的接受，其商品的市價、原料價格及製造費用等即使有上漲的情事，賣方也不能吝不出售，否則視同賣方不履行買賣契約，買方有要求賠償損失的權利。

㈡穩固報價不能撤銷

穩固報價的英文為 Firm Offer，而 Firm 一語，一般業者都瞭解為「在期限屆滿前不得撤銷」之意，這種解釋包括我國在內的大陸法系國家，皆有法律上的支持。

大陸法系國家規定穩固報價在其有效期間內不得撤銷，實與交易當事人的意思合致，所以較合理。法律既規定穩固報價在有效期間內不得撤銷，則即使報價在有效期間內撤銷，被報價人仍得不顧此事實，而予以接受，使契約有效成立。在此場合，契約雖已成立，但報價人可能不履約。然而被報價人得以報價人違約為由向其請求損害賠償。

至於英美法對於一切有效期限的報價，除下述二種情形外，報價人可自由撤銷報價。

1.以封印證書 (covenant; contract under seal) 方式報價的場合。

2.對於不可撤銷的報價，被報價人已支付對價 (consideration) 的場合。

總之，從事貿易的人，應記住英美法的穩固報價是可撤銷的。英美習慣法的穩固報價固然得撤銷，然而現行美國統一商法 (Uniform Commercial Code, UCC)§2–205 則規定穩固報價不得撤銷。

關於此，該法規定應具備四個條件：⑴須以署名的文書報價；⑵須限於商人的報價；⑶報價的有效期限不超過三個月；⑷在被報價人所提供的格式 (form) 上記載有效期限者，在該有效期限部分，應由報價人另行署名。

㈢穩固報價不得變更

穩固報價提出後，在其有效期限內，報價人不能片面提出修改其報價中的一部分或全部條件。

例如出口商甲向國外進口商乙於 1 月 15 日發出穩固報價：「柏油 500 桶，CIF 價格每桶 500 美元，3 月裝運，有效期限至 1 月 31 日」，後因柏油價格上漲，甲乃於 1 月 25 日向乙致電變更價格為 CIF 每桶 530 美元，這種片面的更改，如乙在甲變更價格之前，已憑其原報價轉報於丙並為丙所接受，則乙因甲變更價格有所損失，可向甲提出損害賠償。

穩固報價故不能撤銷及不得變更，但也有下列例外情形：

1. 對方同意撤銷或變更報價時：所謂穩固報價不能撤銷及更改，是指不能片面的撤銷或變更而言。如報價人的撤銷或變更報價已獲得對方的同意或諒解，報價人自可解除撤銷或更改的責任。

2. 發生不可抗力時：報價人方面發生不可抗力情事時，毋需對方的同意即可撤銷或修改原報價，且不負道德上及法律上的責任。但報價人須將發生不可抗力的情事通知對方，並有舉證的義務。

3. 在穩固報價生效前予以撤回：報價於生效前概得撤回，是屬當然。但依我民法第 95 條規定，撤回的通知與報價同時到達者，其撤回亦生效力。

※第七節　穩固報價的左進右出原則

左進右出就是由左邊接進來的從右邊放出之意。穩固報價左進右出的意義有二：

一、穩固報價的左進右出

其意義為不發出架空的報價，而遵守賺取合理利潤的正途，換句話說不做拋空，也不囤積。

二、穩固報價條件的左進右出

左進右出的第二種意義為穩固報價的條件，從左手接進的應即照原條件從右手放出，例如：

1. 出口商從製造商接獲穩固售貨報價後，向國外買方提出穩固報價時，其有關

條件須與製造商的穩固售貨報價條件相同，即其左進右出，僅是過手而已。

　　2.出口商從外國買方接獲穩固購貨報價後，向國內供應商提出穩固購貨報價時，其有關條件須與外國買方的穩固購貨報價條件相同。

　　3.進口商從國內需要者接獲穩固購貨報價後，向外國賣方提出穩固購貨報價時，其有關條件須與國內需要者的穩固購貨報價相同。

　　4.進口商從外國賣方接獲穩固售貨報價後，向國內需要者提出穩固售貨報價時，有關條件須與外國賣方的穩固售貨報價相同。

　　但左進右出的原則也有例外，因為須考慮到貿易商的利潤 (margin)。換言之，其出售價格與購入價格當然不同。此外，有些條件如風險不大，可能也可有若干的變更。

　　除上述例外情形之外，穩固報價如不遵守左進右出的原則，則日後可能遭受到意外的損失，例如：

　　1.從製造商接獲的穩固報價中載有 "Shipment within 30 days after receipt of L/C"，但發往國外的穩固報價卻規定 "Shipment during July, 20–"，且依此條件成立契約。兩者條件不同，如因國外買方延遲開發信用狀，則對於買方的 7 月裝運將無法照辦，以致發生糾紛，但製造商則無責任。

　　2.製造商的穩固報價中以 "Maker's Inspection to Be Final" 為條件，但出口商向外國報價時漏載此條件，契約成立時國外買方要求 "Independent Surveyor's Inspection to Be Final" 以致發生爭執。

　　從上面所述，穩固報價的左進右出原則，切勿輕視，否則貿然訂立契約，日後可能發生爭論與糾紛。

◉ ※第八節　交錯報價

　　二人偶然互為報價的表示，稱為交錯報價或交叉報價 (cross offer)，例如紐約商人甲為出售某廢船，以價格 200,000 美元向臺北的乙提出售貨報價，而臺北的乙恰好也向甲提出願以相同價格購進該廢船的購貨報價。這時雙方的意思表示內容互相一致，而且雙方均以訂立契約為意思表示。就其意思一致而言，與報價被接受並無不同。契約能否依交錯報價方式成立，似值得研究。茲分析於下：

```
              (Selling) Offer
        ┌─────────────────────→
     甲                          乙
        ←─────────────────────┘
              (Buying) Offer
```

交錯報價在實務上雖罕見，然而在繼續往來的當事人間，並非絕無發生這種情形的可能。從法律觀點來說，我民法對交錯報價並無規定。學說上對於交錯報價是否可成立契約一節，有肯定說與否定說。主張否定說者認為：接受應對特定的報價為之，而上述情形乙的報價即使是在甲發出報價後才發出，乙的報價不能視為接受，因此契約不能有效成立。採肯定說者則認為：兩個報價的意思表示不僅在客觀上有同一內容（客觀的合致），而且雙方當事人都有就該同一內容訂約的意思（主觀的合致），所以已可滿足契約有效成立的要件，因此主張契約有效成立。肯定說為大陸法系國家所採用，否定說則為英美法系國家所採用。就最近趨勢看來，肯定說較占優勢。在採肯定說時，契約成立時間，因後發的報價並非接受，所以通常以後發的報價到達對方時契約才告成立。

關於交錯報價的問題，在有名的 Tinn v. Hoffmann & Co.（1873 年）對訟案中，英國 Court of Exchequer 的法官說：交錯報價縱其內容相同也不能有效成立契約。在本案，1871 年 11 月 28 日，被告致函原告要約以 £69 Per Ton 出售生鐵 800 噸。在報價失效後，被告再寫信重申此意。在該信到達前，原告向被告表示願意按所開條件承購，雙方函件彼此交錯。但後來被告將該批生鐵另出售他人，原告以交錯報價契約已成立為由向法院控訴被告違約。法院判曰：此情形，係屬同時要約 (simultaneous offer)，契約難以成立，因原報價人的第二次表示，並未使第一次報價復活，是屬新報價，相對人的接受（購貨報價）是在新報價到達前，既不知有新報價，契約自不能成立。在英國關於交錯報價僅有此一判例，且七位法官中有二人採相反意見，所以本判例並不具權威性。

在美國有關交錯報價的判例也罕見。其中有一非決定性的判例為 1921 年紐約最高法院的判例。該判例也採否定說，又其 "Restatement of the Law of Contract" 第 23 條也採否定說。

如上所述，關於交錯報價，是否可有效成立契約，我國、英國都尚無明確規定。因此，在實務上，如發生這種交錯報價時，宜立即向對方發出接受的意思表示，以避免引起糾紛。

🌐 第九節　答覆報價及接受的意義

如前所述，報價是一方願意按自己所開出的條件，與他方成立契約的確定的意思表示。對於買賣一方的報價，如他方在其有效期限內答覆接受，則買賣契約即告成立。我民法第 158 條規定：「要約定有承諾期限者，非於其期限內為承諾，失其拘束力。」接受或承諾是被報價人回答報價人同意按其所提條件成立契約的意思表示。先有報價而後有接受，二者合致，契約即告成立。

一、答覆報價的種類

國際貿易中的報價種類雖多，但大體上可分為確定意思的穩固報價，及屬於無確定意思的非穩固報價兩大類。茲分述對此兩大類報價的答覆種類如下：

㈠對穩固報價的答覆

1.接受 (acceptance)：這是被報價人同意報價人的穩固報價，而使其成立契約為目的意思表示。其用語為① We have accepted. ② Your offer is accepted.。

2.反報價 (counter offer)：即還價（詳本章第十三節）。

3.不接受 (non-acceptance)：這是對於穩固報價的拒絕接受。其用語為① We cannot accept. ② Unacceptable. ③ We are unable to accept. 等等。

4.有意向 (idea) 的答覆，例如：

We may buy (or sell)...

We can probably buy (or sell)... ｝這二種，皆不含有確定意思，所以不能立即彼此成立契約。

㈡對非穩固報價的答覆

原報價人在此種報價內附有未確定的條件，對其不具拘束力，因此被報價人儘可考慮自己需要，提出不同的條件，此種條件必須經原報價人確認接受，交易方告成立。但在買方急欲訂購且對賣方報價內容尚感滿意時，當然也可不另提出不同條件，而逕行表示完全接受，但仍須經賣方的確認，契約才告成立。

二、接受的意義及有效接受的要件

如前所述，接受是被報價人願依報價人所開條件與報價人成立契約的意思表示，這種意思表示為無條件的 (unconditional) Yes 或 O.K.，一切買賣契約必須報價的意

思表示與接受的意思表示一致，才能有效成立。

有效接受 (valid acceptance) 須具備下列四項要件：

1.有效接受的第一要件是：接受報價的人必須為被報價人。如為被報價人以外的第三人，報價人不受約束。

2.有效接受的第二要件是：全部接受 (complete acceptance)。即須對於穩固報價所開的一切條件無條件接受；換句話說，附有條件的接受，並非有效接受。

3.有效接受的第三要件是：須在穩固報價的有效期限內接受報價。

4.有效接受的第四要件是：須依報價人所指定的接受方法或交易習慣接受。接受的方法，以無限制為原則，但報價人限定接受方法時，應從其規定。如限定以電傳接受，即應以電傳接受，如以書信接受即不生接受的效力。

🌐 第十節　接受的通知方式與用語

一、報價人指定接受通知方式

接受的通知方式，通常以不限制為原則。但依意思自由的原則，報價人得在其報價中指定接受的通知方式，如被報價人不依該指定方式接受，契約即不能有效成立。

就目前情形而言，電話、電報、Telex、Fax、E-mail (electronic mail，電子郵件) 或書信（普通書信、航空書信、限時專送……）都可作為接受的通知方式。如報價僅表示接受須以某種方式通知，而未明示排除其他方式，則報價人所意欲者，究竟是在於求取「接受」的速度，還是在於取得「接受」的證據，抑或兼具二者，不無疑問。

1.如其所意欲者，是接受的速度，則如相對人使用不同的通知方式，而其到達又較原指定的方式為快速，其通知方式當屬適當。所以如報價訂明用快信而接受則用電傳，自無不可。例：

We have the pleasure to offer you...please reply by the return express mail.

2.如報價人指定通知方式目的是在取得證據，則通知的方式須在某種程度能符合其需要，才妥當。所以甲向乙報價並規定以書信答覆，而乙則以口頭或電話答覆，此項接受自屬無效。

3.如報價人所指定的通知方式兼具速度與證據的雙重目的，則接受通知的方式，也必須符合二者的要求，才算妥適。

　至於報價人的意思究屬何者，應視個案而定。限定接受通知方式時，如被報價人以他種方式接受，則該接受應視為還價 (counter offer)。

二、報價人未指定接受通知方式

　報價人不指定接受的通知方式，乃為交易上的常例。這時接受應依合理的方式通知。合理與否，應斟酌交易習慣、當事人以前交易關係、契約內容以及市場動態等因素。在實務上，接受的通知方式，應與報價所使用的方式相同。例如以電報報價時，應以電報接受；以 Fax 報價時，應以 Fax 接受；以航空書信報價時，應以航空書信接受。但這僅是原則而已。如接受的通知方式（如電報），其速度較報價所用的方式（如書信）為快速，按理對報價人有益無害，報價人應無拒絕的理由。

三、接受的用語──接受的表示方法

　在洽商交易中，用於表示「接受」的措詞，有下述各種用語：

　1. Accepted：參照對方報價的函電等，以 We have accepted 或 Accepted 字句接受。例如 "We accepted your offer dated..."。

　2. Booked、Engaged：這兩字為「已接受」之意。

　3. Ordered：這是對穩固售貨報價接受時所用。

　4. Agreed、Approved：也是表示接受之意。

　5. Confirmed：確認之意，也含有接受之意，通常用於 Sub-Con Offer 或 Counter Offer。

　通常「接受」的表示方法應使用上述 1～5 的任一明確的表示方法。

● 第十一節　接受的生效時期

一、接受生效時期的重要性

　報價因接受而成立契約，然而接受的生效時期如何，是契約上一項重大問題，因為有許多問題須以此為決定基礎，主要有：

1.決定契約成立時期。

2.決定締約地點，此與決定法院管轄及選擇用法律有關。

3.決定接受未能到達或遲延到達時，其不利益由何方當事人負擔。

4.決定危險負擔界限：有些國家法律規定以接受生效時期為買賣標的物，所有權及價金危險移轉的準據時間。

二、接受生效時期的立法主義

接受何時生效，關係雖然重大，但是各國法律規定至為紛歧。衡諸實情，有下述三種不同的立法主義：

1.發信主義：在英美國家，對於接受的意思，以郵件、電報表示者，除報價人另有規定外，於信件投入郵筒或電報交付電信局時，即生效力。換句話說，被報價人接受的意思表示離開其支配範圍時，其接受即生效力，契約也告成立，至於用電話、Telex 接受，在英美法則採下述到達主義。

2.到達主義：即接受的意思表示於到達報價人支配範圍內時生效力，契約也告成立。如接受的書信送達報價人即生效，大陸法系國家多採此主義。

3.瞭解主義：即接受的意思表示到達後，須待報價人瞭解後，才能生效力，例如書信經對方閱覽瞭解後，才生效力。義大利民法第 1362 條規定接受須於報價人瞭解其表示內容時，才生效力。法律推定接受到達時，即已知其內容，所以報價人欲主張契約不成立時，將必先證明其未能知悉並無過失。

以上是就各國立法主義加以說明。就大原則而言，不論是英美法或大陸法系國家都採到達主義，因此接受的意思表示，非於有效期限前到達報價人，契約不成立。然而，這不過是原則而已。實際上，因當事人之間接受的意思表示是否為對話、意思傳達手段的通信機關種類是否相同，其結論也有所不同，茲分述於下：

三、對話接受的生效時期

在當事人對話，一方報價對方接受的場合，接受的意思表示何時生效，有採到達主義的，也有採瞭解主義的。我國民法關於這點並無特別規定，但從我國民法第94 條：「對話人為意思表示者，其意思表示，以相對人瞭解時，發生效力」的規定看來，應採瞭解主義。立法意旨可能是因對話時，或因方言的差異，或因聽覺的關

係，其意思的誤會，在所難免之故。

　　德、日民法皆無明文規定，但通說則認為應採到達主義。英、美也是。在有名的 Entores Ltd. v. Miles Far East Co. 一案，Denning 法官曾有生動的說明，略謂：假設報價人向對岸或隔院的人高聲為報價，這時剛好一飛機飛過，報價人未聽到相對人的回音，當無契約的成立可說。相對人如想與報價人締約，必須等飛機飛走後才向報價人表示接受，而於報價人聽到其覆音後，契約才成立。

四、以電話接受的生效時期

　　當事人用電話會談時，雙方之間雖然有空間的隔離，但實際上用電話的傳達，就時間上而言，與當事人對座會談的情形相同。關於此，德、日民法皆無明文規定，也無判例可循。然而就發話與到達的同時性考慮，按一般原則，應採用到達主義，殆無疑問。換句話說，接受的意思表示以到達報價人支配範圍時契約才能成立。就我國來說，則似採瞭解主義。

　　他方面就英、美法考察，英國 1955 年 Entores, Ltd. 與 Miles Far East Co. 對訟案，英國高院女王座法院判決中判決：用電話接受，應與當事人對座時相同，以到達主義為一般原則。美國 Restatement of the Law of Contract 第 65 條則規定：「以電話接受者，與當事人對座的場合相同，適用口頭接受的原則」，所以美國也採用到達主義。雖然美國加州最高法院，判例中也有採用發信主義的，但美國上述 Restatement of the Law of Contract 畢竟有其權威性，今後採用到達主義的公算較大。

五、以 Telex 接受的生效時期

　　如眾所周知，就 Telex 可用於對談而言，雖然與使用電話的情形類似，但就對方電傳打字機 (teletypewriter) 無人在場時，可將通信內容用紙筆記錄一點而言，又與一般電報相似。那麼究竟採取一般原則的到達主義或採用下述電報的發信主義呢？關於這點，英國有唯一的判例，即 1955 年英國高院女王座法院就 Entores, Ltd. v. Miles Far East Co. 對訟案所下判決。在本案中買方 Entores 為英國的公司，賣方 Miles 為在世界各地擁有分公司的美國公司的荷蘭分公司。於 1954 年 9 月 8 日，賣方 Miles 向 Entores 以 Telex 發出如下報價：

Offer for account our associates Miles Far East Co. Tokyo up to 400 long tons Japanese cathodes

Sterling £240 long-ton CIF shipment Mitsui Line September 28 or October 10 payment by letter of credit. Your reply Telex Amsterdam 12174 or phone 31490 before 4 p.m. invited.（茲代本公司東京聯號 Miles Far East Co. 報價日製陰極 400 長噸，每長噸 CIF 240 英鎊，9 月 28 日或 10 月 10 日裝三井船公司船隻，憑信用狀付款。請於下午 4 時前掛阿姆斯特丹 Telex 12174 號或電話 31490 號答覆。）

對此報價，Entores 以 Telex 拍發如下回電：

Accept 100 long tons Japanese cathodes shipment latest October 10 Sterling £239−10s. long-ton CIF London/Rotterdam payment letter of credit stop please confirm latest tomorrow.（接受 100 長噸日製陰極，最遲於 10 月 10 日裝船，每長噸價格 CIF London/Rotterdam 239 英鎊 10 先令，以信用狀付款。請最遲於明日前確認。）

因買方 Entores 變更了 Miles 所報的價格，所以雖然用了 Accept 字樣，實際上則為還價。Miles 公司收到 Telex 後，立即以 Telex 回電接受其還價，電文如下："We received O.K. Thank you"（來電悉，接受，謹謝），於是契約乃告成立，殆無疑問。問題的關鍵是契約到底在何地成立？ 究竟是在發 Telex 接受的荷蘭成立或在收到 Telex 的英國成立呢？本問題乃牽涉到以 Telex 接受時，到底適用一般的到達主義，或是適用發信主義？審理本案的英國高院女王座法院法官 Parker 說：「以 Telex 接受時，與當事人對談或電話對談相同，適用到達主義。」

各國實務上大抵也適用到達主義，所以對於穩固報價的接受通知，以 Telex 通知時，由報價人於期限內收到時，契約才成立，如在期限內發出而報價人收到之日已在期限外，則報價人可否認其效力。

又，上述 Entores 的回電不宜以 Accept 開頭，而宜以 We Accepted 或 Accepted 開頭。因為以 Accept 開頭，有時會被誤解為請求式的 Please Accept。同理，以電報或 Telex 報價時，不宜以 Offer 開頭，而宜以 We Offer 開頭較佳。

六、以郵件、電報接受生效時期

對相隔兩地的報價，以郵件或電報接受時，接受的通知究竟採用發信主義或到達主義？就各國法律看來，日本採發信主義，即接受的郵件投入信筒或接受的電報交給電信局時，契約即告成立。英美法也採發信主義 (Adam v. Lindsell, 1818)，而採大陸法的我國與德國則採到達主義。

　　就英、美、日等國而言，只要接受通知確於期限內發出，即使期限過後方抵達對方，也認為契約業已成立。但就大陸法國家的我國及德國而言，穩固報價的接受通知，由報價人於期限內收到時，契約方始成立。如在期限內發出而報價人收到的日期已不在期限內，則報價人仍可否認其效力。

七、以 Fax、Smart Phone、E-mail、Internet 接受生效時期

　　至於以目前較普遍的 Fax、Smart Phone、E-mail 或 Internet 接受時，其生效時期為何？法無明文規定，基於其類似 Telex，具有「同時的通信手段」的特性，我們認為採到達主義較妥。

　　為便於參考，將以上接受的生效時期列表於下：

準據法 通信手段及其他			我國法	日本法	英美法	德國法
關於意思表示的一般原則			到達主義	到達主義	到達主義	到達主義
接受的意思表示	對話者間	對　座	瞭解主義	到達主義	到達主義	到達主義
		電　話	瞭解主義	到達主義	到達主義	到達主義
		Telex、Fax、Smart Phone、E-mail、Internet	*1 瞭解主義	到達主義	到達主義	到達主義
	隔地者間	郵　件	*2 到達主義	發信主義	發信主義	到達主義
		電　報	*2 到達主義	發信主義	發信主義	到達主義

*1 我民法無明文規定。
*2 我民法無明文規定，依胡長清的見解，應比照民法第 95 條第 1 項規定採到達主義。

八、實務上的生效時期

　　由於國際貿易的報價與接受大多採用郵件、電報、電報交換、Fax 或 E-mail，又由於各國法律習慣的不同，在貿易實務上，為避免糾紛，多於報價函電中明白約定採用到達主義，例如：

We have the pleasure to offer you firm the undermentioned goods, subject to your reply received by us not later than October 12, 20–, Taipei time.

上文中 Taipei Time 二字表示「接受通知應於臺北時間 10 月 12 日前抵達」之意，如用電報時可用

Offer until October 12 here...(our time)

其中 Here 一語，即表示「接受通知應於 10 月 12 日前抵達」及「10 月 12 日為本地時間」之意。只是當此場合，仍有被誤解為只要對方在相當於本地 10 月 12 日的對方時間發出接受通知即可的危險，所以在重要交易的場合，仍宜用下列電文：

Offer subject your acceptance received by October 12, 20– here...(our time) 或

Offer subject to your reply reaches us Oct. 12, 20– our time 或

Offer valid until October 12, 20– Taipei time when absolute deadline of our receipt of your reply...

此外使用 Immediate Reply 一詞的場合，固然應事先約定 Immediate 所表示的期限，但仍須說明究竟是在期限內收到接受通知，或是在期限內發出接受通知。例如事先約定：

It means that a reply is to be received within four days.

其意義為收到有效，甚明顯。

 第十二節　附條件接受與附請求接受

一、附條件接受

附條件接受或有條件接受 (conditional acceptance) 是不完全的接受 (incomplete acceptance)，因此不具有「接受」的效果。因為附條件接受乃就對方報價中的條件加以變更或另追加條件而「接受」，所以實際上是「還價」(counter offer) 的一種。準此，即使使用 "Accept" 字樣，在法律上仍屬「還價」。對此如有所誤解，甚易引起爭執。

茲舉一例說明：我國進口商接獲外國出口商出售「10,000 M/T 黃豆，8、9 月裝運，可分批裝運」的報價 (10,000 M/T of soybean, August, September shipment, partial shipments allowed)，報價中「8、9 月裝運」一詞可解釋為「可在 8 月中全部裝運，也可在 9 月中全部裝運，更可在 8 月、9 月分批裝運」。8 月裝運若干，9 月裝運若干，全由出口商自由選擇。進口商本希望 8 月裝 5,000 M/T，9 月裝 5,000 M/T (5,000 M/T August shipment, balance September shipment)，所以誤以為對方既以 8、9 月裝運

即為平均裝運之意，於是以 We Accepted 電覆。等對方送來書面契約請求簽字時，才發現契約中僅規定 8、9 月裝運。進口商乃要求對方 8、9 月平均裝運。但對方因裝船港季節關係，預定 8 月裝 2,000 M/T，9 月裝 8,000 M/T，且 8 月份的運費較 9 月貴，堅持仍照契約 8、9 月裝運，雖經電報往返磋商，仍無法妥協，終至取消契約，而由進口商向出口商支付一筆取消契約的賠償金了事。

倘上例進口商較為慎重，以附條件接受方式電覆對方 "We accepted subject to August September shipment in two equal lots, please confirm." 即不會發生後來的不幸情形。

讀者應記住「附條件接受」乃為「還價」，而「還價」，則有使原報價失去效力的效果。我國民法第 160 條第 2 項規定：「將要約擴張、限制或為其他變更而承諾者，視為拒絕原要約而為新要約」，對於「附條件接受」如不明辨其法律上的性質與效果，日後將發生糾紛。

「附條件報價」的各種條件中，有些是輕微的變更 (negligible variance; trivial variance; immaterial variance) 了原報價條件，有些是重大的變更 (material variance; important variance) 了原報價條件，哪些是輕微，哪些是重大，視商品種類、性質、市況等而定。

一般而言，牽涉到基本交易條件（價格、品質、數量、交貨、付款、包裝刷嘜、保險等條件）及仲裁、管轄、檢驗等條件的實質變更，多屬重大的變更。

至於什麼是輕微的變更，不易確定，要以非實質變更為前提。例如：外銷商品到美國時，美國進口商將出口商的原報 CIF Los Angeles 變更為 CIF Long Beach，實質上運費及保險費都一樣時，或許可視為輕微的變更。變更報價內容而為「接受」的情形，在交易上經常發生，那麼變更報價內容極輕微時，是否可與原報價結合而成立契約？關於這一點大多數學者都採極審慎的態度。但美國統一商法 2–207 條採比較彈性的態度，與傳統不得稍有變更的「鏡像規則」(mirror image rule) 理論，略有出入，實堪注意。

二、附請求接受

有時候被報價人於接受報價時，附帶請求如可能的話希望變更若干條件，這種接受稱為「附請求接受」(acceptance accompanied by request)，在法律上是有效的「接

受」而與「附條件接受」迥然不同。至於報價人是否應允其請求，並不影響契約的有效成立。例如對於 10 月裝運的報價，以下述電文接受：

Yours August 10 accepted stop if possible expedite shipment by Oct. 10, 20–.

契約成立後，報價人如可於 10 月 10 日以前裝運，當照辦，但萬一在 10 月 10 日以前無法裝運，也不視為違約。

🌐 第十三節　還價與部分接受的效果

一、還　價

被報價人將穩固報價內容變更、擴張（追加）或限制而接受時，此種有條件接受 (conditional acceptance)，即為「還價」(counter offer)，又稱為反報價。通常買賣的報價內容包括商品品質、價格、數量、包裝、交貨、付款等條件。即使被報價人僅就此等條件之一加以變更、限制或擴張（追加），即非真正的「接受」，即使使用 "Accept" 字樣仍應視為「新報價或還價」，法律上稱為「反要約」。與新報價相對稱的原報價稱為 Original Offer。因「還價」並非「接受」，所以不能有效成立契約。就法律觀點而言，「還價」具有「拒絕原報價而為新報價」的性質。還價與報價一樣，也可分為 Counter Firm Offer 與 Counter Free Offer 兩種。

Counter Offer = Rejection + New Offer

還價有下述的法律效果：

㈠「還價」為拒絕原報價而使原報價失效

「還價」到達對方使原報價失效後，不得就原報價再「接受」而使契約成立。關於這點很重要，業者應特別注意，茲舉例於下：

Oct. 2. A: Offer until 10th here...US$150 M/T FAS Yokohama...

Oct. 3. B: Your price too high our best US$130 subject to reply by Oct. 10, 20–.

Oct. 4. A: Now price here suddenly increased to US$170 due manufacturers strike therefore regret have to give up this business time being.

Oct. 5. B: Accepted your original price US$150 please airmail contract sheet immediately.

在本案 A 最初的報價有效期限為 10 月 10 日，而 B 最後發出的電報為 10 月 5 日，假如 B 主張是在 A 的有效期間（10 月 10 日）內「接受」，契約已告成立，那麼

在法律上是否承認其主張？結論是 B 的主張無法律根據。

㈡「還價」不僅為拒絕原報價，而且為被報價人向原報價人的新報價

　　因此如原報價人接受「還價」，則契約即告成立。在實際上的交易，很少一次報價即被接受而成立契約，大多數的場合都是經過還價，乃至一連串的相互還價之後，契約才告成。其過程雖複雜，原理上，契約乃因「報價」被「接受」而成立。

```
offeror of original offer ———— offer ————→ offeree of original offer

                            ←—— counter offer ——
offeree of counter offer Ⓐ                      Ⓑ offeror of counter offer
                            —— acceptance ——→
```

　　對於還價的處理方法有三：

　　1.若認為該還價可以同意，即回答同意接受，交易於是成立。

　　2.若認為該還價雖無法同意，但又存在成交可能，則可以就對方的還價提出再還價，再次提出報價人的意見，它可以是堅持原條件，也可以是對原報價條件作適當的調整以作為再一次的爭取。

　　3.若認為對方還價過苛，不存在達成交易的可能，則可以回答拒絕或不予答覆。

二、部分接受

　　所謂「部分接受」(partial acceptance)，是被報價人就報價商品「數量」接受一部分的一種接受方式。因這種接受實際上是就報價內容中很重要的「數量條件」予以變更，所以是一種典型的還價。既然是還價，除非經原報價人確認，契約不成立。例如對於如下報價：

Offer until 20th our time Bronica cigarette lighter 2,000 pieces US$5 per piece...

作 "Agreed only 1,000 pieces..." 的接受，則契約不成立。

　　實務上有些人以為除非報價明示 Whole or None 或 Partial Acceptance Unallowed 或 Partial Acceptance Prohibited，否則報價人不得拒絕「部分接受」，實為錯誤。「部分接受」乃「還價」，具有拒絕原報價而為新報價的效力。所以原報價人有接受或拒絕接受的自由，為策萬全，發出「部分接受」時，宜以 "Accepted 1,000 pieces...please confirm"，要求對方確認。

※第十四節　沉默與接受

在貿易實務上，一方報價而他方未答覆時，稱為「對報價的沉默」。沉默是否構成接受？茲分述於下：

一、原　則

報價生效後，被報價人得以文字或行為，依明示或默示的方法，對報價為接受或拒絕。如被報價人未為上述行為，不構成「接受」，這是各國共認的原則（參閱 CISG 第 18 條第 1 項）。即使報價人表示如不為通知即認為「接受」，例如：

If I do not receive your rejection of this offer within 10 days, I shall consider my offer be accepted. （倘十天內未接貴方對本報價的拒絕通知，即視為我方報價已為貴方所接受。）

也不能拘束相對人。這是因報價人不能以一己的意思使相對人負擔義務之故。關於這一點，英國 1862 年 Felthouse v. Bindley 案件的判例可供我們參考。本案中伯父向其姪子發出報價略以：願以 £15–15s. 買進其馬。函中有 "If I hear no more about him, I consider the horse mine at that price" 的句子。對這報價，姪子並未作答，嗣後將馬賣給他人，於是二人涉訟。法院判決略以：伯父並無強迫姪子成立契約之理，因而否定沉默可使契約成立。美國、聯合國國際貨物買賣契約公約 (CISG) 第 18 條第 1 項也不承認被報價人的沉默能使契約成立。

二、例　外

沉默不構成「接受」雖為原則，但各國都設有例外規定。其情形雖未盡一致，但同具有共通的特徵，即在特殊情形下，被報價人如不想締約，有表示的義務而不表示時，法律就視其沉默為「接受」。以下就若干重要類型，略予析述如下：

1.依法律或習慣有表示義務者：各國法律或商事習慣，都規定在某特定行業、某特定情況或對某特定人，被報價人不拒絕報價，即視為接受。例如我民法第 530 條規定「有承受委託處理一定事務之公然表示者，如對於該事務之委託，不即為拒絕之通知時，視為允受委託」。

2.依當事人事先協議有表示義務者：當事人事先約定，將來契約得因一方對他方報價的沉默而成立者，各國法律多承認其效力。如雙方在其一般交易條件協議書

內已事先協議，對於穩固報價，應於多少日內答覆接受與否，不然即視為接受。在此場合，若被報價人對於報價人的穩固報價不作答覆，契約即告成立（參閱民法第161 條）。

3.依以前交易或磋商有表示義務者：當事人間以前有契約關係，例如曾繼續多次購買貨品，則其對報價的沉默，依情形得視為接受。因此相對人如不願繼續將來契約關係時，應為表示（參閱民法第 161 條）。

4.依當事人磋商締約結果有表示義務者：關於這一點，應特別討論的是「確認書」(letter of confirmation)。確認書為締約當事人於獲致合意（契約成立）後，由一方送交他方的文件，其目的在陳述實際合意的內容，這在貿易上常用。例如售貨確認書 (sales confirmation)，購貨確認書 (purchase confirmation)。確認書應以雙方合意的內容為範圍，不得變更已經雙方合意的條件。但如含有未經合意的條件時，究應如何？原則上如相對人有異議，則此項新條件不具效力，契約仍有效，但如相對人沉默，這新條件可否視為接受？對這點，各國法律認為應斟酌商事慣例、當事人交易關係以及內容差異的程度等因素而定。德、奧、瑞等國學說，判例多傾向於相對人的沉默構成接受新條件。

🌐 第十五節　逾期接受的效果與處理

一、逾期接受的情形

逾期接受 (delayed acceptance; late acceptance) 即遲到的承諾，乃指接受通知超過報價有效期限才到達報價人之謂。逾期接受的情形有四：

1.報價因故在其有效期限過期後才到達被報價人（如報價有效期限七日，但這報價中途因故送達被報價人時已逾這期限），但被報價人仍予接受。

2.報價雖在有效期限屆至前到達被報價人，但被報價人卻在有效期限過期後才予接受。

3.報價在有效期限內到達被報價人，被報價人也在有效期限內發出接受，但這項接受到達報價人時，已逾報價有效期限。

4.報價未遲延，接受也在期限內發出，但於途中因故障而遲到。換句話說，接受的通知，按其傳達方法，依通常情形，在報價有效期限內應可到達報價人，但因

郵誤而遲到。

二、逾期接受的法律效果與處理

　　逾期接受時，只能視為新報價而無接受的效果，所以契約不成立。這是各國共認的基本原則（參閱民法第 160 條）。例如報價時，限定接受通知應於 4 月 15 日前抵達（此即報價有效期限），結果遲至 4 月 22 日接受通知才到達報價人，時間已過一星期，顯然遲到。但若僅差半日或一日的遲到如何處理？例如對於限 4 月 15 日下午 5 時前抵達的報價，在 4 月 15 日下午 8 時或 4 月 16 日下午 4 時到達的接受通知，是否也無接受的效果？這種情形，對方當然是預料在 4 月 15 日下午 5 時前可抵達才發出接受通知，那麼報價人豈可因遲到幾小時而否定契約的成立？是否在某種特殊情形下，也可使契約成立或發生其他法律效果？關於這一點，須視報價人的態度如何而定，茲綜合諸項因素分述於下：

㈠報價人對逾期接受表示同意

　　就法律觀點而言，如能證明接受遲到，即可拒絕契約的成立，但在實際上，如遲到僅數小時或一日，並且商品的市價變動又不大，報價人通常都予以寬容，同意使契約成立。在這種場合，報價人可以發出如下函電：

Your acceptance came late (arrived at 9 a.m. 16th) but we specially agree (or confirm).

㈡報價人對逾期接受表示不同意

　　假如商品的市價漲跌極為激烈，則即使是遲到一小時，有時也不能受理。這時必須立即電告：

Your fax reached too late (at 9 a.m. 16th) unconfirmable.

而表明契約不成立。

㈢報價人收到逾期接受，未為表示可否，保持沉默

　　這種情形的法律效果，應視前述各種遲到情形而定。在採到達主義或瞭解主義的大陸法系國家，對前述四種接受遲到的情形，契約均不成立，報價人也不負責任。但對第 3、4 兩種情形的遲到，如以書信或電報接受，因英美國家採發信主義，所以契約能成立（但事先聲明採取到達主義的應不在此限）。大陸法系國家原則上對第 3、4 兩種情形規定契約不成立，但因這種遲到的接受，有其特殊性，所以也發生如何保護相對人利益的問題。我國民法第 159 條規定：「承諾之通知，按其傳達方法，通

常在相當時期內可達到而遲到，其情形為要約人可得而知者，應向相對人即發遲到之通知。要約人怠於為前項通知者，其承諾視為未遲到。」CISG 也有類似規定。所以無論如何，對於逾期的接受，如不同意，應即通知對方。當然，報價人對於逾期的接受，是否同意，有時因需要供應廠商或需要者洽商，無法立即決定同意或拒絕。在這種場合，報價人（假定為賣方）可事先發出下述電報：

Your cable reached us 5 p.m. 16th. We will regard it as your buying offer and will reply you tomorrow.

通常，接受通知稍為遲到，即不予承認，法律上雖無責任，但道義上說不過去，因市價除特殊情形者外，半日之間不致有太大變動。但如對報價期限不能有所寬容者，宜在報價時特別聲明 "Market advancing, reply by noon 15th by all means." 以提醒對方注意。

🌐 第十六節　接受的撤回

接受與報價同樣皆為一種確定的意思表示，所以接受一經生效，除非得到對方的同意，不得撤銷。因為撤銷接受無異即撤銷契約。

然而，接受的通知以書信發出時，在實務上，卻可以電傳撤回接受。在這種場合，只要撤回的電傳比接受的書信早到或同時到達，對方即可發生撤回的效力（這是理論上的問題，在實務上即使撤回的電傳後到也未必不能獲得報價人的諒解）。

🌐 第十七節　出口報價內容與實例

一、出口報價的內容

出口商接獲詢價函電後，通常即著手計算出口價格，算出價格後，即可向買方報價。如前述及，報價固然可用口頭或電話進行，但遠不如用信函、報價單 (offer sheet) 或電傳（cable、smart phone、telex、fax 或 e-mail 等）來得普遍。報價一經他方接受，契約即告成立，因此報價的內容應力求「完備」。因為報價的內容（條件）即為將來訂立書面契約的根據，凡將來要在契約中載列的條件，皆應在報價時列入。當然，假如雙方事先已訂有協議書 (agreement)，約定一般交易條件 (general terms and conditions)，在報價時自可不必將協議書中所規定的再予重述。然而國人經營國際貿

易，多未訂定一般交易條件協議書，而報價內容又很簡略，不具備應有的條件。這種情形，在無糾葛發生時，固不成問題，一旦發生糾紛，即無可資解決的基準。這裡所謂「完備」乃僅指最低限度的必要條件而言。就穩固報價而言，在未訂有「一般交易條件協議書」的場合，其通常最低限度的必要條件，可分為形式的條件及實質的條件兩種，茲分述於下：

(一)形式的條件

1. 應明示其為穩固報價。有些人往往以估價單 (estimate) 代替穩固報價，在這種場合，宜註明 "Firm Offer" 字樣，以示與其他報價有所區別。

2. 穩固報價應明示有效期限。

3. 切忌用口頭方式報價，而應以書面為之，並且應由發出穩固報價公司行號的有權人員署名。例如我國出口商與在臺外商間的交易，出口商與國內製造商間的交易，或進口商與用戶間的交易等，常以口頭或電話方式提出報價，以致事後因無憑據，當事人間常發生爭議。在交易進行過程中，以口頭交涉或以電話商洽固然不可避免，但關於穩固報價的主要事項，於口頭洽商後，報價人應補送書面的 Firm Offer 要求對方確認，又接受報價者，也應向報價人發出書面的 Acceptance 正式成立書面契約，以杜日後無謂的爭論。

(二)實質的條件

報價只要是屬於穩固報價，那麼就應具備完整的實質條件，這裡所指「完整的實質條件」是指將來構成買賣契約實質的重要事項而言。這種重要事項應在報價時一一載明，以免日後發生疑義。具體的說，所謂實質的條件是指商品名稱、品質、價格、數量、保險、交貨、付款、包裝等條件而言。穩固報價原則上對將來構成買賣契約條件的各項條件均應詳細載明。通常涉及的條件有：

交易標的物：Name of Goods（商品名稱）。

基本交易條件：

1. Quality Terms（品質條件）。

2. Quantity Terms（數量條件）。

3. Price Terms（價格條件）。

4. Packing & Marking Terms（包裝刷嘜條件）。

5. Insurance Terms（保險條件）：在 CIF、C&I 及 CIP ……條件時才有規定必要。

6. Shipment or Delivery Terms（交貨條件）。

7. Payment Terms（付款條件）。

8. Validity（報價有效期限）。

交易附帶約定條件：

1. Inspection Terms（檢驗條件）。

2. Force Majeure Terms（不可抗力條件）。

3. Claim Terms（索賠條件）。

4. Arbitration Terms（仲裁條件）。

上述商品名稱及基本交易條件為穩固報價的必要記載事項，至於附帶約定條件，則為任意記載事項，縱不記載原則上不影響其效力，但仍以預先約定較為妥善。此外如有必要，有關匯率運費變動風險條件，也宜加以約定。但這是就原則而言，茲將例外情形略述於後：

1. 條件中如載明「與前約相同」(same as per last contract No....dated...) 或「與前次裝運者相同」(same as per last shipment)，而為對方所瞭解者，則無詳載的必要。

2. 在發出穩固報價之前，已在電傳或書信中詳述的條件，則在穩固報價中寫明參考這種電傳、書信者 (terms as per our telex or letter of such and such date)，也可免詳載於穩固報價中，但其重要事項為促使對方注意，有時仍宜重述。

3. 除上述之外，於報價時，如有待來日商定者，有時可以「日後商定」(later arrangement) 處理。例如 "Maker's name to be declared later"。

二、報價實例

如前所述，現代國際貿易的報價幾乎都用電傳（包括 cable、smart phone、telex、fax、e-mail 等）或報價單。以下舉數例供參考。

㈠ Fax 報價實例

設出口商甲於 8 月 8 日接獲紐約進口商乙有關 A 樣式運動衫 500 打的 Fax 詢價，甲於算出價格後決定發出如下 Fax：

> Thank you for your enquiry dated 7th regarding our sport shirts. Now, we offer you as follows:
>
> Article & Quality: sport shirts, style A, as per samples sent to you on July 10, 20–
>
> Quantity: 500 dozens
>
> Price: US$22.75 per dozen, CIF New York
>
> Packing: in export standard packing
>
> Insurance: against ICC(B) and war risks for 110% of CIF value
>
> Shipment: to be effected in October, 20–
>
> Payment: L/C must reach us by end of September, 20–
>
> Exchange risks: for your account
>
> This offer will remain fixed until August 22, 20–

發出 Fax 後，有些報價人，往往將確認書 (confirmation) 郵寄對方，其用意在於促請對方注意，萬一發現 Fax 有錯誤，可在成交前提出交涉。

㈡報價單報價實例

報價單的格式，報價人可任意設計，但應遵循一項原則，即發出的報價單應使對方一望而知是正式的報價。做到這點的最簡單方式，就是在報價單上以大字標明 OFFER 或 OFFER SHEET。也有人以 QUOTATION 一語代替，有時雖有使對方誤作「通知行情」而不視其為正式報價的可能，然而是不是正式報價，可從整個文件上下文看出來。所以實務上雖然用 QUOTATION 甚至 ESTIMATE、PROFORMA INVOICE或 PRICE LIST 代替 OFFER，也不致使對方誤會。但為杜絕無謂糾紛，仍以使用 OFFER 一語最好。

茲將編製報價單的要項分述於下：

1. 表明報價單的名稱：一般多在箋頭 (letterhead) 下面以粗字體在正中央印出 "OFFER SHEET" 或 "QUOTATION" 字樣。

2. 簽製日期：報價單簽立的日期，與報價時效有關，尤其當報價單中未註明有效期間或僅註明有效期一個月等時，該項簽立日期應即為該報價單有效期間起算日期。故此項日期必須填註清楚，以免萬一發生報價時效的爭執時無所依據。

3. 報價單的編號：報價單應有一編號，以利兩方引用，編號可先冠以英文字母，以資辨別經辦部門。

有在英文字母之前先列年度者，例如 No. 13–B–123 的報價單，係 2013 年由 B

部門簽出的第 123 號報價單，亦有按貨品類別冠以英文字母者。

4.被報價人名稱及地址：一般報價單多係向某特定對象報價，很少向一般公眾報價，所以報價單必須載明被報價人的名稱及地址，以表示本報價單僅對該報價人有效，他人無法利用。

5.表示樂意報價的文字：一張報價單儘管已有「報價單」字樣，正文開端仍須以文字明白表示報價人願意按照所列條件報價，例如：

・We take pleasure in quoting you the following commodities at the prices and on the terms and conditions set forth below.

・In compliance with your enquiry of...we have the pleasure to quote you as follows.

6.貨品名稱及貨號（包括貨品名稱、品質）：由於文明進步，科學技術與日俱進，新發明產品及新設計式樣，名稱與規格，或用怪異文字，或用簡略代號，林林總總，非外行人所能瞭解，即使已充分瞭解對方要求，如報價時疏漏或語焉不詳，也易引起對方誤解。常有新手賣方對買方要求的規格一知半解，便貿然報價，成交後賣方所交貨品與買方所欲購買的貨品規格迥然不同，而引起糾紛者，並非鮮見。

7.數量：報價單上的數量即表示將來擬出售的數量，此項數量有時為買方詢價時已指定，亦有為賣方估量自身供應能力而訂定，此項數量必須在最低訂購量以上，賣方才有利可圖。

8.單價：每件貨品的單價，必須註明貨幣名稱，及貿易條件，以供作為對方參考比較的依據，亦有將貿易條件另列者。

9.總金額：將數量與單價相乘，即得本份報價單的總金額，亦即將來被接受後的成交金額。

10.付款方式：報價人希望買方將來以何種方式支付貨款必須填清楚，以便成交後買方照辦，例如有些出口商希望收到經保兌的不可撤銷即期信用狀，則須註明如下例句：

Payment against 100% confirmed irrevocable sight Letter of Credit in our favor.

11.交貨條件：報價人預計交貨裝運時間後，即可將該日期填入，例如：

Shipment on/or before 10th. September 20–.

如需分批裝船或需在海外某地轉船，均應逐一註明。例如：

・Partial shipment to be allowed.

・To be transhipped at Kobe, Japan.

12.貨品包裝：貨品包裝的方式與所用材料，關係貨品運輸的安全與包裝成本，報價單上應詳細註明，以免將來引起不必要糾紛。

13.保險責任：如以 CIF、C&I 或 CIP 等條件報出，則報價人負有購買保險的責任，擬投保何種保險必須預先表明，交貨時憑以辦理投保，以免將來萬一發生損失時無法獲得保險公司賠償而起爭執，如以 FOB 或 CFR 報價，也宜表明由買方負責保險。

14.最低訂購量：註明每一份訂單最少應買多少數量或多少金額。

15.報價有效期：報價人希望報價在若干時日內繼續有效，應先言明；逾限報價人解除被約束，可自由向被報價人重新報價或拒絕報價。

16.附註欄：報價人如認為尚有其他附帶事項須預先聲明以確定雙方責任時，應逐項加列附註。例如因匯率、運費、保費、原料、工資等漲價而生的差額賣方不願負擔，擬轉嫁由買方負擔，則須附帶註明。或所報貨品可能遇到政府管制出口，則須註明將來成交後須獲得政府核准出口才交貨。

為使讀者進一步瞭解，特舉一報價單實例於下：

（正面）　　　　　　　　　ABC TRADING CO., LTD.

To: XYZ Co.　　　　　　　　　　　　　　　　　　Date: August 8, 20–

P.O. Box 123　　　　　　　　　　　　　　　　　　No. 789

New York, N.Y.　　　　　　OFFER SHEET

U.S.A.

Dear Sirs,

　　We take pleasure in offering you the following commodity/commodities at the price/s and on the terms and conditions set forth below: —

Payment: Against 100% confirmed, irrevocable and transferable sight L/C in our favor.

Shipment: During October, 20– subject to L/C reaches us by end of September.

Packing: Export standard packing:

Insurance: ICC(A) and war risk for 110% of CIF value.

Validity: Valid until August 22, 20–, our time.

Item No.	Commodity Descriptions & Specifications	Quantity	Unit Price	Total Amount
	SPORT SHIRTS STYLE A	500 Doz.	CIF New York US$22.07/Doz.	CIF New York US$11,034.81

Remark/s:

(1) Quality as per sample submitted to you on July 10, 20–.

(2) The above price is net, without any commission.

Yours truly,

ABC Trading Co., Ltd.

Authorized Signature

（背面）　　　　　　GENERAL TERMS & CONDITIONS OF SALES

(Unless Otherwise Specified)

1. Acceptance:

All orders are subject to our final acceptance.

2. Exchange Risks:

The offered price/s of foreign currency is/are based on the prevailing official exchange rate in Taiwan between the said foreign currency and the New Taiwan Dollar. Any devaluation of the foreign currency to the New Taiwan Dollar at the time of negotiating draft(s) shall be for the Buyer's risks and account.

3. Freight & Insurance, etc.:

In case the offer is made on CFR or CIF basis, the freight and/or insurance charges, as the case may be, is/are estimated & calculated to the best of the ability of the Seller on prevailing rate/s at the time of offer. Any increase in freight rate and/or insurance premium rate at the time of shipment shall be for the Buyer's risks and account. The Seller reserves the right to adjust the offered price, if prior to delivery, there is any substantial variation in the cost of raw materials or component parts.

4. Inspection:

Goods will be inspected in accordance with normal practice of manufacturer/s, but if the Buyer desires special inspections in the presence of the Buyer, his representative or otherwise, all such additional charges shall be borne by the Buyer.

5. Shipment:

Shipment promises are made in good faith, but are not guaranteed by the Seller.

Shipment date is approximate and is estimated from:

(a) Date of receipt by the Seller of firm order with complete information, or

(b) Date of receipt by the Seller of the Buyer's compliance with payment terms, whichever date is later.

6. Payment:

Payment shall be made by any of the following means:

(a) Telegraphic Transfer (T/T) or Mail Transfer (M/T).

(b) Check (Payment shall not be deemed received unless the amount of the check has been collected.)

(c) A prime banker's irrevocable and transferable letter of credit in favor of the Seller, available by draft at sight for 100% invoice value. The terms and conditions of the letter of credit shall be acceptable to the Seller. In case, the letter of credit is not acceptable to the Seller, the Buyer shall amend the L/C accordingly upon the request of the Seller. The Buyer shall not be deemed fulfilled and complied with the payment terms, unless such amendment has been received and accepted by the Seller.

7. Claims:

In the event of any claim arising in respect of any shipment, notice of intention to claim should be given in writing to the Seller promptly after arrival of the goods at the port of discharge and opportunity must be given to the Seller for investigation. Failing to give such prior written notification and opportunity of investigation within twenty-one(21) days after the arrival of the carrying vessel at the port of discharge, no claim shall be entertained. In any event, the Seller shall not be responsible for damages that may result from the use of goods or for consequential or special damages, or for any amount in excess of the invoice value of the defective goods.

8. Force Majeure:

Non-delivery of all or any part of the merchandise caused by war, blockage, revolution, insurrection, civil commotions, riots, mobilization, strikes, lockouts, act of God, severe weather, plague or other epidemic, destruction of goods by fire or flood, obstruction of loading by storm or typhoon at the port of delivery, or any other cause beyond the Seller's control before shipment shall operate as acancellation of the sale to the extent of such non-delivery. However, in case the merchandise has been prepared and ready for shipment before shipment deadline but the shipment could not be effected due to any of the abovementioned causes, the Buyer shall extend the shipping deadline by means of amending relevant L/C or otherwise, upon the request of the Seller.

9. Arbitration:

Any disputes, controversies or differences which may arise between the parties, out of/or in relation to or in connection with this offer/sale may be referred to arbitration. Such arbitration shall take place in Taipei, Taiwan, Republic of China, and shall be held and shall proceed in accordance with the Chinese Government arbitration regulations.

除報價單以外，尚有使用書信報價方式的。以這種方式報價時，大都採打字形式，與普通書信相似。茲特將書信報價及 Proforma Invoice 報價例示於下供參考：

㈢書信報價實例

ABC TRADING CO., LTD.   August 8, 20–

XYZ Co.

P.O. Box 12. New York, N.Y.

U.S.A.

Dear Sirs,

Thank you for your inquiry of August 7 requesting us to offer you for our SPORT SHIRTS, STYLE A.

In reply, we have the pleasure of submitting to you firm offer on the following terms and conditions subject to your reply reaches us by August 22, 20–.

Commodity: Sport shirts, style A.

Quality: As per sample submitted to you on July 10, 20–.

Quantity: 500 doz. only.

Price: US$22.07 per doz. CIF New York.

Total amount: US$11,034.81

Packing: Export standard packing.

Payment: Against 100% confirmed, irrevocable and transferable sight L/C in our favor.

Insurance: ICC(A) and War risk for 110% of CIF value.

Shipment: During October, 20–. subject to L/C reaches us by end of September, 20–.

Exchange risks: for buyer's account.

We are sure you will find our price very reasonable. The market here is enjoying an upward trend. So, we trust you will not overlook this opportunity and hope to receive your prompt order.

Yours truly,

ABC Trading Co., Ltd.

Manager

㈣ Proforma Invoice 報價實例

對詢購塗漿物發出 Proforma Invoice：

"Jet Size" Sizing Stuff

Many thanks for your inquiry about the subject stuff as stated in your letter of May 12, 20– and we are pleased to enclose our Proforma Invoice No. 123 for your consideration.

We are producers of the stuff for many years and our stuff has been very popular among the end-users in Japan as well as in the Southeast Asian countries. Under separate cover and by sea parcel, we have despatched to you sample bags of 5 kgs. each of these two qualites along with brochures explaining the merits of our products.

We are looking forward to receiving your comments on the samples and your early order.

附件：

MARKS & NOS. Pakg.	COMMODITY DESCRIPTION	QUANTITY (kg.)	UNIT PRICE	TOTAL AMOUNT
	PROFORMA INVOICE			NO. 123
				May 20, 20–
To: Taiwan Trading Co., Ltd.				
Taipei, Taiwan				
	"Jet Size" Sizing Stuff No. 66 for Sheeting & jeans	2,000	FOB KOBE US$5.00/kg.	US$10,000

No. 88–98 for Poplin & Broadcloths	2,000 TOTAL	US$6.00/kg. FOB KOBE	12,000 US$22,000

Remarks: PACKING: In PE bags, each containing 50 kgs. net.

INSURANCE: Buyer's care.

SHIPMENT: Within 30 days after receipt of L/C.

PAYMENT: By irrevocable Sight L/C which must be opened within 30 days after confirmation of sale.

VALIDITY: This offer is valid until June 20, 20–

時間就是金錢，在瞬息萬變的現代資訊社會，為了爭取時效、省錢、以及電子通訊的革命，使用 Fax，尤其透過 Smart Phone、E-mail 進行交易，已成為目前相當普遍的情形，至於使用 Line 進行交易很可能將快速流行。

🌐 第十八節　接受報價與還價實例

進口商根據出口商的報價算出進口價格，與其他國外出口商的報價或國內市價比較之後，如認為無利可圖或其報價內容，諸如交貨條件、付款條件等無法滿足需要，自可予以還價，甚至拒絕。假如進口商就出口商所報條件作各種考慮後，有意按其條件交易，則可發出類如下面的電報：

YOURS EIGHTH ACCEPTED 500 DOZEN SPORT SHIRTS STYLE A SAMPLED JULY TENTH USD20.07 PER DOZEN CIF NEW YORK COVERING AR AND WAR RISK EXPORT STANDARD PACKING OCTOBER SHIPMENT EXCHANGE RISK OUR ACCOUNT.

假定進口商乙認為出口商甲 8 月 8 日所報的價格過高，希望減至每打 US$22.00，並且匯兌風險歸出口商負擔，則進口商所發的電報，可能為一還價電報，茲假定於 8 月 10 日發出如下電報：

YOURS EIGHTH COUNTER OFFER UNTIL AUGUST 23RD OUR OPENING 500 DOZEN SPORT SHIRTS STYLE A SAMPLED JULY TENTH USD22 PER DOZEN CIF NEW YORK COVERING AR AND WAR RISK EXPORT STANDARD PACKING OCTOBER SHIPMENT EXCHANGE RISKS YOUR ACCOUNT.

出口商收到 8 月 10 日還價電報，則其回電將視情形而定。

1. 如出口商願按 US$22 出售並負擔匯兌風險，則回電內容可能如下：

YOURS TENTH ACCEPTED YOUR COUNTER OFFER USD22 PER DOZEN CIF NEW YORK.

2. 如出口商擬以每打 US$22.02 出售並且不願承擔匯兌風險，則其回電內容可能如下：

YOURS TENTH COUNTER OFFER OUR BEST USD22.02 PER DOZEN CIF NEW YORK EXCHANGE RISK YOURS REPLY PROMPTLY.

3. 如出口商因貨價漲，售意冷淡，則其回電可能如下：

YOURS TENTH MARKET ADVANCING YOUR COUNTER OFFER REJECTED.

買賣雙方經過數度函電交涉後，交易能否成立，很難講。有時交涉二、三次即告成功，有時交涉多次才告成立；有時雖經多次交涉，仍無結果。

如經函電交涉成交後，買賣雙方即應著手簽訂書面契約。

接受報價函例示

Electric Fans and Rice Cooker

We acknowledge with thanks the receipt of your offer dated March 10, 20– and take pleasure in placing our order with you for the following:

Electric Fans	Quantity
Table fan 14″	500 units
ditto 16″	500 units
Electric Rice Cookers	
for 8 persons	500 units
for 10 persons	500 units

Since this is the first time we explore the Indonesian markets for your products, it is, therefore, absolutely essential for you to see to it that all the goods delivered are the best quality and that all of them are thoroughly inspected prior to shipment.

We will arrange with our bankers for establishing an L/C as soon as we receive your confirmation of sale.

還價函例示

We acknowledge your letter of the 1st May, 20– together with Price Lists for your White and Grey Shirtings, and are grateful for the supply of samples, which are quite up to our expectations.

We have studied your quotations with interest, and though your products have impressed us very favourably, we regret that business cannot be considered at the prices stated, and therefore keener prices are necessary. As we intimated to you in our last letter, our requirements for whites and greys are fairly heavy, and it is hardly necessary to remind you of the benefit likely to accrue to you from competitive prices.

It is our intention to place our orders with you, and we are prepared to take 100 pieces for No. 10 and 200 pieces for No. 12 respectively by way of trial, so that we trust you will make every effort to revise your prices.

Your earliest reply will oblige.

第十九節　電傳交易實例

在國際貿易，由於買賣雙方分處兩個不同的國家或地區，使得雙方自詢價、報價、還價至接受報價而成交的過程，曠日費時，而商機又稍縱即逝。因此，國際貿易的經營者為爭取時效，把握契機，在交易的過程中，往往使用電傳（包括 cable、smart phone、telex、fax、e-mail 等）接洽，且已成為相當普遍的現象。為此特舉電報及 Fax 成交實例各一於下：

一、電報交易實例

(一)詢　價

茲假設在臺灣有一家出口商名稱為臺灣貿易公司 (Taiwan Trading Co.)，在東京有一家進口商名稱為東京貿易公司 (Tokyo Trading Co.)。東京貿易公司擬向臺灣採購女用拖鞋，於 5 月 11 日發出下列電報向臺灣貿易公司詢價：

PLEASE OFFER BEST FOB KEELUNG 3,000 DOZ. PAIRS LADIES SLIPPERS THREE COLOURS ASSORTMENT PAYMENT 90 DAYS SIGHT CREDIT PROMPT SHIPMENT CABLE REPLY.

(二)電覆正辦理中

臺灣貿易公司接到上項電報，即接洽附近拖鞋工廠，但因正值旺季，訂單均已接滿無法報價供應。該公司不得已於 5 月 15 日先電覆東京以求延長繼續覓廠時間。

YOUR ENQUIRY ELEVENTH LADIES SLIPPERS LOCATING MANUFACTURERS COMMA REVERTING NEXT WEEK. （接到 11 日來電，關於女用拖鞋正覓洽供應廠中，將於下星期再行電告。）

(三)報　價

臺灣貿易公司繼續分頭接洽，終於在 5 月 17 日找到臺中一家拖鞋工廠願意報價供應 2,000 打雙，付款條件為即期信用狀，但希望在一星期內決定，否則該廠將另接美國方面訂單。該公司乃根據廠方報價資料，加上本身應得利潤，向東京發出報價電報：

FURTHER OURS FIFTEENTH LADIES SLIPPERS OFFER FIRM UNTIL TWENTY THIRD 2,000 DOZEN PAIRS TWO COLOURS ASSORTMENT PACKING 20 DOZEN PAIRS PER CARTON ABOUT 1 CBM USDLS 12 EACH DOZEN PAIRS/FOB KEELUNG SHIPMENT TWO WEEKS AFTER RECEIVING SIGHT L/C SAMPLER AIRMAILED. （本公司 15 日電諒達，關於女用拖鞋，現報價有效期間至 23 日，數量 2,000 打雙，兩種配色，包裝 20 打雙裝 1 個紙箱，紙箱體積約 1 立方公尺，價格每打雙 12 美元，FOB 基隆，接到即期信用狀後二星期裝運，樣品已以航郵寄上。）

(四)請改報 CIF 價格

東京貿易公司接到臺灣貿易公司報價電報，適逢當地市場行情趨軟，認為價格太高，無法接受，但一時又無法預測行情下跌程度，因市場尚未確定，正躊躇間又接到樣品，經詳細檢視感到十分滿意，只要價格合適，極希望購買。乃請改報 CIF 價格以便比較，於 5 月 21 日發出下列電報：

LADIES SLIPPERS YOUR OFFER SEVENTEENTH PRICE UNACCEPTABLE SAMPLES ALLRIGHT PLEASE QUOTE MOST COMPETITIVE CIF TOKYO REPLY BEFORE TWENTY THIRD. （關於女用拖鞋貴公司 17 日的報價，價格無法接受，惟樣品尚佳，請改報最低廉 CIF TOKYO 價格，並須於 23 日以前電覆。）

(五)重新報價

臺灣貿易公司接到東京回電，雖未獲訂購，但顯然仍有希望，乃立刻商洽供應廠降低價格及延長報價時效，決定以最低價爭取訂單，於 5 月 23 日覆電。

URTEL TWENTYFIRST LADIES SLIPPERS REOFFER ROCKBOTTON USDLS12.20 PER DOZ. PAIRS CIF TOKYO INSURANCE ALLRISKS SUBJECT REPLY HERE BY TWENTY-SIXTH OTHERS SAME OUR OFFER SEVENTEENTH.（貴公司 21 日來電關於女用拖鞋，現改報最克己低價每打雙 12.20 美元 CIF 東京，保險為一切險。以貴公司覆電 26 日以前抵達有效，其他條件與本公司 17 日的報價相同。）

(六)決定訂購

東京貿易公司接到臺北電報，經仔細考慮後，認為所報 CIF 價格尚稱合理，乃於 25 日覆電訂購：

YOUR OFFER TWENTYTHIRD LADIES SLIPPERS 2,000 DOZEN PAIRS USDLS12.20 PER DOZ. PAIRS CIF TOKYO ACCEPTED BUT THREE COLOURS ASSORTMENT CONFIRM SOONEST.（貴公司 23 日報價電關於女用拖鞋 2,000 打雙，每打雙 12.20 美元 CIF 東京，本公司同意訂購，但須三種配色，請立即確認。）

(七)確認供應

臺灣貿易公司接到東京同意訂購電報後，關於增加配色一點經迅速取得供應廠同意遷就買方要求，於 5 月 28 日發電確認。

YOUR ORDER TWENTYFIFTH LADIES SLIPPERS 2,000 DOZEN PAIRS THREE COLOURS ASSORTMENT CONFIRMED PLEASE EXPEDITE SIGHT L/C FOR EARLIER SHIPMENT.（貴公司 25 日來電訂購女用拖鞋 2,000 打雙，要求三種配色，本公司同意確認，請儘速開發即期信用狀以便早日裝運。）

二、Fax 交易實例

Fax 為目前最常用的報價方式之一，其優點為正確詳實且迅速方便。茲舉一系列交易實例供參考：

(一)詢　價

買方電請賣方就筆記型電腦報價。

Please quote your best price FOB Keelung for 200 sets of your Type 100 Notebook Computer. Payment would be by sight L/C.

We would also be grateful if you could assure us of prompt delivery as the goods are needed urgently.

We look forward to your reply by fax at your earliest opportunity.

(二)報　價

賣方就買主的詢價提出報價，每部計 1,000 美元（FOB 基隆），付款條件為即期信用狀。

> Thank you for your enquiry dated the fifth regarding our Type 100 Notebook Computer.
>
> We can offer a price of US$1,000 per set on an order of 200 sets. This price is based on FOB Keelung and will remain fixed until the twenty-first of this month.
>
> As for delivery, this is normally completed two months after receipt of your sight L/C.

(三)要求重新報價

> I am afraid that the price you quoted on your Type 100 Notebook Computer is unacceptably high.
>
> Please therefore supply a new quotation, offering us your most competitive price CIF Los Angeles.
>
> We would like to hear from you before the twenty-fifth of this month.

(四)更新報價

賣方應買主要求重新報價，並降價為每臺 950 美元。

> We have received your fax dated the eighteenth regarding our quotation for the 100 Notebook Computer.
>
> After consideration, we are now able to offer a price of US$950 per set, CIF Los Angeles, but we should point out that this is the very lowest we are prepared to go.
>
> Subject to your confirmation, the insurance will cover all risks, and all other terms and conditions are as previously stated in our fax dated the fifteenth.

(五)接受報價

買主接受報價同意訂貨，交易達成。

> We are pleased to accept your latest price of US$950 per set for your Type 100 Notebook Computer, CIF Los Angeles.
>
> We would therefore like to confirm an order for 200 sets of these computers, for shipment during August.

㈥確認訂單

賣方向買主確認訂單，並要求買主速寄信用狀以便備貨。

We confirm receipt of your order for 200 sets of our Type 100 Notebook Computer at US$950 per set, CIF Los Angeles.

Please open a sight L/C in our favor at your earliest convenience so that we can dispatch the shipment as soon as possible.

綜上所述，貿易契約的成立方式很多。茲將主要方式列表於下：

	出口商	進口商	出口商	進口商
1.	firm offer →	acceptance		
2.	free offer →	acceptance	→ acknowledgement	
3.	offer ———→	counter firm offer →	acceptance	
4.	offer ———→	counter free offer →	acceptance ———→	acknowledgement
5.		(firm) order ———→	acceptance	

 習　題

1. 試述 Offer 與 Quotation 的異同。

2. 何謂有效的報價 (valid offer)？必備的條件有哪些？

3. 何謂有效的接受 (valid acceptance)？必備的條件有哪些？

4. 報價的方式有幾種？哪一種較常用？

5. 試述 Firm Offer 的意義及其效力。

6. 何謂未定期限的報價？何謂 Free Offer？

7. 何謂 Counter Offer？對於 Counter Offer 的處理方法為何？

8. 試述 Partial Acceptance 的效果為何？

9. Conditional Acceptance 與 Acceptance Accompanied by Request 有何不同？

10. 試述「接受」生效時間的立法主義有哪些？

11. 何謂 Cross Offer？其法律效果如何？

第九章　貿易契約書的簽訂

在國際買賣，當事人的一方提出報價，經對方有效接受，契約即告成立。並且不論報價與接受是用口頭或書面方式進行，在法律上均具有效力。就契約本身而言，報價與接受時所用的文件、電傳 (cable、smart phone、telex、fax、e-mail) 以及對話錄音，均為契約成立的證據，契約書 (contract note) 只不過是契約的證明 (evidence) 而已。無契約書固不妨礙到契約的成立，但有契約書則顯得更為周全。在實務上，買賣雙方對於交易的意思表示，常以電傳為之。有時為爭取時間，甚至利用國際電話接洽，而電傳、電話中有關交易條件，通常僅限於交易貨品、數量、價格、付款條件及交貨期而已。對於保險、包裝、刷嘜、檢驗、索賠、仲裁、不可抗力，以及其他關係雙方權利義務的條件往往略而不提。不但如此，即使利用書信交易，亦常常如此。因此進出口雙方為避免日後發生糾紛，均於成交後另以書面互為確認或另簽訂契約書。

第一節　簽訂貿易契約書的方式

國際貿易買賣雙方以書信或電傳往返接洽交易，交易一經達成即再另以書面互相確認或另簽訂書面契約 (written contract)，這裡所指的「書面」是指狹義的「紙面」(paper) 而言。茲就實務上用書面訂約的方式分述於下：

一、書面確認方式

交易成立後，由當事人的一方將交易內容製成書面確認書，寄交對方。這種確認書由賣方製作的，稱為售貨確認書或售貨單。由買方製作的，稱為購貨確認書或訂單。

採用確認書方式訂約者，相當普遍。然而，因在交易之前，雙方並未簽訂後述的協議書 (memorandum of agreement)，所以確認書如由買方製作（如訂單、購貨確認書），則其中儘量記載有利於自己的條件。反之，賣方以銷售確認書、售貨單確認時，亦往往有同樣的做法。

常見的是在 Order Sheet 或 Sales Confirmation 背面印上利己的 General Terms and Conditions，這種片面性的訂約形式容易引起糾紛，所以謹慎的貿易商或一般大宗交易多不採此方式訂約。

二、共同簽訂書面契約方式

交易成立後，亦得由當事人的一方將交易內容製成契約書，然後由雙方共同簽署。這種契約書(1)如由賣方草擬製作的，稱為售貨契約或輸出契約；(2)如由買方起稿製作的，稱為購貨契約或輸入契約；(3)如由買賣雙方互派代表會同製作，當場簽字者，則可稱為購銷契約 (sales & purchase contract) 或輸出入契約 (export & import contract)，但這種情形較少。

確認書與契約書不同，前者為單方的確認，而後者則由雙方共同簽認。然而，當一方提出確認書時，仍可寄出兩份，請對方副署後寄回一份。如此，則確認書不但具有與契約書同等的效力，而且也已具備契約書的形式。此外，某些貿易廠商也使用預期發票 (proforma invoice) 的方式，這種預期發票本來是賣方所製作用於推銷的一種假設性質的發貨文件，而實務界卻往往於成交後發出這種預期發票，其性質與確認書相當。

三、憑事先簽訂的協議（或協定）書簽約方式

為避免不必要的誤會或糾紛，謹慎的貿易商與對方取得聯繫並經信用調查後，往往先以書面與對方約定適用於今後每筆交易的一般條件 (general terms and conditions)，而製成協議書各執乙紙。協議書中所規定者為買賣雙方一切交易的準繩，如果發生糾紛，雙方均有依照協議書解決的義務。這種記載一般交易條件的協議書稱為 "Agreement on General Terms and Conditions of Business" 或簡稱為 "Memorandum of Agreement"，協議書亦可視為一切交易的主約 "Master Contract"，協議書簽妥後，雙方即可以電傳或書信交易，而這種電傳或書信，則僅言及貨品名稱、品質、價格、數量、裝運日期以及協議書未規定的事項。每次成交後，或互以書面確認，或簽訂個別契約 (specific contract)，這種確認書或個別契約必須輔以協議書，才成一完整的契約。

國人經營國際貿易，大都未訂協議書即開始進行交易，在無糾葛時，固然沒有

問題，一旦發生糾紛，就無可依據解決的標準。因此，糾紛歷數年之久不能解決，交易雙方皆受莫大損失，亦屢見不鮮。是以經營國際貿易，宜約定一般交易條件，製成文書交換之。抑又有進者，在國際貿易中，協議書實為交易雙方間以電傳成交後，未正式簽約前，唯一有對方正式簽字的約定。所以簽訂此項協議書，即表示雙方有誠意肯負責的證明，且亦有其法律上價值，誠為正式交易前不可或缺的一步驟。然而一般交易條件的協議，行之於買賣雙方有繼續交易 (standing business) 的情形，固甚有利，如也用之於偶然交易 (casual business) 則似有小題大作之嫌。

四、Proforma Invoice 的性質

"Proforma" 是拉丁文，其意義為「純為形式的」，故單從字面推敲，這 Proforma Invoice 文件應該是純為形式，而無實際交易的發票。Proforma Invoice 本來是賣方於推銷貨物時，為供買方估計進口貨物成本之用，假定交易已成立，所簽發的一種發票。實際上未真有發出貨物的事實。唯其如此，在日本稱之為「試算送狀」（試算發票）或「假送狀」（估計發票或預期發票）。茲詳述其概念如下：

1.此一文件，原先是賣方循買方要求而提供者。

2.買方要求此一文件的目的，是想在成交前預先估計擬購貨物的進口成本及費用。

3.事實上賣方也往往主動提供此文件給買方，旨在於誘使買方訂購。

4.由於此文件詳載進口成本及費用，故有些國家規定，必要時可憑以申請輸入許可證申報貨物的價格。

至於 Proforma Invoice 是否可代替報價單，視使用場合而定。例如依進口國的規定，申請輸入許可證時，須提出報價單，如無報價單，得憑 Proforma Invoice 申請。如此，則 Proforma Invoice 就可代替報價單。至於為了締結買賣契約，可否以Proforma Invoice 代替報價單？關於此，則視被報價人的意思而定。如被報價人認為用 Proforma Invoice 報價不妥，自可請求報價人寄送報價單。正常的 Proforma Invoice 只提供參考性質的進口成本、費用及條件，而並不記載報價單所用的文句。在實務上，倘 Proforma Invoice 具備報價單所用的文句而構成法律上的要約 (offer)，則用以代替報價單，並無不可。然而既然要報價，何不用報價單？又，買方需用 Proforma Invoice 的原因，究竟是在締約手續方面，抑或其他方面，有時極易判明。例如：

1.香港的買方，於 5 月 1 日向臺北的賣方拍出請求報價的電傳。

2.經賣方報價，買方還價後，終於成交（契約成立）。

3.賣方於 5 月 20 日寄出 Proforma Invoice。

上例的 Proforma Invoice 是在契約成立後才發出者，其使用目的並非報價，而是以 Proforma Invoice 代替 Sales Confirmation。

總之，我們不必因詞害意，一種文件不因其名稱而影響到其效果。換言之，Proforma Invoice 如具備了報價單的條件，就可當做報價單；如具備了售貨確認書的條件，就可代替售貨確認書。

第二節　簽訂貿易契約書的基本原則

貿易廠商簽訂貿易契約書，應把握下列基本原則，這些原則同樣適用於簽發確認書或預期發票的場合。

一、充分表達當事人的意思

契約內容應將當事人的意思予以清楚且具體的規定。換句話說，訂約時，應先將當事人訂定契約的目的及意思加以研究，獲得充分瞭解後，才能訂定完善的契約，否則缺失必多，日後易滋糾紛。從實務上來看，許多契約書因參與訂約的人缺乏法律知識或文字修養不夠，無法將有關契約條款，從法律觀點予以明確的規定，以致日後對於契約內容的解釋發生歧見，引起糾紛，殊為不值。

二、注意全部條款的一致性

貿易契約雖然以某一特定事項為對象，但某一條款的訂定，往往會影響到其他條款。因此在訂約之際，應將其他條款也一併考慮，瞭解其前後關係，以免前後矛盾，而影響到日後契約的履行。所以把握全盤性條件，乃為訂定完善契約所不可忽視的一項工作。

三、顧及未來的變動因素

簽訂契約的目的在於完成某一特定事項，因此都不希望在履行過程中有不利於當事人的情事發生。然而，實際上於訂約後，在契約有效期間內常因主觀或客觀因素的變化，使得契約的履行發生困難或甚至發生糾紛。因此，在簽約時，應考慮及

未來可能發生的問題及其後果，並將預防或解決的方法預先訂入契約中，以便一旦事情發生，雙方有所遵循。

四、檢討有關往來的函電

契約成立，通常需經過一段期間的函電往來洽商 (negotiation of business)。訂立契約書時，對於這些洽商買賣條件的函電，不論直接的或間接的，均需加以全盤的研究。同時應注意這些往來函電中所提出的事項，洽商的最後結果即為雙方所獲得的協議，應訂入契約中，而成為契約內容的一部分。

五、注意簽約手續的完整

草擬契約書時，應先將有關事項綜合列出，然後加以整理，並依其類別區分，俾免重複或遺漏。

此外，草擬契約書時，尚應注意下列各點：

1. 當事人所同意的事項是否與全盤性內容相符合，有無遺漏事項？
2. 依當事人意向所訂定的契約內容是否合法，是否有法律上的拘束力？
3. 契約當事人是否具有簽約能力？
4. 債務人為多數時，其債務的性質，究為共同的 (joint) 或個別的 (several) 抑為共同連帶的 (joint and several)？
5. 契約的有效期間如何？
6. 契約所適用的法律，糾紛發生時處理的方式及手續如何？
7. 契約內容有無前後矛盾之處？
8. 使用的詞句、文字是否統一？
9. 使用的詞句、文字是否明確？有無詞意含糊的情形？

※第三節　契約條款的性質

訂定書面貿易契約，通常採用的格式不外兩種：⑴印定格式；⑵非印定格式，即逐案訂定有關條款。一家稍具規模的貿易廠商，平常都備有印定的契約格式，以備交易時使用，這種方式使用甚為廣泛。但有些特殊性質的交易，或數額較大的交易，買賣雙方對於交易內容頗為謹慎，通常不採用印定格式，而由雙方逐一訂定契

約條款。茲就契約條款的特性分別說明於後。

一、基本條款──非印定格式條款

基本條款是貿易契約中最基本且最主要的事項，包括貨品名稱、規格、品質、數量、價格、包裝、保險、交貨及付款等項目。在印定的契約格式，基本條款通常在正面預留空位，訂約時，即將雙方商洽的結果，逐項填入。如非採用印定格式訂約，亦須將這交易基本事項逐一訂入契約書中。

二、一般條款──印定格式條款 (printed clauses)

一般條款是對於基本條款的補充說明或一般契約書所共有的事項，包括檢驗、匯率變動風險的負擔、索賠期限及手續、不可抗力的免責事項、仲裁、適用法律條款等項目。在印定的契約格式，一般條款通常都事先印於契約書背面，訂約時無需臨時加填。但如非採用印定格式，則須將各項逐一訂入契約書中。不過買賣雙方事先如已協議一般交易條件，則往往將一般條款省略，不再重複訂定。

三、買方一般條款及賣方一般條款

在採用事先印定格式訂定貿易契約書時，該格式究由哪一方提供，對買賣雙方的利害關係影響甚大。就一般情形而言，不管印定契約書格式由賣方或買方提供，其正面的基本條款是經雙方協議後而訂定，所以沒有什麼出入，但背面的一般條款則不然。因為買賣雙方的利害關係互為對立，各方為保障自己的利益，莫不將有利於自己的條款列入一般條款中。因此貿易契約書如使用賣方提供的契約書格式，即所謂的售貨契約書，其背面印定的一般條款必有利於賣方；反之，如使用買方提供的契約書格式，即購貨契約書，其一般條款一定有利於買方。前者利於賣方，稱為賣方一般條款；後者利於買方，稱為買方一般條款。貿易廠商使用印定格式條款訂定契約時，相對的一方應細讀契約條款，再決定是否簽字，以免吃虧。

至於逐案由買賣雙方訂定基本條款及一般條款的，因契約由雙方共同製作，自然較為公平，不致對某一方太不利，或過分遷就另一方。

四、條款效力的優先問題

在使用非印定格式的契約書時，契約條款包括基本條款與一般條款均逐條研議後訂定於契約書正面，甚少發生牴觸或矛盾的情事。但如使用印定格式時，一般條款早經印定於契約書背面，而正面的基本條款則由買賣雙方臨時議定後填入，因此基本條款有時難免與一般條款發生牴觸。為免日後解釋上引起爭執，宜在正面下端載明 "Other terms and conditions as per back hereof" 字樣。提供契約格式的一方通常在契約背面一般條款的開頭註明如下文字：

The sale specified on the face hereof shall be subject to the following terms and conditions, unless otherwise stipulated thereon or agreed elsewhere between buyer and seller.（除本契約書正面所定或買賣雙方間另有協議或約定者外，本契約書正面所列買賣尚應受下列各條款的拘束。）

從上可知，契約條款的效力，以契約書正面的基本條款為最優先，而以背面的一般條款居次，如前後有所牴觸，以基本條款為準。一般條款（印定格式條款）有兩種以上解釋時，應當作出不利於提供格式條款一方的解釋。

※第四節　貿易契約的一般條款

國際貿易一如國內買賣，一筆交易的成立，買賣雙方必須就交易的內容有所約定，雙方方能憑以履行。買賣雙方對於交易內容的約定，稱為「交易條件」(terms and conditions of the transaction)。交易條件的詳略，端視貨物種類、買賣習慣以及事實需要而定。在一貿易契約書中，除須訂明交易貨物的名稱外，亦必訂明規格品質、數量、價格、包裝刷嘜、保險、交貨、以及付款等條件，這七項交易的基本條件經買賣雙方協議後就其結果訂入契約書中，即成為貿易契約的基本條款（非印定格式條款），其詳細內容已於第六章有所述明，在此不再重複。現僅就貿易契約的一般條款（印定格式條款）分別加以說明。

一、檢驗條款 (inspection clauses)

檢驗條款與品質、數量條款有密切的關係。品質、數量條款主要在約定日後所交易貨物應以何種品質、數量為準，而檢驗條款則在約定該項品質、數量應在何地由何人予以確定，並以該項確定結果作為品質、數量的證明。常見的檢驗條款如：

‧Goods will be inspected in accordance with normal practice of manufacturer, but if the buyer desires special inspections in the presence of the buyer, his representative or otherwise, all such additional charges shall be borne by the buyer.（貨物將依照製造工廠的正常作業施以檢驗，但如買方希望由本身、或其代表、或其他第三者參與檢驗，則所有這類額外費用應由買方負擔。）

‧Inspection to be made by independent inspection company at the port of discharge, their quality certificate shall be final.（檢驗由獨立檢驗公司在卸貨港實施，其出具品質證明書應為最後標準。）

二、佣金條款 (commission clauses)

在貨主對貨主的交易中，貿易契約中通常並無佣金條款，只有貨主對佣金商或寄售人對受託人的貿易契約中才有佣金條款。實務上，如貿易條件上已顯示含有佣金，如 FOB $C_{3\%}$ 或 CIF&$C_{5\%}$ 等，在契約中即不再訂明佣金條款。如交易價格內未含有佣金，通常即單純地以 FOB、CFR 等條件表示，固然不需加任何說明，但有些人習慣上在 FOB、CFR 等條件後加 Net 或 Nett 以強調其為淨價。

佣金除可用上述方式表示外，另可用文字說明，例如：

‧Commission: The prices shown above are net, without any commission or rebate.（佣金：上列價格為淨價，沒有任何佣金或回扣。）

‧Commission: The above price includes buyer's commission 3% on FOB basis.（佣金：上列價格包含買方佣金 FOB 價格的 3%。）

佣金高低視商品種類、交易數量多寡及市場地區而有所不同，通常多在 2% ～5% 之間，但原料如棉花、羊毛、礦沙及水泥等交易數量大，競爭劇烈，佣金大都低至 5‰，而手工藝品、特產品等則有高達 20%、30% 的。佣金高代表對方的銷售能力強，對賣方並無任何損失。

三、運費及保險費變動條款 (freight and/or insurance charges risks clauses)

在 CFR、C&I、CIF、CPT 或 CIP 條件下，運費、保險費構成價格的一部分，其數額是按照報價或簽約時的費率計算。但在國際貿易上，實際交貨及保險往往是在簽約後相當時日為之，這時運費率及保險費率可能已發生變動，這項增加的費用在

契約未訂明的情況下，通常固然由賣方負擔，但仍不免發生爭執。為確定責任起見可在契約上明確訂定，較為妥善。

契約中有關這類條款，有如下列幾種：

・Any increase in freight rate and insurance premium rate at the time of shipment shall be for the buyer's risk and account.（裝貨時運費率及保險費率如有上漲，應由買方負擔。）

・In case the rate of freight and insurance premium should be raised between the time of contract concluded and that of shipment, such increase shall be for buyer's account.（訂約至裝貨期間，運費及保險費如有增加，這項增加費用應由買方負擔。）

四、索賠條款 (claim clauses)

在國際貿易中，買方收到的貨物，如發生損害或與契約所定者不符，可向應負責的人要求賠償。買方索賠的對象主要有三，即運送人、保險公司及賣方。屬於運送人、保險公司的責任，範圍較易確定，買方可根據提單（或運送契約）、保險單（或保險證明書）直接向運送人、保險公司提出，因此一般買賣契約對於這類的索賠不必約定。而對賣方的索賠，常見的是有關品質、數量、包裝、交貨等方面的索賠，這一類索賠範圍甚廣泛，責任也不易確定。因此，為早日確定責任起見，通常即在買賣契約內訂定索賠條款，其主要內容：

1.約定提出索賠的期限：通常以貨到後若干日（如十天或一個月）為準，逾時提出則賣方可不予受理。

2.約定提出索賠的通知方法：買方提出索賠，應儘速通知賣方，一般規定以電傳或航郵為之。

3.約定提出索賠所需檢附的證明文件：為證明買方所受的損失，通常約定買方應提出可靠的檢驗公證報告，賣方才予受理。

4.約定處理索賠方法：賣方為避免損失過大，可約定不能退貨，只能索賠，而且索賠金額不能超過交易金額。

索賠條款的內容，因行業不同而有差異，但類如下列內容的索賠條款，對於各行業均可適用。

・The seller shall not be liable for any claims unless they are made promptly after receipt of the goods and due opportunity has been given for investigation by the seller's own representatives. Goods must not be returned except by permission of the seller.（除非買方收到貨物後即刻提出索賠，並給

予賣方的代表有調查的相當機會，否則賣方對於索賠不予負責。除非獲賣方同意，貨物不得退回。）

‧Claims, if any, shall be submitted by fax within fourteen days after arrival of goods at destination. Reports by recognized surveyors shall be sent by air mail without delay. At least 10% of the original unopened packages must be available to seller in the event of dispute regarding quality, etc., otherwise claim will not be valid.（如有索賠，買方應於貨物到達目的地後十四天內以傳真方式提出。公證報告應用航空郵件立刻寄出。如爭執是有關品質等方面，原封未啟箱件至少必須有 10% 供賣方檢查，否則索賠無效。）

五、不可抗力條款 (force majeure clauses)

不可抗力條款有時又被稱為「偶發事故條款」(contingency clause)，美國學者 Morris S. Rosenthal 曾將兩者加以區分，「不可抗力」相當於天災 (acts of God)，是指人類所無法控制的自然災害而言，如閃電、暴風、水災、雪崩等；而「偶發事故」則較為廣泛，除天災外，尚包括人禍，如戰爭、封鎖、革命、動員、暴動、罷工、以及火災、機器毀壞等。但在實務上，大多已不加區分，一般契約中所用的不可抗力條款都已包括天災人禍的一切偶發事故在內，並且使用不可抗力用語的也比偶發事故為多。關於不可抗力的法律規定，讀者可參閱我民法第 230 條。另外，國際商會 (ICC) 於 2003 年發行第 650 號出版物，規定有關不可抗力的條款 (ICC Force Majeure Clauses, 2003, ICC Publication No. 650)。

因不可抗力事故發生，致契約不能順利履行時，影響雙方權益甚大。然而，不可抗力的發生，主要是阻礙賣方的交貨義務，所以一般契約中所訂的不可抗力條款，也多與賣方的交貨義務有關。不可抗力條款通常規定：

1. 不可抗力的原因或種類。

2. 不可抗力發生後賣方得取消契約或延遲交貨。

3. 因不可抗力所致不交貨或延遲交貨，賣方不負責任。

4. 買賣雙方處理善後的方法。

因此，不可抗力條款實際上是偏向賣方的條款，條款內容多由賣方訂定，可以說是賣方條款的一種。茲舉一例於下：

Non-delivery of all or any part of the merchandise caused by war, blockage, revolution, insurrection, civil commotions, riots, mobilization, strikes, lockouts, act of God, severe weather, plague or other epidemic, destruction of goods by fire or flood, obstruction of loading by storm or typhoon at the port of delivery, or any other cause beyond the Seller's control before shipment shall operate as a cancellation of the sale to the extent of such non-delivery. However, in case the merchandise has been prepared and ready for shipment before shipment deadline but the shipment could not effected due to any of the above mentioned causes, the Buyer shall extend the shipping deadline by means of amending relevant L/C or otherwise, upon the request of the Seller. (因戰爭、封鎖、革命、叛亂、民眾騷擾、暴動、動員、罷工、工廠封鎖、天災、惡劣氣候、疫病或其他傳染病、貨物因火災或水災而受毀壞、在交貨港因暴風雨或颱風而阻礙裝船、或在裝船前任何其他賣方所無法控制的事故發生，而致貨物的全部或一部分未能交貨，這未交貨部分的契約應予取消。不過，在裝貨期限截止前，如貨物業經備妥待運，但因前述事故之一發生而致未能裝運，則買方於接到賣方請求時，應以修改信用狀方式或其他方式延長裝貨期限。)

依 UCC（美國統一商法典）的 Official Comment，如果僅僅是賣方履約費用有所增加，或是市價上漲，都不能免除賣方的履約義務，除非是由於發生某種預料不到的意外事件，而且達到了使契約性質發生根本變化的程度，才能免除賣方的違約責任。因為市價漲跌、費用增加都是正常交易的風險，當事人在確定價格時就應考慮到這種風險；但是如果由於戰爭、封鎖、農業歉收或未預料到的供貨來源斷絕，致使賣方不能取得供交貨之用的原料或其他產品，或使賣方大幅增加費用，則可適用這裡所述的不可抗力條款規定，免除賣方的交貨義務。

至於諸如買方由於無力償付貨款或匯率變動以及市場價格波動等情況而不履約者，均不能作為不可抗力事故的原因而免除履約的責任。因為這種情形在實務中是經常可能發生的，所以不能認為是履約的障礙。

六、仲裁條款 (arbitration clauses)

仲裁又稱公斷，英文為 Arbitration。當買賣雙方發生糾紛，無法友好解決時，只好請求第三者介入協助解決。請求第三者解決糾紛的方法，可分為調解 (conciliation)、仲裁及訴訟 (litigation) 等。

仲裁是指當事人根據契約的仲裁條款（或發生糾紛後當事人另行約定），選定仲裁機構及仲裁人，將其糾紛的解決提交仲裁人，由仲裁人按當事人所提供的資料，公平合理判斷。其判斷具有決定性的效力，當事人雙方均須受其拘束。是為解決貿

易糾紛最理想的方法。

仲裁條款應列入的事項，大約有仲裁地及仲裁機構、仲裁人的選定方法、所適用的規則、以及判斷的效力等。

茲舉一仲裁條款例示如下，俾供訂約時參考使用：

Any disputes, controversies or differences which may arise between the parties, out of or in relation to or in connection with this contract may be referred to arbitration. Such arbitration shall take place in Taipei, Taiwan, Republic of China, and shall be held and shall proceed in accordance with the Chinese Government arbitration regulations.（有關本契約買賣雙方間所引起的任何糾紛、爭議、或歧見，可付諸仲裁。這項仲裁應於中華民國臺灣臺北舉行，並應遵照中華民國政府仲裁法規處理及進行。）

七、適用法律條款 (applicable law of the contract clauses)

國際間的契約，多半依據當事人的意思決定其所適用的法律，即所謂「當事人自治的原則」。因此在實務上，對於買賣契約所依據的法律應在契約上訂明，以免糾紛發生時，因適用法律的爭執而使糾紛更為擴大。常見適用法律條款用語如下：

This contract is being executed in the City and State of New York and is being made pursuant to and shall be construed in accordance with the laws of the State of New York.（本契約是在紐約州紐約市完成，將遵照紐約州法訂定，並應依紐約州法解釋。）

八、其他條款 (other miscelleaneous clauses)

在貿易契約中，有時一般條款尚列有下列條款：

(一)輸出入許可證條款 (import licence, export licence clauses)

通常規定輸入許可證由買方負責申請獲得，而輸出許可證由賣方負責申請。如：

‧The seller shall be fully responsible for export licence from Chinese Government.（賣方應完全負責從中華民國政府取得輸出許可證。）

‧The buyer shall procure and provide at his own risk and expense any Import License or the like which may be required for the importation of the contracted goods at its destination.（買方應以自己的風險及費用取得並提供契約貨物在目的地進口時可能需要的輸入許可證或其他類似單據。）

(二)稅捐條款 (taxes and duties clauses)

進出口稅捐及其他附加稅，通常多以課徵國別為準而劃分負擔責任。如由出口

國家課徵，歸賣方負擔；如由進口國家課徵，則歸買方負擔。例如：

Any duties, taxes or levies imposed upon the cargo, or any package, material, or activity involved in the performance of the contract will be for account of seller, if imposed by the country of origin; and for the account of the buyer, if imposed by the country of destination.（對於貨物、或包件、原料、或履行契約的有關活動所課徵的稅捐或規費，如由產地國課徵，歸由賣方負擔；如由目的地國課徵，則歸由買方負擔。）

(三)智慧財產權條款 (intellectual property right clauses)

商標權、專利權及著作權在各國均受法律的保護，如侵害他人已登記註冊的商標權、專利權及著作權，所有權人即可訴請賠償。在國際貿易中買方往往憑商標（即品牌經註冊者）購買某項產品，而賣方也往往照買方指定商標供應其產品。在這些場合，宜在契約上訂明由指定商標的人負其法律上的責任，以免將來被發現是冒用商標或侵犯專利權而被所有權人起訴時，互相推諉責任。

常見的商標權及專利權條款如下：

‧Seller shall not be held responsible for infringement of the right of trade mark, patent, design, label and copyright which are caused out of the observance of buyer's instructions to seller and any disputes or claims raised thereon shall be settled by buyer for his account.（賣方為遵行買方指示而引起的對於商標權、專利、設計、標籤及著作權的侵害，不負責任。如因此而引起糾紛或索賠，應由買方以自己費用予以解決。）

‧Seller shall be responsible for any infringement with regard to patent, trade mark in the goods whether in buyer's country or any other country. In the event of any dispute with regard to the above rights, buyer has the right to cancel this contract at buyer's discretion and is under no liability arising therefrom. Seller shall be responsible for any and all liabilities, claims, expenses, losses and/or damages caused thereby.（賣方對於貨物方面有關專利、商標的侵害，不論在買方國家或其他國家，均應負責。對於上述權利方面如有任何糾紛，買方有權斟酌情況取消本契約，並對其後果不負責任。而賣方對於因此而引起的責任、索賠、費用、損失及（或）損害均應負其責任。）

🌐 第五節　貿易契約書實例

如前所述，訂立書面貿易契約可以書面確認方式或簽訂契約書方式為之，前者如由買方所簽發的訂單或由賣方所簽發的售貨確認書等是，後者則為雙方共同簽認的書面契約書。茲就訂單、售貨確認書、及契約書各舉一例，俾供參考。

一、訂　單

ABC TRADING CO., LTD.

Messrs. Leo Twin & Company

Date: July 22, 20–

567 Fox St.,

Order No.: 056

Johannesburg

ORDER SHEET

Dear Sirs,

　　We have the pleasure to place with you our order for the undermentioned goods on the terms and conditions stated as follows:

ARTICLE: "NOBEL" brand solid state AM/FM STEREO Multiplex Receiver, Model 7303

QUANTITY: 500 sets

PRICE: US$80.00 per set CIF Keelung

TOTAL AMOUNT: US$40,000.00

PACKING: To be packed in wooden cases, suitable for export

SHIPMENT: Before December 31, 20–

DESTINATION: Keelung, Taiwan

INSURANCE: Covering ICC(A) and war risk for CIF value plus 10%

PAYMENT: By irrevocable letter of credit payable at sight

SHIPPING MARK: ABC in diamond

REFERENCE: TELEGRAMS Yours:

　　　　　　　　　　　　Ours: July 20, 20–

　　　　　LETTERS Yours: July 5, 20–

　　　　　　　　　　Ours:

　　We are going to instruct our bank to open a letter of credit for the amount of this order. You will soon hear from your bank.

　　　　　　　　　　　　　　　　　　　　Yours very truly,

　　　　　　　　　　　　　　　　　　ABC TRADING CO., LTD.

　　　　　　　　　　　　　　　　　　　　　　Manager

二、售貨確認書

（正面）　　　　　　　　　XYZ INDUSTRIES CO., LTD.

Allied Trading Company　　　　　　　　　　　　September 5, 20–

P.O. Box 234

Lagos, Negeria

SALES CONFIRMATION

Dear Sirs,

　　We confirm having sold to you the following merchandise on terms and conditions set forth below:

Article: Printed Cotton Sheeting

Specification: #2006

　　　　　　　　30's × 30's 68 × 60, 35/36″ in width

　　　　　　　　abt. 40 yds. per piece

Quality: As per our sample submitted on August 25, 20–

Quantity: 500,000 yds.

Price: US$0.76 per yd. CIF Apapa

Amount: US$38,000.00

Packing: In export standard bales packing

Shipment: During November/December, 20–

　　　　　　Partial shipments to be allowed

Destination: Apapa, Nigeria

Payment: Draft at sight under an irrevocable letter of credit to be opened by the end of October,

　　　　20–

Insurance: Against ICC(B) only

Remarks: ⑴ Your commission 3% on FOB value has been included in the above price.

　　　　　⑵ Please open L/C advising thru Bank of Taiwan Taipei, Head Office.

Yours faithfully,

XYZ INDUSTRIES CO., LTD.

Manager

（背面）　　　　　　GENERAL TERMS & CONDITIONS

(Unless Otherwise Specified)

1. BASIS: All business shall be transacted between the Buyer and the Seller on Principals to Principals basis.

2. QUANTITY: Quantity set forth on face hereof is subject to a variation of five percent (5%) plus or minus.

3. SHIPMENT: Date of Bill of Lading shall be accepted as a conclusive date of shipment. Partial shipments and transhipment shall be permitted unless otherwise stated on face hereof.

　　　The Seller shall not be responsible for non-shipment or late shipment of the contracted goods due to causes beyond the Seller's control and causes due to failure of the Buyer to provide in time the relative letter of credit or other instructions requested by the Seller.

4. PAYMENT: An irrevocable letter of credit shall be established within 15 days after conclusion of any contract and such letter of credit shall be maintained valid at least 15 days after the month of shipment for negotiation of the relative draft.

　　　If the Buyer fails to provide such letter of credit for the Seller as prescribed above, the Seller has the option of reselling the contracted goods for the account of the Buyer or holding the goods on the Buyer's account and risk.

5. DELIVERY: When delivery covers two or more months, shipment shall be made in equal monthly proportion as far as possible unless otherwise previously instructed.

6. INSURANCE: To be effected by the Seller 10% over the invoice amount in the case of CIF basis, unless otherwise previously instructed.

7. CLAIM: Any claim by the Buyer regarding the goods shipped shall be notified by the Buyer to the Seller within 30 days after the arrival of the goods at the destination specified in the relative bill of lading.

8. INSPECTION: Unless otherwise instructed by the Buyer, export inspection by Chinese Authorities, Manufacturers or the Seller be considered as final. When the Buyer requires special inspection by appointment, the Buyer must inform the Seller of such name of inspector at the time of contract and such Inspection fees shall be borne by the Buyer.

9. Freight & War Risk Insurance: Increase of Freight and War Risk Insurance rates from the current rates available at the time of contract shall be for the Buyer's account.

10. CARRYING BOAT: As a general rule the Buyer shall not appoint any steamship company or

steamer for shipment. But in the case of such appointment, the Seller shall not be responsible for late shipment due to delay or cancellation of such carrying boat. Further the Buyer shall agree to the Seller's requests, such as amendment of Letter of Credit, and any other procedure for fulfilment of such shipment.

11. ARBITRATION: All disputes, controversies or differences which may arise between the parties, out of or in relation to or in connection with this contract, or for the breach thereof, shall be settled by arbitration in Taipei, Taiwan, Republic of China in accordance with the ruler of the Commercial Arbitration Association of Republic of China. The award shall be final and binding on both parties.

12. THE PROPER LAW OF THE CONTRACT: The formation, validity, construction and the performance of this contract are governed by the law of Republic of China.

三、契約書

CONTRACT

This contract is made this 15th day of July, 20– by ABC Corporation (hereinafter referred to as "Sellers"), a Chinese corporation having their principal office at 19, Wu Chang St., Sec. 1, Taipei, Taiwan, Republic of China, who agree to sell, and XYZ Corporation (hereinafter referred to as "Buyers"), a New York corporation having their principal office at 30, Wall St., New York, N.Y., USA, who agree to buy the following goods on the terms and conditions as below:

1. COMMODITY: Ladies double folding umbrellas.

2. QUALITY: 2 section shaft, iron and chrome plated shaft, unchrome plated ribs, siliconed coated waterproof plain nylon cover with same nylon cloth sack.

size: $18\frac{1}{2}'' \times 10$ ribs

as per sample submitted to Buyers on July 14, 20–

3. QUANTITY: 10,000 (Ten thousand) dozen only.

4. UNIT PRICE: US$14 per dozen CIF New York; Total amount: US$140,000 (Say US Dollars one hundred forty thousand only) CIF New York.

5. PACKING: One dozen to a box, 10 boxes to a carton.

6. SHIPPING MARK:

XYZ

NEW YORK

NO. 1 & up

7. SHIPMENT: To be shipped on or before December 31, 20– subject to acceptable L/C reached Sellers before the end of October, 20–, and partial shipments allowed, transhipment allowed.

8. PAYMENT: By a prime banker's irrevocable sight L/C in Sellers' favor, for 100% value of goods.

9. INSURANCE: Sellers shall arrange marine insurance covering ICC(B) plus TPND for 110% of the invoice value and provide for claim, if any, payable in New York in US currency.

10. INSPECTION: Goods is to be inspected by an independent inspector and whose certificate inspection of quality and quantity is to be final.

11. FLUCTUATIONS OF FREIGHT, INSURANCE PREMIUM, CURRENCY, ETC.:

(1) It is agreed that the prices mentioned herein are all based upon the present IMF parity rate of NT$26 to one US dollar. In case, there is any change in such rate at time of negotiating drafts, the prices shall be adjusted and settled according to the corresponding change so as not to decrease Sellers' proceeds in NT Dollars.

(2) The prices mentioned herein are all based upon the current rate of freight and/or war and marine insurance premium. Any increase in freight and/or insurance premium rate at the time of shipment shall be for Buyers' risks and account.

(3) Sellers reserve the right to adjust the prices mentioned herein, if prior to delivery there is any substantial increase in the cost of raw material or component parts.

12. TAXES AND DUTIES, ETC.:

Any duties, taxes or levies imposed upon the goods, or any packages, material or activities involved in the performance of the contract shall be for account of origin, and for account of Buyers if imposed by the country of destination.

13. CLAIMS:

In the event of any claim arising in respect of any shipment, notice of intention to claim should be given in writing to Sellers promptly after arrival of the goods at the port of discharge and opportunity must be given to Sellers for investigation. Failing to give such prior written notification and opportunity of investigation within twenty-one (21) days after the arrival of the carrying vessel at the port of discharge, no claim shall be entertained. In any event, Sellers shall not be responsible for damages that may result from the use of goods or for consequential or special damages, or for any amount in excess of the invoice value of the defective goods.

14. FORCE MAJEURE:

Non-delivery of all or any part of the merchandise cause by war, blockage, revolution, insurrection; civil commotions, riots, mobilization, strikes, lockouts, act of God, severe weather, plague or other epidemic, destruction of goods by fire or flood, obstruction of loading by storm or typhoon at the port of delivery, or any other cause beyond Sellers, control before shipment shall operate as a cancellation of the sale to the extent of such non-delivery. However, in case the merchandise has been prepared and ready for shipment before shipment deadline but the shipment could not be effected due to any of the above mentioned causes, Buyers shall extend the shipping deadline by means of amending relevant L/C or otherwise, upon the request of Sellers.

15. ARBITRATION:

Any disputes, controversies or differences which may arise between the parties, out of/or in relation to or in connection with this contract may be referred to arbitration. Such arbitration shall take place in Taipei, Taiwan, Republic of China, and shall be held and shall proceed in accordance with the Chinese Government arbitration regulations.

16. PROPER LAW:

The formation, validity, construction and the performance of this contract are governed by the laws of Republic of China.

IN WITNESS WHEREOF, the parties have executed this contract in duplicate by their duly authorized representative as of the date first above written.

Buyers	Sellers
XYZ CORPORATION	ABC CORPORATION
Manager	Manager

 習　題

1. 貿易契約書的重要性為何？
2. 試述國際貿易契約書簽立的方式主要有哪些？
3. 試述簽立貿易契約書的基本原則為何？
4. 何謂買方一般條款？賣方一般條款？

5. 何謂不可抗力條款？其內容為何？

6. 試述訂單在國際貿易中的重要性。

7. 何謂 Proforma Invoice？請解釋並說明其功用。

第十章

進口簽證

🌐 第一節　進口簽證的意義

各國對於貨物進口的管理，隨其管理的理由及目的的不同，其管理的寬嚴也不同。各國管理貨物進口的理由及目的，主要基於：①外交及政治因素；②國防及治安因素；③經濟因素；④教育、文化因素；⑤衛生因素；⑥專賣因素；⑦公序良俗因素。

所謂進口簽證 (import licensing)，乃指簽發輸入許可證 (import permit, I/P; import licence, IL) 而言。原為我國貿易管理制度中最重要措施之一。進口廠商欲從國外進口貨物，必須先向國際貿易局或加工出口區管理處或科學工業園區管理局申請核發輸入許可證，而後才能憑以辦理貨物的進口通關。近十幾年來，為配合貿易自由化與國際化，對於貨品進口的管理已大幅度放寬。尤其自 82 年 2 月公布貿易法之後，改採「原則自由，例外管制」的自由輸出入原則，將進口簽證的制度，從以往的「正面表列」方式（即除表列貨物的進口可免辦簽證外，其餘貨物的進口均應先申辦簽證，亦即原則簽證，例外免證），改為目前的「負面表列」方式（即除表列貨物的進口須先申辦簽證外，其餘貨物的進口均可免證。亦即原則免證，例外簽證）。並持續開放不符國際規範的貨品管制措施，逐年增加免證進口貨品項目。目前須簽證進口的貨品項目已不到 1%，亦即可免證進口的貨品項目已逾 99%。進口商在進口貨品之前，可先查對「限制輸入貨品表」，如不屬該表列項目，則逕行至各關稅局申報進口；如屬表列貨品需簽證者，則應先分辨貨品簽證單位，以利前往該單位申請簽證。

辦理進口簽證所依據的主要法令有：「貿易法」、「貨品輸入管理辦法」、「出進口廠商登記辦法」、「戰略性高科技貨品輸出入管理辦法」、「軍事機關輸出入貨品管理辦法」及「臺灣地區與大陸地區貿易許可辦法」等。

第二節　申請人資格及可申請進口貨品

一、出進口廠商

輸入「限制輸入貨品表」內的貨品，除其他法令另有規定或經貿易局公告免證者外，應依該表所列規定申請辦理簽證；未符合表列輸入規定者，非經貿易局專案核准，不得輸入。

輸入「限制輸入貨品表」外的貨品，免證輸入。

二、非常業者

非以輸入為常業的進口人（包括法人、團體或個人）依法輸入貨品，應辦理簽證。但有下列情形之一者，得免證輸入：

1. 入境旅客及船舶、航空器服務人員攜帶行李物品，量值在海關規定範圍以內者。
2. 各國駐華使領館、各國際組織及駐華外交機構持憑外交部簽發的在華外交等機構與人員免稅申請書辦理免稅公、自用物品進口者。
3. 其他進口人以海運、空運或郵包寄遞進口「限制輸入貨品表」外的貨品，其離岸價格 (FOB) 為 20,000 美元以下或等值者。
4. 輸入人道救援物資。
5. 其他經貿易局核定者。

三、政府機關、公營事業及公私立學校

比照出進口廠商資格辦理。

四、軍事機關

依「軍事機關輸出入貨品管理辦法」規定辦理。

第三節　進口簽證機關及手續

一、進口簽證機關

目前辦理簽發輸入許可證的機關有：(1)經濟部國際貿易局或中區聯合服務中心；(2)加工出口區的外銷事業應向經濟部加工出口區管理處及所屬分處辦理；(3)科學工業園區的園區事業應向科學工業園區管理局申請；(4)農業科技園區內事業應向農業科技園區申請；(5)自由貿易港區內事業應向自由貿易港區申請。

二、進口簽證手續

簽證輸入貨品時，限以書面或電子簽證方式向貿易局申請。

以書面申請簽證時，應具備下列書件：

1.輸入許可證申請書全份。

2.依其他相關規定應附繳的文件（除有特別規定者外，不需檢附賣方報價單）。

(一)以書面方式申請簽證

依「貨品輸入管理辦法」的規定，進口簽證應依以下手續辦理：

1.凡依規定限制輸入的貨品，貿易局應就其貨品名稱及其輸入規定彙編「限制輸入貨品表」，公告辦理。凡進口表內貨品者，除其他法令另有規定或經貿易局公告免證者外，應依規定申請進口簽證；而進口表外貨品者，則可免證進口。

2.限制輸入貨品表的架構如下：

表一：為管制輸入貨品。列入此表的貨品，非經貿易局專案核准發給輸入許可證，不得輸入。

表二：為有條件准許輸入貨品。列入此表的貨品均有其一定的核准條件，進口人應依表內所載輸入規定（如檢附主管機關同意文件等），由貿易局或由受委託簽證單位簽發輸入許可證後，始得輸入。

3.限制輸入貨品表外的貨品（免除輸入許可證），又可分為以下兩種：

(1)海關協助查核輸入貨品表：雖可免證進口，但其他法令另有管理規定，須由有關主管機關核發許可文件或證照始得輸入者，貿易局另編訂「海關協助查核輸入貨品表」，委託海關於貨品通關時協助查核，列入此表內的貨品，

應依表列輸入規定辦理，海關始准免證通關放行。

(2)自由輸入貨品：海關逕准通關，自由輸入。

限制輸入貨品與自由輸入貨品表

表　別			理　由
限制輸入貨品表 （輸入許可證項目）	表一（管制輸入）		非經貿易局專案核准發給輸入許可證，不得輸入，一般而言，不准輸入
	表二（有條件准 許輸入）	貿易局簽證	符合所載輸入規定即准核發輸入許可證，憑證通關輸入
		委託銀行簽證	
自由輸入 （免除輸入許可證項目）	海關協助查核輸入貨品表		其他國內管理法令與輸入有關的規定，委託海關協助查核，海關查核符合規定即准通關輸入
	其他		海關逕准通關，自由輸入

資料來源：經濟部國際貿易局，「限制輸入貨品表」及「海關協助查核輸入貨品表」。

㈡電子簽證

即以電子資料傳輸方式，申請簽證，詳本章第五節。

🌐 第四節　輸入許可證內容及其填寫方法

一、輸入許可證申請書格式

輸入許可證申請書 (application for import permit) 目前已簡化為二聯：

第一聯：輸入許可證申請書：為簽證機構存查聯。

第二聯：輸入許可證 (import permit, I/P)：為進口人報關用聯。

但，如屬高科技貨品的輸入，其使用的簽證文件得依據戰略性高科技貨品輸出入管理辦法第 6 條規定，進口商須填寫中華民國高科技貨品國際進口證明申請書全份。

輸　入　許　可　證　申　請　書
APPLICATION　FOR　IMPORT　PERMIT

第 1 聯：國際貿易局存查聯　　　　　　　　　　　　　　　　　　　　　　　　共　　頁第　　頁

1 申請人 Applicant	2 賣方名址 Seller	
3 生產國別 Country of origin	輸入許可證號碼　Import Permit No. 許可證簽證日期 Issue Date	
4 起運口岸 Shipping Port	許可證有效日期　Expiration Date	
5 檢附文件字號　Required Document Ref. No.	簽證機構簽章 Approving Agency Signature	

簽證機構加註有關規定 Special Conditions

6 項目 Item	7 貨品名稱、規格、廠牌或廠名等 Description of Commodities Spec. and Brand or Maker, etc.	8 貨品分類號列及 檢查號碼 C.C.C. Code	9 數量及單位 Q'ty & Unit	10 單價 Unit Price	11 金額及條件 Value & Terms

資料來源：經濟部國際貿易局，〈輸出入簽審文件格式下載及填寫須知〉。

二、輸入許可證申請書各欄填寫說明

欄位	欄位名稱	填寫說明
1	申請人（進口人）	1. 申請人（進口人）請依序填列中英文名稱、中英文地址、電話號碼及統一編號 2. 如為個人，請填列身分證號碼；法人、寺廟等其他申請人，有營利事業統一編號者，請填列該編號；如無，請填列負責人姓名及身分證號碼 3. 輸入許可證進口人名稱不得申請修改，但經貿易局核准變更登記者不在此限
2	賣方名址	請填列國外賣方英文名稱及地址，賣方係指報價之國外廠商，右上角框填列國別代碼（請參照財政部編撰之「通關作業及統計代碼」手冊）
3	生產國別	1. 應填列貨品之生產國家或地名 （進口大陸物品，應填列 CHINESE MAINLAND，代碼 CN） 2. 右上角框填列國別代碼（請參照財政部編撰之「通關作業及統計代碼」手冊）
4	起運口岸	請填列貨品最初起運口岸之名稱及右上角框代碼（請參照財政部編撰之「通關作業及統計代碼」手冊）
5	檢附文件字號	1. 進口貨品依規定應檢附主管機關或有關單位文件或（及）特許執照始可申請者，應填列主管機關同意文件或（及）登記證照字號 2. 進口貨品超過一項以上時，主管機關或登記證照字號不同者，請填註證號所屬項次
6	項次	進口貨品超過一項以上時，不論 C.C.C. Code 是否相同，均應於項次欄下冠以 1, 2, 3, ……並與所列 C.C.C. Code 及貨品名稱對齊
7	貨品名稱、規格、廠牌或廠名等	1. 貨品名稱應繕打英文為原則，但申請進口中藥材，應加列中文本草名。貨品名稱不能表明其性質者，應註明其學名 2. 貨品規格係指長短、大小、等級等 3. 貨品明細欄，如不敷填寫，請以續頁填列 4. 除農林漁牧礦、大宗物料等及其他習慣上無廠名或廠牌者可不必繕打外，其他均應繕打 Maker 或 Brand
8	貨品分類號列及檢查號碼	貨品分類號列 (C.C.C. Code) 為 11 位碼，請查閱「中華民國進出口貨品分類表」填列
9	數量及單位	為進口統計需要，申請貨品 C.C.C. Code 第 1 至 21 章，25 至 27 章之農林漁畜等產製品之進口案件，應以我國推行之公制為單位，凡以磅、件、箱、條等為單位者，應折算為公制單位。其他貨品，則依實際使用之單位填列（請參照財政部編撰之「通關作業及統計代碼」手冊）

10	單價	1.條件依報價單所載填列如 FOB、CFR、CIF 等
11	金額及條件	2.單價係填列進口貨品之單項價格 3.金額係填列進口貨品單項價格及所有貨品之總價 4.進口貨品得以新臺幣計價，輸入許可證亦可以新臺幣填報 5.幣別代碼請依財政部編撰之「通關作業及統計代碼」手冊規定填列 6.不需填列大寫金額

注意事項：

一、本輸入許可證一經塗改即屬失效，貨品分類號列蓋有簽證機構校對章者除外。

二、本輸入許可證記有貿易資料，關係商業機密，請予保密，不得外漏或買賣。

三、進口貨品，申請人應自行瞭解及依照有關輸入規定、檢驗、檢疫、衛生及其他相關國內管理法令辦理。

四、如 6～11 欄不夠填寫，請以續頁填寫，續頁上端註明共幾頁及第幾頁，並分別附於各聯之後。

五、各聯用途說明：

　　第 1 聯：國際貿易局存查聯。

　　第 2 聯：申請人報關用聯。

資料來源：經濟部國際貿易局，〈輸出入簽審文件格式下載及填寫須知〉。

第五節　電子簽證

所謂「電子簽證」，係指申請人以電子資料傳輸方式申請輸出入簽審文件，以簡化輸出入手續，加速貨品通關作業，以達到簡政便民的目的。我國自 88 年 12 月 1 日起，開始實施輸出入貨品電子簽證作業，廠商申請電子簽證，須依「輸出入貨品電子簽證管理辦法」辦理。茲將其要點說明如下：

　　1.電子資料傳輸方式可分兩種：

　　⑴連結貿易局網站，登錄簽審文件資料後傳輸。

　　⑵透過簽審通關服務窗口傳輸簽審文件電子資料。

　　2.適用本辦法的簽審文件如下：

　　⑴輸出入許可證。

　　⑵輸出入光碟製造機具申報備查書。

　　⑶瀕臨絕種野生動植物國際貿易公約許可證。

　　⑷戰略性高科技貨品輸出許可證。

　　⑸戰略性高科技貨品國際進口證明書。

　　⑹戰略性高科技貨品進口保證書。

(7)聯合國禁止化學武器公約列管化學物質最終用途保證書。

(8)其他經貿易局公告應以電子簽證方式申請的簽審文件。

3. 申請人申請簽審文件，應以電子簽證方式辦理。但有下列情形之一者，得以書面方式辦理：

(1)貿易局電腦系統故障。

(2)簽審文件遺失補發的申請。

4. 申請人於貿易局網站申辦前，除使用經濟部簽發的工商憑證者外，其他應先連結貿易局網站，向貿易局申請使用者識別碼及密碼。申請人非屬政府機關、公營事業或不具出進口廠商資格者，均需檢附相關證明文件。

5. 申請人辦理電子簽證，依貨品輸出入規定應檢附的書面文件，須加註收件編號，並加蓋申請人及其負責人簽章，以郵寄、電傳或電子郵件方式送達貿易局；必要時，並應提供正本以供核對。應檢附的書面文件內容經納入簽審文件電子資料標準訊息者，得免檢附書面文件。

6. 電子簽證申請案件經貿易局電腦記錄後，視為已送達貿易局。

7. 申請人連結貿易局網站申辦者，得經由網路查詢其申請案件的處理狀況。

8. 簽審文件經貿易局核准，除下列文件外，均核發書面文件予申請人：

(1)輸出入許可證。

(2)輸出入光碟製造機具申報書。

(3)戰略性高科技貨品輸出許可證。

(4)其他經貿易局公告者。

🌐 第六節　輸入許可證的有效期限、延期及更改

一、有效期限

輸入許可證有效期限為自簽證之日起六個月。但對特定貨品的輸入或自特定地區輸入貨品，得核發有效期限較短的輸入許可證；經經濟部貿易局核准專案輸入的案件，得核發有效期限較長的輸入許可證。

申請人預期進口貨品不能於有效期限內裝運者，得於申請時敘明理由並檢附證件，申請核發有效期限較長的輸入許可證。

　　輸入貨品應於輸入許可證有效期限屆滿前,自原起運口岸裝運,其裝運日期以提單所載日期為準;提單所載日期有疑問時,得由海關另行查證核定。

　　輸入許可證逾期而未經核准延期者,不得憑以輸入貨品。

二、延　期

　　輸入貨品不能於輸入許可證有效期限內自原起運口岸裝運者,申請人得於期限屆滿前一個月內申請延期,其每次延期不得超過六個月,延期次數不得超過二次。但經貿易局公告指定的貨品應於期限內輸入,不得延期。

三、更　改

　　輸入許可證所載各項內容,申請人得於有效期限屆滿前繕打輸入許可證修改申請書,連同原輸入許可證及有關證件申請更改。但申請人名稱,除經核准變更登記者外,不得更改。

　　輸入許可證內部分貨品已向海關報運進口並經核銷者,其許可證內容,除有效日期得依前條規定申請延期外,不得申請更改。

　　輸入許可證的延期或更改內容,應依申請延期或更改時的有關輸入規定辦理。

🌐 第七節　中國大陸地區貿易

一、依　據

　　2001 年 8 月起,在政府採取「積極開放,有效管理」政策下,兩岸關係的一些行政規定逐漸鬆綁,並於 2012 年 5 月更新「臺灣地區與大陸地區貿易許可辦法」。

二、開放中國大陸物品進口條件

　　經濟部依「臺灣地區與大陸地區貿易許可辦法」第 7 條第 1 項第 1 款公告准許輸入的中國大陸地區物品項目,以符合下列條件為限(第 8 條):

　　1. 不危害國家安全。

　　2. 對相關產業無重大不良影響。

三、中國大陸物品准許進口範圍

1. 經濟部公告准許輸入項目及其條件之物品。

2. 古物、宗教文物、民族藝術品、民俗文物、藝術品、文化資產維修材料及文教活動所需的少量物品。

3. 自用的研究或開發用樣品。

4. 依大陸地區產業技術引進許可辦法規定准許輸入的物品。

5. 供學校、研究機構及動物園用的動物。

6. 保稅工廠輸入供加工外銷的原物料與零組件，及供重整後全數外銷的物品。

7. 加工出口區及科學工業園區廠商輸入供加工外銷的原物料與零組件，及供重整後全數外銷的物品。

8. 醫療用中藥材。

9. 行政院文化部許可的出版品、電影片、錄影節目及廣播電視節目。

10. 財政部核定並經海關公告准許入境旅客攜帶入境的物品。

11. 船員及航空器服務人員依規定攜帶入境的物品。

12. 兩岸海上漁事糾紛和解賠償的漁獲物。

13. 其他經濟部專案核准的物品。

四、中國大陸物品的產地標示

1. 依據「廠商申請輸入委託大陸加工之成衣之輸入條件」規定，申請進口委託大陸加工的成衣，均應於貨品本身標示 "MADE IN CHINA" 或類似文字，且標示方式應具顯著性與牢固性，否則不准通關稅放(如僅以黏性標籤浮貼者即不具牢固性)。

2. 除上述須標示的貨品外，進口貨品並未強制標示原產地，惟如標示原產地者，其物品本身或內外包裝上僅能有屬地理性的產地標示（如 CHINA、中國製、廣東省生產或某某公司製造等），不得標示中國大陸當局標誌（如中華人民共和國、P.R.C. 或中國大陸國旗等），有中國大陸當局標誌者，應於通關放行前予以塗銷（惟可向海關具結自行塗銷），但有下列情形者，得免予塗銷：

　　⑴古物、宗教文物、民族藝術品、民俗文物、藝術品、文化資產維修材料及文教活動所需的少量物品。

⑵行政院文化部許可的出版品、電影片、錄影節目及廣播電視節目。

⑶財政部核定並經海關公告准許入境旅客攜帶入境的物品。

⑷船員及航空器服務人員依規定攜帶入境之物品。

⑸兩岸海上漁事糾紛和解賠償的漁獲物。

 # 習　題

1.試述進口簽證的意義，並略述我國進口簽證制度的演變。

2.試述進口簽證的主要作用。

3.依現行規定，哪些人有資格申請進口貨品？

4.輸入許可證遺失時如何申請補發？

5.何謂電子簽證？

第十一章 信用狀

在傳統國際貿易，貨物買賣貨款的結算，主要以信用狀（或稱為信用證）(letter of credit; L/C; credit) 方式進行。買賣契約中如約定以信用狀方式支付貨款，則訂立契約之後，除另有約定外，買方應於合理期間內洽請銀行開出信用狀。

信用狀雖只是許多付款方式中的一種，但在傳統的國際貿易中，卻占有一定的地位，本章特就信用狀的有關問題加以說明。

🌐 第一節　信用狀的定義

信用狀係銀行循顧客（通常為買方）的請求與指示，向第三人（通常為賣方）所簽發的一種文據 (instruments) 或函件 (letter)，在該項文據或函件中，銀行向第三人承諾：如該第三人能履行該文據或函件所規定的條件，則對該第三人所簽發的匯票及（或）所提示的單據將予以兌付。「信用狀統一慣例」(Uniform Customs and Practice for Documentary Credits, 2007 Revision，以下簡稱 UCP 600) 對信用狀所下的定義為：「信用狀意指任何一項不可撤銷之約定，不論其名稱或描述為何，該項約定構成開狀銀行對符合之提示予以兌付之確定承諾 (UCP 600 Art. 2)。」總之，所謂信用狀，乃銀行應客戶（申請人）的要求，向第三人（受益人）所簽發的一種文據，此項文據中，銀行授權該第三人得按其所載條件簽發以該行或其指定的銀行為付款人的匯票及（或）提示所規定的單據，並由其負兌付的責任。然而，可注意者有三點：(1)信用狀的開發雖然是基於貿易而生，但也有非基於貿易而開發的。憑這種信用狀簽發的匯票，通常不需附上貨運單據，例如擔保信用狀 (stand-by L/C) 即屬於這一種。(2)憑信用狀兌款，固然大部分都要求受益人須簽發匯票，但也有不需簽發匯票，只須提示收據 (receipt) 或只須提示規定單據即可兌款的。例如，憑收據付款信用狀 (payment on receipt L/C) 及憑單據付款信用狀 (payment against documents L/C) 即屬於這一種。(3)銀行可主動為其自己開發信用狀。在此情形，信用狀交易的基本當事人只有開狀銀行和受益人，而沒有開狀申請人。有人稱這類信用狀為「雙當事人信用狀」(two-party L/C)，主要為擔保信用狀，其作用是在國際金融市場增添一種融資工具。

🌐 第二節　信用狀的當事人

凡參與信用狀交易的人，即為信用狀當事人 (parties concerned to letter of credit)。根據 Wilbert Ward and Henry Harfield 在其 *Bank Credits and Acceptance* 一書，對信用狀所下的定義為：商業信用狀為銀行循買方的請求而向賣方所發出的正式函件，該函件對賣方表示願意依特定條件兌付賣方所簽發的法定格式的匯票。由此定義得知，開狀銀行、買方（開狀申請人）及賣方（受益人）為信用狀交易的基本當事人，缺一便不成其為信用狀。此乃就商業信用狀而言。但實際上，信用狀交易的當事人並不限於此三人。信用狀亦可規定以申請人自己為受益人，也可以開狀銀行自己為開狀申請人 (UCP 600 Art. 2)。但無論如何，在形式上，信用狀交易必須具備上述三方面的基本當事人（注意依 UCP，信用狀本身的基本當事人為開狀銀行、受益人及保兌銀行，如經保兌的話。但不包括開狀申請人）。

在信用狀交易，除上述基本當事人之外，也可能有其他人的介入。茲就可能參與信用狀交易的人，分述於下：

一、申請人 (applicant)

又稱開狀申請人 (applicant for the credit)，即向銀行申請開發信用狀的人。UCP 600 Art. 2 將申請人定義為：「請求開發信用狀之一方」。通常買方（進口商）依買賣契約所定付款條件，由其向往來銀行申請開發信用狀，因此開狀申請人通常為買方 (buyer) 或進口商 (importer)。買方因申請開發信用狀而由銀行授與信用，故又稱為受信買主 (accredited buyer)，此外又稱為 Accountee、Opener、Principal、Customer、Consignee、Grantee、Holder、Accreditor 或 Account Party。

二、開狀銀行 (opening bank)

即循開狀申請人的請求及指示，開發信用狀的銀行，又稱為 Issuing Bank、Grantor、Giver、Credit Writing Bank、Originating Party 或 Issuer。在信用狀交易中，開狀銀行所扮演的角色最為重要。UCP 600 Art. 2 將開狀銀行定義為：「循申請人之請求或為其本身而開發信用狀之銀行。」

三、通知銀行 (advising bank)

即依開狀銀行的委託，將信用狀通知受益人的銀行。UCP 600 Art. 2 將通知銀行定義為：「依開狀銀行之委託，通知信用狀之銀行。」所謂通知信用狀，不外將信用狀轉交受益人，故也有稱為 Notifying Bank 或 Transmitting Bank 者。通知銀行通常需核對信用狀外觀的真實性，但不負任何兌付或讓購的義務 (UCP 600 Art. 9 (a) (b))。

四、受益人 (beneficiary)

指有權依照信用狀條件開發匯票及（或）提示單據兌取信用狀款項的人。UCP 600 Art. 2 將受益人定義為：「因信用狀開發而享有利益的一方」。在信用狀交易中，一般而言，受益人大多係賣方 (seller) 或出口商 (exporter)。因他有權利使用或享受信用狀的利益，所以稱為 Beneficiary。此外又稱為 Accreditee、Addressee、User、Drawer、Shipper 或 Favoree 等。

五、讓購銀行 (negotiating bank)

又稱為購買銀行或貼現銀行或押匯銀行。讓購銀行乃為循受益人（或出口商）的請求，讓購或貼現信用狀項下匯票及（或）單據的銀行。如果通知銀行與受益人素有往來，則通知銀行很可能即為讓購銀行。信用狀如無特別限制讓購銀行，則受益人可以選擇適當的銀行作為讓購銀行，此時該讓購銀行就不一定是信用狀通知銀行。我國實務上「押匯」一詞雖源自英文的 "Negotiate"，但與 UCP 600 Art. 2 的 "Negotiate" 一詞，涵義不盡相同。在我國「押匯」係指出口商交運貨物後，向其往來銀行（押匯銀行）提示信用狀規定的匯票及（或）單據請求墊付貨款的行為。而 UCP 600 Art. 2 中的 "Negotiate" 係指「指定銀行在其應獲補償之銀行營業日當日或之前，以預付或同意預付給受益人之方式，買入符合之提示項下匯票（以指定銀行以外之銀行為付款人）及（或）單據之行為」。

六、再押匯銀行 (re-negotiating bank)

假如信用狀限定押匯銀行，而該銀行又非受益人的往來銀行，或受益人不願意逕向該銀行請求押匯時，受益人可逕向其往來銀行辦理押匯，然後再由該往來銀行

向該限定押匯銀行辦理轉押匯事宜。在此場合，該限定的押匯銀行，即稱為再押匯銀行。

七、付款銀行 (paying bank)

付款銀行為信用狀中所規定擔任付款的銀行。因此，在須簽發匯票的場合，又稱為 Drawee Bank。付款銀行可能是開狀銀行，亦可能是開狀銀行所委任的另一銀行。

八、求償銀行 (claiming bank)

依信用狀規定進行付款、承兌或讓購的銀行，可向信用狀指定的償付銀行求償應得的補償款項。該要求償付的銀行稱為求償銀行。

九、償付銀行 (reimbursing bank)

有時信用狀規定讓購（或付款）銀行於讓購（或付款）之後應另開出匯票（或免開）向開狀銀行授權或委託的另一家銀行求償。在此場合，該另一家銀行稱為償付銀行、歸償銀行、清償銀行或補償銀行。讓購（或付款）銀行另行開出的匯票稱為求償匯票 (reimbursement draft)。若信用狀規定須由求償銀行向償付銀行求償時，開狀銀行應及時向償付銀行發出適當的補償授權。

一般而言，償付銀行多為國際金融中心（如紐約、倫敦等）的大銀行。

十、保兌銀行 (confirming bank)

所謂保兌係指保兌銀行在開狀銀行原有確定承諾外，亦對符合提示為兌付或讓購的確定承諾。保兌銀行則指經開狀銀行的授權或要求，對信用狀加以保兌的銀行 (UCP 600 Art. 2)。有些開狀銀行的規模較小，或開狀銀行的資信不明，或開狀銀行所在地國家經濟、政治、社會狀況不穩定，而須由開狀銀行另請一家為受益人所熟悉的銀行（通常是出口地的通知銀行）或其他信用卓著的銀行對其所開信用狀承擔「兌付」的責任。這一家依照開狀銀行的授權或要求而對開狀銀行所開信用狀承擔「擔保兌付」之責的銀行即為保兌銀行。

十一、受讓人 (transferee)

在可轉讓信用狀，受益人可將信用狀的一部分或全部轉讓給第三人。該受讓信用狀 (transferred L/C) 的第三人即稱為受讓人。受讓人於受讓信用狀後，在其受讓權利範圍內，享有開發匯票（或免開匯票）要求開狀銀行付款之權，故有第二受益人 (second beneficiary) 之稱。

十二、轉讓銀行 (transferring bank)

在可轉讓信用狀，依其規定（授權）辦理信用狀轉讓事宜的銀行，稱為轉讓銀行。UCP 600 Art. 38 (b) 規定「轉讓銀行係指辦理信用狀轉讓的銀行，或信用狀可在任何銀行使用時，指經開狀銀行特別授權辦理轉讓並實際辦理信用狀轉讓的銀行。開狀銀行也得為轉讓銀行」。

十三、指定銀行 (nominated bank)

依 UCP 600 Art. 2，指定銀行係指「可在其處使用（即付款、承兌、讓購）信用狀的銀行，在信用狀可在任何銀行使用者，則任何銀行均為指定銀行」。包括讓購銀行、承兌銀行、保兌銀行及付款銀行等。

第三節　信用狀交易的流程

信用狀交易的流程雖然並非都一樣，但是第 302 頁的流程圖是最基本的交易流程。以下，依照圖示的交易流程順序說明信用狀交易的過程。

一、訂立買賣契約

買賣雙方之間的買賣契約是開發信用狀的基礎。在買賣契約中，若約定以信用狀支付貨款，買方就有開發信用狀的責任。

約定以信用狀支付貨款時，除非另有約定，通常是指開發不可撤銷信用狀。必要時，還須約定開發保兌信用狀。

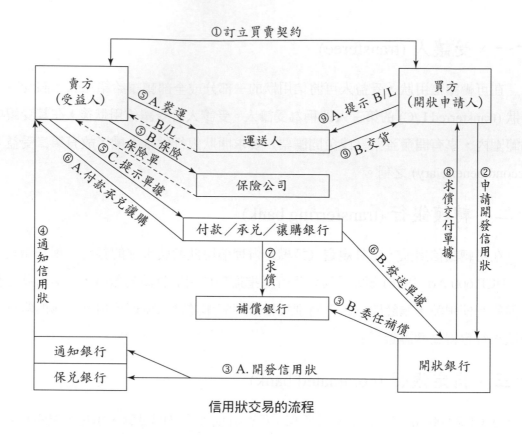

信用狀交易的流程

二、申請開發信用狀

買方以開狀申請人身分，向往來銀行請求開發信用狀。

在申請開發個別信用狀之前，買方有必要事先和往來銀行簽立「開發信用狀契約書」。

三、開發信用狀

接到申請人請求開狀的銀行，在考量申請人授信額度、申請書上記載的信用狀條件等後，決定接受申請時，便著手辦理開發信用狀手續。

對所開信用狀，有時交給開狀申請人，由其轉寄給受益人，但是，為了避免受益人對信用狀的真實性感到不安，或因其他的理由，通常是經由受益人所在地的往來銀行將信用狀通知受益人。

開狀銀行委託通知銀行通知信用狀的指示，通常以郵寄或以電傳方式傳達。

用郵寄的時候，將信用狀正本郵寄給通知銀行，委託其通知受益人。用電傳的

時候，則將信用狀的內容以電傳傳給通知銀行，委託其通知受益人。另外，如想委託通知銀行就其信用狀加以保兌，則將其旨意附加在對通知銀行的指示上。

又，對於依據信用狀兌付 (honor) 或讓購的銀行，若是委託第三家銀行（補償銀行）補償，則須於信用狀中或對通知銀行的指示中附記向該補償銀行請求補償的條款。同時，對該補償銀行以電傳或書信授權其受理依據信用狀的補償請求❶。

四、信用狀通知

收到信用狀通知指示的銀行，於辨別該指示及信用狀的真偽之後，將其通知受益人。

信用狀的通知，如係採取郵寄方式，則將該信用狀逕交受益人，如採電傳方式通知，則由通知銀行作成信用狀通知書，在櫃檯交給受益人，或是郵寄給受益人。

如果有授權或要求保兌，通知銀行應先查核對開狀銀行的授信額度 (line of credit) 是否尚有餘額，有無應該加以拒絕的事由等。如果決定同意予以保兌，在信用狀上或自己作成的通知書中加上保兌意旨的記載，之後通知受益人。

五、貨物的裝運與向銀行提示單據

收到信用狀通知的賣方（受益人）即可依照信用狀條件著手裝運。然後，準備信用狀所要求的運送單據及各種文件附上信用狀，向信用狀所指定兌付或讓購的銀行（指定銀行）提示。

六、兌付或讓購及發送單據

受理單據提示的銀行，若具有兌付或讓購權限時，如單據符合信用狀條款，而並無妨礙兌付或讓購的事由，則即行兌付或讓購。然後，將匯票及（或）單據送交開狀銀行或信用狀指定的收件人。

---

❶　所謂「兌付」(honor) 指：
　　①如信用狀使用方式為即期付款者，則即期付款。
　　②如信用狀使用方式為延期付款者，則承擔延期付款承諾並於到期日付款。
　　③如信用狀使用方式為承兌者，承兌受益人所簽發的匯票並在匯票到期日付款 (UCP 600 Art. 2)。

七、對開狀銀行的請求補償

兌付或讓購銀行於付款後，即可向開狀銀行請求補償。

若規定向開狀銀行指定的補償銀行請求，則依所定方式，向指定的補償銀行求償。

八、對開狀申請人請求補償並交付單據

開狀銀行從兌付或讓購銀行收到單據（或附有匯票）時，應即審核單據是否符合信用狀條件，以決定是否受理送來的單據。

若決定受理單據，即通知開狀申請人付款贖單，或在提供擔保而暫緩補償條件下，將單據交付開狀申請人提貨。

九、提　貨

從開狀銀行取得單據的開狀申請人，向運送人提示提貨所必要的單據，如提單，提領貨物。

另外，在單據尚未到達開狀銀行之前貨物已先運到時，開狀申請人（買方）可請求開狀銀行簽發擔保提貨書向運送人提出，如此則可不必等待提單的到手而先行提貨。

🌐 第四節　信用狀的經濟功能

信用狀所以能成為國際貿易的重要清償工具，實因它具備了許多對進出口商均屬有益的經濟功能所致。茲分別說明於下：

一、對出口商的功能

(一)信用狀可給出口商獲得信用保障

出口商收到銀行信用狀後，因有銀行信用代替進口商信用，所以不必多顧慮進口商的信用。出口商只要做到信用狀規定的條件，提示規定的匯票及（或）單據，即可兌得貨款。

㈡信用狀可給出口商獲得資金融通的便利

出口商只要切實按照信用狀所規定的條件提示規定的匯票及（或）單據，即可兌得貨款，不必等進口商收到貨物後才收回貨款。因此資金不致凍結，從而可獲得資金融通的便利。

㈢信用狀可給出口商獲得外匯保障

在外匯管制國家，信用狀一經開發，通常即表示已經獲得進口國政府支付外匯的批准，因此出口商毋需顧慮貨物出口後無法收到外匯。

㈣信用狀可給出口商獲得低利資金的利用

銀行對出口貨物的融資，如有信用狀為憑，則其所適用的貸款利率往往比起非信用狀貸款為低。例如我國外銷貸款即是。

㈤信用狀可提高輸出交易的確定性

輸出契約即使已成立，在信用狀未開到之前，輸出契約有隨時被取消的可能。假如信用狀已開到且屬不可撤銷者，那麼因開狀銀行再也不得將信用狀作片面的取消或修改，從而以作為信用狀交易基礎的輸出契約也不能輕易地作片面的取消或修改。

二、對進口商的功能

㈠信用狀可給進口商獲得資金融通的便利

憑信用狀交易，進口商申請開發信用狀時，通常僅須繳交信用狀金額一定成數的保證金 (margin)，其餘由開狀銀行墊付。如非憑信用狀交易，出口商可能會要求進口商預付一部分或全部貨款後，才肯發貨。

㈡信用狀可給進口商獲得低利資金的利用

信用狀可給進口商利用銀行承兌匯票在利率較低的金融市場貼現的機會，從而獲得利用低利資金的機會。

㈢信用狀可確定履行契約的日期

因出口商必須按照信用狀所列條件，在規定期限內裝運貨物，所以進口商可大致確定出口商履行契約的日期。

㈣信用狀可給進口商獲得信用保障

出口商須按信用狀條件辦理押匯（或付款），押匯（或付款）銀行必對各種單據詳予審查，符合信用狀條件才押匯或付款，所以只要信用狀條件規定得適當，進口

商可獲得相當的保障。

　　從上述可知信用狀對進出口商雙方的益處甚多，但其效用還是有限度。因為：

(一)對進口商而言

　　開狀銀行是憑信用狀條件辦理付款，著重單據審核，而不問貨物實際上是否與單據所記載者相符。因此進口商仍須注意出口商的信用，以免有詐騙貨款情事發生。須知以信用狀為付款方式時，銀行不能排除出口商詐騙的風險。銀行所能做到的，只是信用風險的消除，並在貨物運送中，給予資金周轉的便利。信用狀雖然有可能減少出口商詐騙的風險，但這僅可視為信用狀的副產品而已。

(二)對出口商而言

　　出口商應對進口商及開狀銀行的信用有相當的瞭解，才能保障交貨後能順利收回貨款。否則，貨物交運後，進口商可能會挑剔單據瑕疵，以求減價甚至拒付。此外，開狀銀行的破產、開狀銀行或進口商所在地發生政治危機、戰爭等等問題時，均可能使出口商無法取回貨款。

● 第五節　信用狀交易的法律特性

一、獨立抽象性（不要因性）原則

　　信用狀是基於買賣契約（或其他契約）的規定而來，但是信用狀與買賣契約（或其他契約）之間卻沒有相互從屬關係。信用狀一經開出，即與買賣契約（或其他契約）分離，而成為另一完全獨立的交易，這種獨立於買賣契約（或其他契約）之外而抽象分離的特徵，稱為信用狀的獨立抽象性。UCP 600 第 4 條 (a) 項規定：「信用狀在本質上與買賣契約或其他契約係分立的交易，信用狀或以該契約為基礎，但銀行與該契約全然無關，亦絕不受該契約的拘束……。」UCP 600 第 4 條 (a) 項後段規定：「受益人絕不得援用存在於銀行間或申請人與開狀銀行間的契約關係。」

二、文義性原則

　　信用狀當事人間的法律關係，均應依據信用狀所載條件加以權衡，其權利義務均應依信用狀的文義為憑，不得就信用狀文義以外的事項作為確定信用狀當事人的權利義務，這種法律性質即是信用狀的文義性。UCP 600 第 14 條 (a) 項規定：「依指

定而行事的指定銀行、保兌銀行，如有者；及開狀銀行須僅以單據為本，審查提示藉以決定單據就表面所示是否構成符合的提示。」UCP 600 第 2 條還規定銀行必須以合理的注意 (reasonable care) 來審核單據，只要單據表面的文義符合信用狀規定就給予付款、承兌或讓購，如不符合就拒絕受理。

三、單據交易原則

　　信用狀和買賣契約（或其他契約）在本質上有許多差異，就交易標的來看，買賣契約是貨物交易，信用狀交易非貨物交易，而是單據交易。UCP 600 第 5 條規定：「銀行所處理者為單據，而非與該等契約可能有關的貨物、勞務或其他行為。」也即只要受益人提示的單據符合信用狀規定，開狀銀行就必須付款。假如單據不符信用狀規定，就予拒付，完全依據單據處理。此種原則與獨立抽象性的原則有密切的關係。

第六節　信用狀的內容與格式

　　信用狀格式因開狀銀行的不同而異，甚至同一銀行所使用的信用狀格式也因信用狀種類或內容的不同而有差異。但大致說來，一般信用狀多含有下列各項目：

　㈠關於信用狀本身者

　　1.開狀銀行 (issuing bank)。

　　2.通知銀行 (advising bank)。

　　3.信用狀種類 (kind of L/C)。

　　4.信用狀號碼 (L/C number)。

　　5.開狀日期 (date of issue)。

　　6.受益人 (beneficiary)。

　　7.開狀申請人 (applicant; accountee)。

　　8.可利用金額 (available amount)，即信用狀金額 (L/C amount)。

　　9.有效期限 (validity/expiry date)，或提示的有效期限 (expiry date for presentation)。

　　10.信用狀使用地點 (L/C available at...)，或提示地點 (place for presentation)。

㈡關於匯票者（限於須簽發匯票者）

　1.發票人 (drawer)。

　2.被發票人 (drawee)，即付款人。

　3.匯票期限 (tenor)。

　4.匯票金額 (draft amount)。

㈢關於單據、商品及運送者

　1.單據：

　　⑴商業發票 (commercial invoice)。

　　⑵運送單據 (transport documents)。

　　⑶保險單據 (insurance policy or certificate)。

　　⑷其他 (other documents)。

　2.商品 (goods; merchandise)：商品描述、數量、單價、貿易條件等 (description, quantity, unit price, trade term, etc.)。

　3.運送：

　　⑴裝運港、發送地、接管地 (port of loading, dispatch, place of taking in charge)、卸貨港、最終目的地 (port of discharge, place of final destination)。

　　⑵裝運期限 (latest date of shipment)。

㈣其他事項

　1.提示期間 (period for presentation)。

　2.有關讓購銀行應注意事項（如將押匯金額在信用狀背面註記，即 endorse）。

　3.補償銀行 (reimbursing bank)。

　4.開狀銀行擔保兌付 (honor) 的條款：

　　⑴不可撤銷條款。

　　⑵開狀銀行有權簽字人簽字。

　　⑶遵守「信用狀統一慣例」的條款。

　5.其他。

第七節 信用狀統一慣例

一、UCP 600

信用狀在傳統國際貿易中係重要的付款方式之一，運用普遍，且已有相當的歷史。但由於有關當事人居於不同的法律地域，或不同的商業習慣地域，以致各當事人對於各自的權利、義務或信用狀文字的解釋，屢有爭執的情形。為解決此類糾紛及防患於未然，國際商會乃制定了信用狀統一慣例 (Uniform Customs and Practice for Documentary Credits, UCP)，作為統一國際間對信用狀處理的方法、習慣、術語解釋，以及各當事人間義務與責任的準則。

信用狀統一慣例最早係於 1933 年制定，其後，國際商會為因應國際貿易的發展，以及鑑於信用狀交易內容日趨複雜，分別於 1951 年、1962 年、1974 年、1983 年、1993 年及 2007 年作了六次修訂，目前通行者即為 2007 年的修訂版，自 2007 年 7 月起施行，該修訂版由國際商會以第 600 號出版物公布，全文共 39 條，包括適用範圍、定義、解釋、信用狀與契約……可轉讓信用狀及應得款項的讓與等。

雖然信用狀統一慣例已廣為全球銀行及貿易商所採用，但其僅是一國際商業慣例或規則，並非國際法，不具有當然的拘束力，必須在信用狀中載明適用該信用狀統一慣例，則該信用狀統一慣例方對該信用狀的當事人具有拘束力。由於信用狀統一慣例已被普遍採用，因此絕大多數的信用狀均有載明類如下列的條款：

Except so far as otherwise expressly stated, this L/C is subject to Uniform Customs and Practice for Documentary Credit (2007 Revision), International Chamber of Commerce Publication No. 600.

此外，信用狀的當事人如不欲適用信用狀統一慣例中的某些規定，可在信用狀中以加列條款的方式排除適用，加列條款的效力優先於統一慣例的規定。

二、UCP 600 的補充規範

(一) eUCP

二十世紀末，網際網路 (internet) 的出現與盛行，掀起資訊傳遞與商務溝通方式的重大改革，帶動電子商務的興起，一些大型銀行近年來已開始透過網際網路與客戶進行信用狀的申請、通知等手續，直接在網路上完成許多信用狀的文書作業，提

昇信用狀的作業效率，未來，信用狀從申請、開狀、押匯到付款整個流程的全面 e 化（電子化），也將是必然的趨勢，「電子信用狀」(electronic letter of credit) 將逐漸取代傳統的紙面信用狀。但是國際間規範信用狀的慣例規則 "UCP 600" 只適用傳統的紙面信用狀，無法規範電子信用狀。

有鑑於此，國際商會於 2001 年 11 月制定「信用狀統一慣例補篇：電子提示」(Supplement to UCP 500 for Electronic Presentation (eUCP) Version 1.0)，簡稱「電子信用狀統一慣例」(eUCP)，並自 2002 年 4 月起正式實施。本電子信用狀統一慣例為了配合 UCP 600，於 2006 年 10 月修訂，稱為 Supplement to UCP for Electronic Presentation (Version 1.1)。

eUCP 的角色是擔任「以規範紙面信用狀為主的 UCP 600」和「等同於紙面作業基礎的電子信用狀」之間的橋樑，以作為 UCP 600 的補充，規範電子貿易中有關信用狀的簽發與提示作業。因此 eUCP 本質上並不是一套可以單獨存在或獨立運作的規則，它必須依附於 UCP 600，始有真正意義。也就是說，當電子信用狀適用 eUCP 時，必須同時適用 UCP，才具有規範電子信用狀的效力。

(二) ISBP

依據 UCP 500 第 13 條的規定：「銀行須以相當之注意審查信用狀規定之一切單據，藉以確定該等單據就表面所示與信用狀之條款是否相符。所規定之單據表面與信用狀條款之相符性，應由本慣例所反映之國際間標準銀行實務決定之……」。但是由於各當事人對於所謂「國際間標準銀行實務」認知以及解釋的錯誤或歧異，對於單據是否符合信用狀規定的相關爭議，仍時有所聞，有鑑於此，國際商會於 2002 年 10 月正式推出「審查跟單信用狀項下單據的國際標準銀行實務」(International Standard Banking Practice for the Examination of Documents under Documentary Credits, ISBP)，並以 ICC 第 645 號出版品公布，ISBP 全文共 200 條，以清單的方式列舉各項信用狀下審核單據的銀行實務，補充規定。隨著 UCP 600 於 2007 年 7 月 1 日正式實施，ICC 也同步公布更新版的 ISBP，全文共 185 條。至 2013 年 7 月，ICC 又將 ISBP 作了大幅度的修正，稱為 ISBP 745、ISBP 2013 或 2013 年版 ISBP，條文從 185 條變成 298 條。

ISBP 詳細且具體地規定了 UCP 所指審單標準的國際標準銀行實務，以補充 UCP 未明確規定但實際運作時很容易產生爭議的部分，成為全球銀行審核信用狀項

下單據的統一標準。對於從業人員正確理解和使用 UCP，統一和規範信用狀單據的審核實務，進而減少不必要的糾紛等。ISBP 並不是對 UCP 的修訂，而是對 UCP 的補充，解釋單據處理人員應如何應用 UCP 所反映的實務做法。兩者係相輔相成，單獨使用並不適當，在 UCP 與 ISBP 有衝突牴觸時，仍以 UCP 的規定優先。

🌐 第八節　信用狀的種類

信用狀的種類隨觀點的不同而有各種不同的分類，常見的分類有：

一、可撤銷信用狀與不可撤銷信用狀

所謂可撤銷信用狀 (revocable L/C) 乃指開狀銀行於開出信用狀後，無需預先通知受益人，可以隨時片面撤銷或修改的信用狀而言。這種信用狀通常載有類如下面的文字：

This L/C, which is subject to revocation or modification at any time without notice to you, conveys no engagement on our part, and is simply for your guidance in preparing and presenting draft(s) and documents.

這種不負責任的信用狀，出口商雖取得，但在運出貨後開具匯票向銀行提示兌款之前，隨時有被撤銷的可能，對出口商毫無保障可言，因此這類信用狀很少利用。所以，UCP 600 不再提及可撤銷信用狀。換言之，UCP 600 只規範不可撤銷信用狀。

所謂不可撤銷信用狀 (irrevocable L/C) 乃指信用狀一經開出，在其有效期限內，非經受益人、開狀銀行及保兌銀行（若經保兌）同意，開狀銀行不得將該信用狀作片面的撤銷 (cancel) 或修改 (amend) 者而言 (UCP Art. 7 (b), Art. 10 (a))。這種信用狀的修改，無論如何輕微，都必須先徵得各方關係人的同意。因此，受益人收到這種信用狀並與買賣契約核對無誤後，即可放心備貨，進行裝運和交單。只要單據符合信用狀，即可收到貨款，所以對受益人相當有利。

不可撤銷信用狀具有下列特性：

(一)不可撤銷性 (irrevocability)

UCP 600 所規範的信用狀具有不可撤銷性 (UCP 600 Art. 2)，即使其未表明其為不可撤銷 (UCP 600 Art. 3)。

(二)開狀銀行負最後兌付的確定義務 (definite undertaking to honor)

依 UCP 600 Art. 7 規定：若所規定的單據向指定銀行或開狀銀行提示且構成符合提示，則開狀銀行必須兌付 (honor)，如果信用狀為以下情形之一：

　　(1)信用狀規定由開狀銀行即期付款、延期付款或承兌；

　　(2)信用狀規定由指定銀行即期付款，但該指定銀行未予付款；

　　(3)信用狀規定由指定銀行延期付款，但該指定銀行未承諾延期付款，或雖已承諾延期付款，但到期日未予付款；

　　(4)信用狀規定由指定銀行承兌，但該指定銀行未承兌以其為付款人的匯票，或雖承兌以其為付款人的匯票，但於到期日未予付款；

　　(5)信用狀規定由指定銀行讓購，但該指定銀行未予讓購。

在不可撤銷信用狀中，通常載有開狀銀行承擔兌付的文字。例如：

We (issuing bank) hereby agree with you (or the drawers, endorsers and bona-fide holders) that all drafts drawn under and in compliance with the terms and conditions of this L/C will be duly honored on due presentation and on delivery of documents specified to drawee bank.（凡開出的匯票完全與本信用狀條款相符，一經向付款銀行提示並交付本信用狀所規定的單據，本銀行同意向貴公司履行兌付責任。）

二、保兌信用狀與不保兌信用狀

信用狀經開狀銀行以外的另一家銀行擔保對符合信用狀條款規定的匯票及(或)單據履行兌付或讓購的義務者，稱該信用狀為保兌信用狀 (confirmed L/C)。如信用狀未經另一銀行保兌者，稱該信用狀為無保兌信用狀 (unconfirmed L/C)。

對信用狀加具保兌的銀行，稱為保兌銀行 (confirming bank)。所謂保兌 (confirmation) 係指保兌銀行於開狀銀行原有的確定承諾外，也對符合提示為兌付或讓購的確定承諾。

保兌銀行所負的擔保責任是絕對的，並非開狀銀行不能履行義務時，保兌銀行才負責兌付或讓購的或有 (contingent) 性質。換句話說，保兌銀行與開狀銀行須對受益人共同或單獨地 (jointly or severally) 負起兌付或讓購之責。正因保兌銀行所負的責任，不論其形式或範圍，完全與開狀銀行所負的責任相同，除非保兌銀行對開狀銀行具有充分的信心，或者除非保兌銀行已將其所保兌的款額從開狀銀行存款帳圈

存，否則不輕易予以保兌。

依 UCP 600 Art. 8 規定，保兌銀行的義務如下：

只要規定的單據向保兌銀行或其他任何指定銀行提示，並且構成符合的提示，保兌銀行必須：

⑴兌付，如果信用狀使用方式為以下情形之一：

　①信用狀規定由保兌銀行即期付款、延期付款或承兌；

　②信用狀規定由另一指定銀行即期付款，但其未付款；

　③信用狀規定由另一指定銀行延期付款，但該指定銀行未承諾延期付款，或雖已承諾延期付款，但未在到期日付款；

　④信用狀規定由另一指定銀行承兌，但其未承兌以其為付款人的匯票，或雖已承兌匯票，但未在到期日付款；

　⑤信用狀規定由另一指定銀行讓購，但該指定銀行未讓購。

⑵若信用狀規定由保兌銀行讓購，則為無追索權讓購。

保兌的文句，通常如下：

The above-mentioned correspondent (issuing bank) engages with you that all drafts drawn under and in compliance with the terms of this L/C will be duly honored.

At the request of the correspondent, we confirm their L/C and also engage with you that drafts drawn in conformity with the conditions of this L/C will be honored by us.

受益人通常不強調信用狀必須保兌，只有在下列情形下才要求保兌：

1.信用狀金額較大，超過開狀銀行本身資力，擔心開狀銀行的償付能力。

2.開狀銀行為地方性銀行，其資信不為人所熟悉。

3.開狀銀行所在國政局不穩定、經濟貿易政策屢變、外匯短絀，批准外匯常拖延或軍事上有問題。

三、有追索權信用狀與無追索權信用狀

信用狀上如有 "With Recourse" 字樣的，稱為「有追索權信用狀」(with recourse L/C)；信用狀上如有 "Without Recourse" 字樣的，稱為「無追索權信用狀」(without recourse L/C)；如果信用狀上既無 "Without Recourse" 字樣，也無 "With Recourse" 字樣者，實務上視為 "With Recourse L/C"。

　　憑有追索權信用狀開出匯票，萬一匯票遭拒付時，被背書人可向背書人請求償還票款。反之，憑無追索權信用狀開出匯票，且匯票上註明「無追索權」字樣者，萬一匯票遭拒付時，被背書人不能向背書人請求償還票款。

　　在此應注意的是，有些人以為憑不可撤銷信用狀所開發的匯票即當然視為"Without Recourse"，實屬誤會。因開狀銀行的付款擔保是以受益人所開出的匯票完全符合信用狀的條件為前提。因此如有不一致或疑義時，雖是不可撤銷信用狀，也有可能發生拒兌或拒付的問題。在此場合，讓購（押匯）銀行只得向發票人行使追索權。總之，即使是不可撤銷信用狀，憑這種信用狀開出的匯票，如未載有 "Without Recourse" 字樣，一概視為 "With Recourse"。此外，在理論上，憑可撤銷信用狀，也可開發 "Without Recourse" 的匯票，但這種匯票可能沒有銀行願意讓購。

四、即期信用狀、遠期信用狀與延期付款信用狀

　　信用狀如規定受益人應開發即期匯票或交單時即可兌得款項者，則稱該信用狀為即期信用狀 (sight L/C)。反之，如信用狀規定受益人簽發遠期匯票 (time/usance/acceptance draft) 者，稱該信用狀為遠期信用狀 (usance L/C)。

　　在即期信用狀的場合，不管匯票的付款人為開狀銀行或其他指定的付款銀行，只要所開的匯票及（或）單據符合信用狀條件，一經提示，開狀銀行即須付款。在即期信用狀下，從受益人向押匯銀行申請押匯到開狀銀行付款，時間上僅僅相隔寄遞匯票及單據的郵程而已。在現今航郵迅速的情況下，這個過程很短。如果信用狀規定讓購銀行可以電傳求償 (T/T reimbursement)，那麼這一過程更可縮短到只有兩三天。在這種情形下，受益人收款速度很迅速。因此，出口商在計算售價時，可不考慮或只加計幾天的押匯貼現息即可。

　　在遠期信用狀的場合，匯票先經付款人承兌，至匯票到期 (maturity) 時才予付款。雖然匯票到期前出口商不能取得票款，但如需周轉資金，則可將該承兌匯票在貼現市場予以貼現。為便於順利貼現，這類匯票應以銀行為付款人並由其承兌。

　　遠期信用狀中，如規定票據期間利息（貼現息）由賣方負擔者，稱該信用狀為賣方遠期信用狀 (seller's usance L/C)。反之，如規定票據期間利息（貼現息）由買方負擔者，稱其為買方遠期信用狀 (buyer's usance L/C)，在此場合，出口商於押匯時，猶如即期信用狀，可立即獲付，票據期間利息（貼現息）歸買方（進口商）負擔。

至於延期付款信用狀 (deferred payment L/C) 是指信用狀規定將在受益人提交單據後的未來一定日期，由開狀銀行或指定銀行付款的信用狀。實質上，這是不要求受益人開發匯票的遠期信用狀。至於付款日的計算方法，或從提單日 (B/L date) 起算，或從開狀銀行收到單據之日起算。由於無匯票，出口商無法憑匯票利用貼現市場的資金，因此只能自指定銀行或往來銀行或其他途徑獲得融資。由於這種信用狀與貼現市場無關，開狀銀行也就不必考慮請別家銀行代為承兌匯票的問題。

五、一般信用狀與特別信用狀

讓購信用狀 (negotiation L/C) 規定受益人只能在某指定銀行辦理讓購時，稱這種信用狀為特別或限押信用狀 (special/restricted negotiable L/C)。反之，沒有限定讓購銀行的讓購信用狀，稱為一般或自由讓購信用狀 (general/open/freely negotiable L/C)。

就出口商立場而言，以獲得一般信用狀較好。因在一般信用狀的場合，受益人能夠選擇願以最有利的匯率讓購的銀行辦理押匯手續。在特別信用狀的場合，因讓購銀行已限定，所以縱令該指定讓購銀行的匯率最不利，也只能向該指定銀行辦理押匯，甚至不得不透過往來銀行辦理轉押匯 (re-negotiation)。

銀行所以開出限押信用狀自有其原因。諸如開狀銀行基於營業政策指定其在出口地的總分支行或往來銀行為讓購銀行；開狀銀行對於出口地某些銀行的業務處理能力缺乏信心，不得不指定其認為可靠的銀行為讓購銀行等是。不管其原因為何，這種限定讓購銀行的做法，開狀銀行宜循開狀申請人的要求或先經其同意。此外，如果開狀銀行沒有限定讓購銀行，通知銀行不可擅自加上限制自身為讓購銀行的條款。

Restrict 的文句如下：

- Negotiations under this L/C are restricted to...Bank, Taipei.
- This L/C is available thru...Bank, Taipei only.

六、讓購信用狀與直接信用狀

凡允許受益人將其匯票及（或）單據提交付款銀行以外的其他銀行請求其讓購，而不必逕向付款銀行提示付款的信用狀，稱為讓購信用狀。通常信用狀多規定受益人可將其匯票及（或）單據提交銀行讓購。但有時或因開狀銀行在出口地頭寸充裕

或由於信用狀條件複雜，或有些單據需要特別注意審查，開狀銀行希望自己掌握審單或由指定的聯行、代理行獨家經辦，因而特別規定受益人須將匯票及（或）單據直接提交開狀銀行或其指定的銀行辦理兌付事宜。 這種信用狀稱為直接信用狀 (straight L/C) 或託付信用狀 (domiciled L/C)。簡言之，凡信用狀上所載擔保付款條款，如僅以受益人為對象者，該信用狀就是直接信用狀。在讓購信用狀的場合，因允許讓購，除非限定在某銀行押匯（即非特別信用狀），在信用狀上都規定開狀銀行不僅對受益人，而且對匯票的背書人及善意執票人亦負責予以兌付。在直接信用狀的場合，則狀上無此文句，而只約定符合信用狀條件的匯票及（或）單據，經受益人向指定付款銀行提示時，即負責予以兌付。兩者的措詞如下：

‧ Negotiation L/C:

We hereby agree with the drawers, endorsers and bona fide holders of drafts drawn under and in compliance with terms and conditions of this L/C, that such drafts will be duly honored on due presentation and on delivery of documents as specified to the drawee bank.

對於信用狀的有效期限，則常以下面用語表示：

Drafts must be negotiated not later than...(date).

‧ Straight L/C:

We hereby agree with you (beneficiary) that all drafts drawn under and in compliance with the terms and conditions of this L/C will be duly honored on presentation and on delivery of documents as specified to the drawee bank.

對於信用狀的有效期限（即提示的有效期限），則通常以下面用語表示：

Drafts must be presented to the drawee bank not later than...(date).

在直接信用狀的場合，開狀銀行往往委託出口地的總分支行或代理行兌付匯票及（或）單據，在此情形出口商開出的匯票是以該總分支行或代理行為被發票人，而非開狀銀行。銀行開發直接信用狀，並非即表示禁止該匯票及（或）單據的讓購，而只是指定以特定銀行為付款人以便收兌匯票及（或）單據，所以也有可能由其他銀行自行負擔風險讓購直接信用狀項下的匯票及（或）單據。但此讓購銀行不能得到一如憑讓購信用狀讓購匯票及（或）單據的保障。詳言之，讓購直接信用狀項下匯票及（或）單據的銀行，其權利不會超過受益人的權利，也就是說，不能享受善意執票人的權利。因此憑直接信用狀所提示的匯票及（或）單據，一般銀行（即非

指定銀行）通常大都不願任意讓購。

七、跟單信用狀與無跟單信用狀

信用狀規定受益人請求讓購或付款或承兌（兌付）時，須同時提示單據者，稱這種信用狀為跟單信用狀 (documentary L/C)，又稱為押匯信用狀。一般的商業信用狀屬於此類者居多。

反之，信用狀規定請求讓購或付款或承兌時，僅憑一張光票無需提示單據者，稱為無跟單信用狀或光票信用狀 (clean L/C)。

無跟單信用狀主要係用於商品交易以外的清算或以擔保為目的而無需提示單據的情形，旅行信用狀就是典型的無跟單信用狀。至於用於押標保證 (bid bond)、履約保證 (performance bond) 及還款保證 (refundment bond) 的擔保信用狀，因受益人請求讓購、承兌或付款時，通常須同時提出諸如聲明書 (statement) 等的單據，所以有些人認為其應屬廣義的跟單信用狀性質。

八、郵遞信用狀與電傳信用狀

信用狀依其通知受益人的方式區分，可分為郵遞信用狀 (mail L/C) 與電傳信用狀 (teletransmitted L/C)，業界通稱電報信用狀 (cable L/C)。郵遞信用狀乃指開狀銀行將開發信用狀事宜以郵寄（一般為航郵）方式通知受益人的信用狀。電傳信用狀乃指開狀銀行以電傳 (teletransmission) 方式，例如海纜電報 (cable)、普通電報 (telegram)、電報交換 (telex)、傳真 (fax) 或 SWIFT，將開發信用狀事宜通知受益人的信用狀。

一般而言，金額較小、裝運日期不急迫者，可請求銀行以郵遞方式開發信用狀；但如金額較大、裝運日期迫近者，可請求銀行以電傳方式開發。

以郵遞方式開狀時，可將信用狀交給開狀申請人轉寄受益人，或由開狀銀行逕寄受益人，也可由開狀銀行委託受益人所在地的總分支行或代理行就近將信用狀轉知受益人。但以前兩種方式通知受益人則因受益人無法查驗信用狀上簽字的真偽，所以目前很少採用。

倘以電傳方式開發信用狀，則必須由通匯銀行（通知銀行）轉知。因開狀銀行如將信用狀內容逕向受益人發出電傳，則由於受益人與開狀銀行間並無押碼 (test key) 的約定，受益人無法辨認該電傳信用狀的真實性，故不發生作用。他方面，通匯銀行間，因事先已訂有通匯契約 (correspondent agency arrangements)，並交換控制文件（control documents，包括押碼與簽字樣本等），故向通匯銀行發出電傳信用狀可由該通匯銀行予以辨認其真偽，並由其以正式函件轉知受益人。

以電傳方式開發信用狀時，應將信用狀的內容在電文中列明，即應為詳電，否則如係簡略的簡電則只能當作預先通知 (preliminary advice)，不能視其為正本信用狀 (operative L/C instrument)，無法憑以辦理押匯。

依據 UCP 600 Art. 11 (a) 規定：經確認的電傳信用狀……將視為可憑使用的（正本）信用狀……且任何隨後的郵寄證實書 (mail confirmation) 應不予理會。UCP 600 Art. 11 (b) 又規定：若電傳聲明「明細後送」(full details to follow) 或類似意旨的用語，或敘明郵寄證實書才是可憑使用的信用狀……時，該項電傳將不視為可憑使用的信用狀。開狀銀行必須隨後儘速簽發可憑使用的信用狀，其條款不得與該電傳有所牴觸。

九、不可轉讓信用狀與可轉讓信用狀

可轉讓信用狀 (transferable L/C) 意指特別敘明其係「可轉讓」(transferable) 的信用狀。可轉讓信用狀得依受益人（第一受益人）的請求，使其全部或部分由另一受益人（第二受益人）使用 (UCP 600 Art. 38 (b))。反之，則稱為不可轉讓信用狀 (non-transferable L/C)。

可轉讓信用狀，以前在英文中有三個用詞，即①Transferable L/C；②Assignable L/C；③Transmissible L/C。按一般理解，這三個名詞是同義，但也有人認為 Transmissible 不完全等於 Transferable，而只是可轉讓信用狀中的一種，係指可轉讓到受益人所在地以外的其他國家的可轉讓信用狀而言。依 UCP 600 Art. 38 (b) 規定，信用狀僅於開狀銀行明示其係 "Transferable" 時，才可轉讓。至於 "Divisible"、"Fractionable"、"Assignable"、"Transmissible" 等用語，均不能使該信用狀成為「可轉讓」，因此，凡可轉讓信用狀均應用 "Transferable" 一詞，不應使用其他字樣。

信用狀上的可轉讓條款的文句不一，其最簡單者為：

This L/C is transferable.

較複雜者有：

This L/C is transferable and any transfer of all or any portion of this L/C must conform strictly to the terms hereof and shall contain no enlargements, limitation, variations or changes of any nature whatsoever of said terms.

此外，也有在信用狀標題處加註 "Transferable" 字樣，以示其為可轉讓信用狀者。

依 UCP 600 Art. 38 (b)，只有被開狀銀行指定的銀行或經開狀銀行特別授權辦理轉讓的銀行，才可循受益人的要求辦理信用狀的轉讓。辦理信用狀轉讓的銀行稱為「轉讓銀行」(transferring bank)。經轉讓銀行辦理可由第二受益人〔second beneficiary，又稱受讓人 (transferee)〕使用的信用狀稱為「受讓信用狀」(transferred L/C)。除信用狀另有規定外，僅可轉讓一次。所謂「僅可轉讓一次」並不與信用狀的分割轉讓相牴觸。部分裝運或部分動支既不受禁止，則可轉讓信用狀的第一受益人自可給某甲二分之一，又給某乙四分之一，作分割轉讓，但受讓人甲與乙（第二受益人）不得再將其轉讓給隨後的受益人，但第一受益人不認係隨後的受益人 (UCP 600 Art. 38 (d))。

信用狀僅能依原信用狀所規定條件轉讓，但信用狀金額、單價、有效期限、提示期間、最遲裝運日或裝運期間則得予減少或縮短，又保險應投保的百分比得予以提高，以配合信用狀或 UCP 應投保金額的規定 (UCP 600 Art. 38 (g))。

十、循環信用狀與非循環信用狀

通常信用狀均有一定的金額及有效期限，除非修改增加金額，其金額一經用完，信用狀即失效。再者，縱使尚有未用餘額，而已逾越有效期限，則除非展期，信用狀也即失效。這種信用狀即為非循環信用狀 (non-revolving L/C)。

在賣方與買方之間，就同一種類商品作反覆的交易時，如成交一批，買方（進口商）即須請求銀行開發信用狀一次，則不僅麻煩費事，並且多花費用。但如一次開發鉅額的信用狀，則進口商須繳納鉅額的保證金，對進口商來說，又不方便。於是銀行乃設計一種辦法解決這個問題。即開發一種信用狀，規定信用狀金額被受益人全部或部分利用後，其金額可重新回復至原金額再被利用，周而復始，一直到規定的使用次數或總金額達到時為止。這種可回復使用的信用狀，稱為循環信用狀 (revolving L/C; continuing L/C)，又稱為回復信用狀。茲就實務上利用這種信用狀的情形舉例說明。假定我國進口商自瑞士訂購大批手錶，其總價為 240,000 美元，約

定每批裝出 20,000 美元，共分十二次裝運。就進口商而言，如需就每次裝運貨物申請開發一次信用狀，則共須申請十二次，其手續不勝麻煩，且須多付手續費。如欲一次申請開發 240,000 美元的信用狀，則銀行因所負風險過鉅可能不予考慮，或者進口商也無法一次繳付鉅額保證金，就是能夠繳付，其資金運用也不經濟。又或因出口商信用未著，進口商不願一次開出鉅額的信用狀。為解決這種困難，進口商可一次申請開發 20,000 美元的回復信用狀。出口商接獲這種信用狀後，即可將首批手錶裝運，並開出 20,000 美元的匯票，指向當地銀行辦理押匯。匯票及單據寄達進口地，等開狀銀行兌付該匯票後，即可通知出口商該信用狀金額業經使用的 20,000 美元，准予回復使用。如此，出口商於首批金額回復前當可裝出第二批，並開出第二張 20,000 美元的匯票。等首批金額回復後，乃繼續裝出第三批，並開出第三張匯票。如此周而復始，直至全部裝完為止。其較普通的非循環信用狀便利，甚為明顯。

至於金額如何回復？視情形而定。但較常見者約有下列三種。

1.非自動式循環：又稱通知循環，即每次動用的金額，必須等開狀銀行通知該金額得予回復後，信用狀才恢復至原金額繼續使用。這種循環信用狀，通常載有類如下述條款：

The amount of drawing paid under this L/C become available to you again upon your receiving from us advice to this effect.

2.自動式循環：即動用的金額隨即自動回復到原金額，不需要等待開狀銀行的通知，亦無需經過一定期間。這種循環信用狀稱為 Instant Revolving L/C，通常載有類如下面的條款：

The amounts paid under this L/C are again available to you automatically until the total of the payment reaches US$....

3.半自動式循環：又稱定期循環，即每次動用後若干日內，如果開狀銀行未發出停止循環使用的通知，信用狀即自動回復到原金額。例如訂定一個月的期間，在此期間內如無不能回復使用的通知，即可回復使用。此法乃介於前述兩者之間，其常用的條款為：

30 days after a draft has been negotiated under this L/C, the L/C reverts to its original amounts of US$...unless otherwise notified.

上述三種方法中，以第一、二法較常見。依第一法，信用狀金額的回復使用，

係在出口商接獲開狀銀行通知已兌付票款之後。正因如此，出貨愈快，開出匯票亦愈多，而其回復亦愈快。但開狀銀行因恐出貨過速，致進口商手頭積貨過多，不易脫手，可能影響今後的償付能力，乃採第二法，但約定回復的期間，例如每隔一個月或兩個月回復一次，藉以限制。這種循環信用狀，在銀行術語稱為「定期循環信用狀」(periodic L/C)。在定期循環信用狀的場合，常發生一疑問：即約定每期可開出匯票 US$20,000，但如前期只裝出一部分貨品，則本期開出的匯票金額，可否包括前期未用完的金額？抑仍以 US$20,000 為限？關於此，如信用狀規定未經用罄的金額可結轉次期使用，則這種信用狀，稱為「可累積定期循環信用狀」(revolving cumulative L/C)。例如 "This L/C is revolving at US$50,000 covering shipment of...per calendar month cumulative operation from April 20– to September 20– inclusive up to a total of US$300,000." 即為可累積定期循環信用狀中所用條款。如不可結轉次期使用者，則稱為「不可累積定期循環信用狀」(non-cumulative revolving L/C)。例如信用狀中有 "...to the extent of US$...revolving non-cumulative available by drafts..." 及 "Drawings under this L/C are limited to US$...in any calendar month..." 者，即為不可累積定期循環信用狀上常用的詞句。

十一、轉開信用狀

　　信用狀受益人（出口商）為賺取中間利潤，而將信用狀利用於其與供應商間的國內資金融通方面的方法，除可要求開發「可轉讓信用狀」外，為求交易的保密，尚有一種方法，即所謂「轉開信用狀」或「背對背信用狀」(back-to-back L/C)，國人常稱為本地信用狀 (local L/C)。具體的說，有時信用狀受益人本身並非貨物的供應商，但一方面因不願讓買方知道自己並非供應商，也不願讓其知道自己是以較低價購得貨物後再行轉賣給他，他方面為避免國外買方與國內供應商直接接觸，他（即出口商）便可向通知銀行（有時為本地其他銀行）申請憑國外開來的信用狀另開一張信用狀給供應商。這種憑他人開來的信用狀，要求本地銀行以原信用狀為基礎，另開一張以供應商為受益人的信用狀，即為轉開信用狀。作為開發轉開信用狀依據的原信用狀則稱為 "Original L/C"、"Master L/C" 或 "Primary L/C"。轉開信用狀也稱為 "Secondary L/C"、"Sub-L/C"、"Subsidiary L/C" 或 "Ancillary L/C"。在三角貿易也常採用背對背信用狀方式。

轉開信用狀與受讓信用狀有下列兩點不同：

1.受讓信用狀是作為可轉讓信用狀受益人的出口商，將信用狀金額的全部或一部分轉讓給他人（供應商）使用。轉開信用狀則與原信用狀完全個別獨立，兩者雖同時存在，但轉開信用狀的內容則根據原信用狀而開發。

2.就受讓信用狀而言，原信用狀必須為可轉讓信用狀。而轉開信用狀的開發則與國外開狀銀行或進口商不相涉。前者的受讓人（第二受益人）與原受益人（第一受益人）居於同等地位，可獲得國外開狀銀行直接付款的擔保，而後者的受益人對原信用狀的申請人（進口商）及開狀銀行並無請求權可言，但可獲得轉開信用狀開狀銀行的付款承諾。

十二、擔保信用狀

所謂擔保信用狀 (stand-by L/C) 乃指不以清償商品交易貨款為目的，而以保證債務或貸款融資為目的而開發的信用狀。當開狀申請人未能清償債務或未能償還貸款時，開狀銀行即須負責支付一定金額給受益人，這與普通信用狀以清償貨款為目的而開發者大不相同。在我國又稱其為備付信用狀或保證信用狀。

擔保信用狀在二次大戰後才盛行，而美國銀行在保證業務方面，應用擔保信用狀的情形，尤為流行，但糾紛也不少。擔保信用狀的用途甚多，茲將其主要者說明於下：

(一)借款保證

假如本國商人擬向國外銀行借款而需提供擔保時，即可請求本國銀行開出以國外貸款銀行為受益人的擔保信用狀。該信用狀規定如借款人（即開狀申請人）不於規定日期償還借款本息時，該國外貸款銀行即可就其本息開出即期匯票向開狀銀行求償。這種信用狀所規定的條件大致相同，通常規定受益人於提示匯票時，只須提示表明借款人未按約償還本息的聲明書 (statement) 即可。

(二)押標保證及履約保證

又如購貨人（招標人）於標購大批貨物時，為防投標人中途撤回報價，或得標後拒絕簽約或得標後拒繳納履約保證金或訂約商簽約後不按約履行，常要求投標人於報價時繳交押標保證金 (bid bond) 及於訂約時繳交履約保證金 (performance bond)。在此情形下，投標人或訂約商也常洽請銀行開發以購貨人（招標人）為受益

人的擔保信用狀。同樣地，售貨人（招標人）標售貨物時，也可要求投標人繳交押標保證金及履約保證金，在此場合，投標人也可洽請銀行開發以售貨人（招標人）為受益人的擔保信用狀，這種信用狀所要求的單據通常也只有受益人所出具的聲明書而已。

(三)賒購保證

在分期付款方式的賒帳交易，因付款期限較長，供應商所負風險大，故常要求進口商提供銀行保證。例如以前我國向日本、德國及義大利等國家以分期付款方式購買機器時，即常需要提供銀行的保證。而各銀行的保證方式不一，有的以開發保證函 (letter of guarantee) 方式為之；有的則以開發擔保信用狀方式因應。目前採用擔保信用狀方式者居多。

規範擔保信用狀交易的規則，除了 UCP 之外，國際商會於 1998 年推出「國際擔保函慣例」(International Stand-by Practices，簡稱 ISP 98)，從 1999 年 1 月 1 日起實施。因此，從此以後，開發擔保信用狀可選擇適用 UCP 或 ISP 98。

十三、預支信用狀

通常的信用狀，受益人必須將貨物交運並備妥符合信用狀規定的單據，才能憑以向銀行請求支付貨款。但有一種信用狀卻規定受益人在一定條件下，可於備妥信用狀所規定單據之前，簽發匯票（或收據）向信用狀中所指定的銀行（通常為通知銀行）預支一定數額的款項。該銀行所墊出的款項，則於受益人日後向其辦理押匯時扣還。假如受益人到期未能交運貨物，提出信用狀所規定的單據，也不歸墊預支的款項，則墊款銀行即可逕向開狀銀行要求償還其所墊付的本金及利息。這種允許受益人在備妥信用狀所規定單據之前，向銀行預支一定金額的信用狀，稱為「(可)預支信用狀」(anticipatory L/C)。

預支信用狀依其支款條件，可分為紅條款信用狀 (red clause L/C) 和綠條款信用狀 (green clause L/C; green ink clause L/C) 兩種。

按紅條款信用狀淵源於過去美國對華貿易。當年在中國從事毛皮貿易的出口商往往是美國進口商的代表 (buyers' representative) 或採購代理商 (buyer's agents; buying agents)。他們受美國進口商的委託，深入內地零星採購毛皮，然後將其匯聚於港口打包及運往美國。但內地採購在在須付現款才願交貨，而一般的信用狀則須

於受益人提示規定單據後才能兌款。因此，一般的信用狀，對於受益人（即上述進口商的代表或採購代理商）籌措搜購毛皮所需資金融通方面，並無任何幫助。於是開狀銀行循進口商的要求，在信用狀上用紅墨水附加一條款，授權在中國大陸的通知銀行於受益人提出收據（或匯票）及承諾書承諾將來會提交信用狀所規定的單據，即得墊款給受益人。受益人收到這種信用狀之後，即可簽發匯票或收據及承諾書向銀行預支一部分款項，作為採購資金之用。此項墊款及其利息俟受益人搜購皮貨備妥單據向銀行押匯時，再由墊款銀行自押匯款內扣除。這種准許受益人於貨物出口及備妥單據之前，預支款項的條款，當時係以紅字註明或以紅墨水印刷，以引人注意，故稱為「紅條款」(red clause)，而載有這條款的信用狀，則稱為紅條款信用狀。但現今信用狀上的紅條款未必即為紅色，試想信用狀如以電傳開出，將如何著為紅色？因此，信用狀上只要有紅條款的信用狀即可稱為紅條款信用狀。

　　至於綠條款信用狀與紅條款信用狀大致相同，亦是旨在對受益人提供裝運前的融資墊款，但其墊款條件較紅條款信用狀稍為嚴格，即出口商在貨物裝運出口之前，以融資墊款銀行的名義，將貨物存放倉庫，取得倉單 (warehouse receipt) 後憑信用狀向銀行申請墊款。這種綠條款信用狀主要出現於英國從澳洲進口羊毛貿易，目前已少見。

十四、現金信用狀、憑收據付款信用狀及憑單據付款信用狀

　　所謂現金信用狀 (cash L/C) 是指進口地銀行循進口商的請求，將應付的資金預先匯存出口地的總分支行或代理銀行，請其代開信用狀，並指示其在受益人提示以該開狀銀行為付款人的匯票（可能是跟單匯票，也可能是無跟單匯票）時，即以上述資金支應的信用狀。因為這種匯票是見票即付，所以是前述即期信用狀的一種。

　　憑收據付款信用狀 (payment on receipt L/C) 與現金信用狀很相似，這種信用狀是由進口國的開狀銀行循進口商的要求，向出口商所開發的信用狀，授權出口地銀行，於一定金額內，憑出口商所提示的單據（依信用狀規定）及領款收據即可支付貨款，受益人不必開發匯票。由於出口商憑領款收據即可兌款，自可免除一般匯票發票人應負的責任——即無追索權的問題發生，也不必負擔押匯貼現息，對於出口商較有利。此外，有些歐洲國家（如德國、奧國），關於匯票的印花稅票，常規定由付款人負擔，進口商為避免負擔這類費用，也常要求於信用狀上加註 "Simple Receipt

Instead of Draft Acceptable" 的條款。

至於憑單據付款信用狀 (payment against documents L/C) 則為開狀銀行應進口商的要求，向出口商所開發的信用狀，這種信用狀授權出口地銀行得憑出口商所提示的單據，按其商業發票所載金額付款給出口商。其特點為既無匯票又無領款收據。

十五、非銀行信用狀

非銀行信用狀 (non-bank L/C) 係指非銀行機構開發的信用狀。在國際貿易上，一般所認知的信用狀，都是由銀行簽發的。然而，為世界多數銀行所遵循的信用狀統一慣例 (UCP) 並未禁止非銀行機構簽發信用狀。市場上可看到一些由財務公司 (finance company) 或保險公司等非銀行機構所簽發的信用狀。non-bank L/C 是否可以接受，應由受益人審慎評估該簽發人的信用及風險，並請往來銀行協助評估。

第九節　信用狀內容分析

一、郵遞信用狀的例示

茲以例示一說明郵遞信用狀的內容：

1. 開狀銀行：ATOZ Bank。
2. 信用狀種類：不可撤銷、跟單信用狀。
3. 開狀日期：Aug. 9, 20–。
4. 信用狀號碼：6/4695/07。
5. 開狀申請人：XYZ Trading Co., Ltd.
6. 通知銀行：Manufacturers Hanover Trust Co., Taipei。
7. 受益人：ABC Industrial Corp.
8. 信用狀金額：US$9,525.00。
9. 信用狀有效期限：以受益人國家時間為準，其有效期限為 Oct. 31, 20–。
10. 有關匯票的規定：

(1) We hereby issue our Letter of Credit in your favor which is available by Negotiation of your draft(s)...（茲敝行開出信用狀以貴公司為受益人。貴公司得簽發匯票請求讓購……）。

例示一：郵遞信用狀

(1) ATOZ BANK ⊠100 Silom Road, Bangkok, Thailand REF: INTERNATIONAL BANKING DEPARTMENT	IRREVOCABLE DOCUMENTARY CREDIT (2)	
	DATE (3) Aug. 9, 20–	CREDIT NUMBER (4) 6/4695/07
(6) ADVISING BANK Manufacturers Hanover Trust Co., 10th Floor, Taipei Financial Center, 62, Tun Hwa N. Rd., Taipei 105, Taiwan	APPLICANT (5) XYZ Trading Co., Ltd. 400 Buddha-Bucha Road, Bangmod, Ratburana, Bangkok 10140, Thailand	
(7) BENEFICIARY ABC Industrial Corp., 5th Floor, 200, Fun Hsing N. Road, Taipei, Taiwan	AMOUNT (8) US$9,525.00 (US Dollars Nine Thousand Five Hundred and Twenty-Five Only.)	
	EXPIRY DATE IN THE BENEFICIARY'S (9) COUNTRY FOR NEGOTIATION Oct. 31, 20–	

Dear Sir(s).

(10) We hereby issue our Letter of Credit in your favor which is available by Negotiation of you draft(s) at sight drawn on us for full invoice value accompanied by the following documents:

(11) ⊠Signed commercial invoice in 8 copies. Price CIF Bangkok, showing FOB Value, freight charges and insurance premium separately.

⊠Full set of clean on board B/L made out to the order of ATOZ BANK, Bangkok marked "Freight prepaid", Notify buyer.

⊠Insurance policy/certificate for 110% of invoice value, stating claims payable in Thailand for currency of the draft(s) covering ICC(C) plus SR&CC and Non-Delivery Clauses, in duplicate.

⊠Packing list in 6 copies.

⊠Certificate of Inspection in 3 copies.

(12) Evidencing shipment of: 15 MT. of Ungalvaniged steel Wire JIS G 3521 SWB/SWC Grade. as per proforma invoice Dated Aug. 7, 20–

(13) SHIPMENT FROM: Keelung, Taiwan TO: Bangkok, Thailand	LATEST SHIPMENT DATE Oct. 15, 20–	PARTIAL SHIPMENTs Prohibited	TRANSHIPMENT Prohibited

(14) SPECIAL CONDITIONS

All banking charges outside Thailand (including reimbursing charges) are for account of beneficiary. Manufacturers Hanover Trust Co., Taipei Branch is holding special instruction concerning reimbursement and disposal documents.

(15) Negotiation under this credit is restricted to Manufacturers Hanover Trust Co., Taipei Branch who are authorized to pay you the face amount of the draft(s) on presentation.

(16) All drafts drawn hereunder must indicate the number, date of issue and name of issuing bank of this credit. The amount of each drawing must be endorsed on the reverse of this credit by the negotiation bank.	ATOZ BANK
(17) We hereby engage with the drawers, endorsers and bona fide holders of drafts drawn under and in compliance with the terms of this credit that such drafts will be duly honored upon presentation to the drawee.	
(18) Except so far as otherwise expressly stated, this credit is subject to the Uniform Customs and Practice for Documentary Credits (2007 Revision) the International Chamber of Commerce (Publication No. 600)	(19) Authorized Signature

　　(2)匯票期限：“at sight”，係規定匯票期限為即期，所以本信用狀為即期信用狀。

　　(3)匯票付款人：“on us”，即以開狀銀行為匯票付款人。

　　(4)匯票金額：“for full invoice value”，即以發票金額為匯票金額。

11.應提示單據及份數：“accompanied by the following documents”，表示附上以下單據（單據名稱、內容及份數）：

　　(1)商業發票：八份，發票須由受益人簽署 (signed)，貨價以 CIF Bangkok 表示，且須分別註明 FOB 價、運費及保險費的金額。

　　(2)提單：全套清潔、裝船提單，提單受貨人「由開狀銀行指示」(to the order of ATOZ Bank)，提單上應註明「運費已付」，以買方為提單上的「被通知人」。

　　(3)保險單據：保險單或保險證明書二份，保險金額為發票金額的 110%，保險賠款支付地點為泰國，賠款幣別須與匯票幣別相同，保險種類為「協會貨物條款」(ICC) C 條款，加保罷工暴動險 (SR&CC) 與遺失險 (non-delivery)。

　　(4)包裝單：六份。

　　(5)檢驗證明書：三份。

12.貨物：“evidencing shipment of” ……以下所記載者即為貨物名稱、數量。本例為 “Ungalvanized steel wire JIS G 3521 SWB/SWC Grade”，數量 15 MT，有關貨物品質規格須與 Aug. 7, 20– 發出的預期發票 (proforma invoice) 上的記載相同。

13.貨物運送條款：

　　(1)起運點：Keelung, Taiwan。

　　(2)目的地：Bangkok, Thailand。

　　(3)最後裝運期限：Oct. 15, 20–。

　　(4)部分裝運：禁止。

　　(5)轉運：禁止。

14.特別條件：

　　(1)有關銀行費用的分擔：受益人應負擔包含補償費用 (reimbursing charges) 在內的一切發生於泰國以外的銀行費用。

　　(2)通知銀行握有開狀銀行有關求償及寄送單據的特別指示。也即指定由通知銀行擔任押匯銀行押匯任務。

15.限押指示：本信用狀限定在通知銀行押匯。

16.押匯金額背書條款：其大意為「匯票上應載明本信用狀號碼、開狀日期及開狀銀行名稱。押匯銀行必須將每張匯票金額在信用狀背面予以記載」，此條款的用意在防止信用狀超額押匯。

17.開狀銀行承擔兌付條款：其大意為「本行與匯票發票人、背書人及善意執票人約定，凡憑本信用狀簽發，且符合本信用狀規定條件者，於提示時將妥予兌付」。

18.遵守 UCP 600 的規定：本信用狀的處理，除另有明示外，以國際商會第 600 號出版物「2007 年修訂信用狀統一慣例」為準。

19.開狀銀行有權簽字人簽字：如無開狀銀行有權簽字人簽字，則為無效的信用狀。

補充說明：

1.本信用狀未規定類如 "documents must be presented for negotiation within ×××× days after the date of shipment but within the validity of the credit" 的「提示押匯期間條款」，則依 UCP 600 Art. 14 (c) 項規定，受益人最遲應於裝運日後二十一曆日內提示押匯，但不得遲於信用狀有效期限。

2.本信用狀已明示「禁止部分裝運」。如信用狀未載明可否部分裝運，則依 UCP 600 Art. 31 (a) 項的規定，為准許部分裝運。

3.本信用狀已明示「禁止轉運」。如信用狀未載明可否轉運，則依 UCP 600 Art. 20 (c) 項的規定，視為准許轉運，但以全程海運運送係由同一提單涵蓋者為限。

4.本信用狀規定貨物裝運期限為 Oct. 15, 20–。如信用狀未載明裝運期限，則依 UCP 600 Art. 29 (c) 項規定，信用狀有效期限為最後裝運期限。

二、電傳信用狀的例示

茲以所附信用狀（例示二 p. 341）說明該信用狀的內容：

1.通知銀行：CITIBANK, TAIPEI。

2.開狀銀行：PHILIPPINE BANK OF COMMUNICATIONS。

3.開狀日期：20– 年 8 月 1 日。

4.信用狀種類：不可撤銷跟單信用狀；信用狀號碼：1234。

5.受益人：A INDUSTRIAL CORP.

6.開狀申請人：B INDUSTRIAL CORP.

7.信用狀金額：US$42,400.00。

8.信用狀有效期限及地點：臺灣時間 20– 年 9 月 30 日。

9.有關匯票的規定：

(1)期限：由 "DRAFTS DRAWN AT SIGHT" 得知匯票期限為即期。

(2)金額：與發票金額相同。

(3)付款人：由 "DRAWN ON PHILIPPINE BANK OF COMMUNICATIONS, MANILA" 得知匯票付款人為開狀銀行。

(4)發票條款：匯票上應註明 "DRAWN UNDER PHILIPPINE BANK OF COMMUNICATIONS, MANLIA, LETTER OF CREDIT NO. 1234"，此條款即為匯票上的發票條款。

10.貨物名稱、數量：100 M/T HARD DRAWN STEEL WIRE。

11.貿易條件：CFR MANILA。

12.裝運地：TAIWAN。

13.目的地：MANILA。

14.部分裝運：禁止。

15.轉運：禁止。

16.應提示單據名稱、份數：

(1)商業發票：三份，須由受益人簽署。

(2)提單：全套清潔裝船提單、提單簽發日期不得遲於 20– 年 9 月 30 日，受貨人由開狀銀行指示，註明運費預付，以買方為提單被通知人。

(3)包裝單：三份。

17.保險：由買方在 Manila 投保。

18.銀行費用的負擔：包含補償費用在內的所有發生於菲律賓以外的銀行費用均由受益人負擔。

19.所有單據均應載明本信用狀號碼。

20.遵守 UCP 600 條款。

21.開狀銀行承擔兌付條款。

22.指定押匯銀行：指定以通知銀行為押匯銀行。

三、SWIFT 信用狀的例示

SWIFT (Society for Worldwide Interbank Financial Telecommunication)（環球銀行財務通訊系統），主要功能在傳輸各參加國間的國際金融業務通訊，諸如外匯買賣、證券交易、跟單匯票託收、信用狀的開發、帳務的通知及確認、銀行間資金的調撥等。我國於 1983 年加入此一系統。

透過 SWIFT 通訊作業系統所開發的信用狀稱為 SWIFT L/C，其格式與傳統的郵遞或電傳信用狀不同，其電文均予以標準化。以下舉一 SWIFT 信用狀的例示（例示三 p. 344）說明：

1. SWIFT 信用狀的開發：在這個 SWIFT 通訊作業系統中，與貿易廠商關係最為密切的是信用狀的通知格式。SWIFT 將所有電文予以標準化，並劃分為 9 類，其中第 7 類為信用狀，再以阿拉伯數字 "7" 字開頭為 3 位數字細分各項信用狀業務的電文，例如 700 為信用狀的開立，707 為信用狀的修改。各銀行間傳輸電文使用統一的「代號」(Tag)，貿易廠商（尤其受益人）必須查對各代號的意義，才能瞭解信用狀的內容。有關 SWIFT 傳輸信用狀格式常用代號的說明請參閱第 342 頁，第 345 頁為新型 SWIFT 傳輸信用狀的格式。

　　⑴電文中 27、40A、20、31C ……即為 SWIFT 電文代號 (tag)，其意義於該代表號前已有說明。但有些 SWIFT 信用狀則僅列出電文代號。茲將 SWIFT L/C 使用的電文代號列表於下。

　　⑵除另有規定，以 SWIFT 發出的信用狀，於電文中 40E 表明該信用狀的適用規則，例如 UCP latest version。

　　⑶以 MT 700 格式發出的 SWIFT L/C，是可憑以使用信用狀 (operative L/C)。

　　⑷SWIFT L/C 省去開狀銀行的確定承諾 (definite undertaking) 條款，但仍負兌付確定承諾。

2. SWIFT 信用狀的修改：信用狀開發後，可能由於客觀交易環境發生變化，原信用狀內容條款已不符實際需要；或由賣方／買方要求，只要雙方同意，可由買方向開狀銀行申請修改信用狀。信用狀修改內容主要為延長賣方裝運貨物期限、延長受益人提示匯票與單據期限，增加信用狀金額或刪除原信用狀上某些受益人難以履行的條款等。信用狀的修改經開狀銀行同意後，可經由郵寄、電報與透過 SWIFT 的

例示二：電傳信用狀

(1) TO: CITIBANK TAIPEI
     52 SEC. 4 MIN SHENG EAST ROAD
     TAIPEI, TAIWAN

(2) FROM: PHILIPPINE BANK OF COMMUNICATIONS 214–216 JUAN LUNA ST.
     BINONDO, MANILA, PHILIPPINES

(3) ISSUE DATE: 01 AUG. 20–

(4) IRREVOCABLE DOCUMENTARY CREDIT NO: 1234

(5) IN FAVOR OF: A INDUSTRIAL CORP. NO. 215 SEC. 2 MIN CHUNG EAST ROAD, TAIPEI, TAIWAN.

(6) FOR ACCOUNT OF: B INDUSTRIAL CORP. 226 SAN ROAD MANILA, PHILIPPINES

(7) AMOUNT: USD 42,400.00
     US DOLLARS FORTY TWO THOUSAND FOUR HUNDRED

(8) EXPIRY DATE / PLACE: 30 SEP. 20– TAIWAN

(9) AVAILABLE BY: BENEFICIARY'S DRAFT DRAWN AT SIGHT FOR FULL INVOICE VALUE DRAWN ON PHILIPPINE BANK OF COMMUNICATIONS, MANILA TO BE MARKED "DRAWN UNDER PHILIPPINE BANK OF COMMUNICATIONS, MANILA LETTER OF CREDIT NO. 1234"

(10) COVERING SHIPMENT: 100 M/T HARD DRAWN STEEL WIRE

(11) TRADE TERMS: CFR MANILA

(12) FROM: TAIWAN

(13) TO: MANILA

(14) PARTIAL SHIPMENT: NOT ALLOWED

(15) TRANSHIPMENT: NOT ALLOWED

(16) ACCOMPANIED BY THE FOLLOWING DOCUMENTS:
     *BENEFICIARY'S SIGNED COMMERCIAL INVOICE IN TRIPLICATE
     *FULL SET OF CLEAN ON BOARD BILLS OF LADING DATED NOT LATER THAN 30 SEP. 20– MADE OUT TO THE ORDER OF PHILIPPINE BANK OF COMMUNICATIONS, MANILA MARKED FREIGHT PREPAID AND NOTIFY BUYER
     *PACKING LIST IN TRIPLICATE

(17) ADDITIONAL INSTRUCTIONS:
     *INSURANCE COVERED BY BUYER IN MANILA

(18) *ALL BANK CHARGES OUTSIDE PHILIPPINES, INCLUDING REIMBURSEMENT CHARGES, ARE FOR ACCOUNT OF BENEFICIARY

(19) OTHERS:
     ALL COPIES OF SHIPPING DOCUMENTS MUST INDICATE OUR L/C NUMBER

(20) THIS OPERATIVE CREDIT IS SUBJECT TO THE UNIFORM CUSTOMS AND PRACTICE FOR DOCUMENTARY CREDITS (2007 REVISION) ICC PUBLICATIONS NO. 600

(21) WE HEREBY ENGAGE THAT PAYMENT WILL BE DULY MADE AGAINST DOCUMENTS PRESENTED IN CONFORMITY WITH THE TERMS OF THIS CREDIT

(22) INSTRUCTIONS TO THE NEGOTIATING BANK:
     PLEASE PRESENT ALL DRAFTS/DOCUMENTS FOR NEGOTIATION OR RENEGOTIATION TO THE ADVISING BANK AS THEY HOLD SPECIAL INSTRUCTIONS

通訊網路來通知修改內容，當然如果開狀銀行與通知銀行均屬於 SWIFT 會員銀行時，利用 SWIFT 傳輸信用狀修改通知，更為迅速、方便與安全。茲列表於第 342 頁說明 SWIFT 傳輸信用狀修改電文常用代號的意義，並舉例對照解釋。

SWIFT L/C 電文中代號說明

MT 700 Issue of a Documentary Credit

Status	Tag（代號）	Field Name（說明）	Content/Options（內容／選項）	No.
M	27	Sequence of Total（合計次序）	1!n/1!n　1 個數字／ 1 個數字	1
M	40A	Form of Documentary Credit（跟單 L/C 種類）	24x　24 個字	2
M	20	Documentary Credit Number（跟單 L/C 號碼）	16x　16 個字	3
O	23	Reference to Pre-Advice（預告備註）	16x　16 個字	4
O	31C	Date of Issue（開狀日期）	6!n　6 個數字	5
M	40E	Applicable Rules（適用規則）	30x[/35x]　30 個字〔／35 個字〕	6
M	31D	Date and Place of Expiry（有效日期及地點）	6!n29x　6 個數字，29 個字	7
O	51a	Applicant Bank（開狀銀行）	A or D　A 或 D	8
M	50	Applicant（申請人）	4*35x　4 行×35 個字	9
M	59	Beneficiary（受益人）	[/34x] 4*35x　〔／34 個字〕4 行×35 個字	10
M	32B	Currency Code, Amount（幣別代號、金額）	3!a15d　3 個字母，15 個數字	11
O	39A	Percentage Credit Amount Tolerance（金額增減百分比）	2n/2n　2 個數字×2 個數字	12
O	39B	Maximum Credit Amount（最大金額限制）	13x　13 個字	13
O	39C	Additional Amounts Covered（附加金額限制）	4*35x　4 行×35 個字	14
M	41a	Available with...by...（動用地點及方式）	A or D　A 或 D	15
O	42C	Drafts at...（匯票期間）	3*35x　3 行×35 個字	16
O	42a	Drawee（付款人）	A or D　A 或 D	17
O	42M	Mixed Payment Details（綜合付款方式）	4*35x　4 行×35 個字	18
O	42P	Deferred Payment Details（延期付款方式）	4*35x　4 行×35 個字	19
O	43P	Partial Shipments（部分裝運）	1*35x　1 行×35 個字	20
O	43T	Transhipment（轉運）	1*35x　1 行×35 個字	21
O	44A	Place of Taking in Charge/Dispatch from.../Place of Receipt（接管地／發送地／收貨地）	1*65x　1 行×65 個字	22
O	44E	Port of Loading/Airport of Departure（裝船港／起飛機場）	1*65x　1 行×65 個字	23
O	44F	Port of Discharge/Airport of Destination（卸貨港／目的機場）	1*65x　1 行×65 個字	24

O	44B	Place of Final Destination/For Transportation to.../Place of Delivery（最終目的地／目的地／交貨地）	1*65x　1 行×65 個字	25
O	44C	Latest Date of Shipment（最後裝運日）	6!n　6 個數字	26
O	44D	Shipment Period（裝運期間）	6*65x　6 行×65 個字	27
O	45A	Description of Goods and/or Services（貨品／勞務明細）	100*65x　100 行×65 個字	28
O	46A	Documents Required（所需提示單據）	100*65x　100 行×65 個字	29
O	47A	Additional Conditions（附加條件）	100*65x　100 行×65 個字	30
O	71B	Charges（費用）	6*35x　6 行×35 個字	31
O	48	Period for Presentation（提示期間）	4*35x　4 行×35 個字	32
M	49	Confirmation Instructions（保兌指示）	7!x　7 個字	33
O	53a	Reimbursing Bank（補償銀行）	A or D　A 或 D	34
O	78	Instructions to the Paying/Accepting/Negotiating Bank（對付款／承兌／讓購銀行指示）	12*65x　12 行×65 個字	35
O	57a	'Advise Through' Bank（轉通知銀行）	A, B or D　A 或 B 或 D	36
O	72	Sender to Receiver Information（發電行給收訊行訊息）	6*35x　6 行×35 個字	37
M = Mandatory（必須填列事項）；O = Optional（選擇事項）				

自 2006 年 11 月 18 日啟用

說明： 1. 以 SWIFT 方式開狀時，其末端有密碼，若密碼不符，則其拍發的訊息就會自動被回絕。

2. 除非另有規定，以 SWIFT 發出的信用狀，適用 ICC 的信用狀統一慣例。故電文中沒有表明適用信用狀統一慣例的文字。

3. SWIFT L/C 省去開狀銀行的確定承諾 (definite undertaking) 條款，但開狀銀行仍負確定承諾。

4. SWIFT L/C 電文中的代號，請參閱上表，即可瞭解其涵義。

資料來源：Copyright© S.W.I.F.T. SCRL ("SWIFT"), avenue Adèle 1, B–1310 La Hulpe, Belgium, or its licensors, 2007.

例示三：SWIFT L/C

100 CT27	**Hua-Nan Commercial Bank**	
MT S700	Issue of a Documentary Credit	Page 00001
		Func PRHOE

Received From:
=Orn: 1047 27 HNBKTWTPB XXX 94567
=Srn: 1146 27 HRSBJPJTA XXX 00668
=Priority: 02

HRSBJPJTAXXX
HIROSHIMA SOGO BANK LTD
TOKYO

Field	Tag	Value
Sequence of Total	27	: 1/1
Form of Doc. Credit	40A	: IRREVOCABLE
Doc. Credit Number	20	: 12–21–00342
Date of Issue	31C	: 141027
Applicable Rules	40E	: UCP LATEST VERSION
Expiry Date & Place	31D	: DATE 141225 PLACE IN THE BENEFICIARY'S COUNTRY
Applicant Bank	51D	: HIROSHIMA SOGO BANK, TOKYO, GPO BOX 123
Applicant	50	: GOOD INDUSTRIES CO., LTD.
		90 SHIMOTABUSE, TABUSE-CHO,
		KUMAGE-GUN, YAMAGUCHI-PREF., JAPAN
Beneficiary	59	: NATIONAL CO., LTD.
		1F, NO. 12, CHENG TE RD., TAIPEI,
		TAIWAN
Currency Code, Amount	32B	: CURRENCY USD AMOUNT 13,232.00
Available with...by...	41D	: AVAILABLE WITH ANY BANK BY NEGOTIATION
Drafts at...	42C	: DRAFTS AT SIGHT
Drawee	42D	: THE BANK OF TOKYO, LTD., NEW YORK AGENCY
Partial Shipments	43P	: PROHIBITED
Transshipment	43T	: PROHIBITED
Place of Taking in Charge	44A	: SINGAPORE
Place of Final Destination	44B	: KOBE, JAPAN
Latest Date of Shipment	44C	: DECEMBER 15, 2014
Description of Goods	45A	: 4 SETS EACH OF 10 HP AND 20 HP MOTORS AND
		2 SETS EACH OF 25 HP AND 50 HP MOTORS F.O.B.
Documents Required	46A	: +SIGNED COMMERCIAL INVOICE IN TRIPLICATE
		+FULL SETS CLEAN ON BOARD OCEAN B/L ORDER BLANK ENDORSED MARKED FREIGHT COLLECT NOTIFY APPLICANT
		+PACKING LIST IN TRIPLICATE
		+BENEFICIARY'S CERTIFICATE STATING THAT ONE NON-NEGOTIABLE B/L AND ONE INVOICE AND PACKING LIST ARE SENT BY REGISTERED EXPRESS AIRMAIL DIRECTLY TO THE APPLICANT WITHIN 3 DAYS AFTER THE DATE OF B/L, AND THE RELATIVE MAIL RECEIPT MUST BE ATTACHED FOR NEGOTIATION
Additional Cond.	47A	: THIS CREDIT IS TRANSFERABLE
Details of Charges	71B	: ALL BANKING CHARGES OUTSIDE JAPAN ARE FOR ACCOUNT OF BENEFICIARY
Presentation Period	48	: WITHIN 10 DAYS AFTER SHIPMENT DATE BUT WITHIN CREDIT VALIDITY
Confirmation	49	: WITHOUT
Reimbursement Bank	53A	: //
		BOTKUS33
		*THE BANK OF TOKYO LTD.,
		NEW YORK, NY
Instructions	78	: NEGOTIATING BANK MUST AIRMAIL DRAFTS TO DRAWEE BANK AND ALL DOCUMENTS MUST AIRMAIL TO US IN TWO CONSECUTIVE LOTS
Trailer		: AUT/2259

MSGACK
>
DWS756I Authentication successful with primary key

Amendment of SWIFT L/C 電文中代號說明

MT 707 Amendment of a Documentary Credit

Status	Tag （代號）	Field Name （說明）	Content/Options （內容／選項）
M	20	Sender's Reference （發電行編號）	16x
M	21	Receiver's Reference （收電行編號）	16x
O	23	Issuing Bank's Reference （開狀行編號）	16x
O	52a	Issuing Bank （開狀行）	A or D
O	31C	Date of Issue （開狀日期）	6!n
O	30	Date of Amendment （修改日期）	6!n
O	26E	Number of Amendment （修改次數）	2n
M	59	Beneficiary (before this amendment) （受益人）【本次修改前】	[/34x] 4*35x
O	31E	New Date of Expiry （修改後有效日期）	6!n
O	32B	Increase of Documentary Credit Amount （信用狀金額增加）	3!a15d
O	33B	Decrease of Documentary Credit Amount （信用狀金額減少）	3!a15d
O	34B	New Documentary Credit Amount After Amendment （修改後信用狀金額）	3!a15d
O	39A	Percentage Credit Amount Tolerance （金額增減百分比）	2n/2n
O	39B	Maximum Credit Amount （最大金額限制）	13x
O	39C	Additional Amount Covered （附加金額限制）	4*35x
O	44A	Place of Tacking in Charge/Dispatch from.../Place of Receipt （接管地、發送地、收貨地）	1*65x
O	44E	Port of Loading/Airport of Departure （裝船港／起飛機場）	1*65x
O	44F	Port of Discharge/Airport of Destination （卸貨港／目的機場）	1*65x
O	44B	Place of Final Destination/For Transportation to.../Place of Delivery （最終目的地／目的地／交貨地）	1*65x
O	44C	Latest Date of Shipment （最後裝運日）	6!n
O	44D	Shipment Period （裝運期間）	6*65x
O	79	Narrative （敘述）	35*50x
O	72	Sender to Receiver Information （發電行給收電行訊息）	6*35x
M = Mandatory （必須填列事項）；O = Optional （選填事項）			

說明：除有效日期、金額增減、起迄地點、最後裝運日及裝運期間等有特定代號填列的修改事項外，其餘修改事項應填列於 79 欄位。

例示四：Amendment of SWIFT L/C

```
ESSESESSA 04356
707
GEBABEBB
:20  : MN 4862
:21  : UNKNOWN
:31C: 141020
:30  : 141110
:31E: 141231
:32B: USD4,500
:34B: USD36,500
:79  : BILL OF LADINGS TO BE ISSUED NOT LATER THAN 20 DECEMBER 2014
```

說明：
20 ：本信用狀送訊銀行的編號為 MN 4862。
21 ：信用狀收訊銀行的編號，不詳。
31C：本信用狀開發日期為 2014 年 10 月 20 日。
30 ：本信用狀修改日期為 2014 年 11 月 10 日。
31E：本信用狀修改後新的到期日為 2014 年 12 月 31 日。
32B：本信用狀增加 4,500 美元。
34B：本信用狀修改後的金額為 36,500 美元。
79 ：提單的簽發日期不得遲於 2014 年 12 月 20 日。

🌐 第十節　信用狀的條件及其解釋

一、信用狀條件的解釋原則

　　決定開狀銀行與賣方及押匯銀行等信用狀當事人間法律上權義者，為信用狀上所規定的各種條件。因此，對於信用狀上所規定條件的解釋，自應與一般法律的解釋一樣，以公平及誠信的精神來解釋其真意，切勿偏袒某一方——如受益人、開狀銀行——作其所期望的解釋。因為信用狀不僅利用於受益人與開狀銀行之間，而且尚有居於第三者的押匯銀行介入。有時，更有付款銀行、承兌銀行或保兌銀行介入其間，故其解釋應力求其合乎「客觀性」。再者，信用狀交易的當事人，除受益人及開狀申請人之外，尚有銀行的介入，因此，應極力避免使用僅通行於開狀申請人與受益人之間的專門術語，故其解釋又應力求其合乎「普遍性」。

　　信用狀固然早已成為貿易融資普遍應用的工具，但由於各國各地對於信用狀交易的處理方法未必完全一致，於是有些文字、用語的解釋，以及信用狀交易中各當

事人應負的責任範圍，各國各地往往各行其是，以致常發生爭執。因此，為謀求爭執減少到最低限度，充分發揮信用狀制度的功能，國際商會乃制定了「信用狀統一慣例」，以供統一解釋的準則。

二、一般性條件的解釋

信用狀上的各種條件，除有關單據部分留待以後相關各章說明外，茲將一般性條件予以說明。

(一)有效期限及提示地點

信用狀均須訂明提示單據的有效期限及地點。信用狀上敘明為兌付 (honor) 或讓購的有效期限視為提示的有效期限 (UCP 600 Art. 6 (d) (i))。至於提示地點，UCP 600 Art. 6 (d) (ii) 規定：可在其處使用信用狀的銀行，其所在地即為提示地，信用狀可在任何銀行使用者（即自由讓購信用狀），提示地為任何銀行的所在地。除開狀銀行所在地以外的提示地外，開狀銀行的所在地也是提示地。也就是說，受益人可以不向指定銀行提示，而直接向開狀銀行提示。

銀行營業因天災、暴動、內亂、叛變、戰爭或恐怖活動，或因罷工或營業處所封閉，或任何其他非銀行所能控制的事由而導致中斷的後果，銀行不負責任與義務。銀行恢復營業時，對營業中斷期間過期的信用狀，將不受理兌付或讓購 (UCP 600 Art. 36)。

依 UCP 600 Art. 6 (e) 規定，除依 Art. 29 (a) 規定外，受益人或其代表人所作的提示須於有效期限當日或之前。Art. 29 (a) 係指「信用狀的有效期限或提示的末日，適逢應向其提示的銀行因 Art. 36（即不可抗力）所述以外理由而休業之日，則該有效期限或提示的末日，依各該情形，將順延至次一銀行營業日」而言。若提示係於次一銀行營業日作成，指定銀行須在其寄單伴書上向開狀銀行或保兌銀行提出聲明謂：該提示係依 Art. 29 (a) 所規定的展延期限內作成 (UCP 600 Art. 29 (b))。

(二)裝運日期

信用狀如定有最遲裝運日期 (latest date for shipment) 時，受益人應在此日期或此日期以前裝運貨物。這裡所稱「裝運」(shipment) 包括「裝船」(loading on board)、「發送」(dispatch)、「接受運送」(accepted for carriage)、「郵政收據日期」(date of post receipt)、「收取日」(date of pick-up) 及「接管」(taking in charge) 在內。至於裝運日

期 (date of shipment)，依下列方式決定：

1. 要求海運提單 (marine B/L; B/L) 時：提單的簽發日期將視為裝運日期，但提單上含有裝載註記表明裝運日期者，該裝載註記敘明的日期將視為裝運日期 (UCP 600 Art. 20 (a) (ii))。

2. 要求複合運送單據時：複合運送單據的簽發日期將視為發送、接管、或裝船的日期及裝運日期。但若複合運送單據以圖章或註記表明發送、接管或裝船的日期，該日期將視為裝運日期 (UCP 600 Art. 19 (a) (ii))。

3. 要求不可轉讓海運貨單時：海運貨單的簽發日期將視為裝運日期。但海運貨單含有裝載註記表明裝運日期者，該裝載註記敘明的日期將視為裝運日期 (UCP 600 Art. 21 (a) (ii))。

4. 要求傭船提單時：傭船提單的簽發日期將視為裝運日期。但傭船提單上含有裝載註記表明裝運日期者，該裝載註記的日期將視為裝運日期 (UCP 600 Art. 22 (a) (ii))。

5. 要求航空運送單據時：航空運送單據的簽發日期將視為裝運日期。但航空運送單據上含有實際裝運日期的特別註記者，該註記敘明的日期將視為裝運日期 (UCP 600 Art. 23 (a) (ii))。

6. 要求公路、鐵路或內陸水路運送單據時：除運送單據含有收受日期的圖章、收受日期或裝運日期的表示外，運送單據的簽發日將視為裝運日期 (UCP 600 Art. 24 (a) (ii))。

7. 要求快遞收據、郵政收據或投郵證明時：表明收取或收受或具此旨趣措辭的日期，將視為裝運日期 (UCP 600 Art. 25 (a) (ii))。

此外，最遲裝運日期不因有效期限或提示末日適逢銀行因不可抗力以外的理由而休業的結果而順延 (UCP 600 Art. 29 (c))。

又，雖然一切信用狀必須訂明提示單據的有效期限，但要求運送單據的信用狀，仍應規定裝運日後必須依信用狀條件提示的特定期間。例如："Documents must be presented for negotiation within ××× days after B/L date"。如無此規定時，須自裝運日後二十一曆日內提示，否則銀行將拒絕受理。但仍以不逾信用狀有效期限為條件（UCP 600 Art. 14 (c)）。因此，受益人提示單據一方面受期限的限制，另一方面又受期間的限制。即一為信用狀所定提示單據的有效期限，一為 UCP 600 Art. 14 (c) 所定自裝運日後特定期間或二十一曆日內的提示期間。

㈢若干用語的解釋

1. 在可適用的情形，單數詞形包含複數涵義；而複數詞形則包含單數涵義。

2. 諸如「一流的」(first class)、「著名的」(well-known)、「合格的」(qualified)、「獨立的」(independent)、「正式的或官方的」(official)、「有資格的」(competent) 或「本地的」(local) 等用語，用以說明單據的簽發人者，允許除受益人外的任何簽發人簽發該單據。

3. 除非要求在單據中使用，否則諸如「速即」(prompt)、「立即」(immediately)、或「儘快」(as soon as possible) 等用語，將不予理會。

4. 「在或於其前後」(on or about) 或類似用語，將解釋為規定事件應在特定期日前後五曆日之期間內（含首尾日）發生。

5. 「至」(to)、「迄」(until)、「訖」(till)、「自」(from)、「在……之間」(between) 等用語用於確定裝運期間時，包括所提及的期日，但「之前」(before) 及「之後」(after) 等用語則不包括所提及的期日。

6. 「自」(from) 及「之後」(after) 等用語用以確定到期日時，不包括所提及的期日。

7. 「上半月」(first half of a month) 及「下半月」(second half of a month) 等用語，應分別解釋為各該月的第一日至第十五日及第十六日至該月末日，並均含起迄期日在內。

8. 「上旬」(beginning of a month)、「中旬」(middle of a month) 及「下旬」(end of a month) 等用語，應分別解釋為該月的第一日至第十日、第十一日至第二十日及第二十一日至該月末日，並均含起迄期日在內。

9. 「約」(about) 或「大約」(approximately) 等用語，用於信用狀金額或信用狀規定的數量或單價時，應解釋為允許有關金額、數量或單價有不超過 10% 的增減幅度。

以上第 1 項至第 8 項請參閱 UCP 600 Art. 3，第 9 項則請參閱 UCP 600 Art. 30。

㈣少支取金額的限制

如果信用狀規定了貨物數量，而該數量已全部裝運，及如果信用狀規定了單價，而該單價又未降低，或當 UCP 600 Art. 30 (b) 不適用時，則即使不允許部分裝運，也允許支取的金額有 5% 的減幅。若信用狀規定有特定的增減幅度或使用 UCP 600 Art. 30 (a) 提到的用語限定數量，則該減幅不適用 (UCP 600 Art. 30 (c))。

第十一節　信用狀的開發

買賣契約中如約定以信用狀方式支付貨款時，買方應在買賣契約所定期限內或訂約後合理期間內，向銀行提出開狀申請，請求銀行向賣方開出買賣契約中所約定的信用狀。以下分別就買方與銀行立場，說明開發信用狀時應辦的手續。

一、進口商申請開狀的手續

㈠提出申請開狀文件

買方向銀行申請開狀時，通常須填具或提出下列各項文件：

1.開發信用狀約定書 (commercial L/C agreement; L/C agreement)：買方委託銀行開發信用狀，銀行如同意承作，法律上即成立一種類似委任的契約。開發信用狀約定書即規定此項契約內容的文件。開發信用狀約定書均由銀行印就，其格式內容各銀行使用者，大同小異。就實務上而言，開發信用狀約定書多與開發信用狀申請書印在同一紙之內。然而，也有例外。部分銀行將兩者分別印製，而另一部分銀行則將保證書與約定書合印於同一紙之內。

約定書的內容，雖因銀行而異，但其主要部分則大致相同。正如前所述，銀行最關心的是在憑信用狀付款後，買方究竟能否對開狀銀行履行補償的義務。故約定書就此一方面，作萬全的規定。

2.開發信用狀申請書 (application for opening L/C)：買方請求銀行開發信用狀時，應將擬開發的信用狀內容，以書面作明確的指示，俾銀行憑以照辦。這種書面的指示即稱為開發信用狀申請書（參閱第 351 頁格式）。如前所述，這種文件通常多與開發信用狀約定書印在同一紙之內，正面為開發信用狀申請書，反面為開發信用狀約定書。

3.輸入許可證 (import permit; import licence) 或交易憑證：我國目前雖然已大幅度放寬貿易管制，但有些貨物的進口仍須先取得政府核發的輸入許可證（約占進口的 5%）。在此場合，買方請求銀行開發進口信用狀時，須提出輸入許可證以供銀行審查。至於免證者，須提出交易憑證。申請擔保信用狀者，免提出輸入許可證。

4.保險單據及保費收據副本：如以 FCA、FOB、CFR 或 CPT 等條件成交，且信用狀也以此條件開發，則銀行為保障其融資債權的安全性，必將要求買方提出預約

開發信用狀申請書
APPLICATION FOR ISSUING AN IRREVOCABLE DOCUMENTARY CREDIT

申請日期：

受理單位：　　分行

第一商業銀行 台照
TO: FIRST COMMERCIAL BANK

【20】信用狀號碼 CREDIT NO.	【31C】日期 DATE

茲請貴行依下列條款開發信用狀一份
I/WE HEREBY REQUEST YOU TO ISSUE AN IRREVOCABLE
DOCUMENTARY CREDIT UPON THE FOLLOWING TERMS AND
CONDITIONS

透過......通知 TO BE ADVISED BY
☐航郵 AIRMAIL ☐簡電 BRIEF CABLE ☐全電 FULL CABLE
【31D】信用狀有效日期及地點 EXPIRY DATE AND PLACE

【50】申請人 APPLICANT(英文名稱及地址)

通知銀行 ADVISING BANK:(倘未指定，則由銀行填寫)

【59】受益人 BENEFICIARY

【32B】信用狀金額(小寫)：
AMOUNT SAY(大寫)：

☐【41M】以讓購/付款/承兌/延期付款方式在開狀行/任一銀行/通知銀行之受益人所在地/開狀銀行櫃台使用受益人依商業發票金額簽發以貴行/貴行國外通匯行為付款人之匯票，並於 AVAILABLE WITH ISSUING BANK/ANY BANK/ADVISING BANK BY NEGOTIATION/PAYMENT /ACCEPTANCE/DEFERRED PAYMENT IN BENEFICIARY'S COUNTRY/ISSUING BANK'S COUNTER OF BENEFICIARY'S DRAFT AT

☐【42】見票/提單簽發......日後付款，並須符合下列作☒記號之條件和檢附下列作☒記號之各項單據
☐SIGHT ☐　　DAYS AFTER SIGHT/SHIPMENT DATE FOR FULL INVOICE VALUE DRAWN ON YOU/YOUR CORRESPONDENT AGAINST THE FOLLOWING CONDITIONS AND DOCUMENTS REQUIRED:(MARKED WITH☒)

☐【78】對付款/承兌/讓購銀行之指示：遠期信用狀利息由 本進額信用狀利息由申請人負擔，請 貴行
申請人負擔/受益人負擔 INSTRUCTIONS TO THE PAYING /ACCEPTING /NEGOTIATING BANK:INTEREST ARE FOR ☐ APPLICANT'S ☐BENEFICIARY'S ACCOUNT.
☐對折開發即期匯票用，惟付四句 貴付就需 大。
☐利率息由受益人負擔 天利息之遠期信用狀，另有 國票到期日起向 貴付細資 天。

☐【43P】分批裝運 PARTIAL SHIPMENTS：☐准許 ALLOWED ☐不准許 PROHIBITED

☐【43T】轉運 TRANSHIPMENT：☐准許 ALLOWED ☐不准許 PROHIBITED

☐【44】最後裝載日 LATEST DATE OF SHIPMENT：
收貨地 PLACE OF RECEIPT：　　；
裝載港/機場 PORT/AIRPORT OF LOADING：　　：
卸貨港/機場 PORT/AIRPORT OF DISCHARGE：　　；
目的地 PLACE OF DELIVERY：

☐【45A】貨物內容 COVERING：(請概括陳列，勿太冗長，但仍須僅可能加註物品之數量及單價)
☐EXW ☐FCA ☐FOB ☐CFR ☐CIF ☐FAS ☐CIP ☐CPT ☐ (價格條件)

☐【46A】所需單據 DOCUMENT REQUIRED：
☐1.商業發票正本......份及副本......份標明......
SIGNED COMMERCIAL INVOICE IN ☐ ORIGINAL(S) AND ☐ COPIES INDICATING THIS CREDIT NUMBER.
☐2.全套減一份/全套海運提單以......為抬頭人，以......為被通知人，註明運費待付 付訖，並標明......
☐FULL SET LESS ONE ☐FULL SET OF CLEAN ON BOARD MARINE BILLS OF LADING MADE OUT TO THE ORDER OF FIRST COMMERCIAL BANK NOTIFY APPLICANT, MARKED FREIGHT ☐COLLECT ☐PREPAID AND INDICATING THIS CREDIT NUMBER.
☐3.空運提單以......為抬頭人，以......為被通知人，註明運費待付/付訖，並標明......
CLEAN AIR WAYBILL CONSIGNED TO FIRST COMMERCIAL BANK NOTIFY APPLICANT, MARKED FREIGHT ☐COLLECT ☐PREPAID AND INDICATING THIS CREDIT NUMBER.
☐4.照發票金額......%投保之全套正本保險單，押明以同種貨幣賠償在台灣給付並作空白背書，其保險範圍包括：
INSURANCE POLICY OR CERTIFICATE ALL THE ORIGINALS ENDORSED IN BLANK FOR ☐ % OF INVOICE VALUE STIPULATING THAT CLAIMS ARE PAYABLE IN TAIWAN IN THE SAME CURRENCY AND INCLUDING:
☐1982 協會貨物保險條款(A)/(B)/(C) 1982 INSTITUTE CARGO CLAUSES ☐A. ☐B. ☐C.
☐1982 協會貨物保險條款(航空險) 1982 INSTITUTE CARGO CLAUSES (AIR)
☐1982 協會貨物保險兵變條款 1982 INSTITUTE WAR CLAUSES (CARGO)
☐1982 協會貨物保險罷工條款 1982 INSTITUTE STRIKES CLAUSES (CARGO)
☐從倉庫至倉庫條款 FROM WAREHOUSE TO WAREHOUSE

☐5.包裝單正本......份及副本......份
PACKING LIST IN ☐ ORIGINAL(S) AND ☐ COPIES SIGNED BY BENEFICIARY.
☐6.其他單據 OTHER DOCUMENTS：

☐7.受益人證明書敘明各單據副本和一份正本運送單據/各單據副本/......由受益人/....../自貨物裝載日後......日內/直接以航郵/快捷/傳真/E-MAIL/......交信用狀申請人/......
A CERTIFICATE SIGNED BY BENEFICIARY STATING THAT ☐ONE NON-NEGOTIABLE SET OF THE STIPULATED DOCUMENTS AND ONE ORIGINAL TRANSPORT DOCUMENTS ☐ ONE NON-NEGOTIABLE SET OF THE STIPULATED DOCUMENTS HAVE BEEN SENT TO THE APPLICANT BY ☐AIRMAIL ☐COURIER SERVICE ☐FAX ☐E-MAIL ☐WITHIN ☐ DAYS AFTER SHIPMENT DATE.

☐【47A】附特別條款如下 SPECIAL INSTRUCTIONS：
☐本信用狀可轉讓並限由通知銀行辦理轉讓 THIS CREDIT IS TRANSFERABLE AND TO BE TRANSFERRED BY ADVISING BANK ONLY.

☐【71B】費用：所有國外費用由申請人負擔/所有國外費用除開狀費用外由受益人負擔
CHARGES: ☐ALL BANKING CHARGES ARE FOR APPLICANT'S ACCOUNT.
☐ALL BANKING CHARGES EXCEPT OUR OPENING CHARGES ARE FOR BENEFICIARY'S ACCOUNT.

☐【48】提示期間：單據須於貨物裝載日後......曆日內且於本信用狀有效日期前提示
PRESENTATION PERIOD:DOCUMENTS TO BE PRESENTED WITHIN ☐ CALENDAR DAYS AFTER THE DATE OF SHIPMENT BUT WITHIN THE VALIDITY OF THIS CREDIT.

☐【49】保兌費用由申請人/受益人負擔
CONFIRMED:CONFIRMING CHARGES ARE FOR ☐APPLICANT'S ☐BENEFICIARY'S ACCOUNT.

☐【53S】補償銀行 REIMBURSEMENT BANK：(由銀行填寫)

申請人 APPLICANT：
地址 ADDRESS：
電話 TEL：
日期 DATE：

簽章 SIGNATURE OF APPLICANT(原留印鑑)

國際處/外匯指定單位(發電單位)					受理單位		
經理	副理	核對	打字	經辦	經理	副理	經辦/核印

資料來源：第一商業銀行。

保險單據及保費收據副本，並由銀行予以保管。此項保險單據應載明以開狀銀行為受益人。當然，如買方以全額保證金（full margin，也即全額結匯）申請開狀時，銀行無融資風險，可免提出此項文件。至於按 C&I、CIF 或 CIP 條件交易者，保險將由賣方負責，買方不需提出保險單據。申請開發擔保信用狀者，免提此類文件。

　　5.其他各銀行內部規定應提供的文件（包括非全額結匯情形下的授權書）。

　㈡填具開發信用狀申請書要領

　　銀行循買方（開狀申請人）要求開發信用狀時，係以買方所提出的開發信用狀申請書內容為依據。因此，買方填寫開發信用狀申請書時，應特別謹慎，以免發生不利的後果。買方在填寫申請書之前，對於下列各點應有認識：

　　1.應將必要事項完全正確的記載清楚，且其內容不矛盾。

　　2.申請書內容不得違反買賣契約條件。

　　3.照申請書內容開發的信用狀，在技術上或國際慣例上不致發生困難。

　　4.所要求的單據種類及形式、遞送方法等應以可確保開狀銀行債權為原則。

　　5.須合乎國家法令、規章。

　　6.申請人不宜將買賣契約的內容過分詳載於信用狀上。

　　7.對開發信用狀的指示及信用狀本身均必須完整而精確。此外，開狀銀行應勸阻申請人任何意圖將基礎契約、預期發票及類似者副本載入作為信用狀整體的一部分 (UCP 600 Art. 4)。茲附上開發信用狀申請書格式供讀者參考。

二、銀行開發信用狀的手續

　㈠信用調查

　　在一般情形，銀行多依下述步驟處理開發信用狀的申請：

　　1.由進口商先以口頭或書面向銀行提出申請。

　　2.經銀行初步調查後答覆是否接受開狀。

　　3.如雙方在條件上獲得協議，即可簽立開發信用狀契約，並由進口商填送開發信用狀申請書及約定書。如約定須提供保證書或保證金 (margin money)，則由進口商依約定者辦理。

　　4.於進口商繳納各項費用後，由銀行按照申請書開發信用狀。

　　然而，銀行為客戶開發信用狀，係一種授信行為，因此，買方申請開發信用狀

時，銀行除應注意一般銀行授信業務的原則外，對下列各點應予調查，以決定是否承作。

1. 信用狀種類：銀行首先要注意的是信用狀的種類，如申請開發不可撤銷信用狀，則憑此信用狀開出的匯票，銀行負有兌付之責，其責任重大，因此應特別慎重。當然，在開發不可撤銷信用狀時，如申請人先行提供 100% 保證金時，事先審查也可放寬，否則應與辦理一般放款業務一樣謹慎。

2. 進口商的信用：如上所述，信用狀的開發，是對開狀申請人（即進口商）的授信行為。故於審查是否接受其開狀申請時，一定要注意到進口商的信用狀況。凡有關進口商的營業情形、資產狀況、負債情形、在同業間的地位、存款餘額等皆應予以檢討，藉以判斷進口商的信用狀況，由而決定應否接受其開發信用狀的申請。通常，銀行對往來進口商就開發信用狀大多授與一定的信用額度或授信額度，而以此額度為開發信用狀授信金額的極限。在核定信用額度時，應將此信用額度算入銀行對該進口商的總授信額度內。

以上所述乃一般性原則。但銀行未必僅僅考慮進口商信用狀況，尤其進口商信用狀況不甚理想時，尚應從進口商品、出口商信用等的觀點考慮。

3. 進口商品內容：進口交易能否順利進行，直接影響進口商的償還能力。因此，必要時，銀行應進一步就進口交易內容加以審核。即：

　⑴進口商對該進口商品的經營是否內行？

　⑵該商品現在及最近將來的市況及供需情形如何？

4. 出口商的信用：必要時還要考慮出口商的信用狀況。因為萬一進口商拒絕贖單或破產時，銀行為求補償，只好拍賣進口貨物。在此場合，即使單據與信用狀條件完全相符，但如出口商信用不佳，則所裝運的貨物可能在品質上有魚目混珠，或在數量上有所短缺，以致開狀銀行蒙受損失。關於此，我國外匯銀行尚未予以適當的重視。

5. 擔保：銀行開發信用狀，固然有進口物資作為擔保，但銀行並非普通商店，除非別無他途可循，多不願拍賣其作為擔保的進口物資。所以銀行大多要求進口商提供保證人。萬一進口商無法還款，即由保證人負償還之責。此外，還可要求繳交保證金及押品，其多寡，視進口商信用及交易內容而定。

㈡開狀結匯及各種費用的收取

銀行開發信用狀時除要求申請人辦理開狀結匯繳交結匯保證金（信用良好者得免繳）外，還向申請人收取各項費用。但因各國銀行習慣或規定不同，其所收取的費用項目也不同，即使在同一國內，也因各銀行的規定，而每不相同。茲將主要費用項目，分述如下：（實際收費情形，請向往來銀行洽詢）

1.開狀手續費 (opening charges; opening commission)：通常各銀行都備有開狀手續費率表，依表定費率收取。

2.通知費用 (advising charge; notification charges)：此乃國外通匯銀行因傳遞信用狀，向開狀銀行所收取的費用。

3.保兌手續費 (confirming charge)：此乃國外通匯銀行因保兌 (confirm) 信用狀，向開狀銀行所收取的費用，其收費標準與開狀手續費類似。

4.押匯或付款手續費 (negotiation charges; payment charges)：此乃國外通匯銀行因讓購，或兌付信用狀項下匯票及（或）單據，向開狀銀行所收取的費用。以出口地貨幣開出匯票的場合，匯票多由通知銀行讓購，因該行購入匯票未曾獲得匯兌利益，故向開狀銀行收取讓購手續費。這種手續費亦是構成開狀銀行向申請人所收取手續費的一部分。但目前大多數信用狀都規定由受益人支付。

5.郵電費 (postages and/or cable charges)：開狀銀行將信用狀透過通匯銀行通知受益人所發生的郵電費。

㈢信用狀的傳遞方式

以上所述各項手續辦妥後，銀行即可著手開發信用狀。至於信用狀的傳遞方法，有郵遞（通常利用航空郵遞）與電傳 (teletransmission) 兩種，究竟應以哪一種方式將信用狀傳遞給受益人，依申請人的指示辦理。

1.郵遞方式傳遞：利用郵遞方法將開發信用狀事實通知受益人的方法。其傳遞方法又可分為三：

⑴由開狀銀行透過受益人所在地或最靠近該地的總分支行或通匯銀行將開狀事宜通知受益人。凡經過銀行通知的信用狀，稱為特別通知信用狀 (specially advised L/C)，以示與下述的巡迴信用狀有別。為顧慮郵遞中遺失，第一次發送信用狀正本及其抄本（通知銀行存查明），隔幾天，再發送副本，以期開發信用狀的事實，可確實地通知受益人。如在開狀銀行、通知銀行之外

尚有償付（補償）銀行時，則應將償付授權書 (reimbursement authorization) 寄給該償付銀行，以供其作為償付的依據。

(2)有時，進口商可要求開狀銀行將信用狀正本逕寄送受益人，但受益人並未持有開狀銀行的有權簽字人簽字樣本，不易辨認其真偽，所以這種通知方式較罕用。這種逕寄受益人的信用狀即為巡迴信用狀。

(3)信用狀也可交由進口商轉交受益人，其缺點同第二種方式。

開狀銀行開發信用狀後，應將其抄本乙份交付申請人，請其核對內容與申請書有無出入，有些銀行為確認此事，於抄本上印有「一、循貴顧客之請，已將右開信用狀開出，二、請即仔細核對，如有錯誤，請於一日內來行更正，否則本行恕不負責」。

2. 電傳方式傳遞：電傳包括 Telex、Cable 及 SWIFT 等，以電傳開發信用狀，通常有下列二種方式：

(1)詳電 (full details cable)：即拍出信用狀的全文，詳電又可分為二種。

① Non-Operative Cable L/C：將信用狀的條件及內容，在電文中全部拍出，但在電文中註明「本信用狀應俟收到郵寄證實書後始生效力」(This L/C will only be effective on receipt of mail confirmation) 或「詳情隨後郵寄」(details to follow; details airmailing) 等意旨的文字。這是表示該電傳信用狀並非正本，而以後寄的郵寄證實書 (mail confirmation; cable confirmation) 為正本。因此，銀行於拍出電傳後，應即時將該正本信用狀（即郵寄證實書）經由通知銀行轉知受益人。銀行如未照辦，則須對因此所引起的一切後果負責。

② Operative Cable L/C：將信用狀的條件及內容，在電文中全部拍出，且未註明類如 "This L/C will only be effective on receipt of mail confirmation" 或 "Details to Follow" 等文句。於此情形，該電傳本身即成為信用狀的正本 (operative L/C instrument)，可憑以請求付款、承兌或讓購，而開狀銀行無需再寄書面的郵寄證實書。此外，電文中應載明依循國際商會第 600 號出版物 2007 年修訂信用狀統一慣例 (UCP 600) 開發。

(2)簡電 (brief cable)：即僅拍出信用狀的主要條件及內容，例如信用狀號碼、開狀申請人的姓名、金額、貨物名稱、最遲裝運日期及有效日期等，並註明如「詳情隨後郵寄」(details airmailing; details to follow) 等文句。之後，

再將信用狀正本，經由通知銀行，郵寄受益人。簡電的目的，在預告受益人已開發信用狀，並使其知悉其重要部分內容及條件，以便其對製造貨物及裝運事宜有所準備。以簡電開出的信用狀，嚴格而言，並非信用狀，只不過是一種預告性質的電傳。

至於 SWIFT L/C 係透過 SWIFT 請通知銀行轉知受益人，SWIFT L/C 通常多屬於 Operative L/C（有效的信用狀），受益人可憑以辦理押匯。

🌐 第十二節　信用狀的通知、保兌、接受與轉讓

一、通知銀行的信用狀通知

㈠郵遞信用狀的通知

通知銀行受開狀銀行委託，將其郵遞信用狀通知受益人時，應先審核簽字，經確信該信用狀外觀的真實性後，附上「信用狀通知書」(advice of L/C) 迅速通知受益人。但通知銀行非保兌銀行，並不因此項通知而對開狀銀行或受益人負任何其他責任。換言之，通知銀行並不因通知信用狀而負有讓購、承兌或支付該信用狀項下匯票及（或）單據的義務。即使信用狀指定通知銀行為讓購、承兌或付款銀行時，通知銀行也無此義務。此外，通知銀行通知信用狀時，其通知應正確反映所收到信用狀的條款 (UCP 600 Art. 9 (a) (b))。

如接到非通匯銀行 (non-correspondent bank) 委託轉知郵遞信用狀時，因無法鑑定其真偽，通知銀行多在通知受益人的通知函上聲明無法鑑定該信用狀的簽名，並聲明不能負責任，同時向開狀銀行所在地的通匯銀行查證；或逕與開狀銀行取得聯繫，經證實後，才正式轉知受益人；或以無通匯關係為理由，將信用狀退還開狀銀行。

又如無法確信信用狀外觀的真實性而選擇通知受益人時，應一方面在給受益人的通知函上附以下列條款以喚起其注意，一方面函（電）請開狀銀行證實 (UCP 600 Art. 9 (f))。

We can not authenticate the signature(s) appearing on the credit, so this L/C is delivered to you pending our further confirmations. 或

We are unable to verify the signature appearing on this L/C.

若銀行受託通知信用狀，但選擇不通知時，須將此意旨儘速告知所由收受信用

狀的銀行 (UCP 600 Art. 9 (e))。

㈡電傳信用狀的通知

通知銀行接到開狀銀行電傳時，首先應核對押碼 (test key)，經核對無誤後，將電文繕打於「信用狀通知書」，迅速通知其受益人。如押碼無法核對，應在「信用狀通知書」上加註如下保留性的文句，以提醒受益人的注意。

As this message has been received by unauthenticated cable, we are entirely not responsible for authenticity or correctness thereof.

信用狀以電傳開發時，對電傳遞送中所可能發生的錯誤、遺漏 (omissions)、遲延 (delay) 及殘缺不全 (mutilation)，銀行均不負責任 (UCP 600 Art. 35)。通常銀行在「信用狀通知書」上亦記載此一意旨的免責條款。

通知銀行所收到的電文，如有不全或不清楚的情形，並不作正式的信用狀處理，而以信用狀的預先通知 (preliminary notification) 寄給受益人作參考，通知銀行不負責任，此項預先通知書上應將上述事項載明。

SWIFT L/C 的開發，因事先設定有密碼 (log-in key)，所以收電銀行（即通知銀行）收到信用狀時，無核對押碼的問題。

二、信用狀的保兌

通常保兌銀行多由通知銀行擔任。那麼，在此情形下的通知銀行已非單純的通知銀行。換言之，通知銀行就其所通知的信用狀加以保兌，則還須擔負兌付該信用狀項下匯票及（或）單據的義務。

由於保兌銀行的責任重大，在保兌時，通常保兌銀行或將開狀銀行在保兌銀行的存款予以圈存等額的款項，或將授與開狀銀行的 Line of Credit 扣除等額的額度。這種 Line of Credit 的授與，是對於開狀銀行的一種授信行為。因此，通知銀行應於事前就開狀銀行的信用情況、營業情形、通匯往來親疏程度、該國國際收支狀況等作通盤的考慮以後，才授與一定的信用額度。然而，在實務上，有時雖未簽訂 Credit Line Arrangements 也有要求保兌的。在這種情形，通知銀行通常當作一種 Credit Line Facility 的申請處理。

如果開狀銀行授權或要求一銀行對信用狀加具保兌，但不準備照辦，則必須儘速通知開狀銀行，並得將該信用狀通知而不加保兌 (UCP 600 Art. 8 (d))。

三、受益人的接受信用狀

㈠接受信用狀的意義

就買賣雙方的關係而言，如賣方收到的信用狀內容與原訂買賣契約規定相符，則賣方接受信用狀乃為當然的義務。就賣方與開狀銀行（及保兌銀行）的關係而言，其接受信用狀，即等於獲得了提示匯票及（或）單據要求兌付的權利。然而，不論其為義務或是權利，皆以符合買賣契約或信用狀條件為前提。如信用狀與買賣契約所約定者不符，賣方自無接受的義務；又如賣方不能履行信用狀條件，也無要求兌付的權利。

㈡審查信用狀內容的重要性

因信用狀係根據買賣雙方所訂買賣契約而開發，所以其內容應與買賣契約內容相符。然而，在很多情形，賣方一接到買方所開來的信用狀，即以為貨款已到手，而對於其內容是否與買賣契約相符一節，卻疏於核對；對於履行信用狀所規定的條款有無困難，也不予檢討，一直到裝運或辦理押匯的階段，才發覺問題重重，致無法順利押匯，產生無謂的損失。

須知賣方如不能履行信用狀條件，即無法憑信用狀兌款，更不能援用買賣契約的規定，將信用狀條件予以補充或甚至變更。因此，審查信用狀上的條件是否與買賣契約內容相符，乃為賣方收到信用狀時，首先要作的重要工作。如發現有疑義，應即洽詢通知銀行並請其釋疑。如需要修改，應逕向買方要求修改，或經由通知銀行要求買方修改，使其成為可接受的信用狀。

通知銀行常在其通知書上記載類如下列條款，藉以提醒受益人：

‧ In case of difficulties, please consult the...Bank (advising bank) before cabling buyers.

‧ If the terms hereof are incorrect, please advise us (advising bank) immediately.

‧ Should the terms of the above mentioned credit be unsatisfactory to you, please communicate with your customers and request that they have the issuing bank send us amended instructions.

㈢審查信用狀內容要領

賣方接到信用狀之後，在審查信用狀內容時，應注意下列各點：

1.將信用狀與買賣契約核對：因信用狀是基於買賣契約而開發，所以如果兩者有出入，應即要求買方修改相關信用狀條款。

2.有關信用狀本身應注意事項：

⑴開狀銀行的可靠性：雖然近年來銀行倒閉的情形少見，但不能說沒有。所以開狀銀行是否為國際上著名銀行，應加十分留意。如開狀銀行無履行付款的誠意或能力，則這種信用狀無異是一張廢紙。因此收到信用狀時，應先審查開狀銀行的信用情形，或有無經由信用良好的銀行保兌。至於國外銀行的財務狀況可向本地銀行查詢，也可參考銀行年鑑（如 *The Bankers' Almanac and Year Book*）。

⑵信用狀的真偽：信用狀有經由本地銀行通知者，也有由開狀銀行或買方逕寄賣方者。如屬於前者，通常已由通知銀行核對信用狀外觀的真實性，應無問題；如屬於後者，則應請本地銀行核對。通知銀行核對時如無法確信其外觀的真實性，通常在通知書上註明類如：「本信用狀上簽字無法證實」（例如 As we are unable to verify the signature appearing on this L/C... 或 we can not authenticate the signature appearing on this L/C...）字樣，以提醒受益人注意。故賣方接到信用狀時，應注意其通知書上有無上述條款，如有，應即洽請通知銀行向開狀銀行澄清。

　　在電傳信用狀的場合，該電傳的真偽，通知銀行通常都會查驗 (verify)，如押碼不符，或無押碼，通知銀行會在通知書上註明，受益人接到電傳信用狀通知書時，自宜注意該電傳是否經押密無誤。

⑶是否為不可撤銷信用狀？信用狀上應載明是否為不可撤銷信用狀，如未載明，則均視為不可撤銷信用狀 (UCP 600 Art. 3)。

⑷有無遵照現行信用狀統一慣例的字樣？有些信用狀並未載明遵守現行信用狀統一慣例辦理。這種易滋事端的信用狀，不可接受。

⑸是否為保兌信用狀？如於買賣契約上要求「須由第一流銀行開發不可撤銷信用狀，並經由其他著名銀行保兌」，則接到信用狀時，應檢查是否業經另一家信用卓著的銀行保兌。

⑹是否為正本信用狀？受益人所接到的信用狀，如為電傳信用狀，而在該電文上註明：「本信用狀俟收到郵寄證實書後，始生效力」（例如 "This L/C will only be effective on receipt of mail confirmation"）或「詳情隨後郵寄」（例如 "details to follow"）等詞語時，該電傳信用狀尚不是有效的信用狀，必須收

到郵寄證實書後，才能憑以使用（參照 UCP 600 Art. 11 (a)）。又所接到的電文，如果為詳電，則應注意在該電文中，有無表示該電傳信用狀必須俟收到郵寄證實書始生效力，或詳情隨後郵寄等字樣，依 UCP 600 Art. 11 (a) 的規定，如電文中有上述詞句，該電傳本身尚不能視為有效的信用狀正本，必須收到郵寄證實書後，才可憑以辦理押匯。開狀銀行所拍出的詳電中，若無類似上述詞句，則應以該電傳本身作為信用狀正本，可直接憑以辦理押匯（開狀銀行亦無須再寄發證實書）。

3. 有關信用狀條款應注意事項：

(1)受益人名稱、地址應與賣方名稱、地址相符。

(2)開狀申請人名稱、地址應與買方名稱、地址相符。

(3)有關貨物的說明，例如貨物名稱、品質、數量等，應與契約所約定者相符。

(4)信用狀金額、幣別、貿易條件、單據等應與契約所規定者相符。

(5)在遠期信用狀，如約定貼現息由買方負擔時，信用狀上應載明該事項（如無該項記載，則須由賣主負擔）。

(6)有關保險的規定是否正確？在 C&I、CIF 或 CIP 條件時，保險種類、保險金額應與契約所規定者相符。如契約規定必須為可轉讓信用狀者，信用狀中應載明其為可轉讓。

(7)裝運條件是否與契約相符？裝船港、航程、卸貨港等，應與契約所規定等相符，如指定由某特定船隻承運時，由該船隻承運有無困難。

(8)按照契約可部分裝運者，信用狀上不能有禁止部分裝運的條款。

(9)按照契約可轉運者，信用狀上不能有禁止轉運的條款。

(10)信用狀上所要求的各種單據是否均可取得？尤其是檢驗證明書必須為契約所約定者，或提供無困難者。

(11)裝運期限應與契約所規定者相符，或適當。

(12)提示押匯、付款或承兌期間必須適當。

(13)信用狀有效期限，應與契約所規定者相符，或適當。信用狀有效期限如與裝運日期相隔過短，往往不克在有效日期內辦理押匯。有以信用狀開發地或其他國外某地時間為信用狀有效期限屆滿日者（例如信用狀規定 "This L/C is valid until Aug. 31, 20–, for presentation of documents in New York"）。

於此情況，必須在規定期限內，將匯票及單據送達該開發地或所指定的國外某地。萬一郵途中耽誤、該國郵政人員罷工，或其他不可抗力的原因，致匯票及單據無法在有效期限內寄到時，將遭拒絕付款。因此，有效期限的屆滿地點，應在臺灣。

⑭限定在某一銀行押匯的條款，原則上不宜接受。信用狀上若記載必須在某一特定銀行辦理押匯，而該被指定銀行，若非受益人素有往來的銀行，則可能遭遇種種不便。於此情形，可要求取銷此一條款，也可事前在買賣契約中，聲明不接受含有此類條款的信用狀。

⑮不能含有牴觸我國外匯貿易管理法令的條款。政府對於貨物的出口有種種規定，例如銷往某些國家的貨物必須於外包裝上標明 Made in Taiwan；故信用狀的規定如有牴觸這些規定，不能接受。

⑯必須能保持對貨物的控制權。賣方在押匯後，開狀銀行未付款以前，必須設法保持對貨物的控制權，以備遭拒付時，能順利將貨物另行處理。信用狀常有類如下述的規定：①賣方於裝出貨物後，必須將運送單據一份，甚至全套逕寄買方；②運送單據應以買方為受貨人 (consigned to buyer)；③在空運或郵遞時，規定以買方為受貨人。

　　在①的情形，買方取得運送單據後，即可提領貨物，在②及③的情形，買方甚至可以不憑運送單據，也可提領貨物。如遇到不肖的買方，一面提走貨物，一面又藉詞拒付，豈不「賠了夫人又折兵」。因此信用狀中如有類似條款，除非對買方有充分的信任，否則不宜接受。

⑰各條款之間，不可有互相矛盾或牴觸的情形。例如①一方面規定受益人須將一套單據逕寄買方，他方面又規定須提示全套單據憑以請示付款、承兌或押匯；②一方面規定貨物由臺灣空運至紐約 Kennedy Airport，他方面卻要求提示海運提單。這些規定都相互矛盾衝突，賣方將無法履行。

⑱不能載有限制信用狀效力的條款：在信用狀交易，開狀銀行是否付款，固然須視賣方是否能履行信用狀條件而定，但信用狀所規定的條件，都必須以賣方能履行，才有意義。如果賣方無法依其自由意志來決定能否履行，而其決定權卻操在買方或開狀銀行手中，則這種信用狀已喪失其保障賣方只要履行信用狀條件即可獲兌付的原有功能。例如信用狀中規定："A telex, cable or fax from buyer for approval of shipment is required for negotiation", "Inspection certificate issued by Mr. A (buyer's agent) certifying that he has inspected and found the goods satisfactory according to the contract is required for negotiation." 等條款時，貨樣或貨物是否能為買方（或其代理人）接受，全操在買方手中，賣方完全喪失信用狀的保障。

四、信用狀的轉讓

依 UCP 600 Art. 38 (b) 規定，得辦理信用狀轉讓的銀行（即轉讓銀行）有兩種：(1)指定銀行；(2)在自由讓購信用狀的情形，經開狀銀行特別授權辦理轉讓的銀行。換言之，經由上述兩種銀行以外的銀行或人辦理信用狀轉讓者，均違反信用狀條件。茲將有關的轉讓實務分述於下：

(一)不替換發票的轉讓

辦理信用狀項下不替換發票的轉讓，依其是否由銀行經手，可分為經由銀行辦理轉讓與私下轉讓兩種：

1.經由銀行辦理轉讓：在正常的情形，信用狀的轉讓需由第一受益人向指定或被授權的轉讓銀行申請辦理。辦理轉讓的銀行稱為轉讓銀行 (transferring bank)，開狀銀行得為轉讓銀行。第一受益人請求銀行申請辦理信用狀轉讓時，通常須檢送下列文件：

(1)信用狀正本及其修改書。

(2)轉讓申請書 (application for transfer)。

(3)申請人印鑑卡。

經轉讓銀行辦理可由第二受益人使用的信用狀稱為受讓信用狀 (transferred L/C)，受讓信用狀不得循第二受益人的請求，再轉讓給任何其後受益人。但第一受益人不視為其後受益人。

此外，轉讓申請書必須說明是否允許及在何等條件下允許將修改書通知第二受益人。受讓信用狀中也須說明該項條件。

申請全額轉讓 (total transfer) 時，銀行首先應審核申請人是否為該信用狀的合法且正當的受益人。次之，審查轉讓申請書的內容及附件是否符合規定。審核無誤後，即繕製「全額轉讓通知書」(advice of total transfer of credit) 並在原信用狀背面記載轉

讓事宜。例如："This L/C has been totally transferred to...(name of transferee)"，然後將通知書正本與原信用狀交付受讓人，或交由申請人轉交受讓人（有些銀行收回原信用狀，以另開新信用狀的方式辦理轉讓手續）。

若允許部分裝運或動支時，可申請部分轉讓。申請部分轉讓 (partial transfer) 時，銀行也應先審查申請人是否為該信用狀的合法且正當的受益人，然後於信用狀背面記載轉讓的事實及轉讓金額。同時繕製信用狀部分轉讓通知書連同註明轉讓金額等內容（例如：This L/C is available for US$3,000 (Say US Dollars three thousand only) being a portion of the value of the original credit to XYZ Co., Ltd.）的信用狀影本交付受讓人或交由申請人轉交受讓人。信用狀於分割轉讓後，如尚有餘額，則發還原受益人收執。如已用完，則由銀行收存。

信用狀中常規定信用狀轉讓時，應將轉讓事宜通知開狀銀行。

2. 私下轉讓：依 UCP 600 Art. 38 (b) 推定，信用狀的轉讓，應由銀行辦理。但在我國，在全額轉讓時，往往由受益人出具轉讓書 (letter of transfer)，連同原信用狀交給受讓人即完成轉讓行為。這種私下轉讓的做法，對出讓人及受讓人固然省事便利，但就受讓人（第二受益人）而言，難免要承擔一些風險。(1)原信用狀也許原為不可轉讓者，出讓人在信用狀上加上可轉讓字樣，然後據此欺騙受讓人；(2)也許出讓人已將原信用狀內容加以變造；(3)也許原信用狀係偽造者；(4)也許原信用狀已經修改，而出讓人卻未交出修改書；(5)可能被視為違反信用狀條件。此外私下轉讓，通知銀行未必知悉，轉讓後，如有信用狀的修改，通知銀行仍將修改書通知第一受益人，而第一受益人又怠於轉交第二受益人，以致於提示請求付款或承兌時遭遇拒絕兌付的困擾。

私下轉讓時，由第一受益人出具轉讓書連同原信用狀交付第二受益人，其轉讓書並無一定的格式與內容，但一般而言，其內容包括了下列幾項：(1)轉讓書的名稱，即 Letter of Transfer；(2)開狀銀行、開狀日期、號碼及金額；(3)轉讓的文句；(4)受讓人的名稱及地址；(5)轉讓的金額；(6)轉讓人的簽章；(7)轉讓日期。

```
┌─────────────────────────────────────────────────────────────────────┐
│                          Letter of Transfer                          │
│                                                    Date: Nov. 30, 20– │
│  Re: L/C No. 123                                                      │
│  Amount: US$10,000.–                                                  │
│  Issued by: Citibank, New York                                       │
│  Dated: Oct. 30, 20–                                                 │
│  To Whom It May Concern:                                             │
│  We, the undersigned, hereby transfer the captioned L/C, in the amount of US Dollars Ten Thousand │
│  only to:                                                            │
│          Messrs. Taiwan Trading Co., Ltd.                           │
│                                              By XYZ Trading Co., Ltd. │
│                                                           (signed)    │
│                                                           Manager     │
└─────────────────────────────────────────────────────────────────────┘
```

(二)替換發票的轉讓

替換發票的轉讓，必須經由銀行辦理，因此申請人必須向銀行提出轉讓申請書，這種轉讓申請書必須保證：①申請人（即原受益人）的簽字無訛；②受讓信用狀，除金額、單價、最遲裝運日期或所定的裝運期間、有效期限，及提示期間的任何一項或全部得以減少或縮短，及保險應投保的百分比則得予增加以配合信用狀或 UCP 應投保金額的規定外，其他條款都須與原信用狀條件相符。

在著手辦理「替換發票的轉讓」之前，承辦轉讓的銀行可從原受益人取得簽妥的空白匯票及商業發票等。受讓人前來申請押匯時，萬一原受益人未前來替換商業發票及匯票時，承辦銀行可就其保存的空白匯票及商業發票代受益人完成。又依 UCP 600 Art. 38 (i) 規定，信用狀業經轉讓，而第一受益人本應提供其發票（及匯票）以替換第二受益人的發票（及匯票），卻怠於一經要求隨即照辦時，或如第一受益人提示的發票導致第二受益人提示中不存在的瑕疵，而第一受益人怠於一經要求隨即更正時，轉讓銀行有權將自第二受益人收到的單據提示予開狀銀行，而不再對第一受益人負責。

五、信用狀的修改與撤銷

(一)信用狀的修改

信用狀的修改稱為 Amendment 或 Modification。形式上雖由買方向開狀銀行請求，但實際上，多由賣方採主動。換言之，由賣方商請買方向開狀銀行申請修改。

信用狀每一條款均有修改的可能。進口商申請修改時，應填送信用狀修改申請書。

開狀銀行對於修改信用狀的申請，除應注意外匯貿易管理的規定外，尚應研究對其所生的利害關係及與其他條款有無衝突情事。

就不可撤銷信用狀而言，依 UCP 600 Art. 10 (a) 規定：「除第 38 條另有規定外……非經開狀銀行、保兌銀行（若經保兌）及受益人的同意，不得修改或撤銷。」因此開狀銀行於辦理修改不可撤銷信用狀時，均宜於修改書上特別註明類如下列文字：

This amendment is subject to beneficiary's consent, airmail result.

實務上，信用狀修改書發出後經過相當時間，未接到受益人的異議時，即推定受益人同意修改。但有些法院卻有相反的判決。因此，UCP 600 Art. 10 (c) 規定：在受益人告知通知修改的銀行其接受該修改之前，原信用狀（或含有先前已接受的修改的信用狀）條款對受益人仍然有效。受益人對於修改的接受或拒絕應予知會。若受益人怠於知會，則提示與信用狀以及尚未表示接受的修改的要求相符時，即視為受益人接受該修改的知會，並且自此時起，該信用狀即予修改。此外，同一信用狀修改書上涉及兩個以上條款的修改時，受益人不得就其中一部分同意，而另一部分卻加以拒絕。換言之，僅准全部接受或全部拒絕。如受益人希望部分同意而拒絕另一部分時，應迅速與有關方面聯繫，並取得開狀申請人、開狀銀行及保兌銀行的同意 (UCP 600 Art. 38 (e))。又，修改書中規定除非受益人於某一時間內拒絕修改，否則修改即生效意旨者，應不予理會 (UCP 600 Art. 9 (f))。

通知修改書的銀行應將接受或拒絕的通知告知發出修改書的銀行 (UCP 600 Art. 10 (d))。

(二)信用狀的撤銷

信用狀的撤銷稱為 Revocation 或 Cancellation，往往由買方所發動，而由買方向開狀銀行請求。在不可撤銷信用狀的場合，欲撤銷信用狀，須徵得開狀銀行、保兌銀行（若經保兌）及受益人的同意 (UCP 600 Art. 10 (a))。

通常，信用狀的撤銷，開狀銀行及保兌銀行甚少不同意，因此主要關鍵在於受益人。受益人若同意撤銷，應將信用狀及修改書（如果有的話）全部退還開狀銀行（可透過通知銀行）。

六、信用狀遺失的處理

㈠請求通知銀行補發時

1.信用狀受益人不慎遺失信用狀時，應即向銀行提出「遺失信用狀補發申請書」，請求其補發信用狀影本。該申請書中應聲明願負責因補發而生的一切責任。

2.通知銀行接到申請人的補發申請書後，應視申請人的信用可靠程度，決定是否受理。須知通知銀行並無必須補發信用狀的義務，但為因應客戶的需要，得於徵提切結書或擔保品或保證人之後，予以補發信用狀影本。

至於補發信用狀影本，各銀行做法不一，常見者如下：

(1)將通知銀行存查聯信用狀 (L/C copy for advising bank file) 影印，並在影本上加註「補發，未用餘額不詳」等字樣，同時加蓋通知銀行印信。

(2)將銀行存查聯信用狀影印，在影本上加上 "Verified Copy" 或 "This copy is intended to replace original L/C which has been declared lost" 等字樣，並加蓋通知銀行印信。

補發的信用狀，在補發銀行辦理押匯手續較妥，但補發銀行並無必須承作押匯的義務。

㈡請求開狀銀行補發時

信用狀遺失時，請求開狀銀行補發，本來是正途，但是開狀銀行為恐發生重複押匯情事，往往拒絕受理。開狀銀行補發信用狀時，通常在補發的信用狀上加註如下的字樣：

In substitution for the lost L/C, the issuing bank has reissued duplicate of this L/C through this office to replace original L/C which has been declared lost.

🌐 第十三節　電子信用狀統一慣例內容概說

第 e1 條：eUCP 的範圍

a.eUCP 係補充 UCP 600，以配合電子單據（電子記錄）單獨或與紙面單據合併的提示。

b.當 L/C 表明其適用 eUCP 時，eUCP 應作為 UCP 的增補條款而予以適用。

c.本版本係 1.1 版 (Version 1.1)，L/C 須表明所適用的 eUCP 版本，若未表明，其係適用 L/C 簽發目的有效版本 (version in effect)。

第 e2 條：eUCP 與 UCP 的關係

a.適用 eUCP 的 L/C (eUCP credit) 也適用 UCP 而無須明示其適用 UCP 600。

b.當適用 eUCP 時，如其與適用 UCP 產生不同結果，應以 eUCP 規定為準。

c.若電子 L/C 允許受益人選擇提示紙面單據或電子單據，而其選擇了只提示紙面單據，則該提示應單獨適用 UCP 600，若電子 L/C 僅允許受益人提示紙面單據，則該提示單據應適用 UCP 600。

第 e3 條：定義

a.eUCP credit 使用 UCP 600 中的下列用語時，係指：

　ⅰ.appear on their face：審核電子記錄的內容。

　ⅱ.document：包含電子單據。

　ⅲ.place for presentation：電子地址。

　ⅳ.sign：包含電子簽章。

　ⅴ.superimposed, notation 或 stamped：在電子記錄中，其外觀上係補充性質的資料內容。

b.在 eUCP 中使用的下列用語，其涵義如下：

　ⅰ.electronic record：

　　・以電子方式製作、產生、發送、傳遞、收受或儲存的資料。

　　・得予確認外觀的發送人身分及其中所涵蓋外觀的資料來源，以及其是否保持完整並未遭更動，且

　　・得予審查是否與 eUCP credit 的條款相符。

　ⅱ.electronic signature：附加於或邏輯上附加於電子記錄，且由某人簽署或採用的資料處理，用以辨識該人身分及表明該人對電子記錄的確認。

　ⅲ.format：表達電子記錄或其參照的資料。

　ⅳ.paper document：傳統形式的單據。

　ⅴ.received：電子記錄以能為適當收受人的資訊系統接收的形式進入該系統

時，任何收到的簽認並不意含依據 eUCP credit 的電子記錄的接受或拒絕。

第 e4 條：格式

eUCP credit 必須規定電子記錄應提示的格式。若電子記錄的格式未如此規定，則得以任何格式提示。

第 e5 條：提示

a. eUCP credit 允許提示：

i. 電子記錄者，必須敘明電子記錄的提示地。

ii. 電子記錄及紙面單據者，亦須敘明紙面單據的提示地。

b. 電子記錄得為個別提示且無需同時提示。

c. 如 eUCP credit 允許提示一種或多種電子記錄，受益人應負責向被提示的銀行提供表明已完成的通知。該提示完成的通知得以電子記錄或紙面單據方式發出，且須辨識與其有關的 eUCP credit。如未收到受益人的通知則視為未經提示。

d. i. 在 eUCP credit 下，每一電子記錄的提示及紙面單據的提示，須註明據以提示的 eUCP credit。

ii. 未如此辨識的提示可被視為未曾收到。

e. 如被提示的銀行係於營業中，但其系統無法在規定的有效期限及／或裝運日後提示期間的末日收到傳送的電子記錄，依各該情形，該銀行將被視為休業，而提示日及／或有效期限應順延至該銀行能收到電子記錄的次一銀行營業日。如唯一待提示的電子記錄係提示完成的通知，其得以電傳或紙面單據方式發出，且將視其為及時，但以在該銀行能收到電子記錄前發出者為限。

f. 未能確認的電子記錄視為未經提示。

第 e6 條：審查

a. 若電子記錄包含一個與外部關係的超級連接，或指明電子記錄可參照一外部系統審查，則超級連接中的或參照的外部系統中的電子記錄應被視為需要審核的電子記錄，在審查時，如指明的系統不能提供所需電子記錄的讀取條件，則構成瑕疵。

b. 指定銀行按指定轉達電子記錄的行為表明已確信電子記錄的外觀真實性。

c.開狀銀行或保兌銀行，如有者，無法依 eUCP credit 所要求格式的電子記錄，或當未要求格式時，無法審查提示的電子記錄，這情形不構成拒付的依據。

第 e7 條：拒付通知

a.i.審單時限，自收到受益人的完成通知的銀行營業日的下一個銀行營業日起算。

ii.若提示單據或完成通知的時間被延展，審單時限自接收提示的銀行能夠接收完成通知的第一個銀行營業日起算。

b.若開狀銀行、保兌銀行（如有的話）或按其指定行事的指定銀行，對包含電子記錄的提示發出了拒付通知，在發出拒付通知後 30 天內未收到被通知方關於電子記錄的處理指示，銀行應退還提示人以前尚未退還的任何紙面單據，但可以其認為合適的任何方式處理電子記錄而不承擔任何責任。

第 e8 條：正本與副本

UCP 或 eUCP credit 要求提示一份或多份正本或副本電子記錄時，提示一份電子記錄即為充足。

第 e9 條：簽發日期

除非電子記錄有具體的簽發日期，否則外觀上顯示由簽發人發送的日期視為簽發日期，若外觀上無其他日期，則收到日期將視為其發送日期。

第 e10 條：運輸

如證明運輸的電子記錄未表明貨物裝運或發送日期，該電子記錄的簽發日期將視為貨物裝運或發送日期。但如電子記錄載有證明裝運或發送的註記，則該註記日期將視為裝運或發送日期。表明附加資料內容的註記無需另外簽署或另以其他方式確認。

第 e11 條：電子記錄提示後的毀損

a.如開狀銀行、保兌銀行或其他指定銀行收到的電子記錄外觀上顯示遭受毀損，

銀行可通知提示人,並得要求再次提示電子記錄。

b.如該銀行要求再次提示電子記錄:

i.則審單時限中止,俟提示人再次提示電子記錄時恢復;且

ii.如指定銀行不是保兌銀行,則必須將其關於再次提示的要求知會開狀銀行和任何保兌銀行,並告知時限中止,但是

iii.如該電子記錄在 30 個曆日內再次提示,該銀行可以將該電子記錄視為未提示過,並且

iv.任何截止期限不予展延。

第 e12 條:根據 eUCP 提示電子記錄的額外免責

除經使用商業上可接受的用於收受、確認、辨識電子記錄所接受的資料處理程序即可發現者外,銀行審核電子記錄的外觀真實性的行為,銀行對發送人身分、資料來源、或其完整性或未遭更改不負責任。

 習 題

1.何謂信用狀?試解釋之。

2.信用狀在國際買賣中有何功用?有何缺點?是否買方使用信用狀就無風險了?

3.試說明可能參與信用狀交易的人有哪些?

4.何謂不可撤銷信用狀?保兌信用狀?遠期信用狀?轉開信用狀?

5.何謂擔保信用狀?可轉讓信用狀?預支信用狀?

6.試述出口商收到信用狀時,審核信用狀內容的要領為何?

7.何謂信用狀統一慣例?其重要性如何?

8.試述信用狀的傳遞方式有幾種?

9.試述在何種情況下,信用狀有轉讓的需要?

10.信用狀遺失時,受益人應採取何種措施?

第十二章 備貨、出口檢驗及公證

🌐 第一節 出口貨物的準備

一、備貨的時間

買賣雙方一經簽立買賣契約，賣方就負有依照契約條件履行交貨的義務。因此，賣方於簽約後，如國外買方信用良好，即可積極開始備貨物以便裝運出口。然而，以信用狀為付款條件的交易，如對國外客戶無信心，則謹慎的賣方實際上往往在收到信用狀之後，才開始備貨。在此場合的賣方，不論其為從國內供應廠家買進貨物轉售出口的出口貿易商，或是自營出口的廠家，均應配合裝運期限，事先作妥善的因應。

例如有一批貨物，以輪船裝運，在買賣契約及信用狀中，裝船期限均為 8 月底，而賣方收到信用狀時，卻已接近 8 月底，則即使立即開始備貨，也難如期裝船。在此場合，賣方雖可要求買方修改信用狀，但能否被接受，很難意料。為避免這種情形，賣方應事先在買賣契約中約定：「於收到信用狀後一定期間內裝運（例如在三十天內或五十天內裝運）」。此外，倘賣方希望信用狀早日開到，也可約定以電傳方式開出信用狀。

二、出口貿易商的備貨

㈠備貨方式

就出口貿易商而言，貨物的準備，也就是貨物的購進。其常採用的方式有二，即臨時購貨與預約購貨。

1.臨時購貨：指簽訂輸出契約後，或收到信用狀之後，臨時向國內廠家購進或訂製出口貨物的方法。以此種方式備貨，雖有：①無存貨積壓顧慮；②無被取消輸出契約而受損的風險。但只可應用於貨源充裕，售價穩定的場合；否則出口貿易商就負有：①買不到貨物；②買到高價貨物；③利潤不確定的風險。

2.預約購貨：即根據供貨廠家事先提出的報價 (offer)，向其訂購貨物而言。也就是說，出口貿易商向國外報價之前，預先請供貨廠家報價，然後以此報價為基礎，再向國外買方報價。經國外買方接受 (accept) 完成簽約手續後，再與原報價供貨廠家簽立購貨契約。預約購貨的優點是可避免買不到貨物或必須以高價買進貨物的風險。但是如每次對外報價，都須請求供貨廠家報價，則不勝其煩，而且供貨廠家也不一定願意合作。

不論是臨時購貨或預約購貨，不但要選擇適當的供貨廠家，而且應與供貨廠家簽立書面契約（俗稱「下單」）訂明有關條件，以期能如約履行交貨義務。

(二)選擇供貨廠家的原則

出口貿易商出口的貨物如非自己生產，而須另覓工廠供貨，則如何選擇殷實可靠的供貨廠家，建立良好關係，便成為出口貿易商的重要課題。所謂「殷實可靠」主要是指具有良好的生產能力，商業道德良好而言。茲將選擇原則說明於下：

1.信用良好：選擇信用良好的廠家承接供貨是最起碼的要求。信用良好的廠家，具有良好的商業道德，一經同意供貨，將不致偷工減料、粗製濫造，而且能信守諾言，如期交貨。

2.品管嚴格：貨物品質優良，符合契約所定規格，再加上價格合理，是避免貿易糾紛的重要法則。規格單純的貨物，發生問題的可能性不大，但若規格複雜的貨物，則必須選擇品質管制良好的廠商承接供應，以免日後發生貨樣不符的糾紛。

3.交貨守時：不能按時交貨為國際貿易的一大禁忌。尤其具有季節性的貨物，如遲延交貨可能引起嚴重的後果。故應選擇有足夠生產能力的廠家，以期確保如期交貨。

4.備有配額：出口貨物須有配額 (quota) 者，成交之前，應先考慮配額問題，除非出口貿易商自己擁有配額，否則，必須尋覓持有配額的廠商合作供應，以免日後無法出口。

(三)購貨契約 (purchase contract; purchase order) 的內容

出口貿易商與供貨廠家所訂的買賣契約，其內容包括貨物名稱、品質規格、數量、價格、包裝、嘜頭、交貨日期、地點、付款條件等。其中貨物名稱、品質規格、數量、包裝、嘜頭（出口貿易商不另行打包時）等條件，應與輸出契約中所定者相符。至於價格、交貨地點、時間及付款方式則與輸出契約所規定者不同。例如關於

付款條件往往有如下規定：「買方（指出口貿易商）以國外客戶所開具信用狀轉讓予賣方（指供貨廠家）作為本契約價金的支付，賣方同意本買賣契約（或訂單）以買方收到並轉讓國外客戶開來的信用狀作為本買賣契約的生效條件。若國外客戶未開來信用狀，經買方通知賣方，則本買賣契約（或訂單）即失效。」

購貨契約或訂單應繕打三份，經簽署後，二份交給供貨廠家，並請其簽署後退還一份（格式參見第 374 頁）。

此外，出口貿易商與供貨廠家宜就下列各項，作必要的約定：

1. 有關費用的負擔：出口商品檢驗費（付給標準檢驗局）、報關費用、推廣貿易服務費、配額費等與出口有關的費用，究應由何方負擔？以國內買賣條件交易時，除非另有約定，理應由出口貿易商負擔。但以 FOB（出口港）、CFR（國外目的港）、CIF（國外目的港）條件交易時，上述費用究應由何方負擔，常常發生爭執。為避免此類糾紛，宜約定這些費用由何方負擔。

2. 供貨廠家應交付出口貿易商的單據：諸如統一發票、裝箱單、證明交運的單據（有的話）等。

3. 出口貿易商應交付供貨廠家的單據：包括：出口證明書（申請減免營業稅用）、出口副報單（申請沖退進口稅捐及（或）貨物稅之用）。

4. 出口實績：由何方享受。

5. 驗貨條件：例如約定：「出口前不論出口貿易商有無驗貨，均不表示其已受領貨物。供貨廠家同意將貨物檢查地點延伸至國外客戶所在地。如屆時發現品質不良，任何瑕疵或肇致任何第三人的傷害、死亡，而發生退貨或索賠者，應由供貨廠家負全部賠償責任。」

㈣催貨與工廠驗貨

經驗告訴我們，國內供貨廠家（尤其小型廠家）對於國際貿易的特殊性往往欠缺認識，缺乏管理，對於生產作業及品管制度等均不當一回事，到交貨期迫近時，才手忙腳亂地趕工，結果不是粗製濫造，就是無法如期交貨。因此，出口貿易商應於適當時期，向工廠催貨，促其早日生產，萬一有錯誤，也可早日發現並予以改正。

驗貨是一件大事，如稍微疏忽，不但可能引起糾紛，而且也可能失去寶貴的國外客戶。因此，在供貨廠家生產完畢時，出口貿易商即應派出幹練的驗貨員前往工廠實施驗貨工作。驗貨工作應由專人擔任，加之，驗貨員不但須對該產品有充分的

ABC TRADING CO., LTD.
MAILING ADDRESS: P.O. BOX
TAIPEI, TAIWAN
購貨契約書

致：

公司實號：大大紡織成衣股份有限公司　　　　　訂單號碼：DD-379

地　　址：新北市中和區中山路1號

連絡電話：　　　　　　　　　　　　　　　　訂貨日期：××年 8 月 5 日

茲向　貴公司（工廠）訂購下列貨品，敬請按下列議定條件，惠予簽認接受，為荷

項　號 Item No.	品名及規格 Description & Specification	數　量 Quantity	單　價 Unit Price	總　價 Amount
789	sport shirts style A	500 doz.	NT$700	NT$350,000

合　計：新臺幣─佰叁拾伍萬─仟─佰─拾─元─角整

一、交貨日期：××年 10 月 19 日前完成，候通知交貨。

二、交貨地點：基隆港或高雄港，俟船期確定後再通知

三、檢驗規定：

　1.訂貨品質、規格，須與成交標準樣品及國外買主所指定者相符，如有不符，得拒絕驗收。

　2.交貨前請辦妥標準檢驗局檢驗合格。

　3.完成前本公司得隨時至　貴公司（工廠）檢驗。出貨後貨品雖經本公司驗收，唯因品質不良，致發生退貨或索賠案時，概由　貴公司（工廠）負全責賠償。因貨品其配件，包裝材料或其方法有先天瑕疵，而日後發生貨品變質或損害時亦同。

四、包裝規定：

　1.包裝內不得用新聞紙或有文字之材料作襯墊物。

　2.每隻貨品及其內盒，均須標明 MADE IN TAIWAN，並應於每隻內盒及外箱上標明貨號及所裝數量。

五、裝運規定：

　每壹打裝壹盒，每拾盒裝壹紙箱

六、退稅規定：退稅資料及文件請於 ＿ 年 ＿ 月 ＿ 日前送達本公司，逾期不能退稅，與本公司無涉。

七、遲延交貨之處置：

　每逾期交貨壹日，扣總價款 0.5%，五日後續增壹日扣 1%

八、商標與專利：

九、付款辦法：

　訂貨金新臺幣捌萬元，開具第一銀行總行帳號 7749，票號 0003-6

　到期日××年 9 月 5 日，抬頭人大大紡織成衣股份有限公司，餘款押匯後付現

十、裝船嘜頭：

主　嘜　頭	側　嘜　頭
◇ XYZ	N.W. 20 kgs.
NEW YORK	G.W. 25 kgs.
C/No. 1-50	
MADE IN TAIWAN	

十一、本約之履行：以中華民國之法律為基礎，如有爭執，雙方同意以臺北法院為第一審管轄法院。

十二、其他條件：

　1.請　貴公司（工廠）於本約開出後，七天內將副本簽回本公司，以便確認，否則本公司有權隨時取消本契約。

　2.本約或其條件之任何更改，必須書面為之，並須經本公司經理級以上主管之同意。

　3.本約一式兩份，雙方各執一份為憑。

　　如因交貨遲延，而延誤船期不能出貨，致本公司所受之一切損失，均應由　貴公司負責賠償。

接受簽認：　　　　　　　　　　　　　　訂貨人：

黃仁山　　　　　　　　　　　　　　　　古山卿

知識和經驗，而且為人須負責盡職、公正不阿、有擔當，要有公私分明，不怕得罪人的勇氣。唯有如此，才能完成任務。

三、自營出口廠家的備貨

在生產廠家自營出口的場合，其貨物通常是由自己生產或製造。萬一必須購買他人貨物湊數，也須注意其信用是否可靠、品質是否劃一、交貨是否迅速。

生產廠家與國外客戶簽妥買賣契約後，如對買方信用有相當的信心，即可通知生產部門開始生產。否則，視交貨期長短，於收到信用狀之後，才通知生產。

四、製造通知單的發出

製造通知單是業務部門（或出口貿易商）指示生產部門（或供貨廠家）生產或製造的通知。製造通知單的內容必須詳細而正確，並與輸出契約、購貨契約等所記載事項相符。至於其格式內容，隨各公司、貨物種類而異。但其主要內容，包括①製造通知單號碼；②製造通知單日期；③訂貨客戶名稱、地址（限於自營出口廠家時才填入）；④供應廠家名稱（限於由出口貿易商發出時）；⑤產品名稱；⑥產品規格明細；⑦產品數量；⑧完工日期；⑨交貨日期；⑩驗貨日期（限於由出口貿易商發出通知單時）；⑪包裝及嘜頭等，茲附一格式供參考（參見第 376 頁）。

五、Shipping Control Sheet 的應用

無論是出口貿易商或自營出口廠家，收到信用狀，經審核無誤後，即宜製作 Shipping Control Sheet（姑譯為交貨控制表，日本稱為 shipping memo），以供控制交貨作業之用。須知貨物裝運出口之前，須有各方的配合作業，承辦人員必須有耐心與細心。因為在貨物裝運出口之前，首先要通知生產部門或供貨廠家備貨，在此期間，承辦人員還須隨時與他們連繫，督促其能如期備妥貨物；貨物準備好之後，一方面須派員驗貨，他方面又須向：①船公司申請艙位；②出口簽證機構申請輸出許可證（免證者，不在此限）；③標準檢驗局申請出口檢驗；④保險公司投保保險（限於 CIF 條件）。凡此既繁複又紛至沓來的工作，若無適當的工作表以控制進度，最後難免失誤，或有顧此失彼之慮。故，管理較上軌道的出口廠商多備有 Shipping Control Sheet 以資應用。至於其格式內容，因公司而異，茲列一格式供參考（參見第 377 頁）。

塑膠工業股份有限公司

通知單　（直接外銷 N）

1	2	3
卡列	1	3

正常或取消
N 正常
L 取消

38	39	40

客戶名稱及地址

客戶要求發貨日期　年　月　日
預定生產完成日期　年　月　日

6	9
年　月　日	至　年　月　日

15	19
機臺名稱
生產排定日期　月　日　至　月　日

客戶編號　N　| 71 |

代理　| 73 | 公司　10 | 1 |

受訂日期
| 33 | 32 |
年　月　日

訂單號碼

產品名稱規格
（色卡編號）

大
小
額
額

廠牌別
組織別
花紋型別

原料別
料型別

支丹尼毛度長

股層數
加工別
袖別
服裝別

| 53 | 60 | 61 | 63 |
色列
批號
版號
重量

等　級

數　量
單位

單　價

金　額　CIF/C&F/FOB+C
外幣總額
新臺幣總額

銷售列

SHIPPING MARK:

SIDE MARK:

目的地:
出口港:

項目內容說明

寬度 / 重量
寬度：　吋～吋
碼重：gm/y ± %
每碼長：gm / oz
周長：　m
定長：　y
其他：

色
□如附樣免確認
□需先打樣確認
□照打單樣 No.
□色水要求特別嚴格 %
□每色交貨
□托工染廠

加工標準
手感標準：
□照來樣
□照本廠認
□送樣核可
□照打單樣 No.
□柔軟度：軟、普通、硬

水

方　法
□樹脂
□定型
□圓筒
□剖開
□不切邊
□要切邊
□手打結

產

加

包裝方法
□紙箱
□木箱
□布頭印字
□碼疊
□接布

□PE 袋
□PP 袋
□chcese
□hank

其他

□特殊原料：
□樣本每色貨
□庫存出貨
□先織造胚布
□混紡率：

用途
STYLE:
□男裝　□女裝
□童裝　□手套
□藏子
GAUGE:
3. 5. 6. 7. 12.
14. 16. 18. 20.
22. 24. 26. 28.

日送出

佣金條件：

客戶訂單 No.：

信用狀 No.

營業處長	營業	銷	部門	經	辦	課長
復核						
經	辦	銷	部門	經	辦	部門 經辦 課長

	Shipping Control Sheet							No.	
	Sales Contract No.: _____				P/O No.: _____				
(1) Order No.: _____					(2) Sales Contract No.: _____				
	Buyer: _____				Supplier: _____				
	Shipping Date: _____				Delivery Date: _____				

(3)	Shipping Mark & No.	No. of Pkgs.	Commodity Description	Quantity	Unit Price	Amount	Supplier's Unit Price	Amount	Remark

(4)
☐ Apply for CBC　　　　　　　　　☐ Customs Clearance
☐ Apply for Inspection　　　　　　☐ Apply for Consular Invoice
☐ Book for Ship's Space　　　　　☐ Shipping Advice
☐ Apply for Insurance　　　　　　☐ Others:

(5)	Invoice Date	Shipped Quantity	Amount	Weight		Measurement
				Gross	Net	

(6)
L/C No.	☐ Cert of Origin ········· Copies
☐ Draft	☐ Packing List ········· Copies
☐ Com. Invoice ········· Copies	☐ Inspection Cert ········· Copies
☐ B/L ········· Copies	☐ Cons. Invoice ········· Copies
☐ Ins. Policy ········· Copies	☐ Others ········· Copies

(7) ☐ L/C Negotiation...Expiry Date...
(8) ☐ Follow-up of Payment

第二節　出口檢驗與檢疫

一、出口檢驗

(一)出口檢驗的意義

　　不管貿易契約中品質條件如何約定，賣方所提供貨物的品質，必須與契約條件相符。因此，貨物在生產過程中，品質必須加以嚴格管制，尤其在包裝前，更須施行綜合檢查。這不僅在預防買方的索賠，更重要的是建立自己的商譽，從而確保市場。為此，貨物備妥後，在裝運出口之前，為證明所交運的貨物與買賣契約相符（或依契約規定），賣方須要請公證公司 (surveyor; inspection company) 執行鑑定 (survey) 事宜，這種憑貿易利害關係人（包括賣方、買方、供應商……）的申請而進行的貨

物鑑定，稱為「公證檢驗」。此外，基於政府商品檢驗法的規定，某些特定商品的出口，必須由政府檢驗機構施以檢驗，領得合格證書後，才得報運出口。此種出口檢驗乃屬國家強制規定，其主要目的在於確保出口產品的一定品質水準，保障消費者利益，維護一國產業的整體形象，與上述公證檢驗性質不同，一般稱為「法定檢驗」或「強制檢驗」。對於未列入法定檢驗的貨品，依契約規定須提供檢驗證明書時，也可根據「商品特約檢驗辦法」的規定，向檢驗機構申請依約為「特約檢驗」。以下先就我國政府有關出口商品法定檢驗規定，予以介紹。

⑵應施檢驗品目

依商品檢驗法規定，經主管機關（標準檢驗局）指定公告種類、品目或輸往地區的農工礦商品，應依法執行檢驗。

至於廠商輸出的貨品是否屬於公告應施檢驗品目，可向標準檢驗局或其所屬各分局查詢，或上標準檢驗局網站（網址：http://www.bsmi.gov.tw/）查詢。

⑶檢驗程序

依商品檢驗的執行方式，可分為逐批檢驗、監視查驗、驗證登錄及符合性聲明等四種。各種商品檢驗方式由主管機關公告，茲分別說明其檢驗程序於下：

1. 逐批檢驗：

⑴報驗：應施檢驗的輸出商品，由貨主或其代理人填具報驗，其屬經指定需經型式認可者，並附具檢驗機構型式認可的證明，於出口前向生產當地檢驗機構報驗。

　　　輸出商品前項報驗報驗義務人得跨區辦理，但經檢驗機構另行指定者，不在此限。商品報驗由代理人為之者，應加具代理人證明文件。如以代理報驗為業務的營利事業組織，得檢具委託書表向檢驗機構備查，並憑其印鑑代理貨主辦理各項報驗手續。

⑵繳費：

①檢驗費：檢驗規費依商品檢驗法第 53 條規定，按各該商品市價千分之三（即 0.3%）以內，從價計收（市價依據出口價格 FOB 為準）（目前係按市價千分之一收取）。

②標識費：凡經檢驗合格的出口商品應加附的「出口商品專用標識」應按報驗件數繳付標識費，此外尚有貨櫃專用標識、專案地區專用標識，均

應按規定繳納標識費。

③臨場檢驗差旅費。

⑶取樣：檢驗機構受理報驗之後，應派員執行取樣，取樣應由取樣的檢驗人員隨機採取，報驗人不得指定。取樣方法國家標準有規定者從其規定，無規定者比照國家標準有規定的最近似商品辦理。取樣後的商品包裝上應由取樣的檢驗人員加以封識及簽章，並記明申請書號碼、取樣日期、報驗數量等以資識別。

取樣的檢驗人員取樣時發覺商品內容、數量或包裝上標示與報驗申請書所載不符而業者無法即時更正者，應拒絕取樣。

取樣的檢驗人員應於取樣完畢後發給取樣憑單。

⑷發證：經檢驗合格者發給輸出檢驗合格證書，不合格者發給不合格通知書。經檢驗不合格者，報驗人於接到通知後十五日內得請求免費複驗一次。

⑸港口驗對：凡經檢驗合格的商品，於運抵港口後，應持原領「輸出檢驗合格證書」，向當地標準檢驗局港口分局報請驗對，港口分局於受理後，即派員至商品堆置的倉庫或碼頭執行驗對。港口驗對一般著重外觀檢查，如必須取樣作品質驗對者，則待驗對相符後，始得移動裝運出口。凡驗對相符者，於「驗出檢驗合格證書」上加蓋「驗訖」戳記，出口商即可持該項證書，向海關辦理驗關等手續。如驗對不符者，港口分局則收回「輸出檢驗合格證書」予以註銷，不得申請複檢。

2.監視查驗：

⑴方式：

①監視查驗：經標準檢驗局指定公告須申請監視查驗檢驗登記者，報驗義務人應填具申請書並檢附證明文件，依其所在地檢驗機關辦理登記。申請監視查驗檢驗登記經審查符合者，發給監視查驗檢驗商品登記證。

②管理系統認可登錄廠場監視查驗（簡稱管理系統監視查驗）：採行監視查驗並實施管理系統監視查驗商品的生產廠場，其管理系統取得檢驗局或其認可驗證機構的登錄證書、辦妥監視查驗檢驗登記且備置基本檢驗設備者，於其登錄範圍內得申請管理系統監視查驗。

　　⑵報驗、查驗及發證：

　　　①應施監視查驗商品於出廠、輸出或輸入時，報驗義務人應填具報驗申請書連同應繳檢驗規費向檢驗機關申請報驗。

　　　②商品經查驗結果符合規定者，由檢驗機關發給查驗證明。

　　　③經登記為管理系統監視查驗的國內生產廠場，由生產廠場自行檢驗符合後，自行附署簽發查驗證明。

　　⑶檢驗機關至生產廠場、港口倉儲場、進口商或經銷商等處抽取管理系統監視查驗生產廠場生產監視查驗商品檢驗的頻率為每年至少一次。

　　3.驗證登錄：出口商品符合所適用的符合性評鑑程序（包含商品設計階段及製造階段的規定）者，得向標準檢驗局申請驗證登錄，驗證登錄的申請案經審查符合者，准予登錄，發給商品驗證登錄證書，並准予依據商品檢驗標識使用辦法的規定使用驗證登錄的商品檢驗標識，取得驗證登錄的商品，得逕行輸出。

　　取得驗證登錄的商品，檢驗機關得派員至生產廠場、港口倉儲場或經銷商等處執行取樣檢驗或對生產廠場執行追查。

　　4.符合性聲明：報驗義務人應備置技術文件，以確認商品符合檢驗標準，並據以簽具符合性聲明書。適用符合性聲明的商品，其試驗應向標準檢驗局或其認可的指定試驗室辦理。

　　適用符合性聲明的商品，其生產者於產製過程應採取管制措施，確保其產品符合技術文件的內容，並與技術文件中試驗報告的測試樣品一致。

　　目前我國應施出口檢驗的商品並不多，均採逐批檢驗方式。

　㈣檢驗標準

　　商品的檢驗標準，由主管機關依國際公約所負義務，參酌國家標準、國際標準或其他技術法規指定；無國家標準、國際標準或其他技術法規可供參酌指定者，由主管機關訂定檢驗規範執行。

　　輸出商品，其規格與檢驗標準不同者，經貿易主管機關核准後，得依買賣雙方約定的標準檢驗。

　㈤免驗規定

　　應施檢驗之商品，有下列情形之一者，得免檢驗：

　　1.輸入商品經有互惠免驗優待原產國政府發給檢驗合格證書。

2.各國駐華使領館或享有外交豁免權之人員，為自用而輸出入。

3.輸出入非銷售之自用品、商業樣品、展覽品或研發測試用物品。

4.輸入或國內產製之商品供加工、組裝後輸出或原件再輸出。

5.輸入或國內產製應施檢驗商品之零組件，供加工、組裝用，其檢驗須以加工組裝後成品執行，且檢驗標準與其成品之檢驗標準相同。

6.輸入或國內產製之商品供軍事用，並附有國防部各直屬機關公函證明。

7.輸入或國內產製之商品供緊急人道救援物資用，並取得相關政府機關證明文件。

(六)特約檢驗

1.意義：標準檢驗局應買賣雙方或任何一方的申請，依約定規範檢驗者，為特約檢驗。

2.特約檢驗的受理範圍如下：

(1)應施檢驗的輸出商品規格與檢驗標準不同者，經貿易主管機關核准後，得依買賣雙方約定的標準檢驗。

(2)非應施檢驗的輸出商品。

3.申請程序：特約檢驗應由申請人檢具訂貨文件向商品存置場所所在地的檢驗機關（構）申請，經檢驗機關（構）審核後通知辦理。

4.檢驗方式：特約檢驗視產品性質依下列方式辦理：

(1)成品取樣檢驗。

(2)生產過程檢驗，包括產製計畫、原料、產製過程中的半成品及其他有關紀錄的查核。特約檢驗除得於檢驗機關（構）執行外，並得派員臨場監督生產廠場檢驗。

5.檢驗規範：特約檢驗其規範、檢驗方法不明或檢驗機關（構）無檢驗設備者，檢驗機關（構）得建議適當的規範或檢驗方法，經申請人同意後辦理。

6.證明：特約檢驗商品經檢驗符合規範者，由檢驗機關（構）發給特約檢驗證書或證明，註明符合規範及檢驗結果數據。特約檢驗商品經檢驗不符規範者，發給不符規範報告。前項特約檢驗報告應載明約定規範及檢驗結果，且不符規範的項目應以符號或文字註明。

經濟部

| 正 本 |

商品輸出報驗申請書
APPLICATION

一般	乙等	甲等	優等

敬啟者：本 公司/行 擬出口下列產品請予檢驗發證為感
Dear Sirs:

　　　　We wish to export the following products, please make inspection according to your regulations and issue proper certificate(s).

受理時間 ＿＿＿＿＿＿＿

分類字號 ＿＿＿＿＿＿＿

申請號碼 ＿＿＿＿＿＿＿＿＿＿＿＿

1. 申請人 (統一編號)
   Applicant ＿＿＿＿＿＿＿＿＿＿＿＿＿　蓋章

2. 生產者
   Producer ＿＿＿＿＿＿＿＿＿＿＿＿＿

3. 輸出者
   Exporter ＿＿＿＿＿＿＿＿＿＿＿＿＿

4. 品　名
   Commodity ＿＿＿＿＿＿＿＿＿＿　商品標準分類號列
   　　　　　　　　　　　　　　　　C. C. C. Code

5. 規　格
   Specification ＿＿＿＿＿＿＿＿＿　標識
   　　　　　　　　　　　　　　　　Mark

6. 數　量
   Quantity ＿＿＿＿＿＿＿＿＿＿＿＿

7. 總　淨　重
   Total net weight ＿＿＿＿＿＿＿

8. 國別代號
   及到達地
   Destination ＿＿＿＿＿＿＿＿＿＿

9. 檢驗標識號碼
   Inspection Label Nos. ＿＿＿＿＿

輸出價格　F.O.B. ＿＿＿＿＿＿＿＿＿＿　　申請人地址及聯絡電話 ＿＿＿＿＿＿＿＿

外幣換算率 ＿＿＿＿＿＿＿＿＿＿＿＿　　申請人特別要求 ＿＿＿＿＿＿＿＿＿＿

結匯證件號碼 ＿＿＿＿＿＿＿＿＿＿＿　　貨品堆積地點 ＿＿＿＿＿＿＿＿＿＿

　　　　　　　　　　科 長 (課長)　　　　　　　　　　　經辦人

收費欄	收　費　類　別	檢　驗　費	臨　場　費	延長作業費	標　識　費	其　他　費
	金　　　額					
	收 款 單 號 碼					
	稽核人蓋章 / 收費人蓋章					

補收費用欄	實際結匯金額 F.O.B. U.S.$ ＿＿＿＿＿＿	補收金額　U.S.$ ＿＿＿＿＿
	應收檢驗費 N.T.$ ＿＿＿＿＿＿	補收檢驗費 N.T.$ ＿＿＿＿＿

取樣	包裝檢查	商數 / 標量 / 外觀 / 內容	重量檢查	淨　重 / 毛　重 / 總淨重	取樣情形	開件數 / 開件號碼 / 取樣數量	日期氣候	月 日 時 / 晴 陰 / 雨 雲

　　　　　　　　　　　　　科 長 (課長)　　　　　　　　　　取樣員

資料來源：經濟部標準檢驗局。

本證明及申請書請 用黑色複寫紙繕打	中華民國經濟部標準檢驗局	不 得 轉 讓 Non-Transferable

BUREAU OF STANDARDS METROLOGY AND INSPECTION
MINISTRY OF ECONOMIC AFFAIRS
REPUBLIC OF CHINA

輸 出 檢 驗 合 格 證 書
CERTIFICATE OF EXPORT INSPECTION

日 期
Date ___Oct. 22, 20-___

證 書 號 碼
Certificate No. ___TT-77-405060___

1. 申請人 (商號)
   Applicant ___Dada Taxtile & Ready-Made Garment Manufacturer Co., Ltd.___
   地 址
   Address
   Tel. No. ___1 Chung Shan Rd., Taipei Hsien, Taiwan___

2. 品 名
   Commodity ___SPORT SHIRTS___

   中國商品標準號列
   C. C. C. Code ___61109010004___

3. 規 格
   Specification ___STYLE A, MEN'S OF SILK FABRIC___

   標識
   Mark

4. 數 量
   Quantity ___500 DOZ.___

   XYZ
   NEW YORK
   C / No.1-50
   MADE IN TAIWAN

5. 每件平均淨重或每件裝數
   Average net weight / no.
   of pieces per package ___20 KGS.___

6. 總 淨 重
   Total net weight ___1,000 KGS.___

7. 生 產 者
   Producer ___Dada Taxtile & Ready-Made Garment Manufacturer Co., Ltd.___

8. 輸 出 者
   Exporter ___ABC Trading Co., Ltd.___

9. 到 達 地
   Destination ___NEW YORK___

10. 檢 驗 標 識 號 碼
    Inspection Label Nos. ___T786543-987654321___

11. 檢 驗 日 期
    Date of Inspection ___Oct. 22, 20-___

12. 檢 驗 記 錄
    Inspection results:

13. 備 註
    Remarks:

14. 本證所載商品經檢驗合格限於 ___ 年 ___ 月 ___ 日以前出口，逾期本證無效。
    It is hereby certified that the commodity listed above has been inspected and passed. This certificate is valid only when the commodity is exported before ___Oct. 31, 20-___

經濟部標準檢驗局
檢 驗 處
授權
分局

資料來源：經濟部標準檢驗局。

二、出口檢疫

　　動植物及其產品的出口檢疫係在國際交通港、埠防止境外動物疫病蟲害的侵入傳播，保護境內農畜生產事業的安全，對於出口的動植物及其產品，於貨物運抵港埠裝載之前，由出口商或其代理人申請出口檢疫的一種積極措施。出口檢疫的執行機構為農委會動植物防疫檢疫局，其執行檢疫程序如下：

　(一)報　驗

　　應施行出口檢疫的動植物及其產品，貨主或其代理人應於輸出前，向檢疫機構洽取並填具「輸出動物檢疫報驗申請書」或「輸出植物檢疫報驗申請書」，再持向產地檢疫機構申請檢疫，繳交檢疫費，同時向受理報驗單位領回檢疫標識，逐件預先予以掛貼並取得領證憑單，憑以領取輸出檢疫證明書。

　(二)繳　費

　　1.檢疫費：檢疫規費依據動植物檢疫規費收費實施辦法規定計收費用，目前係按離岸價格（依據出口價格 FOB 為準）0.1% 計收。

　　2.標識費：凡經檢疫合格的出口物品應加附的檢疫專用標識，應按報驗件數繳付標識費。

　　3.臨場檢疫差旅費：依檢疫機構規定繳交臨場檢疫差旅費。

　(三)檢　疫

　　檢疫機構受理申報後，即依規定派員檢疫。

　(四)發　證

　　經檢疫合格者由動植物防疫檢疫局發給「輸出動物檢疫證明書」或「輸出植物檢疫證明書」。

　(五)港口驗對

　　輸出的檢疫物品經產地檢疫符合規定，即可運至港埠，其後填具驗對申請書一份，連同產地檢疫機構發給的輸出檢疫證明書向輸出港口的檢疫機構申請驗對，受理單位以外觀驗對為主，必要時得開箱查核。

　　經驗對相符者，檢疫證明書由檢疫機構加蓋「合格」章後發還申請人憑以通關，若驗對不符時，加蓋「不合格」章，簽發不合格證明書。

🌐 第三節　出口公證

一、公證檢驗的意義

公證檢驗 (public survey)，乃指獨立的 (independent) 第三者在兩造（例如買賣雙方）之間對於某種標的（例如貨物）作公正的檢驗與鑑定而言。從事這種業務者通常稱為公證人或鑑定人 (surveyor) 或公證行或公證公司。由於其居於超然地位，其所作報告，比較能使利害關係人信服。

國際貿易因買賣雙方不獨遠隔兩地，且彼此多不是很熟悉，一切均靠單據文件進行交易，買方所希望的，不外乎所買到的貨物品質、數量能合乎預期要求；賣方則希望貨物交運後，能如期收回貨款。如收款方式係憑信用狀者，賣方只要憑信用狀提出有關單據，即可獲得付款，但銀行審查單據只限於單據是否與信用狀規定相符，文件單據與信用狀規定相符，銀行即付款。至於單據所載內容，例如品質、數量、規格等是否合乎買賣契約，銀行不是當事人，無從過問。於是買方為確保權益，乃有指定信用良好的公證行，在貨物裝運之前，先行檢驗，提供公證報告之舉。

二、公證檢驗的種類

公證檢驗，依其性質，可分為：

1. 海事公證 (marine survey)：包括海事鑑定、船舶買賣及租賃情況鑑定。

2. 保險公證 (insurance survey)：包括海損、火險、車禍等涉及保險賠償的鑑定、估價及責任調查。

3. 貨物公證 (cargo survey)：凡涉及一般貨物品質、數量、包裝等的鑑定、檢驗者均是。

要特別提醒讀者的是，這裡所指的「公證人」與法院所設的「公證人」及外國民間的公證人 (notary public) 有所不同，前者以一般貨物、船舶、海損、火險、車禍的鑑定為其業務；而後者則以證明身分、文件及契約的真實性為其業務。

三、貨物公證的種類

㈠依其檢驗在出口地或進口地進行，可分為

1.出口公證：又稱裝運前檢驗或事前公證。即在貨物裝運出口之前，由指定公證行實施的檢驗。如貨物經檢驗，合乎買賣契約所規定條件，則推定賣方已履行交貨義務。

2.進口公證：又稱到埠後檢驗或事後公證。即貨物運抵目的地（港）時，由指定公證行實施的檢驗。此種公證大都以卸貨地條件交易時採用。另外，為便於向船公司或保險公司索賠，也常作進口公證檢驗。

㈡依其檢驗時序，可分為

適用於一般工業日用品的原料、生產及成品最終檢驗。

1.開始生產檢驗 (initial production check, IPC)：即在某一產品備妥原料，開始生產時執行的檢驗。其檢驗主要為核對原料、組零件、尺寸、顏色等是否與契約規格或標準樣品相符，如發現有不符或差異，則可立即加以修正。另外並可就原料及工廠人員、設備等加以瞭解，以核對生產的計畫、安排能否配合預期進度及船期。

2.生產過程中檢驗 (during production check, DUPRO)：即在產品生產數量大約達到預定生產量的 25% 時執行的檢驗。其目的在於核對開始生產檢驗 (IPC) 所發現的差異是否已予以修正。另外並就已生產完畢的 25% 產品作品質查驗。檢查成品中可能含有的瑕疵，以供廠方作必要的改正。

3.最終成品抽驗 (final random inspection, FRI)：即當產品全部完成而 80% 以上已包裝妥善，在裝運出口前所執行的檢驗。檢驗的內容包括品質、性能試驗、數量、包裝及嘜頭等。

㈢依檢驗等級，可分為

1.甲級公證 (class A inspection)：為公證中要求最嚴格的檢驗方式，即由公證行派員赴製造商工廠就契約貨物的原料購買、生產過程、成品品質、規格、數量、包裝，以迄交運都作詳細檢驗。

2.乙級公證 (class B inspection)：為公證中嚴格程度僅次於甲級公證的檢驗方式，即由公證行派員赴製造商工廠就契約貨物的生產過程、成品品質、規格、數量、包裝，以迄交運都作詳細檢驗。

3.丙級公證 (class C inspection)：為國際貿易中最常用的檢驗方式，即由公證行派員就契約貨物作成品品質、規格、數量、包裝，以迄交運的檢驗。一般而言，如未特別約定公證等級，即指丙級公證而言。

4.丁級公證 (class D inspection)：即由公證行派員就契約貨物，於交運前僅作數量清點及外觀檢查的檢驗方式。

檢驗方式	檢驗項目 檢驗等級	原料購買	生產過程	成品品質	規　格	數　量	包　裝	交　運
嚴格	甲級	✓	✓	✓	✓	✓	✓	✓
↓	乙級		✓	✓	✓	✓	✓	✓
	丙級			✓	✓	✓	✓	✓
寬鬆	丁級					✓	✓	✓

四、裝運前檢驗

這裡所指的「裝運前檢驗」(pre-shipment inspection, PSI) 係指貨物的進口國（大部分為開發中國家）因本身的海關制度尚未十分健全，無法承擔貨物通關的相關作業，並且該進口國政府為防止商業詐欺、逃避關稅等情況產生，要求貨物裝運出口前必須經進口國政府指定在出口國的公證行實施品質、數量、價格、關稅分類及估價等檢查、檢驗作業，並取得該公證行簽發的「無瑕疵檢驗報告」(clean report of findings, CRF)，才得以通關進口的制度。

目前，在我國接受進口國政府委託在臺執行 PSI 工作較多的公證行為瑞士遠東公證在臺分公司 (SGS Far East Ltd., Taiwan)。

由於 PSI 係由進口國政府所指定，因此 PSI 費用多約定由買方負擔，Incoterms® 2010 也在各貿易條件中規定 PSI 費用應由買方負擔。

雖然 PSI 對進口國有其重要性，但相對的亦造成出口商的不便，例如阻礙出口作業、增加出口商人力與費用負擔及影響出口意願等，因此 PSI 普遍被認為是一項貿易障礙，許多有關 PSI 的爭議及糾紛也因而產生，1993 年 GATT 烏拉圭回合談判達成的 PSI 協定中，對會員國委託執行的 PSI 各有關事項均有明文規範，期能使各相關國家有所遵循，減少爭端。

五、公證檢驗機構的選擇

　　國際間信譽良好的公證檢驗機構（公證行）固然很多，但是也有信譽欠佳者。而且各公證行各有其專長，所以選用公證行時，應考慮下列各項：

　　1.專長：應以其專長與所需公證貨物相符者，為優先選用的對象。

　　2.信用：應以風評良好，不偏不倚、公正，著有信譽者為選用的對象。

　　3.地點：公證行應與廠商及裝運地相距不遠，以利公證的進行。

　　4.費用：在專長、信用、地點相同或差不多的情況下，以費用較少或較合理者為優先選用的對象，以期節省公證費用。

六、公證檢驗費用

　　外銷產品的公證檢驗費用，通常多按出口貨物的離岸價格 (FOB value) 0.5%–1% 計算。但因公證檢驗性質的不同、貨物數量的多寡，其費用也就隨之不相同。至於公證費用應由何方負擔，買賣雙方在訂約時就應言明。出口商於報價或訂約時就應考慮到產品須公證時的費用。因除公證檢驗費用之外，尚有其他因公證而生的相關費用（例如公證行的檢驗人員差旅費、因檢驗而增加的搬運費及使用檢驗設備費、化驗費、樣品損耗等）相當可觀。

七、申請辦理公證檢驗手續及注意事項

(一)委託人

　　各項外銷產品由委託人指示辦理公證者，公證行會主動向出口廠商連絡，通知出口廠商其產品須辦理公證，而要求出口廠商填送檢驗申請書，註明貨物開始生產時間或完成時間及檢驗地點。但有時要求公證者往往不直接通知所委託的公證行，而於契約中或信用狀中載明貨物須經某公證行檢驗。在此場合，出口廠商必須主動向該指定公證行提出申請檢驗。

(二)時間的配合

　　外銷除某些必須在裝運（船、機）時證明其數量而必須於碼頭（機場）倉庫或船（機）邊公證者外，一般都在產地或工廠所在地進行檢驗。因此，外銷產品需要公證者，必須配合船期或交運期及早接洽公證行安排檢驗，而且出口廠商應儘量避

免於最後裝船（或交運）前才申請檢驗。產品經檢驗後，如有不符契約規定者，廠家可予改進後再申請複驗，或由公證行電告委託人（買方）取得委託人的許可，以免耽誤船期（交貨期）。

(三)申請公證檢驗時應提供的文件

    1.信用狀影本（以信用狀交易時）。

    2.裝箱單副本。

    3.定單（或買賣契約或售貨確認書）副本。

如委託人指示公證行按廠家的產品目錄 (catalog) 內某項產品檢驗時，廠家尚須提供該產品的規格。於貨物檢驗完畢裝運出口後，公證行尚需要申請者提供發票副本及提單副本，以便簽發公證報告 (survey report) 或檢驗證明書 (certificate of inspection)。

八、對公證檢驗報告的認識

(一)公證報告的效力

    一般出口廠商往往有一種誤解，以為其產品一經買方指定的公證行檢驗合格後，即再也不負任何責任。須知出口商與買方（進口商）訂有買賣契約，出口商必須交付符合契約所定的產品，才能解除其責任。其所交運的產品雖經公證合格，但如於檢驗時未發現的瑕疵，或其不符規格之處並未列入檢驗項目內者，則出口商仍須負責。尤有進者，公證通常係採抽驗方式，而非全部檢驗，因此，公證行無法為出口廠家擔保其產品能符合買賣契約所定的一切規格。故公證報告只具有推定的效力。

(二)簽發公證報告者的責任

    公證行所簽發的報告或證明書，只是對某產品經檢驗後所出具的證明報告書而已，因此，除非經證實公證行有出具不實的報告或證明，而涉及偽造文書須負法律責任外，對買賣雙方並不負任何賠償之責。

※第四節　ISO 國際標準品質保證制度

    每個國家都有訂定其本國商品標準的機構，在我國為標準檢驗局。由於每個國家都是依其發展現況來訂定國家標準，因此不同國家對同一種商品所訂定的品質標準便會有所不同，為貿易的需要，廠商當可採用國外標準，但若有一國際標準為各

國所共同採用，豈不更為理想，ISO 國際標準品質保證制度的目的即在此。

　　ISO 乃 International Organization for Standardization（國際標準組織）的簡稱，總部設於瑞士，其設立的目的在於制定產品品質的國際認證標準，以取代各國不同的產品品質認定及檢驗標準。

一、ISO9000 品質管理與品質保證系統標準

　　1987 年 ISO 制定了 ISO9000 系列品質管理與品質保證系統標準，為製造業及服務業提供建立品質管理系統所適用的標準，目的在於藉由品質保證與品質管理系統的運作，使供應商從設計、生產至服務的各階段中，防止不符合的情事發生，以獲得顧客的滿意。

　　2000 年以前，ISO 驗證標準共包含 ISO9001、9002、9003 三種品保模式，2000 年版標準已將上述三項整合為單一標準。

　　目前全球已有相當多的國家將 ISO9000 標準轉訂為其各自的國家標準（我國亦於 79 年將 ISO9000 系列轉訂為 CNS12860 系列國家標準），各國製造商亦紛紛採用 ISO9000 品保標準，各國的採購商自然而然地便要求國外供應商必須採用 ISO9000 品保標準，因此目前 ISO9000 品保標準可說已風行全球。

二、ISO14000 系列環保管理系統標準

　　隨著標榜「綠色製造」與「綠色產品」時代的來臨，世界各國的政府與企業已逐漸重視工業發展與環境保護二者之間的均衡，為配合這項趨勢，ISO 彙整全球現行各種有關環境管理技術、工具、方法與策略，於 1996 年推出「ISO14000 環保管理系統標準」，作為適合各種規模與不同產業的環境管理國際標準。ISO14001 即屬於 ISO14000 系列標準之一。

　　我國目前也已將 ISO14001 驗證標準，轉訂為 CNS14001 國家標準。

　　目前已有許多國家計畫依 ISO14001 的標準制定貿易條款，以阻擋不遵守環保規範的產品輸入，因此企業若能取得 ISO14001 的認證，無異是提昇國際競爭力的利器。

　　ISO9000/ISO14001 係一般性的品質管理／環境管理標準，適用於任何產業（包括所有製造業或服務業等不同大小的公司、企業、組織或機構），並不限使用於特定

的行業。

由於 ISO9000/ISO14001 系列國際標準已然成為廠商進軍國際的證照，因此我國廠商莫不積極取得驗證，驗證的單位可以是國外的，也可以是國內的，在國內的驗證單位是經濟部標準檢驗局，該局除積極輔導廠商取得驗證，俾助我國廠商提昇管理水準，促進產品外銷。

 習　題

1. 專業出口商備貨的方式有哪幾種？如何選擇可靠的供貨廠商？

2. 為何工廠驗貨對出口貿易商而言是一項很重要的出口前步驟？並說明其驗貨的要領。

3. 試述政府實施出口檢驗的目的，並就我國目前規定，說明實施出口檢驗的機構及其檢驗方式。

4. 在國際貿易進行過程中，常常利用公證行的服務，請問何謂「公證檢驗」？如何選擇公證行？

5. 何謂 "PSI"？請說明其對貿易的影響。

6. 廠商取得 ISO9000/ISO14001 系列驗證有何好處？

第十三章

出口簽證、報關與裝運

🌐 第一節　出口簽證

一、出口簽證的意義

所謂出口簽證 (export licensing)，乃指簽發輸出許可證 (export permit, E/P; export licence, EL，報關業界通稱為 CBC 或 BC) 而言。實施貿易管制的國家，大多規定貨物出口之前應先辦理出口簽證手續。就我國而言，出口簽證制度原為我國貿易管理制度中最重要措施之一。但自 82 年公布貿易法之後，對於進出口貨物的管理已改為「原則自由，例外管制」，因此自 83 年 7 月起，出口簽證制度也從以往的「正面表列」方式（即除表列貨物的出口可免辦簽證外，其餘貨物的出口均應先申辦簽證，亦即原則簽證，例外免證）改為目前的「負面表列」方式（即除表列貨物的出口須先申辦簽證外，其餘貨物的出口均可免證，亦即原則免證，例外簽證），並編訂「限制輸出貨品表」及「海關協助查核輸出貨品表」。這是我國貿易管理制度的一大改變，在目前的制度下，大部分貨物的出口均可免申請出口簽證。出口商在出口貨品之前，可先查對「限制輸出貨品表」，如屬免簽證項目，則逕至各關稅局辦理報關出口；如屬表列貨品需簽證者，則應先分辨貨品簽證單位，以利前往該單位申請簽證。

辦理出口簽證所依據的主要法令有：「貿易法」、「貨品輸出管理辦法」、「出進口廠商登記辦法」、「戰略性高科技貨品輸出入管理辦法」、「軍事機關輸出入貨品管理辦法」及「臺灣地區與大陸地區貿易許可辦法」等。

二、申請人資格及可申請出口貨品

1. 出進口廠商

　(1)輸出「限制輸出貨品表」內的貨品，除其他法令另有規定或經貿易局公告免證外，應依該表列規定申請辦理簽證；未符合表列輸出規定者，非經貿易局專案核准，不得輸出。

(2)輸出「限制輸出貨品表」外的貨品，免證輸出。

　2.非以輸出為常業的出口人（包括法人、團體或個人），依貨品輸出管理辦法規定輸出貨品，應辦理簽證。但有下列情形之一者，得免證輸出：

(1)以海運、空運出口「限制輸出貨品表」外的貨品，其離岸價格 (FOB) 為 20,000 美元以下或其等值者。

(2)停靠中華民國港口或機場的船舶或航空器所自行使用的船用或飛航用品，未逾海關規定的品類量值者。

(3)漁船在海外基地作業，所需自用補給品，取得漁業主管機關核准文件者。

(4)寄送我駐外使領館或其他駐外機構的公務用品。

(5)停靠中華民國港口或機場的船舶或航空器使用的燃料用油。

(6)財團法人中華民國對外貿易發展協會及財團法人中華民國紡織業拓展會輸出商展用品。

(7)輸出人道救援物資。

(8)其他經貿易局核定者。

　3.政府機關、公營事業及公私立學校：比照出進口廠商資格辦理。

　4.軍事機關：依「軍事機關輸出入貨品管理辦法」辦理。

限制輸出貨品與自由輸出貨品表

表　別			理　由
限制輸出貨品表（輸出許可證項目）	表一（管制輸出）		非經貿易局專案核准發給輸出許可證，不得輸出，一般而言，不准輸出
	表二（有條件准許輸出）	貿易局簽證	符合所載輸出規定即核發輸出許可證，憑證通關輸出
自由輸出（免除輸出許可證項目）	海關協助查核輸出貨品表		其他國內管理法令與輸出有關的規定，委託海關協助查核，海關查核符合規定即准通關輸出
	其他		海關逕准通關，自由輸出

資料來源：經濟部國際貿易局，「限制輸出貨品表」及「海關協助查核輸出貨品表」。

三、出口簽證機關、手續及許可證種類

　1.出口簽證機關：(1)目前辦理簽發輸出許可證的機關主要是經濟部國際貿易局；

⑵加工出口區的外銷事業應向經濟部加工出口區管理處及所屬分處辦理；⑶科學工業園區的園區事業應向科學工業園區管理局申請；⑷農業科技園區內事業應向農業科技園區申請；⑸自由貿易港區內事業應向自由貿易港區申請。

　　2.出口簽證手續：依「貨品輸出管理辦法」的規定，出口人申請輸出許可證時，應向簽證單位填送輸出許可證申請書，經簽證單位核與規定相符後予以簽證。

　　3.輸出許可證種類及其填寫方法：輸出許可證申請書格式，可分為兩種：

　　⑴輸出許可證申請書(見第 397 頁)：為限制輸出貨品表內的貨品輸出所使用，格式分計兩聯。

　　　　第一聯為輸出許可證申請書，簽證機關存查。

　　　　第二聯為輸出許可證正本，供出口人報關用。

　　⑵戰略性高科技貨品輸出許可證申請書：用於戰略性高科技貨品的輸出，其格式共二聯。

四、輸出許可證申請書各欄填寫說明

（關於電子簽證，請參閱第十章第五節。）

欄位	欄位名稱	填寫說明
1	申請人（出口人）	1.請依序填列申請人（出口人）中英文名稱、中英文地址、電話號碼及統一編號（或身分證號或護照號碼） 2.輸出許可證出口人名稱不得申請修改，但經貿易局專案核准者不在此限
2	買主	1.請填列國外買主公司名稱及國家，可免填地址 2.右上角框請填列國別代碼（請參照財政部編撰之「通關作業及統計代碼」手冊）
3	收貨人	請填列國外收貨人英文名稱及國家，右上角框填列國別代碼，如國外收貨人與買主相同，則收貨人欄免填列
4	目的地國別	係填貨物到達之目的地國家，免填目的地港口，右上角框填列國別代碼（請參照財政部編撰之「通關作業及統計代碼」手冊）
5	轉口港	運輸方式有轉口港者，請填列此欄及右上角框代碼（請依據財政部編撰之「通關作業及統計代碼」手冊內規定之代碼填列），無則免填。對於限以間接貿易方式出口之地區，則應確實載明轉口港
6	檢附文件字號	1.出口貨品依規定應檢附主管機關或有關單位文件者，應填列該文件字號 2.出口貨品超過一項以上時，主管機關或登記證照字號不同者，請填註證號所屬項次 3.其他依輸出規定須加註事項，亦請於此欄列明

7	項次	出口貨品超過一項以上時，不論 C.C.C. Code 是否相同，均應於項次欄下冠以 1, 2, 3, ……並與所列 C.C.C. Code 及貨品名稱對齊
8	貨品名稱、規格等	1.貨品名稱應繕打英文為原則 2.貨品輸出規定須填列製造商者，亦請於此欄載明製造商
9	貨品分類號列及檢查號碼	貨品分類號列 (C.C.C. Code) 為 11 位碼，請查閱「中華民國進出口貨品分類表」填列
10	數量及單位	請依據現行進出口貨品分類表內該項貨品所載之「單位」填列，如實際交易之數量單位與該數量單位不同時，則於實際交易數量單位下以括弧加註經換算之數量單位
11	金額及條件	1.條件係指交貨條件諸如 FOB、C&F、CIF 等 2.金額係填列出口貨品之單項價格及所有貨品之總價 3.出口貨品得以新臺幣計價，惟國外支付貨款仍應以等值之外幣為之，輸出許可證載明外幣，新臺幣部分以括弧加註 4.不需填列大寫金額

注意事項：
一、本輸出許可證自發證日起三十天內有效，但簽證機構另有規定者，從其規定。
二、本輸出許可證應一次套訂，一經塗改即屬失效，貨品分類號列蓋有簽證機構校對章者除外。
三、本輸出許可證記有貿易資料，關係商業機密，請予保密，不得外漏或買賣。
四、如 7～11 欄不夠填寫，請以續頁填寫，續頁上端請註明共幾頁及第幾頁，並分別加附於各聯之後。
五、本申請書計 2 聯（第 1 聯：國際貿易局存查聯；第 2 聯：申請人報關用聯）。
資料來源：經濟部國際貿易局，〈輸出入簽審文件格式下載及填寫須知〉。

五、輸出許可證的有效期限、修改、註銷及補發

輸出許可證的修改、註銷及補發，依「貨品輸出管理辦法」的規定如下：

(一)輸出許可證的修改

1.輸出許可證的修改，出口人應繕打申請書向原簽證單位申請辦理。

2.未報關前發現錯誤者，應註銷重簽，不得申請修改。

3.已報關未放行前或報關放行後須修改者，應檢附輸出許可證修改申請書向原簽證單位辦理。但修改內容涉及貨物名稱、品質、品類、單位或數量者，應先經海關簽署證明始可申請修改；如因屬免驗或抽中免驗，海關無資料可資查證者，應由海關在修改申請書有關聯簽署證明。

4.輸出許可證申請人名稱，不得修改，但經貿易局專案核准修改者，不在此限。

前項各款的修改，應自簽證單位簽證之日起六個月內辦理。但未逾三年經貿易局核准者，不在此限。

輸　出　許　可　證　申　請　書

APPLICATION　FOR　EXPORT　PERMIT

第 1 聯：國際貿易局存查聯　　　　　　　　　　　　　　　　共　　頁　第　　頁

1 申請人 Applicant	2 買主 Buyer
	3 收貨人 Consignee
4 目的地國別 Country of　Destination	輸出許可證號碼　Export Permit No. 許可證簽證日期　Issue Date
5 轉口港　Transhipment port	許可證有效日期　Expiration Date 簽證機構簽章 Approving Agency Signature
6 檢附文件字號　Required Document Ref. No.	

簽證機構加註有關規定 Special Conditions

7 項目 Item	8 貨品名稱、規格等 Description of Commodities, etc.	9 貨品分類號列及檢 查號碼 C.C.C. Code	10 數量及單位 Q' ty & Unit	11 金額及條件 Value & Terms

資料來源：經濟部國際貿易局，〈輸出入簽審文件格式下載及填寫須知〉。

㈡輸出許可證的有效期限、註銷及補發

　　輸出許可證自簽證日起三十日內有效，但貿易局另有規定者從其規定。輸出許可證不得申請延期；未能於有效期間內出口者，申請重簽時，應將原輸出許可證申請註銷。

六、特殊輸出規定

　㈠商標的標示

　　1.出口人輸出之貨品有商標標示者，應自行查明所標示之商標之權利歸屬，不得有仿冒情事。

　　2.出口人應於出口報單上正確申報所標示之商標；未有商標標示者，應申報「無商標」。但經海關查明屬外貨或退回整修之國貨復運出口者，不在此限。

　　3.輸出貨品標示之商標，經海關查明與出口報單申報不符者，海關得要求出口人提供該商標所有權人指定標示或授權使用或其他能證明無仿冒情事之文件供查核放行。

　　4.貨品之內外包裝有商標標示者，適用前述之規定。

　㈡產地的標示

　　1.輸出貨品，應於貨品本身或內外包裝上標示產地，其標示方式應具顯著性與牢固性。但因貨品特性或包裝情況特殊致無法依據規定標示者，得向貿易局申請專案核准。

　　2.輸出貨品係在我國產製者，應標示中華民國製造、中華民國臺灣製造或臺灣製造，或以同義之外文標示之。

　　3.前項輸出之貨品，除原標示於進口零組件上之原產地得予保留外，不得加標外國地名、國名或其他足以使人誤認係其他國家或地區製造之字樣。但有下列情形之一者，得於貨品本身標示其他產地：

　　　⑴供國外買主裝配用之零組件，其產地標示在表明其最後產品之產地，並經貿易局專案核准者。

　　　⑵供國外買主盛裝用之容器或包裝材料。

　　4.依前項但書規定標示其他產地之貨品，仍應於內外包裝上標示我國產地。

　　5.輸出貨品係外貨復出口者，其原產地標示得予保留；進口時未標示產地者，

得依原樣出口。

　　6.前條外貨在我國進行加工後復出口時，得於貨品本身或內、外包裝上標示在臺灣加工、在臺灣加工之工序或同義之外文字樣。但貨品只進行下列作業情形之一者，僅得標示其在臺灣加工之工序或同義之外文字樣：

　　　⑴運送或儲存期間所必要之保存作業。

　　　⑵貨物為銷售或裝運所為之分類、分級、分裝、包裝、加作記號或重貼標籤
　　　　等作業。

　　　⑶貨品之組合或混合作業，未使組合後或混合後之貨品與被組合或混合貨品
　　　　之特性造成重大差異者。

　　7.前項標示臺灣加工或加工之工序字樣之外貨復出口時，應同時以顯著與牢固方式標示原產地。

㈢附有著作的貨品輸出

　　1.出口人輸出附有特定著作的特定貨品時，應檢附著作權相關文件，不得有侵權情事；必要時，智慧局或其委託單位得對該特定貨品予以查核。

　　前項所稱的著作，係指著作權法第 5 條所例示規定者。

　　2.前條所稱的特定著作、特定貨品、著作權相關文件及其他有關規定，由智慧局公告。

　　3.智慧局對出口貨物附有的著作為特別監視者，得受理著作權人或其代理人申請登錄；對送樣存放要求保護者，則須收取費用；其樣品存放費用金額由智慧局規定。

　　前項樣品存放費用的收取，應循預算程序辦理。

　　4.為貿易管理需要，貿易局得公告指定輸出貨品項目，應壓印來源識別碼。

　　5.為貿易管理需要，貿易局得公告指定輸出貨品項目，應標示晶片來源識別標記。

　　已標示前項晶片來源識別標記者，得以智慧局認可機構出具的書面文件證明。

㈣戰略性高科技貨品出口管制

　　根據「戰略性高科技貨品輸出入管理辦法」規定，輸出戰略性高科技貨品應先向國際貿易局或受委任或受委託的機關（構）申請輸出許可證。上述受委任或受委託的機關（構）包括：國際貿易局、經濟部加工出口區管理處、國科會新竹科學工業園區管理局及國防部。其有效期限六個月，並得申請分批輸出。但符合下列條件之一者，其有效期限為二年：

　　1.輸往同屬於瓦聖那協議、飛彈技術管制協議、核子供應國集團及澳洲集團四大國際出口管制組織的國家。

　　2.輸往非管制地區且出口人持續在前半年內將戰略性高科技貨品輸往同一國家或地區之進口人達五次以上。

　　又，出口人申請戰略性高科技貨品輸出許可證應檢附下列文件：

　　1.戰略性高科技貨品輸出許可證申請書全份。

　　2.進口國政府核發的國際進口證明書或最終用途證明書或保證文件，或外國進口人或最終使用人出具的最終用途保證書，並據實申報用途及最終使用人。

　　3.相關交易文件。

　　4.其他依規定應檢附的文件。

(五)野生動物出口管理

　　輸出野生動物活體或保育類野生動物產製品（包含行政院農業委員會公告適用野生動物保育法）無須申請輸出許可證，均應依野生動物保育法規定，檢附有關資料向所在地直轄市、縣（市）政府申請，層轉行政院農業委員會同意；通關出口時，出口人應於出口報單自行報明，並檢附行政院農業委員會同意文件，由海關依其申請，列入「文件審核通關」(C2) 或「貨物查驗通關」(C3)，未依規定報明者，廠商應自負法律責任。

　　出口人輸出野生動物活體或保育類野生動物產製品，應先查明動物的學名，並於出口報單貨品名稱欄內先填列動物學名，再填列俗名（英文貨品名稱）。

(六)智慧財產權貨品出口管理

　　依據貿易法第 2 條規定，貿易包括貨品之輸出入行為及有關事項。而前項貨品，包括附屬其上之商標權、專利權、著作權及其他已立法保護之智慧財產權。另貨品輸出管理辦法對商標的標示、附有著作的貨品的輸出均有明文的規定（本節前面已敘及）。為確切執行出口貨品標示的商標，有無侵害其他商標專用權人權益，貿易局與財政部關稅總局協調相關單位共同規劃籌建商標出口監視系統運作執行程序，除對已登錄的商標予以保護外，並可縮短海關關員查詢時間及出口通關時效。另為避免仿冒的電腦程式出口造成著作權人的損失，並損及我國商譽，貿易局亦實施電腦程式相關產品出口管理制度，並訂定作業規定，藉由政府單位與著作權人的合作，共同維護電腦程式著作權人的權益。

◉ 第二節　出口報關與裝運

凡按照政府有關法令的規定，將本國貨物輸出我國境外者，均須按照海關 (customs house) 規定的辦理報關手續，而後才可將貨物裝運出口。這種程序稱為出口通關 (export customs clearance)。通關即為通過海關之意。出口通關手續，一般多委託報關行 (customs house broker; customs broker) 辦理。因為報關行熟悉各種報關文件的製作及通關程序之故也。所謂報關就是申報通關之意。

報關行：各類貨物的進出口過程中，關稅局負責辦理貨物通關、稽徵關稅和查緝走私等業務。進出口廠商則透過報關行，與關稅局、倉儲、運輸和航運公司（船公司、航空公司等）打交道。

報關業者要做的事情很繁瑣，小至幫廠商填寫進出口報單明細、海關送件、陪同查驗貨櫃、申請輸出入許可證、商品檢驗合格證、動植物檢疫證明、完稅、進出口結關、向船（飛機）公司接洽艙位等。報關業者為廠商代辦上述事務，通常都按件計酬（但也有按年計酬者）。

一、出口報關前應行準備事項

1.洽訂艙位：出口廠商倘有貨物出口，須交付船運，應注意出口輪船開航日期，預先向輪船公司洽訂艙位及取得裝貨單 (shipping order, S/O)，如係空運，應預先向航空公司洽訂艙位及取得託運單 (shipper's letter of instruction; instruction for despatch of goods; cargo shipping application)。

2.貨物進倉：上述手續辦妥，次一步僅須於該輪船或飛機的開航日期前在海關規定時間內，準時將貨物全部運往碼頭（或貨櫃場）倉庫或航空貨運站倉庫，取得進倉證明文件，以便報關裝船或裝機（貨物未到齊，海關依章不能查驗）。

二、出口貨物報關期限及報關應備文件

㈠出口貨物報關期限

1.貨物輸出人（可委託報關行辦理）應於船（機）「截止收貨日期」當日（各關）規定時間之前申報。

2.三角貿易貨物，進、出口報單同時遞入（貨物查驗後，先作進口通關放行，

再作出口通關放行)。

㈡出口貨物報關應備文件

出口貨物的報關，應依照「出口貨物報關驗放辦法」及其他相關規定，檢具有關文件，向海關辦理。至於應檢具的有關文件，可分為一般文件及特殊文件兩種。

1. 一般文件：

⑴出口報單 (application for export)：出口報單格式編號為簡 5203，關 01002。報單的填寫應依海關規定份數一次複寫或複印。

⑵裝箱單 (packing list) 一份：由出口商製作，按每一號箱開列其所裝貨物的名稱、規格或型號、數量、淨重、毛重，以利海關驗貨員的查驗。散裝貨或單一包裝貨物免附。

⑶裝貨單 (shipping order) （海運專用） 或託運申請書 （shipper's letter of instruction 或 cargo shipping application，又稱託運單）（空運專用）。

⑷輸出許可證 (export permit, E/P)：輸出貨物屬應辦理出口簽證項目者，應附輸出許可證；免繳輸出許可證者，附發票或其他價值證明文件。簽審機關與關貿網路連線傳輸輸出許可證內容者，報關人報關時免附輸出許可證。

⑸發票或商業發票一份：無輸出許可證及其他價值證明文件時，應提供此文件。

⑹貨物進倉證明文件一份。但下列情形免繳：①連線者；②經核准船邊驗放者；③空運貨物，可供航空站在「貨物託運申請書」上加蓋進倉證明者。

⑺裝櫃明細表 (container loading list)：一份報單申報整裝貨櫃兩只以上時，提供本明細表。

⑻型錄、說明書或圖樣：配合海關查核需要提供。

⑼委任書一份。

⑽海關協助其他機關代為查核的文件：如輸出檢驗合格證書 (certificate of export inspection)、檢疫證明書等。

⑾需申請沖退原料稅者，應檢附「外銷品使用原料及其供應商資料清表」一份。

⑿其他：依有關法令規定應檢附者。

2. 特殊文件：例如無線電器材應附交通部核發的「出口憑證」；中西成藥應附行

（簡5203）

關01002

出口報單

類別代號及名稱(6)	聯別	共 1 頁 收單 第 1 頁

報單(收單關別 出口關別 民國年度 船或關代號 裝貨單或收序號) 號碼 (7)	收單編號或託運單號碼(13)

報關人名稱、簽章	專責人員 姓名、簽章	統一 編號(8)	海關監管 編號(9)	繳 (10)	理單編號

貨物 輸出
出售 人(中、英文)名稱、地址

報關日期(民國)(14)	輸出口岸(15)

離岸價格 (16) FOB Value	金額 TWD 幣別

案號
(11)

買方統一編號(12)
（及海關監管編號）
名稱、地址

運 費(17)

(1) (2)

檢附文
件字號
(3)

保險費(18)

貨物存放處所(4) 運輸方式(5)

加 (19)
應 費用
減 (20)

申請沖
退原料
稅(21)

買方國家及代碼(22) 目的地國家及代碼(23) 出口船(機)名及呼號(班次)(24) 外幣匯率

項 次 (27)	貨物名稱、品質、規格、製造 商等(28)	商 標	輸出許可證號碼—項次(29) 商品標準分類號列(30)	檢 查 號 碼	淨重(公斤)(31)	簽審機關 專用欄	離岸價格(34) FOB Value (新台幣) ( )	統 計 方 式 (35)
			稅 則 號 別　　統計 　　　　　　　號別 （主管機關指定代號）		數量(單位)(32) (統計用)(33)			
			( )	( )				
			( )	( )				
			( )	( )				
			( )	( )				

總件數(25)	單位	總毛重(公斤)(26)	海關簽證事項		商港建設費

標
記
及
貨
櫃
號
碼

推廣貿易
服務費

建檔 補檔

分估計費 放行

合 計

核發准單 電腦審核

繳 納
紀 錄

其
他
申
報
事
項

通關方式 （申請)審驗方式

證明文
件核發

聯別	份數	核發紀錄

1

資料來源：財政部關稅總局，《貨物通關自動化報關手冊（下冊）》，貳拾、出口通關重要表格格式，一、出口報單格式「首頁」（簡5203）（正面）。

政院衛生署核發的「藥品輸出證明書」；書刊、唱片及錄音帶應附行政院新聞局核發的「書刊驗放通知單」等。

三、貨物通關自動化

(一)貨物通關自動化的概念

所謂「貨物通關自動化」(cargo clearance automatic)，是利用電腦與通信科技，經由通關網路，將貨物進出口有關的政府機構（包括海關、國際貿易局、科學園區管理局、各簽審機關、民航局、航空貨運站、港務局、紡拓會等）與民間業者（包括進出口業、運輸業、倉儲業、報關業及銀行業）多向串聯，彼此交換貨物資訊與共享資訊，以加速貨物通關，有效提昇業者的競爭力。

具體地說，「貨物通關自動化」就是指海關與所有「相關業者」及「相關單位」辦理貨物通關的作業，利用「電腦連線」，以「電子資料相互傳輸」取代傳統「人工遞送文書」，及以「電腦自動化處理」替代「人工作業」，使電子資料在各單位之間相互傳輸，節省各單位重複繕打、建檔、遞送文件的人力、物力及時間等成本，俾加速貨物通關，邁向無紙化通關放行的目標。

電腦連線的方式目前有兩種：

1.透過通關網路業者：連線業者透過通關網路彼此傳輸資料（如下圖）。

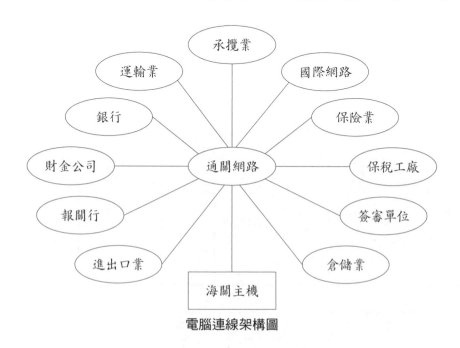

電腦連線架構圖

2.透過網際網路 (internet)：空運網際網路報關系統已自 93 年起上線，受理空運進、出口（含快遞簡易進、出口報單）及轉運申請書的報關作業；另海運網際網路報關系統自 94 年起上線，受理海運進、出口報單及轉運申請書報關作業。

報關人如採用網際網路連線報關，應依下列規定辦理申請：

(1)經由通關網路業者報關系統報關者：

①已申請報關磁卡的報關人，無須另向海關申請，但仍須向通關網路業者申請使用網際網路報關。

②新申請連線的報關人仍須依先向各關稅局申請報關磁卡，再向通關網路業者申請辦理。

(2)經由海關提供的網際網路報關系統報關者：報關人須先至經濟部工商憑證中心或內政部自然人憑證中心，申請法人或自然人憑證，再至關稅總局網站報關系統網頁申請、登錄網際網路報關資格，並依系統網頁提供的格式欄位填報報關人資料。

(二)貨物通關自動化的優點

1.隨時收單：網路係二十四小時運作，業者可隨時透過網路報關，不必受海關上班時間限制，也不必派人將書面報單送至海關辦理報關手續。

2.加速通關：可縮短通關作業時間，加速貨物流通，節省各單位營運成本。

3.線上掌握報關狀態：報關業者可線上掌握報單處理狀態，提昇服務品質，並可免除排隊站關等候的時間及人力成本。

4.避免人為疏失：減少關員人工介入，可避免人為偏差，提昇通關品質。

5.先放後稅：網路中設有「保證金額度檔」，進口應納稅費先自該檔中扣除後，貨物即可放行，業者事後再予補繳即可，十分方便。

6.電腦通知放行：業者可經由電腦隨時取得放行訊息及放行通知單，辦理提貨。

7.網路加值服務：包括有公共資料庫查詢、海關資料庫查詢、EDI 資料庫查詢、法規全文檢索、電子布告欄等。

四、出口貨物通關流程及方式

由於我國目前已全面實施貨物通關自動化，因此以下即以通關自動化的作業方式說明出口貨物通關的流程：

㈠出口貨物通關流程——出口貨物通關步驟可分為：

1. 收單。

2. 驗貨。

3. 分估。

4. 放行。

免驗者跳過第 2 步驟；部分貨物將第 2 步驟移至最後辦理。

㈡貨物通關方式——在通關自動化作業下，貨物通關方式可分為三類：

1. C1 通關（免審免驗通關）：通關時，出口貨物可立即裝船出口，海關免審主管機關許可、證明或合格文件。至於書面報單及發票、裝箱單等文件，應由報關人列管一年。

2. C2 通關（文件審核通關）：通關時，海關須審核主管機關許可、核准、同意、證明或合格文件無誤後免驗貨物放行。報關人於核定為 C2 後，報關人依電腦連線通知於「翌日辦公時間終了以前」向海關補送書面報單及相關文件。經海關收單及完成分估作業後放行。但經海關核定為無紙化通關者，得免向海關補送書面報單及相關文件。

3. C3 通關（貨物查驗通關）：貨物查驗通關案件分為：

　⑴ C3M（人工查驗）：又可分為先驗後估及先估後驗 2 種方式：

　　①先驗後估：先辦理驗貨，驗畢再辦理分估作業。

　　②先估後驗：先辦理分估作業，再查驗放行，例如船（機）邊驗放、倉庫驗放等案件。

　⑵ C3X（儀器查驗）：海運專用，又可分為：

　　①免補單：不需審核書面報單，貨物需經過儀器查驗通關。

　　②應補單：需審核書面報單，貨物需經過儀器查驗通關，並暫時先在管制區內實施先儀檢後放行作業。

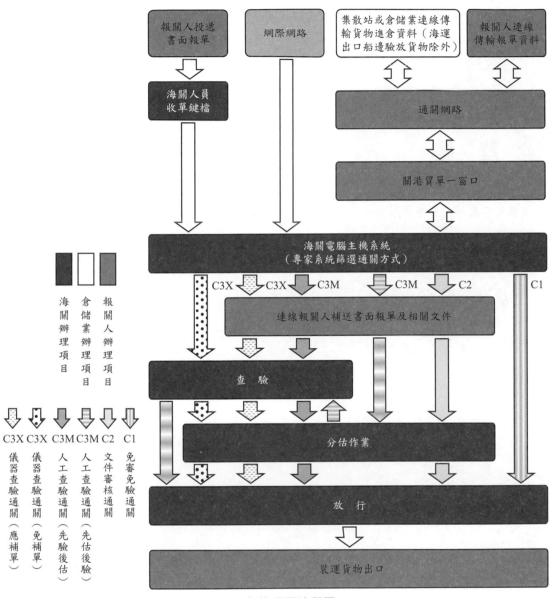

出口貨物通關流程圖

五、裝運手續

1.報關人持經海關放行的裝貨單及所附的大副收貨單 (M/R)（海運）或託運單
（空運）向船公司或航空公司申請裝船或裝機，然後將出口貨物自倉棧中提出來裝
上預定的船舶或飛機。

2.船公司根據大副簽回單資料彙總後，向海關正式申報出口艙單。

3.船公司憑海關簽證放行的輸出許可證及大副簽回單，發給提單 (B/L)。

六、裝運通知

詳閱第六章第六節第六項。

 習 題

1.何謂出口簽證？略述我國出口簽證制度的演變。

2.試述出口簽證的主要作用。

3.試述報關的意義及其作用。

4.試述出口貨物報關應備的文件有哪些？

5.請從海關的立場，說明現行出口貨物通關程序。

6.何謂通關自動化？

7.出口貨物通關方式有哪幾種？

第十四章　貨物運輸保險

現代貿易商品的主要運輸方式有海運、空運及陸運三種，而以海運為主幹。不論貨物以海運、空運或陸運方式運送，承運人多於其運送單據中規定各種運貨條款，儘量限制其責任。因此貨物於運輸途中滅失或毀損而不能自承運人獲得補償，則不論運送單據為何人所持有，均將成為廢紙；即使只是部分滅失或受損，如不能獲得補償，則運送單據持有人，亦必蒙受損失。因此，國際貿易的利害關係人，應將運輸中的貨物購買「保險」，以防貨物萬一遭受損失時，可獲得補償。所稱「保險」(insurance) 是指當事人約定，一方交付保險費於他方，他方對於因不可預料或不可抗力的事故所致的損害，負擔賠償財物的行為（我國保險法第 1 條）。

作為進出口商，在保險方面，應該具備下列有關知識：

1. 確定貨物在運輸中風險由哪一方承擔。換言之，應瞭解風險在哪一時刻起由賣方轉移買方。關於此，應視所使用貿易條件 (trade term) 而定。

2. 熟諳貨物運輸保險法的規定，特別是對貨物運輸保險單及協會條款 (institute clauses) 的內容應有充分的瞭解。

3. 瞭解購買保險的實務，比較各種險類的承保範圍及其費率的高低。

4. 熟悉索賠的實務。進出口商如能熟諳貨物運輸保險業務，不但可避免許多不必要的糾紛，進出口貨物也可獲得最適當的保障。

🌐 第一節　海上保險的概念

所謂海上保險（水險），美國學者 William D. Winter 在其所著 *Marine Insurance, It's Principles & Practice* 一書中說：「水險是一種當事人的一方（保險人）為收取一定保費，同意在某標的遭受保單上所列舉承保的海上危（風）險時，對另一方（要保人）賠償因此而生的損害或費用的方法。」海商法第 129 條規定：「保險人對於保險標的物，除契約另有規定外，因海上一切事變及災害所生之毀損滅失及費用，負賠償責任。」由此可知，海上貨物運輸保險契約乃是保險人對於海上運送中標的享有保險利益的人承諾，於其標的因特定危險致發生毀損、滅失及費用時，將予以賠

償的契約。

要保人（或被保險人）投保水險，對所投保貨物必須享有保險利益 (insurable interest)。所謂「保險利益」乃指要保人對於財產上的現有利益，或因財產上的現有利益而生的期待利益。由於這種利益關係的存在，於危險事故發生時致要保人遭受損害，即可據以獲得財產上的賠償（保險法第 14 條）。根據英國海上保險條例 (MIA 1906) 第 5 條：①凡在海上冒險有利害關係的人，即有保險利益；②凡對海上冒險或任何在危險中的可保財物間有法律關係，而於可保財物安全或按期到達時即可獲益，或於可保財物發生滅失、毀損、阻留或債務時即有損害的人，即有利害關係。一般而言，貨主、對貨物有留置權的銀行以及輪船公司對所承運貨物均有保險利益。

倘若被保險人對貨物享有保險利益，被保險人與保險人間即有依法簽訂保險契約之權。被保人一經支付保險費，保險契約即告成立，而證明此項保險契約的正式文件即為保險單。

※第二節　海上貨物保險契約的主體與客體

一、海上貨物保險契約的主體

1. 保險人 (insurer; assurer)：係指經營保險事業的各種組織（如保險公司），在保險契約成立時，有保險費的請求權；在承保危險事故發生時，依其承保的責任，負擔賠償義務的人。

2. 要保人 (proposer; applicant)：又稱投保人，係指對於保險標的具有保險利益，向保險人申請訂立保險契約，並負有交付保險費義務的人。但在英美國家，若是財產保險，則要保人在要保時，有無保險利益在所不問。

二、海上貨物保險契約的關係人

1. 被保險人 (insured; assured)：係指對於保險事故發生時，遭受損害，享有賠償請求權的人。要保人亦得為被保險人。

2. 受益人 (beneficiary)：係指被保險人或要保人約定享有賠償請求權的人。要保人或被保險人均得為受益人。

三、海上貨物保險契約的輔佐人

1.保險代理人 (insurance agent)：係指根據代理契約或授權書，向保險人收取費用，並代理經營業務的人。財產保險代理人，其代理權限通常為招攬業務、查勘、簽發保險單、收取保險費及處理賠款案等。亦有僅代理其中某一項業務者，如海上貨物保險實務上常見的賠款代理人 (claim agent; settling agent)，即僅代理處理索賠案件。

2.保險經紀人 (insurance broker)：係指基於被保險人的利益，代向保險人洽訂保險契約或提供相關服務，而向承保的保險業收取佣金或報酬的人。

3.保險公證人 (insurance surveyor)：係指向保險人或被保險人收取費用，為其辦理保險標的的查勘、鑑定及估價與賠款的理算、洽商，而簽發證明的人。

四、海上貨物保險契約的客體

保險契約的客體，即保險契約的對象。它並非指保險標的本身，而是指保險契約的主體權利義務所共同指向的對象——保險利益。

第三節　海上貨物運輸保險承保的危險

海上貨物運輸保險的保險人所承保的危險（風險）主要可分為兩大類：一為海上危險 (perils of the sea)；二為外來危險 (extraneous risks)。

一、海上危險

海上危險又稱為海難，海上危險是保險業的術語。它並不包括海上的一切危險在內，它包括的是下列兩種：

1.自然災害 (natural calamities)：指由於自然界變異引起破壞力量所造成的現象，例如暴風雨、雷電、海嘯、流冰等是。

2.意外事故 (fortuitous accidents)：指不屬意料中的原因或者不可抗拒的原因造成的事故，例如擱淺、觸礁、碰撞、沉沒等事故。

在貨物運輸保險中，對於上述災害及事故均有專門解釋，主要的災害與事故有：

1.船舶沉沒 (sinking)：指船舶沉入海底。

2. 船舶擱淺 (stranding)：指船舶擱淺而不能續航的事故。

3. 船舶觸礁 (touch and go)：指船舶因觸礁而受到損害的事故。

4. 船舶碰撞 (collision)：指船舶與外來物體如碼頭、橋樑、浮筒或其他船舶互撞的事故。

5. 船舶失蹤 (missing)：指船舶行蹤不明逾相當時間的事故。

6. 船破 (shipwreck)：指船舶因觸礁、擱淺等而致破爛的事故。

7. 風暴 (heavy weather)：指船舶因為惡劣天氣而遭受損害的事故。

8. 貨物的海水損害 (sea water damage)：指貨物因海水灌入船舶而遭受損害的事故（但不含通常風浪所致者）。

9. 暴力盜竊 (thieves)：指船舶在海上航行時，遇暴力盜竊所引起的損害。普通偷盜 (theft) 引起的損害則不包括在內。

10. 火災 (fire)：指保險標的在海上遭到火災所致的損害。凡火災由於天災（如電殛）、船長船員或第三者的過失、爆炸等原因而發生的，保險人均應賠償。如火災因標的物本身自燃而引起的，保險人可以不賠。又因戰爭（如軍艦、敵人、海盜、海上奪占等）、罷工、暴動、內亂等所引起的火災除外。

二、外來危險

外來危險是指由於外來原因引起的危險。保險學上所指的外來原因，是指不是必然發生而是外部因素導致的。例如保險貨物的自然屬性、內在缺陷所引起的自然耗損則屬於必然的損失，不是這裡所指的外來危險。主要外來危險有：

1. 偷竊、挖竊、遺失 (theft, pilferage and non-delivery)。

2. 淡水、雨水 (fresh water and rain)。

3. 破損 (breakage)。

4. 漏損 (leakage)。

5. 鉤損 (hook hole)。

6. 汙油 (oil)。

7. 汙染 (contamination with other cargoes)。

8. 汙濕、發熱 (sweat and heating)。

9. 沖浪 (washing-overboard)。

10. 霉溼及發黴 (mildew and mould)。

11. 鼠蟲害 (rats and vermin)。

12. 爆炸 (explosion)。

以上為一般外來危險，除了上述危險外，保險標的還可能遭遇一些特殊的外來危險，例如戰爭、罷工、交貨不到、拒收等危險，通常稱其為特殊外來危險。

第四節　海上損害的種類

海上危險對貨物所造成的損害與費用（金錢支出），統稱為海上損害 (maritime loss)。在海上保險學上，依其損害程度分為全損及分損兩大類。全損又可分為實際全損、推定全損和部分全損三種；而分損可分為共同海損與單獨海損。費用，依其性質，又可分為損害防止費用、施救費用、單獨費用、額外費用、共同海損分擔等。

保險單往往約定由某種危險所致的單獨海損不賠，或損害在一定程度以下的不賠，這對購買保險時極關重要，不可不加注意。

一、全　損

全損即保險標的全部滅失。全損分為三種情形：

㈠實際全損 (actual total loss)

又稱為絕對全損 (absolute total loss)。英國保險法上規定：「凡保險標的毀滅或毀損不復為被保險的原物，或永不得再歸復被保險人者，即為實際全損。」視為實際全損的，有下列三種情形：

1. 保險的標的已毀滅：指保險標的 (subject-matter insured) 的實體已經毀滅而言。如棉花被火焚毀、鹽為海水所溶解等是。

2. 保險標的損壞至在種類上已不成為原來的物體：指保險標的的損壞到在商業上不能再視為該類標的而言，如麵粉因海水浸入而成糊狀，餅乾因損壞不能食用等是。

3. 被保險人喪失保險標的而不能回復：指被保險人在自己無法控制的情況下喪失保險標的而無法收回者。例如海上船舶遇險，貨物流失已沒有再收回的希望，即視為實際全損。

4. 船舶失蹤經相當時間而無音訊。但依我國海商法第 144 條第 1 項規定：「被保險貨物有下列各款情形之一時，得委付之」，其中第 2 款規定：「裝運貨物之船舶，

行蹤不明，已逾二個月時。」則認為此項損害應屬推定全損而非實際全損，或另稱為假定全損 (presumed total loss)。

(二)推定全損 (constructive total loss)

所謂推定全損，乃指保險標的遭遇保險事故，因實際全損顯然無可避免，或欲由實際全損中保全，而其所花費用將超過保全後的標的價值，經將保險標的適當委付者，是為推定全損。可視為推定全損的情形有三：

1. 因承保危險致使被保險人喪失對保險標的的控制而回復不似可能者：指被保險人因危險事故發生而喪失對貨物的控制，並且回復該項貨物的希望不大。例如船舶觸礁，施救困難，船長已宣布棄船，裝載船上的貨物即可視為推定全損。

2. 因承保危險致使被保險人喪失對保險標的的控制，而該項保險標的的回復費用可能超過該保險標的的回復時價值者：指被保險人因危險事故發生而喪失對貨物的控制，雖可設法回復，但回復的費用可能超過貨物價值。例如船舶遇難沉入海底，裝在船內的水泥電桿，雖可雇工打撈，但打撈費用（即回復費用）可能就超過水泥電桿本身價值。這種情形即可視為推定全損。

3. 保險標的如受有損壞，損壞修理費用及將貨物運往目的地費用，將超過保險標的的到達時價值者：指貨物並非全部滅失，而只是部分損壞，但其修理費及運到目的地費用可能將超過該貨物到達時價值。例如一部紡織機器由臺灣運往印尼，途中遇風暴，機器遭海水浸蝕而受損不能使用，須加以整修，但修理費用及再運到印尼的運費將超過這部機器在印尼市場的價值。這種情形可視為推定全損。

推定全損並非保險標的的實際全部滅失，換句話說，被保險貨物日後尚有失而復得的可能，或仍有部分殘值。因此，被保險人向保險人請求賠償時，必須表示委付 (abandonment)。被保險人簽署委付通知書 (notice of abandonment) 聲明將被保險貨物委付予保險人，並同時要求保險人按照全部金額予以賠償。委付經保險人接受或經裁決確定後，保險人應按全損賠償保險金額。

(三)部分全損 (total loss of an apportionable part)

保險標的有時包括若干部分，其中某一部分發生全損，就造成部分全損。可能發生部分全損的情況如下：

1. 保險單載有二項以上保險金額時，其中一項發生全損。

2. 同一保險單承保二種以上不同種類貨物時，其中有一類貨物發生全損。

3.在裝貨、卸貨或轉船時，全批貨物中有一件或數件貨物發生全損。

4.使用駁船分批搬運時，裝載於同一駁船的貨物發生全損。

5.有時保險單載明，全批貨物分成若干單位，並就每一單位分別承保，而全批貨物中有若干單位發生全損。

二、分　損

分損 (average) 指保險標的的部分損失。分損可分為以下兩種：

(一)共同海損 (general average)

在海上貨物運輸保險中，所謂共同海損，是指在海上發生緊急危難時，船長為避免船舶及貨載的共同危險所作處分而直接發生的犧牲及費用 (general average sacrifice and expenditure)。茲舉一例說明：一艘船舶由基隆開往香港，載有水泥、夾板、花布及塑膠鞋。途中遇風暴襲擊，船舶傾斜，必須減輕貨載才能免於翻覆。船長為維護共同安全及共同利益，乃將水泥投棄海中，終而船舶得以安抵香港。但水泥是基於共同利益而遭受損害，如令其貨主獨自負擔損失，難謂公平，所以海商法設有共同海損制度的規定，這項損害由共同航海的船舶、水泥、夾板、花布、塑膠鞋及未付運費，按比例共同負擔。而各財產應負擔的部分即稱為共同海損分擔 (general average contribution)。在海商法中，船東須將船舶、夾板、花布、塑膠鞋及未付運費應負擔的部分支付水泥貨主，各貨主則繳付應負擔部分後，才能提取貨物。水泥貨主可獲得賠償的只是共同海損犧牲或費用，即共同海損損失 (general average loss)，而共同海損分擔則不包括在內。

(二)單獨海損 (particular average)

單獨海損是貨物在海上運送中，因不可預料的危險所造成的部分滅失或損害，這種損害並非由共同航海的財產共同負擔，而是由遭受損害的各財產所有人單獨負擔。換句話說，分損無共同海損性質時，即為單獨海損。在海上保險，如單獨海損不是因承保危險所造成，則保險人不負賠償責任。再者，縱令是因承保危險所造成，是否賠償，仍須視保險單如何約定而定。

關於此，不外有下列數種：

1.單獨海損絕對不賠償 (free from particular average absolutely, FPAA)，多使用於船舶保險。

2.除某些特定危險所造成的單獨海損以外,單獨海損不賠償 (free from particular average, FPA)。

3.單獨海損賠償,但單獨海損未達約定百分比 (例如 3%) 者不賠,已達約定百分比者,全部可以獲賠 (with particular average, WPA)。

4.單獨海損賠償,但單獨海損未超過約定金額 (例如 1,000 美元) 者不賠,但保險人對於已超過約定金額的單獨海損,僅賠償超過部分。

5.對於單獨海損賠償,不計免賠額百分比 (irrespective of percentage, IOP)。

三、費　用

㈠損害防止費用 (sue and labour charges)

貨物在海上運送中遇險時,如被保險人或其代理人 (如船長) 或受讓人努力營救,以減輕損失程度,則保險人對這項費用支出應予賠償。並且應賠償的金額與貨物損害賠償金額合計金額,即使超過保險金額,也應予賠付。

㈡施救費用 (salvage charge)

施救費用乃指船貨在海上遇險後,經由第三人 (不包括被救財產所有人,其代理人或受僱人) 非契約的任意施救行為而獲救時,該第三人依海商法可獲得的報酬而言。這種施救費用應由船貨比例分擔,被保險人負擔的這項費用,保險人通常均須給予賠償 (參閱海商法第 103 條)。

㈢單獨費用 (particular charges)

所謂單獨費用是指船隻於航行中遇到海上危險時,貨主為了保護貨物的安全,所支付的特別起卸費、臨時倉儲費或貨物維護費等費用。因此,單獨費用亦可以說是單獨海損的從屬費用,如單獨海損可以索賠,則其單獨費用亦可獲賠償。反之,如果所防止或減輕損害的危險非保險單所承保者,則其所發生的費用不得向保險人索償。所謂「單獨海損不包括單獨費用」,係指單獨海損的損失中,絕對不能將單獨費用加入合併計算以求達到單獨海損的起賠限額。

㈣額外費用 (extra charges)

所謂額外費用係指除上述損害防止費用、單獨費用、施救費用以外的其他費用。舉凡公證費、查勘費、船底檢驗費、理算師費等統稱為額外費用,亦是從屬費用性質,亦即只有在被保險人的索賠成立,保險人才負責這些與索賠有關的額外費用。

因此，保險人對索賠不能成立的額外費用不負責，但某些額外費用如係由保險人所授權者，則保險人應負擔此項費用。同樣的，額外費用不能加到賠款上以求達到某項標準而得成立索賠，但索賠一經成立，額外費用亦可獲得賠償。

(五)共同海損分擔 (general average contribution)

因共同海損 (general average) 而發生的犧牲 (general average sacrifice) 及費用 (general average expenditure)，應由利害關係人依照其所受到利害關係的價值比例分擔，該分擔稱為「共同海損分擔」。

第五節　海上貨物運輸保險的種類

如本章第三、四節所述，海上危險及海上損害的種類繁多，而不同的被保險人對於保險範圍的需求也不盡相同。若是由保險人與被保險人於訂定保險契約時自行約定保險範圍，固然無不可，但卻可能因此為雙方帶來相當的不便。為解決這種不方便，保險人均備有現成、不同保險範圍的規格化保險種類供被保險人選用。目前採用的保險種類有新舊兩種，即新協會貨物條款及舊協會貨物保險條款，並且依其承擔責任的大小加以劃分，各可分為三種基本險及其他附加險，茲分述如下。

一、基本險

(一)協會貨物保險條款 A 條款 (Institute Cargo Clauses (A), 2009.1.1, ICC(A))

為倫敦保險市場自 2009 年 1 月 1 日起使用的新海上貨物保險條款。

A 條款承保保險標的毀損或滅失的一切危險，但下列各條所列者除外：

1. 不適航與不適運。

2. 兵險。

3. 罷工暴動險。

4. (1)可諉因於被保險人故意不當行為所致的毀損、滅失或費用。

　(2)保險標的的正常滲漏、正常重量或體積減少，或正常耗損。

　(3)由於保險標的包裝或配備不足或不當所致的毀損、滅失或費用。

　(4)由於保險標的固有瑕疵或本質所致的毀損、滅失或費用。

　(5)由遲延所直接導致的毀損、滅失或費用，雖該遲延係由承保危險所致者亦同（但因共同海損所生的費用例外）。

(6)由於船舶所有人、經理人、傭船人或營運人破產或財務不良所致的毀損、滅失或費用，而於保險標的裝載上船時，被保險人已知曉或於通常商業過程中理應知曉該破產或財務不良可能阻礙航程進行者。

(7)由於使用原子或核子武器或其他類似武器所致的毀損、滅失或費用。

(二)協會貨物保險條款 B 條款 (Institute Cargo Clauses (B), 2009.1.1, ICC(B))

為新海上貨物保險條款，其承保範圍較 A 條款的承保範圍小，茲將其承保範圍概述如下：

1.可合理諉因於下列事故所致保險標的的毀損或滅失：

(1)火災或爆炸。

(2)船舶或駁船的擱淺、觸礁、沉沒或傾覆。

(3)陸上運輸工具的傾覆或出軌。

(4)船舶或駁船或運輸工具與除水以外的任何外在物體的碰撞或觸撞。

(5)在避難港卸貨。

(6)地震、火山爆發或閃電。

2.因下列事故所致的保險標的的毀損或滅失：

(1)共同海損犧牲。

(2)投棄或海浪沖落。

(3)海水、湖水或河水進入船舶、駁船、船艙或運輸工具、貨箱或儲存處所。

(4)在船舶、駁船裝卸貨物時任一包裝貨物自船上落海或掉落的整件滅失。

本條款的不保危險事故除了增加「由於任何人的不法行為對保險標的全部或部分的蓄意性損毀或破壞」一項之外，其餘與前述 A 條款完全相同，故不贅述。

(三)協會貨物保險條款 C 條款 (Institute Cargo Clauses (C), 2009.1.1, ICC(C))

為新海上貨物保險條款，其承保範圍較 B 條款的承保範圍小，茲將其承保範圍略述如下：

1.同 ICC(B) 的 1 之(1)～(5)。

2.因下列事故所致的保險標的的毀損或滅失：

(1)共同海損犧牲。

(2)投棄。

本條款的不保危險事故與上述 B 條款完全相同，故不贅述。

協會貨物保險條款 ICC 2009(A)、(B)、(C) 承保範圍

貨物之滅失、毀損或費用可合理誘因於：	(A)	(B)	(C)
1. 火災或爆炸	○	○	○
2. 船舶或駁船之擱淺、觸礁、沉沒或翻覆	○	○	○
3. 陸上運輸工具之傾覆或出軌	○	○	○
4. 碰撞 (collision) 或觸撞	○	○	○
5. 在避難港卸貨	○	○	○
6. 共同海損犧牲 (general average sacrifice)	○	○	○
7. 投棄 (jettison)	○	○	○
8. 海浪捲落 (washing overboard)	○	○	×
9. 地震、火山爆發、雷擊	○	○	×
10. 水入侵船舶、運送工具或儲貨處所	○	○	×
11. 任何一件貨物於裝卸船舶或駁船時落海或掉落的整件滅失	○	○	×
12. 偷竊、未送達 (theft、pilferage、non-delivery)	○	×	×

除外不保事項：	(A)	(B)	(C)
1. 被保險人之故意或過失（不當行為）	×	×	×
2. 標的物正常滲漏 (leakage)、失重、失量、自然之耗損	×	×	×
3. 標的物包裝或配備（安置）不良或不當	×	×	×
4. 標的物本質或固有之瑕疵 (inherent vice)	×	×	×
5. 遲延（延滯）為主因	×	×	×
6. 船舶所有人、經理人、傭船人、營運人之財務糾紛	×	×	×
7. 任何核子或類似核子戰爭武器之使用致標的物損害	×	×	×
8. 戰爭險（兵險）〔內戰革命、叛亂、兩國交戰；捕獲扣押、拘留禁止；遺棄水雷、魚雷、炸彈」	×	×	×
9. 罷工險〔罷工、停工、工潮、暴動、民變〕〔因任何恐怖主義或任何人的政治動機引起者〕	×	×	×
（上述戰爭險及罷工險二項目可另予加保）			

二、附加險

　　要保人於投保海上貨物運輸保險時，可就前述基本險類中任選一種投保，如要保人需要加保特殊的危險，則可多付保費另加保附加險，以獲充分的保障。茲將常見的附加險介紹如下：

㈠協會貨物兵險條款 (Institute War Clauses (Cargo), 2009.1.1)

　　為倫敦國際保險人協會 (the International Underwriting Association of London, IUA) 與勞依茲市場協會 (Lloyd's Market Association, LMA) 共同制定的兵險條款，前述的 ICC(A)、(B)、(C) 的 A 均不承保兵險 (War Risk, WR)，被保險人如有需要，可多付保費增列本條款於保險單上。

本條款承保因下列危險事故引起保險標的的毀損或滅失：

1. 因戰爭、內亂、革命、叛亂、顛覆，或其引起的內爭，或任何由於交戰或對抗交戰國武力的敵對行為。

2. 因上述危險引起的捕獲、扣押、拘管、禁制或扣留。

3. 水雷、魚雷、炸彈或其他兵器。

4. 為避免上述各項危險或與危險有關的損失所產生的共同海損及施救費用。

㈡協會貨物罷工險條款 (Institute Strikes Clauses (Cargo), 2009.1.1)

前述各類基本險均不承保罷工險，被保險人如有需要，可多付保費添附本條款於保險單上。

本條款承保因下列危險事故引起保險標的的毀損或滅失：

1. 罷工者、閉廠的工人、參與勞工擾亂、暴動或民眾騷擾。

2. 因任何恐怖分子或任何人的政治動機引起者。

3. 為避免上述各項危險或與危險有關的損失所產生的共同海損及施救費用。

㈢協會貨物偷竊挖竊遺失險條款 (Institute Theft, Pilferage and Non-Delivery Clauses, 2009.1.1)

上述基本險中，ICC(A) 已承保此危險，故不必加保，但 ICC(B)、ICC(C) 均不承保，被保險人如欲加保，必須另付保險費。

偷竊挖竊遺失險簡稱 TPND，偷竊 (theft) 是指不使用暴力的暗中竊取，將整件的貨物偷走，只剩下外箱而言；挖竊 (pilferage) 則指不使用暴力的暗中挖取，從包裝完好的整件貨物中竊取一部分而言；而遺失 (non-delivery) 則為貨物整件在運送過程中不知去向，以致運送工具抵目的地時，運送人無法交付貨物給貨主。

上述各項基本險及附加險協會條款只能與新海上保險單格式（即 MAR Form）一起使用 (for use only with the current MAR policy Form)。

🌐 第六節　海上貨物運輸保險責任的起訖

海上貨物運輸保險有航程保險之稱，其保險責任的起訖以約定兩地間的運送過程為準。海上貨物保險 A、B、C 條款的保險責任起訖，即保險區間或效力期間 (duration)，依協會貨物保險條款第 8 條（即運送條款）規定：

「8.1 依下列第 11 條規定，本保險自保險標的（物）從本保險契約所載起運地點

的倉庫或儲存處所，為了啟航 (for the commencement of transit)，開始搬動以便隨即裝載於 (for the purpose of the immediate loading into or onto) 運送車輛或其他運輸工具之時起生效，並於正常的運輸過程中繼續有效，而終止於下述任一情況的發生：

8.1.1 在本保險契約所載明目的地的最終倉庫或儲存處所，從運送車輛或其他運送工具卸載完畢時。

8.1.2 自運送車輛或其他運輸工具完成卸載至本保險契約所載明目的地或中途的任何倉庫或儲存處所，而為被保險人或其員工用作通常運輸過程以外的儲存或分配或分送。

8.1.3 當被保險人或其員工使用任何運輸車輛或其他運輸工具或任何貨櫃作為通常運輸過程以外的儲存時。

8.1.4 至保險標的自海輪在最終卸載貨港完全卸載後起算屆滿六十天。

　　上述四種終止情形，以其先發者為準。

8.2 如保險標的自海輪在最終卸貨港卸載完畢後，但在本保險失效以前，將保險標的運往本保險單所載明以外目的地時，則本保險的效力，除仍受 8.1.1 至 8.1.4 規定的限制外，並於該保險標的自始擬被運往其他目的地之時起失效。

8.3 本保險的效力，除受 8.1.1 至 8.1.4 規定而終止及第 9 條終止條款的限制外，在下列情形仍繼續有效：

　　被保險人無法控制的延遲、船舶偏航、被迫卸載、重行裝船或轉船及由於船舶運送人行使運送契約所授予的自由運輸權，而引起的危險變更者。」

　　根據上述條文的規定，所謂 Warehouse to Warehouse 應指保險單所記載有關承保航程的起運地與目的地的倉庫，若保險單註明承保航程為基隆到紐約，但出口商的發貨倉庫並非在基隆而在中壢，則保險的效力始於基隆而不始於中壢的倉庫。在目的地紐約的情況亦同。

　　一般人誤以為只要保險單上加註 From Warehouse to Warehouse 則保險必從 Seller's Warehouse 生效，無論保險單的承保航程是否起自 Seller's Warehouse 的所在地。事實上，若保險人想要獲得完整的保障，應將其貨物運送的全部過程都納入保險單的承保航程 (insured voyage)。

　　有時為配合信用狀有關 Port of Loading/Discharge 的規定，不便表示於航程上，

則可在保險條件的空白處作適當的表示，其效果相同。

　　有時貨物交由輪船公司運送後，因故無法完成運送契約中途終止時，被保險人應儘快通知保險公司要求延續保險效力，否則保險隨運送契約終止而終止。於是協會貨物保險條款第 9 條及第 10 條規定：

「第 9 條　運送契約終止

　9. 倘在被保險人無法控制情形下，運送契約因故在其所載明目的地以外的港口或地點終止時，或運送因故在貨物未能如前述第 8 條規定保險標的卸載前終止時，本保險單的效力亦同時終止，除非經被保險人於獲悉後立即通知保險人及要求繼續承保並同意繳付應加收的保險費，本保險單方得繼續有效至下述情形之一時為止：

　9.1 迄至保險標的在該港或該地出售交付後為止，或如無特別之協定，迄至保險標的自海輪抵達該港或該地後起算，以不超過六十天為限，不論何種情形以先發生者為準。

　9.2 如保險標的在六十天期限以內（或同意延長承保期限內）仍須運至保險契約原載的目的地，或其他目的地，則本保險單的效力，依照前述第 8 條所規定情形發生時終止。

第 10 條　變更航程

　10.1 本保險開始生效以後，被保險人事後變更其目的地者，必須立即通知保險人洽妥新費率與條件；倘在協議達成前發生損失，本保險所能獲得保障，僅限於在合理商業市場上所允許的保險條件及費率。

　10.2 依本保險對保險標的的起運時所賦予意義而言（依據第 8.1 條規定），即使被保險人或其員工並不知該船將駛往其他目的地，本保險仍視為自保險標的的起運時起保險效力即已開始。」

　　上述保險效力期間是保險人對 ICC(A)、(B)、(C) 的責任期間，不適用於兵險。關於兵險責任的起訖是從保險標的及其任何部分裝上海船時開始，到保險標的或任何部分在最後卸貨港卸離海船時止，或者在海船到達最後卸貨港當日午夜起屆滿十五天為止，兩者情況以先發生者為準。

🌐 第七節　海上貨物運輸保險單的種類

海上貨物運輸保險單的種類，因其觀點的不同，有多種分類，茲就其較重要的分類說明於下：

一、依時空，可分為：

⑴航程保險單 (voyage policy)

航程保險單為承保貨物從某一地點運到另一地點運輸途中可能發生的危險的保險單，例如保險單上載明自某港至某港。一般海上貨物運輸保險單幾乎都採用這種保險單，而國際貿易上所要求的海上保險單都屬此一類。

⑵定期保險單 (time policy)

定期保險單為承保貨物在某一固定航期可能發生的危險的保險單，例如保險單上載明航期自某年某月某日起至某年某月某日止。船舶險的保險單多屬此一類。

二、依保險金額是否確定，可分為：

⑴定值保險單 (valued policy)

定值保險單為保險單上訂明保險標的價值（即保險價額）的保險單。定值保險單的保險金額就是標的物保險價額，日後保險標的遇有損害，就根據這金額計算賠償。在國際貿易上，一般貨物保險，都是定值保險單。

⑵不定值保險單 (unvalued policy)

不定值保險單為保險單上僅訂明保險金額的最高限度，而將保險價額留待日後保險事故發生時再予補充確定的保險單。其確定方式通常都按「完好到達市價」(sound arriving value) 計算。

三、依船名是否確定，可分為：

⑴確定保險單 (definite policy)

係指保險人簽發保險單時，貨物數量、金額、承運船舶以及預定開航日期均已確定者而言，又稱船舶確定保險單 (specified/named policy)。通常所指保險單，以及賣方負責安排保險的出口貨物保險單，都屬此類保險單。

㈡未確定保險單 (indefinite policy)

又稱船舶未確定保險單 (unnamed policy)。指投保時，貨物數量、金額、承運船舶及預定開航日期尚未確定即先行投保，在此情形下，保險人簽發的保險單，稱為未確定保險單。可分：

1.預保單 (TBD policy; to be declared policy)：指要保人就特定貨物投保時，因船期、投保金額或承運船名等尚未確定，而無法投保確定保險，要保人乃先就有關事項的大概內容與保險公司預定保險契約 (provisional contract)，保險公司則就此簽發預保單。俟船名、開航日期、裝運數量及金額等事項確定後，保險公司憑被保險人的起運通知書 (declaration) 計算保險費，並發給確定保險單或在預保單上予以批註。通常買方負責保險的進口貨物保險單，多屬此類。

2.流動保險單 (floating policy)：所謂流動保險單，係保險當事人預先約定一定期間內（通常為一年）的總保險金額，每批貨物運出時，即自總金額中扣除，至扣完時，即自動註銷的保險單。此種保險單，適用於出口商以同類貨物長期供應國外客戶的情形。保險單簽發後，即自動承保以後各批個別貨物的保險。此種保險單只訂出保險的一般條件，投保人在每批貨物裝運時，應立即將船名、貨物數量及金額、起訖地點等通知保險人，保險人憑被保險人起運通知書，另簽發保險證明書 (certificate of insurance)，其效力與正式的保險單一樣。

3.預約保險單 (open cover; open policy)：預約保險單或稱統保單或開口保險單，與流動保險單類似，是以預約方式，一次承保未來多批貨物的保險單。預約保險單與流動保險單最相似的一點為：二者的被保險人均有責任向保險人通知每批貨物的裝運。

預約保險單可以是定期的，也可以是永久的，這點與流動保險單不同，流動保險單一般僅限於十二個月。如預約保險單是永久性時（通常用 open 一字），通常在保險單上加一個取消條款 (cancellation clause)，使當事人任何一方均可在一定期間（通常為三十天或三個月）前通知取消預約保險單。預約保險單是總括的保險單，保險單上只有一般條件，被保險人於每批個別貨物運出時，須通知保險人，保險人即根據這項通知發出保險證明書，有關特約的條款在保險證明書上載明。預約保險也是當今國際貿易實務上常見的一種保險方式。

預約保險單與流動保險單比較，其主要不同之處有四：

⑴英國法律承認流動保險單的效力，而不承認 "Open Cover" 的效力。

⑵流動保險單，於投保時就所有貨載 (aggregate shipments) 約定總保險金額，每批貨物運出時，總保險金額隨之減少，直到總保險金額用完，契約亦同時終止。預約保險單則無總保險金額的約定，但就每一 Shipment 限制最高保險金額。

⑶流動保險單的保險費，須按總保險金額全部預付，而預約保險單，則由保險人在裝船後收取。

⑷流動保險單在承保期間繼續有效，在正常情形下無 "Cancellation Clause"，而預約保險單，在通常情形，必有 "Cancellation Clause"。

4.暫保單 (binder)：指保險人未正式簽發保險單之前，為證明保險契約已成立而簽發的一種臨時文件。我國保險法第 43 條規定：「保險契約，應以保險單或暫保單為之。」因此暫保單與保險單在法律上具有同等效力。我國保險界又稱其為 Risk Note。暫保單的效力有一定期間，通常為三十天，因此應在此期間內換發正式保險單。

🌐 第八節　海上貨物運輸保險投保實務

一、貿易條件與投保義務人

在一筆交易中，究應由買方或賣方負責投保，須視買賣契約中約定的貿易條件而定，茲分述如下：

㈠ CIF 或 CIP 條件

依此條件交易時，賣方應負責購買保險，支付保險費，並向買方提供保險單或保險證明書。貨物在裝船港裝上船以後 (CIF) 或貨物交給運送人保管以後 (CIP) 的風險由買方承擔，貨物裝船後 (CIF) 或交給運送人保管後 (CIP) 如發生保險事故遭到損失，由買方憑保險單據向保險人索賠。至於保險種類、保險金額及投保幣別應依買賣契約的規定辦理，若契約中未約定，依 Incoterms® 2020 的規定，CIF 條件下，賣方須投保符合 ICC(C) 或類似保險種類；CIP 條件下，賣方須投保符合 ICC(A) 或類似保險種類，保險金額至少為契約價金加一成，並儘量按買賣契約的幣別投保。

㈡ FOB、FCA、CFR、CPT 或 FAS 條件

按這些條件交易時，海上貨物保險由買方購買，貨物的海上風險也是由買方負擔，因此有關保險種類、保險金額等均由買方自行決定，與賣方無涉。

㈢ DAT、DAP 或 DDP 條件

按這些條件交易時，從起運地至終點站 (terminal) 或目的地全程的保險，由賣方承擔。

二、保險區間

海上貨物運輸保險為航程保險，其保險責任的起訖以約定兩地間的運送過程為準，依協會貨物條款的規定，保險區間為 "Warehouse to Warehouse"，即自起運地的倉庫為了啟航開始搬動以便隨即裝運於運送車輛時起，至目的地倉庫時為止。若保險單所載起運地點為裝船港，即自該裝船港的倉庫始，但若出口商的發貨倉庫並非在裝船港而是在內陸地點，則出口商應在保險單上註明。同樣的，若進口商的收貨地點不是在卸貨港而是在進口國的某內陸地點，也應在保險單上註明，如此才能將貨物運送的全部過程都納入保險單的承保航程，以獲得完整的保障。UCP 600 Art. 28 (f) (iii) 規定：保險單據須表明所承保的危險至少涵蓋自信用狀所規定的接管地或裝運地與卸貨地或最終目的地的範圍。

三、貨物性質與保險條件

國際貿易所買賣的貨物種類繁多，性質各異，其遭受損害的敏感度也互不相同。就貨物遭受損害的原因不同，可分為自發性損害及外來事故損害兩類。前者包含貨物的固有性質及瑕疵、習慣上的短少、自然變質等；後者則指由於各種外來意外事故肇致的損害。

貨物由於外來事故導致的損害，多涵蓋於一般保險單承保範圍之內。但是貨物性質不同，對外界環境的適應力也互有差異，貿易業者應視貨物的性質、包裝情況、氣候變化、港口設施及治安情況、運送途程等各項因素，選用適當的保險條件。

至於自發性的損害，有些可以加保的方式獲得保障，例如發熱、醱酵、生銹、發霉等由於物質本性容易發生的損害，保險人通常願意加保。但是有些損害，例如通常耗損、包裝不良所致損害等，一般保險公司多不願承擔賠償責任。有關這類損害，貿易業者必須自行承擔。為避免損失，貿易業者可依以往交易經驗估算貨物在運輸途中可能發生的損害比率，預先將其攤入交易價格中或在貿易契約中訂定彌補辦法。此外，由於保險人不賠償因貨物包裝不良所致的損害，貿易業者必須特別注意貨物的包裝，以確保貨物於運送途中的安全。

四、投保時間

　　投保海上貨物運輸保險的目的在保障貨物於運輸途中遭遇意外危險而受有損失時，可自保險人獲得補償，故投保的時間應在貨物進入危險範圍之前，才能獲得充分的保障。在國際貿易實務上，貨主多於貨物裝運之前或裝運時即辦理投保，依 UCP 600 Art. 28 (e) 規定：「除保險單據顯示保險責任不遲於裝運日生效外，保險單據日期不得遲於裝運日期。」因此以 CIF 條件出口時，出口商所提供的保險單據，其簽發日期不得遲於提單裝運日期，或已由保險公司在保險單上註明保險生效日期在貨物交運日期之前，銀行才接受，如以 FOB 或 CFR 條件進口時，進口商也應於貨物裝運前辦妥預保手續，以獲得完整的保障。

五、要保書的填製

　　投保人申請投保時，均需填具一份水險要保書或投保單 (marine insurance application)，由保險公司核保單位審核內容，並依據要保條件計算保險費後，再繕製保險單。倘貨主因裝船急迫，未及填送要保書，可以口頭、電話或傳真將要保內容告知保險公司，茲以所附要保書（見第 428 頁）為例，說明其填製方法：

　　1.保單所需份數。

　　2.投保日期：以接洽投保日期為準。

　　3.被保險人名稱：以 CIF、CIP 或 C&I 條件出口時，被保險人為出口商，若以 FOB、FCA、CPT 或 CFR 條件進口時，則以進口商為被保險人。

　　4.受益人：即為保險事故發生時，享有保險金請求權的人，由出口商負責投保時，出口商應依契約或信用狀規定填列保險受益人，由進口商投保時，若涉及銀行授信（例如在信用狀交易下），則以銀行為受益人。

　　5.船名及航次：出口時，由出口商將承載貨物的船名及航次填入，若是進口商負責投保，而以 TBD 保單方式預保時，由於進口商無法事先獲知船名，可暫不申報，只填上 "To Be Declared" 字樣，待獲知船名航次後再通知保險公司。

　　6.船期：出口時，如未能確定，可以填入結關日期。

　　7.裝船港／起運地：依契約或信用狀規定填入。

　　8.目的地：依契約或信用狀規定填入。貨物如需在中途轉運，應將轉運港口及

富邦產物保險股份有限公司
Fubon Insurance Co., Ltd.

237,Chien Kuo South Road Sec.1
Taipei, Taiwan, R.O.C.
Tel:(02)2706-7890 Fax:(02)2704-2915
E-mail:aq7@fubon.com.tw

貨物水險投保單
Marine Insurance Application

1. 保單所需份數
正本＿＿＿份 副本＿＿＿份

2. 投保日期
Applying Date:＿＿＿＿＿＿

※
紅框部份由本公司核保單位填寫

3. 姓名或公司名稱
Name of Assured ....

4. 受　益　人
Beneficiary ....

5. 船名及航次（郵包、快遞除外不保，除非特別註明）
Name of Vessel ....
6. 船　期
Sailing Date on / about ....

7. 裝貨港／起運地
From ....
8. 目的地
To ....

轉　船　地　點
Transhipment（if any）at ....
轉入船名
Into ....

9. 內陸或最後目的地／經由
Thence To / Via ....
10. 貨物代號
Cargo ☐☐☐☐☐

11. 發票號碼
Invoice No. ....
12. 包裝代號
Package ☐☐

13. 信用狀號碼
L / C Number ....
14. 輸入許可證號
I / L Number ....

發票金額
Invoice Value .... + ...%＝
15. 保　額
Insured Amount ☐☐

16. 保險標的物 Subject-Matter Insured（除非特別註明，一律視為新品）

17. 數　　量
Quantity ....
18. 包　　裝
Package ....

茲保證上列貨物除特別載明外均裝艙內 Warranted shipped under deck unless otherwise specified.

19. 裝載方式　除本投保單特別載明外，茲保證上列貨物以一般貨櫃(Dry Container)裝運 Warranted shipped by Dry Container unless otherwise specified.
☐ 開頂貨櫃　　　☐ 平板貨櫃　　　☐ 其他
Open top Container　　Flat Container　　Others

20. 保險標的物狀況　除本投保單特別載明外，茲保證上列貨物為新品。Warranted subject-matter insured are New Goods unless otherwise specified.
☐ 舊　品　　　☐ 退運品
Used Goods　　Return Cargo

21. 投保條件 Terms	F.P.A.	Clauses(C)	22. 附加條款 Additional Clause			
	W.A.	Clauses(B)				
	A.R.	Clauses(A)				
	War	War				
	S.R.C.C.	Strikes				

加　費 Supple	轉船	T	小船	L	舊船	A	內陸	Y

23. 賠　款　地　點　及　幣　別
Claim(if any)Payable at ....
in
Currency

24. 費率（%）M. .... Rate　　W. .... S.	總保費 Total ☐☐ Premium	25. 保單號碼 POLICY No. ....

申請人瞭解並同意富邦產物保險(股)公司及其關係企業於其營業目的或其他法令許可範圍內，對申請人之資料蒐集、電腦處理或國際傳遞及利用，並得將之提供予富邦產物保險(股)公司及其關係企業所委任處理營業相關事務之人。
THE APPLICANT NOTES AND AGREES THAT FUBON INSURANCE CO., LTD. AND IT'S AFFILIATES & SUBSIDIARIES, FOR THEIR BUSINESS PURPOSE OR TO THE EXTENT THAT OTHER LAWS PERMITTED, COLLECT, COMPUTATIONALLY PROCESS OR TRANSMIT INTERNATIONALLY AND USE THE APPLICANT'S DATA AND CAN ALSO PROVIDE THE DATA TO THE PERSONS WHO ARE AUTHORIZED TO DEAL WITH THE BUSINESS-RELATED MATTERS ON BEHALF OF FUBON INSURANCE CO., LTD. AND IT'S AFFILIATES & SUBSIDIARIES.

26. 投保人簽章(Signature)

27. 經理/副理
Manager or
Deputy manager ....
核　保
underwriter ....
經手人
Agents ....

28. 備　　註 Remarks	聯絡電話： Tel： .... 收費地址： Address：	電子郵件信箱： E-mail Address： ....

MUU－001 (91.10. 600本) 廣興

資料來源：富邦產物保險股份有限公司。

船名填記。

9.內陸或最後目的地／經由：如至目的地必須利用兩種以上不同運輸方式時，例如以海運再經由陸運轉運至內陸買方倉庫時，則填列 "Thence to Buyer's Warehouse"，或例如以海空聯運自基隆經杜拜運至阿姆斯特丹，則填列 "Via Dubai by Air"。

10.貨物代號：由保險公司填寫。

11.發票號碼：據實填入。

12.包裝代號：由保險公司填寫。

13.信用狀號碼：非以信用狀為付款方式者，免填。

14.輸入許可證號碼：可免證進口者，免填。

15.保險金額：依契約或信用狀規定投保，未規定時，習慣上以發票金額（即 CIF 或 CIP）加 10% 為保額。

16.保險標的物：將貨物名稱填入。

17.數量：應與商業發票上所載者一致。

18.包裝：貨物的包裝與運輸安全有密切關係，應詳填。例如以紙箱包裝 (in carton)、散裝貨物 (bulk cargo) 等。

19.裝載方式。

20.保險標的物狀況。

21.投保條件：依信用狀或契約規定保險種類投保，若未規定，應投保該貨物通常應保的險類。

22.附加條款：依信用狀或契約規定填寫。

23.賠款地點及幣別：依契約或信用狀規定，未規定時，通常以貨物運輸的最終目的地為賠款地點；至於投保幣別則通常與契約或信用狀幣別相同。

24.費率及總保費：由保險公司填寫。

25.保單號碼：由保險公司填寫。

26.投保人簽章。

27.保險公司經理／副理。

28.備註：填列聯絡電話及收費地址，以便保險公司聯絡及收費。

第九節　海上貨物運輸保險單的製作方法

茲以所附保險單（見第 431 頁），說明海上貨物運輸保險單的內容及製作方法：

1. 保險單號碼：由保險人編列。

2. 賠款支付地點及幣別：依要保書所載填列。

3. 被保險人名稱：將被保險公司行號名稱填入。

4. 發票號碼：依要保書上的記載填入。

5. 保險金額：依要保書所填保險金額，須同時記載小寫及大寫金額。

6. 船名：將承運船舶名稱、航次及啟航日期填入，其內容應與提單上所載者相同，但啟航日期一般均以 "Sailing On or About" 字樣表示，因此保單上的啟航日期縱與提單上的啟航日期相差幾天，也不會有問題。

7. 航程：應與要保書所列者一致，貨物有轉運者，應同時註明轉運港口。

8. 保險標的物：依要保書記載填入投保貨物名稱、數量及包裝件數，其內容應與商業發票及其他單據上所載者一致。

9. 保險種類：應與要保書所載者一致。

10. 保險單簽發地點及日期：保險單日期通常即為保險公司承擔危險開始的日期，故該日期不應遲於運送單據上所示貨物裝船、發送或接管之日，以免遭銀行拒付。

11. 保險單份數：即保險單正本的簽發份數，本例為二份。

12. 保險單簽字：應由保險公司負責人簽署，否則保險單不生效。

保險單如就其條款內容的形式而言，可分為五部分：

(1) 印定語句 (printed wording)。

(2) 附貼語句 (attached wording)。

(3) 圖戳語句 (stamped/chop wording)。

(4) 打字語句 (typewritten wording)。

(5) 手寫語句 (handwritten wording)。

保險單正文必屬印定式，附加條款則採印定式或圖戳式或採附貼式，書寫條款或採手寫式或採打字式。這種文字如彼此間有矛盾時，其效力優先順序如下：

(1) 手寫部分。

(2) 打字部分。

富邦產物保險股份有限公司 (財政部核發營業執照號碼：台保更第028號)
Fubon Insurance Co., Ltd.
HEAD OFFICE: 237, CHIEN KUO SOUTH ROAD, SEC. 1, TAIPEI, TAIWAN
TELEPHONE: 27067890 CABLE: "SAFETY" TAIPEI TELEX:11143 SAFETY FAX:(02)27042915

POLICY NO.

Claim, if any payable at Taipei in N.T. Dollars

依海商法第一三二條規定：未確定裝運船舶之貨物保險，要保人或被保險人於知其已裝載於船舶，應將該船舶之名稱、裝船日期、所裝貨物及其價值，立即通知於保險人。不為通知者，保險對未為通知所生之損害，不負賠償責任。

Warranted Free From Any Liability For Loss Or Damage Occured Before Issuing of This Policy.

本保險單所載承保貨物，遇有滅失毀損時，被保險人應立即通知本公司派員會同查驗，否則本公司不負賠償責任。

MARINE CARGO POLICY

ASSURED

Invoice No.

Amount insured

Ship or Vessel   Per Approved Vessel of which Name and Sailing Date are TO BE DECLARED subject to Institute Classification Clause as per back hereof.

From

TBD

SPECIMEN

SUBJECT-MATTER INSURED (WARRANTED ALL BRAND-NEW UNLESS OTHERWISE SPECIFIED)

Conditions
Subject to the following clauses as per back hereof

Institute war cancellation clause (cargo)
Institute Cargo Clauses (   )
Institute Replacement Clause (applying to Machinery)
Label Clause (applying to Labelled Goods)
Duty Clause (applicable when import duty is separately insured under this Policy)
Institute Radioactive Contamination Exclusion Clause
Institute Classification Clause
Computer Millennium Clause (cargo)
-With Named Peril Extension (JC 98/024)

Marks and Numbers as per Invoice No. specified above.

Valued at the same as Amount insured.

signed in   on

Number of policies issued in

☞ The Assured is requested to read this policy and if it is incorrect return it immediately for alternation.

IMPORTANT
PROCEDURE IN THE EVENT OF LOSS OR DAMAGE FOR WHICH UNDERWRITERS MAY BE LIABLE
LIABILITY OF CARRIERS BAILEES OR OTHER THIRD PARTIES

It is the duty of the Assured and their Agents, in all cases, to take such measures as may be reasonable for the purpose of averting or minimizing a loss and to ensure that all rights against Carriers, Bailees or other third parties are properly preserved and exercised. In particular, the Assured or their Agents are required:—

1. To claim immediately on the Carriers, Port Authorities or other Bailees for any missing packages.
2. In no circumstances, except under written protest, to give clean receipts where goods are in doubtful condition.
3. When delivery is made by Container, to ensure that the Container and its seals are examined immediately by their responsible official.
   If the Container is delivered damaged or with seals broken or missing or with seals other than as stated in the shipping documents, to clause the delivery receipt accordingly and retain all defective or irregular seals for subsequent identification.
4. To apply immediately for survey by Carriers or other Bailees Representatives if any loss or damage be apparent and claim on the Carriers or other Bailees for any actual loss or damage found at such survey.
5. To give notice in writing to the Carriers or other Bailees within 3 days of delivery if the loss or damage was not apparent at the time of taking delivery.

NOTE: The Consignees or their Agents are recommended to make themselves familiar with the Regulations of the Port Authorities at the port of discharge.

DOCUMENTATION OF CLAIMS

To enable claims to be dealt with promptly, the Assured or their Agents are advised to submit all available supporting documents without delay, including when applicable:

1. Original policy or certificate of insurance.
2. Original or certified copy of shipping invoices, together with shipping specification and/or weight notes.
3. Original or certified copy of Bill of Lading and/or other contract of carriage.
4. Survey report or other documentary evidence to show the extent of the loss or damage.
5. Landing account and weight notes at port of discharge and final destination.
6. Correspondence exchanged with the Carriers and other Parties regarding their liability for the loss or damage.

* When presenting claim, all the concerned documents should be written in or translated into English.

☞ In the event of loss or damage which may involve a claim under the insurance, No claim shall be paid unless immediate notice of such loss of damage has been given to and a Survey Report obtained from this Company's Office or Agents specified in this policy.

No claim for loss by theft &/or pilferage shall be paid hereunder unless notice of survey has been given to this Company's agents within 10 days of the expiry of this insurance.

INSTITUTE REPLACEMENT CLAUSE (applying to machinery)

In the event of loss of or damage to any part or parts of an insured machine caused by a peril covered by the Policy the sum recoverable shall not exceed the cost of replacement or repair of such part or parts plus charges for forwarding and refitting, if incurred, but excluding duty unless the full duty is included in the amount insured, in which case loss, if any, sustained by payment of additional duty shall be recoverable. Provided always that in no case shall the liability of Underwriters exceed the insured value of the complete machine.

LABEL CLAUSE (applying to labelled goods)

In case of damage from perils insured against affecting labels only, loss to be limited to an amount sufficient to pay the cost of reconditioning, cost of new labels and relabelling the goods.

CO-INSURANCE CLAUSE (applicable in case of Co-insurance)

It is hereby understood and agreed that this Policy is issued by FUBON INSURANCE COMPANY, LIMITED, on behalf of the co-insurers who, each for itself and not one for the others, are severally and independently liable for their respective subscriptions specified in this policy.

Notwithstanding anything contained herein or attached hereto to the contrary, this insurance is understood and agreed to be subject to English law and practice only as to liability for and settlement of any and all claims.

This insurance does not cover any loss or damage to the property which at the time of the happening of such loss or damage is insured by or would but for the existence of this Policy be insured by any fire or other insurance policy or policies except in respect of any excess beyond the amount which would have been payable under the fire or other insurance policy or polices had this insurance not been effected.

We, FUBON INSURANCE COMPANY, LIMITED, hereby agree, in consideration of the payment to us by or on behalf of the Assured of the Premium as arranged, to insure against loss damage liability or expense to the extent and in the manner herein provided.

In witness whereof, I the undersigned of FUBON INSURANCE COMPANY, LIMITED, on behalf of the said Company have subscribed My Name in the place specified as above to the policies, the issued numbers thereof being specified as above, of the same tenor and date, one of which being accomplished, the others to be void, as of the date specified as above.

For FUBON INSURANCE COMPANY, LIMITED

Examined -------

President

MUU-002 (90. 2. 600本) 廣興

資料來源：富邦產物保險股份有限公司。

⑶圖戳部分。

⑷附貼部分。

⑸印定部分。

🌐 第十節　航空貨物運輸保險與郵政包裹險

一、航空貨物運輸保險

今日航空事業甚為發達，空運貨物在國際貿易上越來越重要，因此航空貨物運輸保險 (air cargo insurance) 也越來越被重視。航空貨物運輸保險雖屬於航空保險的一環，但此項保險業務實際上則多由保險公司的海上保險或運輸保險部門負責承保。不僅如此，就連使用的保險單也係採用海上保險單，另予貼附航空險條款為承保的依據。倫敦國際保險人協會為配合新式保單的使用，增訂了協會航空貨物險條款、協會航空貨物兵險條款和協會航空貨物罷工險條款等三種。

協會航空貨物險條款 (Institute Cargo Clauses (AIR)—excluding sendings by post 2009.1.1) 基本上屬全險 (All Risks)，其承保範圍與協會貨物保險條款 A 條款大致相同，其主要不同者如下：

1. 承保的危險 (risks covered)：航空貨物保險條款無關於共同海損條款 (general average clause) 及雙方過失碰撞責任條款 (both to blame collision clause) 的規定，以其不適用於空運也。

2. 航空貨物保險條款中的運送條款 (transit clause) 關於保險效力的起訖，規定貨物自載運飛機於最終卸載地卸載之日起屆滿三十日，保險效力終止；而協會貨物保險條款 A 條款則規定自海船於最終卸貨港卸載之日起屆滿六十日，保險效力終止。航空保險效力較短，旨在配合空運貨物的迅速搬運。

3. 航空貨物保險條款無不適航、不適運 (unseaworthiness and unfitness exclusion clause) 的規定，因其為英國海上保險法的規定，不適用於空運也。

4. 在用語上有所調整，如「船舶」改為「航空器」(aircraft)，航程改為「運送」(transit) 等。

除以上所述不同者外，其餘均與 ICC(A) 相同，請參閱該條款，茲不重複。

協會航空貨物兵險條款 (Institute War Clauses (Air Cargo)—excluding sending by post 2009.1.1) 與協會貨物兵險條款大體相當，但對保險責任期限的規定與海運保險不同。協會航空貨物兵險的責任期限從貨物裝機起運時開始，至貨物在最終卸載地卸離飛機時為止，或者，如貨物未立即卸載，則自飛機到達最終卸載地當日午夜起算滿十五天為止。

　　貨物交付空運時，如信用狀規定貨主應提出保險單據，則貨主必須向保險公司投保，並取得保險單據；但若信用狀未規定貨主必須提出正式的保險單據時，貨主往往直接向航空公司投保，其方式是在運輸工具的預約保險單 (open policy of insurance) 項下，與航空公司同享保險的利益，保險費用則由貨主向航空公司繳納。貨主利用這種方式投保的優點是手續方便、保費低廉，且索賠時不會發生損失究應由運送人或保險公司賠償的問題，可迅速收到賠款。但缺點為航空公司僅投保全險，對於因戰爭、罷工暴動、合法捕獲等引起的毀損或滅失不負責賠償，貨主如欲投保兵險或罷工暴動險等其他險類，必須另向保險公司投保。

二、郵政包裹險

　　近年來，國際間的包裹郵遞事業不斷發展，經營貿易業者利用包裹寄送貨樣或質輕價高的貨品亦逐漸增多。此類郵包常須經由海、陸、空輾轉運送，其間遭遇意外事故而致損失的現象自屬難免。貿易業者尋求此類損失的保障途徑有兩種：即向郵政機構請求包裹保價，或向保險公司投保郵政包裹保險。

㈠包裹保價

　　包裹保價乃郵政機構兼辦的貨物運輸保險業務。有關郵政包裹保價業務，在國際郵政協定中已有原則性規定。我國郵政機構根據此項原則另作規定。詳洽郵局相關窗口或從網站下載相關資訊。

㈡郵包保險

　　郵政機構為減免包裹安全投遞的責任，雖然自辦保險業務，但由於有些地區尚無保價業務，或保價限額過小，不符貿易業者的需要；因此，保險公司的郵包保險業務乃應運而生。

　　初期的郵包保險 (parcel post insurance) 係附屬於貨物水險範圍，雖然其風險內容需要特別指明，但保險人常以 Institute Cargo Clauses (All Risks) 為其承保準則，至於兵險，則依據協會貨物郵運兵險條款 (Institute War Clauses (Sendings by Post)) 投

保。一般郵包保險最常見的時效條款如下：

‧Risks to attach from the time of issue of registered post parcel receipt until delivery to the addressee. Addressee's receipt on the form of the postal authorities for the parcels with seal intact to be taken as proof of safe delivery.（本保險自掛號包裹的收據簽發時生效，直至包裹交予收件人為止，郵政機構為投遞封裝完好的包裹所附的收據格式經收件人簽章後，即為安全送達的證據。）

‧This insurance attaches from the time of issue of the postal receipt to the time of handing over by the Post Office at destination to consignees or their agents.（本保險的效力自郵包收據簽發之時起，至目的地的郵局將郵包交予收件人或其代理人之時為止。）

🌐 第十一節　保險費計算實例

一、海運貨物運輸保險的保險費計算

決定海運貨物保險費率的因素包括保險標的物（貨物）類別、保險條件、運送地區、保險金額及運送人等等。當然，其保險費率的高低，視不同的保險人對於同一危險的評估，也可能開出不同的費率。所以投保人應「貨比三家」，向多家信用良好的保險公司詢價。

例：甲出口商將於近日外銷一批聚胺絲（尼龍絲）織布至香港，貨價為 US$100,000 (CIF)，承運船為四川輪，保險條件為 ICC(B) plus War，投保金額為 CIF × 110%。經向三家保險公司詢價後，分別報價如下：

	ICC(B)	War
A 保險公司	0.50%	0.05%
B 保險公司	0.50%	0.05%
C 保險公司	0.45%	0.05%

比價結果，C 保險公司報價最低，於是決定向其投保，其應付保險費為 US$550，即：

投保金額 × 保險費率 = 應付保險費

(US$100,000 × 110%) × (0.45% + 0.05%) = US$550

二、航空貨物運輸保險的保險費計算

臺北甲貿易商將於近日以空運方式自日本進口一批西藥，貨價為 US$50,000 (FOB)，運送人為中華航空公司，保險條件為 ICC (Air) plus IWC❶(air cargo)，投保金額為 FOB × 120%，經向三家保險公司詢價結果，其報價如下：

	ICC (Air)	IWC
A 保險公司	1.00%	0.03%
B 保險公司	1.10%	0.04%
C 保險公司	1.05%	0.05%

比價結果，A 保險公司報價最便宜，於是決定向其投保。其應付保險費為：

投保金額 × 保險費率 ＝ 應付保險費

(US$50,000 × 120%) × (1.00% + 0.03%) = US$618

 習　題

1. 何謂海上貨物運輸保險？並說明其對國際貿易的重要性。

2. 何謂 ICC(C)？在 CIF 契約中，其有何重要性？

3. 何謂 ICC(A)？其承保範圍為何？

4. 海上貨物運輸保險單中有所謂協會貨物保險條款 (Institute Cargo Clauses) 者，試說明其意義。

5. 何謂「倉庫至倉庫條款」(Warehouse to Warehouse Clauses)？試解釋其意義。

6. 何謂分損？可分為幾種？試述之。

7. 貿易商對有關海上貨物保險應注意事項有哪些？

8. 何謂未確定保險單？國際貿易中常見的未確定保險單有哪幾種？

9. 一批出口貨 CFR 價為 US$100,000，現客戶來電要求按 CIF 價加 10% 投保海運 ICC(A) 險，如保險費率為 1% 時，則我方要報的 CIF 價應為若干？

---

❶　IWC 為 Institute War Clause 的縮寫。

第十五章 輸出保險與產品責任險

🌐 第一節 輸出保險

一、輸出保險的概念

如前所述，國際貿易比國內貿易存在著更多的危險，出口商將貨物運出口後，至貨款收回前，通常可能遭遇的風險除了貨物在運送途中因運輸危險事故發生造成貨物或多或少的損失外，尚有國外進口商破產、違約不付貨款的信用危險 (credit risks) 或進口國外匯短缺、目的地發生戰爭、內亂或革命等事故致進口商無法履約付款的政治危險 (political risks) 存在。關於前者（指運輸危險），出口商可利用投保貨物運輸險，以防不測；至於後者（指信用危險及政治危險），其發生的原因，既非出口商所能預知或控制，又非一般商業保險（如貨物運輸險）所願承保。在此情況下，出口商可利用政策性的輸出保險 (export insurance)〔在其他國家又稱為「輸出信用保險」(export credit insurance)〕，以化解上述各種信用上及政治上的危險。

輸出保險係國家政策性的保險，不以營利為目的，旨在鼓勵發展輸出貿易，並保障輸出廠商因輸出所致的損失，使本國出口廠商能在國際市場中，與他國出口商立於同等的競爭地位。詳言之，輸出保險的功能如下：有助於①減少出口商風險，從而擴大貿易；②申辦融資從而擴大貿易；③研判風險：投保前，信用調查；④轉向進口商索賠：保險單位在理賠之前後，可協助出口商催促進口商付款。

輸出保險通常係以出口商為要保人與被保險人，以貨款為保險標的，補償出口商在輸出貿易上，因信用危險或政治危險發生致無法收回貨款損失的一種政策性保險制度。

此外，本國公司從事海外投資時，涉及許多危險，諸如作為投資的股份被沒收、徵用、國有化，或因戰爭、革命內亂、暴動或民眾騷擾，致不能繼續經營。凡此危險，均非一般商業保險所願承保，但輸出保險卻可予以承保。

輸出保險一般多由政府經營或委由公營機構辦理。我國辦理輸出保險始自民國

49 年，初期由中央信託局辦理，嗣由中國產物保險公司接辦。民國 68 年成立中國輸出入銀行（簡稱輸銀），乃改由該行輸出保險部承辦。該行目前辦理的輸出保險種類共有：

1. 託收方式 (D/P、D/A) 輸出綜合保險。

2. 中長期延付輸出綜合保險。

3. 海外投資保險。

4. 海外工程保險。

5. 記帳方式 (O/A) 輸出綜合保險。

6. 信用狀貿易保險。

7. 中小企業安心出口保險。

8. 全球通帳款保險。

須注意者，各種險類的保險金額，均有其限額，而不能依照貨物價值或投資金額全額投保，因此出口或投資廠商仍需承擔部分危險，這與貨物運輸險迴然不同。

為配合電子商務時代的來臨，縮短投保輸出保險作業時間，中國輸出入銀行自民國 91 年 1 月起推出輸出保險網路投保服務。國內出口廠商可經由網路快速投保，迅速爭取國外商機。透過中國輸出入銀行的輸出保險，可降低國外風險，以拓展海外市場，保障出口貨款安全收回。出口廠商利用本項服務可以更簡化、便利、快速的方式，經由網路向中國輸出入銀行辦理國外買主徵信以及 D/P、D/A、O/A、中小企業安心、信用狀等各險種核保、承保及理賠等事宜。輸出保險投保網站：https://www.exinsurance.com.tw/。

二、輸出保險與貨物運輸保險的不同點

不同點	輸出保險	貨物運輸保險
1. 營業性質	非營利	營利
2. 制　度	政策性	非政策性
3. 承保危險	政治危險、信用危險	運輸危險
4. 保險金額	有限額	無限額
5. 危險轉嫁	出口商須承擔部分危險	可全部轉嫁
6. 承保單位	中國輸出入銀行（一家）	保險公司（多家）

三、託收方式 (D/P、D/A) 輸出綜合保險

在 D/P 方式下交易，出口商依約裝運貨物出口後，進口商拒絕付款；或在 D/A 方式下交易，進口商拒絕承兌，或承兌後付款期限屆滿時拒付，則出口商均將無法收回貨款。又如貨物裝運出口後，輸入國發生戰爭、革命或內亂等，以致停止貨物進口，或進口國實施外匯管制，諸如此種政治危險發生時，縱使進口商誠信良好，有意付款，亦無能為力。因此，為保障以託收方式輸出貨物的出口商，減少顧慮因上述危險可能發生的損失，使出口商敢於在國際貿易市場中，與他國出口商競爭，乃有「託收方式 (D/P、D/A) 輸出綜合保險」的產生。由中國輸出入銀行承擔出口商以託收方式出口，因政治危險或信用危險所致之損失。

(一)投保資格

1.國內合法設立登記廠商都可為本保險的要保人（即被保險人）。

2.被保險人可辦理集團投保，為其持有 49% 以上股權的境內外公司申請為同一保險契約的附加被保險人。但被保險人在港澳或中國大陸地區投資設立持有 49% 以上股權的公司，須先經我國政府核准或核備。

(二)承保對象

本保險以一年期以下付款交單 (D/P) 或承兌交單 (D/A) 方式由本國或由第三國輸出貨物的交易為保險對象。

(三)承保範圍

被保險人在保險責任期間內，因發生下列信用危險或政治危險所致損失，輸銀負賠償責任。

1.政治危險：輸出目的地政府變更法令或發生戰爭、天災等致貨物不能進口或不能匯兌，以致貨款不能收回之損失。

2.信用危險：買主不依約付款，不依約承兌或承兌到期不付款等所致損失。
（貨物由第三國裝運出口者，因輸入目的地或轉口地政府禁止或限制進口所致損失，輸銀不負賠償責任。）

(四)承保比率

最高可達 90%。

㈤保險期間

自完成貨物裝運日起至約定付款日止。

㈥保險費

1.依據買方信用狀況、買方所在地區政、經情況、承保比率、保險期間長短等釐定費率。

2.貨物由第三國出口供應者，其保險費加收 15%。

四、中長期延付輸出綜合保險

中長期延付輸出綜合保險係為輸出整廠設備、機器產品及其他資本財的出口廠商而舉辦。本保險不僅承保輸出貨物，並且可以包括因輸出貨物而提供的技術及勞務，保障出口廠商因政治危險所致損失，可以獲得賠償，裨益帶動工業升級、技術生根，並促進經濟發展。

㈠投保資格

國內合法設立登記廠商都可為本保險的要保人（即被保險人）。

㈡承保對象

本保險以我國廠商輸出整廠設備、機器產品或其他資本財或提供技術及勞務時，國外買方以一年期以上分期償付價款，無論是否持有買方銀行的付款保證（L/C 或 L/G）的交易為保險對象。

㈢承保範圍

輸銀對於被保險人依輸出契約或技術及勞務提供契約，輸出貨物或提供技術及勞務後，因發生下列信用危險或政治危險，致不能收回貨款或提供技術及勞務的價款而遭受的損失，負賠償責任：

1.信用危險：

⑴簽訂契約的對方於本保險成立後宣告破產者。

⑵簽訂契約的對方遲延履行其債務在六個月以上者，但以不可歸責於被保險人的情事者為限。

2.政治危險：

輸出貨物或提供技術、勞務後，因輸出目的地發生戰爭、革命或實施外匯管制、禁止匯兌以致貨款或價款不能收回所生的損失。

㈣承保比率

最高可達 90%。

㈤保險期間

1.輸出貨物：自完成裝運貨物日起至約定付款日止。

2.提供技術及勞務：自開始提供技術、勞務之日至約定付款止。

㈥保險費

按保險期間長短、進口地區政、經情況及是否具有付款保證等釐定費率。

五、海外投資保險

輸出入銀行為配合政府輔導業者前往國外投資的政策，乃開辦海外投資保險，承保國內廠商到海外投資時，可能發生因沒收、戰爭或禁止匯款等政治危險因素導致投資的股份、持份或其股息、紅利無法收回，而造成損失。海外投資保險可補償此類損失。

㈠投保資格

凡國內合法設立登記廠商經經濟部投資審議委員會核准或核備，並取得被投資國許可的海外投資案件，都可申請投保，國內合法設立登記廠商為本保險的要保人（即被保險人）。

㈡承保對象

以本國公司經經濟部投資審議委員會核准或核備，並取得被投資國許可的海外新投資案件為承保對象。

㈢承保範圍

1.沒收危險：被保險人作為投資的股份或持分或其股息或紅利的請求權，被外國政府或其相當者以沒收、徵用、國有化等行為所奪取。

2.戰爭危險：被保險人的投資企業因戰爭、革命、內亂、暴動或民眾騷擾而遭受損害；或不動產、設備、原材料等物的權利、礦業權、商標專用權、專利權、漁業權等權利或利益，為其事業經營上特別重要者，被外國政府侵害遭受損害，而發生下列任一情事者：

⑴企業不能繼續經營。

⑵破產或其類似情事。

⑶銀行停止往來或類似情事。

⑷停業六個月以上。

　3.匯款危險：由於前兩款以外的事由喪失股份或持分而取得的金額或其股息或紅利，因下列⑴至⑸任一事由發生，致兩個月以上不能匯回本國者。

⑴外國政府實施限制或禁止外匯交易。

⑵外國發生戰爭、革命或內亂致外匯交易中止。

⑶外國政府控管該項取得金。

⑷該項取得金的匯款許可被取消，或外國政府經事先約定應准予匯款，卻不予許可。

⑸於上述⑴至⑷任一事由發生後，被外國政府沒收。

㈣承保比率

最高可達保險價額的 85%。

㈤保險期間

　1.自匯付投資股份或持分之日或輸出機器等之日起算，以不超過七年為原則。但經中國輸出入銀行同意者，可延長為十年。

　2.被保險人於上述期間內，得自由選定保險期間的長短，但保險期間中斷超過三十日者，中國輸出入銀行可拒絕續保。

㈥保險費

依據投資地區政、經情況釐定費率。

六、海外工程保險

海外工程保險係專為承包海外工程的本國公司而舉辦，本保險承保因政治危險或信用危險致被保險人不能取得價款、支出成本不能收回或設備不能使用所致的損失。

㈠投保資格

經我國主管機關核准設立登記的本國公司都可為本保險的要保人　（及被保險人）。

㈡承保對象

以我國廠商承包海外工程可能遭受價款、貨款損失為保險對象。

㈢承保範圍

1. 價款及支出成本部分：

(1)外國政府實施限制或禁止外匯交易。

(2)輸出目的地國家發生戰爭、革命或內亂。

(3)其他發生於國外不可歸責於契約雙方當事人者。

(4)海外工程契約或技術提供契約的對方破產。

(5)海外工程契約或技術提供契約之對方依工程或技術提供契約規定有付款義務時起算，逾六個月不付款。但以不可歸責於被保險人所致者為限。

前項第一款事由發生時，輸銀僅對價款或盈餘中擬匯回本國部分經載明於保險單者，負賠償責任。

2. 設備部分：

(1)設備上權利為外國政府或其類似組織的沒收、徵用、國有化等行為所奪取。

(2)由於戰爭、革命、內亂、暴動或民眾騷擾使設備的權利受侵害，致不能使用者。

前項設備限於置存於海外工程契約或技術提供契約履行地者。

㈣承保比率

最高可達實際損失的 80%。

㈤保險期間

1. 價款及支出成本的保險期間，自開始進行工程或開始提供技術、勞務之日起至最終一期清償日止。

2. 設備的保險期間，自設備運送至施工處所之日起算，以一年為一期，期數由被保險人依折舊標準酌定。

㈥保險費

依據保險期間長短、國家風險高低等釐定費率。

七、記帳方式 (O/A) 輸出綜合保險

鑑於記帳 (O/A) 方式的交易日趨普遍，以及為配合國內高科技產業出口保險的需求，中國輸出入銀行於 86 年初推出「記帳方式 (O/A) 輸出綜合保險」。本保險業務的推出，對出口廠商以記帳方式交易者，其貨款的回收，將有所保障，且投保本

保險後，廠商可藉由輸出保險單權益轉讓方式，辦理出口融資，對於其拓展外銷，助益必大。

(一)投保資格

1.國內合法設立登記廠商都可為本保險的要保人（即被保險人）。

2.被保險人可辦理集團投保，為其持有 49% 以上股權的境內外公司申請為同一保險契約的附加被保險人。但被保險人在港澳或中國大陸地區投資設立持有 49% 以上股權的公司，須先經我國政府核准或核備。

(二)承保對象

本保險由本國出口廠商以記帳方式與國外進口廠商簽訂買賣契約，由本國或第三地輸出貨物者。

(三)承保範圍

對於被保險人依買賣契約的約定輸出貨物，於保險期間內，因下列保險事故所致的損失，依保險契約的約定，負保險給付的責任。

1.信用危險：

(1)進口廠商宣告破產。

(2)貨物輸出後，進口商不提貨。

(3)進口廠商不依約付款。

2.政治危險：

(1)輸出目的地政府實施禁止或限制進口或外匯交易。

(2)輸出目的地國家或地區發生戰爭、革命、內亂或天災，以致中止貨物進口或外匯交易。

(四)承保比率

最高可達 90%。

(五)保險期間

自完成貨物裝運日起至約定付款日止。

(六)保險費

1.依據買主信用狀況、買主所在地區政治經濟情況、承保比率、保險期間長短等釐定費率。

2.貨物由第三國出口供應者，保險費加收 15%。

八、信用狀貿易保險

我國廠商從事輸出貿易所生的不可撤銷即期或遠期信用狀款項，可能因發生開狀銀行所在地的政治危險或開狀銀行的信用危險，而造成損失。信用狀出口保險可補償此類損失。

㈠投保資格

1.國內合法設立登記廠商都可申請投保，為本保險的要保人（即被保險人）。

2.被保險人可辦理集團投保，為其持有 49% 以上股權的境內外公司申請為同一保險契約的附加被保險人。但被保險人在港澳或中國大陸地區投資設立持有 49% 以上股權的公司，須先經我國政府核准或核備。

㈡承保對象

凡國內合法登記的出口廠商，以不可撤銷即期信用狀或不可撤銷遠期信用狀方式付款的出口者，可運用此項保險。要保人及被保險人均為出口廠商。

㈢承保範圍

被保險人悉依信用狀規定，提示符合信用狀規定的單據，在信用狀規定的期限內交付貨物及押匯，而在約定保險責任期間內，因開狀銀行發生信用危險或政治危險致未獲付款時，被保險人便可獲得保險賠償。

1.信用危險：開狀銀行的信用危險為：

開狀銀行無力償債，無正當理由不付款或不承兌匯票所致損失。

2.政治危險：開狀銀行的政治危險包括：

開狀銀行所在地政府禁止或限制外匯匯出，或發生戰爭、革命、或內亂致貨物不能進口或不能匯兌，以致價款不能收回的損失。

㈣承保比率

1.政治危險：最高可達 100%。

2.信用危險：最高可達 90%。

㈤保險期間

自完成裝運貨物日起至約定付款日止。

㈥保險費

依據開狀銀行信用狀況、所在地區政治經濟情況、承保比率、保險期間長短等

釐定費率。

(七)多件折扣

投保案件多，享有保險費折扣優惠；最高可享 40%。

九、中小企業安心出口保險

(一)投保資格

1.國內合法設立登記的廠商並符合經濟部「中小企業認定標準」，都可申請投保，為本保險的要保人（即被保險人）。

2.被保險人可辦理集團投保，為其持有 49% 以上股權的境內外公司申請為同一保險契約的附加被保險人。但被保險人在港澳或中國大陸地區投資設立持有 49% 以上股權的公司，須先經我國政府核准或核備。

(二)承保對象

本國中小企業出口廠商以一年期以下付款交單 (D/P)、承兌交單 (D/A) 或不可撤銷遠期信用狀 (usance L/C) 方式付款，與國外進口廠商簽訂買賣契約由本國或第三地輸出貨物者。

(三)承保範圍

1.政治危險：輸出目的地政府變更法令或發生戰爭、革命、內亂或天災等致貨物不能進口或不能匯兌，以致貨款不能收回所引起損失。

2.信用危險：

(1)以 D/P、D/A 方式輸出者，國外買主不依約付款、不依約承兌輸出匯票或承兌匯票到期不付款等所致損失。

(2)以遠期信用狀方式輸出者，開狀銀行對其承兌的匯票到期不付款。

(四)承保比率

1.政治危險：最高可達 100%。

2.信用危險：最高可達 90%。

(五)保險期間

1.以 D/P、D/A 為付款方式者：自完成貨物裝運日起至約定付款日止。

2.以遠期信用狀為付款方式者：自開狀銀行承兌匯票之日起至約定付款日止。

㈥保險費

　1.依據買方或開狀銀行信用狀況、買方所在地區政、經情況、承保比率、保險期間長短等釐定費率。

　2.以遠期信用狀方式輸出者，費率計算方式比照 D/P 方式的 25% 辦理。

　3.貨物由境外出口供應者，保險費加收 15%。

十、全球通帳款保險

　為順應全球貿易環境的變遷及服務出口廠商，中國輸出入銀行乃透過簡化的投保手續及客製化承保條件，協助廠商規避貿易所生應收帳款的信用危險及政治風險，提昇接單外銷能力，並能促進廠商財務穩健性，有助於資金融通。亦即，提供下列功能，為廠商拓展全球市場的好夥伴：①規避壞帳風險；②強化信用管理；③增進融資能力；④放寬銷售條件提昇市場開發能力；⑤穩定公司獲利及確保資金流通；⑥獲取應收帳款催收服務。

　㈠投保資格

　1.國內合法設立登記廠商都可申請投保，為本保險的要保人（即被保險人）。

　2.被保險人可辦理集團投保，將其關係企業申請為同一保險契約的附加被保險人。但被保險人在港澳或中國大陸地區投資設立的公司，須先經我國政府核准或核備。

　㈡承保對象

　凡出口廠商以付款交單 (D/P)、承兌交單 (D/A)、記帳 (O/A) 方式或其他經中國輸出入銀行同意的付款條件，銷售貨物或提供服務而產生的應收帳款，均可申請投保本保險。

　㈢承保範圍

　被保險人因信用危險或政治危險發生所致的應收帳款損失。

　1.信用危險，係指買方有下列情形之一者：

　　⑴喪失清償能力。

　　⑵債務不履行。

　2.政治危險：

　　⑴買方所在國家或地區的政府實施禁止或限制進口。

　　⑵買方所在國家或地區的政府禁止或限制進口外匯交易。

(3)買方所在國家或地區發生戰爭、革命、暴動、內亂或叛亂，導致全部或部分交易合約無法履行。

㈣承保比率

1.政治危險：最高可達 100%。

2.信用危險：最高可達 95%。

㈤保險期間

1.輸出貨物者：自完成貨物裝運日起至約定付款日止。

2.提供服務者：自開始提供服務且已開立商業發票日起至約定付款日止。

㈥保險費

依據投保營業額大小、買方信用狀況、買方所在地區政、經情況、買方所屬產業類別、付款期間長短等釐定費率。

㈦計價幣別

本保險商品可選擇新臺幣、美元或歐元作為保險契約的計價幣別。

※第二節　產品責任保險

一、產品責任的意義

產品責任 (product liability) 係指產品製造商（或供應商）所製造出售的產品，因有瑕疵 (defects) 而導致第三人的身體傷害 (bodily injury) 或財務損失 (property damage)，依法應負的損害賠償責任。

茲就上述定義再做更進一步的說明：

1.所謂「產品」乃指生產者或製造者出售或供應的產品，不論其為天然產品或加工製造的產品，也不論買主購買之後，是作為生產的工具或原料，或是直接使用、消費，均屬之。「歐洲共同市場產品責任指示」(EEC product liability directive) 則將「產品」定義為：「指除原始農產品及獵獲物以外的所有可移動物品，甚至用以構成另一可移動物品或不可移動物品的一部分，亦屬之」(a product means all movables except primary agricultural products and game, even when incorporated into another movable or into an immovable)，而所謂「原始農產品」，係指未經加工的農產品。

2.所謂產品有「瑕疵」或「缺陷」，可能由於下列任何一個或一個以上的原因所

導致：

(1)設計的錯誤 (design error)：即產品因設計、製造程式或規格的錯誤，以致製造生產出來的產品有瑕疵。

(2)製造的錯誤 (manufacturing error)：即產品的設計雖無錯誤，但在製造生產過程中，由於人為疏忽或機械故障，以致產品有瑕疵。

(3)使用說明的不當 (failure of adequate warnings and directions for use)：指對產品特性、使用方法未作適當指示、警告或說明，致使用時發生意外事故。

二、產品責任的法律依據

在英美國家，基於保護消費者的政策，依制例先後發展出三個規範產品責任的理論基礎，自最早期的「契約責任」(liability in contract) 論，進展至「侵權責任」(liability in tort) 論，而至目前的「嚴格侵權責任」(strict liability in tort) 論。

㈠契約責任論

即依「契約關係」(privity of contract) 的原則，產品製造商因產品瑕疵所致損害，僅對於有直接契約關係的消費者負賠償責任，對於無契約關係的第三人則不負賠償責任。例如消費者甲向超商乙購買一罐製造商丙所製造的食品罐頭，因該食品罐頭有瑕疵致甲及其家人丁食用後皆中毒，由於甲僅與乙有買賣契約關係，故可依據契約向乙請求賠償，但不能向丙請求賠償，此外，丁並非購買人，與乙、丙均無契約關係，所以丁既不能向乙索賠，也不能向丙索賠。此說為早期的學說。

㈡侵權責任論

其主要論點是認為任何因產品瑕疵而遭受體傷或財物損失的受害第三人，均可依侵權行為向產品製造商請求損害賠償，若侵權責任與契約責任競合，則受害人可選擇依侵權責任或契約責任請求賠償。

依此說，受害人提出索賠時須證明加害人有過失，不過往往由於舉證的困難，不易獲得賠償，對受害人的保障仍欠周延，有鑑於此，乃有嚴格侵權責任論的誕生。

㈢嚴格侵權責任論

所謂「嚴格侵權責任」係指對產品製造商課以較嚴格的賠償責任，此項學說的主要論點是認為受害人請求賠償時不必舉證產品製造商（或供應商）有過失，只須證明下列三點：

1.產品在出售脫手時已有瑕疵。

2.由於產品的瑕疵而產生不合理的危險狀況 (unreasonably dangerous condition)。

3.因產品瑕疵而導致受害人的身體傷害，即瑕疵與傷害須有直接的因果關係。

另一方面，產品製造商（供應商）對於受害人的索賠，可依據下列任一理由提出抗辯 (defenses) 而拒絕賠償：

1.受害人甘冒危險 (assumption of risk)：即受害人明知產品有瑕疵，仍不顧危險使用該產品。

2.使用錯誤 (product misuse)：受害人不依正常使用方法，或不顧產品說明書的指示或警告，而誤用產品致發生意外事故。

3.改變或修改產品 (alteration or modification of product)：產品一經使用人或第三人改變或修改，則與原有設計或製造時的品質與標準有異，可能變成「危險性產品」而發生意外事故。

4.當時工藝水準的抗辯 (state-of-the-art defence)：產品是否有瑕疵，應以該產品上市時的工藝水準來衡量，而不能依目前的工藝技術水準衡量若干年前產製的商品。例如多年前出售而目前仍使用的汽車，若以其不符合目前工藝技術的安全標準為理由而視為瑕疵，即為不合理。

5.拒絕責任或限制責任或棄權條款 (disclaimer clause)：產品製造商（或供應商）在買賣契約中訂有拒絕責任條款時，除因故意或重大過失者外，對於買主的賠償請求可依此條款提出抗辯。

6.時效 (statutes of limitation) 的消滅：依法律規定，受害人請求賠償的時效已消滅時，產品製造商即可據以抗辯。

目前英美國家多採用嚴格侵權責任主義。

在我國，有關產品瑕疵，民法中就「契約責任」設有「物之瑕疵擔保責任」的規定，即買方所購買的貨物若有瑕疵，可向賣方要求減價、重換、賠償或解約。至於因產品瑕疵導致第三人身體傷害或財物損失，受害人可否依契約責任請求賠償，則無明文規定，雖然受害人應可依民法有關侵權行為的規定請求賠償，不過由於我國民法以採過失責任為原則，因此對消費者的保護難免有欠周延。

所幸，我國已於 83 年 1 月公布實施「消費者保護法」，該法係採無過失責任，

其對消費者的保護較之英、美的嚴格侵權責任有過之而無不及。

依消費者保護法第 7 條第 3 項規定：「企業經營者違反前二項規定，致生損害於消費者或第三人時，應負連帶賠償責任。但企業經營者能證明其無過失者，法院得減輕其賠償責任」，由以上規定可知企業經營者即使能證明其並無過失，仍必須負賠償責任，但法院可視情況減輕其賠償責任。

三、產品責任保險的意義

產品責任保險 (product liability insurance) 為責任保險的一種，乃保險公司承保被保險人所製造 (manufactured)、銷售 (sold)、處理 (handled) 或分配 (distributed) 的產品，在被保險人移轉其所有權後，並在被保險人營業處所 (premises) 以外的地方，由於該產品有瑕疵 (defects)，於保險期間內發生意外事故，導致第三人遭受身體傷害或財物損失，依法應由被保險人負擔損害賠償責任，而受賠償請求時，由保險人負賠償責任的責任保險。

由上述定義可知：

1.凡是與產品的產銷具有關係的當事人，均得就其產品投保產品責任險，因而得為產品責任保險的被保險人（即承保對象），除了產品製造商 (manufacturer) 之外，還包括供應商 (supplier)、裝配商 (assembler of component)、經銷商 (distributor)、批發商 (wholesaler)、加工廠商 (processor)、進出口商 (importer/exporter)、零售商 (retailer) 及天然產品的生產者 (producer of natural products) 等。

2.意外事故的發生必須在所有權移轉之後。

3.意外事故必須在被保險人營業處所以外的地方發生。倘若意外事故在被保險人的營業處所內即已發生，則係屬於公共意外責任險的承保範圍，故本保險將其除外。

4.意外事故的發生必須在保險有效期間內。若在保險單生效日之前或保險期間屆滿後發生意外事故，保險人均不負責。

5.因產品意外事故的發生，導致第三人遭受體傷、病痛、死亡或財產的毀損、滅失，依法應由被保險人負損害賠償責任。

6.被保險人已受賠償的請求。假若受害人未向被保險人請求賠償，則被保險人並無損失，保險人自不必賠償。

四、產品責任保險的特點

1.保險標的：本保險係以被保險人對第三人的損害賠償責任為保險標的。

2.契約保險：產品責任保險的契約當事人為保險人與要保人（即被保險人），保險人與受害第三人並無契約關係，被保險人與受害第三人之間雖然也無直接的契約關係，但是因為侵權行為會產生債務關係，被保險人對第三人有無賠償責任，以及賠償金額的多少等問題，乃適用侵權行為法 (tort law) 的規定。至於保險人與被保險人之間有關某項侵權行為導致第三人的損害是否在承保範圍之內，以及賠償金額的多少等問題，則是適用契約法 (contract law) 的規定，包括保險契約法及其他有關契約法。

3.保險金額：產品責任保險是責任保險的一種，在責任保險中，並無保險價額 (insurable value)，因此，嚴格說，也無保險金額 (sum insured) 可言，保險人在責任保險當中負責賠償的最高限額應稱為「責任限額」(limit of liability)，但在我國，有多種責任保險仍將「責任限額」稱為「保險金額」。在產品責任保險，要保人可視其實際需要和保費負擔能力等因素，與保險人洽訂適當的責任限額，而無所謂「超額保險」(over insurance) 或「低額保險」(under insurance) 的情形。

4.保險費：產品責任保險的保費計算方式各國不同，有以一定期間的銷售金額 (turnover) 為計算基礎者，也有以生產量 (volume of goods) 或工資總額 (total wages) 為計算基礎者。

5.被保險人賠償損失的範圍：被保險人對於第三人的賠償損失範圍，除第三人的直接損失（如身體傷害的醫療費用、財產損失的金額或回復原狀所需費用）外，尚可包括間接損失（如因身體傷害喪失或減少工作能力致收入停頓或減少，或因財產毀損滅失致收入中斷或減少）。

6.訴訟抗辯費用：產品責任保險的保險單通常約定被保險人為對第三人索賠案件進行抗辯或訴訟所發生的額外費用，若先經保險人同意者，可另行賠付。

五、投保產品責任保險的目的

1.有鑑於國際上對消費者保護的趨勢，致產銷商的責任加重，故藉由產品責任保險轉嫁其賠償的責任。

2.若銷售的產品附有保險的證明，客戶將樂於採購，有助於促銷及開拓市場。

3.保障企業資金安定，創造信用，維持合理利潤，有利於企業的發展。

4.萬一發生保險事故，可交由保險公司代為處理，以節省時間及人力，不至於影響產品的成本控制。

六、保險金額的訂定方式

產品責任保險因無保險價額，因此，如前所述，所謂「保險金額」實際上僅為「責任限額」，要保人可衡量風險的高低與實際的需要，並斟酌保費負擔的能力，與保險人洽訂適當的限額，而無論保險金額訂得多高，也無所謂「超額保險」的情形。不過當保險金額較高時，有些保險人為便於分別安排再保險，會將保險金額分層(layer)予以承保，例如將保險金額分為兩層，底層稱為「基層責任保險」(primary liability insurance)，上層稱為「超額責任保險」(excess liability insurance)。

七、保險人賠償責任的認定基礎

保險人對於承保的產品責任保險，其賠償責任的認定基礎有兩種：

1.事故發生基礎(occurrence basis)：只要在保險期間內發生事故，不論在保單有效期間或失效以後提出的索賠，保險人均負賠償責任。

2.索賠基礎(claim made basis)：不僅事故須在保險期間內發生，而且索賠必須在保單有效期間內提出，保險人始負賠償責任。

以上兩種保險責任基礎應採哪一種，由保險人自行決定。

八、我國產品責任保險概述

為配合國家經濟政策，因應工商企業需要，保障社會大眾安全，我國產品責任保險經財政部核准自 68 年 5 月 1 日起實施。茲將我國產品責任保險單的內容概述如下：

1.承保範圍(coverages)：產品責任保險保單條款第 1 條約定承保範圍如下：「產物保險股份有限公司（以下簡稱本公司）對於被保險人因被保險產品之缺陷在保險期間內或『追溯日』之後發生意外事故，致第三人遭受身體傷害或財物損失，依法應由被保險人負損害賠償責任且在保險期間內受賠償請求時，本公司在保險金額範圍內對被保險人負賠償之責。但本公司對『追溯日』以前已發生之意外事故或被保

險人非在保險期間內所受之賠償請求不負賠償責任。」

依上述條款規定，被保險人必須同時符合以下五項要件，承保公司才負責賠償：

(1)因被保險產品的缺陷而導致意外事故：所謂「被保險產品」係指經載明於本保險契約，由被保險人設計、生產、飼養、製造、裝配、改裝、分裝、加工、處理、採購、經銷、輸入之產品，包括該產品之包裝及容器。而所謂「被保險產品之缺陷」係指被保險產品未達合理之安全期待，具有瑕疵、缺點、或具有不可預料之傷害或毒害性質，足以導致第三人身體傷害或財物損失者。

(2)在保險期間內或「追溯日」之後發生意外事故。

(3)第三人遭受「身體傷害」或「財物損失」。所謂「身體傷害」係指任何人所遭受之體傷、疾病及因而導致之死亡。「財物損失」係指有形財產之毀損或滅失，並包括因而不能使用之損失。

(4)被保險人依法應對該第三人負損害賠償責任：所謂「依法」，係指依「消費者保護法」及「民法」的規定。又，廣義地說，所謂「依法」，除指依法律規定外，亦包括法律行為（契約）。

(5)被保險人受賠償的請求：假如受害人並未向被保險人請求損害賠償，則因被保險人並無損失，承保公司自不必賠償。

依我國民法第197條規定，受害人向被保險人請求賠償，必須受兩年時效的限制，此外，依保險法第65條的規定，被保險人須自得為請求之日起或自受第三人請求之日起兩年內向承保公司請求賠償。

2.除外不保事項：

(1)被保險人以契約或協議所承受之賠償責任。但即使無該項契約或協議存在亦應由被保險人負賠償責任者，不在此限。

(2)被保險人以契約或協議向依法應負賠償責任之人拋棄追償權因而不能追償之損失金額。

(3)因產品未達預期功能或使用不當或因被保險人或其受僱人提供錯誤之產品所致之賠償責任。

(4)被保險產品尚在被保險人或其代理人、經銷商或受僱人之控制或管理時所發生之賠償責任。

(5)被保險產品本身之損失或為檢查、鑑定、修理、清除、拆除、替換、收回該產品所發生之任何費用（包含為收回該產品所需退還之價款）。

(6)被保險人或其代理人、經銷商或受僱人於出售或移轉被保險產品之占有於他人時，已知悉該產品已有缺陷，因而所發生之賠償責任。

(7)被保險人或其代理人、經銷商或受僱人之故意、刑事不法行為或故意違反正常製作程序所致之賠償責任。

(8)因被保險產品所致被保險人所有、管理或控制之財產損失，但受僱人之個人使用財物不在此限。

(9)被保險產品若作為其他產品之材料、零件、包裝或觸媒時，致使該其他產品本身之損失。

(10)被保險人之受僱人或與被保險人有服務契約關係之人，因執行職務而其身體受有傷害所發生之賠償責任。

(11)在本保險契約「地區限制」欄所載地區以外所發生之意外事故或賠償請求。依本保險契約「準據法限制」欄所載地區以外之法律為準據法之賠償責任。

(12)直接或間接因下列原因所致之賠償責任：

①戰爭、類似戰爭行為、外敵行動（不論宣戰與否）叛亂、內戰、強力霸占或被征用。

②罷工、暴動、民眾騷擾。

③地震、颱風、洪水及其他氣象上之災變。

④核子反應、核子輻射、及各種型態之汙染所致者及為測試、清理、除去、控制或處理前述輻射或汙染所致之費用。

⑤各種罰金、罰鍰、懲罰性賠償金或違約金，但經書面約定加保者不在此限。

⑥因誹謗、惡意中傷、違反著作權、商標權、專利權所致者。

⑦被保險產品用作船舶、飛機或其他航空器之零件或材料時。

⑧被保險產品由被保險人或其代理人交付予買受人已屆滿十年者，但經書面約定加保者不在此限。

⑨肇因於下列產品或產品中含有下列成份所致者，但經書面加保者不在此限：石綿 (Asbestos)、多氯聯苯 (PCB)、尿素甲醛 (Urea-ormaldehyde)、避

孕用具或藥品 (Contraceptives of any kind)、乳矽膠填充物 (Human implant containing silicon)、治療亞級性骨髓神經系統之藥品 (Subacute Myelo-Optico-Neuropathy)、己醯雌酚 (Diethylastilbstrol)、奧克西欽諾林 (Oxychinoline)、感冒疫苗 (Swine flu Vaccin)、診斷或治療愛滋病（後天免疫不全症候群） 之產品、煙草及其製品 (Tobacco and any Tobacco Products)。

3. 承保對象：

⑴甲類：生產、製造、裝配、加工廠商及進口商。

⑵乙類：批發商、經銷商、零售商。

甲類的費率較乙類為高。

4. 承保產品種類：以經政府有關檢驗機構檢驗合格的各類產品為限。

5. 保險金額及自負額 (deductible) 的訂定。

6. 保險費的計算：保險費＝保險期間內預計銷售總金額×保險費率，並且須預收，被保險人應於保險期間屆滿後三十日內將保險期間內的實際銷售總金額以書面通知承保公司，作為實際核計保險費的依據。

7. 保險期間：保險期間訂為一年，期滿時得經雙方同意續保。凡保險期間不足一年或被保險人要求中途退保者，均按短期費率表計收短期保費。

⊕ 習　題

1. 何謂輸出保險？其功能為何？

2. 何謂政治風險？信用風險？

3. 試述託收方式輸出綜合保險的意義及其承保範圍。

4. 試述輸出融資綜合保險的意義及其承保範圍。

5. 試述普通輸出綜合保險的意義及其承保範圍。

6. 試述記帳方式輸出綜合保險的意義。

7. 試述產品責任保險在國際貿易中的重要性。

第十六章 國際貨運㈠──海洋運輸

經營國際貿易，出口商於簽妥契約之後，除積極備貨外，最重要的工作就是安排貨物的運輸。國際貨物運輸，依其運輸方式的不同，有各種型態，主要者有：

㈠單式運輸 (single mode transportation)

　　1. 水路運輸 (water transportation)，可分為二：

　　　⑴海洋運輸 (ocean transportation)：即從一海港至另一海港的海上運輸。

　　　⑵河路運輸 (inland water transportation)：即從一河港至另一河港的河上運輸。

　　2. 航空運輸 (air transportation)：即從一空港（飛機場）至另一空港的空中運輸。

　　3. 陸路運輸 (land transportation)，可分為三：

　　　⑴鐵路運輸 (railway transportation)：即從一火車站至另一火車站的陸上運輸。

　　　⑵公路運輸 (road transportation)：即從一公路站至另一公路站的陸上運輸。

　　　⑶其他：①管線運輸 (pipeline transportation)：如石油、煤氣運輸；②郵包運送 (parcel post transport)；③快遞服務 (courier service)。

㈡複合運輸 (multimodal transportation)

　　詳見第十八章之說明。

以上各種運輸中，就我國對外貿易而言，以海洋運輸、航空運輸及複合運輸最為重要，合稱為國際運輸；至於其他運輸，大部分屬國內運輸。國際貿易絕大多數的貨物是以海洋運輸或複合運輸方式完成。當然，利用航空運輸的情形，也日益增多。故本書所擬介紹者，以海洋運輸、複合運輸及航空運輸為主。

🌐 第一節　海洋運輸的經營方式

一、海洋運輸的經營方式

海洋運輸，依其經營方式，可分為利用定期船 (liner) 的定期船運輸 (liner service) 與利用不定期船 (tramper) 的不定期船運輸 (tramp service) 二種。定期船 (liner; liner vessel) 是指在特定航線上，依照預定船期表 (sailing schedule)，作有規則的往復航行

的船隻。每一航線的定期船隻，其到埠日、離埠日、停靠港口等有關資料，船公司或船務代理行發行分寄進出口商招攬貨載，並於報紙船期版刊登廣告招攬客戶。定期船所承運貨物以一般雜貨 (general cargo) 為主，因其承運不同種類、不同性質的雜貨，所以又稱為雜貨輪。接洽定期船通常稱為洽訂艙位 (to book a shipping space)。不定期船 (tramp; tramper; tramp vessel)，是指航線不固定，航行時間也不固定的貨船而言。不定期船所承運貨物以大宗物資或散裝貨物 (bulk cargo) 為主，例如穀物、礦砂等是。接洽不定期船，通常稱為傭船 (to charter a vessel/ship)。

二、定期船運輸的特性

1. 船期及停靠港埠事先排定，並向託運人通告（船期固定、航線固定）。

2. 運送人係以公共運送人 (common carrier) 身分營運，並受停靠港埠政府的監督。

3. 以一般不特定的多數託運人為服務對象。

4. 承運零星件貨，種類繁多，數量不拘。

5. 依照經當地政府核准，或經報備的費率表規定收取運費。

6. 通常參加航運同盟 (shipping conference)，或稱運費同盟 (freight conference) 或運務協會，成為同盟會員 (conference member)，但也有獨立營運者。

7. 組織規模大，在各港埠派駐代表或設立分公司，管理其業務。也有在停靠港埠租用碼頭、起卸貨設備、倉庫等。因此，投資金額大。

8. 託運人可直接向運送人或其代理人接洽託運，也可向運送人指定的攬貨代理人接洽託運。

9. 以簽訂裝貨單 (shipping order) 方式預定艙位。裝船後，憑大副收貨單 (mate's receipt) 換取提單 (bill of lading)。

三、利用定期船運輸的優缺點

貿易商利用定期船運送貨物，有下列優點：

1. 船期編排緊密，船期及停靠港口預先排定，最適合一般貿易廠商的需要。貿易廠商可配合買賣契約或信用狀的裝船期作有計畫的備貨工作，不致延誤交貨。

2. 定期船設備完善，如墊艙、通風、溫度調節、貴重物品保管等，特種貨物得以隨時裝運，照料周到。

3.雖託運貨物數量少，也承運。

4.裝貨、卸貨費用多由船方負擔。

5.如長期固定託由運費同盟所屬船隻運送，得享受運費的折扣優待。

6.貨物的檢量費用多由船方負擔。

7.運價漲跌事先通知，對於廠商生產計畫、成本控制、產品報價及市場拓展均有助益。

然而，貿易商利用定期船運送貨物，也有若干缺點，即：

1.因定期船大多參加運費同盟，運價受同盟的約束，無法抑低運價爭攬貨物，貨主須支付較不定期船為高的運費。

2.利用定期船載貨，船貨雙方多未簽訂運輸契約，一旦發生糾紛，一般多習慣以託運單、裝貨單或提單所列條款為解決的根據，而這種託運單、裝貨單及提單，均由船公司事先印妥固定格式，其條款多利於船方，對貨方較為不利。

3.如貨方為保障艙位的獲得而與船方簽訂運輸契約，萬一不能供應約定貨載，或臨時取消託運，則將須付船方空載運費 (dead freight)。

四、定期船運輸方式

目前經營定期航線的船舶可分為傳統船 (conventional vessel) 與貨櫃船 (container vessel) 兩種：

(一)傳統船運輸 (conventional vessel service)

傳統船運輸係將零碎散件貨 (break-bulk cargo) 自內陸工廠，由車輛運至裝船港，利用船上吊桿、吊索、吊網，分次吊進船艙，艙內工人再將貨物逐件堆裝艙內，及運到卸貨港，工人利用吊桿、吊索、吊網，將貨物卸下碼頭，再以人工或堆高機運儲倉棧，最後提運分送至受貨人手中。此一運輸方式非但作業程序複雜，手續繁瑣，裝卸速度緩慢，且每件貨物需經過多次搬動才能完成運輸工作，增加毀損、短失的機會，但百年來沿襲迄今，仍為一些港口所採用。

(二)貨櫃船運輸 (container vessel service)

係將各種不同規格，形狀各異的小件貨集合裝入標準尺寸的貨櫃，成為一個龐大的單位包裝 (unit load)，利用特殊的機械設備搬運，以提高工作效率的運輸。貨物自起運地點裝櫃，以至運達目的地，中途除海關檢查，不必拆封，且可利用海陸聯

運，達成一貫運輸 (intermodal transport) 的目標，實現門至門 (door-to-door) 的運輸理想，為運輸方法上劃時代的改革。此一運輸方法具有省時、省錢、安全、經濟的優點，船貨雙方均蒙其利。故創行以來，世界各地相率仿效，已成定期船運輸的主流，有人稱之為運輸革命，實不為過。貨櫃運輸的變革，不僅止於貨櫃的採用而已，與之有關的搬運程序、裝卸工具與技術、陸運配合設施等，均與傳統船運輸大異其趣。

🌐 第二節　傳統定期船的託運手續

一、洽訂艙位

出口商備妥貨物後，如貿易條件為 CFR 或 CIF 時，即根據船公司或船務代理行所印發的船期表或報刊船期欄所登的船期預定表，選擇適當船隻，向船公司或船務代理行洽訂艙位。如貿易條件為 FAS 或 FOB 時，則將貨物運送至進口商所指定船隻停靠地點備運。如進口商未指定船隻或授權出口商代辦船運，則由出口商代為接洽適當船隻。

洽訂艙位，手續甚為簡單，只需向船公司要一份空白託運單（booking note，格式如第 461 頁），填報貨物名稱、件數、重量、船名、裝卸貨港口、託運人姓名、受貨人及受通知人姓名等即可（託運單經船公司及託運人簽署後，具有契約的效力。實務上，託運時大都不填託運單）。目前各大船公司或船務代理多有提供客戶線上訂艙 (e-booking) 的服務。洽訂艙位時應注意下列幾個問題：

1.船公司信譽：在洽運之前，應先查明船公司的信譽。原則上以交予運費同盟或信譽卓著的非同盟船隻較妥。

2.船期：船期是否在買賣契約或信用狀所規定最後裝船期限之前？如果裝船日期逾買賣契約或信用狀所規定期限，可能遭受買方或銀行的拒付，不能不注意。

3.運費：運費是否合理，有無附加費 (surcharge)，有無折讓回扣，此外計算單位是採重量噸抑體積噸，也應加注意。

4.船隻情況：該船是否參加運費同盟，及船期是否經常準確。有些進口商常指定運費同盟所屬船隻，即取其準確可靠。又船隻性能、設備、航速快慢、是否逾齡，均應加注意，因其與貨物保險費有密切的關係。

5.停泊港口：該船是否直達目的港，或需彎靠許多港口，中途需否轉船，也須

××航業股份有限公司
×× NAVIGATION CO., LTD.
託運單 BOOKING NOTE

裝貨單號碼 S/O No. _____ 　　（本公司註）	日期 Date _____	起運地點 From _____
船名 Ship _____	航次 Voy. No. _____ 　（本公司註）	裝往地點 Destination _____

託運人
Shipper _____

受貨人
Consignee _____

Notify _____

運費率
Freight _____

下列貨物，記載均屬詳實，即請　配予艙位為荷

You are requested to reserve the space for the undermentioned cargo, for which we guarantee for the accuracy of all the declaration hereunder and agree to bind ourselves to the regulation and practice of your company.

標　　誌 Marks & Numbers	包裝及件數 Packing & Packages	貨　　物 Contents	重量及呎碼 Weight & Measurement

報關行

TEL _____　Per _____

Ref. No. _____　　（託運人簽章）

向船公司問清楚，因彎靠港口太多，則航程緩慢，而中途轉船，貨物可能因翻艙而
遭受損壞。

　　6.裝卸條件 ： 定期船依世界航運習慣其裝卸條件應為碼頭交貨條件 （berth
terms，亦稱定期船條件 (liner terms)），即裝卸貨由船方負責。但我國籍船隻對進口
貨實際上多採 FO 條件，即船方卸貨免責，對出口貨則採 FI 條件，即船方裝貨免責。
所以洽訂艙位時應注意，以免與買賣契約內的費用負擔條件相違背。

二、領取裝貨單

　　出口商訂妥艙位後，即由船公司簽發裝貨單 (shipping order, S/O，又稱下貨單)。
裝貨單是船公司指示船長接受單上記載貨物予以裝載的通知文件，同時也是船方同
意配給貨主艙位的憑證，格式雖然各船公司略有不同，但主要內容均包括託運人、
船名、裝船港、目的港、包裝件數、嘜頭、貨物名稱、重量、受貨人、受通知人等
項目 (裝貨單格式如第 463 頁)。出口商領取裝貨單後即可將貨物運到指定碼頭出口
倉庫，憑單向海關辦理出口報關手續。一方面船公司派員會同貨方或其代表人檢量
貨物尺碼或重量以及查驗貨物與所填報者是否相符，以為計算運費的根據。這項檢
量工作或委託登記合格的丈量公證人 (sworn measurer; registered surveyor) 以公正地
位代為執行。貨物經辦妥報關手續由海關在裝貨單加蓋關印後，即可持單連同貨物
運至船邊裝船。如貨物不及報關，可將裝貨單退還船公司，另洽其他船公司裝運，
是謂取消出口 (cancelling)。

　　我國在實施貨物通關自動化後，各種報關文件簽發交換相繼以 EDI 方式取代，
報關人在辦公室，即可線上傳輸報關文件，完成報關手續，為擴大自動化方式的實
施，關貿網路公司又推出了「裝貨單電子作業服務」，以節省書面文件處理的時間、
成本，提高資料的正確性，並可提早取得裝貨單資料，掌握艙位使用狀況，即時製
作提單。

三、裝載貨物

　　出口商將貨物運至船邊或船公司所指定倉庫或收貨地點，船公司即洽港務局派
碼頭工人將貨物裝入船艙。這項裝艙費用通常由船公司負擔。報關後如因時間不夠
或艙位已滿等原因以致貨物的全部或部分未能裝運出口者，是謂退關 (shut-out)，在

××航業股份有限公司

×× NAVIGATION CO., LTD.

裝貨單 SHIPPING ORDER

裝貨單號碼　　　　　　　日期　　　　　　　　　　起運地點
S/O No. _____　Date _____　From _____

（本公司註）

船名　　　　　　　　　　航次　　　　　　　　　　裝往地點
Ship _____　Voy. No. _____　Destination _____

（本公司註）

託運人
Shipper _____

受貨人
Consignee _____

Notify _____

運費率
Freight _____

茲有下列貨物，即請　簽收為荷

Please receive on board the undermentioned goods, in good order and condition, and sign the

accompanying Receipt for same.

標　　誌 Marks & Numbers	包裝及件數 Packing & Packages	貨　　物 Contents	重量及呎碼 Weight & Measurement

××航業股份有限公司

×× NAVIGATION CO., LTD.

Hatch No. _____

Per _____

此情形下，應請船上大副在收貨單（mate's receipt，如第 465 頁）上註明退關件數，並請海關關員複驗簽證，以便向海關辦理改裝其他船隻出口手續。

四、領取大副收據

在貨物裝艙時，船公司與出口商（通常由報關行代表）派有理貨人員 (tally clerk) 會同檢查裝貨件數及包裝情形，如發現包裝破損、包裝不牢、舊箱、嘜頭凌亂等，就將要點記入理貨單 (tally sheet) 內，裝運完畢，雙方理貨人員即在理貨單上簽字，船上負責裝載的大副或其他負責人所簽發的大副收據即以此為根據。有批註 (remark) 記載的收據即為不潔收據 (unclean receipt; dirty receipt) 或稱有瑕疵收貨單 (foul receipt)，無批註者為清潔收據 (clean receipt)。提單是否為清潔提單，完全根據大副收據是否有批註記載而定。大副收據經簽署後即發交出口商（報關行代收）。

五、支付運費

如貿易條件為 CIF 或 CFR 時，運費由出口商負擔，出口商憑大副收據向船公司換領提單時，即須付清，在此場合，提單上註明「運費已先付」(freight prepaid) 或「運費已付」(freight paid)。如貿易條件為 FAS、FOB 或 C&I 時，船隻或由進口商洽訂或由出口商代為洽訂，運費通常於進口地向進口商收取，在此場合，提單上註明「運費待收」(freight to collect; freight collect) 或「運費到付」(freight payable at destination)。有些船公司對到某些地區的貨物因運費收取困難或外匯管制，雖貿易條件為 FAS、FOB 或 C&I，運費仍須在裝船港預付而不接受運費到付。

六、換領提單

出口商付清運費（在 CIF 或 CFR 的場合）後，即憑大副收據向船公司換取提單。提單為物權證券，如為信用狀交易，出口商可開具匯票附上提單及有關單據向押匯銀行押取貨款。有時出口商急於取得 "On Board" 提單而要求簽發 "On Board" B/L，而船公司又尚未獲得貨物已裝船的通知。在這種情形，出口商須提出保證書以辦理俗稱的「借領提單」手續。又如大副收據上有批註時，船公司依法應將大副收據上的批註轉載提單上。但有批註的不潔提單 (unclean B/L)，除非買賣契約或信用狀特別授權，將遭受買方或銀行的拒絕受理。補救之道為：如屬不嚴重者，由出口商出

××航業股份有限公司

×× NAVIGATION CO., LTD.

收貨單 MATE'S RECEIPT

裝貨單號碼 S/O No. _____	日期 Date _____	起運地點 From _____
(本公司註)		
船名 Ship _____	航次 Voy. No. _____	裝往地點 Destination _____
	(本公司註)	

託運人
Shipper _____

受貨人
Consignee _____

Notify _____

運費率
Freight _____

下開貨物，業經照數妥收裝船無訛，即請 憑發提單為荷

Received on board the undermentioned goods, in good order and condition, for which the ××

Navigation Co., Ltd.'s Bill of Lading is to be issued.

標　誌 Marks & Numbers	包裝及件數 Packing & Packages	貨　物 Contents	重量及呎碼 Weight & Measurement

Hatch No. _____

請在開船之前換發提單否則如有
延誤概由託運人或貨主自行負責

_____
大副 Chief Officer

具認賠書 (letter of indemnity; back letter; counter letter) 要求船公司通融發行無批註的清潔提單 (clean B/L)。認賠書上託運人聲明承擔船方因簽發清潔提單所可能發生的任何損失與責任。此項認賠書的效力如何，各地法院見解不同。有的認為是詐欺行為，該認賠書無效，船方不能向託運人索償其賠付受貨人的損失；有的認為僅在當事人間具有效力，不得以其對抗第三人。不論如何，利用認賠書換取清潔提單，極易引起糾紛，應儘量避免。

◎ 第三節　貨櫃運輸

一、沿　革

海運界為了改進傳統雜貨運輸方法，首先於 1956 年 4 月 29 日，由美國 Sea-Land Service 從紐約港以貨櫃船 Maxton 裝載 60 隻貨櫃，建立了貨櫃化運輸的里程碑。

貨櫃運輸就是將貨物裝在一個標準化的容器內運輸的運輸方式，詳言之，貨櫃運輸係一聯運系統，包括貨櫃、貨櫃船、貨櫃碼頭、貨櫃集散場站，以及火車與卡車貨櫃運輸設備等的海陸及（或）空運的聯合運輸作業，與一般傳統海運方式不同之處甚多，此刻仍在不斷發展中。作業上，整個系統一直在朝門至門 (door-to-door) 的目標進行，並已由初期設在港口附近的貨櫃集散場站，改進到目前分布至內陸各地的貨櫃基地，使所有貨櫃只經由貨櫃港，直接運入內陸各地，或由各基地直接運往貨櫃港出口，海關驗收也在各基地執行，無須在港口內辦理。對船公司而言業已突破內陸運輸界限，進一步接辦內陸聯運，真正提供服務到家的運輸服務。

貨櫃運輸必須有各項設備的配合，諸如貨櫃、貨櫃船、貨櫃碼頭以及其他設備。

二、貨櫃的標準和種類

(一)貨櫃的定義

根據國際貨櫃局 (International Container Bureau) 所作的定義：「貨櫃係一定形狀的容器，用以承裝貨物，在二種或以上的運輸工具間，因其特別的設計，最適合於裝卸作業，且不必直接對貨物接觸。其填裝及取卸均極便利，但內部容積不得小於 35.3 立方呎。」而依據英國國家標準局的規定「貨櫃乃固定式或可摺疊式的構成體，

它適合於包裝物品及散裝原料運輸的重複使用。其特點在便於不同運輸工具間的搬運及裝卸作業的進行」。

貨櫃是一種特別容器，具有下列特性：

1.具有耐久的特質和足夠的強度，可重複使用。

2.用來裝載貨物，可經由多種運輸工具運送，而不需要中途拆卸貨物轉運。

3.配置有適當的裝置，得以在轉換運輸工具時，很方便地搬動。

4.具有易於裝卸的設計。

5.具有 1 立方公尺以上的內部容積。

㈡貨櫃的種類

1.貨櫃依其尺寸區分，常見者，有下列各種貨櫃：

⑴寬 8 呎，高 8 呎半，長 40 呎。

⑵寬 8 呎，高 8 呎半，長 30 呎。

⑶寬 8 呎，高 8 呎半，長 20 呎。

⑷寬 8 呎，高 8 呎半，長 10 呎。

2.貨櫃依其用途區分，有：

⑴普通貨櫃：

①乾貨貨櫃 (dry cargo container)：長方盒形狀，用以裝運一般雜貨之用。

②通風貨櫃 (ventilated container)：形狀與乾貨貨櫃同，但其上設有通風設備，是供裝運需通風的貨物。

③開頂貨櫃 (open top container)：形狀與乾貨貨櫃相似，但其頂部敞開而未設有櫃頂，代之以橫向的木質活動鋪板，其上面另敷設帆布頂罩以避風雨，多用以裝運整體、粗重或大件的貨物。

④平床貨櫃 (flat bed container)：這種貨櫃實際上並不具櫃形，而僅有底盤及兩端擋板，用以裝運車輛、鋼板、木材、電纜等。

⑤載車貨櫃 (car container)：主要結構為底盤及四角支柱，用以裝運車輛之用。

⑵保溫貨櫃：

①冷藏貨櫃 (refrigerated enclosed container; reefer container)：形狀與乾貨貨櫃相似，但櫃體具有隔熱性能，貨櫃櫃門的另一端裝有冷凍機一具，內側的圍壁敷以絕熱材料，是用以裝運低溫保藏及冷凍貨物之用。

②隔熱通風貨櫃 (insulated and ventilated enclosed container)：結構與冷藏貨櫃同，但無冷凍機裝設，另設有通風裝置，用以裝載低溫冷藏貨物之用。

(3)液體貨櫃 (fluid tank container)：主要結構為底盤及四角支柱，其上裝有圓形或橢圓形液櫃一具，永久固定於底盤上，用以裝運流體貨物。

(4)特殊貨櫃 (special cargo container)：

①牲畜貨櫃 (livestock container; pen container)。

②散裝貨櫃 (bulk container)。

③側裝貨櫃 (sideloading container)。

貨櫃通常是選用體堅質輕及耐用的鋁合金、高張力鋼及木材等材料做成。一般而言都能適應各種運輸工具的輸送和多次反覆的使用。

三、貨櫃船的種類

貨櫃船 (container vessel/ship) 是貨櫃運輸最重要的一環，由於貨櫃運輸的日益改進，其種類可分為多種：

(一)依其構造，可分為

1. 全貨櫃船 (full container ship)：這種貨櫃船是貨櫃化運輸發展後所設計新造的船舶，駕駛及動力均集中在尾端，全船空間均作裝載貨櫃之用。

2. 半貨櫃船 (semi-container ship)：這種貨櫃船是利用傳統貨輪加以改良，將部分貨艙經特殊設計作為裝載貨櫃之用，其餘貨艙仍作裝載一般貨物之用，是混合用途船舶。

3. 可變貨櫃船 (convertible container ship)：這種船舶是經特別設計，使船艙的部分或全部既可裝載貨櫃，也可裝載其他一般貨物，具有特殊性能，在船舶裝載不同的情況下都能適應航行。

(二)依其裝卸貨櫃方式的不同，可分為

1. 駛進駛出貨櫃船 (roll-on/roll-off vessel)：駛進駛出型貨櫃船的船體結構與傳統貨輪不同，並無垂直分隔船艙的水密性隔壁，而船體在水平方向分隔數層，各層甲板均為水密性構造。一般在船首或船尾開一艙門。艙門開啟時，即有一鋼製跳板伸出，架在艙門與岸肩之間。船艙內，自船首至船尾止，無垂直方向的隔壁，而在水平方向，自船首直透船尾止，將船艙分隔為 2～3 層的中間甲板，甲板與甲板間的貨

櫃移動係經過跳板或依靠電梯 (lift elevator) 的上下升降。貨櫃裝船時,利用拖車或堆高機,自船首或船尾的艙門,經過跳板搬進所定位置。

2.吊上吊下型貨櫃船 (lift-on/lift-off vessel):吊上吊下型貨櫃船本身通常並無裝卸設備,一切裝卸須依賴岸上起重機來操作。船體結構與傳統貨輪相同,以水密隔壁分隔為 2~4 艙間,各艙間設有自船底至艙口邊材 (hatch coaming) 止的垂直艙格導槽 (cell guide),使 20 呎貨櫃或 40 呎貨櫃,能整齊分層堆積。裝載在艙間內的貨櫃,因四隅角由隔艙導槽所固定,故不發生移動現象。在甲板上放置 1 層時,用定位圓錐鎖 (positioning cone) 固定其位置。在甲板上堆疊 2 層以上時,則用垂直堆積器 (vertical stacker)、捆綁纜 (lashing wire) 或棍桿 (rod) 等固定位置,使貨櫃不致移動。在貨櫃船航駛初期,依據國際標準貨櫃的堆積安全率計算結果,艙內堆積 6 層,甲板上堆積 2~3 層比較多。因船體逐漸加大,現在艙內可堆積 9 層的大型貨櫃船亦已出現。又堆積層數超出國際標準時,貨櫃的強度亦須超出國際標準,方能安全。

此類貨櫃船的貨櫃裝卸,係利用起重機將已裝貨貨櫃自拖車上吊上貨櫃船,或自貨櫃船上吊下。

3.駁進駁出型貨櫃船 (float-on/float-off vessel):又稱子母船 (Lighter Aboard Ship, LASH) 的母船稱為 LASH Ship,子船稱為 LASH Lighter 或 LASH Barge,總稱子母船。每一子母船可承載數十艘子船駁船 (LASH barge),每一子船相當一大型的貨櫃,為一特種的平底駁船,排水量 500 噸,具防水性能。母船到港後毋需繫泊碼頭,可利用船上特設的起重設備,將子船由船尾卸入港中,再由拖船將子船拖至起駁地點從事起卸。裝貨出口時,係將貨物事先裝入子船,俟母船到港時,由其尾端利用特設的起重機將子船吊入母船,運往各目的港,而無須停靠碼頭。子母船的載重噸位在 2 萬至 3 萬噸之間。

4.海蜂型子母船 (sea-bee ship):又稱 Sea-Barge Clipper,係以 LASH 的構想及方式為出發點,而將裝卸方法加以改變的子母船。與 LASH 不同之處,乃不使用船上起重設備裝卸子船,其方式係在母船艙底特設水櫃 (tank),將海水抽進水櫃以調整母船的吃水深度,使母船逐漸下沉至子船能觸及水面的程度,則子船可自行滑落水面脫離母船。裝載時也以同樣方式將子船引入母船大艙內,調整吃水深度後,即可開航。

四、貨櫃碼頭及其他設備

　　廣義的貨櫃碼頭，稱為 Container Terminal（通稱貨櫃基地，或貨櫃集散站或貨櫃終站），係指在貨櫃運輸過程中，不同的運輸單位相連接之處，可以說是一種貨櫃海陸轉運的總站，也就是陸上貨櫃運輸與海上貨櫃運輸相會合之處。因此它必須一面能使貨櫃船泊靠，另一方面能使陸上貨櫃車（火車、卡車）停靠，在此可以進行貨櫃作業。為達成此項任務，一個 Container Terminal 必須有下列設施。

　　㈠固定設施

　　即狹義的貨櫃碼頭，其設施包括貨櫃船席 (container berth)、貨櫃調度場 (marshalling yard)、貨櫃存放場 (container yard, CY)、控制塔 (control tower)、貨櫃合併棚 (consolidation shed) 或貨櫃貨物集散站（又稱貨櫃通棧）(container freight station, CFS)、修護站 (maintainance shop)、辦事處 (terminal office)。

　　㈡其他設施

　　包括貨櫃車架 (chassis)、門式起重機 (gantry crane)、側載起貨機 (side fork lift truck; side loader)、貨櫃跨載機 (straddle carrier)、拖車 (trailer) 等。

五、貨櫃運輸的優缺點

　　㈠對運送人的優點

　　貨櫃運輸對運送人而言，有下列優點：

　　1.加速船舶的營運周轉：因裝卸貨物簡化，船舶停泊碼頭時間縮短，增加船舶營運效率。

　　2.降低運輸成本。

　　3.減少貨物理賠。

　　㈡對貨主的優點

　　貨櫃運輸對貨主而言，有下列優點：

　　1.節省貨物包裝費用：

　　　⑴外包裝：原來使用木箱者，因使用貨櫃而可節省。

　　　⑵釘、繩索、鐵帶等這些附帶材料因不使用木箱而可省掉。

　　2.因包裝簡化，可節省包裝勞力費用。

3.因包裝簡化，重量、體積減少，從而可節省裝卸費用、碼頭費用及倉庫費用。

4.減少貨物搬運破損及汙染：因裝卸簡化，減少裝卸破損，又因包裝科學化減少運送中破損、汙染情事。

5.減少被竊損失：因使用貨櫃，減少外人直接接觸貨物的機會，從而可減少被竊可能性。

6.減少保險費負擔：因貨櫃運輸安全，可減少運輸保險費。

7.縮短航運時間，易於配合市場緊急需要。

(三)貨櫃運輸的缺點

貨櫃運輸雖然有上述許多優點，但也有其缺點，例如：

1.貨櫃船為提高運輸效率，停靠港口較少，貨主往往須仰賴飼給船 (feeder) 轉船至越洋貨櫃船，其間往往耽誤時間。

2.有些貨物無法使用貨櫃運輸或不經濟。

3.由於約有三成以上的貨櫃裝在甲板以上的地方，保險公司常以 Deck Cargo 的費率計收保險費，增加貨主負擔。

4.船方對 Shipper's Load and Count 情形下的整櫃貨，常視為一件貨物，其賠償責任在 Package Limitation 條件下，貨主常吃虧。

5.貨櫃船運價往往較傳統船運價昂貴。

六、貨櫃船運輸的託運手續

利用貨櫃船裝運貨物的託運程序，與傳統定期船託運手續大致相同。

(一)洽訂艙位，領取裝貨單

首先由託運人、出口商或報關行向運送人或其代理行填送託運單，預訂艙位，取得船公司或其代理行簽發的裝貨單 (S/O) 二聯，裝貨單上載有託運人、受貨人、受通知人的名稱、地址、船次、貨載種類、數量重量、嘜頭、貨櫃運送條件（即 CY 或 CFS）、交貨條件、運費支付方式及買賣契約或信用狀的規定。裝貨單為數聯套寫方式，託運人可憑以向海關申請貨物進倉及報關驗貨，運送人可憑以製作各種裝船文件和掛號報單通關之用。

(二)裝櫃，領取收貨單

1.整櫃貨物 (CY cargo) 時：託運人向船公司取得設備交接單 (equipment

interchange receipt, EIR; equipment despatch order, EDO) 後，從貨櫃存放場 (CY) 借到空櫃，由船公司派拖車到出口商指定的地方裝櫃。這時海關派員到場根據出口報單查驗無訛後，監視裝櫃予以封鎖並開發貨櫃運送單 (container note)。貨櫃運到船公司指定的碼頭貨櫃存放場 (CY)，貨櫃存放場即簽發收貨單 (dock receipt)。但實際上，在我國大多數情形，貨櫃逕運至碼頭貨櫃存放場的情形較少。通常係由託運人將貨物運至船公司所指定貨櫃集散站的貨櫃存放場 (CY)，經由海關駐站關員查驗無訛封鎖後，才運至碼頭貨櫃存放場裝船。

2.併櫃貨物 (CFS cargo) 時：由託運人自行僱車將貨物運到貨櫃集散站 (container terminal) 的貨櫃貨物集散站 (CFS)，貨櫃集散站核對貨物後即簽發收貨單予託運人，然後由集散站管理人員丈量體積噸位，審核貨物性質和運送目的地，和其他託運人的貨物，在海關駐站關員監視下，併裝入櫃，裝櫃完畢即行封鎖，憑駐站關員開發的貨櫃運送單，即可用拖車運到碼頭貨櫃存放場裝船。

㈢支付運費，換領提單

貨櫃裝船後，託運人即可憑收貨單向船公司換領提單。若按 CFR、CPT、CIF、CIP 條件交易者，則須支付運費。

茲將其作業流程圖示於下：

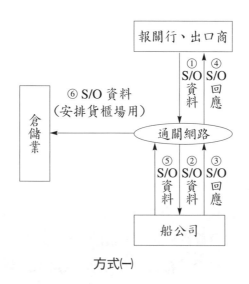

方式㈠

萬海空白 SO

WAN HAI LINES LTD.

SHIPPING ORDER

The carriage would at all times be subject to the
Bill of Lading terms of Wan Hai Lines Ltd.

Shipper:

發票抬頭請開:(若與 SHPR 相同則不必重列)

統一編號 :
Consignee:

Notify party:

報關行 TEL NO.:

FAX NO.:

E-MAIL:

貨 主 TEL NO.:

FAX NO.:

E-MAIL:

Ocean Vessel	Voy. No.
Place of Receipt	Port of Loading
Port of Discharge	Place of Delivery	Final destination (for the Merchant reference)

Marks & Numbers	Quantity	Description of Packages & Goods	G./N. Weight	Measurement

櫃型／櫃數:

☐普通櫃: x20'/ x 40'

☐冷凍櫃: x20'/ x40'

☐HQ : x20'/ x40'

☐SOC : x20'/ x40'

其它特殊櫃:
_____

SERVICE REQUIRED
請務必註明運送方式

1.☐FCL/FCL 整櫃貨/整櫃貨

2.☐FCL/LCL 整櫃貨/併櫃貨 (請提供 CBM)

3.☐LCL/FCL 併櫃貨/整櫃貨

4.☐LCL/LCL 併櫃貨/併櫃貨

託運危險品時,請務必申
報並附上危險品申報書

☐PREPAID 預付　☐COLLECT 到付

☐電報放貨　☐運費證明　☐船齡證明　領單處:☐台北　☐台中　☐台中#34 號碼頭　☐高雄

注
意
事
項

一、請貴公司於結關日中午 12:00 以前將 S/O 資料送至本公司·以 FAX 或 E-MAIL 方式傳送者請再以電話確認·

二、未能於結關當日下午 5:00 前收到 貴公司 S/O 資料,則本公司提具之卸貨港將依 貴公司之進倉資料製作·

三、品名須詳實註明,如僅繕打 General Merchandise 恕無法受理·

四、化學品之併裝貨一概不收,不論具危險性或非危險性·
　"危險品貨物請務必於結關日前先向我司誠實申報並提供危險櫃申報書,否則須自負所有法律責任·"

五、重量材積請務必註明·

六、單件重量超過 5 TONS 者不收,特殊 SIZE 貨物請先告知本公司·

七、S/O 上之內容若有變更請劃出,在結關日前重簽或傳真至以下地點·

S/O NO.:

基隆/桃園　結關:萬海台北總公司 FAX NO.(02)25632222(CFS), 25632254(CY) TEL NO.(02)25677961
新竹/台中
高 雄　結 關:萬海高雄分公司 FAX NO.(07)2355500, 2359006　　TEL NO.(07)2369636

資料來源:萬海航運股份有限公司·

七洋船務代理股份有限公司

SHIPPING ORDER NO.

SHIPPER

TEL. NO.

CONSIGNEE (IF ORDER STATE NOTIFY PARTY)

NOTIFY PARTY (ONLY IF NOT STATED ABOVE OTHERWISE LEVEL BLANK)

※務請註明詳細地址、電話、或 **TELEX** 號碼。

NORASIA LINE

MATE'S/DOCK RECEIPT

TO: CY/CFS

PLEASE ACCEPT THE GOODS DESCRIBED ON OUR BEHALF FOR CARRIAGE TO THE DESTINATION CFS OR PLACE OF DELIVERY SUBJECT TO THE TERMS AND CONDITIONS OF THE COMPANY'S BILL OF LADING. THE CARRIERS AND AGENTS ARE NOT RESPONSIBLE FOR CARGO THAT IS SHUT OUT

FOR SEVEN OCEAN MARITIME TRANSPORT CO., LTD.

DATE ....

PLACE OF RECEIPT 收貨地	
PORT OF LOADING 裝貨港	PORT OF DISCHARGE 卸貨港
VESSEL 船名	DESTINATION CFS/CONTAINER BASE

SERVICE REQUIRED ORIGIN DESTINATION USE "X" 註明運送方式
☐ LCL-LCL　　☐ FCL-FCL　　☐ FCL-LCL　　☐ LCL-FCL
FOR FCL SHIPMENT ONLY PLEASE STATE TYPE AND NUMBER
OF CONTAINERS REQUIRED　　☐ 20FT　　☐ 40FT
☐ BREAK BULK　☐ PALLETIZED　☐ REEFER

MARKS & NUMBERS	NUMBER & KIND OF PACKAGES: DESCRIPTION OF GOODS	GROSS WEIGHT KILOS	MEASUREMENT CU. METRES	CONTAINER NO. & SEAL NO.

ABOVE PARTICULARS DECLARED BY SHIPPER

PLACE OF ACCEPTANCE			LIFT ON/OFF	ORIGIN LCL SC	OCEAN FREIGHT	DEST LCL SC	DEST INLAND OR DIC
KEELUNG	CY ☐	CFS ☐					
KAOHSIUNG	CY ☐	CFS ☐					
TAICHUNG	☐	CFS ☐					

REMARKS
本裝船單所列各項出口貨物品名與實際裝運之貨物必須完全相符，倘有謊報，以致目的地之海關因品名不符而將貨物扣留或延遲放貨時，出口商應負全部法律責任並負擔貨櫃滯留費，務請注意。

NO. OF PACKAGES/CONTAINER (IN WORDS)

SHIPPER'S DECLARATION
WE WARRANT THAT THE DETAILS OF CARGO DECLARED ABOVE ARE CORRECT AS KNOWN TO US WE HEREBY SIGNIFY THAT WE MAKE OUR DECLARATION IN RESPECT OF THE ABOVE CARGO AS PRINTED OVERLEAF

NAME OF CUSTOM BROKER

報關行

電話：..................................

ACCEPTED FOR SHIPMENT THE PACKAGES/ CONTAINER DESCRIBED ABOVE SUBJECT TO THE TERMS AND CONDITIONS OF THE COMPANY'S BILLS OF LADING

....
SHIPPER'S REPRESENTATIVE

CY/CFS REPRESENTATIVE
DATE ....

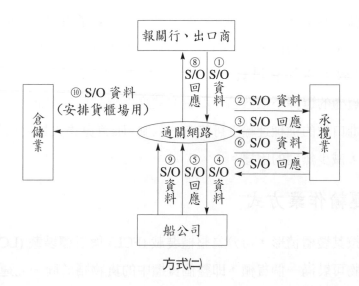

方式(二)

七、貨櫃的選擇要領

目前世界上所使用普通乾貨櫃的寬度都一定是 8 呎寬，但是長度卻有多種，包括：40 呎、30 呎、20 呎、10 呎等。高度也有多種：8 呎、8 呎半、9 呎以及 9 呎半。又，同樣是一個 20 呎長 8 呎半高的貨櫃，甲船公司的貨櫃容量可能會與乙船公司的不一樣。因此貿易業者：

(一)應有計畫地選擇貨櫃

出口商在向船公司訂貨櫃之前，必須先計算本身的貨量，然後問清楚該船公司的貨櫃內部容積、目的地港是否能接受你所要的這種貨櫃，同時要考慮到目的地國家的內陸運輸設備、客戶的倉庫或工廠是否能配合或接納得下這種尺寸的貨櫃。有些國家，如日本的內陸高架橋樑高度無法通過 9 呎半高的貨櫃，因此運到日本的貨櫃如果是 9 呎半的話，就必須在碼頭上拆櫃，以致無法好好利用貨櫃運輸的好處。

(二)應善加利用貨櫃空間

在選櫃時，另一個必須考慮的是：貨物的長度與高度，貨物放進貨櫃之後，是否能充分利用貨櫃空間而不浪費空間？即很少零碎空間 (broken space)。例如你所訂的貨櫃是 8 呎半高，而你的貨物每箱的高度為 4 呎半，那麼你所訂的貨櫃就不適合你的貨物了。因為疊兩層高，就擠不進 8 呎半高的貨櫃，而如果只裝一層高，又不經濟。因此，只好換一個貨櫃。

有些出口商，為了要配合某種尺寸的貨櫃，而改變了貨物包裝的尺寸。我們也常看到，一些貨主在貨物包裝上，動了一點腦筋，而省下為數可觀的運費。

(三)應多方請教，以節省運費

假如你對貨櫃的選擇不很熟悉，那麼你就應不厭其煩的多問幾家船公司，向進口商討教有關進口地的種種運輸上可能有的限制。唯有蒐集大量、正確的溝通訊息，才能節省運費，減少無調的困擾。

八、貨櫃運輸作業方式

貨櫃貨物按其裝櫃情形，可分為整櫃裝載 (FCL) 與併櫃裝載 (LCL)，前者指同一託運人的貨物可裝滿一個貨櫃，即整個貨櫃中的貨物屬於同一託運人的情形。通常其裝櫃工作係由託運人在其貨物所在地（即工廠倉庫）辦理。但其受貨人不一定屬於同一人，因此，在目的地貨櫃集散站 (container terminal) 可拆櫃後，分別交付不同受貨人。併櫃裝載為一託運人的貨物不足裝滿一櫃時，由託運人將貨物送到貨櫃集散站的貨櫃貨物集散站 (CFS)，交給集散站管理人員，將數個託運人的貨物併裝於同一貨櫃，運往目的地。但其受貨人可能屬於同一人，因此，在目的地貨櫃集散站，可將整櫃交給同一受貨人。由於貨櫃不僅在起運地有整櫃交運與併櫃交運的不同裝載作業，而且在目的地也有整櫃交付與拆櫃交付的不同卸載作業，貨櫃運輸作業方式可分為下列四種型態：

(一)整裝／整拆 (FCL/FCL; CY/CY)

船公司在出口地的 CY 接受已由託運人裝妥貨物的貨櫃，運到進口地的 CY，交由受貨人拖至其自己倉庫、工廠，自行拆櫃的貨櫃運輸方式。即起運地裝櫃作業由託運人負責，在目的地的拆櫃作業由受貨人辦理，裝櫃與拆櫃均與船公司無關。

(二)整裝／分拆 (FCL/LCL; CY/CFS)

船公司在出口地的 CY 接受已由託運人裝妥貨物的貨櫃，運到進口地的 CFS 後，拆櫃取出貨物交付受貨人的貨櫃運輸方式。即起運地的裝櫃作業由託運人自行負責，而目的地的拆櫃作業由船公司負責。

(三)併裝／分拆 (LCL/LCL; CFS/CFS)

船公司在出口地的 CFS 將多位託運人交來的貨物合併裝入貨櫃，運至進口地 CFS，拆櫃取出貨物交付多位受貨人的貨櫃運輸方式。即起運地的裝櫃作業及目的

地拆櫃作業，均由船公司負責。

㈣併裝／整拆 (LCL/FCL; CFS/CY)

　　船公司在出口地的 CFS 將多位託運人交來的貨物合併裝入貨櫃，運至進口地的 CY，交由受貨人拖至自己的倉庫或工廠自行拆櫃的貨櫃運輸方式。即起運地的裝櫃作業由船公司負責，而目的地拆櫃作業由受貨人自行負責。

⑴同一 Shipper 同一 Consignee 時 (FCL/FCL; CY/CY)：

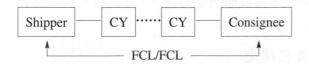

⑵同一 Shipper 不同 Consignee 時 (FCL/LCL; CY/CFS)：

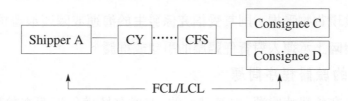

⑶不同 Shipper 不同 Consignee 時 (LCL/LCL; CFS/CFS)：

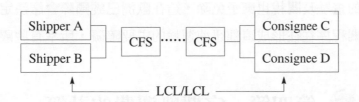

⑷不同 Shipper 同一 Consignee 時 (LCL/FCL; CFS/CY)：

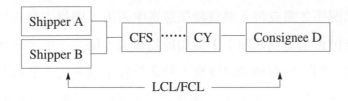

九、貨櫃運輸在貿易實務上產生的問題

(一)貿易條件的適用問題

貨櫃運輸的最大目標在於實現「門至門運輸」，但這種直達運輸的費率計算，與傳統貿易條件涵義不能配合，例如按 FOB、CFR 或 CIF 條件成交，對貨櫃運輸的運費，除了海運費之外，其他費用如裝卸費用、裝拆費用、接運費用等，便發生買賣雙方的分擔問題。因此，在貨櫃運輸的場合，宜改用複合運送貿易條件，諸如 FCA、CPT 或 CIP 即是。

(二)貨物受損的責任問題

傳統的海運方法貨物抵埠卸下後，如外皮受損，可立即判斷毀損的責任歸屬，而貨櫃運輸的貨櫃船到埠卸下貨櫃，在未啟封前無法知悉有無受損，如續經陸運至目的地拆櫃，發現貨物受損，則其受損究係發生於海運或陸運很難求證，因而將引起海上承運人與陸上承運人對責任歸屬的爭執或推諉。

(三)貨物轉運的驗關程序問題

貨櫃運輸貴在能迅速聯運，為達此目的，必須各國簡化海關查驗程序以資配合，原則上「門至門運輸」不應在港口開櫃驗關，應改在貨櫃的內陸目的地施行驗關，其對過境貨櫃的查驗及關稅也應予免除，這在歐洲已經國際會議決定施行，但在開發中國家的驗關程序往往形成這種迅速運輸的主要障礙，所幸有些國家已開始著手改進。

🌐 第四節　定期船運費的計算

運費是貨主對其貨物運達目的港而支付給運送人的報酬，此項報酬只有在貨物運達目的港的情況下才需支付。倘貨物在運送中丟失，則貨主無支付的必要。在法律上，運費的支付遵循兩項法則：(1)假如貨物遺失，船方不能請求運費，但如貨物運達，雖有損壞，船方仍有權請求運費，除非貨物損壞到喪失其商業上的特性。(2)在貨物運抵目的港，船方已完成交貨準備之前，運費無須先付。但在實際上，根據一般運送契約的條件，上述兩項法則幾已被廢棄。關於第(1)點，現在的提單內均有這樣的條款：「運費不論規定先付或到付，於任何場合，船公司均有請求全額運費的權利。」貨物遺失，預付的運費固然不退還，到付的運費則因船公司已投保了運費

保險 (freight insurance) 而可獲得保障，不因任務未完成而影響其運費收入。關於第
⑵點，如以 CIF 或 CFR 條件成交，則在貨物運抵目的港之前，運費已預付。

一、傳統定期船運費基準

運費基準 (freight basis; freight rate basis; rate basis) 為計算運費的基本單位，也
即計算貨物運費的費率基準。經營定期船的船公司，不論是否屬於運費同盟會員，
一般都編有運費基本費率表（簡稱費率表），作為計收運費的基準。所不同的是：運
費同盟的費率表是由運費同盟統籌編製，公開發行使用，適用於盟內每一船公司；
而盟外船公司的費率表則由各公司自行編製，多不對外公開。一般對於計算貨物運
費的費率基準，約有下列數種：

㈠按重量噸 (weight ton) 計算

對於重量貨 (weight cargo)，如鋼鐵、五金、玻璃、瓷磚、食品罐頭、鉛錠等，
船公司均以重量噸為單位計收運費，重量噸又分為三種：

1. 1 公噸 (metric ton) = 1,000 公斤 = 2,204.6 磅（公制）。

2. 1 長噸 (long ton, L/T) = 2,240 磅 = 1,016.064 公斤（英制）。

3. 1 短噸 (short ton)=2,000 磅 = 907.18 公斤（美制）。

貨物如按重量噸計算運費，費率表中的費率基準以 W（即代表 weight ton）表示。
目前一般費率表所採用的重量噸多為公噸，即 1,000 公斤，但實際計算運費時，仍
宜先查詢船公司，以免發生差錯。

㈡按體積噸 (measurement ton) 計算

又稱尺碼噸或容積噸或材積噸，對輕量貨 (light cargo)，即體積貨 (measurement
cargo)，如毛衣、布疋、塑膠花等，船公司係按體積噸計收運費，體積噸又可分為三
種：

1. 1 立方公尺 (cubic meter; cbm)：目前體積噸以每噸相當於 1 立方公尺 （=
35.315 立方呎）為最普遍。

2. 40 立方呎 (cubic feet; cft)：有些船公司仍以每噸相當於 40 立方呎（= 1.133 立
方公尺）作為一體積噸。實務上，將「立方呎」名之為「材」，故有「材數」、「材積」、
「材噸」等的說法。

3. 1,000 板呎 (BMF)：海上木材運輸常以體積噸計算運費，但其計算單位則以

米爾 (mille) 或 1,000 板呎作為計算單位,每 1 板呎 (BMF) 為 $1' \times 1' \times 1'' = \frac{1}{12}$ 立方呎。但目前則以立方公尺為基準(40 立方呎 = 480 板呎,1,000 板呎 = $83\frac{1}{3}$ 立方呎 = 2.08 體積噸)。

　　貨物如按體積噸計收運費,費率表中的費率基準以 M(即代表 measurement ton)表示。目前一般費率表所採用的體積噸大部分為 1 立方公尺 (m^3; CBM),有些費率表則為 40 立方呎 (cft),所以計算運費時,應先向船公司查明。

　　此外,木材 (lumber) 也按體積計收運費,但其計算法很特殊,略予以介紹。木材的計費單位可分為三種:

　　1. Petrograd Standard:等於 165 立方呎,多用於鋸木 (sawn lumber),約等於 120 個 $12' \times 11'' \times 1\frac{1}{2}''$ 尺寸的木板體積。

　　2. Fathom:約 216 cu.ft.,為計算紙漿木 (pulpwood) 及坑柱 (pit props) 運費的單位。

　　3. Sleepers:以 50 立方呎的 Load 作為計算運費的單位。

㈢按重量噸或體積噸計算

　　船公司對雜貨,其按照體積噸或重量噸計收運費,原則上以包裝後貨物的比重為取捨。以公制論,其比重大於一者,即 1 立方公尺的貨物,其重量大於 1 公噸,則按重量噸計收運費;其比重不及一者,即 1 立方公尺的貨物,其重量未達 1 公噸者,則按體積噸計收運費。換言之,船公司將就重量噸與體積噸兩者之中選擇較有利者計收運費,此即一般所稱運費噸 (freight ton) 或計費噸 (revenue ton; shipping ton)。在費率表中的費率基準以 W/M 表示,意指按重量噸或按體積噸計收運費,由船公司自由選擇。

㈣從價 (ad valorem) 計算

　　貴重物品,如珠寶、貴金屬、古玩、紀念幣等,重量輕、體積小,多須放在特別艙加以保護,所以船公司改按託運人申報價值的一定百分比計收運費。從價貨物 (ad valorem goods) 在費率表中的費率基準以 Value 表示。

㈤按件或櫃 (unit; package; box) 計算

　　即以每一單位包裝或個體作為計算運費的基準。例如輸日本的香蕉以每簍或每箱運費(車輛以每輛)若干計算。貨櫃亦有按櫃的長度以每櫃運費若干計算。在費率表中的費率基準以 Unit、Package、Box 等表示。

㈥按自然單位計算

諸如牛、羊、馬、狗等，通常均以每一自然個體，即按每頭、隻、匹等計收運費，在費率表中的費率基準以 Head 表示。

㈦按起碼運費或最低運費計算

船公司對託運的貨物，均訂有最低運費 (minimum freight)。因此，如託運貨物按上述各種方式計算運費結果而未達最低運費額，卻要求運送人簽發提單者，即按規定的最低運費計收，故有人稱為每張提單的起碼運費。在費率表中的費率基準以 Per B/L 表示。

二、運費率的結構

運費率 (freight rate) 又稱運價，定期船的運費是由基本費率 (base rate)、附屬費 (additional rate) 及附加費 (surcharge) 三者構成。茲分別說明於下：

㈠基本費率

定期船在特定的航線區間，經常停靠的港口，稱為基本港口 (basic ports)。航運同盟或盟外船公司所編製的運費率表 (freight tariff)，其中所訂的各港口間的運費率，通常即為基本費率。

基本費率可分為下列各種：

RATES OF FREIGHT FROM KEELUNG TO SINGAPORE

Effective from Jan. 1, 20–

ITEM NO.	COMMODITY	RATE BASIS	RATE US$
001	ACETONE	W/M	30.00
002	AD VALOREM GOODS N.O.S.	VALUE	3%
003	AGAR AGAR	W/M	25.00
004	AUTO CAR	UNIT	80.00
005	COW	HEAD	50.00
006	BAMBOO SHOOTS	M	20.00
007	COAL	W	OPEN
008	DANGEROUS GOODS N.O.S., CLASS "A"	W/M	60.00
009	MINIMUM CHARGE	PER B/L	15.00
010	……	……	……

1.特定貨物運費率 (specific commodity rate)：在運費率表中列舉特定貨物的名稱，分別規定其運費率、計算單位及運送條件的，是為特定貨物運費率，或簡稱為 Commodity Rate。運費率表中所列舉的貨物約一百到一百五十種，大多數的進出口貨物均適用這種費率。如第 481 頁運費率表第 001、003、004、005、006 各項均列舉貨物名稱，其中第 001、003 項的計算單位 W/M，即指每重量噸 (weight ton) 或每體積噸 (measurement ton)，貨物的重量噸大於體積噸，按重量噸計算，體積噸大於重量噸，按體積噸計算，船方有選擇權。第 006 項貨物是按體積噸 (M) 計算運費。

2.雜貨運費率 (general cargo rate)：運費率表除對大多數貨物列舉其名稱規定其費率外，對於數量較少的雜貨及零星貨物，無法一一列舉定價，乃予以統一規定費率，以便託運人使用。這種貨物又稱未列名貨物 (cargo not otherwise specified, N.O.S.)，如第 481 頁運費率表第 002 項從價貨物及第 008 項危險品均是。

3.分等運費率 (class rate)：運費率表有時對各類貨品劃分若干等級，分別訂出其費率，有的分為三等，有的分為十等，各航運同盟並無一定標準，如第 481 頁運費率表第 008 項危險品即適用 A 級費率。

4.契約運費率 (contract rate)：又稱特約費率，只適用於與航運同盟訂有長期契約，全部交由同盟船承運的特別優待費率。航運同盟的運費率表原適用於所有的船隻，為統一的運費率，但為與盟外船隻競爭，往往採行一些優待辦法（詳本節第三項之說明），其中之一就是：貨主與航運同盟簽訂長期契約可按運費率表的基本費率減 9.5%（視情形而定）付運費，此即契約費率。

至於非同盟船公司的運費率表，則無實施契約運費率的必要。蓋因其運費率一般均較航運同盟所訂者為低；另外有的係按同盟的契約費率（即比基本費率低 9.5%）計算，也有的與同盟的基本費率一樣，但少收或免收其他費用。

5.從價運費率 (ad valorem rate)：對於一些託運人報明價值的高價貨物，如古玩、珠寶、金銀、字畫等，因發生短損時船公司須照價賠償，所以運費多從價按貨值比例收取，較基本運費率為高。例如第 481 頁運費率表中的第 002 項即是。

6.冷藏貨運費率 (refrigerated cargo rate)：對於易腐易爛的貨物如水果、蔬菜、肉類等，因船舶須有特殊的冷藏貨艙及冷氣設備，其運輸成本較高，所以須適用較高的運費率。

7.危險品運費率 (dangerous cargo rate)：危險品可危及船貨及人命，船艙須有安

全措施，並須在特定專用碼頭裝卸貨，所以其運送成本較一般貨物為高，通常危險品的運費率高於其他貨品一至四倍。例如第 481 頁運費率表中的第 008 項即是。

8.計件運費率 (package rate)：對於無法檢量或不易檢量貨物，如車輛、機器設備等，習慣上以件數計算運費。例如第 481 頁運費率表中的第 004 項即是。

9.包裹運費率 (parcel rate)：零星小包裹通常不裝入貨艙，而交由船長保管，並且這類零星貨品託運人並不要求簽發提單，而由船公司發給包裹收據 (parcel receipt)。其運費按船公司另訂的包裹運費率計算，多按每件收費若干計。

10.自由運費率 (open rate)：運費率表中對某些貨物不規定運費率，而容許船方與貨方自由議定。這種自由運費率多用於不定期船方面，但定期船對若干貨物亦有採用，如第 481 頁運費率表第 007 項 Coal 便是。

11.甲板貨運費率 (on deck cargo rate)：甲板非裝載貨物的地方，但有些貨物如火車頭不便裝於船艙，乃裝於甲板上。甲板貨船方多不負損害賠償責任，並且不占船艙，所以其運費率較其他貨物為低。

12.最低運費率 (minimum rate)：最低運費率即起碼運費率，不屬於高價品的一般貨物，如體積或重量不足規定運費率的基本單位，而需簽發提單的，船公司多訂有最低運費率，其計費標準通常為半噸或 20 立方呎，但也有按每份提單或每件貨物為單位訂定運費率的，例如第 481 頁運費率表中第 009 項便是。

13.包櫃費率 (box rate)：定期貨櫃船公司也有將整櫃 (CY; FCL) 按櫃計算運費，而不需實際量材，但有貨櫃最高荷重的限制 (max wgt)。

14.迷你（微）陸橋費率 (mini-bridge/micro-bridge rate, MLB rate)：即整櫃自美國西岸太平洋港口卸下後，由船公司負責安排內陸運送至美國東岸、南岸海灣或中西部地區，且負所有內陸運送費的一種費率。

㈡附屬費 (additional rate)

又稱增列運費 (additional freight)，船公司承運貨物，除按基本費率收取運費外，另也依特殊情況加收附屬費，常見的有下列幾種：

1.超重費 (heavy lift charges)：每件貨物的重量超過一定程度（標準如何，各船公司規定不一，有的定為 3 噸，有的定為 5 噸。貨櫃貨物除外）時，由於處理上需花費更多時間與費用，所以在基本運費外，需另收附屬費。

2.超長費 (lengthy charges)：每件貨物的長度超過一定程度（如長度超過 10 公

尺,貨櫃貨物除外)時,處理上與超重貨物同樣不便,所以也需另收附屬運費。其計算方法與超重貨物大體相同。

3.超大費 (bulky cargo charges):每件貨物的體積超過一定程度(例如超過 3 立方公尺,貨櫃貨物除外)時,處理上不便,所以也需另收附屬運費。

4.轉船附屬費 (transhipment additionals):貨物在運輸途中須經兩艘以上船隻聯運,因而增加裝卸處理、倉棧等費用,這些費用常因接運時間長短,難以確定,所以船公司對這種聯運貨物就預先估定費用金額,名為估定附屬費 (arbitrary),另向貨主收取。

5.內陸轉運附屬費 (local freight charges, OCP charges):貨物運抵卸貨港後,再經陸運轉運內陸目的地,除海運運費及內陸轉運費外,尚須增加裝卸費及候車時的倉租。這些費用也預先估定金額,作為附屬費向貨主收取。這種附屬費多適用於由遠東至美國西岸港口的貨物。所謂 Local 形式(即運往非 OCP 地區的情形),多指以汽車轉運;而 OCP (overland common points) 則多指以火車轉運至落磯山以東地區者。Local 或 OCP 費率的採用與否,應由買方或收貨人指定,託運人不得擅自選擇。

6.選擇卸貨港費 (additional for optional port of discharge):選擇卸貨港貨物 (optional cargo)又稱任意卸貨港貨物,需裝於託運人選擇的數個港口中任何一港均能起卸的艙位,在裝船時,當然要給予特別的安置,因而費用增加,所以需另收附屬費。如選擇港口數增加,則該項附屬費,也按比例增加。

7.更改卸貨港費 (alteration of destination fee):貨物運出後尚未運抵卸貨港前,因需要可要求更改卸貨港,對於這種更改卸貨港的貨物,船公司也另加收附屬費。

8.碼頭服務費。

9.貨櫃運輸增列費用:參閱本章第四節第六項。

(三)附加費 (surcharges)

1.燃料附加費 (bunker surcharge):油料或燃料漲價,運輸成本增加時,同盟船公司並不隨即調整基本費率,但臨時訂定一個百分比,以便按原來運費率計算運費後,再按上述百分比加收燃料附加費。此項百分比,運費同盟通常稱其為燃料調整數 (bunker adjustment factor, BAF; fuel adjustment factor, FAF)。但有些船公司則按每噸酌收若干元。

2.幣值附加費 (currency surcharge):船公司收取運費多以美元計算,但美元往往

貶值，為彌補此項損失，乃另增收幣值附加費，而不另調整運費率表的基本費率。這種附加費係由運費同盟按美元匯率變動臨時訂定一個百分比，作為計算根據。此項百分比，運費同盟通稱為幣值調整因數 (currency adjustment factor, CAF)。

　　3.港口擁塞附加費 (port congestion surcharge)：港口因碼頭、倉庫、工人不足，或因戰亂、罷工等因素，致使到港的船隻裝卸緩慢或久候船席延滯船期，造成損失，船公司乃按基本運費加收某一百分比的港口擁塞附加費以資彌補，這種附加費只限於某些特定港口收取，所以不比前兩者普遍。

　　4.稅捐附加費 (surcharge for income tax; transportation tax, etc.)：有些國家對於貨運課徵特別稅捐，船公司多以附加費方式向貨主收取。這種附加費也只限於少數港口。

　　5.繞道附加費 (canal surcharge)：歐亞間海上運輸以取道蘇伊士運河 (Suez Canal) 最為便捷。當運河突然關閉無法通過而改航繞道好望角 (Good Hope Cape)，航程因而延長，運送人即加收運費，此項附加費稱為繞道附加費。

三、航運同盟的優待運費率

　　航運同盟 (shipping conference) 又稱運務協會，指在一特定航線上有定期船行駛的船公司，為限制或消除彼此間的競爭，維護共同的利益，而以協定方式結合而成的一種卡特爾 (cartel) 組織。其主要協議事項為統一運費率的訂定，所以航運同盟通常又稱為運費同盟 (freight conference)。

　　參加者均為經營定期航運業務的船公司，其費率 (freight rates) 及各種營運規則 (rules and regulations)，由同盟統一規定，會員公司對所訂費率不得私自增減；如運費率增加時，規定自公布後第三個月第一日或九十天生效（應注意各同盟的規定），降低時則立即生效。

　　輪船公司為營運靈活，避免約束，或基於本身條件不合於同盟規定而未參加運費同盟組織者，概稱為非同盟船公司。其費率多自定或參照同盟運費表給予若干折扣，一般均較同盟費率為低。

　　本章前面所述的定期船運費率多屬航運同盟所制定同盟費率 (conference rate)。航運同盟根據其性質，又可分為開放同盟 (open conference) 及關閉同盟 (closed conference) 兩種，前者為對於希望加入同盟的船公司，均無條件同意其加入，如遠

東至北美大西洋及太平洋西岸的航運同盟，多以美國船為中心；後者則非有一定的資格與航行實績並經同盟開會同意者，不准其加入同盟，如遠東至歐洲的航運同盟，多以英國船、荷蘭船為中心。

航運同盟為與盟外船隻或不定期船競爭，常指派或僱用噸位、性能與盟外船隻相近者，以極低的費率爭攬貨物，以資排斥盟外船隻，直到盟外船隻停航或改變航線，才恢復正常營運，如有虧損則由各會員公司共同分攤。除使用此種競爭船 (fighting ship) 手段外，另實施下列各種優待辦法，使貨主得到實質上的折扣並受其約束。

(一)延期回扣制度 (deferred rebate system)

貨主與航運同盟約定，在一段約定期間內將全部貨物交由同盟會員公司船隻裝運，如這段期間內未曾有任何部分貨物交由其他盟外船隻裝運，則由同盟退回其全期內全部貨載運費的 10%，以示優待。但這項回扣，必須保留在船公司三個月或六個月，貨主在這段期間仍須繼續將全部貨物交由同盟船隻裝運，如無違反則到期即可獲得這項回扣，如有任何部分貨物交由盟外船隻裝運，則這項回扣就因而取消。

(二)雙重運費率制度 (dual rate system)

亦稱契約運費率制度 (contract rate system)，即貨主與航運同盟簽訂契約，約定將其全部貨物交由同盟船隻裝運，貨主馬上即可獲得運費的 9.5% 回扣，這種契約運費率 (contract rate) 較同盟費率表 (conference tariff) 的普通運費率（即無契約運費率 (non-contract rate)）低 9.5%，形成了雙重運費率。但同盟對貨主也有相當的約束，即契約中同時規定，如貨主違反契約將部分貨物交由其他盟外船隻運送時，貨主須賠償同盟與回扣相等的金額作為補償損害之用。

航運同盟通常同時提供上述兩種回扣制度任由貨主選擇，但根據一般航運慣例，回扣只付給提單上所列的託運人，所以貨物如由貨運承攬商 (forwarding agent) 經手辦理裝運，提單上仍應載上貨主的名字，不可列為貨運承攬人，否則回扣無法轉到貨主手中。

(三)誠信佣金制度 (fidelity commission system)

貨主與航運同盟約定，貨主在一定期間內（例如三個月），將所有貨物交給同盟會員船公司承運，而同盟會員船公司則於期間終了時，即按照所收取運費總數，立即付給貨主某一比例的佣金（例如 9.5%），而不延期。在此制度下，貨主與同盟會

員船公司雙方都是基於誠信原則，故有此稱。本制度於 1922 年開始採用，現在北美、加勒比海航路的二個小航運同盟仍採用。其與雙重運費率制度不同的是：①費率只有一種；②支付佣金（實際上即為 rebate）不延期；③最大不同處為雙重運費率制度繼續地拘束貨主（解約預告期間通常須有四個月），而誠信佣金制度則只限於一定期間，不致繼續拘束貨主。

四、傳統定期船運費的計算方式

定期船運費的計算，主要是根據船公司的運費率表，但因構成運費的因素，除基本費率外，尚有附加費及附屬費等，所以其計算頗為複雜。

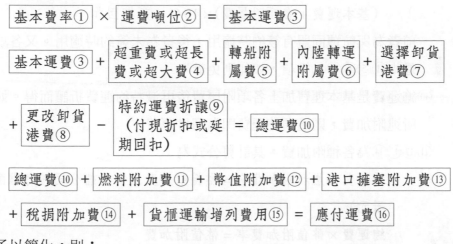

如予以簡化，則：

　　基本費率 × 運費噸位 = 基本運費

　　（基本運費 + 各項附屬費 + 各項附加費）×（1 − 同盟折扣率）= 應付運費

茲將上面各項說明於下：

　　①基本費率是運費率表中每運費噸（視費率基準為重量噸、體積噸、價值或件而定）的金額。

　　②運費噸位是計算運費的貨物噸數。

　　③基本運費為基本費率與運費噸位的乘積。

　　　如貨物運費從價計算，則計算公式為：

　　　　提單所載貨物的 FOB 價格 × 運費率 (%) = 基本運費

　　　如貨物運費論件計算，則計算公式為：

基本費率 × 件數 = 基本運費

假如船公司不另收附屬費及附加費，基本運費即為應付運費。

④⑤⑥⑦⑧等項附屬費是按每運費噸加收，費率若干，由船公司規定。

例如第 481 頁運費率表第 006 項 Bamboo Shoots 按體積噸計每噸 US$20.00，如須在香港轉船，每噸轉船附屬費 US$5.00，假定貨物為 50 體積噸，則此項附屬費為 US$250.00。

貨物如無這些附屬費則免計。

⑨特約運費折讓只有裝運航運同盟船隻時才有，其計算公式為：

（基本運費＋各項附屬費）× 9.5% = 付現折扣

（基本運費＋各項附屬費）× 10% = 延期回扣

前者為與航運同盟有簽約時適用，後者為未簽約時適用。又各項附屬費是指④⑤⑥⑦⑧等項，如無則免計。

⑩總運費是基本運費加上各項附屬費後再減特約運費折讓而得。如無後面所述附加費，則這項總運費即為應付運費。

⑪⑫⑬⑭為各種附加費，其計算公式為：

總運費 × 燃料附加費率 = 燃料附加費（有些船公司按每噸酌收若干元）

總運費 × 幣值附加費率 = 幣值附加費

總運費 × 港口擁塞附加費率 = 港口擁塞附加費

總運費 × 稅捐附加費率 = 稅捐附加費

附加費各船公司規定各有不同，並常調整，實際計算時應向船公司查詢。燃料附加費及幣值附加費較為普遍，而港口擁塞附加費及稅捐附加費則限於特定港口，如無這項附加費則免計。

⑮貨櫃運輸增列費用，只限於貨櫃運輸時才有。其計算方法請參閱本章第四節第六項。

⑯應付運費即總運費及各項附加費及貨櫃運輸增列費用的加總金額，為貨主實際支付的運費。

五、貨櫃船運費的計算方式

貨櫃船運費的計算，主要是根據運送人的報價，但因構成運費的因素基本運費外，尚有各種增列或減讓費用等。船公司（運送人）報價如下：

	CY 20′	CY 40′	CFS
基本費率	US$...	US$...	US$...per W/M (W: 1 M/T, M: 1 cbm)
體積上限	33.1 cbm	67.5 cbm	
重量上限	21.67 M/T	26.48 M/T	
吊櫃費	NT$.../20′	NT$.../40′	
裝櫃費			US$...per W/M
匯率 USD : NTD = 1 : 30			

計算以 CY、CFS 方式裝運時，應付運費是多少。兩者比較，以應付運費較低的方式運送。應付運費的計算方式為：貨櫃貨物運費 + 吊櫃費 (CY) 或裝櫃費 (CFS) + 各種貨櫃運輸增列費用。

六、貨櫃運輸的各種增列或減讓費用

㈠裝櫃費或併櫃費 (stuffing charges; packing charges)

指併櫃貨物 (CFS cargo; LCL cargo) 在 CFS 由船方僱工裝入貨櫃時，向貨主收取的裝櫃費用，對這種裝櫃費，船公司常以 CFS Receiving Charges 或 LCL Service Charges 名義向託運人收取。

㈡拆櫃費 (stripping charges; unpacking charges; unstuffing charges)

指併裝貨櫃 (LCL container) 運到進口地的 CFS 後，即由船公司僱工拆櫃，取出貨物存儲於倉庫，等候受貨人前來提領，對於這種拆櫃作業的費用，船公司常以 CFS Delivery Charges 名義向受貨人收取。以 CFR 及 CIF 報價時，如賣方不願負擔這部分費用，可於報價時預先申明拆櫃費到收 (stripping charge collect)。

㈢吊上吊下費或吊櫃費 (lift on/off charge)

在貨主自行裝櫃或拆櫃的情形下，當貨主僱車至 CY 提取空櫃或重櫃時，由船方將貨櫃吊置該拖車上，或當貨主僱車將重櫃或空櫃拖至貨櫃場時，船方將貨櫃由該拖車上吊下，此項吊上或吊下費用，有些船公司亦向貨主收取。

(四)卸櫃費 (destination delivery charges, DC, DDC)

指整櫃貨運往美加地區時，加收的目的地卸櫃費。

(五)貨櫃處理費或貨櫃場作業費 (terminal handling charges, THC)

可分為出口／進口兩種，就出口而言，此項費用包括了從貨櫃場收受貨櫃至貨櫃裝船止，於陸上產生的一切貨櫃處理、運送及繕製相關文件所需費用；就進口而言，THC 包括貨櫃從船舶卸離後至貨櫃場放行為止的一切費用。依遠歐運務協會規定，出口港的 THC 由出口商負擔，而進口港的 THC 則由進口商支付。又 THC 僅就 FCL Cargo 徵收。

(六)延滯費 (demurrage)

滿櫃貨物自船上卸至 CY 後，依託運條件，應由受貨人至 CY 將其拖至受貨人倉庫或工廠拆櫃。倘在一定時間內，受貨人未前往貨櫃場提取，則船公司將向貨主收取延滯費，按日每櫃若干。

(七)留滯費 (detention charges)

貨主自 CY 拖回貨櫃至自己倉庫或工廠之後，如未在免費時間 (free time) 內完成裝櫃或拆櫃工作，並送回貨櫃場，船公司將按日每櫃若干，向貨主收取留滯費。

(八)短裝運費 (shortfall freight)

貨主交運的貨物，尚未達到船公司規定整櫃的最低裝載量，而貨主堅持專用整個貨櫃的情形下，船方例須向貨主加收短裝運費，其計算方式如下：

$$短裝運費 = \frac{短裝的噸位 \times 應付全部運費}{最低裝載量 - 短裝的噸位}$$

(九)送站費 (delivered-in charges, DIC)

為貨櫃自卸貨港運至內陸貨櫃基地 (container base) 的費用，此項費用僅在英國有之，對英國客戶報價時，應特別註明送站費用由買方或賣方負擔。如賣方擬報出 CFR 或 CIF 價，而不願負擔此項費用，可於報價單中言明 DIC in U.K. Not Included。

七、運費查詢步驟及應注意事項

(一)運費的查詢步驟

國際貿易以 CFR、CIF、CPT 或 CIP 等條件報價時，運費的計算對出口商來說，是一項重要的工作。一般而言，運費是根據船公司（運送人）的口頭報價而核計，

但船公司往往因業務繁忙而無法將計算細節詳細解釋，每每發生計算錯誤之情事。茲將運費查價步驟簡述於下：

1.確定 CFR、CIF、CPT 或 CIP 等目的港或目的地：應事先與買方協調目的港或目的地。若是主動報價，也應先查明目的港為何？有無船隻前往？是直達抑轉船？在何處轉船？有幾家船公司前往？每個月的班次如何？以作將來選擇船公司、裝船期限的參考。假如買方要求以內陸地點作為目的地，而該目的地並未包括在船公司的服務範圍內，則應改接洽國際貨運承攬商 (international freight forwarder)，請其就複合運送，作全程的運費報價。

2.向可靠的船公司查詢運費：目的港（地）確定後，即可根據該港口所屬航線在有關航運報章、雜誌或期刊的船期廣告尋找有關的船公司或船務代理查詢運價及船期。但是船公司或船務代理的可靠性難以辨認，因此，船公司的選擇大致可循下列方法進行：

　　(1)以我國公營船公司或國人經營在我國設有總公司的大型民營船公司為第一優先。

　　(2)若該航線有運費同盟組織，則以選用運費同盟輪為宜，運費雖較高，但船期較為準確可靠。

　　(3)若該航線無運費同盟組織，應選用組織較具規模而可靠的船公司。

　　(4)已與特定船公司長期往來者，如不擬另交其他公司承運則仍選用該特定船公司，但應特別注意該公司的營運情形及船期的可靠性。

　　(5)若對國際運輸不瞭解，或須經由複雜的轉運，則宜委請信用可靠的國際貨運承攬商或無船營運公共運送人 (non-vessel operating common carrier, NVOCC) 辦理。

　　(6)運費報價過分低廉者，應特別注意其可靠性，不可貪圖低廉運價或非法退佣而遭無謂的損失。

(二)查詢運費時應注意事項

1.詳述託運貨物名稱及性質、使用原料。

2.詢問運費基準 (freight basis) 是按重量計算抑按體積計算？或按包櫃費率計算？

3.查明基本費率 (base rate) 外的各種附屬費 (additional freight)、附加費

(surcharges) 的名稱及計算方式，並注意計算的先後次序。例如轉船附屬費 (transhipment additionals)、港口擁塞附加費 (port congestion surcharges) 等應與基本費率相加；而燃料附加費 (bunker surcharges) 或幣值附加費 (currency surcharges) 如按百分率計算，則係將多種費用相加後的和再乘以百分率計算。次序不同，計算的結果也必不同。

　　4.如能從船公司（運送人）取得正式的書面報價，可減少很多糾紛。

　　5.確定船公司（運送人）所報費率適用的有效期限。

　　6.問清楚裝卸條件：即 Liner Term？ FI？ FO？ FIO？

八、運費的計算實例

㈠傳統定期船運費的計算實例

　　設某出口商擬出口電算機至英國 Manchester，該批電算機以紙箱裝運，每一紙箱體積為 60 cm × 70 cm × 60 cm，重量為 20 kgs.，共裝 20 箱，向船公司詢問運價，船公司報價如下：

基本運費率：W/M US$130.00 W = 1,000 kgs., M = 1 m^3

BAF: 10%

CAF: 10%

出口商享有歐洲運費同盟特約費率，減 9.5%

運費計算如下：

該批電算機體積共：0.6 m × 0.7 m × 0.6 m × 20 = 5.04 m^3

　　　　　　　重量共：20 kgs. × 20 = 400 kgs. = 0.4 M/T

因體積噸數較重量噸數大，故船公司選擇以體積噸為計價單位

⇨基本運費 = US$130 × 5.04 = US$655.20

另 BAF = US$655.20 × 10% = US$65.52

　CAF = US$655.20 × 10% = US$65.52

⇨應付運費 = US$(655.20 + 65.52 + 65.52) × (1 − 9.5%)

　　　　　 = US$711.55

該出口商應支付的總運費為 US$711.55。

㈡貨櫃船運費的計算實例

以貨櫃運輸的情形，出口商應先向船公司詢價，分別計算 CY 與 CFS 運輸方式的運費，然後選擇較低的方式託運。

茲舉一實例說明如下：

設某出口商擬外銷一批貨物至 Los Angeles，共 600 箱、每箱體積 0.2 cbm、毛重 20.5 kgs.，船公司報價如下：

CY:20′: US$3,000

　　40′: US$5,000

CFS: US$100 per M/W (1 M = 1 cbm, 1 W = 1 M/T)

一只 20′ 貨櫃裝運貨物體積上限 33.1 cbm

　　　　　　　　　重量上限 21.67 M/T

一只 40′ 貨櫃裝運貨物體積上限 67.5 cbm

　　　　　　　　　重量上限 26.48 M/T

CY 吊櫃費 NT$5,600/20′, NT$7,000/40′

CFS 裝櫃費 NT$380/W/M

US$1: NT$33

運費計算如下：

・若以 CFS 方式裝運：

每箱毛重 20.5 kgs.，600 箱，共 12,300 kgs.，合 12.3 M/T

每箱體積 0.2 cbm，600 箱，共 120 cbm

採體積噸計價：運費共 US$100 × 120 = US$12,000

US$12,000 折合 NT$396,000 (12,000 × 33)

裝櫃費共 NT$45,600 (380 × 120)

應付運費 = NT$396,000 + NT$45,600 = NT$441,600

・若以 CY 方式裝運：

整批貨物共 120 cbm，12.3 M/T，可裝 2 只 40′ 貨櫃

整櫃運費共 US$5,000 × 2 = US$10,000

US$10,000 折合 NT$330,000 (10,000 × 33)

吊櫃費共 NT$14,000 (7,000 × 2)

應付運費 = NT$330,000 + NT$14,000 = NT$344,000

以 CY 方式裝運較划算，故選擇以 CY 方式裝運，應付運費為 NT$344,000

第五節　海運提單

一、意　義

提單 (bill of lading, B/L) 是運送人（船公司）或其代理人所簽發，證明託運貨物已收到或已裝載於船上，並約定負責將該項貨物運往目的地交給提單持有人的有價證券。我國海商法稱之為「載貨證券」，但一般商場上仍稱之為提單。實際上，在國際海運實務，並不能憑這種提單提貨，受貨人須以提單換取提貨單（delivery order，或稱小提單），然後憑小提單辦理報關提貨，所以提單與提貨單有別。二者不可混為一談。

二、海運提單的性質

海運提單的性質可從其功能及法律性質分別加以觀察。

(一)提單的功能

1.為收到特定貨物的收據 (receipt)：運送人於收到貨物後，簽發提單給託運人，作為承認收到託運貨物的書面收據。

2.為運送契約的憑證 (evidence of contract of carriage)：運送人和託運人之間有關運送條件，雙方權利義務即以提單作為憑證。

3.為憑單交貨的物權憑證 (document of title)：提單為表彰貨物所有權的憑證，持有人對提單上所載貨物得為法律上使用、買賣、償債、抵押處分的行為。提單經合法背書，即構成物權移轉，交付提單於有受領貨物權利之人時，其交付就貨物所有權移轉的關係，與貨物的交付，有同一效力。

(二)提單的法律性質

1.提單為要式證券：提單有一定的格式和內容，必須記載法定事項，才有法律上的效力，所以提單為要式證券。

2.提單為文義證券：提單是運送人和託運人間協議運送條件的證明，善意持有

人所受法律保障,是以提單記載內容為根據,所以提單為文義證券。

3.提單為流通證券:除特別註明禁止轉讓外,無論提單為記名式或不記名式,均可因背書而轉移物權,所以提單為流通證券。

4.提單為物權證券:提單為表彰貨物所有權的證書。財產權利的移轉、處分、占有、交付,均須憑提單為之。提單經合法背書,即構成物權移轉,交付提單與交付貨物所有權效力相同,所以提單為物權證券。

5.提單為交換證券:託運人交付貨物予運送人裝運後,運送人才簽發提單。在運抵目的港卸船後,受貨人請求交付貨物時,應將提單交還運送人,亦即提貨人必須提出合法背書的提單,運送人才交付貨物,所以提單為交換證券。

三、海運提單的種類

海運提單因分類標準的不同,可分為多種。茲依各種標準分別介紹於下:

1.依提單簽發時,貨物已否裝船為標準,可分為裝運提單 (shipped/on-board B/L) 與備運提單 (received-for-shipment B/L)。裝運提單乃貨物實際完全裝上特定船隻後所簽發的提單,通常買方都要求賣方提供此種提單。這種提單的正面通常都載有類如下面文句:

Shipped on board in apparent good order and condition of the goods.

備運提單,是於貨物交給輪船公司後,在尚未裝上船時即簽發的提單。這種提單正面開頭第一句常為 "Received from the shipper...the goods or packages said to contain goods...in good order and condition by...to be transported...by the Motor (Steam) Ship..." 字樣。當貨物實際裝上船後,備運提單可經批註改變為裝運提單。其方法即在備運提單上面以印戳蓋上 "On Board" 字樣,另註明裝船日期及船名,並由輪船公司、船長或其代理人簽署確認。

在使用備運提單於棉花貿易時,尚有兩種特別形式的提單:

⑴ The Custody B/L:姑譯為「存棧提單」。在美國輸出原棉時,當棉花已交付運送人,而承運此批棉花的輪船雖尚未抵達港口,運送人即簽發這種「存棧提單」。故簽發這種提單時,貨物尚未裝上船。

⑵ The Port B/L:姑譯為「存埠提單」。從美國輸出原棉時,承運棉花的船已在港口,棉花也已交由運送人保管,但尚未裝船,運送人即簽發的提單稱

為「存埠提單」。這種提單與存棧提單一樣亦非「裝運提單」。

2.依其能否流通轉讓，可分為可轉讓（流通）提單 (negotiable B/L) 與不可轉讓（直接）提單 (non-negotiable B/L; straight B/L; flat B/L)。前者又可分為單純指示式 (to order)、記名指示式 (to order of...)、不記名式 (to bearer) 及選擇不記名式 (to...or bearer) 等四種；後者則又稱為記名提單，均在收貨人 (consignee) 一欄內用不同的方式表明。可轉讓提單或用 "To Order" 或以 "To Bearer" 的字樣起頭。以 "To Order" 字樣起頭者，又稱為指示式提單 (order B/L)。指示式提單的格式又可分為下述七種：

(1) To Order：這種格式的提單，在受貨人欄內，不填明受貨人名稱，而以 "Order"代替，即「空白抬頭」或「待指定」之意。因此這種提單等於無記名。在被通知人 (notify party) 欄，可以填入 "Notify...Co." 字樣，以示到貨被通知人為 "...Co."。此被通知人可能是購貨人，也可能為其報關行 (custom house broker)，也許是託運人在目的地的代理人。貨物運抵目的地，運送人或其代理人即可通知被通知人，俾便適時提貨，以免由於延遲提貨而遭受處罰或增加倉租致發生損失。

　　這種提單，銀行往往視為良好的擔保品，提單代表運送中的貨物，多有現成的買主，較之以倉單 (warehouse receipt) 作擔保品為佳，故對於附有此類提單的匯票，其貼現或讓購，銀行無不樂意受理。

(2) To Order of Shipper：提單上受貨人欄如以 "To Order" 表明時，究竟由誰指定 (order)，甚為漠然。平常雖指 "Shipper" 而言，然而為避免糾紛，乃有 "To Order of Shipper", "To Shipper's Order" 形式的提單產生。這種提單與 "To Order" 形式相似，經託運人空白背書後，等於無記名，與上述(1)相似。因此託運人可控制貨物，提貨人必須出示經託運人背書後的提單才能向運送人提貨。如託運人須向銀行借款，可將這類提單背書交與銀行，銀行即成為提單的持有人，而提單所表彰的貨物遂成為銀行放款的擔保品。故這類提單為銀行押匯的優良擔保品。

(3) To Order of Buyer：這種格式的提單以購貨人為受貨人。這種提單由於非經購買人背書，運送人將不肯交出貨物，故託運人失去對於貨物的控制。這種格式的提單，託運人不易以之作為擔保品向銀行申請融資。因為銀行不一定能促使購貨人將此提單予以背書交付給銀行。

⑷ **To Order of Negotiating Bank**：這種提單係以押匯銀行或其指定人為受貨人。顯然，使用此種形式，託運人失去所交運貨物的控制權，而押匯銀行則獲得充分的保障。這種提單為良好的擔保品，因為押匯銀行可控制該提單所表彰的貨物。但，假如託運人以本身為提單抬頭人或直接用 "To Order" 形式而後將提單作成空白背書，銀行亦可獲得滿意的保障。能使用其他方式而不需銀行背書，銀行即可獲得保障，則銀行寧願不使其名稱在提單上出現。因為銀行多不願在提單上背書。

⑸ **To Order of Collecting Bank**：這種格式的提單，在代收銀行對貨物並無所有權而只是作為代收票款的諒解下，託運人將提單上的受貨人指定為「代收銀行或其指定人」。在此情形下，託運人亦失去貨物的控制，船公司交付貨物時，必須收回經代收銀行背書的提單。因此，這種提單並非優良擔保品，除非託運人擬向該提單受貨人，即代收銀行借款。

⑹ **To Order of Agent of Shipper**：如託運人指定其在進口地的代理人或其指定人為提單上的受貨人，則託運人亦失去對於貨物的控制，而聽任其代理人擺布。因為只有經代理人背書的提單，運送人才肯交付貨物。這種形式的提單不能充作借款的擔保品，因為貨物由受貨的代理人所控制，而貸款銀行無法控制該貨物。

⑺ **To Order of Issuing Bank**：這種提單以開狀銀行或其指定的人為提單上的受貨人。在此情形下，託運人對於貨物也失去控制權。但開狀銀行卻可以控制貨物。銀行為買方開狀而未收取十足保證金時，常要求這種形式的提單，藉以確保其債權，但對押匯銀行卻不利。

　　不可轉讓 （直接） 提單，在受貨人欄內受貨人名稱前面無 "Order" 字樣而以 "Unto" 或 "Consigned to" 字樣代替。不可轉讓提單在陸運方面較常見，而在海運則較少見。託運人指定採用不可轉讓提單，而受貨人又非其本人時，則對於託運貨物失去控制，且無法將提單背書轉讓於他人 （但依我國票據法規定，除非載明禁止背書轉讓，否則，仍可背書轉讓）。貨物運抵目的地港時，受貨人提取貨物，運送人只要確定其為提單上受貨人，即可交貨，而不需同時提示提單。不可轉讓提單之所以被採用，乃是順應某些國家的習慣所致。例如航行拉丁美洲若干國家的輪船公司，拒絕簽發可轉讓提單。因為在南美若干國家，如委內瑞拉 (Venezuela) 等，受貨人常

不需憑提單即可提貨，輪船公司為杜絕糾紛，免除第三者的主張，乃只肯簽發不可轉讓提單。不可轉讓提單又可分為下列幾種：

(1) Unto/Consigned to Shipper：即以託運人為受貨人。這種提單以託運人本身為受貨人，故託運人可保有對於貨物的控制權，同時運送人在國外目的地只能對託運人交貨。這種形式的提單較少見，唯一可能者，為託運人在國外目的地有分支店，且其商號名稱完全相同者，才使用此形式。如託運人在該國外地點無分支店而又無法親自提貨，則除非有人出示託運人讓與 (assign) 的提單，否則運送人無法將貨物交出去。再者，託運人雖欲將此種提單讓給銀行，然而其為不能轉讓，銀行不能像可轉讓提單那樣，成為 "Innocent Holder for Value" 而取得「絕對的所有權」(absolute title)。正因如此，不可轉讓提單不能像可轉讓提單那樣可充作銀行貸款的擔保品。

(2) Unto/Consigned to Buyer：即以購貨人為受貨人，使用這種形式的提單，則託運人失去對於貨物的控制。因為運送人只能將貨物交付指定的受貨人。而且受貨人即使不提出提單也可提貨。因此，銀行不願意接受此類提單作為貸款的擔保品。使用這種形式的，大都是購貨人已預將貨款付清，而託運人不需以提單向銀行作為融通資金之用。

(3) Unto/Consigned to Foreign Custom House Broker：即以進口地報關行為受貨人，此報關行或為代表買方或為代表賣方。賣方不願以買方為提單的受貨人，以保障其利益時，亦可以報關行為受貨人。但即使如此，託運人仍然喪失對貨物的控制。因為無論報關行有無提單，運送人可將貨物逕交給報關行。銀行也不願以這種形式的提單作為融資的擔保品。

如裝運貨物以代表賣方的報關行為提單上的受貨人，該項提單可逕寄該報關行，並附帶說明「已於寄匯票給購貨人時，附上致貴報關行的提貨單 (delivery order)。在購貨人兌付匯票時，請准其提貨」等語。此時提貨單的抄本也寄一份給報關行，俾便與正本提貨單對照。如報關行是代表購貨人，則其情況與以購貨人為受貨人的情形相同，即託運人失去對貨物的控制。

(4) Unto/Consigned to Shipper's Foreign Agent：即以託運人在進口地的代理人為受貨人。這種情形與前述以代表賣方的國外報關行為受貨人的情形相似。

代理人既然代理託運人，無異為其職員，基於代理人與託運人的關係，託運人對於貨物的控制程度，當較將貨物交與報關行者為佳。

⑸ Unto/Consigned to Negotiating Bank：即以押匯銀行為受貨人，託運人如擬將附有提單的匯票售予銀行或請求貼現，即可以押匯銀行為提單受貨人。當然，於簽發提單後託運人即失去對貨物的控制。進一步言，押匯銀行在國外有分支行時，則不如說該貨物是運交與該國外分支行，而非押匯銀行本身。假如押匯銀行在國外地點無分支行，又無法親自提貨，則除非有人出示經由該銀行讓與的提單，否則運送人無法將貨物交出去。因此，這種形式的提單不適宜充作擔保品。

⑹ Unto/Consigned to Collecting Bank：即以代收銀行為受貨人，代收銀行或為賣方所在地的銀行，或為國外買方所在地的分支行。在託運人不願將貨物直接運交購貨人，而在國外又無代理人或可靠的代理人的情形下，即以代收銀行為提單受貨人，請其充任代理人俾便掌握貨物以待購貨人付清票款後讓與提單。然而，如未事先徵得銀行的同意，銀行未必願意充其代理人。尤其託運人非其所認識者時為然。這種形式的提單，託運人亦失去對貨物的控制。

⑺ Unto/Consigned to Issuing Bank：這種提單以開狀銀行為受貨人。中南美洲的銀行所開出的信用狀，大多要求提供這種提單，藉以保障開狀銀行的權益。

3.依提單上有無批註，可分為清潔提單 (clean B/L) 與不清潔提單 (unclean B/L; foul B/L; dirty B/L)。

清潔提單又稱為無瑕疵提單，乃指提單上表明「在外表上以完好狀況裝運」(shipped in apparent good order and condition)，而未批註所承運貨物或其包裝有任何缺陷者而言。反之，提單上批註所承運貨物或其包裝有缺陷者，即為不清潔提單，或稱為有瑕疵提單。例如提單上有下列任何一項批註，即為不清潔提單：

⑴記載裝船時有關運送物品的不良狀態：如註明貨物、數量或包裝有瑕疵或缺陷者。例如 "3 Packages Short in Dispute"、"10 Bags Torn"、"One Drum Broken"、"Some Dirty"、"In Second Hand Cases" 等。

⑵輪船公司於接受貨物時，貨物外表上雖無不正常的情形，但為推卸責任，

就其受理加以限制的概括批註者。例如 "Not Responsible for Breakage" 等。

4.依其運輸地區可分為海運提單 (ocean B/L)、本地提單 (local B/L) 與內河提單 (river B/L)。海運提單是就海洋運輸所發行的提單，而本地提單與內河提單則是就國內各埠間或國內內河各埠間的運輸所簽發的提單。

出口商於輸出貨物時，如必須由國內二、三個港口收集貨物至發貨港裝船，提單又須合併成一張者，在國內各港口裝運時，輪船公司所簽發的提單即為本地提單。如收集地為內河各埠者，其所簽發的提單即為內河提單。及至最後發貨港將收集的貨物全部裝入海洋大船時所簽發的提單即為海運提單，又稱接合提單 (Jointed B/L)。

例如信用狀指定由基隆港裝載貨物 100 件，然而 30 件須由高雄先裝，及至基隆港再裝 70 件，則高雄的輪船公司可發行 "From Kaohsiung to Keelung" 的提單，所裝貨物為 30 件。然後到達基隆港時，再裝另外 70 件，合為 100 件，而由基隆的輪船公司另外發行裝載 100 件的提單。在此場合，前者即屬於本地提單，後者為海運提單。

5.依其在中途是否轉運可分為直達提單 (direct B/L) 與聯運提單 (through B/L)。前者是由同一船舶自裝貨港直接運往目的港，收貨及交貨的運送人均為同一船公司的提單。這種提單，權利義務明確，是最常用的一種提單。

貨物自裝運港運至目的港需由二個以上的運送人（船公司）運送時，由第一個運送人所簽發涵蓋全部運送路程的提單，即為海上聯運提單。這種提單，由第一個承運的運送人簽發，此後其他運送人即照此提單履行義務而不另簽發提單。至於在目的港提取貨物時，也以第一運送人所簽發的提單為憑。

6.依其內容詳簡可分為詳式提單 (regular long form B/L) 與簡式提單 (short form B/L)。一般提單背面均有密密麻麻的印定條款，規定託運人的義務、承運人保留的權利及義務等所謂貨運條款，這種提單稱為詳式提單。這種提單形式大小長短不一，繕製不便。於是，為簡化工作乃有所謂簡式提單的產生。所謂簡式提單又稱為背面空白提單 (blank back B/L)，為提單背面省略了繁冗貨運條款的提單。簡式提單的主要部分（正面）與詳式提單相同，所不同的是其背面並無印定的貨運條款，但印有類如 "All the terms of the carrier's regular long form of bill of lading are incorporated with like force and effected as if they were written at length herein" 的字樣。其大意為「正規詳式提單上的印定條款，如同印在本提單上一樣，適用於本提單」。

7.依運費是否已付訖，可分為運費預付提單 (freight prepaid B/L) 與運費後付提單 (freight collect B/L)。前者指在輸出地於託運人付清運費後，船公司所發行的提單，如貿易條件為 CIF 或 CFR 時均屬此類提單。

運費後付提單是指表明於貨物運抵目的港後，才向貨主收取運費的提單，如貿易條件為 FAS、FOB 或 C&I 時，均屬此類提單。

8.轉船（運）提單 (transhipment B/L)：凡是提單載明載運的貨物將於預定的中途港移裝另一船舶接續運至目的港者，稱為轉船提單。按轉船提單實為聯運提單的一種，只是轉船提單項下的聯運運輸公司皆為輪船公司而已。至於聯運提單項下的聯運運輸公司則不限於輪船公司之間的聯運，已如前述。以上是僅就轉船提單作狹義的解釋。由於運輸方法的複雜化，"Transhipment" 一詞，廣義的說應包括①船舶與船舶間的轉運；②海陸聯運的轉運；③海空聯運的轉運；④陸空聯運的轉運；⑤陸運的轉運；⑥空運的聯運等。

9.陳舊提單 (stale B/L)：又稱過期提單，指簽發後未能在合理期間 (reasonable time) 內向銀行提示的提單。信用狀受益人提示提單（以及其他單據）如果過遲，不能在貨物到達前交給受貨人，容易導致貨物變質、保險過期或增加倉租費用，所以 UCP 600 Art. 14 (c) 規定：「若單據中包含一份或多份受第 19～25 條規範的正本運送單據，則須由受益人或其代表在不遲於本慣例所指的裝運日之後的二十一個曆日內提示，但是在任何情況下都不得遲於信用狀有效期限。」換言之，提單的提示超過上述期間者，稱為過期提單。為避免提單遲延提示，引起辦理擔保提貨的麻煩及費用，信用狀申請人可在信用狀上增列類如 "Documents must be presented within 7 days after the date of shipment" 的條款，促使受益人早日押匯，以避免發生糾紛。又裝運日期在輸入許可證核發日期之前者，在我國稱為先期裝運提單，英文也稱為 Stale B/L。

10.開放抬頭提單 (open order B/L)：乃指 Order Bill of Lading 上的收貨人欄內，僅記載 "To Order" 或 "Order" 字樣，而在 Order 後面不加上 "of Shipper" 或 "of ×××（受貨人名稱）" 的提單。航運界又稱這種提單為 Bearer Order。

11.第三者提單 (third party B/L; neutral party B/L)：乃以信用狀受益人以外的第三者為託運人 (shipper) 的提單。

在一般情形下，出口商（即受益人）都用自己名義裝船，並以出口商自己為提

單上的託運人。如果進口商預定將提單轉售給第三人並由其提貨者，為防止該第三人直接向受益人接洽採購，自不宜使受益人名稱出現於提單上。在這種情形下，進口商可以請求開狀銀行載明一項特別條款，規定以受益人以外的第三人為託運人，這種提單即稱為第三者提單。受益人如因三角貿易不能提供以其本身為託運人的提單時，也可要求進口商在信用狀上加列可以接受第三者提單的條款（類如 third party B/L acceptable）。按：UCP 600 Art. 14 (k) 規定：「任何單據（包括 B/L）上所敘明的貨物發貨人或託運人，無須為信用狀之受益人」。

12.任意港卸貨提單 (optional B/L)：即提單上列有二個以上的卸貨港，而貨主可任意選擇其中一港口為卸貨港的提單。這種提單又稱為選擇港提單。至於究竟在哪一港口卸貨，則等貨主選擇決定後，在規定期限前通知船公司照辦。這種被指定為候選卸貨目的港的港口，稱為 Optional Port 或簡稱 Option，中文譯作「任意港」。任意港大多數必須是輪船原定航程預定經過，而且將停靠的港口——即所謂停靠港 (port of call)。列有任意港的提單，其所承運的貨物稱為 Optional Cargo。

提單上任意港的表示方式，多數為在卸貨港一欄中寫上 "Optional A Port/B Port/C Port" 等。例如從基隆運往歐洲，以馬賽、倫敦、鹿特丹、漢堡為任意港，則在卸貨港一欄寫上 "Optional Marseilles/London/Rotterdam/Hamburg"。對於任意港，在買賣契約上，常在貿易條件中說明。例如 "Formosan Citronella Oil 2,000 lbs. US$20 per lbs. CIF London, Option Marseilles, Le Havre"。

13.貨櫃提單 (container B/L)：凡是貨物裝入貨櫃交由貨櫃船裝運時，船公司所發行的提單稱為貨櫃提單。

在貨物由託運人（出口商）交給船公司裝櫃時，船公司所發行的提單與通常的提單差別有限。如由託運人將貨物自行裝櫃加以封閉後，交給船公司，則因船公司無從知悉貨櫃中貨物內容，故發行的提單都加註下列批註：

- Shipper's load and count. （託運人自行點數裝貨。）
- Shipper's pack and seal. （託運人自行裝櫃、封閉。）
- Said by shipper to contain. （據託運人稱內裝。）
- The carrier has not verified number or package indicated by the shipper. （託運人指明之數量／包裝未經承運人驗明。）

14.併裝提單 (groupage B/L; master B/L)：貨運承攬商 (freight forwarder;

forwarding agent) 或併裝業者 (consolidator) 辦理貨物併裝業務，常將出口商託運的零星貨物併成一整批後交由輪船公司運送。在這種情形，輪船公司對於承運的整批貨物，以貨運承攬商或併裝業者為託運人而發行的提單即稱為併裝提單。這種提單只構成輪船公司與貨運承攬商或併裝業者的運送契約，而與各個出口商（真正的貨主）並無直接關係。至於貨運承攬商或併裝業者接受各出口商交來託運貨物時所發給的單據，則稱為分提單 (house B/L)、貨運承攬商提單 (forwarder's B/L)、貨運承攬商收據 (forwarder's cargo receipt, FCR) 或裝運證明書 (shipping receipt)。

15.海運貨單 (sea waybill; non-negotiable sea waybill; ocean waybill; liner waybill; data freight receipt)：在海上運送，承運人於收到託運貨物時，向託運人所簽發的不可轉讓貨單 (waybill)。這種海運貨單係仿照航空運送的空運提單制度而來。海運貨單的採用，乃為運送高速度化的產物。由於現代船速的提高，貨物很快即可運抵目的地，進口商如須於收到海運提單後，才能向船公司提貨則甚為不便。於是仿照航空提單制度，產生了海運貨單。

海運貨單相當於美國的不可轉讓提單，本質上是一種 Non-Negotiable Receipt，而普通的海運提單係屬於 Document of Title 者，二者迥然不同，此其一。海運貨單採記名式，即以「Consigned to 受貨人」方式表示，不可背書轉讓，只有受貨人才能提貨，且多屬簡式提單，未載有一般海運提單背面的詳細貨運條款，但載有一條款可援用承運船公司的海運提單所載貨運條款，此其二。海運貨單不僅用於貨櫃運輸，而且也可用於傳統運輸，此其三。海運貨單可為 "Shipped on Board" Form 也可為 "Received for Shipment" Form，此其四。海運貨單的採用始於 1977 年 1 月在北大西洋間的部分運輸，此其五。

鑑於海運貨單的逐漸流行，UCP 600 特別於第 21 條設立一條文規範 "Non-Negotiable Sea Waybill"。

16.電子提單 (electronic B/L)：又稱 EDI B/L，指透過電子傳輸的有關海上貨物運送契約的資料 (data)。電子提單與傳統的提單不同，它不是「紙面運送單據」(paper transport document)，而是一系列有關海上貨物運送契約的電子資料，按特定的規則組合而成，並以電腦通訊途徑進行傳輸，係屬於「無紙運送單據」(paperless transport document)。電子提單按密碼 (private code) 進行流轉，能有效的防止海運提單詐欺。為配合電子提單的使用，國際海事委員會於 1990 年頒布了電子提單規則 (CMI Rules for Electronic B/L)，共有 11 條條文。

🌐 第六節　海運提單的製作方法

如前所述，海運提單的記載事項可分為法定與任意兩種，但在信用狀交易，有關提單的記載事項則必須與信用狀所規定者配合，一般信用狀有關運輸及海運提單的條款，大致如下：

Full set of clean on board ocean bills of lading made out to order of shipper and blank endorsed, marked "freight prepaid" and notify accountee

Shipment to be effected not later than...evidencing shipment of...from...to...

由上述可知信用狀上有關提單記載事項，大致不外①提單的份數；②提單的種類；③受貨人；④提單的背書；⑤託運人；⑥被通知人；⑦運費；⑧裝運港；⑨目的地、目的港及卸貨港；⑩裝運貨物的記述等。（參考第 505 頁）

以下就製作海運提單時，有關事項分別說明：

1. 提單名稱 (title of bill of lading)：按海運提單為有價證券，而一般有價證券之所以為要式證券者，乃因注意其外觀，便於移轉授受之際，易於辨認，以強化其流通功能，因而證券的種類，即證券的名稱，必須確切標明。查現行海運提單上均冠有 "Bill of Lading" 字樣。

2. 託運人 (shipper)：又稱裝貨人，一般而言，可分下列三種：

(1)以信用狀的受益人為託運人。在一般情況下，提單上的託運人為信用狀的受益人。如信用狀上規定："B/L showing beneficiaries as shipper"。

(2)以開狀申請人為託運人。在三角貿易情況下，信用狀大多規定 "Bill of Lading must indicate accountee as shipper and issued to order"，意即提單須以信用狀的申請人為託運人，而受貨人一欄大多以 "To Order" 表示。在此種情況下，信用狀的受益人已喪失在提單上背書轉讓的權利，故不得於提單上背書。

(3)以第三者為託運人。所謂第三者，即信用狀受益人以外的第三者。這種情形又可分為二種：

①基於國內轉售的需要，如開狀申請人（即進口商）預定以背書方式將提單轉讓予該國內的購貨人，又為防止該購貨人直接與信用狀受益人洽詢

Shipper Marubeni Corporation, London Branch, New London Bridge House, London Bridge Street, London SE1 9SW, United Kingdom. ②	INTERASIA LINES, LTD. ① Interasia Lines BILL OF LADING	B/L NO PNTA-901

RECEIVED by the Carrier from the Shipper in apparent good order and condition unless otherwise indicated herein, the Goods or the container(s) or package(s) said to contain the cargo herein mentioned to be carried subject to all the terms and conditions provided for on the face and back of this Bill of Lading by the vessel named herein or any substitute at the Carrier's option and/or other means of transport, from the place of receipt or the port of loading to the port of discharge or the place of delivery shown herein and there to be delivered unto order or assigns.

If required by the Carrier, this Bill of Lading duly endorsed must be surrendered in exchange for the Goods or delivery order.

In accepting this Billing of Lading, the Merchant (as defined by Article 1 on the back hereof) agrees to be bound by all the stipulations, exceptions, terms and conditions on the face and back hereof, whether written, typed, attemped or printed, as fully as if signed by the Merchant, any local custom or privolege to the contrary notwithstanding, and agrees that all agreements or freight engagements for and in connection with the carriage of the Goods are superseded by this Bill of Lading.

In witness whereof, the undersigned on behalf of INTERASIA LIMES, LTD. the Master and the owner of the Vessel, has signed the number of Bill(s) of Lading stated above, all of this tenor and date, one of which being accomlished, the others to stand void.

Consignee Order of Central Trust of China, Banking & Trust Department, 49, Wu Chang Street, Sec.1, Taipei, Taiwan 100. ③		

Notify party Taiwan Machinery Mfg. Corpn/Ministry of Economic Affairs, 15, Foo-Chow Street, Taipei, Taiwan. ④	Ocean vessel Asian Princess	Voy. No. ⑤ 84	Pre-Carriage by
	Port of loading Penang ⑥		Port of discharge Kaohsiung ⑦
	Place of receipt Penang CFS		Place of delivery Kaohsiung CY
	Final destination (for the Merchant Reference)		

Marks and Numbers C	T	No. of Container or pkgs Kind of pkgs	Container, Container No. & Seal No.	Gross weight & Measurement
GF4-671400 78-GF4-1739 MOEA (249) ⑧		9,130 Ingots	Straits Refined Tin (In Boundles of 22 Ingots each bundle) ⑨	415,000 Kgs
P KAOHSIUNG BUNDLE NOS: 1-35 (S.T.C.) 36-115 (Escoy) 116-150 (Escoy) 151-180 (Escoy) 181-250 (S.T.C.) 251-325 (S.T.C.)	D	326-340 (S.T.C.) 341-415 (S.T.C.)	Letter of Credit No. 8DH1/02141/01 CTC Invitation No. GF4-671400 Contract No. 78-GF4-1739 Import Licence No. 67RA1-002393 (Kaohsiung) 67RA1-002391 (Kaohsiung) "Freight Prepaid"	

TOTAL NO. OF CONTAINER OR PACKAGES
Nine Thousand One Hundred and Thirty Ingots Only. (Four Hundred and Fifteen Bundles Only)

FREIGHT & CHARGES	Revenue forms	Rate	Per	Prepaid	Collect

Ex rate	Prepaid at ⑩	Payable at	Dated Kuala Lumpur 28 OCT. 20- ⑫
	No. of original B(s)/L signed ⑪ Three (3)	Place of B(s)/L issue Kuala Lumpur.	INTERASIA LINES, LTD. ⑬ For and on behalf of INTERASIA LINES
Total prepaid	DULY ON BOARD SIGNATURE	DATE 28 OCT. 20-	by ⑭ As Agents

採購，自不能使受益人的名字出現。因此，可要求於信用狀上規定以受益人以外的第三者或以進口商為託運人。

②基於三角貿易，受益人無法提供以其本身為託運人的提單時，亦可要求信用狀上規定得以第三者為託運人的提單的條款。

3.受貨人 (consignee)：又稱收貨人，乃指有權憑提單要求交付貨物的人。在國際貿易，由於涉及出口商的資金融通，提單上受貨人欄的受貨人大都不是真正的受貨人。以信用狀為付款方式，則受貨人究竟是何人，視信用狀的規定而定。如信用狀無規定時，習慣上以託運人為受貨人。於提示時，由託運人作成空白背書。

4.被通知人 (notify party)：又稱為受通知人或到貨聯絡人。提單上有 "Notify Party" 一欄，如載有 "Notify ABC Company"，則貨物運抵目的港時，輪船公司即可通知 ABC Company 貨物已運到。此 ABC Company 即為 Notify Party。現代國際貿易，提單通常均採指示式，提單上並不記載真正受貨人姓名、地址，以致貨物運抵目的港後，輪船公司無法通知受貨人前來提貨，至感不便。因此在提單上有 Notify Party 一欄，以便貨到時聯絡。Notify Party 雖無權提貨，但大多是真正受貨人（即進口商）或為受貨人所指定的報關行。

信用狀通常均規定提單上的被通知人，因此，應依信用狀規定在提單上 Notify Party 欄中，將被通知人名稱載明，若信用狀未規定，則該欄可免記載。

5.船名、船籍及航次：船名乃是裝運提單上必須記載事項，如欠缺船名，則將有使提單變成無效之虞。

船舶的國籍依我國海商法並非提單上法定記載事項之一。因此即使欠缺船籍記載亦不致使提單變成無效。在現代，有些國家基於政治、軍事、經濟上等原因，常規定進口商在信用狀上須規定貨物限裝某國輪船，在此種情形，提單上船籍非載明不可。

至於航次 (voyage)，在定期船的場合，均有記載，但即使沒記載也不構成瑕疵。

6.裝載港 (port of loading)：裝載港雖為法定記載事項，但也有認為即使不記載亦不影響提單的效力。實務上，則都載明裝載港。尤其信用狀上都規定 "From...Port to...Port"，為符合信用狀條件，必須載明裝載港。

7.卸貨港 (port of discharge) 與目的港 (port of destination)：即從船上卸下貨物的港口。就直達提單而言，卸貨港就是目的港。就聯運提單或轉船提單而言，卸貨港

為轉船港 (port of transhipment)，而貨物於目的地卸貨的港口為目的港。

8.嘜頭及件數 (marks and numbers)：將貨物外包裝的嘜頭及件數填於 Marks and Numbers 欄下，圖樣應與包裝外箱一致，俾利貨物到達時，受貨人易於識別提貨。

9.貨物記述 (description of goods)：提單上對於貨物的記述，應如何記載？是否應與信用狀所載作同一精確的記載？關於此，實務上常有爭議，茲綜合英美法院的慣例、學說及實務上的慣例，分別就貨物名稱、品質、數量、體積等分述如下：

⑴貨物名稱及品質：

①提單上只能記載信用狀所規定的貨物 (no merchandise other than that specified in the credit shall appear on bill of lading)。如有信用狀所規定以外的貨物也記載於提單上，不僅將成為爭執的原因，且可能遭拒付。

②船公司對於貨物的詳細記述 (detailed description) 向來不管，故提單上貨物的記述當比商業發票上所記載者簡略，或以普通名稱 (general name) 記載，美國法院判決及信用狀統一慣例均採取這種態度。

⑵貨物數量、體積：信用狀規定提單必須記載貨物數量及體積者，提單上固應照記，即使信用狀僅規定商業發票須載明數量及體積者，判例上認為提單上亦應載明其數量及體積。

10.運費 (freight)：貿易條件為 CIF 或 CFR 時，運費由出口商支付，須註明 Freight Paid 或 Freight Prepaid；如貿易條件為 FAS、FOB 時，運費由進口商支付，須註明 Freight Collect。提單上通常須註明運費金額及運費計算方式，俾利進口商提貨時繳付。在 CIF、CFR 時雖列明 Freight Paid，但運費若干，船公司通常為討好出口商，例未註明，僅以 As Arranged 代之，以資保密。

11.提單的份數 (number of B/L)：流通提單 (negotiable B/L) 或正本提單份數，通常以二份或三份最為普遍，至於不可流通提單 (non-negotiable B/L) 或抄本提單份數並無限制。流通提單每份均具有同一效力，所以一份經用於提貨，其餘立即作廢。通常信用狀對於流通提單的份數均要求 Full Set... 或 Complete Set...，這全套即以船公司簽發的份數為準，如提單上註明簽發三份即為三份一套，如信用狀規定包括兩份不可流通提單，則須從其規定提供足夠提單。

12.提單發行日期 (issuing date) 與裝船日期 (on board date)：提單上日期可分為裝船日期與提單發行日期兩種，通常兩者為同一日期，尤其是裝船提單 (shipped on board B/L) 時為然。如未註明裝載日期，即以提單的發行日期為裝船日期。

　　提單上的裝船日期須在信用狀所規定的裝貨期限內，否則即為遲裝 (late shipment)，可能被拒付。裝船日期具有下列作用：⑴判斷是否裝船過期；⑵判斷是否遲延押匯（晚提示）；⑶判斷是否為陳舊單據。但備運提單的發行日期僅係表明船公司或其代理人所簽發證明已接受託運貨物的日期，依 UCP 600 Art. 20 (a) (ii) 規定：如信用狀要求（海運）提單者，提單必須表明貨物已於信用狀敘明的裝載港裝運於標名的船舶上。因此，在備運提單上除須記載發行日期外，尚須記載裝船日期 (on board date) 的批註 (notation)，在此情形下該裝載批註敘明的日期將視為裝船日期。

　　13.運送人 (carrier)：運送人乃為運輸契約的當事人。因此提單上應載明運送人名稱。其名稱通常都載於提單的上端，假如提單上端無運送人名稱時，至少在簽名欄應有運送人的名稱。有些信用狀規定貨物須裝運於某船公司的船隻，例如 "Shipment must be effected per APL vessel"。在此場合，運送人的名稱即成為審核的對象。

　　14.提單的簽名 (signature)：提單應有承運船公司或其代理人或船長或代理船長的簽名，否則無效。

🌐 第七節　海運提單的背書與讓與

　　如前所述，提單是貨物的化身，是表彰該貨物的物權證券。因此，除美國及南美部分國家，直接提單不能以背書方式轉讓而須另附「讓與書」(letter of assignment) 才能讓與外，不論直接提單或指示提單，均可以背書方式將提單轉讓給他人。

一、提單的背書

　　提單的轉讓背書方式可分為①記名式；②指示式；③空白式；④選擇不記名式；⑤選擇指示式等五種。

　　㈠記名式背書 (special endorsement; full endorsement; endorsement in full)

　　凡須在提單上記明被背書人 (endorsee) 或受讓人的姓名，並由背書人 (endorser) 簽名的背書方式，稱為記名式背書，其背書形式如下：

Deliver to

ABC Company

For Taiwan Trading Company

(Signature)

Manager

ABC Company 於取得提單後，可以同樣方式背書轉讓給他人。這種記名式背書，如背書不連續或不完全，被背書之持單人不能主張其權利。

㈡指示式背書 (endorsement to order)

背書時由背書人在提單背面記載「交給某某所指定的人」(deliver to the order of...) 字樣者，稱為指示式背書，其背書形式如下：

Deliver to the order of

ABC Company

For Taiwan Trading Company

(Signature)

Manager

㈢空白式背書 (blank endorsement; endorsement in blank)

背書時只由背書人簽名，而不須記載被背書人姓名的背書方式，稱為空白式背書，又稱略式背書，其形式如下：

For Taiwan Trading Company

(Signature)

Manager

提單經空白背書後，其持有人即可主張權利，如持有人擬將其再轉讓，則無背書的必要。

㈣選擇不記名式背書

即背書人背書轉讓時記明「憑單交給某人或持單人」(deliver to ××× or bearer) 字樣的背書方式。其背書形式如下：

Deliver to

ABC Company or bearer

For Taiwan Trading Company

_____(Signature)_____

Manager

㈤選擇指示式背書

即背書人於背書轉讓時，記明「憑單交給某人或其指定的人」(deliver to ×××
or order) 字樣的背書方式。其背書形式如下：

Deliver to

ABC Company or order

For Taiwan Trading Company

_____(Signature)_____

Manager

二、提單的讓與

在本節開頭時，已述及美國及南美若干國家禁止直接提單僅憑背書轉讓。如欲
轉讓，讓與人應在提單背面做成讓與紀錄，或另紙作成「提單權利讓與書」。讓與紀
錄在提單背面的措詞大約如下：

For value received, we hereby assign and set over to and unto...(the assignee) all our right, title,
and interest in the within document and the property covered thereby.

(Signature of assignor)

此外，受讓人應向輪船公司辦理登記手續，此項登記一方可使輪船公司獲得通
知，他方可避免提單的重複讓與。但我們應瞭解直接提單受讓人所取得權利仍受其
前手所取得權利的支配。換言之，受讓人所處的地位與讓與人所處者同。此外，直
接提單亦可以空白或記名方式背書轉讓，但此種做法有風險。因在一些國家法院，
有可能認為其權利未經合法移轉。在我國，依海商法第 60 條準用民法第 628 條規定，
提單縱為記名式 (直接式)，仍得以背書移轉於他人，但提單上有禁止背書之記載者，
不在此限。

※第八節　不定期船運輸

一、不定期船運輸的特點

　　一般進出口貨物，大多以交定期船運送為原則，但如貨物數量達數千噸乃至上萬噸，可裝滿一整條船時，若洽交不定期船運送，將更為有利。

(一)不定期船的營運特性

　　1.國際貿易中，以傭船契約方式委託不定期船運送的，以大宗貨物為主。如礦砂、煤炭、廢鐵、木材、水泥、化學肥料、砂糖、米、小麥、大麥、玉米、黃豆等。

　　2.不定期船是指航線及航期不固定的船隻，沒有確定的到埠日期，也沒有固定的停泊港口。

　　3.不定期船是以艙位包租的方式承攬業務，所以它的船東不是公共運送人，而是私運送人 (private carrier)。

　　4.不定期船運送的接洽，通常透過經紀人介紹，並由託運人與船東簽訂傭船契約，約定租用的船舶噸位、租用時間或航程、貨物數量、運送條件、運費率等。

(二)不定期船運輸的優點

　　1.不定期船非屬航運同盟船隻，其運費率由船貨雙方協議，比同盟運費率低得多，對貨方甚為有利。

　　2.不定期船可按貨方的要求，行駛特定航線及港口，而免彎靠其他港口，速度上較定期船快。

　　3.貨方可要求船方改善裝卸設備，並指定停靠碼頭，裝卸上較定期船方便。

　　4.傭船契約由船貨雙方協議簽訂，如發生權利義務糾紛，依傭船契約解決，較為公平。

　　5.貨物裝卸所花時間如比約定裝卸時間少，則可向船公司收取快速費 (despatch money)，間接減低運費。

(三)不定期船運輸的缺點

　　1.簽訂傭船契約後，如貨方不能按期如數交運貨物，須照付空載運費，徒增損失。但在委託定期船運送貨物時，習慣上多不簽訂運輸契約，因此這項空載運費無需支付。

2.不定期船的裝卸費用，多由貨方負擔。

3.貨載噸數檢量公證費用，也多由貨方負擔。

4.如貨物裝卸緩慢，超過約定裝卸時間，或較約定每日裝卸噸數少，貨方須向船方支付延滯費 (demurrage)，間接增加運費負擔。

二、不定期船的裝運手續

(一)簽訂傭船契約

出口商備妥貨物後，如貿易條件為 CIF 或 CFR，須洽船方簽訂傭船契約（傭船契約內容留待後面各節再述）；如貿易條件為 FAS、FOB 等，洽船為買方的事，應由買方自行洽船方簽訂傭船契約。

(二)領取裝貨單

簽妥傭船契約後，賣方即可請求船方或其代理行簽發裝貨單，等辦妥手續後，將貨物運至碼頭，連同其他文件，向海關申報出口。

(三)裝載貨物

船方提供的船隻，於抵達裝貨港後，對裝載貨物的船艙及裝貨用的機械設備，均準備完成可供利用時，即由運送人、船長具名簽發裝貨準備完成通知書 (notice of readiness)，於營業時間內送達貨主，貨主簽字後即應迅速裝船，以免發生延滯費。

(四)船方編製裝卸時間計算表

在貨物裝載過程中，船方逐日記錄裝載時間、數量及停工原因，作成裝卸時間表 (time sheet)，裝載完畢後，根據該時間表編製裝卸時間計算表 (laytime statement)，由船長及貨主共同簽名，以憑計算快速費或延滯費。

(五)檢　量

大宗散裝貨物的檢量常按船舶吃水 (draft) 計算，其法為：裝貨前先檢量船舶前後平均吃水，算出載重噸，然後減去船上淡水、燃料及設備噸數，即為船舶最大載貨噸量；裝貨後再檢量船舶前後平均吃水所得噸數，減去所剩餘淡水、燃料及設備噸數，即得實裝貨物噸數。這種貨物重量的丈量，多由貨方委請公證行會同船上大副辦理。

(六)領取大副收據

貨物裝載完畢後，即由船上大副簽發收據，作為收到貨物的憑證，交與貨主。

㈦換領提單

　　貨主憑大副收據向船方換領提單。這種提單是根據備船契約而簽發，與定期船公司所簽發的提單不同，特稱為備船契約提單 (charter party bill of lading)，其條款如與備船契約牴觸，原則上應屬無效。提單上通常註明：「運費及其他條件，悉依備船契約辦理」(Freight and all other terms, conditions as per Charter Party dated一)。

㈧支付運費

　　不定期船的運費，原則上應為到付 (freight collect)，但也有採取先付 (freight prepaid) 的。運費預付或到付，應於備船契約中訂明，以免事後發生爭執。

三、備船契約的種類

　　一般零星貨物及雜貨交定期船運送，不一定要簽訂書面運送契約，通常僅須憑口頭、電話或託運單洽訂艙位，等船公司簽發裝貨單後即可將貨物裝上船，契約也告成立。其他有關雙方權利義務關係，悉依提單條款辦理。至於大宗貨物及散裝貨物租不定期船運送，由於牽涉雙方權責利害事項甚多，非簽訂書面契約無法確定雙方權利義務關係。所以一般均規定備船契約應以書面為之，我國海商法第 39 條即如此規定。

　　備船契約可分為下列三種：

㈠計程備船契約 (voyage charter party; trip charter party)

　　船舶所有人以收取運費為目的，與備船人簽立契約按照協定運費率及條件，將船舶艙位交由備船人使用，而將貨物從某一港口運到另一港口者所簽訂的運輸契約，稱為計程備船契約。這種契約再按租用的艙位是部分或全部，分為部分備船契約和全部備船契約兩種。一般貿易上大宗物資或散裝貨物的裝運，即採用計程備船契約。

㈡計時備船契約 (time charter party)

　　船舶所有人與備船人簽立契約，在約定期間內，將船舶全部艙位交由備船人管理使用，對於業務經營不予過問，而以按期收取租金 (charterage) 為報酬者，稱為計時備船契約。船舶所有人應將一切屬具配備齊全，並負擔船長及船員的薪金與生活費、船舶維護與修理費用、折舊費與保險費，租船人除照約定期間支付租金外，應負擔燃料、淡水、港口捐等航行費用。這種計時備船契約為航運業者間租船時採用，貿易界較少使用。

(三)空船傭船契約 (bareboat charter party; demise charter party)

船舶所有人與租船人簽約，將未配備船長及船員的空船交由租船人管理營運，租船人負擔船舶上一切管理與營運的費用與責任，包括僱用船長、船員、維護與修理船舶、加添燃料、繳納稅捐等，船舶所有人則按期收取租金為報酬，這種契約即為空船傭船契約。這種船舶租賃方式不如上面兩種來得普遍，在貿易上更少見。

四、計程傭船契約的格式及其重要條款

傭船契約雖有上述三種，但在國際貿易上經常使用的，僅限於計程傭船契約，所以本書僅就計程傭船契約加以說明。

(一)計程傭船契約的格式

一般計程傭船契約內，需明確規定的項目極多，簽訂契約時要將各項完全羅列不使遺漏，頗為不易。因此，一般多採用標準契約格式，只須約定運費率、裝卸時間、裝貨日期、延滯費、快速費、解約日期等重要事項，以收簡便之效。有些不適用標準格式的特殊貨物，則另外採用單行契約格式。在實務上，船貨雙方簽訂契約前，必須先確定採用哪種契約格式，簽約時以此格式為藍本，再參酌實際情形予以增刪補充。

計程傭船契約格式經英國海運商會承認的標準格式現有四、五十種之多。諸如 Gencon、Baltwood、Centrocon 等是。

(二)計程傭船契約的主要條款

1. 契約當事人名稱：即船舶所有人及貨主（傭船人）。

2. 船名：如 S.S. ABC 或 M.V. XYZ 等。有時為便利船隻調度，可記載為 "S.S.（船名）or Substitute"（某船或其代替船）；如船名未確定，船名欄可填 "To Be Nominated"（另行通知）。

3. 船舶等級、噸位、船籍：

   (1)船舶等級：指該船經各公認的驗船協會檢驗合格後所鑑定的級別，如 Class B C.R.（中國驗船中心鑑定 B 級）。

   (2)噸位：照船舶登記的總噸位或淨噸位，及載重噸位或載貨噸位。

   (3)船籍：船舶所有人登記船舶所屬的國家，即為該船的國籍。國人經營的船公司，其船舶甚多掛賴比瑞亞、巴拿馬旗，是為權宜國旗 (flag of convenience) 船舶，訂約時須記載所掛國旗的國家。

4.貨物名稱及數量：不定期船所裝的貨物，多為單純一種貨物，如散裝小麥 (wheat in bulk)、袋裝米 (rice in bags) 等。

貨物數量通常僅記載大約數 (approximate)。為確保航行安全，船方對於契約所定的載運量，通常保留增減 5% 或 10% 的選擇權，如：

A full and complete cargo of—10,000 M/T, 5% more or less at ship's option.（滿載整船的貨物為 10,000 公噸，船方得增減 5%。）

或規定最高及最低的載重量，如：

A full and complete cargo of—not exceeding 11,000 M/T, nor less than 9,000 M/T.（滿載整船的貨物，最多不超過 11,000 公噸，最少不低於 9,000 公噸。）

上述貨物載運量增減，也有約定貨方有選擇權的 (more or less, at charterer's option)。如選擇權操於船方，貨主應加注意，所裝貨物數量會不會因而與買賣契約所規定的數量不符。

5.船舶位置：指簽約時船舶所在地點。如正在營運中，可填 Now Trading。

6.預計裝貨日期：即船舶預計到裝貨港裝貨的日期，寫大約日期，如 "Expected to load under this charter about Oct. 15, 20–"（預計約在 20– 年 10 月 15 日依照本契約裝貨）。本日期是供貨方準備交付貨物的時間。

7.解約日期 (cancelling date)：船隻如在規定裝貨日期不能到達裝貨港而拖延過久時，貨主即可能因未能如期裝貨而蒙受損失，所以貨主均預先約定解約日期，如船隻在解約日期前不能到達裝貨港時，契約即自動解除。解約日期通常多訂在預計裝貨日期之後十天到三十天。

8.裝貨港與卸貨港 (port of loading and port of discharge)：通常記載裝卸貨港口的名稱，但也可以特別指定某港口的特定場所 (如碼頭)。裝卸港口如有二個以上時，應註明彎靠的順序，如無特別指示，船方得依照地理上的順序裝卸。

9.運費及其支付條件：計程傭船運費率通常均以貨物噸位 (長噸、短噸或公噸) 為單位，例如每公噸 20 美元 (US$20.00 per M/T)。如果裝貨港及卸貨港在二個以上，有的分別訂定各港口間的運費率，有的則另加附屬費。

支付運費的時間，原則上應為到付 (freight collect)，但也有採預付 (freight prepaid) 的。到付可分為到達目的港支付 (payable on arrival of destination) 與卸完後

支付 (payable on completion of discharging) 兩種；預付也分為裝畢後支付 (payable on completion of loading) 與簽發提單時支付 (payable on signing of B/L) 兩種。運費支付的時間除上述各種外，還有約定部分預付 (pro rata freight) 的，即部分運費在簽約時或開航時支付，其餘部分於船隻到達卸貨港時再付清。

關於運費條件，除上述各點外，對於支付地點（裝貨地、卸貨地或其他地點）、貨幣種類及其兌換率，均須在契約中約定，以免事後爭執。

10.裝卸條件：貨物裝卸費用應由船舶所有人負擔或由貨主負擔，須視契約所定裝卸條件而定，裝卸條件可分為下列數種：

　　⑴裝貨船方免責 (free in, FI)：即裝貨費用由貨方負擔。

　　⑵卸貨船方免責 (free out, FO; free discharge, FD)：即卸貨費用由貨方負擔。

　　⑶裝卸貨船方免責 (free in and out, FIO)：即裝卸貨費用均由貨方負擔。

　　⑷裝卸及平艙船方免責 (FIO & Trimming)：即裝卸及平艙費用均由貨方負擔。

　　⑸裝卸、堆積及平艙船方免責 (free in/out/stowed/trimming, FIOST)：即貨物的裝卸、堆積及平艙等費用均由貨方負擔。

　　⑹裝卸貨船方負責條件 (berth term)：即碼頭條件，裝貨及卸貨費用均由船方負責，但這條件僅指船方負擔貨物在船邊裝船及卸船的費用而已，不包括貨物從倉庫到船邊的搬運費用，該項費用仍由貨方負擔。Berth Term 在傭船契約中較少採用，多見於定期船運輸，所以 Berth Term 一般又稱為定期船條件 (liner term)。

船貨雙方間的費用分擔條件，除上述各種外，還有 Gross Term（或 Gross Charter）與 Net Term（或 Net Charter）兩個美國用語。所謂 Gross Term 是指貨物自裝貨港碼頭倉庫起以至卸貨港碼頭倉庫收貨止，其間所發生的港埠費用、搬運費用、裝卸費用等全部均由船方負擔的條件。而 Net Term 則指貨物自裝船起以至貨物卸清為止，其間所發生的港埠費用、搬運費用、裝卸費用均由貨方負擔的條件。Net Term 近年來在國際間傭船契約已甚少見。

就大宗貨物交易實務而言，賣方如以 CFR 或 CIF 等條件報價，自須同時開示裝卸條件，這時所牽涉到的，多為卸貨費用由何方負擔。如為 FI，由賣方負擔，否則由船方負擔，但在船方負擔的情形下，多已計入運費中。實際上也是由賣方負擔；如為 FO，由買方負擔；如未列明，或由賣方負擔或由船方負擔，視傭船契約而定。

如以 FOB 訂約，裝貨由賣方負責，買方傭船時可訂 FI，裝貨費用由賣方負擔。如貿易條件為 FAS，洽船乃買方的事，裝卸條件由買方逕與船方議定，與賣方無涉。

11.裝卸期間 (laydays)：裝卸期間又稱停泊期間，指船舶因貨主裝貨而在裝貨港停泊的時間，或船舶因卸貨而在卸貨港停泊的時間。停泊期間雖然以日數計算，但日數是由時間累積而成，所以停泊期間也可用 Laytime 一詞表示。嚴格地說，Laydays 是 Laytime 的累積，但在一般慣例，並未予以嚴格區別。裝卸期間的長短及計算方式，由船貨雙方約定，列入契約中。如貨方不能在約定時間內完成裝卸工作，而必須使船舶繼續停泊時，對於超過的停泊期間，須另付延滯費；如提前完成裝卸工作，縮短船舶停泊時間，船方對節省的時間應付給貨方快速費。

裝卸期間是構成運費率的一個重要因素，期間短運費率較低，期間長則運費率較高，貨方估計期間時，應斟酌貨物種類、裝卸港港埠設備及船舶性能等因素。至於裝卸期間的計算方式，有很多種，茲舉目前最常用的數種如下：

⑴連續日 (running days; consecutive days)：又稱自然日，即從裝卸期間的開始日起連續至滿期日止，不論雨天、罷工或星期例假日均計算在內。以連續日條件訂約時，通常均特別約定裝卸可以逾時工作 (overtime work) 及開夜工 (night work)，加班費及夜工費均由貨方負擔，但船方應準備夜間照明設備並派夜間值勤船員。這種條件貨方較為不利，通常僅限於裝運不怕雨水潮濕的貨物如廢鐵、礦砂、原木等。

⑵工作日 (working days)：指從前述的連續日數，扣除星期日及例假日不計，但因天氣不佳而不能工作的日數，仍當作裝卸期間計算。這種條件對船貨雙方比較公平，採用者比連續日普遍。

⑶天氣良好工作日 (weather working days, WWD)：這是現在應用最多的條件，以天氣良好可以進行裝卸作業的時間作為使用裝卸期間 (laytime used) 的計算標準。至於星期例假日應如何計算，可分二種：

① Sundays, Holidays Excepted Even if Used (S&HExEU)：即星期例假日，即使有工作，也不算入裝卸貨期間內。

② Sundays, Holidays Excepted Unless Used (S&HExUU)：即星期例假日不算，但有工作時應算入裝卸貨期間內。

⑷習慣速度裝卸 (customary quick despatch, CQD)：指依照各港口習慣的裝卸

方法及裝卸能力,儘速裝卸。這種條件通常在契約中並不訂明裝卸時間,所以通常不發生延滯費及快速費的問題。而裝卸速率依各港口習慣,常因貨物種類、船舶構造、裝卸設備等差異而有不同,未規定確切裝卸期間,難免引起糾紛,所以本條件目前已較少使用。

12.延滯費與快速費 (demurrage and despatch, DEM/DES):傭船契約須訂明延滯費及快速費的標準,如裝卸工作未能於裝卸期間如期完成,貨主須依這標準支付船方延滯費(demurrage,又稱滯船費),以補償船方因船舶延期停留所受的損失;如裝卸工作在約定期間內提早完成,船方應依這標準支付貨方快速費(despatch,又稱快速獎金)作為報酬。延滯費的標準通常為該船舶每日的固定成本,並按連續日計算,而不問裝卸期間是以何種方式約定。又,快速費通常為延滯費的半數。

13.提單:依據傭船契約所簽發的提單,特稱為傭船提單。傭船提單與定期船提單相同的是,它是船方收到貨物的收據,也是代表貨物所有權的物權證書;但不同的是,它並不是船貨雙方的運送契約。

由於在傭船契約之外,另有一傭船提單,因此傭船契約中通常均載明若提單條款與契約條款相牴觸,以契約條款為準,這樣的規定對提單持有人的權益,較無保障。信用狀統一慣例規定,對於這種傭船提單,只有信用狀特別授權,銀行才可接受。因此,如擬接受傭船提單,信用狀上應特別規定傭船提單可接受 (charter party bill of lading to be acceptable)。關於信用狀要求或允許提供傭船提單者,應具備哪些條件,銀行才接受,UCP 600 Art. 22 有詳細的規定,讀者可參閱該條文。

14.代理人 (agent):指擔任處理裝卸貨物的代理人,須由雙方指定載入契約中。

15.經紀人佣金 (brokerage commission):傭船契約多經經紀人或代理人而簽訂,經紀人佣金通常由船公司支付,多按運費額的百分之幾計算,並訂入契約中。經紀人佣金的支付,原則上是在船公司實際收到運費後支付,但也有特別約定在簽訂傭船契約時,或裝貨完了時支付的,這時更應在契約中訂明。

⊕ 習　題

1. 試述利用定期船運輸的優缺點。

2. 試述利用不定期船運輸的優缺點。

3. 試述傳統定期船的託運手續。

4. 試述貨櫃運輸的優缺點。

5. 試述貨櫃運輸的作業方式。

6. 何謂複合運送？

7. 試述運價的種類及其計算方式。

8. 試述海運提單的功能及其法律性質。

9. 何謂複合運送單據？

10. 試述海運提單的背書方法。

第十七章

國際貨運㈡
——航空運輸、郵遞及快遞

🌐 第一節　航空貨運在國際貿易的重要性

由於航空事業的發展神速，進出口貨物利用航空運送的情形已很普遍。就運費而言，航空運費固然較海運運費昂貴，但就運輸時間而言，空運比海運快捷得多。尤其是貨物運送目的地在內陸的場合，如用海陸聯運，不僅費時，貨物也易遭受損壞，利用空運則可直達內陸目的地，既快速又安全。

航空運輸由於飛行速度的增快，載運能量的大幅度提高，以及管制系統的進步，其運輸安全性增加。此外，因航空運輸的競爭，已使航空貨運費率逐漸降低。利用航空運輸對於貨主優點甚多，綜合起來如下：

1.運輸快速：可使庫存或存貨管理的成本降至最低。

2.交貨迅速：可建立商譽，爭取客戶好感，從而改進產品在市場上競爭的地位。

3.運輸包裝成本較海運為低，節省包裝費用。

4.破損率及損失率較低，保險費率較海運為低。

5.空運可縮短運輸時間，故季節性或流行性商品以及不適於長時間運輸的商品，諸如新鮮食品、花卉、動物、新聞報紙等，可適時運到，爭取商機。

6.可以適應緊急情況的需要，配合市場的需求，如原料、零組件、半成品可及時得到補充。

7.由於運輸時間的縮短，可提早收回貨款，資金周轉加速。

🌐 第二節　航空貨運相關機構

國際航空貨運涉及的機構不少，主要包括：

1.國際航空運輸協會 (International Air Transport Association, IATA)：是由世界兩百餘家航空公司組成，統一訂定國際民航客貨運的費率，以及各公司間運費借貸

的清算。其設立目的在於發展世界航空運輸，增進人民福祉，並提供國際間空運直接及間接的合作，且與國際民航組織保持密切聯繫。總部設在加拿大蒙特婁，在倫敦、紐約及新加坡等地設有運輸清算所。我國中華航空公司 (CAL)、長榮航空公司 (EVA) 及復興航空公司 (TNA) 為該會會員，一般非會員航空公司，在作業上及客貨運規章上，亦多以 IATA 所訂定者為準則。

2. 民用航空運輸業 (air lines)：一般稱此為航空公司，主要職責為負擔航空貨物在空側 (air side) 的運輸作業。依照我國民用航空法第 2 條規定，民用航空運輸業是指以航空器直接載運客、貨、郵件而取得報酬的事業，須向有關機關登記取得民用航空運輸業許可證、國際航權及時間帶，並請領航線證書後始能在指定航線上營業，並須遵守我國「民用航空法」的規定。

3. 航空貨運代理商 (air cargo agents)：指經航空公司指定承攬貨物，授權代表航空公司簽發空運提單 (air waybill)，並由航空公司支付佣金的業者，一般稱之為航空貨運代理人。

4. 航空貨運承攬業者 (air cargo forwarder)： 又稱航空貨運併裝業者 (air cargo consolidator) 或航空貨運公司 (air cargo company) 或航空貨運承攬商或航空貨運承攬人，為未經航空公司正式授權，而以航空貨運承攬業者之名，公開承攬零星的航空貨物， 然後以自己的名義簽發分提單 (house air waybill, HAWB; forwarder's air waybill) 給貨主，隨後再將其所攬得的貨物按運往的目的地分別集中，以自己為託運人整批向航空公司或航空公司代理商交運貨物，從中賺取差額運費，並由航空公司或航空公司代理商簽發主提單 (master air waybill, MAWB)。貨物抵達目的地後尚須經過其在當地的併裝貨運分送代理行通知不同受貨人或指定的報關行辦理報關提貨。

5. 地勤公司 (ground service)：地勤作業為機場整體作業中重要的一環，與貨物運輸相關的主要工作包括：①機坪作業：引導航機到離機場等；②裝卸服務：對行李、貨物及郵件的拖運、上下機裝卸及機邊打盤、裝櫃等。

6. 貨棧 (warehouse)：依「海關管理進出口貨棧辦法」第 2 條規定，貨棧係指經海關核准登記，專供存儲未完成海關放行手續的進口、出口或轉運、轉口貨物的場所。

7. 海關 (customs)：主要職責為對進口貨物稽徵關稅 (出口貨物不稽徵關稅)、查緝走私 (私運貨物進、出口的查緝) 及協助執行貿易及外匯管理法令。

8. 報關行 (customs broker)：受進出口商的委託，辦理貨物進出口通關手續。

第三節　空運貨物的託運手續

空運貨物的託運手續，比海運簡便得多。如貨物數量較多時，可逕向航空公司或其代理人洽訂艙位，繕製貨物託運申請書 (shipper's letter of instructions)，又稱託運單，經航空公司或其代理人接受後，將貨物運到機場進倉報關。經海關檢驗放行後，航空公司即發行空運提單 (air waybill) 交與託運人。如貨物數量較少，則可將貨物交給航空貨運承攬業者（商）或併裝業者辦理託運報關手續。在此場合，託運人須填具航空貨運承攬業者（商）的空運貨物委託書 (instructions for dispatch of goods by air)。航空貨運承攬業者或併裝業者則將自不同託運人收取運往同一地區的空運貨物，併裝成批（櫃），以自己為託運人的地位，將整批（櫃）貨物交付航空公司或其代理人，並自航空公司或其代理人取得主提單 (MAWB)，同時它們也以本身名義，以各個交運貨主為託運人，分別發行提單，稱為分提單 (HAWB)。空運貨物運抵目的地後，由航空貨運承攬業者或併裝業者在進口地的代理人收取貨物，再由其拆開（櫃）並通知各個受貨人辦理報關提貨手續。

貨主自行洽訂（即直接交運貨物，direct cargo）

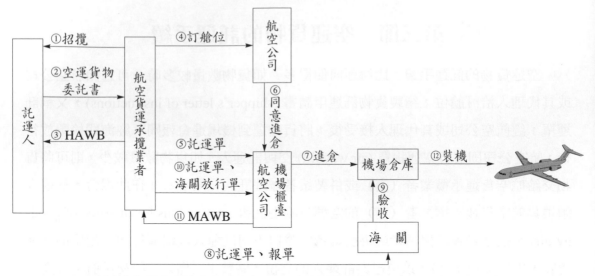

委託航空貨運承攬業者（商）洽訂（即併裝貨物，consolidated cargo）

第四節　空運運費的計算

一、運費基準

　　航空運費均以重量為計價基準，並按貨物的種類訂定其適用費率，即運價 (rates)。此項費率通常由國際航空運輸協會 (IATA) 制定，會員航空公司即照其所訂的運費費率表或稱運價表 (air freight (cargo) tariffs) 計算運費。至於非會員航空公司也參照該項費率表計算運費。由於航空貨運運價均以重量作為計算運費的基礎，乃稱其為計費重量、收費重量或計價重量 (chargeable weight)。但對於體積大而重量輕的貨物，則須將體積折算為重量來收費，這種經折算而得的重量，稱為體積重量 (volume weight)。茲將計價重量的計算方法（即運費的計算標準）說明於下：

　　㈠以實際重量為計價重量

　　以進倉時，公磅所秤的實際毛重 (actual gross weight) 為計價重量的標準，其重量尾數超過 0.1 公斤者，以 0.5 公斤計算；而超過 0.6 公斤者，以 1 公斤計算。

　　㈡以體積重量為計價重量

　　對於體積大而重量輕的貨物，則按下列標準折計重量收費。(IATA 決議書規定，貨物密度不及標準密度時，以材積費率計算計價重量，即以體積除以標準密度，即

SHIPPER'S LETTER OF INSTRUCTIONS

貨 物 託 運 申 請 書

SHIPPER 託運人	

AWB NO.
提單號碼 _____

中 華 航 空 公 司
CHINA AIRLINES

You are hereby requested and authorized upon receipt of the consignment described herein to prepare and sign the Air Waybill and other necessary documents on our behalf and despatch the consignment in accordance with your Conditions of Contract on reverse hereof

I certify that the contents of this consignment are properly identified by name. Insofar as any part of the consignment contains restricted articles, such part is in proper condition for carriage by air according to the International Air Transport Association's Restricted Articles Regulations.

CONSIGNEE 受貨人

Airport of Departure 起運站

Airport of Destination 終點站

REQUESTED ROUTING 指定航線

REQUESTING BOOKING 預訂航線

MARKS AND NUMBERS 嘜 號	NO.& KIND OF PKGS. 件數及包裝方法	DESCRIPTION OF GOODS 貨物名稱	GROSS WEIGHT 毛 重	MEASUREMENT 體 積

AIR FREIGHT CHARGES 運 費	□PREPAID 託運人付款 □COLLECT 受貨人付款	OTHER CHARGES At Origin 起運站其他費用	□PREPAID 託運人付款 □COLLECT 受貨人付款	INSURANCE-AMOUNT REQUESTED 保 險 保險金額

DECLARED VALUE 託運人申報價值		SHIPPER'S C.O.D. 託運人託收貨款
For Carriage 對航空公司申報價值	For Customs 對海關報關價值	

HANDLING INFORMATION AND REMARKS 囑咐事項及備註	DATE 日 期
	SIGNATURE 託運人簽字

資料來源：中華航空公司。

INSTRUCTIONS FOR DISPATCH OF GOODS
貨物運輸委託書

K.C. NO. _____

Kesped Global Logistics Group Limited
景栢環球物流集團有限公司

Unit 808, 8/F., Prosperity Place
6 Shing Yip Street, Kwun Tong
Kowloon
Hong Kong

香港九龍觀塘成業街6號泓富廣場8樓808室

Tel: (852) 3529 1118
Fax: (852) 3529 1119

Email: keschina@kespedglobal.com

付貨人 Exporter (Shipper): 地址 Address: 電話　　　　　　傳真 Tel No.:　　　　　Fax No.:	
收貨人 Consigned to: 地址 Address: 城市與國家 City and Country: 電話　　　　　　傳真 Tel. No.:　　　　　Fax No.:	
並通知 Also Notify:	航空公司名稱 Carrier: ／ 起運地點 From: (Airport of)

運達地點 (航空站) Airport of Destination:	最後收貨地點 Final Destination:	付運費地點 Freight Payable at:	出口証號碼 Export Licence No.:

件數及包裝 No of Packages & Method of Packing	嘜號 Marks and No.	貨物名稱 Nature and Quantity of Goods	呎碼 Measurements	毛重 Gross Weight

附註
Special Remark:

Shipper's Declared Value (Specify Currency 請註明幣制)

報關金額 For Customs:	運輸金額　　For Carriage:
保險金額 INSURANCE:	代收金額 SHIPPERS C.O.D.:

隨貨單據文件　Documents Accompany Airwaybill
Invoice/Custom Invoice/Package List

PACKING LIST & INVOICE AS PER ATTACHED
Others:

Received for:

By: **Kesped Global Logistics Group Limited**

Please receive the above-mentioned cargo(es) for delivery by air to consignee at destination. The undersigned hereby declares that the above stated particulars are correct and that I/we accept the Conditions of Trading referred to on the reverse side of this form, I/we hereby guarantee payment of all freight collected charge due to the forwarders or to the carrier if the shipment is abandoned, refused by the consignee, returned at our request, confiscated by the customer or for any other reasons cannot be delivered within a reasonable time.

Other Arrangements:
In case of any other of special arrangements, the undersigned agrees to hold the forwarders exempt from any liability whatsoever arising out of unforeseen circumstances and/or act.

託運人簽名及蓋章
Signature & Stamp of Shipper (Consignor)

_____

商業證記証號碼　B.R. No.: _____
日期　Date: _____

Revised 9 Jun 09

資料來源：景栢環球物流集團有限公司。

為計價重量。）

　　體積重量係以整批託運貨物或其個別箱件的長、寬、高的最大量度相乘求得，丈量時，不滿 1 公分或 1 吋的部分予以四捨五入。

　　1.英制：1 公斤 = 366 立方吋；1 磅 = 166 立方吋。

　　2.公制：1 公斤 = 6,000 立方公分。（1 立方吋 =16.39 立方公分）

　　上項標準，稱為標準密度，貨物密度低者均按標準密度折計重量。

　　即：英制：計價重量 =（　）立方吋 $\times \dfrac{1\ 公斤}{366\ 立方吋}$

　　　　公制：計價重量 =（　）立方公分 $\times \dfrac{1\ 公斤}{6,000\ 立方公分}$

例一、某貨物經量度其大小為 162.2 cm $\times$ 155.6 cm $\times$ 141.4 cm，四捨五入後為
　　　162 cm $\times$ 156 cm $\times$ 141 cm = 3,563,352 cm^3
　　　3,563,352 cm^3 ÷ 6,000 = 593.89 kgs.，進位為 594 kgs.

例二、上例如改按英制計算，則 $63\frac{7}{8}$ in. $\times$ $61\frac{1}{4}$ in. $\times$ $55\frac{3}{8}$ in.，四捨五入後為
　　　64 in. $\times$ 61 in. $\times$ 55 in. = 214,720 cu.in.
　　　214,720 cu.in. ÷ 366 = 586.7 kgs.，進位為 587 kgs.

例三、上述例二，如改以磅為單位，則體積的立方吋除以 166 即得磅數：
　　　214,720 cu.in. ÷ 166 = 1,293.5 lbs.，進位為 1,294 lbs.

　　從上述例子，可知要決定貨物究應按原重量計算運費或按體積重量計算運費，只需將算出來的體積與原重量比較即可，如體積重量大於原重量，即應按前者計算運費；反之，則按後者計算運費。收費重量（或稱計價重量）固然以重量（實際毛重）或體積重量二者取其大者計費，但如改以較高級距重量 (higher weight break) 的較低運價計算而求得較低運費時，可以改按較高級距重量作為收費重量。

　　例：有一批貨物實際毛重為 36.4 kgs.，由臺北運往香港，假定臺北至香港的一般商品運價 (GCR)，其 45 kgs. 以下的正常運價為 NT$100，而 45 kgs. 以上的數量運價 (quantity rate) 為 NT$70，則以實際毛重 36.4 kgs. 計費時，其收費重量應進位為 36.5 kgs.，但如改以較高級距重量計費時，則其收費重量可視為 45 kgs.，二者運費計算分別為：

　　(1)按原收費重量計費：36.5 kgs. $\times$ 100 = NT$3,650

⑵按較高級距重量收費：45 kgs. × 70 = NT$3,150

新臺幣以元為單位，元以下四捨五入。

本批貨物如改以 45 kgs. 作為收費重量，應付運費為 NT$3,150，比按 36.5 kgs. 計算所求得的 NT$3,650 便宜，因此應以較高級距重量作為收費重量。

二、運費率（運價）

㈠起碼運費 (minimum charges)

為航空公司對於一批貨物所收的最低運費。即貨物依費率計算，如未達最低運費者，即按航空公司所訂起碼運費收費。起碼運費，因運送地區不同而異，應向航空公司洽詢，其等級代號以 "M" 表示。

㈡特別商品費率 (specific commodity rate, SCR)

航空公司為穩定或爭取某兩個地區間的貨源，對經常承運的貨物品類依商品類別所訂定費率。此類費率通常都較一般商品費率為低。因此，在交運貨物時，託運人應先查詢貨物是否適用特別商品費率，以享受較低運費。其等級代號以 "C" 表示。

㈢一般商品費率 (general cargo rate, GCR)

即對一般雜貨所訂的概括性的運費率，其費率較特別商品費率高。本費率又稱為基礎商品費率。通常按交運貨物量的多寡而有下列各種不同的費率級距。

　　1.正常費率 (normal rate)：即貨量低於 45 公斤或 100 磅時，每公斤或每磅運費計價的標準，其等級代號以 "N" 表示。

　　2.數量費率 (quantity rate)：又稱高貨量費率。即貨量自 45 公斤開始，再分為 100 公斤、200 公斤、300 公斤、400 公斤、500 公斤等六種不同費率級距，重量愈高，費率愈低，為航空公司爭取大宗貨源的手段之一。如此可使航空貨運承攬併裝業者有利可圖，而全力爭取不同貨主的少量貨物集中併裝後整批交運，賺取運費差額，其等級代號以 "Q" 表示。

㈣商品分級費率 (commodity classification rate, CCR)

又稱 Class Cargo Rates（貨物等級運價），部分不歸類於特別商品的特殊貨品，如活動物 (live animals)、高價值物品 (valuables)、報紙 (newspapers)、雜誌 (magazines)、期刊 (periodicals)、書籍 (books)、商品目錄 (catalogs)、盲聾用具及書籍 (braille type equipment and talking books for the blind)、後送行李 (baggage shipped as cargo、unaccompanied baggage)、人類屍體 (human remains)、機動車輛 (automotive vehicles)、家具 (furniture)、放射性物質 (radioactive materials) 等，航空公司多依照一般商品費率 (GCR) 按貨品的性質、重量、包裝情況等制定一定的百分比收費，有高於一般商品費率者，亦有低於一般商品費率者。此外，部分活動物所用的獸欄 (stalls)，亦需另行收費。凡屬此類貨物，均須與航空公司預先接洽，並瞭解其適用的費率。

1. 加價費率 (surcharge rate)：此項費率，其等級代號以 "S" 表示，又分：

　⑴貴重物品：所謂貴重物品為每公斤毛重的實際貨價在 1,000 美元以上的貨物，或含有下列項目物品者，如黃金、白金、銀行本票、旅行支票、票據、股票、鑽石、紅寶石、藍寶石、翡翠及真珠等。

　　　貴重物品每公斤運費的計價係依 "N" 級費率的 150%～200% 計收。

　　　又貨物價值如超過每公斤 20 美元，並經貨主於交運時申報貨物價值，即運輸金額 (declared value for carriage) 者，航空公司對於超值部分（20 美元以上部分）按 0.5% 加收報值費 (valuation charge)，最低收費 1 美元，於支付運費時一併繳交承運人。報值費的計算公式：（申報價值 − 賠償限額）× 計費公斤數 × 0.5%（報值費率）× 美元兌換新臺幣匯率。

　　　提單上，另有「運輸保險」一欄，可於交運時向承運公司投保，其保險費率視貨物、地點及承運公司的不同而異，一般約在保額 (amount of insurance) 的 0.5% 左右。此係航空公司承保的運輸保險，與貿易價格條件上 CIF 條件中的保險無關，因 CIF 中的 "I" 係向產物保險公司投保。本項的承保，如發生損壞或滅失時，由航空公司負責賠償。

　⑵供繁殖用種畜及家禽類動物：其每公斤運費的計價依 "N" 級費率的 150% 計收。

2. 折扣費率 (rebated rate)：此項費率，其等級代號以 "R" 表示，又分：

　⑴報章、雜誌、刊物等印刷品類貨物：依 "N" 級費率的 50% 計收，最低重量 5 公斤。

　⑵旅客後送行李 (unaccompanied baggage)：依 "N" 級費率的 50% 計收，最低重量 10 公斤。

　　　所謂後送行李，乃指旅客行李以貨物方式空運出口之意。其適用範圍除包括旅客個人衣物及器具外，尚包括手提式音響、打字機及個人運動器

材等，但機械或其零件、金、銀、珠寶、手錶、紀念牌、軟片、相機、文件、化妝品、家具、商業推廣樣品等，則不能列屬後送行李的折扣費率品目。

(五)併裝集運費率 (consolidated rate)

係航空貨運承攬商或併裝業者將各個貨主所託運的小件貨物，按照航空公司規定的規格，固定於墊板 (pallets) 或裝入貨櫃或貨箱內，而以託運人或併裝業者 (consolidator) 的身分，將此併裝貨物整批交付航空公司承運時所適用的優惠費率。貨運承攬商或併裝業者除可因此賺取運費差額外，尚可分享部分費率差額給貨主。

(六)貨櫃費率 (container and ULD rate)

即適用於以貨櫃裝運的貨物，其運費率，較為優惠。

ULD 為 Unit Load Devices（單位裝載用具）的縮寫，又可分：

1. Aircraft ULD：其等級代號以 "U" 表示。
2. Non-Aircraft ULD：其等級代號以 "X" 表示。

又貨櫃的溢裝部分另行計價，其適用費率為溢裝費率，另以代號 "E" 表示。

(七)包機費率 (charter rate)

包機費率或稱租機費率，適用於臨時或定期包機，包機的貨主僅為一人時稱為全包機 (whole charter)。

(八)聯運費率 (combination rate)

每一航空公司對其營運地區任何兩點間（不論為直達或轉機）均訂有費率表可資應用，若兩點間無聯運費率時，只需分段予以相加即可，如某段無現成的費率表時，即可採取聯合運費，按各段的標準分段計算，再予以相加。

(九)聯營費率 (joint rate)

係利用併裝集運的作業方式，將貨物運往國外適當轉運站（如香港、曼谷、新加坡等地），再由該轉運站運往終點站，如此分段計價的總和運費費率稱為聯營費率。

三、運費的計算方式

運費率或運價 (rate) 為計算運費的基本單位，係航空公司對承運一基準單位（公斤或磅）貨物自起運站機場至終點站機場間所收取的金額，不包括承運人、代理人或託運人收取的其他費用。運費 (transportation charges) 係指航空運輸貨物按適用的

運價計算而得出的託運人或受貨人應支付的貨物運送費用。運費的多寡視託運人申報貨物價值 (declared value for carriage)、貨物的重量或體積，及所適用的運價 (rate) 而定，航空貨運運費不包括下列附帶費用：

　　1. 提貨 (pick-up) 及送貨 (delivery) 的運費。

　　2. 清關費用、倉儲費、航空公司墊付費用、保險費。

　　3. COD 及其他服務費用、稅捐及其他罰款、重新包裝費用、地面運輸費用、貨物退回起運站的費用等。

　　因此，貨主根據費率表計算出來的運送費另加應付的服務費及相關費用才是應付的總費用。換言之，

$$應付航空運費 = 重量費用 (weight\ charges) + 服務費及其他費用 (service\ charges\ and\ other\ charges)$$

$$重量費用 = 計價重量 (chargeable\ weight) \times 費率 (rate)$$

所謂服務費及相關費用泛指航空公司所列運費率表以外的其他服務費用，須向託運人或受貨人收取者。如報值費、倉租、保險費、代辦通關費、罰款、包裝修理費、代墊費用、轉運費用及退貨運費等均屬之。茲將主要者加以說明如次：

　　1. 代交貨收款的服務費 (cash on delivery service charge; COD service charge)：美、加地區為貨款的 3%，起碼費用為 7.50 美元；其他地區為貨款的 5%，起碼費用為 11.50 美元。以上均須在空運提單上註明。

　　2. 代墊費用 (disbursement)：凡由託運人或航空公司替受貨人 (consignee) 墊付的費用，稱為 Disbursement。如由目的地航空公司代收時，應向受貨人收取代墊服務費 (disbursement fee)，美、加地區為 3%，起碼費 5.50 美元；其他地區為 5%，起碼費 10.00 美元。以上均應在空運提單上註明。如受貨人拒付時，應由託運人負責支付。

　　3. 文件處理費 (documentation charges)：航空公司或航空貨運代理於製發空運提單後，通常向貨主收取少許文件處理費或文件修改費用；但亦有部分航空貨運代理業者不向貨主收取而自行負擔者。

　　航空運費計算實例：

　　設某進口商擬由荷蘭阿姆斯特丹 (Amsterdam) 進口一批植物種籽，貿易條件為 FOB，貨物體積為 $58\frac{3}{4}'' \times 45\frac{1}{2}'' \times 30\frac{1}{2}''$，重量為 160 kgs.，運費率如附表，該批貨

物的服務費及其他費用共新臺幣 1,000 元，植物種籽在運費表中編號 1485，根據以上資料，該批貨物應付運費計算如下：

該批貨物實際重量：160 kgs.

$$貨物尺寸：58\frac{3}{4}''\times 45\frac{1}{2}''\times 30\frac{1}{2}''，四捨五入為 59''\times 46''\times 31''$$
$$= 84,134 \text{ cu.in.}$$

$$84,134 \text{ cu.in.} \div 366 = 229.87 \text{ kgs.，進位為 230 kgs.}$$

體積重量較重，依體積重量計價。

依表查得編號 1485 商品 SCR 費率級距為（見附表）：

45kgs. 以下：NT$390/kg.

45 kgs.～100 kgs.：NT$292/kg.

100 kgs.～250 kgs.：NT$170/kg.

250 kgs.～500 kgs.：NT$150/kg.

500 kgs. 以上：NT$135/kg.

計價重量為 230 kgs.，每 kg. 運費率 NT$170，應付運費為：

(NT$170 × 230) + NT$1,000 = NT$40,100

採取較高級距的費率計費：

(NT$150 × 230) + NT$1,000 = NT$35,500

To (RATE CLASS)	CODE	WT. (KG.)	NTD/K	To (RATE CLASS)	CODE	WT. (KG.)	NTD/K
AALBORG	AAL	M	2,415	AMSTERDAM	AMS	M	2,415
		N	399			N	390
		45	299			45	292
		500	228			500	226
2199		100	196	0320		500	168
2199		250	173	0320		1,000	146
4402		100	220	1024		100	209
4420		100	194	1024		250	190
				1475		500	198
AARHUS	AAR	M	2,415	1485		100	170
		N	399	1485		250	150
		45	299	1485		500	135

				2199			100	196
		500	228	2199			250	173
2199		100	196	4402			100	220
2199		250	173	4420			100	194
4402		100	220	8392			100	235
4420		100	194	8392			500	209
ABADAN	ABD	M	2,086					
		N	305	ANCONA	AOI	M		2,415
		45	229			N		375

🌐 第五節　空運提單

一、空運提單的意義與種類

空運提單（air waybill; airway bill; air consignment note），係運送人於收到承運貨物後，發給託運人的證明文件。實務上，空運提單具有下列作用：

1. 作為航空公司收受承運貨物的收據。
2. 作為航空公司與託運人間運送契約證明文件。
3. 作為運費帳單 (freight bill) 的證明。
4. 作為貨物的保險證明單（由航空公司保險時）。
5. 作為通關文件的一部分。
6. 作為航空公司貨運人員處理貨物裝卸、運送及交貨的依據。

空運提單依簽發人的不同，可分為主提單 (MAWB) 與分提單 (HAWB)。由航空公司或其代理直接簽發者為主提單，由航空貨運承攬商或併裝業者 (consolidator) 簽發者為分提單。依照規定，後者不得逕行發給託運人主提單。

二、空運提單的特性

空運提單如同海運提單具有收據及運輸契約憑證的作用，但不具流通性 (non-negotiable)，且為記名式及直接式 (straight)，所以並非物權憑證 (document of title)。雖然一般航空公司多規定受貨人須憑空運提單才可提貨，但實際上國外許多航空公司並不要求受貨人出示提單，而只要提貨人能證明其為提單上的受貨人即可

提貨。因此,在實務上,如貨物以空運託運,信用狀多規定以開狀銀行為受貨人,藉以確保開狀銀行對該項貨物的控制權。由於空運提單的特性,出口商應特別注意,以空運託運時不宜以進口商為空運提單上的受貨人,否則可能發生進口商一方面提走貨物,他方面卻假借單據有瑕疵而拒付的情形。

空運提單通常係於託運人交運貨物時,填寫正本三份及副本若干份。其中正本一份由託運人簽名交付運送人,一份由託運人與運送人共同簽名後由載貨飛機,於目的地機場交付受貨人,另一份則由運送人簽名後交付託運人,作為其押匯時的運送單據憑證。空運提單依其提單上是否列明簽單航空公司的識別標誌 (carrier identification) 可分為 "Airline Air Waybill" 與 "Neutral Air Waybill" 二種。因空運提單係於航空公司收到託運貨物後即簽發,並非於裝上飛機後才簽發,所以提單上有 "Received for Carriage" 的字樣,此乃由於航空運輸的特殊性而生。例如空運提單上常有類似下列的條款:

Carrier certifies goods described below were received for carriage subject to the conditions on reverse hereof, the good then being in apparent good order and conditions except as noted hereon.

空運提單上有一欄供填寫 "Consignee" 的名稱及地址以及供填寫 "Notify Party" 的名稱及地址。倘貨物以國外銀行或國外代理人為受貨人,則將受貨人的名稱及地址填寫在 "Consigned to..." 字樣之後,而將真正的買主填寫在 "Also Notify..." 之後。凡此均與海運方式交運時的情形相似。

託運人如有意利用航空公司與保險公司所訂的 Open Policy (即 shipper's interest insurance),將所交運貨物加以保險,託運人可在空運提單上 "Insurance" 一欄填明保險金額,並繳付費用,將其貨物在航空公司的 Open Policy 項下付保。航空公司所投保 Open Policy 的承保範圍為實質上滅失或毀損的全險 (All Risks),至於因戰爭、罷工、合法的捕獲、暴動、敵對行為、延誤或固有瑕疵等直接、間接所引起的滅失或毀損則不在承保範圍之內。因此,如託運人欲將其貨物投保全險或 Open Policy 不保的其他險類,則應自行向保險公司投保。當然,託運人亦可向保險公司投保全部保險,而不由運送人的 Open Policy 承保。尤其信用狀規定須提出保險單據時為然。利用航空公司的 Open Policy 付保,其優點為費率較低廉,且於索賠時,可迅速獲得賠償。

海運提單與空運提單特性的比較

海運提單	空運提單
1. 作為貨物收據 (cargo receipt)	1. 同左
2. 作為運輸契約憑證 (evidence of contract of carriage)	2. 同左
3. 為有價證券	3. 非為有價證券
4. 為物權證券 (document of title)	4. 非為物權證券
5. 抬頭為直接式 (straight form) 或指示式 (order form)，但大部分為指示式，具流通性	5. 抬頭一律為直接式，不具流通性
6. 簽發人為船公司或其代理人	6. 簽發人為航空公司或其代理人
7. 裝運式／備運式 (shipped/received form)	7. 備運式 (received form)
8. 憑提單提貨（認單不認人）	8. 憑身分提貨（認人不認單）

三、分提單

經營航空貨運承攬業的人，因不自備飛機，故並非實際的航空運送人 (actual air carrier)，而是一種貨運承攬業者 (forwarding agent; freight forwarder)、併裝業者 (consolidator)，我國業界稱為航空貨運承攬業者 (air cargo forwarder) 或併裝業者或航空貨運公司 (air cargo company)。

航空貨運公司發行的提單雖與航空公司發行者雷同，但稍有經驗者，仍可從其提單號碼予以識別。航空公司發行的主提單，其提單號碼係由 3 位數阿拉伯數字起頭，為航空公司的代號或 IATA 統一編號，例如中華航空公司的代號為 297，地中海航空公司為 270，其後跟著不超過 8 位數字的流水號碼，為航空公司自編的貨號及帳號。由航空貨運公司發行的分提單則起首為該公司的英文代號，而非阿拉伯數字，其後面為該公司自編的流水號碼，故極易與主提單區別。

由於航空貨運承攬業者本身並非實際運送人，也未必係實際運送人的代理人，故其發行的分提單與海運的貨運承攬商提單 (forwarder's B/L) 一樣，只具有貨主與航空貨運承攬業者間的運送契約性質，一旦發生索賠問題，貨主只能向航空貨運承攬業者（航空貨運公司）主張權利，而不能直接對航空公司主張任何權利。

空運主提單與空運分提單特性的比較

空運主提單	空運分提單
1.作為貨物收據	1.同左
2.作為運輸契約憑證	2.同左
3.簽發人為航空公司	3.簽發人為航空貨運承攬商或併裝業者
4.貨物多屬大批的直運貨物 (direct cargo)	4.貨物多屬零星的併裝貨物 (consolidated cargo)
5.可以世界各地為目的地	5.只限於特定地點為目的地
6.運費依 IATA 運價收取	6.按併裝費率收取（比 IATA 費率低）
7.提單格式、運輸條款均按 IATA 統一格式及統一條款	7.提單格式、運輸條款由各公司自行訂定

🌐 第六節　有關航空貨運應注意事項

一、特殊貨物與空運限制

航空公司承運貨物除依 IATA Restricted Articles Regulations 中規定可承運者外，其他皆不得承運。又下列貨物，除非事先向航空公司接洽，原則上不予承運。

1. 貨物須轉運或轉機，而於轉運或轉機時須特別照顧者。

2. 貨物申報價值在 100,000 美元以上者。

3. 下列特別貨物：

　(1)超大或形狀特殊貨品。

　(2)活動物。

　(3)易腐品。

　(4)危險物品。

　(5)屍體。

此外，航空公司不接受貨主指定裝載某一特定飛機，或經由某一特定航線，或指定某一時間在某一指定機場辦理轉運，也不承諾在某一期間內完成運輸。航空公司有權不通知貨主而更換飛機班次或改變航線。航空公司如認為有必要時，得於通知貨主後，將貨物留置於任何中途機場，其所發生倉租概由貨主負擔，並由貨主負擔風險。不過這種情形，多半在遭遇中途機場罷工、暴動、或戰爭時才會發生，一般正常的航空貨運，應不致如此，除非航空公司存心詐欺。

二、以 FCA 或 FOB 條件交易時應注意事項

出口商擬以空運方式交運，且擬以 FCA 或 FOB 條件交易時，應先瞭解航空公司對於運費及有關費用是否同意以到付 (collect) 方式向受貨人收取。通常只有在下述情形下，航空公司才願將運費及有關費用以到付方式承運：

1. 買方與賣方或受貨人與託運人非同一人。

2. 受貨人非政府機關（除非託運人為政府機關的代理人，並能提供適當保證）。

3. 貨物非屬下列貨品：

　⑴屍體。

　⑵活動物（包括鳥、魚、昆蟲、牲畜、狗貓、及貝類）。

　⑶易腐品。

　⑷非商品的後送行李。

4. 目的地國家的外匯管制法令許可。

5. 貨品的當地售價，不低於到付運費數額。

空運提單背面所列承載條款規定，對於對方拒付運費而產生的費用連同運費概由託運人負責清償，不可不知。

※第七節　郵政包裹遞送

各國多有郵購業務 (mail order business)，公司行號利用郵局服務，出售貨物予遠地顧客。其銷售方式，自商品目錄的分發，貨物的訂購，以及發貨、收貨等全部銷售過程，均透過郵局投遞以完成。

郵購業務最發達的國家首推美國，現在已發展成國際性的業務。郵政包裹 (post parcel) 是由郵局承辦運輸手續，郵局即為運送人。按國際間郵政包裹的收受與遞送，均根據國際郵政聯盟 (Universal Postal Union) 的統一辦法辦理，但各國郵局出口包裹定有單行規定。對國際航空水陸包裹重量限度及資費各有不同的規定。出口商可洽詢郵局相關窗口或從網站下載相關資訊。

包裹交給郵局後，郵局即發給寄件人收據，此收據稱為郵政收據 (post receipt) 或投遞證明 (certificate of posting)。郵政收據或投遞證明僅作為收到包裹並將予以寄出的證明文件，並非表彰貨物所有權的物權證券 (document of title)，也非領取包裹時必

須提示的文件。對銀行而言，這種收據或證明書並不能充作融資的擔保品，因此，開狀銀行為掌握包裹，多於信用狀中規定以開狀銀行為包裹的收件人。

郵政包裹由航空寄運者，稱為航空郵政包裹 (air post parcel)。此種航空郵政包裹也由郵局發給收據，稱為 Receipt for Air Post Parcel。以航空郵政包裹發貨時，應特別注意有關重量、尺寸、限度的規定。

貨物以郵政包裹方式遞送，如需保險，可向郵政機構投保（即包裹保價），投保時有關每件包裹的保險金額須在報稅單上載明，這種由郵政機構保險的郵政包裹稱為 "Insured Post Parcel"。亦可向保險公司投保郵包險。

郵政收據或投遞證明書上的收件人、名稱、地址、貨物名稱及信用狀號碼應與信用狀所規定者相符，且應蓋有郵戳，或以其他方法驗證 (authenticated) 並註明日期。UCP 600 Art. 25 (c) 規定：「證明貨物收受待運的郵政收據或投遞證明……須顯示於信用狀規定的貨物裝運地蓋章或簽署並註明日期，該日期將視為裝運日期。」

 ## ※第八節　空運貨物與航空郵包的比較

空運貨物 (air cargo) 與航空郵包 (air post parcel) 的差別有下列幾點：

1. 航空郵包依照收貨人的地址可直接送達。
2. 每件航空郵包都有重量及體積的限制。
3. 航空郵包的運費必須由寄貨人付清。
4. 航空貨運可更改目的地及收貨人。
5. 航空貨運追蹤未到貨物較快。

 ## 第九節　快遞服務

一、空運快遞

近二、三十年來，隨著國際貿易的快速發展，國際航空快遞服務 (courier service) 業務也大幅成長。目前在我國有 DHL（洋基通運）、UPS（優比速）、Federal Express（聯邦快遞）等多家加入經營。這些業者在國內大城市設有分支機構或代辦處（例如 DHL 和統一超商合作，利用統一超商在全臺各地的營業點收件），接受外匯銀行、貿易廠商的委託，從事國際間的航空快遞業務。

　　由於快遞業者大多能在很短的時間（二天至三天）內將受託的商品或商業文件送達世界各地城市，效率之高遠非郵遞所能比擬，因此，其收費雖較郵費高出三倍至四倍，卻仍為貿易廠商所樂於利用。

　　鑑於國際航空快遞費用高出郵費很多，所以受託遞送的物件大多屬趕時間的商業文件（例如押匯文件）及體積小、重量輕、數量少的樣品等。

　　目前在我國的國際快遞業者，由於競爭激烈，服務效率很高，只要一通電話，即派人前來取貨 (pick up)，可說是真正的「服務到家」(door to door service)。

　　鑑於國際快遞業務的重要性越來越大，UCP 600 Art. 25 (a) (b) 規定：

　　⑴證明貨物收受待運的快遞收據，不論其名稱為何，須顯示：

　　　①表明快遞業者的名稱，並由該具名的快遞業者在信用狀規定的貨物裝運地蓋章或簽署。

　　　②表明取件或收件的日期或類似用詞，該日期將視為裝運日期。

　　⑵如要求顯示快遞費用付訖或預付，得以快遞業者所簽發證明快遞費用由受貨人以外之人負擔的運送單據可以滿足該項要件。

二、生鮮小包的海運快遞

　　在 2017 年 3 月以前，生鮮農漁畜產品等生鮮產品無法透過海運快遞方式進出口。但隨著消費型態的改變、國際電子商務的發達、農漁畜產品也搶搭電商商機。我國農漁畜產品品質佳、口碑好，具有外銷優勢（例如稻米、蜂蜜等），假如可以小包裝方式海運快遞出口，必有助於業者拓展鄰近國家市場（例如中國大陸、日本、南韓和東南亞等國）。

　　為了因應跨國電子商務網購貨物少量多樣的特性，財政部關務署採納業者建議，於 2017 年 3 月修正「海運快遞貨物通關辦法」，放寬生鮮小包可以海運快遞出口（以前業者要快遞運送跨境電商產品，只有空運快遞的方式）。

　　生鮮小包的海運快遞出口，可在海運快遞專區辦理，採簡易申報單及合併申報方式辦理，手續簡便化，通關速度加快，降低業者報關傳輸成本。

　　依現行規定，低價快遞貨物指的是在 FOB（離岸價格，或出口國船上交貨價格）新臺幣五萬元以下，每件（袋）毛重 70 公斤以下的貨物。

習 題

1. 試述利用航空運輸的優缺點。

2. 試述空運貨物託運的手續。

3. 空運運費的計算方式為何？

4. 試述空運提單的作用及其與海運提單的異同。

5. 利用郵政包裹遞送商品時應注意事項有哪些？

6. MAWB 與 HAWB 有何差異？如何辨別？

第十八章

國際貨運㈢——複合運輸

🌐 第一節　複合運輸的定義

貨櫃貨物具有便於不同運輸工具間的搬運及裝卸特性，已如前述，例如整櫃貨物可自貨物出產地的小城鎮由拖車拖運於鄉間小公路上到達火車站，再由火車站載運直達出口港碼頭，搬上貨櫃船，遠渡重洋運抵國外目的港卸下後，再由火車或卡車載運或拖運至受貨人的倉庫或工廠。因此，貨櫃運輸可與卡（拖）車、火車、貨櫃船，甚至飛機聯合起來，作連貫性的運輸，這種運送方式，稱為複合（式）運輸或複合運送 (multimodal transport)，在美國稱為一貫運輸 (intermodal transport)，歐洲大陸則稱為聯合運輸 (combined transport)。目前，利用貨櫃的複合運輸，已取代傳統的單一運輸方式 (single mode of transport)，而成為今後國際貨運的主流。

國際商會有鑑於此，乃於 1973 年制定「複合運輸單據統一規則」(Uniform Rules for a Combined Transport Document)，並於 1975 年加以修訂。1980 年，聯合國通過「國際貨物複合運輸公約」。另 UNCTAD/ICC 則於 1992 年 1 月頒布了「複合運輸單據規則」(Rules for Multimodal Transport Documents)，於是該規則就成為有關國際貨物複合運輸最新、最具體的運輸規範。

依國際商會所制定的複合運輸單據統一規則，所謂國際複合運輸 (international combined transport) 是指「自接管貨物的一國某地至指定交貨的另一國某地，至少使用兩種不同運輸方式的貨物運輸」。又依聯合國國際貨物複合運輸公約 (UN Convention on International Multimodal Transport of Goods, 1980)，所謂國際複合運輸是指「按照複合運輸契約，以至少兩種不同的運輸方式，由複合運送人 (multimodal transport operator)，將貨物自一國境內接管貨物的地點運至另一國境內指定交付貨物的地點。為履行單一方式運輸契約 (unimodal transport contract) 而進行的該契約所規定的貨物接送業務 (operations of pick-up and delivery of goods)，不視為國際複合運輸」。

由上述定義，可知：

1. 國際複合運輸是以至少兩種不同運輸方式進行的運輸。所謂不同運輸方式，如海運、航空、鐵路、公路運輸等是。

2. 國際複合運輸專指貨物運輸而言，不包括旅客運輸及郵件運輸。

3. 國際複合運輸是指從一國境內某地點至另一國境內某地點的運輸。

4. 國際複合運輸係由複合運送人按照複合運輸契約進行的運輸，而複合運輸契約是指複合運送人憑以收取運費，負責履行或促成履行國際複合運輸的契約。

5. 為履行單一方式運輸契約而進行的貨物接送業務，不應視為國際複合運輸。這是為避免將原屬單一方式的航空／公路運輸變成複合運輸而設。因為航空運輸常利用公路運輸向貨主提供 Door-to-Door Service。這種公路運輸對於主要以航空運輸的貨物來說，僅屬附帶性質，不應視為不同運輸方式間的運輸，而應將其從國際複合運輸的概念中排除。

🌐 第二節　與複合運輸相似的概念

複合運輸、聯營運輸 (through transport; through carriage) 及相繼運輸 (successive carriage) 等三種概念相似，但卻不同。

複合運輸是指一運送人使用至少兩種不同的運輸方式進行的運輸，例如全程運輸由一運送人利用卡車及船舶從事貨物的運輸。聯營運輸是指由兩個以上的運送人使用相同或不相同的運輸方式相繼進行的運輸，例如運送人甲使用卡車，而運送人乙使用船舶相繼進行的運輸固然是聯營運輸；運送人甲使用的是卡車，運送人乙也使用卡車相繼而為運輸時，也屬於聯營運輸。至於相繼運輸乃指兩個以上的運送人使用相同運輸方式，相繼進行的運輸，例如運送人甲使用船舶，而運送人乙也使用船舶相繼進行的運輸是。因此，聯營運輸是複合運輸及相繼運輸的上位概念。凡是複合運輸、相繼運輸必然屬於聯營運輸，而聯營運輸則可能是複合運輸（兩種以上不同運輸方式時），也可能是相繼運輸（兩種以上相同運輸方式時）。

🌐 第三節　複合運輸的種類

一、陸橋作業 (land-bridge service)

又稱陸橋運輸，為海運與橫越大陸鐵路的聯合運輸，即利用大陸鐵路作為中間

橋樑，將貨櫃以船運至大陸某一港口後，再以火車接運至另一海洋航線的起點，然後再以貨櫃船運至目的港。目前主要的陸橋運輸有二種：

　　1.北美洲陸橋。貨物自臺灣、香港、或日本等太平洋海岸地區運送貨物到歐洲時，先以海運運到美國西海岸的港口，卸下貨物以後，改以鐵路運輸到大西洋海岸的港口，然後再轉海運，直放歐洲。此種陸橋貨運，係美國聖塔飛 (Santafe Pen Central) 鐵路公司為推展其業務所創。貿易界曾一度利用此一方式運送貨物到歐洲各國，但由於美國轉運時搬運費用昂貴，現多已放棄使用。

　　2.歐亞陸橋，目前有兩種路線：

　　　⑴傳統的西伯利亞陸橋：利用俄羅斯西伯利亞鐵路作為陸地橋樑，運送路線，先以船隻運到海參威 (Vladivostok) 後，由西伯利亞鐵路接運至波羅的海 (Baltic Sea) 沿岸港口，再以貨櫃船運往西歐、北歐及英國的各主要港。

　　　⑵新歐亞陸橋：東起中國大陸的連雲港，西至荷蘭鹿特丹港或比利時的安特衛普港，主要是利用歐亞大陸的鐵路，連結太平洋與大西洋的貨物運輸。由於這條路線是經過古代的「絲綢之路」，所以又稱為「現代絲綢之路」。

二、小型陸橋作業 (mini-land-bridge service, MLB)

　　又稱迷你陸橋作業。即遠東欲輸往美國東岸或墨西哥灣沿岸地區的貨物先在美國西岸卸下，走美國鐵路到東岸貨櫃場，再經公路運往內陸各地。又如日本貨櫃取道西伯利亞陸橋，運至義大利等歐洲大陸各目的港是。因其運輸只占陸橋運輸的一部分，故也稱為小型陸橋運輸。

三、微陸橋作業 (micro-bridge service, MBS; thru service)

　　又稱微陸橋運輸。正式名稱為 Interior Point Intermodal (IPI)。即目的地不在東岸而是在美國中西部的貨物先以貨櫃船自遠東運至美國西海岸卸下後，由火車或內陸運輸公司直接運至內陸各地交櫃，而不必如小型陸橋作業先運至美國東岸港區的貨櫃場後，再經由內陸運輸公司分運至內陸各地。因此，進口商在美國中西部者，如利用微陸橋作業，則可提早收到貨物。

四、門至門捷運作業 (door step service)

　　銷往美國的貨物，目前各大貨櫃輪船公司大都能做到小型陸橋及微陸橋的運輸方式，而 APL (American President Lines) 卻在 1981 年 7 月開始提供叫做 Door Step Service 的服務，這種運輸方式可以說是已經達成「門至門」複合運輸的最終一步。就是把貨物一直運到受貨人的倉庫門前，而且都涵蓋 (cover) 在同一份提單之內。他們在幾個美國內陸的大城市設立集散中心，然後再由這些中心，將貨物分送到其周圍小城市裡的受貨人手中。

　　此外，有一種與微陸橋作業相當類似的運送方式，稱為陸路共同地點作業 (overland common point service, OCP service)，係美國及加拿大西岸所特有的制度，適用於自遠東運至美西太平洋岸各港口卸貨而須經內陸運輸工具轉至美國中部 North Dakota、South Dakota、Nebraska、Colorado、New Mexico 地區及以東地區或加拿大 Manitoba 及以東各地的貨物。此項運輸型態是為配合美加地區內陸運輸系統而設，海洋運送人只負責至海運終點站，之後即由承辦聯運的鐵路公司依進口商或其代理人的指示，將貨物轉運到內陸目的地，由於海運運送人及陸運運送人係各自簽發提單，而非包含於同一提單內，因此這種方式並非複合運輸。

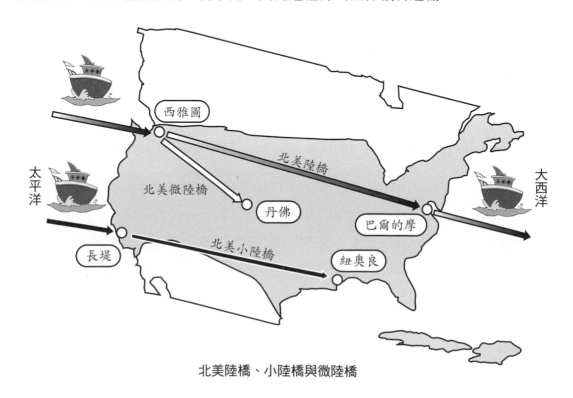

北美陸橋、小陸橋與微陸橋

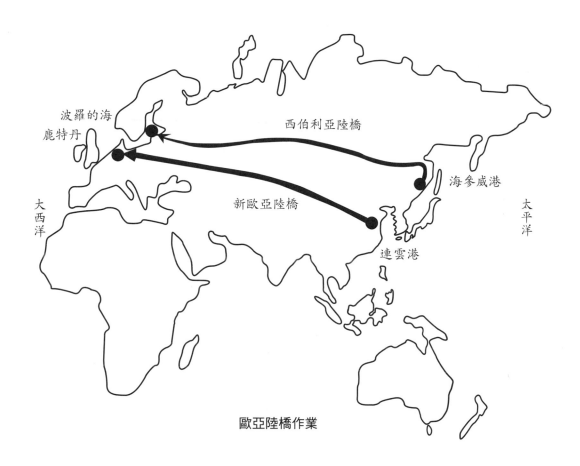

波羅的海
鹿特丹

西伯利亞陸橋

海參威港

大西洋

新歐亞陸橋

連雲港

太平洋

歐亞陸橋作業

第四節　複合運送人的定義

複合運送人又稱複式運送人或多式聯運經營人，其英文名稱在 1965 年 UNIDROIT 草擬的「複合運輸公約草案」(Draft Convention of Combined Transport)，即所謂的 Bagge 草案，稱為 Principal Carrier；國際海事委員會 (CMI) 於 1969 年草擬的「複合運輸公約草案」，則稱為 Combined Transport Operator，簡稱 CTO；其後國際商會制定的「複合運輸單據統一規則」也採用此一名詞。但 1973 年國際海事委員會一般規則又改稱為 Operator。迄 1980 年，聯合國制定的「聯合國國際貨物複合運輸公約」則將複合運送人稱為 Multi-modal Transport Operator，簡稱 MTO。

因此，在國際複合運輸界，Principal Carrier、Combined Transport Operator、Operator、Multi-modal Transport Operator，都是指簽發複合運輸單據，為全程運輸負責的人，即複合運送人。

依國際商會「複合運輸單據統一規則」第 2 條 b 款規定：「複合運送人是指發行

複合運輸單據的人（包括任何法人、公司或法律實體），如果國內法規定，任何人在有權發行複合運輸單據之前，須經授權或發給執照，則複合運送人只指這種經授權或領有執照的人。」

「聯合國國際貨物複合運輸公約」第 1 條第 2 項則規定，所謂複合運送人是指其本人或透過其代表訂立複合運輸契約的任何人，他是本人 (principal)，而不是託運人的代理或代表，或參與複合運輸的承運人的代理或代表，並且負有履行運輸契約的責任。由上述可知：

1. 複合運送人是複合運輸契約的訂約人，但其訂約不限於親自出面訂立，也可透過代表訂立。

2. 複合運送人是以本人的身分與託運人訂約，他不是託運人的代表或代理，也不是參與複合運輸的運送人的代理或代表。

3. 複合運送人負有履行整個複合運輸契約之責，並以本人身分，對複合運輸的全程負責。

※第五節　複合運送人的責任及責任限制

一、責任期間

依聯合國國際貨物複合運輸公約第 14 條規定，複合運送人對貨物的責任期間，是從其接管貨物之時起到交付貨物時為止。具體地說，在下列的情形視為複合運送人接管貨物期間，也即複合運送人的責任期如下：

1. 自複合運送人從下列各方接管貨物之時起：

(1)託運人或其代表；或者

(2)主管機關或其他第三人（依接管貨物地法律或規章規定，該貨物應由其交運者）。

2. 直至他以下列方式交付貨物時為止：

(1)將貨物交付受貨人；或者

(2)如果受貨人不向複合運送人提領貨物，則按複合運輸契約或按照交貨地適用的法律或特定商業慣例，將貨物置於受貨人支配之下；或者

(3)依交貨地適用的法律或規章將貨物交給主管機關或其他第三人。

二、責任原則（基礎）及責任限制

規範各種不同運輸方式的國際貨物運輸公約或國內法對運送人的責任制都不相同，在此情形下，複合運輸項下運送人的責任制應適用哪一公約或法律規定呢？是適用陸運的「國際公路貨物運輸契約公約」(CMR) 和「國際鐵路貨物運輸公約」(CIM) 的近似嚴格責任制 (strict liability system)，還是遵循海運的「海牙規則」或「威斯比規則」過失責任原則呢？或國際航空運輸的「華沙公約」或「海牙議定書」的推定過失責任原則呢？

假如貨物發生滅失或毀損的區段 (stage) 可以確定，那麼就可以適用有關的國際公約或國內法。假如貨物發生滅失或毀損的區段無法確定，那就發生法律適用的困難了。所以，在國際複合運輸中，關於複合運送人的責任原則和賠償限額，託運人和複合運送人一般都在契約中規定清楚。其規定有以下三種主要做法：

1.統一責任制 (uniform liability system)：又稱單一同一責任制，即指在運輸全程中，由複合運送人就運輸全程按同一責任內容對貨主承擔責任。至於其責任內容悉依複合運輸契約的規定。當貨物發生滅失或毀損時，只要這種滅失或毀損是在複合運輸責任期間發生，就不論其發生地點，也不論造成事故的是哪一種運輸工具，複合運送人都按照同一的責任原則（過失原則、舉證責任轉換的過失原則或嚴格原則）來承擔責任。賠償限額也是如此，不分區段包括隱蔽滅失 (concealed loss) 或毀損 (damage) 一律按同一限額賠付。

2.網狀責任制 (network liability system)：又稱單一不同責任制或分段責任制。即指在運輸全程中，由複合運送人就運輸全程對貨主承擔責任，但複合運送人在各個運輸區段所承擔的責任內容不同，而須根據各個運輸區段可資適用的公約或國內法所規定的責任來確定。例如貨物滅失或毀損發生在海上運輸區段，則適用海牙規則；如發生在航空運輸區段，則適用華沙公約；如發生在鐵路運輸區段則適用國際鐵路貨物運輸公約；如發生在公路運輸區段，則適用國際公路貨物運輸契約公約規定。

在此責任制度下，對於發生區段無法明確的櫃內貨物滅失或毀損（即隱蔽滅失或毀損），則另以統括責任限制 (over-all limit) 規定複合運送人的責任。例如對於隱蔽滅失或毀損，規定當作在海上運輸區段發生，而按海牙規則的責任原則承擔。

3.變更統一責任制 (modified uniform liability system)：又稱變更網狀責任制度

(modified network liability system)。本制度是統一責任制與網狀責任制相混合的責任制，所以又稱為混合責任制度。也就是在責任原則方面與統一責任制相同，而在賠償限額方面與網狀責任（分段責任）制相同。詳言之，在此制度下，在運輸全程中，由複合運送人就運輸全程按同一責任內容對貨主承擔責任，但複合運送人在各運輸區段所承擔的賠償限額不同。即貨物的滅失或毀損發生於某一運輸區段，而該運輸區段可資適用的現行國際單式公約或國內法所規定的賠償限額如高於複合運輸契約所規定的賠償限額，則複合運送人對這種滅失或毀損的賠償限額，應按該等國際公約或國內法的規定理賠。

　　例如貨物的滅失或毀損發生於空運區段，則複合運送人的賠償責任原則或基礎（過失原則或舉證責任轉換的過失原則，或嚴格原則）仍將由複合運輸契約確定，但其賠償限額則以限額較高的華沙公約為準（這裡是假定華沙公約的賠償限額高於複合運輸契約所規定的賠償限額）。

　　本制度為聯合國國際貨物複合運輸公約所採用，依該公約規定：

　　　⑴確知損害發生地時：適用該區段的國際公約或強制性國內法規定的賠償高於第 18 條第 1 至第 3 項的賠償限額（見下述），則複合運送人的賠償限額應依各該公約或強制性國內法（公約第 19 條），此具有強烈的網狀責任制色彩。

　　　⑵不知損害發生地時：複合運送人的賠償責任限於每件或其他貨運單位不超過 920 個計算單位，或滅失毀損貨物毛重不超過每公斤 2.75 計算單位，以上述二者中較高者為準（公約第 18 條第 1 項），此項賠償限額的標準較之漢堡規則的責任限制提高了 10%。

　　而不含海運或內陸水運時，賠償限額以滅失或毀損貨物毛重不超過 8.33 計算單位（公約第 18 條第 3 項）。顯然不含海運或內陸水運的複合運送人責任較重，這是配合陸上運送人責任而作的規定。

　　對遲延交貨所造成損失，複合運送人應負的賠償責任限額，相當於遲延交付的貨物應付運費的二・五倍，但不得超過複合運輸契約規定的應付運費的總額（公約第 18 條第 4 項）。

　　至於公約所採取的賠償責任原則（或基礎）則為「舉證責任轉換的過失原則」（即推定過失原則，與漢堡規則及華沙公約規定相同），因為該公約第 16 條規定：

「複合運送人對於貨物的滅失、毀損或遲延交付所引起的損失，如果造成滅失、毀損或遲延交貨的事故發生於第 14 條所規定的貨物由其接管期間，應負賠償責任，除非複合運送人能證明其本人、受僱人或代理人或第 15 條所指的任何其他人為避免事故的發生及其後果已採取一切合理措施。」

🌐 第六節　複合運輸單據

一、複合運輸單據的意義及其法律性質

當託運人把貨物交給複合運送人負責安排運輸時，他可以從複合運送人處取得一份證實收到貨物的單據，此單據就是複合運輸單據 (combined transport document; CT document; multi-modal transport document)。依照國際商會所制定「複合運輸單據統一規則第 2 條 c 項規定，所謂複合運輸單據係指證明為履行貨物複合運輸及（或）促成其履行而成立契約的單據而言，且其表面必須載有下列標題之一：「可轉讓複合運輸單據，依照複合運輸單據統一規則（國際商會第 298 號出版物簽發）」〔negotiable combined transport document issued subject to Uniform Rules for a Combined Transport Document (ICC publication No. 298)〕或「不可轉讓複合運輸單據，依照複合運輸單據統一規則（國際商會第 298 號出版物簽發）」〔non-negotiable combined transport document issued subject to Uniform Rules for a Combined Transport Document (ICC publication No. 298)〕。複合運輸單據的簽發人，可以是實際提供運輸服務的人 (actual provider of the transport)──或至少提供一部分運輸服務的人，也可以是安排運輸服務的人 (arranger of the transport)。聯合國國際貨物複合運輸公約第 1 條第 4 項規定，複合運輸單據是證明複合運輸契約及證明複合運送人接管貨物並負責依契約條款交付貨物的單據。那麼，複合運輸單據的法律性質又如何？是否也具有與海運提單一樣的作用呢？

1. 契約證據：依上述聯合國國際貨物複合運輸公約定義可知，複合運輸單據是證明複合運輸契約以及證明複合運送人已接管貨物並負責按照契約條款交付貨物的單據。依公約第 10 條規定，除依公約第 9 條准許保留的事項作出保留者外，⑴複合運輸單據應是該單據所載明的貨物由複合運送人接管貨物的初步證據；⑵如果複合運輸單據以可轉讓方式簽發，而且已轉讓給正當地信賴該單據所載明的貨物狀況者，

包括受貨人在內的第三人，則複合運送人提出的反證不予接受。這就是複合運輸單據的證據效力。又依公約第 12 條規定，託運人應向複合運送人保證他所提供的貨物性質、標誌、件數、重量和數量以及危險貨物的詳情的準確性，如因上述資料不準確或不適當而使複合運送人遭受損失，託運人應負責給予賠償，即使託運人已將複合運輸單據轉讓給他人，他仍須負賠償責任。但複合運送人對託運人的這種索賠權，並不限制他按照複合運輸契約對託運人以外的任何人應負的賠償責任。換言之，複合運送人不得以託運人申報不實為理由來對抗善意的第三人。

2.備運式：因為複合運送人大多在內陸的收貨站或港區的貨櫃場接收託運的貨物，所以複合運輸單據一般只能是「收妥待運」(received for shipment) 性質的單據，與一般海運提單，於貨物實際裝船後，才發行的「已裝船」(shipped) 性質單據不同，它不能作為貨物已裝運的證據。

3.可轉讓與不可轉讓：根據公約規定，複合運送人接管貨物時，應簽發複合運輸單據，該單據應依託運人的選擇，或為可轉讓單據或為不可轉讓單據（公約第 5 條第 1 項）。但實際上，複合運輸單據能否成為可轉讓的單據，還要看簽發人的法律地位而定。只有當複合運輸單據的簽發人在單據中保證對運輸全程負責並具備一定的形式時，這種單據才有可能作成可轉讓的單據。

4.複式運輸：複合運輸單據承攬「全程始終一貫」(the whole journey from start to finish) 包括公路、鐵路、海運或空運等複式運輸，與一般海運提單只承攬海運的單一式運輸者不同。

5.簽發人：在複合運輸，簽發複合運輸單據者，稱為複合運送人。複合運送人不以輪船公司、船長或其代理人為限，包括本身無船舶或其他運輸工具的無船營運公共運送人 (NVOCC) 及貨運承攬人在內。

6.全程單一責任制與分割責任制：複合運輸單據的簽發人 (CTO)，應負責全部過程的複合運輸圓滿達成，並對整個複合運輸過程中任何區段所發生貨物的滅失或毀損負責。海運提單中的聯運提單 (through B/L)，雖然其發行人通常亦為貨主安排其他運輸工具，而包括全程運輸，與複合運輸單據相似，但其發行人限於輪船公司、船長或其代理人。

7.物權憑證：關於複合運輸單據是否與海運提單一樣具有物權憑證的性質，是複合運輸單據性質的中心問題。因為這個問題關係到其是否也能轉讓貨物所有權，

能否作為質押品，向銀行質押貨款。依公約第 5 條第 1 項規定，複合運送人可簽發可轉讓複合運輸單據，又依公約第 6 條第 2 項規定，只有交出可轉讓複合運輸單據，並於必要時經正式背書，才能向複合運送人或其代表提取貨物。可知複合運輸單據，可以具有物權憑證性質，也可以不具有物權憑證性質，端賴其發行形式而定。

二、複合運輸單據的種類

㈠依單據簽發人的不同，可分為

1.由擁有運輸工具的運送人簽發的複合運輸單據，包括陸運、空運及海上運送人簽發的單據，目前較常見者有：

⑴由航運公司簽發的複合運輸單據，一般標有「複合運輸提單」(combined transport B/L) 字樣，提單上記載的收貨地點或交貨地點為內陸地點。通常為備運提單性質。但可於實際裝船後，加註已裝船 (on board) 批註，變成裝船提單。

⑵由陸上運送人（例如鐵路公司）簽發的複合運輸單據，其收貨地點為內陸地點，而交貨地點為港口或內陸地點。通常為備運提單，但於裝船後可加註 "On Board"（已裝船）字樣，並由運送人副署而成為裝船提單。

以上兩種複合運輸單據，均可為銀行受理。

2.由無船營運公共運送人 (NVOCC) 簽發的複合運輸單據：無船營運公共運送人提單 (NVOCC B/L) 是無船營運公共運送人以自己名義與貨主訂立運輸契約而簽發的提單。

3.由貨運承攬人（業者）(freight forwarder) 簽發的複合運輸單據：貨運承攬人簽發複合運輸單據有三種情形：⑴以擁有運輸工具運送人的代理人名義簽發；⑵以自己為運送人名義而簽發；⑶以貨運承攬人名義簽發。前二種為運送人提單或無船營運公共運送人提單。

在歐洲，貨運承攬人可簽發貨運承攬人提單，但在美國則必須向其聯邦航運委員會 (The Federal Maritime Commission) 註冊，並呈報費率表，經核准後才能正式簽發貨運承攬人提單。

㈡依名稱的不同區分，可分為

1. B/L：複合運輸單據，除使用 "B/L" 名稱者外，尚有冠上 "Combined

Bill of Lading for Multimodal Transport or Port to Port Shipment

Shipper		B/L No.	Customs Reference/Status
			Shipper's Reference
			Forwarder's Reference

Consignee (if 'To Order' so indicate)

Notify

FLASH LINE

Flash Line 2000 Ltd,
13 Greenwich Quay (2nd Floor), Clarence Road, London SE8 3EY
United Kingdom

	Place of receipt		
Vessel	Port of loading		
Port of discharge	Place of delivery		

Marks and numbers	Number and kind of packages	Description of goods	Gross Weight	Measurement

According to the declaration of the Shipper

Received by the Carrier from the Shipper in apparent good order and condition (Unless otherwise noted herein) the total number or quantity of Containers or packages or units indicated above for Carriage subject To the terms hereof **(INCLUDING THE TERMS AND CONDITIONS ON THE REVERSE HEREOF AND THE TERMS AND CONDITIONS OF THE CARRIERS APPLICABLE TARIFF)** from the Place of Receipt or the Port of Loading, whichever is applicable, to the Port of Delivery, whichever is applicable.
Before the Carrier or the agent shown below arranges delivery of the Goods, one original Bill of Lading, duly endorsed, must be surrendered by the Merchant to the Carrier or his agent at the Port of Discharge or at a location acceptable to the Carrier. In accepting this Bill of Lading, the Merchant expressly accepts and agrees to all terms and conditions whether printed, stamped, written or otherwise incorporated.

JURISDICTION & LAW CLAUSE: The contract evidenced by or contained in this bill of lading is governed by the Law of England and any claim or dispute arising hereunder or in connection herewith shall Be determined by the Courts in England and no other Court.

Shippers declared value	Freight payable at	Place and date of issue
For delivery of goods please apply to:	Number of Original B/L	Signed on behalf of the carrier: Flash Line 2000 Ltd.
		As Agent

資料來源：FLASH LINE 200 Ltd.。

| Consignor | FBL | DK |
| | NEGOTIABLE FIATA MULTIMODAL TRANSPORT BILL OF LADING issued subject to UNCTAD/ICC Rules for Multimodal Transport Documents (ICC Publication 481). | ICC |

Emblem of National Association

Consigned to order of

Notify address

	Place of receipt
Ocean vessel	Port of loading
Port of discharge	Place of delivery

| Marks and numbers | Number and kind of packages | Description of goods | Gross weight | Measurement |

according to the declaration of the consignor

| Declaration of Interest of the consignor in timely delivery (Clause 6.2.) | Declared value for ad valorem rate according to the declaration of the consignor (Clauses 7 and 8). |

The goods and instructions are accepted and dealt with subject to the Standard Conditions printed overleaf.

Taken in charge in apparent good order and condition, unless otherwise noted herein, at the place of receipt for transport and delivery as mentioned above.

One of these Multimodal Transport Bills of Lading must be surrendered duly endorsed in exchange for the goods. In Witness whereof the original Multimodal Transport Bills of Lading all of this tenor and date have been signed in the number stated below, one of which being accomplished the other(s) to be void.

Freight amount	Freight payable at	Place and date of issue
Cargo Insurance though the undersigned ☐ not covered ☐ Covered according to attached Policy	Number of Original FBL's	Stamp and Signature
For delivery of goods please apply to:		

Text authorized by FIATA.　Copyright reserved.　© FIATA/Zurich-Switzerland　6.92

資料來源：International Chamber of Commerce。

Transport", "Intermodal Transport", "Multi-modal Transport", "Through" 或 "Through Transport" 等字樣者。在這種情形，雖含有 "B/L" 字樣，但其簽發人不一定是輪船公司或其代理人。在我國及日本的貨運承攬人都簽發過標明 "Through B/L" 字樣的複合運輸單據，其運貨條款內容隨發行公司而異，但發行人都對貨主負責全程的運輸。FIATA（The International Federation of Forwarding Agents Association，國際運輸承攬人協會）也制定了標準型的 FIATA Combined Transport B/L，具有可轉讓性質，已被多數貨運承攬人採用。這種單據的發行人也對貨主負全程責任。

2. FCR (forwarder's cargo receipt; forwarder's certificate of receipt; forwarding agents certificate of receipt)：姑譯為「貨運承攬人收據」。FCR 為貨運承攬人在接受貨物時所發給的收據，這種收據不僅是收到貨物的憑證，而且也證明已承攬將貨物以複合運輸方式運至目的地交給記名受貨人的單據。至於 FCR 發行人的責任則採「負全程責任」或採「各運送區間責任區分制」。FIATA 所制定的 FCR 標準格式規定交貨時不收回 FCR，而 FCR 發行人的責任是採取「各運送區間責任區分制」。

3. FCT (forwarding agents certificate of transport; forward's certificate of transport)：姑譯為「貨運承攬人證明書」，FCT 乃為貨運承攬人接受貨物時所發給的收據，這種收據不僅是收到貨物的憑證，而且也證明已承攬將貨物以複合運輸方式運至目的地交給提示經適當背書的 FCT 持有人。其性質與 FCR 同，但 FCT 可以背書轉讓，因此交貨時，須收回 FCT。FCT 的發行人責任採「各運送區間責任區分制」。

㈢依其是否可轉讓（流通），可分為

1. 可轉讓複合運輸單據 (negotiable combined transport document)：這種運輸單據上受貨人欄以 "To Order" 或 "To Bearer" 方式表示，前者可經背書而轉讓，後者則僅以交付即可轉讓。依公約第 6 條第 3 項規定，複合運送人如已善意地憑其中一份正本交貨，複合運送人即已履行其交貨責任，其為物權證券及繳回證券，殆無疑義。

2. 不可轉讓複合運輸單據 (non-negotiable combined transport document)：這種運輸單據上受貨人欄直接指明記名的受貨人對象，不能以背書方式轉讓。依公約第 7 條第 2 項規定，複合運送人將貨物交給這種不可轉讓複合運輸單據上所指明的受貨人或經受貨人通常以書面正式指定的其他人後，該複合運送人即已履行其交貨責任。

　　實務上，銀行多不願意接受這種運輸單據作為押匯融資的憑證，故僅在下列情形才使用：

　　⑴買方已付清貨款，則以買方為受貨人。

　　⑵在託收交易，以進口地代收銀行為受貨人時。

　　⑶在信用狀交易，信用狀中另有授權得以受理時。

　　鑑於複合運輸的日益普遍，UCP 600 特於第 19 條設立了一條文規範"Multi-modal Transport Document"。

 習　題

1. 何謂複合運輸？

2. 複合運輸、聯營運輸及相繼運輸三者有何差異？

3. 複合運輸的種類有哪些？

4. 複合運送人的定義為何？

5. 複合運送人的責任及責任限制為何？

第十九章　貿易單據

🌐 第一節　貿易單據的類別

　　這裡所指貿易單據是指在國際貿易中，貿易商所用到的各種文件、書表、單據或證件而言。其中有貿易商自己製作的，也有貿易商以外的人，如運送人、保險人或檢驗機構等所製作的，對貿易商而言，前者屬內部單據，後者屬外來單據。

　　貿易商自己所製作的單據中，常見的有：報價單、訂單、購貨確認書、售貨確認書、買賣契約、匯票、商業發票、包裝單、重量尺碼單等，至於貿易商以外的人所製作的單據，常見的有：信用狀、運送單據、保險單、檢驗證明書、產地證明書、領事發票等。

　　貿易單據如以其性質加以分類，則報價單、訂單、購貨確認書、售貨確認書以及買賣契約等，均以買賣條件為主要內容，故可歸屬於契約單據。信用狀及匯票等則與貨款收付有關，可稱為財務單據 (financial documents)。至於運送單據、保險單、商業發票、包裝單以及檢驗證明書等，或為證明貨物已交運，或為證明貨物已保險，或為證明貨物品質、數量，均與貨物的運送有關，是為貨運單據 (shipping documents，在託收統一規則中稱為商業單據 (commercial documents))，茲將上述類別列表於第 558 頁。

　　上列所舉貿易單據，係屬常見者，此外常因進口國家的規定，不同的商品，出口商須提供不同的文件。例如農產品的交易常須提供燻蒸證明書 (fumigation certificate)，動物的買賣常須提供衛生證明書 (health certificate) 等。其次，上述各種單據名稱，也非固定，有些單據，常有二種以上的名稱，例如證明重量的單據，雖有 Weight List、Weight Note 以及 Weight Certificate 等不同名稱，意義則一。再者，一種單據之中，常因性質不同而有各種分類，或不同名稱。例如發票有商業發票及預期發票之分。提單之中，有清潔提單及不清潔提單或裝運提單及備運提單等不同名稱。

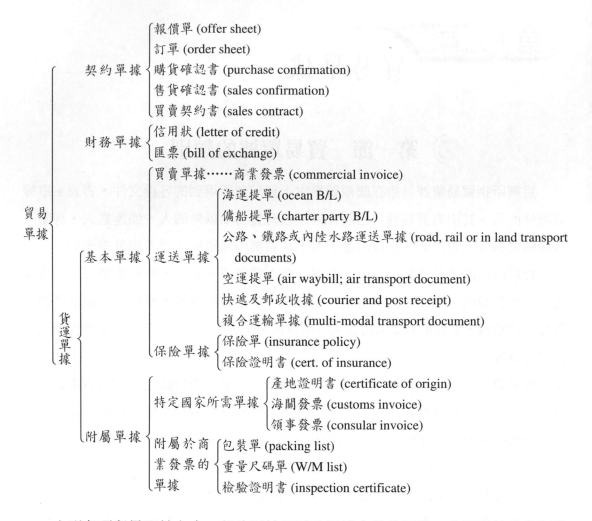

上列各項貿易單據之中，契約單據及財務單據中的信用狀，貨運單據中的運送單據及保險單據已另有專章說明，本章將以匯票及其他貨運單據的介紹為主。

🌐 第二節　匯　票

一、匯票的意義

匯票 (bill of exchange; draft) 是票據的一種。票據通常可分為三種，即匯票、本票 (promissory note) 及支票 (check)。匯票是發票人簽發一定的金額，委託付款人於指定的到期日，無條件支付與受款人或執票人的票據 (參閱票據法第 2 條)。在性質上屬於委託證券，是由發票人委託付款人付款，而與本票係由發票人自己付款者有

別；同時匯票又屬於信用證券，而與支票係屬於支付證券者不同。

二、匯票的格式

國際貿易中使用的匯票，屬於國外匯票 (foreign bills)，所用文字英文居多，格式採橫條式。這種匯票有的是發票人或發票地在國外，有的是付款人或付款地在國外，所以與發票人、付款人均在國內的國內匯票 (inland bills) 不同。

國際貿易中一般通用的匯票格式如下：

```
ORIGINAL                    BILL OF EXCHANGE
No. ①_____                              TAIPEI, TAIWAN _____②_____
EXCHANGE FOR _____③_____
AT ④ SIGHT OF THIS FIRST OF EXCHANGE (SECOND OF THE SAME TENOR AND
   DATE UNPAID) _____⑤_____
PAY TO THE ORDER OF _____⑥_____
THE SUM OF _____⑦_____
VALUE RECEIVED _____⑧_____
TO _____④_____              FOR _____⑩_____
                                         (SIGNED)
_____
```

上面匯票是空白格式，茲將各欄記載事項加以說明。

①匯票號碼：由發票人自行編號。

②發票地點和發票日期：發票地點屬相對必要記載事項，平常銀行所備的空白格式已印就，如未記載，則以發票人的營業處所、住所為發票地點。發票日期則為絕對必要記載事項，其作用在⒜確定發票人在簽發匯票時有無權利能力；⒝確定到期日、提示期限、承兌提示期限、利息起算日等的計算標準。

③匯票金額：匯票金額必須是一定金額 (a sum certain in money)，應將幣別及阿拉伯數字填上。約略金額（如 about US$10,000.00）的匯票無效。

④到期日：是匯票付款人履行付款的日期，如為見票即付，則在這欄填打一橫線，如為見票後三十日付款，則在這欄填上 Thirty (30) Days After...。

⑤正副本：國外匯票通常有單張、兩張和三張等不同樣式，單張式的匯票印有 Sola 字樣，表示匯票只有一張；兩張式匯票，第一張為正本 (first of exchange)，第二張為副本 (second of exchange)，兩張成為一套。在實務上，兩張式的匯票最常用，這種匯票，正副本均有效，但已付正本，副本即不付，已付副本，正本即不付。三張式匯票，第三張為第二副本 (third of exchange)，與正本、第一副本合成全套匯票 (set of bills of exchange)，支付一張後，其餘各張即作廢，這種三張式匯票在貿易實務上難得一見。

⑥受款人：受款人在匯票上是主要債權人，在國際貿易上通常是付給洽款銀行（押匯銀行）或其代理行。如在 "Pay to the order of Bank of Taiwan"，即憑票付臺灣銀行或其指定人。外匯銀行所備匯票格式，這欄均已預先印上該銀行名稱。

⑦匯票金額：這欄填匯票的大寫金額。如 "US DOLLARS TEN THOUSAND ONLY"，金額應與③欄的阿拉伯數字金額相符。

⑧票面金額收訖 (value received)：這欄非匯票必要記載事項。 Value Received 一語用於匯票上有兩種涵義，一為表示發票人向付款人承認已收到票面金額。因匯票提兌雖由付款人付給受款人或執票人，但這種支付是由於發票人的委託命令支付，所以也相當於付款人支付於發票人，發票人代受款人作票面金額收訖的承諾，含有收據的意義。另一種涵義為：Value Received 是敘述票據所構成契約關係的約因 (consideration)。就前者而言，匯票既經付訖，匯票本身已明顯地表示付款人已將有關款項交付與發票人指定的受款人，所以並無另行表示收據的必要。就後者而言，匯票為無因證券，並無必要說明約因的存在。

　　有些匯票上，在 Value Received 後另印上一句 "and charge (the same) to the account of"，其涵義是：發票人告訴付款人：「貴處有本人名義（發票人名義）的帳戶，該戶餘額現為貸差，貴處清付這匯票時，可將票款如數在該戶列支。」上述 of 一字在匯票上是與發票人名稱（在匯票的右下方）相連，意思是：「價款業已收訖，請記入本人帳戶」，所以在 of 之後不應加上任何說明。有些不瞭解此涵義的發票人，在這句用語後寫上如 "50,000 Yds. of Printed Cotton Sheeting"（5 萬碼印花布）或 "Shipment by S/S ORIENTAL QUEEN"（裝東方皇后號）等文字，這種做法可能會影響到票據的效力。

⑨付款人 (payer)：即被發票人 (drawee)，是匯票的主債務人。如為信用狀交易，一般是以信用狀的開狀銀行為付款人，其營業處所為付款地。但有時信用狀規定匯票以進口商或開狀銀行的聯號為付款人的例子也很多。如非信用狀交易，匯票一般均以進口商為付款人。

⑩發票人 (drawer)：即簽發匯票的人，通常為出口商。

匯票除上面各項記載事項外，在貿易實務上，常因實際的需要，而有下列各項的記載：

(一)附有單據的匯票

對於匯票所附單據的處理，一般有兩種方式：(1)付款時交付單據的「付款交單」；(2)承兌匯票時交付單據的「承兌交單」。前者以 D/P 或 Documents against Payment；後者以 D/A 或 Documents against Acceptance，分別記載於匯票上。D/P 或 D/A 視買賣契約而定，這在無信用狀擔保的託收匯票上應予列明。但在信用狀交易下，匯票是根據信用狀簽發，除信用狀特別要求記載外，通常無特加記載必要。

(二)外匯匯率條款

國際貿易使用的國外匯票，常涉及外匯匯率的問題，因此在實務上常由外匯銀行（押匯銀行、託收銀行）在匯票上加蓋類如下面的戳記：

- Payable at collecting bank's selling rate on date of payment for sight drafts on New York.
- Payable for face amount by prime banker's sigh draft on New York.

(三)利息條款

匯票金額應為一定的金額，但容許利息條款的記載。以前美國向遠東國家所開的匯票，常附有如下的所謂遠東條款 (The Far Eastern Clause)：

- Payable at the collecting bank's selling rate for sight drafts on New York with interest at...% per annum from date to arrival of proceeds in New York, stamp and collection charges added.

- With interest added at the rate of...% per annum from date of draft to approximate date of receipt of remittance in....

(四)免除作成拒絕證書條款

免除製作拒絕證書時，於匯票上空白處記載 "Protest Waived" 或 "Waived Protest" 字樣。如載有免除作成拒絕證書條款而仍作成拒絕證書時，其製作行為固然有效，但這項費用，發票人得予拒絕負擔。又這項條款的記載須簽名，若無簽名者

無效。

㈤無追索權條款

依照英美法，無追索權條款（包括承兌與付款）可以下列詞句表示（英法第 16 條第 1 項，美紐約州統一商法第 3 編第 3–413）。

　1.於本文記載 "Pay to (payee) or order without recourse to me (sans recours) (at his risk)"。

　2.或於匯票上空白處記載 "Without Recourse (to Drawers)"。

通常匯票付款人拒絕承兌時，執票人應先向背書人請求償還票款。背書人則向其前手背書人追索，最後溯及發票人，由發票人負最後償還責任。這就是發票人對於承兌的擔保責任（即擔保承兌）。

匯票的付款人拒付時也如此，由發票人負最後償還票款責任（即擔保付款）。發票人於開發匯票時，常在匯票上記載免除承兌擔保或免除付款擔保（無追索權）的詞句，意圖免除其償還義務，前者稱為「免除擔保承兌發票」，後者稱為「免除擔保付款發票」。免除擔保承兌發票，在我、英、美、日皆有效，但免除擔保付款發票在我國、日本皆無效，而在英、美則有效。

基於上述，縱於匯票上記載 "Without Recourse" 字樣，就我國而言，並無意義。

㈥發票條款

如為信用狀交易，信用狀通常規定須記載簽發匯票所根據的信用狀號碼、開狀銀行及開狀日期。一般均在匯票上緣或下緣打上 "Drawn under L/C No. (號碼) issued by（銀行）dated（日期）" 字樣的條款。這就是發票條款。

三、匯票的種類

依分類標準的不同，匯票有下列幾種分類。

㈠依匯票的發票人是否為銀行，可分為

　1.銀行匯票 (banker's draft)：銀行匯票是以銀行為發票人，委託其國外分行或代理行付款的匯票。在國際貿易上，進口商為償付貨款，可備款向銀行購買銀行匯票，寄交出口商，出口商即持向付款銀行領取票款。這種匯款方式亦即通常所稱的票匯 (demand draft, D/D)。

　2.商業匯票 (commercial bill of exchange)：商業匯票是以商人為發票人的匯票，

為商場上通常使用的匯票。國際貿易中使用的匯票大都是這種匯票。出口商輸出貨物後，即簽發商業匯票，憑以讓售銀行或委託銀行代收。用於以託收的付款交單 (D/P)、承兌交單 (D/A) 付款方式交易的場合。

(二)依匯票是否附有貨運單據以支持匯票信用，可分為

1.跟單匯票 (documentary bill/draft)：匯票附有貨運單據或其他單據支持匯票信用的，稱為跟單匯票。如匯票是根據信用狀簽發，則除附上信用狀外，另附上信用狀規定的有關單據，即可讓售與銀行，一般稱為押匯。如無信用狀擔保，雖匯票附有貨運單據，也是跟單匯票，但銀行通常不接受押匯，只願以託收方式代為收取貨款。(無信用狀擔保的跟單匯票如經投保託收方式 (D/P、D/A) 輸出保險或發票人為信用卓著的公司，銀行也可考慮接受押匯。)

2.光票 (clean bill/draft)：匯票未附有任何單據或文件者，稱為光票。在國際貿易中，出口商常為推廣某些新產品或開拓新市場，而以寄售方式將貨物運交其國外代理商，到約定時間即簽發不跟附單據的光票委託銀行寄往國外銀行向受託人（代理商）提示請求付款，以收回貨款。

(三)依匯票的付款期限 (tenor) 的不同，可分為

1.即期匯票 (sight bill/draft; demand bill/draft)：即期匯票為付款人見票 (on demand; at sight) 即應付款的匯票。例如出口商輸出貨物後，即簽發跟單匯票讓售銀行（有信用狀擔保時）或請銀行託收（無信用狀擔保時），出口地銀行將跟單匯票寄至進口地銀行。如為信用狀交易，進口地銀行即為開狀銀行，並且通常情形為匯票的付款人，如此，開狀銀行收到匯票即須付款；如屬託收交易，則進口地銀行即提示進口商，進口商見票後應即付款贖單。

2.遠期匯票 (time bill/draft; usance bill/draft)：可分為三種：

(1)發票後定期付款匯票：即發票日後一定期間內付款的匯票。類如 "Ninety Days after Date"，即以發票日後九十天的屆滿為到期日。

(2)見票後定期付款匯票：即見票日後一定期間內付款的匯票。類如 "Thirty Days after Sight"，即以見票日後三十天的屆滿為到期日。

(3)特定日付款匯票：匯票上載以特定年月日為到期日的匯票，即特定日付款匯票。

上述匯票除即期匯票外，其餘三種遠期匯票，執票人為保障票據權利，通常均

向付款人提示請求承兌。尤其是見票後定期付款匯票，承兌日即為見票日，所以為確定到期日，必須提示付款人請求承兌。

至於承兌方式，通常是在匯票上蓋上「承兌」字樣，並由承兌人簽名。例如：

Accepted

XYZ Trading Co., Ltd.

K. C. Lin, Manager（親筆簽字）

October 20, 20–

須注意，辦理承兌時，切要填上承兌日期，否則無法確定到期日。

(四)依匯票是否憑信用狀開發，可分為

1.憑信匯票 (bill/draft with L/C)：即憑信用狀開發的匯票。付款人通常為信用狀的開狀銀行，由開狀銀行承擔 (undertake) 付款責任。

2.不憑信匯票 (bill/draft without L/C)：即不憑信用狀開發的匯票。付款人通常為進口商，這種匯票，銀行通常不接受押匯，出口商只能委請外匯銀行代為收款。

(五)依交付單據的方式，跟單匯票可分為

1.付款交單匯票 (document against payment bill, D/P bill)：即付款人付清票款後才交付貨運單據的匯票，又稱為跟單付款匯票 (documentary payment bill)。

2.承兌交單匯票 (document against acceptance bill, D/A bill)：即匯票向付款人提示並經其承兌後交付貨運單據的匯票，又稱跟單承兌匯票 (documentary acceptance bill)。

(六)依承兌地與付款地是否相同，可分為

1.直接匯票 (direct bill)：付款地與承兌地為同一地點的匯票，稱為直接匯票，在國際貿易上，大部分的匯票都屬直接匯票。

2.間接匯票 (indirect bill)：付款地與承兌地為不同地點的匯票，稱為間接匯票。匯票承兌時，付款人除簽名並註上日期外，通常還註明付款地 (payable at...)。

🌐 第三節　商業發票

一、商業發票的意義

商業發票 (commercial invoice) 又稱發貨清單或發貨票，係出口商於貨物裝運出

口時，開給進口商作為進貨記帳的憑證，簡稱發票 (invoice)。商業發票同時具有運出貨物清單 (list of goods shipped)、債務通知書或收帳通知單 (debit note) 及帳單 (statement of account) 的性質。商業發票具有運出貨物清單的性質，是因其重視貨物本身的說明，即在其上記載貨物的成交數量、淨重、毛重、體積等。賣方在貨物裝運以後，為讓買方明瞭其債務。通常都以發票的副本，連同提單與保險單（在 C&I、CIF 時）的抄本寄給買方，俾買方在付款方面，能有所準備。故商業發票也具有債務通知書的性質。又商業發票不但記載金額及其細目，且載明各筆金額間的關係，故商業發票具有帳單的性質。

　　一張具體的商業發票，或由於特殊的使用目的，或基於特殊的場合，或由於特殊的記載事項，除具有商業發票的共同性質外，尚有其特別之處，因而有特殊的名稱。

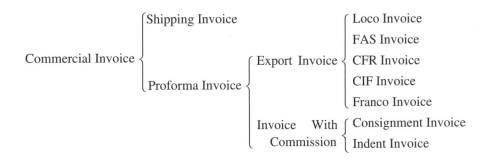

　　L/C 要求 "invoice" 而無進一步的定義時，任何型式的發票：commercial invoice、customs invoice、tax invoice、final invoice、consular invoice 等均符合要求，但表明為 provisional、proforma 及類似用語的發票，不可接受（ISBP 第 57 條）。

二、商業發票的製作要點

　　商業發票無固定格式，茲以第 566 頁的發票為例，說明其製作要點：

　　⑴出口廠商名稱及地址：一般較具規模的公司行號，均在商業發票上印有公司行號的名稱與地址，但小規模的公司行號，往往以橡皮戳臨時在發票上端蓋上公司行號名稱與地址。

　　⑴發票號碼 (invoice number)：通常係按開製發票的先後順序編列。

　　⑵發票日期 (invoice date)：為製作發票的日期，此日期宜與裝運日期同一天，商業發票的日期不得遲於信用狀的有效日期或提示押匯、付款或承兌期限。

ABC CO., LTD.

P.O. box 123, Taipei, Taiwan **(0)**

INVOICE

No. _____123_____ **(1)**   Date ___Oct. 30, 20-___ **(2)**

INVOICE of ____10 sets Spare Parts fo K Car's Bogie Truck____ **(3)**

For account and risk of Messrs ____XYZ Co., Ltd, Sydney____ **(4)**

Shipped by ____ABC Co., Ltd.____ **(5)**   Per ___S. S. Hai Tai___ **(6)**

Sailing on or about ___Oct. 30, 20-___ **(7)**   From ___Keelung, Taiwan___ **(8)** To   Sydney **(9)**

L/C No. ___567___ **(10)**   Contract No. ___456___ **(11)**

Marks & Nos. **(12)**	Description of Goods **(13)**	Quantity **(14)**	Unit Price **(15)**	Amount **(16)**
456	Spare Parts for K Car's Bogie Truck		FOB Keelung	
SYDNEY	Item No.17 Roller Bearing			
PKG1-10	BT23	4 sets	US$1,000.-	US$4,000.-
MADE IN TAIWAN	Item No.18 Ball Bearing			
	BT30	6 sets	120.-	720.-
				US$4,720.-

Say US DOLLARS Four Thousand Seven Hundred and Twenty Only. **(17)**

Drawn under: L/C No.567 issued by ANZ Bank, Sydney, dated Oct.15,20-. **(18)**

Insurance: Buyer's care **(19)**

ABC CO., LTD.

(20) *[signature]*

Export Manager

⑶商品名稱及數量：發票上通常有 "Invoice of..." 的字樣，在 "Invoice of" 的後面空白處填上商品名稱與數量，且須與⒀欄貨物記述及⒁欄的數量一致。例如 "10 sets spare parts for K car's bogie truck"。

⑷抬頭人：商業發票的抬頭人，除信用狀另有規定外，須以開狀申請人為抬頭人 (UCP 600 Art. 18 (a) (iv))。當開狀申請人為買方時，即以買方為抬頭人。但事實上買方不一定是開狀申請人，而且買方為求提貨的便利，有時要求以其國內客戶（如工廠）為抬頭人，在此場合，信用狀上往往規定 "Invoice should mention ××× Co., Ltd. as accountee"，此時信用狀上的 Accountee 與商業發票上的抬頭人即不同。

　　如信用狀無特別指示，即以信用狀上的開狀申請人作為抬頭人，記載於商業發票上 "For Account and Risk of" 之後。

　　如信用狀有特別指示時（UCP 600 Art. 18 (a) (ii)；Art. 38 (g) 所規定者除外），當依其所指定者為抬頭人。

⑸發貨人：即出口商。

⑹船名或其他運送工具名稱：以船舶裝運者，在 Per 之後記入船名，如 "Per S.S. Hai Tai"；空運時，將 Airlift 或 Airfreight 字樣填入 Per 之後；如以郵政包裹發貨時，則將 Parcel Post 字樣填在 Per 之後。

⑺啟航日期 (sailing date)：其日期原則上固然宜與提單日期一致，但因有 About 字樣，所以不一定必須與提單上 "On Board Date" 同一日，但最多相差不宜超過五天。

⑻裝運地：在貨櫃運輸，裝運地有裝載港 (port of loading) 及收貨地 (place of receipt) 之分。在信用狀要求海運提單時，提單上的裝載港必須與信用狀所規定者相符。因此商業發票上的裝運地也應與信用狀所規定者相符。

⑼卸貨地：即進口地港埠或目的地，在貨櫃運輸，卸貨地也有卸貨港與交貨地之分，在信用狀要求海運提單時，須與提單及信用狀規定一致。但如須轉運時，也必須在此註明，如 "To be transhipped at Hong Kong into S.S. Hupeh"；但如只知其轉運港，不知船名時，可僅記轉運港，如 "To be transhipped at Hong Kong"。

⑽信用狀號碼：填入信用狀號碼，但須與信用狀上所示者一致。

⑾契約號碼：填上契約或訂單號碼，也可免填。

⑿嘜頭及件號 (marks & numbers)：須按照信用狀的規定表示。如未規定，則由受益人自行填載，發票上的嘜頭與件號應與運送單據及其他單據上所示者一致。

⒀貨物、勞務或履約行為的說明 (description of the goods, service or performance)：商業發票上有關貨物、勞務或履約行為的說明必須與信用狀上所載者相符合 (UCP 600 Art. 18 (c))，此為強行規定，所有信用狀當事人均須嚴格遵守。至於其他一切單據，其貨物的說明得使用不與信用狀上貨物的說明有所牴觸的統稱。所謂「貨物、勞務或履約行為的說明」，不僅指貨物、勞務或履約行為的名稱，而且包括其品質、規格及其他附帶說明。

⒁數量 (quantity)：商業發票上所載貨物數量不應與運送單據上所載者有矛盾。

⒂單價 (unit price)：除單價外尚須將貿易條件如 FOB Keelung、CIF London 等表示在單價欄上面。並將幣類如 US Dollar、HK Dollar 等標明。

⒃商業發票金額（總金額）：商業發票的總金額乃貨物單價與裝運數量的相乘積，表示進口商應付的金額，通稱為發票金額 (invoice amount; invoice value)，也稱發票毛額。

⒄大寫金額 (amount in words)：商業發票上大寫金額應與小寫金額 (amount in figures) 一致。此貨幣幣別需與信用狀上一致。

⒅簽發匯票或發票所依據的信用狀：寫明開狀銀行、開狀日期及信用狀號碼。

⒆保險情形：在 FAS、FOB 及 CFR 等情形保險通常由買方付保，因此，可註明 "Insurance Buyer's Care" 或 "Insurance to Be Effected by Buyer"，在 CIF 或 C&I 的場合，則可記明保險公司名稱、保險金額及保險單號碼等。

⒇製作人的簽名 (signature)：商業發票的製作人通常必須為受益人 (UCP 600 Art. 18 (a) (iv))，除非信用狀另有規定，依 UCP 600 Art. 18 (a) (iv)，無須簽署。至於簽署方式，有手簽式 (manual)、印章式 (stamped)、打孔式 (perforated) 簽字等。

三、商業發票的種類

商業發票依其是否須簽認可分為：

1.普通商業發票 (commercial invoice)：即由出口商所製作，而不需簽認的商業發票。實務上又稱簽名發票 (signed invoice)。

2.證實商業發票 (certified commercial invoice)：即出口商所製作，在發票上應加註 "We hereby certify that the contents herein are true and correct." 原發票上如有 "E.&O.E." 字樣應刪除。

3.宣誓商業發票 (sworn commercial invoice)：即發票人在其發票上加註宣誓其內容及價值正確無訛，如無特殊要求，發票人可在發票上加註下列類似文句 "We swear that the content and value of this invoice are true and correct in every respect."

4.領事簽證商業發票 (visaed commercial invoice)：即普通商業發票經進口國駐出口地的領事館或有關單位的簽證，用以取代領事發票者。

5.副署商業發票 (countersigned commercial invoice)：即普通商業發票經進口商在出口地的代理商或其他授權單位（人員）副署者，其目的不外乎控制出口商如約交貨。

6.驗證發票 (verified commercial invoice)：即發票人的簽章經出口地銀行驗證者，其目的不外乎確認出口商簽署的真實性。

7.認證商業發票 (legalized commercial invoice)：這種商業發票究竟由何人予以認證 (legalize)，並無定論，通常係由進口國駐在出口國的領事，或代表進口國利益的機構簽署認證。

🌐 第四節　包裝單

一、包裝單的意義

包裝單 (packing list) 又稱為包裝清單、裝箱單、花色碼單或內容明細表 (specification of contents)，為出口商所製作，記載其所裝運商品每一件包裝內容的清單，可作為商業發票的補充文件，包裝單的主要用途如下：

1.可作為承運人點收或點交貨物的參考文件。

2.承運人可用做核計運費的參考文件。

3.海關驗貨通關的參考文件。

4.可作為公證行查對貨物包裝件數的參考文件。

5.進口商可用以核對貨物件數或其他資料。

6.保險公司理賠時的必要文件之一。

商業發票上所表示者只是貨物數量的籠統數字，至於詳細內容，例如各種不同規格的貨品裝入何箱，各箱的重量、體積以及尺寸各若干，則無法一一表示，乃藉包裝單來表示。

二、包裝單的製作要點

包裝單的內容可分為兩大部分，第一部分與商業發票的上半段大致相同，除記載買方名稱、承運運輸工具名稱、裝運日期、起迄港口名稱之外，還列有商業發票號碼以便互相對照。第二部分為包裝單的主體部分，須按件號順序，記載每包件內所裝貨物的花色、數量、每件淨重、毛重或皮重、每件體積或尺寸等，然後再列出總淨重、總毛重及總體積，最後由出口商簽名。

此外，有所謂中性包裝單 (neutral packing list) 者，這種包裝單乃出口商的名稱不在包裝單上出現，所以通常用無出口商箋頭 (letterhead) 的白紙製成，而且出口商（受益人）不簽名蓋章。進口商預期將單據轉讓他人，而為防止次購貨人 (sub-purchaser) 直接與出口商接觸時，即常要求出口商提供中性包裝單。當然在此場合，亦多同時要求提供第三者提單 (neutral party B/L; third party B/L)。

以下就包裝單的製作方法及應注意事項加以說明（格式及號碼參考第 571 頁）。

(1)標題：如信用狀要求 Packing List 時，賣方自應提示標有 Packing List 字樣的包裝單，有時要求 Packing Specification，則宜將 Packing List 字樣改為 Packing Specification。

(2)流水編號：原則上須與商業發票的流水編號一致，但也可免標示。

(3)製作日期：須與商業發票製作日期一致。

(4)商品總稱：簡單記述貨物名稱及其數量，且須與(13)、(14)欄記述相符合。

(5)收貨人名稱：填上信用狀上的開狀申請人名稱、地址，但另有規定者，從其規定。

No. ＿＿＿(2)＿＿＿		PACKING LIST (1)		Date ＿＿(3)＿＿	

PACKING LIST of ＿＿＿＿(4)＿＿＿＿

For account and risk of Messrs. ＿＿＿(5)＿＿＿

Shipped by ＿＿＿＿＿(6)＿＿＿＿＿

Per S.S. ＿＿＿＿＿(7)＿＿＿＿＿

Sailing on or about ＿＿＿＿(8)＿＿＿＿

From ＿＿(9)＿＿ To ＿＿＿(10)＿＿＿

MARKS & NOS

(11)

Packing No.	Description	Quantity	Net Weight	Gross Weight	Measurement
(12)	(13)	(14)	(15)	(16)	(17)
		(18)			
		(19)			
				(20)	

(6)發貨人：通常填上信用狀受益人名稱、地址。但另有規定者，從其規定。如信用狀已轉讓者，由受讓人替代。

(7)運送工具：船運時，填上船名，此船名必須與提單上所示者一致。如為空運，則將 S.S. 字樣刪除，另填上 Airlift 或 Airfreight 等類似字樣，郵遞時，則將 S.S. 刪除，另填上 Air Parcel Post 或 Surface Parcel Post 等字樣。

(8)啟航或投遞日期：須儘量與提單或郵政收據所示日期相同。

(9)裝運港口、機場或投遞地名稱：須與信用狀規定、提單或郵政收據所載者相符。

(10)卸貨地名稱：須與信用狀規定或提單所載者相符。

(11)裝運嘜頭 (shipping marks)：如信用狀或契約有特別指定者，從其指示，散裝貨物無嘜頭者，免填。

⑿包裝號碼及其件號：應與提單及商業發票上所示者一致，例如：C/N 1–200
（C/N 為 case number 或 carton number 的縮寫）。

⒀貨物的說明：貨物的說明雖可使用 General Term，但照信用狀所示或契約
所規定者記述最安全。

⒁貨物數量：應與提單或商業發票所示者一致。

⒂貨物總淨重：應與運送單據上所示者一致。

⒃貨物總毛重：應與運送單據上所示者一致。

⒄貨物總材積（體積）：應與運送單據上所示者一致。

⒅裝運貨物總件數或總重量：應與運送單據上所示者一致。例如 "Say two
hundred cartons only"。

⒆信用狀所要求的附加條款：如輸入許可證號碼。

⒇出具人名稱及其簽字：應與商業發票上所示者一致，無特別要求者，出口
商免簽字。

第五節　重量尺碼證明書

按裝運重量 (shipping weight) 買賣時，出口商通常需向進口商提出重量證明書，
證明所裝重量與約定者相符。又按卸貨重量 (delivered weight) 買賣的場合，貨品如
有缺量，進口商也必須提出重量證明書，才能向出口商、輪船公司或保險公司索賠。
又船公司計算運費時或依重量或依尺碼計算費用時，也必須提供重量尺碼證明書。
此項證明書或在出口地製成或在進口地製作，視情形而定。

重量尺碼證明書 (weight/measurement certificate; weight/measurement list) 的簽
發人通常有公證人 (superintendent)、公證行 (superintendent company)、重量檢定人
(surveyor weighter) 以及公認丈量人 (authorized sworn measurer) 等。

但如信用狀只要求提供重量尺碼證明書，而未進一步規定由何人出具時，可由
受益人自行出具 (UCP 600 Art. 14 (f))。

繕製重量尺碼證明書時，須注意下列事項：

1.重量尺碼證明書上的重量通常包括毛重與淨重兩種，但有些國家（如美國）
對於某些貨品（如纖維製品）的進口，尚規定須載明 Net Net Weight（即貨物本身的
重量），在這種場合，自應詳細載明。

2.重量尺碼證明書上的度量衡究應使用公制 (metric system)、 英制 (British system) 或其他制度？除另有規定外，應使用信用狀上所用的度量衡。

3.重量尺碼證明書上的毛重尺碼宜與運送單據上所載者相同。

茲將重量尺碼證明書列示於第 574 頁。

第六節　產地證明書

產地證明書 (certificate of origin) 乃證明貨物係在某地製造、生產或加工的證明文件。目前部分國家規定某些貨物進口時必須檢附產地證明書。通常信用狀規定要提示領事發票或海關發票者，多不要求提出產地證明書，因該類發票中已含有產地證明書的內容。

產地證明書的作用，約有四：

1.供作享受優惠關稅的憑證：若干國家的進口稅率，有國定稅率 (national/general tariff) 與協定稅率 (conventional tariff) 或優惠稅率之分。優惠稅率、協定稅率較國定稅率為低，但其適用範圍僅限於與輸入國訂有關稅協定或類似協定的國家所製造、生產或加工的貨品，欲享受優惠稅率、協定稅率，即須提出產地證明書。

2.防止貨物來自敵對國家或限制進口國家：有些輸入國有時因政治、軍事關係，禁止從某些地區輸入貨物，或僅准許輸入若干特定的貨物。在此情形，輸入國海關亦往往要求提供產地證明書證明貨物的來源。

3.防止外貨傾銷：輸入國為防止外國產品的傾銷，除實施配額制度外，又規定須提供產地證明書，供作管制的參考。

4.供作海關統計：輸入國為瞭解貨物從哪些國家進口，往往亦要求提供產地證明書，供作統計與管理上的參考。

產地證明書的簽發人，視情形而定，通常約有下列幾種：

1.由輸入國派駐輸出國領事簽發。

2.由商會簽發。

3.由同業公會簽發。

4.由出口商或製造廠商自行簽發。

5.由輸出國政府核准的簽發單位簽發：依民國 102 年 1 月 17 日修訂的「原產地證明書及加工證明書管理辦法」：

Shipper	

Shipper
KAISEI SANGYO CO., LTD.

OKAMOTO FREIGHTERS LTD.

Certificate No.
1300-10420-0005386(03)

Sheet
1

Certificate Issued
YOKOHAMA NOV. 4, 20-

Ref. No. (for our reference)
M2090-1538 004 (0339) 0239

Ocean Vessel — **Port of Loading**
VIRGINIA — YOKOHAMA

Port of Discharge — **Date & Place of Measuring and/or Weighting**
KAOHSIUNG — NOV. 3, 20-, YOKOHAMA

NIPPON KAIJI KENTEI KYOKAI

(JAPAN MARINE SURVEYORS & SWORK MEASURES ASSOCIATION)
FOUNDED IN 1913 & LICENSED BY THE JAPANESE GOVERNMENT

CERTIFICATE AND LIST
OF
MEASUREMENT AND/OR WEIGHT

Marks & Nos.	No. of P'kgs.	Kind of P'kgs.	Description	G.W.	Meast.
T.F.M.C KAOHSIUNG KSCL-F116 MADE IN TAIWAN C/NO. 1-2					
	2 CASES		"GOLD" VENEER ROTARY KNIFE	KG 680	CU. METER 0.265
DETAILS:	CASE	M CM M CM M CM L W H		KG	CU. METER
	1	2 89 0 27 0 18		360	0.140
	2	2 58 0 27 0 18		320	0.125

We hereby certify that the above measurements and/or weights of the goods
were taken by our measurers solely for reasonable ocean freight in accorsance
with the provisions of recognized rules concerned.

(1)一般原產地證明書的簽發單位：由貿易局核准的簽發單位：

　①財團法人。

　②工業團體。

　③商業團體。

　④農會。

　⑤漁會。

　⑥省級以上的農業合作社。

　⑦省級以上的農產品產銷協會。

(2)特定原產地證明書的簽發單位：經貿易局核准的簽發單位：

　①工業團體。

　②商業團體。

　③農會。

　④漁會。

　⑤省級以上的農業合作社。

　⑥省級以上的農產品產銷協會。

產地證明書的格式（第 576 頁）隨簽發人不同視情形而定。

UCP 600 Art. 14 (f) 規定，若信用狀要求單據的提示，而未規定單據係由何人出具或其資料內容，則銀行將就所提示者照單接受。

第七節　檢驗證明書

檢驗證明書係用於記載裝運貨物品質、規格成分、數量、包裝等檢驗結果的文件。為防止出口商裝運不符合標準品質或約定規格、數量、包裝的貨品，進口商常常要求出口商須提出檢驗證明書 (inspection certificate)。此外，為符合輸入國海關的規定，進口商也要求出口商提供檢驗證明書。

檢驗證明書除為保障出口貨物品質符合國家標準，維護國家信譽或依輸入國海關的規定須由輸出國政府機構簽發者外，其餘各種場合，大多由下列機構簽發：

1. 製造廠商或同業公會。

2. 公證人、公證行、鑑定人。

3. 進口商的分公司或指定代理人。

1.出口人名稱及地址 Exporter's Name and Address	CERTIFICATE NO.
	Page
2.進口人名稱及地址 Importer's Name and Address	**CERTIFICATE OF ORIGIN** (Issued in Taiwan) **APPLICATION**

3.裝船日 On Board Date	
4.船(機)名/航(班)次 Vessel/Flight No.	6.卸貨港 Port of Discharge
5.裝貨港 Port of Loading	7.目的地國 Country of Destination

8. 貨品明細含名稱、型號、規格、包裝標誌及編號 Description of Goods; Packaging Marks and Numbers	9. 數量/單位 Quantity/Unit

本證不得塗改,其經塗改者,無效。This certificate shall be considered null and void in case of any alteration.

申請人(出口人)切結:The exporter hereby declares that:	10.生產廠商名稱及地址 Producer's Name and Address
1.本證明書內所列之貨品原產地為臺灣。 The goods listed in this certificate originate in Taiwan. 2.上述內容均已據實填報,並遵守「原產地證明書及加工證明書管理辦法」之規定,如有不實或有違法情事,願依貿易法第 28 條規定接受行政處罰。 This certificate is truthfully filled out and in compliance with the "Regulations Governing Certificates of Origin and Certificates of Processing". Any false statement made in this document or violation of the relevant laws is subject to administrative penalty in accordance with Article 28 of the "Foreign Trade Act". 申請人(出口人)統一編號 Applicant's (exporter) Business Account Number 申請人(出口人)名稱、地址 Applicant's (export) Name and Address	茲證明本證明書內所列之貨品原產地為臺灣,本證明書將建檔保存二年。 It is hereby certified that the goods described in this certificate originate in Taiwan, and that this certificate shall be preserved and filed for two (2) years.
Stamp of exporter	Authorized signature

　　由製造廠商簽發的檢驗證明書稱為 "Manufacturer's Inspection Certificate"。具規模的大廠商均有完善的檢驗設備及技術。出廠的貨品均經嚴格檢驗，以保證品質標準化，並與契約規定相符，其所出具檢驗證明書亦多為進口商所接受。

　　由公證行(公司)簽發的檢驗證明書稱為獨立檢驗證明書 (independent inspection certificate) 或公證報告 (survey report)(如第 578 頁表格)。進口商為期出口商履約計，得要求提供獨立公證行所出具的檢驗證明書。此類證明書並無一定格式，繁簡視交易貨品性質而定。

　　至於檢驗證明書的英文名稱尚有 Certificate of Quality、Report of Inspection，以及 Certificate of Analysis 等。檢驗證明的項目，除了品質、規格外，通常尚包括數量、包裝等等。唯究應包括哪些項目，應依信用狀或買賣契約的規定。

🌐 第八節　領事發票

　　有些國家於進口貨物時，除應向海關提出商業發票外，尚須提出領事發票 (consular invoice，又稱領事簽證貨單)。領事發票係由出口商向駐守在輸出國的輸入國領事請求簽發的特定格式官用發票。出口商可向輸出港附近的輸入國領事館索取或購買領事發票空白格式，依格式內容各欄填寫，然後送請領事館簽證。有些國家規定由領事在普通商業發票上簽證（即 consular visa）；有些國家規定，不僅要領事發票，而且還要在提單上簽證（如巴拿馬），甚至要在全部單據簽證（如沙烏地阿拉伯）。簽證費用，各國不一致，有的每筆收固定金額，有的按貨價收若干成。

　　領事發票的作用，大抵上有以下幾項：

　　1.作為進口國海關和貿易管理當局課徵關稅或統計的參考，與下述海關發票的作用一樣。

　　2.代替產地證明書之用，以便瞭解貨物的原產地，從而供作對不同國家商品的差別待遇政策。

　　3.作為防止或確定有無傾銷情事的參考。

　　4.限制或禁止某些非必需品或未經批准的商品隨便進口。有些國家對沒有領事發票作證明的進口貨物課以高稅率，或完全禁止進口，甚至處以罰款或沒收貨物。

　　5.藉簽證課徵一筆規費，作為領事辦公費。

　　要求領事發票的國家以拉丁美洲各國居多，歐洲國家要求這種領事發票者甚少。

SGS 簽發的無瑕疵檢驗報告

GENERAL SUPERINTENDENCE CO., LTD.
Geneva (Switzerland)
CLEAN REPORT OF FINDINGS NO. 0748
(According to Import Requirements of the Republic of Ghana)

Our ref 61.01.01 D./53440 Taipei/Taiwan the 14th December, 20–

Documents Submitted: Proforma Invoice. Dated 05.07.20– Ref 75–1007

Description as per Documents: 150 coils Vinylon Tuna Fishing Rope, value FOB US$9,225.00

Origin: Taiwan

L/C: Date 09.09.20– No. F. 6827 Total Value FOB US$9,225.00

Submitted to Inspection: (partial/final/total delivery) Value FOB US$9,225.00

Quantity/Commodity: 1,950 kgs. Fishing Gear. Combination   SITC
                    Polyester (Tetoron)－Vinylon Tuna Fishing CODE
                    Rope of 150 Coils

Packing	Gross Weight	Net Weight	Marks	SHIP STORE
75 Cartons	2,047.5 kgs.	1,950 kgs.		IN TRANSIT SPC
				TEMA MADE IN TAIWAN
				R/S REPUBLIC OF CHINA
				TEMA GHANA
				NO. 1–75

Sellers: Taiwan Ropery Corporation   Located at Kaohsiung

Importers: State Fishing Corporation, Box 211 Tema   Code

FINDINGS:

1. Quality: The quality of the goods, as it results from the examination carried out in accordance with our mandate, corresponds to the description as per documents submitted.

2. Quantity: We have ascertained that quantity delivered is as indicated above.

3. Price: Sellers' Final Invoice No.   Dated
               showing an FOB value of US$9,225.00 has been submitted to us and we have compared and found acceptable.
               the FOB VALUE OF US$9,225.00 US DOLLARS NINE THOUSAND TWENTY HUNDRED TWENTY FIVE ONLY.
               Unit Price FOB 1,950 kgs. at US$4.73 per kg.

4. Loading: Shipped on board "TUNG KU CHAU" Voy 7/02
               from Keelung to Tema about 12th December, 20–

5. Remarks:

Enclosure attached to original report and copy GGSC:

—One copy of sellers' final invoice

This Report is valid only if accompanied by the coressponding negotiable clean bill(s) of lading or equivalent title evidencing shipment to destination Ghana.

As correspondents of
GENERAL SUPERINTENDENCE COMPANY LTD.

Consular Invoice

THE GOVERNMENT of BRAZIL	
Date: Invoice No: Issued At:	Port of Loading Port of Discharge Date of Departure Carrier

EXPORTER	CONSIGNEE

Marks and Numbers	Quantity	Description of Goods	Value of Shipment
		Total (FOB, C&F, or CIF)	

Other Charges	Amount of Charges
	Total USD
Certified Correct By: Witnessed By: Fee Paid: USD	

CANADA CUSTOMS INVOICE

Page ___ of ___ Pages

1. Vendor (Name and Address)	2. Date of Direct Shipment to Canada
	3. Other References (include Purchaser's Order No.)
	5. Purchaser's Name and Address (if other than Consignee)
4. Consignee (Name and Address)	
	7. Country of Origin of Goods / IF SHIPMENT INCLUDES GOODS OF DIFFERENT ORIGINS ENTER ORIGINS AGAINST ITEMS IN 12
6. Country of Transhipment	9. Conditions of Sale and Terms of Payment (i.e. Sale, Consignment, Leased, FOB, CIF, Duty Paid, etc.)
8. Transportation: Give Mode and Place of Direct Shipment to Canada	10. Currency of Settlement

11. No of Pkgs.	12. Specification of Commodities (Kind of Packages, Marks and Numbers, General Description and Characteristics i.e. Grade, Quality)	13. Quantity (state unit)	Selling Price	
			14. Unit Price	15. Total

18. If any of Fields 1 to 17 are included on attached commercial invoice, check this box ☐

Commercial Invoice No. _____

16. Total Weight		17. Invoice Total
Net	Gross	

| 19. Exporter's Name and Address (if other than Vendor) | 20. Originator (Name and Address) |

| 21. Departmental Ruling (if applicable) | 22. If Fields 23 to 25 are not applicable, check this box ☐ |

23. If included in Field 17 indicate amount:
    (i) Transportation charges, expenses and insurance from the place of direct shipment to Canada
    $ _____
    (ii) Costs for construction, erection and assembly incurred after importation into Canada
    $ _____
    (iii) Export Packing
    $ _____

24. If not included in Field 17 indicate amount:
    (i) Transportation charges, expenses and insurance to the place of direct shipment to Canada
    $ _____
    (ii) Amounts for commissions other than buying commissions
    $ _____
    (iii) Export Packing
    $ _____

25. Check (if applicable)
    (i) Royalty payments or subsequent proceeds are paid or payable by the purchaser ☐
    (ii) The purchaser has supplied goods or services for use in the production of these goods ☐

Cole International Inc. \ Freight Inc.
CUSTOMS BROKERAGE \TRANSPORTATION LOGISTICS

CORPORATE OFFICE
#700 – 615 Macleod Trail South
P.O. Box 2718 Stn. "M"
Calgary, AB., Canada T2P 3C2
Phone (403) 262-2771 Fax (403) 262-7165

有些拉丁美洲國家要求的領事發票 (factura consular) 內容不僅繁雜，且往往須使用西班牙文填寫。第 579 頁表格為巴西領事發票。

🌐 第九節　海關發票

向加拿大或紐西蘭出口貨品，除須提供商業發票之外，常常還須提出進口報關所需的特種發票，這種發票均有其規定的格式，須填具的內容亦各有不同。這種以進口國海關當局所規定特定格式製作的發票，稱為「海關發票」(customs invoice)。

海關發票的作用與領事發票大致相同，即：

1.供作進口國海關統計之用。

2.供作進口國海關查核貨物原產地，並作為進口國對不同國家課徵不同進口稅的根據。

3.供作進口國海關查核出口商有無傾銷或虛報價格，串通進口商逃稅情事。

海關發票與領事發票不同之處在於前者不必送請各該國領事簽證，因此不必支付簽證費用。第 580 頁表格為加拿大海關發票。

🎯 習　題

1.何謂匯票？其必要記載事項有哪些？

2.何謂銀行匯票與商業匯票？何謂光票與跟單匯票？

3.試述商業發票的意義及其作用。

4.何謂包裝單？其作用何在？

5.何謂產地證明書？其作用何在？

第二十章 匯率與進出口結匯

🌐 第一節　匯率與匯率變動風險的規避

一、匯率的意義

匯率 (exchange rate) 為外匯匯率 (rate of foreign exchange) 的簡稱，係指外匯的價格而言，也即一國貨幣在外匯市場與他國貨幣的兌換比率。例如 1 美元可兌換新臺幣 30 元，則美元與新臺幣的匯率為 1：30。

匯率的主要作用，站在本國的立場而言，可用以表示或衡量本國貨幣的對外匯價 (foreign exchange value of money) 或對外價值，以作為外匯買賣的根據，進出口廠商也可根據匯率作為折算的標準，計算其成本與收益，而利貿易的進行。

二、匯率的標示方式

匯率的標示 (quote) 方式，可以本國貨幣為基準，也可以外國貨幣為基準。以「對一單位的本國貨幣可換入若干單位的外國貨幣」方式標示其兌換比率時，稱其為應收匯率或收入匯率 (rate of receiving account)，這種以本國貨幣為基準的匯率，因其是以外幣若干表示一單位本國貨幣的價格，有時又稱為外幣匯率 (rate in foreign money)。例如新臺幣與日幣的兌換率，以 NT$1 = ¥3 標示時，即為應收匯率。以「對一單位的外國貨幣應付若干單位的本國貨幣」方式標示其兌換比率時，稱其為應付匯率或支付匯率 (rate of giving account)。這種以外國貨幣為基準的匯率，因其以若干單位的本國貨幣標示一單位的外幣價格，故有時又稱為國幣匯率 (rate in home money)。例如美元與新臺幣的兌換率，以 US$1 = NT$30 表示時，即為應付匯率。

當一國採用應收匯率制度時，一國匯率上升，例如由 NT$1 = ¥3 變為 NT$1 = ¥4，即表示本國貨幣升值；反之，一國匯率下跌，即表示本國貨幣貶值。

當一國採用應付匯率制度時，一國匯率上升，例如由 US$1 = NT$30 變為 US$1 = NT$31，即表示本國貨幣貶值；反之，一國匯率下跌，即表示本國貨幣升值。

三、匯率的種類

匯率的種類，因區分標準的不同，而有不同的類別，以下所述為外匯市場上常見的分類。

㈠基本匯率、裁定匯率、套算匯率

1. 基本匯率 (basic rate)：即本國貨幣與某一特定外國貨幣之間的匯率，而在訂定本國貨幣對特定外國貨幣以外之其他外幣的匯率時，作為換算基準的匯率。此特定外國貨幣在本國的外匯交易不但占有重要地位，而且應該是一種國際通貨 (international currency)，而在國際間普遍地被作為對外支付之用。例如在我國，美元與新臺幣的匯率，就是基本匯率。

2. 裁定匯率 (arbitrated rate)：對某一特定國貨幣的匯率，係透過該特定國貨幣與第三國貨幣之間的匯率換算出來者，即稱為裁定匯率。例如新臺幣與美元的匯率為 US$1 = NT$30，美元與英鎊的匯率為 £1 = US$1.20，則新臺幣與英鎊的匯率為 £1 = NT$36 (30 × 1.2)。這種新臺幣與英鎊的匯率是透過二種已知的匯率換算出來的，故稱為裁定匯率。

3. 套算匯率 (cross rate)：在計算本國貨幣與特定國貨幣的匯率時，被用以間接換算（裁定）的第三國貨幣與特定國貨幣的匯率，稱為套算匯率，也即兩個不同國家的貨幣在第三國外匯市場的匯率。例如上述用來換算中英匯率的英美匯率 (£1 = US$1.20)，即為套算匯率。

㈡銀行買入匯率、銀行賣出匯率

1. 銀行買入匯率 (bank's buying rate)：即外匯銀行自客戶買進外匯（外幣）時所適用的匯率，簡稱為買入匯率 (buying rate)。因客戶大多是出口商，故又稱出口匯率。在應付匯率制度下，買入匯率總是低於賣出匯率。

2. 銀行賣出匯率 (bank's selling rate)：即外匯銀行對客戶賣出外匯（外幣）時所適用的匯率，簡稱為賣出匯率 (selling rate)。在應付匯率制度下，賣出匯率總是高於買入匯率。因客戶大多是進口商，故又稱進口匯率。

㈢電匯匯率、即期匯票匯率、遠期匯票匯率

1. 電匯匯率 (telegraphic transfer rate; T/T rate)：以電匯 (T/T) 方式交易時所適用的匯率，稱為電匯匯率。

⑴買入電匯匯率 (T/T buying rate)：即外匯銀行以當日電匯匯率折付本國貨幣予賣匯的人，但在當日或一、二日後，其國外分行或通匯銀行才由付款人收到外匯。

⑵賣出電匯匯率 (T/T selling rate)：即外匯銀行以當日電匯匯率折收本國貨幣，但須在當日或一、二日內，由其國外分行或通匯銀行，將外匯支付指定收款人。

電匯匯率是外匯市場的基準匯率。

2.即期匯票匯率 (demand draft rate, D/D rate; sight rate)：即銀行買賣即期匯票 (demand draft) 時所適用的匯率。即期匯票匯率也可分為即期匯票買入匯率 (D/D buying rate) 與即期匯票賣出匯率 (D/D selling rate) 二種。

3.遠期匯票匯率 (usance bill rate)：即銀行買賣遠期匯票時所適用的匯率，遠期匯票匯率也可分為遠期匯票買入匯率 (usance bill buying rate) 與遠期匯票賣出匯率 (usance bill selling rate) 二種。

㈣即期匯率、遠期匯率

1.即期匯率 (spot rate)：又稱現貨匯率，即在外匯買賣，須於契約成立後二、三營業日內交割外匯，同時收付本國貨幣時所適用的匯率。

2.遠期匯率 (forward rate)：即在遠期外匯買賣，於外匯買賣契約成立後，不在二、三個營業日內完成交割，而於將來某一定時日（通常為十天、三十天、九十天）再行交割外匯，同時收付本國貨幣時所適用的匯率。所謂遠期外匯買賣，係指進出口廠商與外匯銀行簽訂買賣外匯契約，約定在未來某一定時間，按契約所定匯率進行交割的外匯交易。在機動（浮動）匯率制度下，這種預購或預售未來應收付的外匯，對出口廠商而言，得以保障其利潤；對進口商而言，得以固定其成本。

遠期匯率通常以升水 (premium) 及貼水 (discount) 方式標示。

⑴升水：表示該外匯在未來有升值趨勢，例如 1 美元的十天期匯率可兌換新臺幣 30 元，三十天期匯率可兌換新臺幣 30.125 元，即表示美元呈升值狀態，而新臺幣呈貶值狀態。

⑵貼水：表示該外匯在未來有貶值趨勢，例如 1 美元的十天期匯率可兌換新臺幣 30 元，三十天期匯率只能兌換新臺幣 29.875 元，即表示美元呈貶值狀態，而新臺幣呈升值狀態。

四、匯率變動風險的規避

　　我國自 67 年 7 月 11 日採行機動匯率制度之後，新臺幣與外幣之間的匯率，隨時有變動的可能，也就是說，新臺幣隨時有升值或貶值的可能。這種匯率變動，無異又增加了進出口商的營運風險。進出口商為減免因匯率變動而來的風險，自有必要採取適當的因應措施，以規避損失。茲特將規避匯率變動風險的因應措施或預防對策介紹於下，進出口廠商可視本身的條件斟酌採用，以求實效。

㈠瞭解外匯貿易的管理與其變遷，以收預測之效

　　匯率發生變動必有其變動的背景原因，諸如貿易收支的多寡、國際收支情形、國際經濟的變動及國際金融的變化等等，均足以影響匯率的變動。進出口商應隨時注意其動向。同時，進出口商對我國外匯及貿易管理的動態，以及兩者間的配合情形，也應予深入的瞭解，作為研判匯率變動趨勢的參考，以收預測之效，而預先做適當的因應措施。

㈡維持進出口業務的平衡，藉以抵銷匯率變動風險

　　匯率的變動，對進口與出口的影響正相反，本國幣值上升，對出口不利，但對進口卻有利；反之，本國幣值貶值，對出口有利，但對進口卻不利。因此，廠商如能儘量維持進出口金額的平衡，則匯率變動的風險將可因而抵銷。

㈢分散貿易地區，使用多種貨幣交易，以達風險的分散

　　我國目前掛牌的外幣有美元、英鎊等十多種，這些外幣的強弱並非一致，往往是此漲彼跌。因此，廠商如能分散貿易地區，使用多種貨幣交易，則匯率升降風險，可因此而彼此抵銷。

㈣約定匯率變動風險由對方負擔或由雙方分擔

　　1.出口商在買賣契約中約定：「貨價係以新臺幣 30 元對 1 美元的匯率計算，訂約後若新臺幣對美元升值，賣方因此所受損失，概由買方負擔」或進口商在買賣契約中約定：「貨價係以新臺幣 30 元對 1 美元的匯率計算，訂約後若新臺幣對美元貶值，買方因此所受損失，概由賣方負擔。」但這種匯率風險的轉嫁方式，除非賣方或買方處於優勢地位，否則不易為對方接受。

　　2.共同分擔匯率風險：基於衡平原則 (principle of equity) 可在買賣契約中約定，匯率變動風險由買賣雙方各負擔一半。例如約定："Exchange risks, if any, to be borne by both parties equally."

㈤改用本國貨幣交易

即本國廠商與外國廠商交易時，約定以本國貨幣交易。以這種方法轉嫁匯率風險，必須本國廠商居於優勢地位，且本國貨幣為國際通貨 (international currency) 才可行，否則不易為對方接受。我國政府規定，對外貿易僅能使用政府掛牌的外幣，不能以新臺幣作為對外貿易的收付媒介。

㈥使用強勢貨幣或弱勢貨幣交易

即出口商改採強勢貨幣交易；而進口商則採弱勢貨幣交易。

㈦調整價格

即出口商以有貶值趨勢的外幣報價時，為避免將來該外幣貶值而遭受損失，可藉調高售價方式，規避風險；反之，進口商以有升值趨勢的外幣進口貨物時，可要求賣方降低售價。

㈧改採提前付款或延後付款方式

若本國貨幣有升值趨勢，則出口商可要求以預付貨款或即期信用狀方式交易；反之，進口商則可要求以延後付款或遠期信用狀方式交易。

㈨避免簽發或接受長期訂單

若本國貨幣有升值趨勢，則出口商應避免接受交貨期較長的訂單；反之，進口商應避免簽訂交貨期較長的訂單。

㈩利用遠期外匯買賣，規避匯率變動風險

若本國貨幣有升值趨勢，則出口商可向外匯銀行預售外匯；反之，進口商可向外匯銀行預購外匯。

㈠外幣借款

若出口商預期以外幣表示的應收帳款將貶值時，可向外借入金額相等，到期相同的外幣，兌換成本國貨幣，然後存做定期存款或作為營運資金，俟到期時，再以應收外幣帳款償還外幣借款。

若進口商預期本國貨幣有貶值趨勢時，可向銀行借款購買外匯存入外匯存款帳，至付款日期即以該筆外匯支付。

總之，進出口廠商規避匯率變動風險的方法不少，而應採取哪些方法，或哪些方法可行，必須斟酌其本身條件，不可一概而論。

五、遠期外匯買賣

　　依現行規定，進出口廠商在規定的貨幣種類及期限內，得將其未來所需結購的外匯或可得結售的外匯，以預購或預售方式，與外匯銀行訂立遠期外匯買賣契約，於約定期限屆滿時，才做正式結匯交割手續，藉以規避在此期間的匯率變動風險。唯進出口商在進行遠期外匯 (forward, delivery forward, DF) 買賣時，必須注意的有關規定及事項為：

㈠保證金的繳付與沒收

　　進出口商與外匯銀行訂立遠期外匯買賣契約時，除須訂立預售或預購遠期外匯契約之外，尚須繳付百分之若干（由承作銀行與顧客議訂）的保證金。若無正當理由而無法交割，又未獲得銀行同意延期交割，則該保證金將被沒收，或補繳匯率差額。因此，進出口商對於交割應有充分的把握，以免屆時無法交割而被沒收保證金。

㈡手續費

　　如進出口商因不可歸責於其本身的原因，致未能履行遠期外匯買賣契約的全部或一部分，而申請退還保證金時，按遠期外匯契約金額或未用餘額的支付若干手續費（有些銀行免收）。

㈢交割日期與買賣金額

　　進出口商應於約定的交割期內履行契約義務，但因商務上原因而徵得銀行同意，得重新訂約。

㈣是否預售或預購外匯的抉擇

　　進出口廠商是否應預售外匯或預購外匯，應視匯率變動趨勢、變動幅度、預購或預售成本，然後採取行動，以免花了錢，卻得不償失。一般而言，出口商預測美元（以美元外銷時）將貶值，亦即新臺幣將升值時（例如現在 1 美元兌換新臺幣 30 元，預測新臺幣可能升值到 1 美元兌換新臺幣 29 元），為避免匯率變動損失，出口商宜預售遠期外匯。反之，在新臺幣持續貶值的情形下，進口商宜預購遠期外匯。

第二節　本金交割遠期外匯與無本金交割遠期外匯

一、本金交割遠期外匯與無本金交割遠期外匯的意義

預售／預購　遠期外匯申請書

商業銀行 台照：

日期：

營業單位編號：

申請人：

請就下列□擇一辦理

□ 出口（預售遠期外匯）

　　爲預售出口貨物所得外匯，茲檢附下列契約書及有關單證，並繳交保證金向責行預售＿＿＿＿＿＿天期固定／任選到期日
　　遠期外匯乙筆，金額計＿＿＿＿＿＿＿＿＿＿＿並同意依契約書所列各項及責行有關規定切實履行。

□ 進口（預購遠期外匯）

　　爲支付進口貨物價款所需外匯，茲檢附下列契約書及有關單證，並繳交保證金向責行預購＿＿＿＿＿＿天期固定／任選到
　　期日遠期外匯乙筆，金額計＿＿＿＿＿＿＿＿＿＿＿並同意依契約書所列各項及責行有關規定切實履行。

申請人如未依約履行，於預售外匯之情形下，責行得就未履約金額於到期日，以責行掛牌即期賣出匯率，由申請人以購回
方式結清契約未履約金額；於預購外匯之情形下，責行得就未履約金額於到期日，以責行掛牌即期買入匯率，由責行以購
回方式結清契約未履約金額，申請人承諾負擔責行因而發生之匯率差價及其他一切費用，絕無異議。
申請人如到期未履約且未提出申請書結清契約未履約金額時，責行得逕行處分申請人所提供之所有保證金並得停止受理申
請人預售及預購遠期外匯之申請。請惠予同意辦理。

申請人注意事項：
1.本申請書及契約書不得轉讓、抵押。
2.申請人如有正當原因無法如期交割時，得書具申請書檢附證明文件，於到期前向本行申請結清契約未履約金額，或向本
　行辦理展期手續，並繳清匯率差價。

申請人簽章（原留印鑑）

主　管
核　章

（營業單位腰形章）

預售／預購 遠期外匯契約書

幣名：＿＿＿＿＿　戶名：＿＿＿＿＿＿＿＿＿＿＿　契約號碼：＿＿＿＿＿＿＿＿＿＿＿

訂約日期	外幣金額	匯率	新　臺　幣	期別	交割日期（期間）

交割記錄表

申請人繳交保證金新臺幣＿＿＿＿＿＿＿

退還日期：

交割日期	證件號碼	已交割款		尚未交割款		經辦人員簽章	主管簽章
		外幣金額	新臺幣	外幣金額	新臺幣		

遠期外匯 (forward) 依其是否交割本金，可分為：

1.本金交割遠期外匯 (delivery forward, DF)，又稱做傳統的遠期外匯。

2.無本金交割外匯 (non-delivery forward, NDF)。

本金交割遠期外匯係指遠期外匯買賣的雙方（一方為客戶，例如廠商；一方為銀行）約定就兩種不同的貨幣（例如新臺幣與美元），於將來一定日期或期間，按約定匯率交割本金的一種遠期外匯交易模式。

至於無本金交割遠期外匯則是另一種遠期外匯交易的模式，指遠期外匯契約到期時，只要按約定的遠期匯率與到期時的即期匯率間的匯差，以現金結算損益，而無須進行本金的交割。

二、本金交割遠期外匯與無本金交割遠期外匯的比較

㈠本金交割遠期外匯的特性

1.有實際外匯收支的需要。

2.客戶（廠商）須提供實質商業交易產生的發票、L/C 及訂單等交易憑證。

3.原則上須繳交交割本金的保證金。

4.在契約到期時，交易雙方須依約定匯率進行交割本金。

㈡無本金交割遠期外匯的特性

1.銀行承做 NDF 時，廠商不須提供實質商業交易產生的發票、L/C 及訂單等交易憑證。

2.不須繳交交割本金的保證金。

3.在 NDF 契約到期時，雙方不必交割本金，只須依約定匯率與到期時即期匯率間的差額（匯差）結算損益。

4. NDF 除避險功能外，具有濃厚的投機性質。

中央銀行在 1995 年 7 月 6 日開放 NDF 業務，之後因發生亞洲金融風暴，在 1998 年 5 月 25 日，對 NDF 交易下禁令，禁止國內銀行與法人（廠商）間辦理 NDF 交易。16 年後於 2014 年 9 月 9 日，央行發布自即日起本國銀行海外分行得依相關規定向主管機關申請對國內外法人、國外金融機構、本國銀行海外分行及自行總行辦理無本金交割新臺幣遠期外匯業務（即新臺幣 NDF）。

第三節　出口結匯及出口押匯

出口商將出口貨物所得的外匯結售予外匯指定銀行的行為，稱為「出口結匯」(export settlement of exchange)。出口商結匯外匯的方式，計有憑信用狀押匯方式、預付貨款方式、跟單託收方式、寄售方式等。

一、憑信用狀的出口結匯——出口押匯

憑信用狀的出口結匯，一般稱為出口押匯。所謂出口押匯 (export negotiation)，乃指出口商於貨物裝運出後，簽發以開狀銀行（或其指定的付款銀行）為付款人的匯票，並以代表貨物的單據作為擔保，請求出口地外匯銀行以墊付方式、貼現方式或讓購方式，墊付其貨款，外匯銀行（即押匯銀行）則轉向開狀銀行（或其指定的付款銀行）收回其所墊付款項的一種程序。財政部當年頒訂「銀行對企業授信規範」界定「出口押匯」係「銀行墊付出口信用狀項下的即期跟單匯票款，並取得概括性取償權的票據融通方式」。因此，目前我國所指出口押匯，僅限憑信用狀辦理的押匯，至於無信用狀的出口押匯（即 D/P、D/A 項下的押匯）則不在其範疇內。銀行的押匯行為在本質上是對於出口商的一種授信行為。因此，通常於受理押匯之前，銀行應就出口商的信用，做適當的調查，認為信用良好，才受理申請。就押匯銀行而言，承作押匯須承擔很多風險，例如：

1. 開狀銀行破產、倒閉：押匯銀行在墊付票款後，如遇開狀銀行信用狀況惡化，宣告破產倒閉，則無異失去信用狀的保障。

2. 開狀銀行的不誠信：開狀銀行在信用狀開出之後，即應僅以單據為本決定是否兌付，不能以單據以外的其他理由拒付。然而有些信用欠佳的開狀銀行，在進口地市場情況惡化，進口商無意或無力付款時，即不顧信譽，對單據吹毛求疵，尋找無關緊要的理由予以拒付，或拖延付款。

3. 單據有瑕疵：信用狀交易是單據交易，如果提示的單據不符合信用狀條件，開狀銀行當然得予以拒付；此時，押匯銀行固然可以行使追索權，能否收回所墊付款項不無疑問。但如匯票（單據）一經開狀銀行付訖，則不至被追回票款。

以下就信用狀項下出口押匯的步驟加以說明：

㈠預備手續

出口商向外匯銀行申請辦理出口押匯，如為初次往來，須依照銀行規定辦妥各項手續，銀行才肯接受押匯。通常應辦的手續有下列三項：

1. 提供徵信資料以供銀行徵信。

2. 簽具出口押匯總質權書 (general letter of hypothecation, L/H)：這項質押權利總設定書空白表格由銀行提供，其內容雖各銀行略有不同，但其要點為約定雙方當事人的權利義務，如：押匯申請人授權銀行得於匯票承兌或付款後，將單據交與承兌人或付款人；押匯申請人授權銀行或其代理人，遇付款人拒付或破產清理時，得自由處理貨物抵償一切損失，如貨物變賣所得價款淨額不足以償還票款時，對不足之數得向押匯申請人求償等是。出口商簽具這種設定書須覓妥保證人連帶保證。

3. 送交簽章登記卡：出口商將其與銀行往來的印鑑或簽名，簽蓋於簽章登記卡（空白卡片由銀行提供）交存押匯銀行。凡具有該印鑑或簽名的文件單據，出口商均承諾負責。

4. 開立外匯活期存款帳戶。

㈡備齊押匯單據

出口商貨物裝運出口後，應依信用狀規定，備齊有關押匯單據，單據內容及份數均須符合信用狀規定。

有關各項單據的說明請參見第十九章。

㈢開製匯票

除少數「憑收據付款信用狀」及「憑單據付款信用狀」外，銀行一般不能僅憑信用狀及有關單據受理押匯，而一定要求出口商依信用狀規定開具匯票，附上信用狀及有關單據才肯辦理。匯票雖非單據，但沒有匯票即不成其為押匯，所以銀行收受押匯單據時，每以匯票排在最上面，其次為信用狀，再其次才為有關單據。

㈣簽立出口押匯申請書

每筆押匯出口商均需簽立出口押匯申請書，這種申請書押匯銀行備有空白格式（見第 593 頁），出口商可向銀行索取。申請書除填上匯票號碼、金額、信用狀號碼、開狀銀行，並貼足印花外，有關押匯單據名稱申請書上已印明，只須註上張數即可，無需再填寫其他文字。

出口押匯／貼現／信用狀項下託收申請書
APPLICATION FOR NEGOTIATION/DISCOUNT/COLLECTION UNDER L/C

致：**陽信商業銀行**
To : Sunny Bank

申請日期：＿＿＿＿＿（YY/MM/DD）
受理單位：＿＿＿＿＿分行

茲檢附本公司依據＿＿＿＿＿銀行第＿＿＿＿＿號信用狀所簽發之匯票／收據金額＿＿＿＿＿及下列各項單據，請惠予辦理押匯／貼現／信用狀項下託收。

WE HEREBY SUBMIT THE DRAFT(S) AND/OR THE FOLLOWING DOCUMENTS DRAWN UNDER DOCUMENTARY CREDIT NO.＿＿ ISSUED BY ＿＿,PLEASE GRANT NEGOTIATION/DISCOUNT FOR THE SAID DRAFT(S) AND/OR THE DOCUMENTS,OTHERWISE FOR COLLECTION BASIS UNDER THE SAID L/C.

Docts	Draft 匯票	Invoice 發票	Insurance 保險單	B/L AWB 提單	Packing List 包裝單	Weight List 重量單	Cert Origin 產地證明書	BeneCert Statement 受益人證明書	Inspec Cert 檢驗書	Post Receipt 郵政收據	Survey Report 公證單	Letter of Transfer 轉讓書		
份數														

本公司證明所有與本筆出口業務有關之信用狀，包括其修改書等業經全部向貴行提示無誤。
WE CERTIFY THAT ORIGINAL LETTER OF CREDIT WITH SUBSEQUENT AMENDMENT(S),IF ANY,WE HAVE SUBMITTED.

本公司同意如因單據上之欠缺、瑕疵、或因單據正由貴行審核中，致不能及時完成押匯／貼現手續，而使本公司蒙受匯率變動之損失時，概由本公司自行負擔與貴行無涉。
WE AGREE AND UNDERTAKE ANY LOSS WHICH MAY OCCUR THROUTH FLUCTUATION OF THE EXCHANGE RATES DURING THE TIME YOU ARE CHECKING THE DOCUMENTS BEFORE NEGOTIATION/DISCOUNT/DELIVERY FOR COLLECTION BASIS OR CONSEQUENT ON DELAYS IN NEGOTIATION/DISCOUNT UPON YOUR DISCOVERY OF SOME SHORTFALL(S) OR DISCREPANCY(IES)IN THE DOCUMENTS,AND WE UNDERTAKE THAT YOU WILL NOT BE HELD RESPONSIBILITY FOR ANY SUCH LOSSES.

本公司保證　貴行於押匯後十二天內或承兌到期日／信用狀指定付款日收妥貨款，絕不使貴行因辦理本筆押匯／貼現而遭致任何損害，本筆押匯／貼現票據如發生退票、拒付、或因開狀銀行或付款銀行倒閉或外匯短缺或郵遞轉撥等情事，致使貴行未能於上述期限內收妥款項時，不論為該票據金額之全數或一部，本公司於接獲貴行通知後，願立即如數以原幣清償所欠本金，並就貴行墊付押匯／貼現款之實際期間，按押匯／貼現日貴行所定外匯授信利率，加計遲延利息償還，並願負擔一切有關之費用，絕不以票據之要件欠缺、所提示之單據未能全部退回、法律各項手續不完備、或時效消滅等情事為藉口，而拒絕清償。
IN CONSIDERATION OF YOUR NEGOTIATION/DISCOUNT THE ABOVE-MENTIONED DOCUMENTS AND/OR DRAFT(S)/RECEIPT(S),WE GUARANTEE THAT YOU CAN RECEIVE THE PROCEEDS WITHIN 12 DAYS AFTER THE DATE YOU HAVE NEGOTIATED THE DOCUMENTS OR AT MATURITY OF DISCOUNTED DRAFT(S) OR ON THE DATE(S) DETERMINED IN ACCORDANCE WITH STIPULATIONS OF THE CREDIT AND FURTHER UNDERTAKE TO HOLD YOU HARMLESS AND INDEMNIFY AGAINST ANY DISCREPANCY(IES) INCLUDING BANKRUPTCY OR LACK OF FOREIGN EXCHANGE OF ISSUING AND/OR PAYING BANK POSTAL TRANSFER WHICH MAY CAUSE NON-PAYMENT AND/OR NON-ACCEPTANCE OF THE SAID DRAFT(S)/RECEIPT(S) AND WE SHALL REFUND YOU IN ORIGINAL CURRENCY THE WHOLE AND/OR PART OF THE DRAFT(S)/RECEIPT(S) AMOUNT TOGETHER WITH INTEREST CALCULATED ACCORDING TO THE LENDING RATE OF EACH CURRENCY AND/OR EXPENSES THAT MAY BE ACCRUED AND/OR INCURRED IN CONNECTION WITH THE ABOVE ON RECEIPT OF YOUR NOTICE TO THAT EFFECT.WE SHALL NEVER REFUSE TO PAY OFF THE DEBT ON ANY EXCUSES OF LACK OF PREREQUISITES,INCOMPLETENESS OF VARIOUS LEGAL PROCEDURES OR EXTINCTION OF PRESCRIPTION,ETC.

本公司茲聲明願拋棄一切之抗辯權，並免除拒絕證書之作成及票據債權保全上之通知及其他法定手續，並願依照本公司另立之「出口押匯約定書」所列條款履行責任。
WE HEREBY WILLINGLY DECLARE TO WAIVE ALL RIGHTS OF DEFENSE,AND EXEMPT FROM PROTEST,THE NOTICE OF SAFETY FOR CLAIMS OF BILLS,AND OTHER LEGAL PROCEDURES,AND WILL FULFILL RESPONSIBILITIES ACCORDING TO THE TERMS AND CONDITIONS LISTED IN "THE GENERAL LETTER OF HYPOTHECATION" OTHERWISE SIGNED BY US.

☐本信用狀項下單據文件內容與信用狀條款規定有下列不符之處：
The documents/draft(s) under the above mentioned credit has/have following discrepancy(ies) :
＿＿＿＿＿

本公司保證若　貴行已墊付上項與信用狀條款不符之匯票／單據致遭受損害時，當由本公司負責全數償還。
We hereby undertake to indemnify you for whatever loss and/or damage that you may sustain due to the above mentioned discrepancy(ies).

本件☐押匯／貼現 ☐信用狀項下託收款項，請依下列方式處理：
You are authorized to dispose the proceeds according to the following instruction：

☐ 1.請存入本公司在　貴行外匯存款／台幣存款，
　　第＿＿＿＿＿號帳戶。
　　Please credit the net proceeds to our FX/NT account No.＿＿＿＿ with you.

☐ 2.請償還　貴行對本公司之外幣／新台幣貸款，
　　參考編號＿＿＿＿＿。
　　Please apply the net proceeds to repay your loan(s) to us. Ref No.＿＿＿＿。

☐ 3.押匯款請交割遠期外匯契約，
　　參考編號＿＿＿＿＿。
　　Please use the net proceeds to settle our forward exchange contract no.＿＿＿＿

☐ 4.其他＿＿＿＿＿
　　Others.＿＿＿＿＿

簽章 SIGNATURE OF APPLICANT(原留外匯印鑑)
(本公司同意遵守本申請書所載各項規定及條款)

送件＿＿＿＿＿分行				國外部／＿＿＿＿＿外指行		統一編號 Registration No.：
驗印／經辦	會計	授信幹部	單位主管	經辦	主管	聯絡電話及承辦人：
						傳真號碼：

資料來源：陽信商業銀行。

(五)辦理出口押匯

出口商將押匯申請書，連同匯票、信用狀及有關單據遞送外匯銀行收單，經外匯銀行核對單據，如完全符合信用狀條件，即按當日牌價買入匯率折成新臺幣（如不領新臺幣者，可存入外匯存款戶），扣除結匯手續費、押匯貼現息等後，將押匯淨款交付出口商，押匯手續於是完成。另有一點須加補充的，如須匯付國外代理商佣金，押匯時須另填送匯出匯款或折換申請書，委請押匯銀行將該項佣金逕匯國外受款人。這項佣金及銀行手續費、郵電費應從押匯款中扣除，自不待言。銀行辦妥結匯後即掣發一紙出口結匯證實書予出口商，以作為出口商與銀行外匯交易的證明。

二、信用狀項下單據的審核要領

受益人想憑信用狀兌款，就必須提出符合信用狀中所規定的匯票（有時可免除）及單據；同時，銀行受理押匯、付款時，亦必須先審核匯票及單據是否符合信用狀。以下就銀行審核匯票、單據等的要點，加以說明（有志從事信用狀項下單據審查工作者，應詳研國際商會出版的《國際標準銀行實務——跟單信用狀項下單據之審查》(ISBP)）。

(一)信用狀的審核要領

1. 信用狀如由開狀銀行或進口商逕寄出口商者，須核驗開狀銀行簽字的真偽。

2. 必須是不可撤銷信用狀。

3. 信用狀是否為信用良好的銀行所開發？假如不是，有無信用卓著的銀行予以保兌？如無，應採謹慎態度。

4. 信用狀須未逾期、失效。

5. 有無限制押匯銀行？如限由他行押匯時，應辦理轉押匯。

6. 信用狀所列條款不可與本國外匯貿易管制法令牴觸。

7. 信用狀幣類應為掛牌的貨幣，收款才無困難。

8. 押匯金額不能超過未用餘額。

9. 提示日必須在 UCP 600 Art. 14 (c) 所定期間內 (period of presentation)。

10. 有無經過修改，應予查明。

11. 信用狀如轉讓給第三者，應查明有無轉讓書及轉讓是否符合信用狀規定。

12. 電傳信用狀如不以其為正本者，押匯時除郵寄證實書外，尚應提示電傳信用狀。

13.以電傳信用狀為正本者，該電傳信用狀是否確為正本，應予辨認清楚。

㈡匯票的審核要領

匯票為貿易資金融通的最基本信用工具。也是銀行審核時必須重視的文件。匯票的製作是否符合法定要件，關係匯票的有效性，其審核要領如下：

1.匯票日期應在信用狀有效期限內，且必須在裝運日期後提示單據的特定期間內。

2.匯票期限應與信用狀規定相符。

3.匯票金額應與商業發票金額一致，除非另有規定。

4.大小寫金額應一致。

5.發票人（受益人）名稱應與信用狀所載受益人名稱相符，並由有權簽字人簽字。信用狀已轉讓者，則由受讓人簽發。

6.須填上 "Drawn Clause"，且與信用狀規定相符。

7.有利息條款者，須填上。

8.被發票人（付款人）名稱、地址應與信用狀規定相符。如未規定者，以開狀銀行為被發票人。

9.如信用狀上金額前面有 "About" 字樣者，匯票金額不得超過該金額 10%。

10.匯票金額不得超過信用狀未用餘額。

11.匯票份數應按信用狀規定製具。

12.有時規定以收據 (receipt) 代替匯票，其格式大致如下：

```
                              Receipt
To _____(付款人)_____                          Taipei，_(日期)__
For _____(金額小寫)_____
Say US Dollars _____(金額大寫)_____ only
received under Credit No. _____(信用狀號碼)_____
dated _____(日期)_____
issued by _____(開狀銀行)_____
                                    _____(出口商名稱及簽字)_____
```

㈢商業發票的審核要領

商業發票為整套單據的中心。銀行特別重視商業發票的審核，因為所裝運貨物是否與信用狀所規定者相符，以商業發票所載者為準之故也。

茲將審核商業發票時應注意事項說明於下：

1. 發票日期不宜遲於匯票簽發日，也不得遲於信用狀有效日及提示期間。

2. 除 UCP 600 Art. 38 及信用狀另有規定外，商業發票的製作人（簽發人）應為信用狀受益人，除信用狀另有規定外，發票不需要簽署 (UCP 600 Art. 18 (a) (iv)) 或加註日期。

3. 所用紙張是應為受益人的用紙，不可使用他人的紙張。

4. 份數應與信用狀規定者相符。

5. 除 UCP 600 Art. 38 (h) 規定外，發票的抬頭人應為開狀申請人。

6. 發票上所載嘜頭應與運送單據及其他單據所載者一致。

7. 貨物、勞務或履約行為的說明，例如名稱、規格、品質須與信用狀所規定者相符。不得載有信用狀未提及的貨物、勞務或履約行為，即使免費（例如樣品、小冊子）。

8. 數量、單位應具體表示，並與信用狀所規定者一致。

9. 信用狀規定的數量、單價，總金額前有 "About" 字樣者，得有 10% 的伸縮性。

10. 須填明信用狀規定貿易條件，如 FOB, Keelung, Incoterms® 2020。

11. 運輸工具名稱、裝運日期、起運地、目的地均須與運送單據所載者相符。

12. 除非信用狀另有規定外，不得開列額外費用，如電報費、倉租、佣金等。

13. 商業發票金額須以信用狀同一貨幣表示且不得超過信用狀未用餘額，除另有規定外，且須與匯票金額相符。

14. 貨物有單價且准部分裝運者，所支貨款應與信用狀金額成比例。

15. 有更改處，須由發票人加簽。

16. 有些進口國家因外匯管制，信用狀上規定在商業發票上須載明輸入許可證號碼。有此要求者，須載明其號碼。

17. 如須由發票人自行證明 (certify) 者，應加註 "We hereby certify that the contents herein are true and correct" 一類的句子，並將發票上的 "E.&O.E." 字樣刪除。

18. 如信用狀規定發票須經有關機關證明 (certify) 或公證 (notarize) 者，應照辦。

19. 信用狀規定須經商會或指定國家領事副署者，應由其副署。

20. "Drawn Clause" 須載明。

21. 商業發票上受益人及申請人的地址無須與信用狀所規定者相同，但須在信用

狀所提相關地址的同一國家。

22.信用狀所提及的聯絡細節 (phone, fax etc.) 敘明為受益人或申請人地址的一部分，將不予理會。

(四)運送單據的審核要領

運送單據乃貨物收據及（或）貨運契約的合併文件，也可作為貨物業已交運的證明。因此，係單據中最重要的文件。

◆ 複合運送單據的審核要領：

複合運送單據的審核方法與下述海運提單相似，但應注意下列幾點：

1.表明運送人名稱，並由下列人員簽署：

⑴運送人或代替或代表運送人的標名代理人，或

⑵船長或代替或代表船長的標名代理人。

2.表明貨物業已於信用狀規定的地點發送、接管或裝船，運送單據的簽發日期將視為發送、接管或裝船的日期及裝運日期，但若運送單據以圖章或註記表明發送、接管或裝船的日期，該日期將視為裝運日期。

3.表明信用狀規定的發送地、接管地或裝運地及最終目的地，即使：

⑴運送單據另外還載明了一個不同的發送、接管或裝運地或最終目的地。

⑵運送單據載有「預定」或類似的關於船舶、裝載港或卸貨港的保留用語。

⑶得表明貨物將轉運或可能轉運，但以全程由同一運送單據所涵蓋者為條件。

⑷即使信用狀禁止轉運，表明將轉運或可能發生轉運，可以接受。

◆ 海運提單的審核要領：

1.提單上必須記載運送人的名稱及承運船名。

2.提單須由運送人或代替或代表運送人的標名代理人，或由船長或代替或代表船長的標名代理人簽署。

3.表明貨物已於信用狀規定的裝載港裝運於標名的船舶。

4.提單種類應與信用狀所規定者相符。

5.發貨人 (consignor) 或託運人 (shipper)，除信用狀另有規定外，得由受益人以外的人擔任（即 third party 也可受理，UCP 600 Art. 14 (k)）。

6.如提單上含有「預定船舶」或類似保留用語，已裝上標名船舶一事，應在提單加上裝載註記，該註記除表明貨物裝運日期外，也應包括裝載該貨物的船名。

7.表明貨物從信用狀規定的裝載港運送至卸貨港：如果提單沒有表明信用狀規定的裝載港為裝載港，或者其載有「預定的」或類似的關於裝載港的保留用語，則須以裝載註記表明信用狀規定的裝載港、裝運日期及船舶名稱。

8.提單上須涵蓋運送條件的全部或一部分係參照該提單（指簡式或背面空白提單）以外的來源或單據。

9.提單上不得表明其係以傭船契約為準，也不得表明承運船舶係僅用風帆推動。

10.在提單上 "Description" 欄須填明商業發票所載貨物的名稱或其概括性名稱 (general name)；不得包含額外貨物，即使不另要求支付貨款（例如註明包含樣品、或備用零件，不另收費）。

11.數量、嘜頭、體積、重量、件數須與其他單據所載者一致。

12.受貨人與受通知人 (notify party) 應與信用狀規定者相符。

13.信用狀所規定貿易條件為 CFR 、 CIF 者，除另有規定外，提單上須註明 "Freight Prepaid" 或其他表示運費已付訖字樣。FOB、C&I、FAS 等貿易條件者，除非另有規定，應註明 "Freight Collect" 字樣。

14.除非信用狀特別禁止，提單上得註明運費以外的費用，例如裝貨、卸貨或類似作業所生的費用或代墊款項未付字樣 (UCP 600 Art. 26 (c))。

15.應為清潔提單 (UCP 600 Art. 27)。

16.除非信用狀明文規定可接受外，裝載於甲板上的艙面提單 (on-deck B/L) 不能接受。即使保險單上已加保艙面險也不能接受 (UCP 600 Art. 26 (a))。

17.除信用狀另有規定外，提單上得含有 "Shipper's Load and Count" 或 "Said by Shipper to Contain" 等字樣 (UCP 600 Art. 26 (b))。

18.更正處，須有原船公司、船長或其代理人加簽以確認。

19.提單簽發日期不得遲於信用狀規定的最遲裝運日期。

20.除另有規定，提單份數與信用狀規定相符且是全套。

21.除非信用狀另有規定，提單簽發日期早於信用狀開發日期者，得接受，但以該提單係於信用狀及信用狀統一慣例所定期間內提示者為限 (UCP 600 Art. 14 (i))。

22.提單必須自裝船日後一特定期間內提示（依信用狀的規定），如信用狀未規定者，應在二十一曆日內提示 (UCP 600 Art. 14 (c))。

23.信用狀未規定最後裝船日者，其裝運日期不得遲於信用狀有效日期。

24.兩張以上信用狀的貨物合併裝船時，須信用狀有明文規定方能接受，且須同一受貨人及同一開狀銀行。例如：

Goods may be shipped with other goods not covered by this Credit for the same consignee under L/C established by ourselves for these accreditors.

25.提單上顯示貨物將於中途轉運或可能轉運者，可接受，但以運送全程係由同一提單涵蓋為條件 (UCP 600 Art. 20 (c) (i))。

26.即使信用狀禁止轉運，如提單所示貨物已裝運於貨櫃、拖車或子母船的子船，表明將轉運或可能發生轉運者，可接受 (UCP 600 Art. 20 (c) (ii))。

27.提單上受貨人以 "To Order of Shipper" 或 "To Order" 表示者，須由出口商作成背書，至於受貨人為國外進口商或其代理人或開狀銀行者，不必背書，如受貨人為 "To Order of Negotiating Bank" 者，押匯銀行應背書。

◆ 不可轉讓海運貨單的審核要領：

1.表明運送人名稱，並由下列人員簽署：

⑴運送人或代替或代表運送人的標名代理人，或

⑵船長或代替或代表船長的標名代理人。

2.表明貨物已於信用狀規定的裝載港裝運於標名的船舶。

3.表明裝運日期。

4.表明貨物從信用狀規定的裝載港運送至卸貨港。

5.須提示全套提單。

6.未含表明其係受傭船契約規範。

7.得表明貨物將轉運或可能轉運，但以運送全程係由同一不可轉讓海運貨單所涵蓋者為條件 (UCP 600 Art. 21 (c) (i))。

8.即使禁止轉運，若貨物已裝運於貨櫃、拖車或子母船的子船，表明將轉運或可能轉運的不可轉讓海運貨單，可以接受 (UCP 600 Art. 21 (c) (ii))。

◆ 傭船提單的審核要領：

若信用狀要求或允許提供傭船提單，除非信用狀另有規定，其所提供的傭船提單須符合下列各條件：

1.含有以傭船契約為準的文句。

2.顯示經由下列人員簽署：

⑴船長或代替或代表船長的標名代理人，或

⑵船東或代替或代表船東的標名代理人，或

⑶傭船人或代替或代表傭船人的標名代理人。

3. 表明貨物已於信用狀規定的裝載港裝運於標名的船舶。

4. 表明信用狀所規定的裝貨港及卸貨港。卸貨港也得以信用狀規定的港口範圍或地理區域顯示。

5. 必須提示全套提單。

6. 信用狀所規定貿易條件為 CFR、CIF 者，除信用狀另有規定外，提單上必須註明運費付訖。

7. 得以信用狀受益人以外的人為發貨人 (UCP 600 Art. 14 (k))。

8. 提單上以戳記或其他方式加註運費以外的附加費用，諸如有關裝卸或類似作業所引起的費用或墊付款者，除非信用狀中禁止，可接受。

9. 提單上須載明信用狀所規定貨物名稱或其概括名稱。

10. 受貨人、受通知人名稱應與信用狀所規定者相符。

11. 必須為清潔提單。

12. 更正處須有船東、船長、傭船人或其代理人簽署，但代理人簽署者須表明其係船東、船長、傭船人的代理人。

13. 提單簽發日不得遲於信用狀所規定最後裝運日期。

14. 除非另有規定，提單簽發日期早於信用狀開發日期者，得接受，但以該提單係於信用狀及 UCP 所定期限內提示者為限。

15. 提單必須自裝運日後一特定期間內提示（依信用狀規定），若信用狀未規定者，應在裝運日後二十一曆日內提示 (UCP 600 Art. 14 (c))。

◆ 空運提單的審核要領：

空運提單的審核方法與海運提單相似，但應注意下列幾點：

1. 必須表明運送人名稱，並由運送人或代替或代表運送人的標名代理人簽署。

2. 必須表明貨物已被接受待運。

3. 表明簽發日期，此簽發日期將視為裝運日期，除非航空運送單據含實際裝運日期的特別註記。於此情形，該註記敘明的日期將視為裝運日期。

4. 表明信用狀規定的起飛機場及目的地機場名稱。

5.航空提單必須顯示其為發給發貨人或託運人的正本。

6.航空提單必須涵蓋運送條件的全部或部分係參照提單以外的來源或單據。

7.即使信用狀禁止轉運，UCP 600 Art. 23 (c) 將接受表明將轉運或可能轉運的航空提單，但以運送全程係由同一航空提單涵蓋者為限。

◆郵政收據的審核要領：

1.收件人及其地址須與信用狀所規定者相符。

2.貨物記述須與發票及信用狀所規定者相符。

3.郵包收據應有郵局戳記並須掛號。

4.須顯示於信用狀規定的貨物裝運地蓋圖章或簽署並註明日期。該日期將視為裝運日期。

5.郵政收據上宜載明信用狀號碼。

◆快遞收據的審核要領：

1.須表明快遞業者的名稱，並由該快遞業者於信用狀規定的貨物裝運地蓋圖章或簽署。

2.表明取件或收件的日期或類似用語或具此旨趣措辭的日期，該日期將視為裝運日期。

3.如要求快遞費用付訖或預付，須表明該費用已付訖或預付，但得以其所簽發證明快遞費用由受貨人以外之人負擔。

(五)保險單據的審核要領

1.保險單據應由保險公司或保險人其代理人發行及簽署。如發行一份以上正本時，須提示全套。

2.保險經紀人所發行的投保通知書 (cover note) 不予接受。

3.保險單據的種類須與信用狀規定者符合。但保險單可代替統保單項下的保險證明書或聲明書。

4.投保幣別，除另有規定外，須與信用狀的幣別同。

5.投保金額，應按信用狀的規定，如未規定時，不得低於貨物的 CIF 或 CIP 金額加 10%。

6.保險金額大小寫金額須一致。

7.除信用狀另有規定或除保險單據顯示其承保責任不遲於裝運日起生效外，保

險單據日期不得遲於裝運日期。

8.被保險人名稱應與信用狀所規定者相符。

9.保險單上所載貨物名稱、數量、嘜頭等應與提單及其他單據所載者相符。

10.承運船名或其他運送工具，應與運送單據上所示者相符。

11.航程、航線、啟運日期應填明，且與運送單據上所載者相符。

12.投保的險類須按信用狀規定。如用 Usual Risk ……用語，不予理會。

13.賠款地點、支付賠款代理行應載明。如信用狀未規定者，應以貨運目的地為賠款地點。

14.所有附加條款 (rider) 皆應有戳記或簽章或直接引註等據明其與本單據為一體。

15.如投保的貨物需轉運者，應加保轉運險。並加註 "With Transhipment at..." 或僅註 "With Transhipment" 字樣。

16.除非信用狀另有規定，保險單據應為可流通形式 (in negotiable form)，如以出口商為被保險人者，出口商應作成背書。

17.倘信用狀允許貨裝艙面，且提單已載明 "On Deck" 者，保險單據應註明 "On Deck"。

18.如從單據中不能確定 CIF 價或 CIP 價，投保金額須以要求兌付或讓購的金額，或商業發票上貨物總價額，以孰高者為核算基礎。

19.承保危險至少涵蓋自信用狀規定的接管地或裝運地與卸貨地或最終目的地的範圍。

㈥包裝單、重量尺碼單的審核要領

1.進口商名稱須與其他單據一致。

2.貨物記述須與發票相符或不矛盾。

3.數量的小計與合計須加以核算，其小計與合計須與商業發票所示相符。

4.毛重、才積須與運送單據上所示者相符。

5.嘜頭須與其他單據所示者相符。

6.由出口商簽名 （見 UCP 600 Art. 14 (f)）。

7.繕製日期不得遲於運送單據發行日期。

8.信用狀要求 "Neutral Packing List" 或 "Packing List in Plain Paper" 者，包裝單應以無箋頭 (letterhead) 的白紙繕製，出口商的名稱與簽章，不得出現於包裝單上。

9.如果信用狀要求 "Sworn Weight/Measurement Certificate" 者，如無特別規定，宜由公證行發行。

10.單據名稱應與信用狀所規定者相符。例如信用狀規定 "Packing Specification" 不宜以 "Packing List" 代替，又如信用狀規定 "Sworn Weight/Measurement Certificate"，不宜以 "Sworn Weight/Measurement List" 代替。也不可以 "Weight List" 代替 "Weight Certificate"。

(七)產地證明書的審核要領

這種證明書究竟由商會簽發，或由領事簽發，或由出口商自行簽發，視信用狀規定而異（另參閱 UCP 600 Art. 14 (f) 規定），審查時應注意事項如下：

1.所載貨物名稱數量應與商業發票所載相符。

2.格式應符合進口國的要求。

3.須經信用狀所規定機構簽署者，應注意有無其簽證。

4.應提出的份數須與信用狀的規定相符。

5.須證明裝運貨物為本國產品。

6.進口商或受貨人名稱、地址須與信用狀規定相符。

7.簽發日期不得遲於裝運日期。

(八)檢驗證明書的審核要領

1.文件名稱須與信用狀所規定者相符。

2.應由信用狀指定機構檢驗並發行（另見 UCP 600 Art. 14 (f)）。

3.檢驗日期應在裝運日期之前，但不得距離裝運日之前過久。

4.檢驗的貨物應為商業發票上所示貨物，其規格、嘜頭等應與其他單據相符。

5.內容有修改之處，應有適當的加簽。

6.檢驗項目及其內容須符合信用狀的規定，其檢驗結果是否合格？例如：

We certify that the following material has been inspected and in accordance with our opinion based upon the report of our inspectors and our experience and judgement has been accepted under the instructions provided.

如批註有瑕疵者，不能接受。

7.檢驗人為減輕自己的責任，有時出具證明效力較弱的檢驗證明書。例如：

Our obligation in making the inspection and for forwarding this certificate limits only to our client and represents our opinions on the date of inspection only.

倘檢驗報告無記載不合格事項，仍可接受。

(九)其他單據的審核要領

1. 各單據的發行日期，不宜遲於運送單據發行日。

2. 應由發行人簽署（另見 UCP 600 Art. 14 (f)）。

3. 內容或措辭應與信用狀所規定者相符。信用狀未規定者，其內容所涉及的貨物、勞務或履約行為應與所提示的商業發票所涉及的貨物、勞務或履約行為有關聯者為限。如未要求商業發票者，須以與信用狀所涉及的貨物、勞務或履約行為有關聯者為限。

三、計費與付款

1. 手續費：依出口押匯金額 1‰ 計收，最低費用為新臺幣 500 元整。

2. 郵費：按地區別加收，如由開狀銀行以外的銀行償付者，另外加收郵費。

3. 匯費 (remittance fee)：出口商支付國外佣金時應加收匯費。

4. 電報費實收：視實際開支收取。

5. 付款：押匯銀行付款，根據當天銀行的買入匯率扣除下列費用後，再依押匯申請書上出口商指定的銀行轉存其帳戶內。

　(1)手續費。

　(2)郵電費。

　(3)匯費。

　(4)出口押匯墊款利息：外匯銀行墊付出口押匯款，在國外銀行付款前對押匯廠商收取墊付新臺幣的利息，其利息的計算日數視亞洲地區（七天）和歐美地區（十二天）來區分。

　(5)出口押匯貼現息：在遠期信用狀時收取。

　(6)出口押匯瑕疵息：如單據交予押匯銀行時有瑕疵，致使收帳較慢而銀行墊款時間較長，故通常就加收一星期左右的瑕疵息。

　(7)轉押匯息：如有轉押匯時，則銀行收帳時間較長，因此需酌收利息。

6. 結匯證實書：事實上它的性質是一張帳單。從此單出口商將可清楚知道自己能得到多少貨款。

四、押匯瑕疵單據的處理

㈠瑕疵單據的意義

UCP 600 Art. 14 (a) 規定銀行僅須以單據為木，審查提示藉以決定單據就其表面所示是否與信用狀條款相符，也即是否構成符合的提示 (complying presentation)。否則即構成瑕疵 (discrepancy)，所謂瑕疵單據 (discrepant document) 乃指：

1.單據表面上所示與信用狀規定不符──單、狀不符：如要求保險單卻提示保險證明書；或匯票金額超過信用狀金額；或提單漏掉背書等等。

2.單據與單據之間，在表面上顯示彼此不一致──單、單不一致：如包裝單上所列重量與提單、重量單或商業發票上所示者不一致；或匯票金額與商業發票、海關發票上的金額記載不一致；或提單上的裝貨日與其他單據上所顯示的裝貨日不一致等等。

3.單據與 UCP 規定及國際標準銀行實務牴觸。

㈡瑕疵單據的類別

根據單據瑕疵嚴重程度的不同，可以將單據的瑕疵分成下列二類：

1.輕微的瑕疵單據：要求更正或補全。出口商所提出的押匯單據，有時可能會因為疏忽而造成瑕疵；但這種瑕疵通常可以更正或補全。諸如商業發票買方抬頭人錯誤、保險單的保險險類漏保、提單收貨人及被通知人資料不全或發生錯誤等等，皆屬可由出口商或相關的製發人更正或補全的單據瑕疵。對於此種可以更正或瑕疵程度不嚴重的單據瑕疵，押匯銀行通常都要求出口商補正單據後，才承作押匯。

2.嚴重的瑕疵單據：若押匯單據有信用狀過期、遲裝船、遲提示、超押、運輸工具不符或裝運港口與卸貨港口和信用狀規定不符等等瑕疵時，因其通常無法以更正或補全單據的方式補救，所以出口商只好要求進口商修改信用狀或尋求其他補救方法。

㈢銀行對於瑕疵單據的處理方式

銀行對於所提示押匯單據審查後如發現有瑕疵時，通常會先判斷該項瑕疵是否可以更正或補正；若該等瑕疵可以更正或補正，銀行通常會要求出口商更正或補正，並於信用狀有效期限及提示期間內再行提示；但若是較嚴重的瑕疵且無法更正或補正，只好尋求其他解決途徑。通常押匯銀行多會以服務客戶的立場，事先徵詢出口

商對於解決此等瑕疵的意見，並在評估出口商信用及資力後採取以下方式處理：

1.保結押匯 (negotiation under letter of indemnity/reserve/guarantee)：對於不符合信用狀條件的單據瑕疵，有時因時間急迫無暇改正，出口商在徵得進口商同意下，或雖未徵得進口商同意但自忖進口商不致拒絕的前提下，會以提供保證書或保結書 (letter of indemnity) 方式對押匯銀行保證，承諾就押匯銀行因承作有瑕疵的單據而產生的一切損害負補償之責。但，押匯銀行不得以此一保證書來對抗開狀銀行。

銀行編號：(1)＿＿＿＿＿＿

保　結　書
LETTER OF INDEMNITY

第一商業銀行　　　　　　　　　　台　照：
To. FIRST COMMERCIAL BANK　　　　　　　　　　　　日期
　　　　　　　　　　　　　　　　　　　　　　　　Date (2)＿＿＿＿＿＿

敬啟者：
Dear sirs,
　　　茲向貴行申請墊付本公司所開第　　　號匯票，
　　　In consideration of your negotiating our Draft No. (3)＿＿＿＿＿＿
付款人為
Drawn on (4)＿＿＿＿＿＿
金額　　　　　　　　，該匯票係依據第　　　　　　　號信用狀所簽發，其
for (5)＿＿＿＿＿　under Documentary Credit No. (6)＿＿＿＿＿＿
開狀銀行為
issued by (7)＿＿＿＿＿＿
鑑於原條款規定：
which stipulates:
　　　(8)
而所提示有關文件內容則有下列不符之處：
whereas the relative documents indicated:
　　　(9)
　　　本公司保證若貴行墊付上項與信用狀條款不符之匯票致遭受損害時，當由本公司負責全數償還。
　　　We hereby undertake to indemnify you for whatever loss and/or damage that you may sustain due to the above mentioned discrepancy (ies).
　　　　　　　　　　　　　具保結書人
　　　　　　　　　　　　　Yours truly,
　　　　　　　　　　　　　(10)

主管	核章

　　　　　　　　　　＿＿＿＿＿＿
　　　　　　　　　　（原留印鑑）

資料來源：第一商業銀行。

2.電報押匯 (negotiation by cable)：出口商對於單據瑕疵，沒有保握是否會被進口商接受時，或因進口地外匯短缺、或因押匯銀行對某些特定地區不願以保結押匯承作、或押匯銀行對於出口債信缺乏信心時，押匯銀行在徵得出口商同意下，拍發電傳至開狀銀行徵詢其是否接受電傳中所陳述的瑕疵。若開狀銀行接受該等單據的瑕疵，押匯銀行即可憑開狀銀行回電的授權（此種授權視同信用狀的修改書）押匯。出口商可以考慮開狀銀行回電時間的久暫（一般而言，依地區的不同，平均約需三日至四日），對於在出貨前已確定無法避免且沒有時間修改或補正的瑕疵，即可以透過銀行以電傳押匯方式處理，以爭取時效。若開狀銀行回電同意接受該項瑕疵，則對於出口商而言，無異於一般的押匯作業，並不會有太多的時間耽擱。

3.改採託收 (payment by collection)：出口商對於有瑕疵的單據，是否會被進口商接受完全無把握，或因開狀地區發生戰爭或政治動亂，銀行不願以保結押匯或電傳押匯處理時，只好請銀行將押匯單據寄往開狀銀行，請開狀銀行以託收方式決定是否付款。若開狀銀行決定接受單據，則押匯銀行在確認該託收款項已收妥且已接到入帳通知 (credit advice) 時，即可將扣除銀行費用後的託收款付給出口商。

五、單據的背書及編號

(一)匯票的背書

匯票上的受款人通常係押匯銀行，因此，在寄出之前，押匯銀行須做適當的背書。除非另有規定，通常以付款銀行為被背書人。例如：

Pay to the order of

Bank of Tokyo（付款銀行）

for ABC Bank（押匯銀行）

Signature

如須轉押匯時，以指定押匯銀行為被背書人。

(二)提單的背書

如果信用狀規定提單上的受貨人為押匯銀行時，押匯銀行應在提單背面背書，至於究竟是空白背書抑或需背書給開狀銀行，視信用狀規定而異。例如：

Deliver to the order of

XYZ Bank（開狀銀行）

for ABC Bank（押匯銀行）

Signature

(三)保險單的背書

如果信用狀規定保險單的被保險人為押匯銀行時，押匯銀行應在保險單背面背書，至於空白背書抑或記名背書，依信用狀規定。

Claims, if any, pay to the order of

XYZ Bank（開狀銀行）

for ABC Bank（押匯銀行）

Signature

(四)單據的編號

為了便於辨認單據係由某一銀行寄發，以及該單據係屬於某一押匯案號，習慣上，押匯銀行在寄發之前，多在單據上加蓋押匯銀行的押匯案號。

六、押匯款的求償

押匯銀行於押匯款付出後，即可依信用狀規定向開狀銀行求償收回墊付的押匯款。至於求償方式可分為四種：

(一)扣帳方式

如開狀銀行在押匯銀行設有存款帳戶，且信用狀中又授權押匯銀行逕自其存款扣帳時，押匯銀行於墊出押匯款後，即可逕自從其存款扣帳。

(二)信函求償 (mail reimbursement)

信用狀規定押匯銀行於付出押匯款後，可以信函或簽發匯票向指定的補償銀行 (reimbursing bank) 求償者，押匯銀行可於付出押匯款後，依信用狀規定以信函或簽發匯票向指定的補償銀行求償。

(三)電報求償 (T/T reimbursement)

如信用狀規定押匯銀行得以電報方式向指定的銀行求償者，押匯銀行於付出押匯款後，即可發出求償電報。茲例示一求償電報供參考：

> YOUR CREDIT NO.123 OUR BP NO.321 DRAFT FOR USD 12,500 PRESENTED AND NEGOTIATED TODAY WE CONFIRM THAT ALL TERMS AND CONDITIONS OF THE CREDIT HAVE BEEN COMPLIED WITH STOP PLS CREDIT THE PROCEEDS TO OUR ACCOUNT WITH YOURSELVES UNDER CABLE TO US

(四)交單求償

有些信用狀規定，開狀銀行於收到與信用狀相符的單據後，即將依寄單（押匯）銀行的指示，將押匯款匯付至所指定的地方。在此場合，押匯銀行可在單據的伴書 (covering letter) 上註明類如："Please remit the proceeds to our A/C with Chemical Bank under advice to us." 的條款。

七、押匯銀行及出口商對拒付的處理

拒付 (dishonor) 係指出口商所提示的匯票及（或）單據，因與信用狀規定不符，或因其他原因，遭開狀銀行或保兌銀行拒絕付款之意。遭到拒付，對出口商而言，是一件麻煩的事，也是押匯銀行緊張的事。

拒付的原因，除了所提示的匯票及（或）單據不符信用狀條款外，尚有：

(1)開狀申請人（進口商）故意挑剔錯誤或瑕疵（可能因市場發生變化）。

(2)開狀申請人蓄意欺詐。

(3)開狀銀行倒閉或失信不履行付款承諾。

(4)開狀銀行收到法院的禁止付款令 (injunction)。

(5)進口地政經發生變化，禁止對外匯兌。

(一)押匯銀行接獲拒付通知時的處理

1.根據拒付理由採取下列措施：

(1)將拒付理由迅速以電話及書面通知出口商。

(2)必要時向出口商追回押匯款本息，或徵提擔保品以確保債權。

(3)單據欠缺或誤打、漏打應記載事項時，請出口商迅速補足或更正，並迅速補送開狀銀行。因提示期間受 UCP 600 Art. 14 (c) 的限制，出口商必須儘速

在提示期間內再提示補足或更正後的單據。

⑷促出口商或進口商交涉，請其贖單。

2. 向開狀銀行交涉或指示：

⑴如拒付理由不當或牽強，應即予反駁，據理力爭，必要時請國際商會協助。

⑵貨物的保全措施：必要時，循出口商要求指示開狀銀行辦理提貨存倉、保險事宜。

㈡出口商的因應措施

1. 以電話、電傳迅速聯絡進口商尋求解決辦法。例如以折價方式補償解決。

2. 設法將貨物轉售。

3. 如已投保輸出保險，而拒付原因不可歸責於出口商，則可向承保公司索賠。

4. 請求國際貿易局、駐外商務辦事處協調，或依買賣契約約定提交仲裁。

八、其他付款方式的出口結匯

㈠預付貨款

出進口商於訂立買賣契約等後，國外進口商即以電匯 (T/T)、信匯 (M/T)、票匯 (D/D) 或外幣支票（須先辦理託收）等方式預付貨款，出口商則於收到預付貨款之後，將貨物裝運出口。貨物出口後，出口商即將貨運單據直接寄給國外進口商。

㈡跟單託收

出口商所簽發的跟單匯票，若非憑信用狀簽發者，除非出口商信用卓越，一般情形銀行都不願予以押匯，而僅允以代收方式將匯票及有關單據寄往進口地的往來銀行，於進口商付款後交付單據 (D/P) 或承兌匯票後交付單據 (D/A)。進口商付款後，進口地的代收銀行即將貨款匯給出口地的託收銀行，出口地託收銀行則將這筆貨款扣除代收手續費及郵電費後，將餘款交付出口商。代收手續與憑信用狀押匯者並無差異，其餘請參閱第二十四章。

㈢寄　售

寄售是出口商將貨物先運交進口地的代理商（受託人），委託其代為出售，等貨物售出，再將扣除寄售佣金及費用後的餘款匯付出口商。貨款的清償通常採取下列三種方式之一：

1. 出口商開發無跟單的光票，以代理商為付款人，委託銀行代收，銀行收到票

款後即結購這筆外匯，扣除託收費用後將餘款交付出口商（出口商可保有外匯）。

2.代理商以電匯或信匯方式將貨款匯交出口商，出口商將外匯結售與外匯銀行（或不結售，而自行保有外匯）。

3.代理商以私人支票或向銀行購買銀行支票 (cashier's check) 或匯票寄出口商，出口商收到支票或匯票後即委請銀行辦理託收，銀行收到外匯後即予結購，並將新臺幣交付出口商（出口商也可保有外匯）。

㈣分期付款

買賣契約如約定以分期付款 (instalment) 方式付款時，通常都要求進口商提供銀行保證書 (bank guarantee) 或擔保信用狀 (stand-by L/C) 以保證貨款的支付。在分期付款條件下的交易，貨款到期進口商即應依約支付，否則即由簽發保證書或擔保信用狀的銀行代為清償。所以，按分期付款方式交易的貨款清償方式有下列二種：

1.進口商依約按期將應付貨款以匯款方式 (T/T、M/T) 透過銀行匯交出口商。

2.如到期出口商未收到匯款，則開發匯票附上規定單據，憑銀行保證書或擔保信用狀委請外匯銀行收款。

第四節 轉押匯

一、轉押匯的意義

所謂轉押匯，乃為限押信用狀 (restricted credit) 下的一種產物。在限押信用狀，受益人本來應逕向信用狀所指定的押匯銀行申請押匯事宜。但往往因受益人與該指定押匯銀行無往來關係，或因往來關係不密切，或因其他原因，而不能或不願逕向該指定押匯銀行申請押匯。在此情形下，受益人乃向往來關係較密切的銀行（第一押匯銀行）申請押匯。然後，由該第一押匯銀行，依照信用狀規定將單據轉向指定押匯銀行（稱為再押匯銀行或第二押匯銀行）提示申請再押匯 (re-negotiation) 事宜，這種做法，從押匯銀行而言，稱為「轉押匯」，從再押匯銀行而言，稱為「再押匯」。茲將轉押匯流程圖示於下：

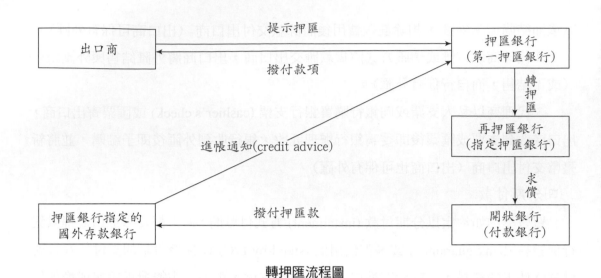

轉押匯流程圖

二、出口商對轉押匯的認識

對出口商而言,轉押匯與一般押匯並無實質上的差異,不同點是出口商須負擔較多的費用,以及須提早申請押匯而已。以下就須辦理轉押匯時,出口商應注意事項加以說明:

1.提早提示單據申請押匯:在限押信用狀,其有效期限,通常係以信用狀指定押匯銀行為準。換言之,第一押匯銀行必須於信用狀有效期限內,將單據向再押匯銀行(指定押匯銀行)提示。在此情形下,由於第一押匯銀行處理押匯需若干時間,故受益人必須在信用狀有效期限到期前幾天,將單據送到第一押匯銀行,以便其能在有效期限內,將單據向再押匯銀行提示。

2.押匯手續費:受益人除須負擔一般押匯手續費(目前為 1‰)外,尚須負擔轉押匯費用(目前為 1‰)。

3.轉押匯息:受益人除須負擔一般押匯貼現息(一般押匯貼現息,按七天或十二天計算)外,尚須負擔七天的轉押息。

由上述可知,辦理轉押匯者,受益人除了要提早辦理押匯,尚須多負擔費用,因此受益人最好不要接受限押信用狀,以免多負擔費用。

三、第一押匯銀行對轉押匯的認識

是否須辦理轉押匯,對銀行審單人員至為重要。如限押信用狀限由他行押匯,

而審單人員未予以注意，將單據逕寄國外開狀銀行，則有遭拒付的可能。萬一遭拒付，將無法獲得押匯申請人（出口商）的諒解。此外，由於轉押匯的作業過程中，多出一家銀行（再押匯銀行）的介入，以致常常發生收帳的延誤，影響資金的運用。

至於信用狀是否限定某銀行押匯，應從信用狀內容加以判斷，限押條款措詞千變萬化，茲就常見者加以說明：

1. Negotiation under this L/C is restricted to the advising bank：如第一押匯銀行非該 L/C 的通知銀行，則須辦理轉押匯。

2. Draft drawn under this credit is negotiable thru Bank of Taiwan：如第一押匯銀行不是臺灣銀行，則須辦理轉押匯。

3. Available by beneficiary's draft(s) thru Bank of Taiwan：限由臺灣銀行押匯。

4. The advising bank holds special instructions regarding reimbursement：如何求償，只有通知銀行才曉得，因此其他銀行承作押匯後，只好向通知銀行辦理轉押匯。

5. All documents are to be transmitted by BOT, Taipei to us in one cover：單據須由 BOT 轉交開狀銀行，因此其他銀行承作押匯後，須向 BOT 辦理押匯。

6. For advising bank only: please airmail all documents to us in one cover：限由通知銀行押匯。

7. For all your payments, please draw on/or debit our US$ account, under copy to us, with your New York office：限由通知銀行押匯。（文中 your 係指通知銀行）

8. This credit remain valid until Oct. 30, 20– for negotiation with yourselves only：限由通知銀行押匯。（文中 yourselves 係指通知銀行）

🌐 第五節　進口結匯及進口押匯

在進行國際貿易過程中，進口商為支付國外出口商貨款，而向外匯指定銀行申購所需外匯，並經由外匯指定銀行轉付國外出口商，這種外匯買賣的行為，稱為進口結匯 (import settlement of exchange)。

目前進口商進口貨物除若干須簽證者外，其餘都不須經過簽證的手續，簽證手續已於第十章有所說明。關於進口商申請開狀時如何向銀行申辦進口結匯，其手續也已於第十一章第十一節有所說明。本章擬介紹單據寄到後的結匯手續。由於付款方式的不同，其結匯的手續也有所不同，茲分別說明如下：

一、憑信用狀的進口結匯——進口押匯

進口商以開發信用狀方式辦理進口結匯，可分兩個階段：(1)第一階段是申請開發信用狀時的開狀結匯，已於第十一章第十一節有所說明，此處不再重複；(2)第二階段是單據寄到後，進口商應辦的贖單結匯，茲說明於下：

(一)即期信用狀項下的進口結匯

憑即期信用狀的進口結匯，一般稱為進口押匯 (import negotiation)，進口押匯係指銀行受國內進口者委託，對其國外賣方簽發的即期跟單匯票先行墊付票款，再通知借款人（國內進口者）在合理期限內備款贖單的票據融通方式。

1.付款贖單：國外出口商運出貨物辦妥押匯後，即由國外押匯銀行將跟單匯票寄到開狀銀行，開狀銀行審查無誤後即通知進口商前來付款贖單，進口商將開狀銀行墊款部分及利息付清後，即可取得單據辦理提貨。

2.擔保提貨與副提單背書：

(1)擔保提貨：進口貨物有時比經由銀行轉來的正本單據先到，在此情形下，進口商如不設法提貨，則不僅無法早日利用該批貨物，而且貨物堆存海關倉庫，其倉租不勝負擔，於是乃有擔保提貨的制度。

當貨物到港時，進口商如已接到出口商寄來的單據抄本，可先到船公司索取空白「擔保提貨書」(letter of guarantee, L/G)，又稱認賠書 (letter of indemnity, L/I)，填妥一式二份，再到開狀銀行填具「擔保提貨申請書」(application for countersigning letter of guarantee)，連同結匯證實書，商業發票，清付結匯餘額貨款本息後，請求銀行在「擔保提貨書」上辦理副署手續。憑銀行副署的「擔保提貨書」即可向船公司換取小提單 (D/O)，報關提貨。日後正本提單寄到後，再向船公司憑以換回「擔保提貨書」。

(2)副提單背書：倘進口商已從出口商接到副提單 (duplicate B/L)，也可檢附結匯證實書、商業發票及副提單，前往開狀銀行，填具副提單背書申請書 (application for B/L endorsement)，付清結匯餘額貨款本息，請求銀行在副提單上背書，以憑向船公司換取小提單，辦理報關提貨手續。這裡所謂「副提單」實際上是出口商依信用狀規定逕寄進口商的正本提單之一，而非不可流通提單抄本 (non-negotiable copy of B/L)。

進口

擔 保 提 貨 書
LETTER OF GUARANTEE
for Delivery without Surrender of Bill of Lading

印花

To: TUNCHO LINE CORPORATION

(1) M'S: SUM ASTER (2) Voy$ V–4 (3) B/L$ KK–52 (4) Arrival Date: Oct. 19, 20–

(5) Marks & Nos. 嘜　頭　號　數	E.E.C. KEELUNG C/No. 1–20 MADE IN JAPAN	(9) Shipper 託運人或交運貨物人	Sanabo Co., Ltd.
		(10) Port of Loading 裝　貨　港	Kobe, Japan.
		(11) Port of Discharge 卸　貨　港	Keelung
(6) Description of goods 貨　物　名　稱	Dry-wet paper strengtheing agent. Polyfix No. 301	(12) Remarks 備　　註	L/C No. 7QH1/00330/219 US$1,070.00
(7) Numbers of Pkgs 件　　數	20 Drums		
(8) Weight/Measurement 重　量／材　數	1,100 kgs.		

Dear Sirs:

　　We are advised that you issued a bill or bills of lading covering the above shipment, and the goods have been discharged at the above port of discharge. We desire that the goods be delivered to the signatory party claiming to be the rightful owner, but we are now unable to surrender the bill or bills of lading due to the non-arrival, or loss.

　　For your granting us delivery of the goods, we agree and undertake to indemnify you fully against all consequences and/or liabilities of any kind whatsoever directly or indirectly arising from or relating to the said delivery and immediately on demand against all payments made by you in respect of such consequences and/or liabilities, and we further agree and undertake to surrender you the said Bill of Lading immediately on receipt or within one month after this date.

　　We also agree and undertake, upon demand, to pay you freight and/or charges due on the goods aforesaid.

上開貨物係由貴公司承運，據悉業已抵達並卸貨完畢。

茲因提單尚未到手，而該貨亟待領取，爰請惠予先辦提貨，一俟提單到來，並即補交無誤；如因此發生糾紛或損害，立保證書人願負一切責任，其應由我方負擔之運費及／或費用，當即賠償不填。

　　　此　致

東和海運株式會社

(13) **FIRST COMMERCIAL BANK**
Consignee 負責人

_____

Banker's Signature

副 提 單 背 書
擔 保 提 貨 **申請書** (APPLICANTION FOR BILL OF LADING ENDORSEMENT/ISSUANCE OF LETTER OF GUARANTEE)

華南商業銀行 台照
To : **HUA NAN COMMERCIAL BANK, LTD.**

日期：
DATE：＿＿＿＿＿

Dear Sirs：

茲 檢 附 副 提 單 ／ 擔 保 提 貨 書 請 貴 行 惠 予 背 書 ／ 簽 署
We enclose herewith for your endorsing/countersigning the duplicate Bill of Lading/our Letter of Guarantee
以 便 向 ＿＿＿＿＿（船公司）
issued by/addressed to ＿＿＿＿＿

請 求 提 取 下 列 貨 物 ，該 貨 物 係 由
for delivery of the following cargoes shipped from

（出口港）　　　　　　　運抵(進口港)　　　　　裝載於(船名)
＿＿＿＿＿ to ＿＿＿＿＿ per S. S. ＿＿＿＿＿

L/C No. (信用狀號碼)	B/L No. (提單號碼)	Marks (嘜頭)	Commodity (貨 名)	Quantity (數 量)	Amount (金 額)

貴 行 因 背 書 ／ 簽 署 上 項 副 提 單 ／ 擔 保 提 貨 書 致 引 起 之 一 切 後 果 ，
In consideration of your endorsing/countersigning this duplicate Bill of Lading/Letter of Guarantee, we hereby agree
均 由 本 申 請 人 負 責 ， 絕 不 使 貴 行 因 此 而 蒙 受 任 何 損 失 。 茲 同 意 倘
to hold your harmless for all consequences that may arise from your so doing. We further agree that any discrepancies
嗣 後 寄 達 貴 行 之 單 據 與 信 用 狀 條 款 有 任 何 不 符 時 ， 本 申 請 人 願 意 無 條 件 接 受 ，
appeared on original documents which shall be received by you later on shall be acceptable to us in every respect
並 願 意 放 棄 抗 辯 權 。 並 同 意 擔 保 提 貨 後 提 單 寄 達 時 ， 即 將 上 項 擔 保 提 貨 書 換 回 送 還
without recourse to you and that on receipt of Bills of Lading for the above shipment we will deliver the said Letter
貴 行 註 銷 ， 或 委 由 貴 行 代 勞 將 該 項 提 單 逕 交 船 公 司 換 回 上 項 擔 保
of Guarantee to you for cancellation or you may deliver the Bill of Lading direct to the steamship company on our
提 貨 書 ， 以 便 解 除 貴 行 之 保 證 責 任 。
behelf to release your Letter of Guarantee.
倘 若 於 申 請 副 單 背 書 ／ 擔 保 提 貨 之 同 時 ，正 本 單 據 已 寄 達 貴 行 時 ，請 貴 行 同 意 本 申 請 人
In case, at the time of this application, the original documents have been received by you, this application form shall
以 此 申 請 書 代 替 「承 領 單 據」之 收 據 領 回 下 列 單 據 。至 於 該 進 口 單 據 縱 有 瑕 疵 ，本 申 請 人 亦 願 意
serve as our receipt of import documents and our approval to release any guarantee held by you or your correspondent
接 受 不 予 追 究 ，並 授 權 貴 行 轉 知 貴 行 之 通 匯 行 解 除 保 留 或 一 切 擔 保 責 任 。
for any discrepancies which may include therein.

申請人對本服務有所疑義，可於營業時間中親洽往來營業單位或透過下列管道，由專人負責說明及答覆：
24 小時客戶服務中心電話：(02) 2181-0101 申訴專線：0800-231710、0800-231719
意見信箱：http://www.hncb.com.tw/others/contact.shtml

茲同意倘國外押匯銀行以電詢方式
要求押匯時（單據有瑕疵）貴行有
權直接授權國外押匯銀行付款，不
須徵求申請人之同意。

DFT.	INV.	B/L	CTF. ORIG	P/L	W.M/L	INS POL	CTF

背書／簽署日期：

E/D
——— NO.
L/G

本申請人聲明貴行已充分告知本申請書上
揭約款內容，且申請人已審閱並充分瞭解
上揭條款內容，並同意簽章於下

申請人：

＿＿＿＿＿＿＿＿＿＿＿＿＿＿＿
（請蓋原結匯印鑑）
營利事業統一編號：
電話號碼：

簽章人：　　　　　　　　核對人：

資料來源：華南商業銀行。

㈡遠期信用狀項下的進口結匯

以開發遠期信用狀方式辦理進口結匯，其手續與即期信用狀並無多大差異，但有下列各點須加說明：

1. 遠期信用狀的受益人（即出口商）根據信用狀規定開發遠期匯票，即可向押匯銀行請求押匯並取得扣除貼現息後的票款；而進口商則在匯票到期時才向開狀銀行辦理結匯事宜，這是一般所說的遠期信用狀。如果遠期信用狀載明貼現息及費用由進口商負擔，則這種遠期信用狀對出口商而言，與即期信用狀了無差異，只是在匯票未經開狀銀行付訖前尚未解除票據責任而已。

2. 根據遠期信用狀所簽發的匯票，通常是見票或裝船後定期付款的匯票，押匯銀行接受押匯後，即將匯票寄到承兌銀行請求承兌，匯票承兌後寄回押匯銀行。

經承兌的匯票，押匯銀行可視市場利率的高低，加以運用。如該銀行適用的貼現率（資金成本）低於市場貼現率，則押匯銀行將保留該匯票，等到期再向承兌人提示請求付款；假如該銀行適用的貼現率高於市場貼現率，則押匯銀行即可能將該匯票在市場上賣出，賺取貼現息差額。

3. 開發遠期信用狀，銀行所承擔的風險較開發即期信用狀為大，進口商除訂立墊款契約外，尚須提供抵押品或本票，貨到時並應出具信託收據，銀行方准交付單據供其提貨。

二、開狀銀行對瑕疵單據主張拒付的處理

1. 若開狀銀行確定提示係不符合，可以自行決定洽商申請人是否拋棄瑕疵。但這並不能延長 UCP 600 Art. 14 (b) 所規定的期間。UCP 600 Art. 14 (b) 規定開狀銀行有自提示日的次日起最長五個銀行營業日，以確定提示是否符合。此一期間不因提示的當日或之後適逢信用狀有效期限或提示期間末日而縮短或影響。

2. 若開狀銀行認為所提示的匯票及（或）單據有瑕疵而決定拒付時，開狀銀行須將此意旨以單次的通知告知提示人。此項通知必須聲明：

(1)銀行拒絕兌付；及

(2)銀行拒絕兌付所依據的各項瑕疵；及

(3)①銀行留置單據待提示人的進一步指示；或者

②開狀銀行留置單據直到其從申請人處接到拋棄瑕疵的通知，並同意接受

該拋棄；或者，其同意接受對瑕疵的拋棄之前，從提示人收到其進一步指示；或者

③銀行退還單據；或者

④銀行正依先前自提示人收到的指示處理中 (UCP 600 Art. 16 (c))。

3.上述通知必須以電傳方式，如不可能，則以其他快捷方式，在不遲於自提示日的次日起第五個銀行營業日終了之前發出 (UCP 600 Art. 16 (d))。

4.開狀銀行按照上述 2 之(3)之①或②發出了通知之後，可以在任何時候將單據退還提示人。

如果開狀銀行未按照上述規定辦理，則不得主張提示不符。

開狀銀行拒絕兌付，並且按照上述規定發出拒付通知後，有權要求返還已償付的款項 (UCP 600 Art. 16 (e) (f) (g))。

根據上述，可知開狀銀行對瑕疵單據主張拒付時，應遵守下列原則：

(1)拒付時以單據為本。

(2)五個銀行營業日內拒付。

(3)以電傳儘速通知寄單銀行。

(4)敘明拒付單據的一切瑕疵，並以一次為限 (once and for all)。

(5)敘明單據的處置方式（留置或退還）。

三、其他付款方式的進口結匯

(一)跟單託收

1.付款交單 (D/P)：出口商所簽發的即期匯票，如非憑信用狀簽發，除出口商信用卓著銀行可接受押匯外，一般情形，銀行只允以託收方式代為收取貨款。這種匯票也是跟單匯票，匯票需附有 D/P 契約中所規定的有關貨運單據。出口地的銀行承受押匯或託收後，即將跟單匯票寄到其在進口地通匯銀行，進口商接到銀行通知後（臺灣的外匯銀行只願承作託收），繳付新臺幣向銀行結購外匯清償票款，即可取得單據辦理報關提貨。依一般慣例，託收票款費用通常由出口商負擔。

2.承兌交單 (D/A)：出口商所簽發的非信用狀項下遠期匯票，經出口地銀行受理代收後，即連同單據寄往進口地通匯銀行，進口商接到銀行通知後，即前往銀行辦理匯票的承兌事宜。經承兌後，即可取得 D/A 契約中所規定的貨運單據，辦理報關

提貨事宜。俟承兌匯票到期，再前往銀行辦理結匯貨款事宜。銀行則將結匯貨款匯付出口地託收銀行。

(二)寄　售

依規定，國外供應商（寄售人）可以其貨品委託受託人（代理商），以寄售方式辦理進口。貨物進口後，受託人應自行洽存於保稅倉庫，取得保管單，並以倉邊交貨的條件洽銷寄售貨物。寄售貨品的買受人，於訂購後即比照一般進口手續辦理，向外匯銀行結購外匯以匯款方式支付國外供應商，另憑保管單出倉辦理報關提貨。

(三)分期付款

以分期付款方式進口貨物，出口商運出貨物後即可簽發匯票透過銀行請求進口商承兌，等匯票到期時向其提示請求付款。付款方式有採取逆匯方式的，即出口商委請託收銀行將經承兌的匯票向付款人提示請求付款，進口商即依付款日的銀行賣出匯率結購外匯清償票款；也有採取順匯的，即屆到期日前由進口商結購外匯請銀行將票款匯往其國外聯號，出口商領款時須提示原經進口商承兌的匯票，付訖的匯票則由進口商收執。

(四)記　帳

進口商以記帳 (open account, O/A) 方式進口貨物者，於到貨時，持輸入許可證（免證者不在此限）及提單等辦理報關提貨。到期匯付時，可檢附海關進口證明書或有關文件，向銀行辦理結匯。

 習　題

1. 何謂基本匯率？裁定匯率？套算匯率？

2. 試述貿易商規避匯率變動風險的方法。

3. 何謂遠期外匯買賣？其主要目的為何？

4. 何謂出口押匯？銀行承作出口押匯須承擔哪些風險？

5. 試述出口廠商對拒付應採取的措施。

6. 何謂保結押匯？

7. 信用狀項下拒付的原因有哪些？

8. 何謂轉押匯？

第二十一章

進口報關、檢驗與提貨

🌐 第一節　海關業務

海關職司國家門戶的看守，負責進出口船機、貨物、旅客的檢查、監視及徵課業務，因此均設於經政府開放對外貿易的港口、機場或商埠。

我國海關最高的行政機關為「關稅局」，隸屬於財政部，負責全國海關業務的推動、策劃、研擬、督導及審議。海關的業務職掌約有下列幾項：

一、稽徵關稅、代徵稅費

　1.徵收關稅：目前關稅局僅對進口貨物課徵進口關稅

　2.代徵稅費：目前關稅局受託代徵的稅捐，有貨物稅、營業稅、推廣貿易服務費、菸酒稅及菸品健康福利捐等。

二、保稅退稅

為發展外銷事業、鼓勵加工外銷、促進就業、發展本國工業，政府指令海關辦理保稅業務 (bonding operations) 及外銷品沖退稅 (duty drawback)。保稅係指運抵國境的進口、轉口，以及其他受海關監管的貨物，在通關放行前，暫免或延緩課徵關稅的制度。保稅貨物因未完成通關手續，故徵稅與否視該貨物是否進口或復出口而定。在未徵稅以前為海關監督、課稅的對象。

外銷品沖退稅是指廠商進口原料經「加工」後，若符合外銷品沖退稅相關法令規定，即准予退還其所繳交的進口原料稅捐。詳言之，進口原料須加工後出口者，方可退稅，如未再加工出口，或直接售予保稅區，則不可以退稅。加工原料應徵稅捐若屬繳現者，外銷後准予退現，稱之為「退稅」；如屬記帳者，外銷後准予沖銷，稱之為「沖稅」。

三、查緝走私

海關負責國際機場及港口通商口岸的緝私工作。所謂通商口岸，乃指經政府開放對外貿易，並設有海關的港口、機場或商埠。至於海上、河口、非通商口岸的查緝走私事項，則由海岸巡防署負責，但所緝獲的走私貨及案件，則仍交由海關處理。

四、進出口貿易統計

我國目前的進出口貿易統計有二種：

1. 海關的「進出口貿易統計」，以海關進口稅則的分類為準。

2. 中央銀行外匯局的「進出口結匯統計」。

貿易統計和結匯統計會略有出入，故政府規定海關的貿易統計為「進出口貿易統計」，區分為進口金額及出口金額，其差額為「出超」或「入超」；而中央銀行的結匯統計稱為「銀行結匯統計」，區分為出口外匯收入及進口外匯支出，其差額稱為「順差」及「逆差」。

海關按月統計進出口貿易，每月有統計月報，以供政府釐訂財經政策及工商界投資與貿易拓展的參考；而統計範圍則以進出國境的貨物為限，不包括：(1)國內課稅區、加工出口區及保稅工廠間相互進出的貨物；(2)外國駐華大使館、領事館等免稅物品；(3)存入保稅關棧與出保稅關棧運往外洋的貨物；(4)及經政府核准免稅的慈善機關物品等。

五、修建及維護助航設備

為確保我國海域船隻航行安全，海關於沿海或外島各險要地點，設立燈塔、燈桿、燈浮及無線電標示臺等各項助航設備，並派人日夜管理及雜護。

六、代辦業務

海關接受其他機關委託代辦多項業務，除了代收稅費外，亦代為執行其他輸入或輸出管理規定，包括貨物檢驗合格證、檢疫證及貨物稅完（免）稅照等。

第二節　進口報關

　　凡按照政府有關進口法令規定，將外國貨物輸入我國境內者，均須依照海關 (customs house) 規定的手續辦理報關，而後才能提貨進口，這種程序稱為進口通關 (import customs clearance)。通關即為通過海關之意，進口通關手續，一般多委託報關行 (customs house broker; customs broker) 辦理，因為報關行熟悉各種報關文件的製作及通關程序之故也。至於所稱報關，就是指申報通關之意。

一、進口報關的準備工作

(一)探詢船期

　　進口商對於載運進口貨物船舶的預定到埠日期，通常可經由下列三個途徑獲悉：

　　1.根據出口商的裝運通知 (shipping advice) 得知。出口商將貨物裝出後，須將單據抄本寄送進口商或經由其代理商轉交進口商。尤其在進口商負責保險的貿易條件下，如 FOB、CFR 等，在貨物裝船時，出口商就應將運出貨物明細、船名、預定開航日期 (ETD)、預定到達日期 (ETA)、及裝卸貨港口名稱等電告進口商。從這些資料再與進口地該船舶的代理人聯繫，即可獲得船舶的確切到達日期。

　　2.根據外匯銀行轉來的單據得知。出口商辦妥押匯後，押匯銀行即將押匯單據寄送進口地外匯銀行，再由外匯銀行通知進口商贖單。從這單據中，進口商可獲悉船名及有關資料。一般而言，除近海地區，如臺灣香港間、臺灣琉球間，因單據經銀行輾轉處理寄達常晚於船舶到達外，大多可於船舶到達前收到單據，獲悉裝船的有關資料。

　　3.根據船公司代理人的到船通知 (arrival notice) 得知。出口商洽訂艙位時，已在提單上受通知人 (notify party) 欄填上進口商名稱及地址。船舶到達進口港後，船公司代理人可根據隨船運到的提單抄本上所載受通知人地址，通知進口商準備辦理提貨。

(二)準備報關文件

　　進口商取得提單及其他有關單據後，除應憑提單 (B/L) 先向船公司換取提貨單（小提單）(D/O) 外，並應備齊有關文件，包括輸入許可證（免證者，除外）、進口報單、提貨單等，準備辦理報關手續。

二、進口貨物報關期限

(一)一般進口報關期限

依關稅法第 16 條第 1 項規定，進口貨物的申報，應由納稅義務人自裝載貨物運輸工具進口日的翌日起（始日不計）十五天內向海關辦理。如果不依此項規定期限辦理報關者，自報關期限屆滿的翌日起，依關稅法第 73 條第 1 項規定，按日加徵滯報費新臺幣 200 元。

倘若滯報費徵滿二十天仍不辦理報關者（即自裝載貨物運輸工具進口日起三十五天內未報關），海關即可依關稅法第 73 條第 2 項規定將其貨物變賣，所得價款，扣除應繳納關稅及必要費用外，如有餘款，由海關暫代保管；納稅義務人得於五年內申請發還，逾期繳歸國庫。依照前述規定變賣的進口貨物，在海關變賣前，如納稅義務人擬報關進口者，可依關稅法施行細則第 56 條第 1 項規定，向海關申請按實際滯報日數繳納滯報費或滯納金，補辦報關或繳稅手續。海關得准自收文的翌日起二十天內辦理應辦手續提領，但逾期仍按規定變賣。

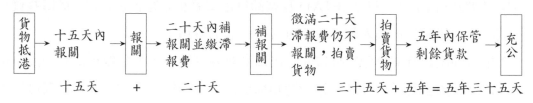

進口報關期限

(二)預報進口報關期限

1.海運預報：進口貨物的申報，除前述一般報關期限外，依照關稅法第 16 條第 3 項規定，納稅義務人並得在貨物進口前，預行（先）申報 (advance processing)。

財政部根據關稅法第 16 條第 3 項規定所訂頒的 「進出口貨物預行報關處理準則」 第 2 條規定，對海運進口貨物，如承運貨物的運輸工具負責人或由其委託的運輸工具所屬業者，已向海關申報進口艙單，納稅義務人（報關人）得檢齊報關應備的各項單證，向海關預行報關。

報關人預報貨物進口，應於進口報單上適當位置加註 「預報」 字樣，以資識別。進口地海關對於預報進口的貨物，除對進口稅則分類有異議的案件外，應根據納稅

義務人所申報及所檢附單據文件予以審核，並暫予接受申報，核計進口稅捐，核發稅單。報關人（納稅義務人）繳納進口稅捐或相當於應繳進口稅捐的保證金後，先予簽放，等到貨物運達時，除依規定准予免查驗者外，應於查驗無訛後，即予放行提貨。預報進口貨物，如有短徵稅捐，應予補繳，如有溢徵稅捐，可以退還。

　　2.空運預報：空運進口活動物、植物、鮮貨、有時間性的新聞及資料暨危險品等，進口商如能於載運飛機抵達前，檢齊報關應備的文件，亦可以辦理預行報關（預先申報）繳納押金簽放，俟飛機抵達，經查驗無訛，即予放行提貨。因此，空運進口貨物辦理預行報關，必須合於下述二種條件：

　　　⑴機放貨物只有鮮貨、易腐物品、活動物、植物、有時間性的新聞及資料、
　　　　危險品、放射性元素、骨灰、屍體及其他特殊情形，才可辦理預報。
　　　⑵必須檢齊報關應備的各項單據文件，才可辦理預報。

　　空運進口貨物預行報關，海關得準用關稅法第16條第3項規定根據納稅義務人所申報及檢附單據文件予以審核，辦理簽放，等到載運貨物飛機抵達機場，經查驗無訛予以放行。

三、進口貨物報關應備的文件

　　依關稅法第17條及關稅法施行細則第7條規定，進口貨物報關時，應檢具文件計有一般文件及特殊文件兩種：

　㈠一般文件

　　1.進口報單 (application for import)：進口報單格式編號為簡5105；關01001，進口報單可向海關購買，但報關行通常自印備用。

　　2.貨價申報書：由進口商據實填報一式二份，並加蓋進口商店號及負責人印章。

　　3.商業發票：國外出口商所繕製商業發票正本一份（政府機關或公營事業進口僅需一份），均應由進口商加蓋公司及負責人圖章。

　　4.裝箱單：國外出口商所出具詳細包裝單 (detailed packing list) 一份，但散裝、大宗物資及單一包裝貨物（不論是否查驗）免附。

　　5.輸入許可證：依規定應申請進口簽證的貨物須繳附輸入許可證正本，但連線者且與簽審機關連線傳輸輸入許可證內容者免繳。

　　6.委任書：一份，以確定報關行的代理權。

7.裝櫃明細表：一份，報舉申報整裝貨櫃兩只以上時，提供本明細表。

8.型錄、說明書、仿單或圖樣：視貨物性質而定。

9.產地證明書：依規定應提供產地證明書者。

10.其他：依有關法令規定應檢附者。

(二)特殊文件

限於特定貨物進口，才須檢具的文件，包括產地證明書、海關受其他機關委託協助查核時所憑的有關證明文件及其他經海關指定檢送的文件。

四、進口貨物通關流程及方式

我國目前的進口貨物通關已全面自動化，在實施通關自動化之後，通關的流程原則上並沒有太大的改變，不同的是以電腦連線作業，通關將更方便、迅速。本項以進口貨物通關自動化的流程說明為主。

(一)進口貨物通關流程

目前進口貨物通關作業，其通關步驟可分為：

1.收單。

2.驗貨。

3.簽審、分估。

4.徵稅。

5.放行。

免驗者跳過第 2 步驟，驗放案件第 2 步驟移至最後辦理。

(二)進口貨物通關方式

報單經海關電腦邏輯檢查比對相符後登錄收單時間，同時由海關電腦專家系統根據各項風險因子篩選通關方式，並發送訊息通知報關人。通關方式如下（貨物通關自動化實施辦法第 13 條）：

1. C1 通關（免審免驗通關）：免審書面文件，免驗貨物放行。

2. C2 通關（文件審核通關）：審核書面文件，免驗貨物放行。

3. C3 通關（貨物查驗通關）：貨物查驗通關放行。本通關方式可分為：

⑴ C3M（人工查驗）：又可分為先驗後估及先估後驗兩種。

⑵ C3X（儀器查驗）：又可分為免補單及應補單兩種。

(簡 5105)

關 01001

進口報單

類別代號及名稱(7)		聯別	共　　頁　收單 第　1　頁
報單（收單關別　轉自關別　民國年度　船或關代表　艙單或收序號） 號碼 (8) / / / / /			理單編號

報關人名稱、簽章	專責人員 姓名、簽章	統一編 號(9)	海關監管 編號(10)	繳 (11)	進口日期(民國)(16) 年　月　日	報關日期(民國)(17) 年　月　日
		納稅義務人(中、英文)名稱、地址			離岸價格(18) FOB Value	幣別　　金　　額
					運費 (19)	
		案號 (12)	特 (13)		保險費 (20)	
(1)	(2)	賣方國家代碼、統一 編號、海關監管編號、 名稱、地址(14)			加　(21) 應　費用 減　(22)	
提單號數(3)					起岸價格(23)	
貨物存放處所(4)	運輸方式(5)				CIF Value　TWD	
起運口岸及代碼(6)		進口船（機）名及呼號（班次）(15)			國外出口日期(民國)(24) 年　月　日	外幣匯率

項 次 (27)	貨物名稱、牌名、規格等(28)	生產國別(29)	輸入許可證號碼——項次(30) 輸出入貨品分類號列(31) 稅則號別　統計 號別 （主管機關指定代號）	檢查 號碼 (32)	單 價 金 額	條件、幣別 淨重（公斤）(33) 數量（單位）(34) （統計用）(35)	價格 完稅數量(36)	進口 稅率 (37)	從價 (38) 從量	納稅 辦法 (38) 貨物 稅率 (39)
			( )			( )				
			( )			( )				
			( )			( )				
			( )			( )				

總件數(25)	單位	總毛重(公斤)(26)	海關簽註事項			進 口 稅	
標記及貨櫃號碼						商港建設費	
				收檔建檔補檔	核發稅單	推廣貿易 服 務 費	
				分估計稅銷證	稅款登錄		
				分估複核	放行	稅 費 合 計	
其他申報事項						營業稅稅基	
				通關方式	(申請)審驗方式	滯納金（日）	

FCL	
LCL	

中國航運股份有限公司
CHINESE MARITIME TRUST, LTD.
QRIENT OVERSEAS CONTAINER LINE

貼足印花
STAMP TAX

小　提　單
DELIVERY ORDER

編號
NO._____

提單號碼　　　　　　　　　　　　　　　　　日期
B/L NO._____　　　　　　　DATE_____

To Chief Clerk: C. F. S. /C. Y.

受貨人如在本單背書簽收，並繳清一切費用後，請將下開貨物點交受貨人
Upon endorsement and payment of all charges please deliver the undermentioned goods.

船　　名　　　　　　　　航次　　　　到　達　港　　　　到達日期
Fx. S. S. /M. V._____ Voy. _____ arrived at_____ on_____

裝貨港　　　　　　　　　受　　貨　　人
from_____ to the order of Messrs._____

交　貨　地　點　　　*Applicable only when document used for through transport in conjunction with
Place of delivery*　　Through Bill of Lading. *限本公司負責聯運貨載填註用

PARTICULARS FURNISHED BY SHIPPER 託運人所填報之貨物內容

標　　　誌 Marks & Nos.	數　量 Quantity	貨　　　物 Description of Pkgs. and goods	備　註 Remarks

合　　　計 Total No. Containers or Pkgs. or Pieces		貨　櫃　號　碼 Container No(s.)	

Consignees are requested to note particularly the
terms and conditions printed on the reverse.

請受貨人注意本單背面各項條款

使用貨櫃自離船日開始如
逾五天即徵收貨物延滯費
請速提貨以免增加費用

中　國　航　運　股　份　有　限　公　司
CHINESE MARITIME TRUST, LTD.

Per_____

資料來源：中國航運股份有限公司。

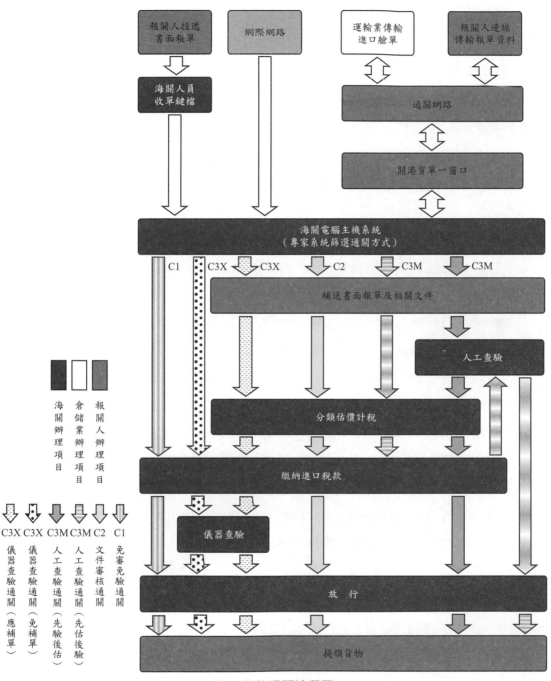

進口貨物通關流程圖

五、進口貨物完稅價格與應納稅費

(一)完稅價格

完稅價格 (duty paying value; duty paid value; dutiable value; customs value, DPV) 係指海關依關稅法的規定計算，作為進口貨物從價課稅的價格。完稅價格的功用如下：①作為關稅、貨物稅、菸酒稅、營業稅、推廣貿易服務費核計的基準；②海關緝私條例規定科處罰鍰以貨價為準者，進口貨物按完稅價格核計（出口貨物按離岸價格核計）。

至於完稅價格的計算，依關稅法的規定，其適用順序如下：

1. 按進口貨物的交易價格 (transaction value of imported goods)（指進口貨物的實付或應付價格，即 CIF 價格）核估。

2. 按與進口貨物同樣貨物的交易價格核估（同樣貨物，指其生產國別、物理特性、品質及商譽等均與進口貨物相同者）。

3. 按類似貨物的交易價格核估（類似貨物，指與該進口貨物雖非完全相同，但其生產國別及功能相同，特性及組成的原材料相似，且在交易上可互為替代者）。

4. 按國內銷售價格，即扣減價格 (deductive value) 核估（指該進口貨物、同樣或類似貨物，在國內依其輸入原狀於第一手交易階段的價格，扣減一般利潤、費用、佣金、進口稅捐、進口後的運費、保費及其他相關費用後的金額）。

5. 按計算價格 (computed value) 核估（生產成本及費用＋輸出利潤與一般費用＋運至輸入口岸的運費、裝卸費、搬運費及保險費）。

6. 依查得的資料，以合理方法 (reasonable means) 核定。

進口貨物的交易價格 (transaction value, TV)：依關稅法第 29 條規定：「交易價格，指進口貨物由輸出國銷售至中華民國實付或應付之價格 (the price actually paid or payable)。」

(二)進口貨物應納稅費

進口貨物除另有規定外，應繳納的稅費，目前有下列幾種：

1. 進口關稅 (customs duty; import duty)：依關稅法規定，關稅由海關從價或從量徵收，一般進口貨物大多按從價稅課徵關稅，從價課徵關稅者，其關稅計算方法為：

進口關稅＝完稅價格×貨物進口稅率

2.推廣貿易服務費 (trade promotion fee)❶：進口貨物一律由海關代收推廣貿易服務費（未逾新臺幣 100 元者免收），其計算方法為：

推廣貿易服務費 = 完稅價格 × 0.04%

3.貨物稅 (commodity tax)：進口貨物如為貨物稅條例所定應徵收貨物稅的貨物，其貨物稅由海關代徵，其計算公式為：

貨物稅 =（完稅價格 + 進口關稅）× 貨物稅率

4.營業稅 (business tax; VAT)：依加值型及非加值型營業稅法，進口貨物應由海關代徵營業稅，其計算方法為：

營業稅 =（完稅價格 + 進口關稅 + 貨物稅）× 5%

5.菸酒稅及健康福利捐：進口菸酒依不同種類以量課徵菸酒稅。另加徵健康福利捐。

6.滯報費 (late fee; extension fee)（僅關稅有）。

7.滯納金 (delinquent fee)（關稅、貨物稅及營業稅均有）。

8.利息 (interest)（關稅、貨物稅及營業稅均有）。

9.特別關稅（平衡稅、反傾銷稅、報復關稅）。

10.各種規費。

㈢稅費核計方式舉例

1.從量課徵：

進口關稅 = 進口稅率（即單位稅額）× 數量

如自美國進口 16 公厘彩色電影片（稅率：NT$2.5／公尺）5,000 公尺，則

進口關稅 = NT$2.5 × 5,000 = NT$12,500。

依散雜貨、併櫃貨及整櫃貨有不同計費方式。以併櫃方式裝運，計費噸數共 2.5 噸，每計費噸收 NT$80，則

商港服務費 = NT$80 × 2.5 = NT$200（每筆金額不足新臺幣 100 元者，不予計收）。

2.從價課稅：如自美國進口 3,800 CC 轎車（關稅稅率為 30%，貨物稅稅率 35%）一部，以 20 呎貨櫃裝載，其完稅價格為 NT$1,000,000 時，則

進口關稅 = 完稅價格 × 進口稅率

---

❶ 貿易法第 21 條規定，推廣貿易服務費最高不可超過輸出入貨品價格的 0.0425%，唯實務上多以 0.04% 計算。

$$= NT\$1,000,000 \times 30\% = NT\$300,000。$$

貨物稅＝(完稅價格＋進口關稅)×貨物稅稅率

$$=NT\$(1,000,000 + 300,000) \times 35\% = NT\$455,000。$$

營業稅＝(完稅價格＋進口關稅＋貨物稅)×營業稅稅率 (5%)

$$= NT\$(1,000,000 + 300,000 + 455,000) \times 5\% = NT\$87,750。$$

推廣貿易服務費＝完稅價格×0.04%

$$=NT\$1,000,000 \times 0.04\% = NT\$400。$$

商港服務費：依據進口貨物的商港服務費率表，以 20 呎貨櫃裝載汽車的費率屬第三項第三級，其商港服務費為 NT$684。(進口商自行向港務局繳付)

本例進口轎車在通關時應繳的稅捐計有：

A. 進口關稅		NT$300,000
B. 貨物稅		455,000
C. 營業稅		87,750
D. 推廣貿易服務費		400
E. 商港服務費		684
合計		NT$843,834

3. 從量或從價從高課徵 (選擇性關稅)：如某廠商進口乾鮑魚 (稅率為 NT$225／公斤或 15%，從高徵稅) 100 公斤：

假定申報完稅價格為 NT$100,000 時，進口關稅應從量徵 NT$22,500，因：

⑴從量關稅＝NT$225 × 100 = NT$22,500 (較高)。

⑵從價關稅＝NT$100,000 × 15% = NT$15,000。

假定申報完稅價格為 NT$200,000 時，進口關稅應從價徵 NT$30,000，因：

⑴從量關稅＝NT$225 × 100 = NT$22,500。

⑵從價關稅＝NT$200,000 × 15% = NT$30,000 (較高)。

4. 滯納金：自繳納期限 (海關稅款繳納證送達之日起十四日) 屆滿的翌日起：

⑴關稅每日加徵應繳稅款 0.05% (不包括商港服務費)。徵滿三十日仍不納稅者，由海關將其貨物變賣。

⑵貨物稅與營業稅每逾二日加徵應繳稅款 1%(逾三十日部分，按日計徵利息)。

5. 規費：如特別驗貨費、特別監視費、抽運、特別退關費、簽證文件 (進出口

報單證明聯等）費。

(四)繳稅方式

1. 繳現：納稅義務人憑稅費繳納證，向駐關代庫銀行收稅處繳納，收稅處將海關存查聯交海關，海關電腦即自動與稅費資料進行比對。

2. 線上扣繳：納稅義務人於報關時申報銀行帳號，有關稅費即自納稅義務人銀行帳戶中自動扣繳，銀行並透過網路向海關發出訊息，海關電腦即自動與稅費資料進行比對。

3. 匯付稅款：以匯款方式由往來銀行透過指定連線金融機構分別匯入國庫存款戶或海關專戶，海關即自動與稅費資料進行比對。

4. 記帳：外銷品進口原料關稅，由納稅義務人提供保證，經海關核准登帳後將貨物放行，俟加工為成品外銷後再予沖銷除帳。

以上述方式繳稅，且海關比對無誤後，屬於先稅後放者，即進入放行檔並發出放行訊息；屬於先放後稅者，海關電腦即進入「先放後稅額度檔」，恢復其擔保額度。

(五)繳納期限

進口貨物應繳稅捐，應自海關稅款繳納證送達之翌日起十四天內繳納（關稅法第 43 條）。凡未依限繳納者，自繳稅期限屆滿的翌日起，照欠繳稅額按日加徵滯納金萬分之五。滯納金徵滿三十天仍不繳納時，由海關變賣貨物（關稅法第 73、74 條）。

(六)得退還關稅的情形

1. 外銷品進口原料關稅，除經財政部公告取消退稅之項目及原料可退關稅占成品出口離岸價格在財政部核定之比率或金額以下者，不予退還外，得於成品出口後依各種外銷品產製正常情況所需數量之原料核退標準退還之。

2. 短徵、溢徵或短退、溢退稅款，應補繳或退還：

　(1)應於一年內辦理。

　(2)補繳或發還的稅款，應加計利息，一併徵收或發還。

　(3)應退還的稅款，海關應先抵繳積欠，並立即通知納稅義務人或受處分人。

3. 已繳納關稅進口之貨物，有下列各款情事之一者，退還其原繳關稅：

　(1)進口一年內因法令規定禁止其銷售、使用，於禁止之翌日起六個月內原貨復運出口，或在海關監視下銷毀。

　(2)於貨物提領前，因天災、事變或不可抗力之事由，而遭受損失或損壞致無

價值，並經海關查明屬實。

　　(3)於貨物提領前，納稅義務人申請退運出口或存入保稅倉庫，經海關核准。

(七)保　稅

　　1.進口貨物於提領前得申請海關存入保稅倉庫。在規定存倉期間內，原貨出口或重整後出口者，免稅。

　　2.進口原料存入保稅工廠製造或加工產品外銷者，免徵進口關稅。

　　3.保稅區域尚有加工出口區、科學工業園區、農業科技園區及自由貿易港區。

六、保稅制度

　　未經海關徵稅放行的進口貨物、轉口貨物，納稅義務人得提供認可的擔保，或者，以其他海關易於監管的方式，申請暫緩繳納關稅，這種制度稱為保稅制度。目前我國的保稅制度，主要可分為下列六種：

(一)保稅倉庫

　　保稅倉庫 (bonded warehouse) 是專供儲存保稅貨物的倉庫，由倉儲業者，或其他廠商依「保稅倉庫設立及管理辦法」向海關申請設立，並受海關的監管。凡運抵我國口岸的貨物，不論有無輸入許可證，在報關進口之前，均得向海關申請存入保稅倉庫。在規定存倉期間內，若原貨退運出口者，免稅；但是在存倉期間，得向海關申請核准於倉庫範圍內予以整理、分類、分割、裝配或重裝。

(二)保稅工廠

　　外銷品製造廠商得依關稅法規定經海關核准登記為海關管理保稅工廠 (bonded factory)，其進口原料存入保稅工廠製造或加工產品外銷者，得免徵關稅。

　　保稅工廠的製造或加工的產品及免徵關稅的原料，非經海關核准並按貨品出廠型態報關繳稅，不得出廠內銷。

(三)加工出口區

　　加工出口區 (export processing zone, EPZ) 是由經濟部劃定適當地區，供外銷廠商從事外銷品製造、加工或裝配，及在產銷過程中，必須的倉儲、運輸、裝卸、包裝、修配等業務之用。區內廠商輸入自用機器設備、原料、燃料、物料及半成品，免徵進口稅捐。區內物資輸往課稅區，須先經加工區管理處核准。目前設有楠梓、臺中、臺中軟體園區、中港、高雄、成功物流、臨廣、高雄軟體科技、屏東等加工

出口區。

㈣科學工業園區

為配合高科技產業的發展，行政院國科會（現改為科技部）於新竹、臺中及臺南設置科學工業園區 (Science-based Industrial Park)，區內設有保稅專用區，區內園區事業進口自用機器設備、原料、物料、燃料、半成品等，免徵進口稅捐，區內貨物輸往課稅區須先經園區管理局核准。

㈤農業科技園區 (agricultural biotechnology park)

㈥自由貿易港區 (free trade zone)

㈦免稅商店 (duty free shop)

㈧物流中心 (logistics center)

🌐 第三節　進口檢驗與檢疫

一、進口檢驗的意義

政府為保障國內動植物的安全及消費者的利益，除對於進口動植物及其產品必須施行檢疫外，其他商品則由經濟部視實際需要，對特定商品施行檢驗，稱為法定檢驗。需要實施檢驗的商品必須檢驗合格領得證書後，才能辦理報關提貨。目前執行一般進口商品檢驗的機構為標準檢驗局。至於動植物及其產品的檢疫則由農委會動植物防疫檢疫局執行。另外，根據國際貿易的有關當事人（買方、賣方、運送人、保險人等）的合意申請，由公證檢驗機構就進出口貨物的品質、數量、重量、包裝、貨載衡量、船艙、貨櫃等運輸工具的清潔……加以檢驗者，稱為公證檢驗。

二、應施檢驗品目

依商品檢驗法第 3 條規定，經主管機關（標準檢驗局）指定公告種類、品目的輸入農工礦商品，應依法執行檢驗，動植物及其產品的疫病蟲害檢驗包括動植物檢疫在內。

至於廠商輸入的貨品是否屬於公告應施檢驗品目，可向標準檢驗局或其所屬各分局查詢，或上標準檢驗局網站（網址：http://www.bsmi.gov.tw/）查詢。

三、檢驗程序

商品檢驗執行的方法，分為逐批檢驗、監視查驗、驗證登錄及符合性聲明四種，各種商品的檢驗方式，由主管機關指定公告（上述四種方式請參閱本書第十二章第二節），我國目前進口商品主要係以逐批檢驗與驗證登錄兩種為主，茲分別說明如下：

(一)逐批檢驗

1. 報驗：

    (1)填具申請書與合格證（電腦上線單位免附）向到達港口（機場）檢驗機構報驗，其屬經指定需經型式認可者，並附具檢驗機構型式認可的證明。

    (2)附送有關結匯證件或海關報單或其他銷貨證件。

    (3)繳費。

    (4)領取並貼掛檢驗標識。

2. 取樣：

    (1)在商品堆置地點作外觀檢查。

    (2)依國家標準的規定取樣，並給取樣憑單。

    (3)報驗商品經取樣後未獲檢驗結果前，非經報准不得擅自移動。

    (4)輸入商品，其體積龐大或需特殊取樣工具取樣，無法在碼頭倉庫取樣者，得申請具結提運封存於指定地點取樣檢驗。

3. 檢驗：

    (1)依規定標準執行檢驗，詳定合格或不合格。

    (2)未定標準者，依暫行規範或標示成分檢驗。

    (3)因特殊原因，其標準低於標準者，應先經主管機關核准。

    (4)檢驗時限超過五日以上得申請具結先行放行，並予封存。

4. 發證：

    (1)經檢驗合格者發給合格證書，不合格者發給不合格通知書。

    (2)經檢驗不合格者，報驗人於接到通知後十五日內得請求免費複驗一次。

    (3)複驗就原樣品為之，原樣品已無剩餘或已不能再加檢驗者，得重行取樣。

(二)驗證登錄

為落實追求效率、促進商品進出自由化，規定商品經由特定的符合性評鑑程序

（包括商品設計階段及製造階段）取得驗證登錄，依規定標印驗證標誌及登錄號碼之後，即可免除逐批檢驗程序，可逕行通關出口。

　　應施輸入檢驗的商品，標準檢驗局依檢驗需要，得簽發輸入先行放行通知書，供通關之用，並得依規定派員前往貨物存儲地點予以封存。未符合檢驗規定前，不得運出貨物存儲地點。

四、檢驗標準

　　商品的檢驗標準，由主管機關依國際公約所負義務，參酌國家標準、國際標準或其他技術法規指定；無國家標準、國際標準或其他技術法規可供參酌指定者，由主管機關訂定檢驗規範執行。

　　輸入商品如因特殊原因，其規格與檢驗標準不同者，應先經標準檢驗局核准。

五、免驗規定

　　應施檢驗的商品，有下列情形之一者，得免檢驗：

　1.輸入商品經有互惠免驗優待原產國政府發給檢驗合格證書。

　2.各國駐華使領館或享有外交豁免權的人員，為自用而輸出入。

　3.輸出入非銷售的自用品、商業樣品、展覽品或研發測試用物品。

　4.輸入或國內產製的商品供加工、組裝後輸出或原件再輸出。

　5.輸入或國內產製應施檢驗商品的零組件，供加工、組裝用，其檢驗須以加工組裝後成品執行，且檢驗標準與其成品的檢驗標準相同。

　6.輸入或國內產製的商品供軍事用，並附有國防部各直屬機關公函證明。

　7.輸入或國內產製的商品供緊急人道救援物資用，並取得相關政府機關證明文件。

六、動植物檢疫及霍亂衛生檢疫

　1.動植物檢疫：為防止動植物疫病、蟲害自國外輸入我國及傳布，以保障國內動植物健康，對於輸入我國或過境的動植物及其產品，需經農委會動植物防疫檢疫局港口檢疫機構檢疫合格發給檢疫證明書，才准通關放行。

　2.霍亂衛生檢疫：為防止霍亂疫病侵入，以保障我國國民及動物健康，對於水產品物及部分動植物的進口，依動物傳染病防治條例，需經衛生署福利部疾病管制署檢疫合格，發給檢疫合格證書，才能報關提貨。

經 濟 部 標 準 檢 驗 局
THE BUREAU OF STANDARDS, METROLOGY AND INSPECTION
MINISTRY OF ECONOMIC AFFAIRS

輸入商品合格證書
CERTIFICATE OF IMPORT INSPECTION

證書號碼
Certificate No.＿＿＿＿＿＿＿＿＿＿＿

發證日期
Date of issue＿＿＿＿＿＿＿＿＿＿＿　　進口報單
　　　　　　　　　　　　　　　　　　Import Customs Declaration＿＿＿＿＿＿＿

報驗義務人（統一編號）
Applicant ＿＿＿＿＿＿＿＿＿＿＿＿＿＿＿＿＿＿＿＿＿＿＿＿＿＿＿＿＿

品　　名　　　　　　　　　　　　　　　貨品分類號列/項次
Commodity ＿＿＿＿＿＿＿＿＿＿＿＿＿　C.C.C. Code ＿＿＿＿＿＿＿＿＿＿＿

規　　格　　　　　　　　　　　　　　　型　式
Specifications ＿＿＿＿＿＿＿＿＿＿＿　Types ＿＿＿＿＿＿＿＿＿＿＿＿＿

厚　　度　　　　　　　等　　級　　　　廠　牌
Thickness ＿＿＿＿＿＿＿Grades＿＿＿＿＿　Brands＿＿＿＿＿＿＿＿＿＿＿

製造廠名稱　　　　　　　　　　　　　　製造廠代號
Name of Manufacturer ＿＿＿＿＿＿＿＿＿Code of Manufacturer＿＿＿＿＿＿＿

數　　量
Quantity ＿＿＿＿＿＿＿＿＿＿＿＿＿＿＿＿＿＿＿＿＿＿＿＿＿＿＿＿＿

總　淨　重
Total Net Weight ＿＿＿＿＿＿＿＿＿＿＿＿＿＿＿＿＿＿＿＿＿＿＿＿＿＿＿

起運口岸及代碼
Port of Embarkation ＿＿＿＿＿＿＿＿＿＿＿＿＿＿＿＿＿＿＿＿＿＿＿＿＿

生產國別
Country of Origin ＿＿＿＿＿＿＿＿＿＿＿＿＿＿＿＿＿＿＿＿＿＿＿＿＿＿

製造日期或批號
Manufacturing Date or Batch Nos. ＿＿＿＿＿＿＿＿＿＿＿＿＿＿＿＿＿＿

商品檢驗標識號碼
Commodity Inspection Mark Nos. ＿＿＿＿＿＿＿＿＿＿＿＿＿＿＿＿＿＿＿

檢驗日期
Date of Inspection ＿＿＿＿＿＿＿＿＿＿＿＿＿＿＿＿＿＿＿＿＿＿＿＿

備　　註
Remarks

本證所載商品經檢驗合格，證書有效期限至　　　年　　　月　　　日止。
It is hereby certified that the commodity listed above complies with related requirements after inspection. This certificate expires on

由經濟部標準檢驗局或所屬機關發證
This certificate is issued by the BSMI or its branches.

本證書必須加蓋發證機關鋼印後生效
This certificate becomes effective only when stamped with the BSMI's seal.

資料來源：經濟部標準檢驗局。

🌐 第四節　進口提貨

一、海運進口貨物的提貨

海運進口貨物提貨可分為三種方式，即①一般提貨；②船邊提貨；③共同海損提貨，茲逐一說明如後。

(一)一般通關的提貨手續——倉庫提貨手續

進口貨物經辦妥報關、納稅及放行手續後，進口商通常需先僱妥卡車（散裝貨或併櫃貨物）或貨櫃拖車（整櫃貨），向倉庫業主或貨櫃集散站繳納棧租，並將提貨單向駐庫關員核章，然後，辦理提領貨物出庫（站）手續。散裝貨或併櫃貨櫃的貨主自行僱車運走，整裝貨櫃則由拖車連同貨櫃運走。

提貨時應注意件數是否相符，貨箱是否完整，如有短損，應立即停止提貨，會同倉庫及公證行開箱點查過磅，並取得倉庫或船公司短損證明，以為索賠的根據。如出貨後才發現短損，倉庫概不負責。又如有短損情形，應查詢船公司有無向海關辦妥短卸報告，經海關登記有案的，即可作為嗣後補運或退還溢收稅捐及結匯款項的根據。

(二)船邊提貨手續

進口貨物如為鮮貨、易腐物品、活動物、植物、有時間性之新聞及資料、危險品、放射性元素、骨灰、屍體、大宗及散裝貨物及其他特殊情形，得核准船邊驗放或船邊免驗提貨。船邊提貨通常不將貨物卸入碼頭倉庫，而由輪船在其停泊處所將貨物卸下，在船邊交與收貨人。船邊提貨應於船舶抵埠前，洽請船公司或其代理人申請，並應於船公司或其代理人向海關遞送預報進口艙單後，向海關提出加註「預報」字樣的進口報單，申請預報進口。經海關核准簽發卸貨准單 (free along ship permit) 並在提貨單蓋印後，即移送驗貨單位，等輪船進港後，再查驗放行。

(三)共同海損提貨手續

當輪船在航海途中發生共同海損時，因收貨人須與其他貨主及船東分攤共同海損，所以船公司於船舶到達後公告宣布共同海損，並一面聘請熟諳航運的理算師，一面通知貨主申報貨值，根據提貨單規定理算規則，估定全部船舶及貨物價值與損害的百分比例，通知貨主預付相當數額的「共同海損保證金」，或由其承保的保險公

司出具保證函，然後才能領到提貨單報關提貨，將來理算結果，再行多退少補。這項共同海損如在保險公司承保範圍以內時，貨主墊付的保證金，應由保險公司如數歸墊並負擔利息。如所提貨物有部分損害時，並應請保險公司及公證行會同點驗，以為索賠的依據。

取得提貨單後的提貨手續，與前面所述者同。

◆ 受貨人提貨時應注意事項：

因為受貨人有提貨的義務，因此受貨人須注意的就是提貨的時效性。貨櫃提櫃，進口通常有七天的免費期，出口有五天，超過時限就要支付延滯費。因此在接到到貨通知後應儘量在免費期內去提貨。提貨時如發現瑕疵，則有一檢驗 (survey) 的程序，最好是採聯合檢驗 (joint survey) 的方法。因為經由 CY 的貨櫃運輸，每一個櫃上都會有海關驗封條 (custom seal)，每一封條上也都有編號，如果海關封條沒有損壞跡象，且貨櫃外表沒有破損，則貨櫃提回工廠打開後發現貨品損壞，要求船公司賠償時，船公司可以拒賠。因為當初貨物是由貨主自行提櫃裝填的，輪船公司根本不經手，自然無從負責起。如果受貨人在提貨後發現櫃上的海關封條有異狀，或是封條編號與原來不符，就應該在三天內立刻向輪船公司提出，若超過期限，船公司就可以拒絕受理。

二、空運進口貨物的提貨

㈠一般通關的提貨手續

貨物運達後，運送人（通常多屬航空貨運承攬業）即通知進口商領取空運提單（MAWB 或 HAWB），憑以報關。經海關放行即可持向儲放貨物的貨物集散站 (cargo terminal) 倉儲業者，繳納倉庫使用費辦理提貨（以進口商為受貨人時）；或先持向銀行（以銀行為受貨人時）辦理背書授權手續（由銀行出具「授權書」(bank release) 或「切結書」或「進口提單更改受貨人聲明書」，名稱不一），再憑以辦理報關提貨。提貨時，應注意貨物件數是否相符，貨物外包裝是否完整，如有短損或毀損，應即停止提貨，會同倉庫及公證行開箱點查及過磅，並取得短損或毀損證明作為日後索賠根據。

㈡預先清關的提貨手續

為配合空運貨物迅速通關處理的需求，加速貨物通關，報關人可使用電腦向轄

區海關傳送預行報關 (pre-clearance) 的空運進口貨物。經海關審核結果認為免查驗的貨物，或經簽審機關連線完成簽審 (C2) 的貨物，於運達時即可由海關逕行機邊驗放，不必進倉，並以電腦傳送放行訊息至連線報關行及倉儲業者，同時由海關自動列印放行通知單，供報關人檢同提單向倉庫提領貨物。

　　預先清關貨物於二十四小時全天候通關，不必進倉，對倉儲業者辦理交換完畢後，報關人即可進行提貨，以爭取時效。

三、電報放貨

　　現代國際航運發達，近距離國家間的國際貿易，往往一天內貨運即可運抵目的港。因此，有些出口商為配合進口商的提貨時效，持正本提單搭機以便貨物運抵目的港時，可憑正本辦理提貨。這種做法不僅費錢也費力。於是在航運實務，有「電報放貨」(cable/telex/EDI/Fax release) 的提貨方式。

　　所謂「電報放貨」即出口商為配合進口商能適時提領貨物，乃於貨物交運後，將正本提單全套繳回運送人（船公司），請其以電報要求進口地的船務代理，在不交付提單的情形下，放行所託運的貨物。為了維護有關利害關係人的權益，在辦理「電報放行」時，出、進口商須分別在出、進口地辦理下列手續：

㈠ L/C 付款方式的電報放貨

　　1.出口商要求運送人電報放貨的流程：
　　　⑴提出「電報放貨」指示書：表明其託運的貨物，因時間倉促，為爭取提領貨物時效，請求運送人拍電通知目的港的船務代理，將託運的貨物交給提單上所指定的收貨人 (consignee)，即進口商。
　　　⑵繳回全套正本提單。
　　　⑶運送人收到「電報放貨」指示書，審查內容無誤時，即以電報通知目的港的船務代理，放行貨物。
　　　⑷辦理電報放貨後，在收回的全套正本提單上加蓋 "Surrendered" 字樣的戳章，然後發還出口商，憑以辦理出口結匯（憑 L/C 交易，L/C 上規定 "Surrendered B/L"acceptable）。這種提單稱為 "Surrendered B/L"（已電放提單），「已電放提單」已失去物權證券的法律性質。
　　2.進口商接到目的港船務代理通知後，提領貨物的流程：

⑴提示其為放貨電報所指明受貨人的身分證明。

⑵提出切結書，表明自己確實係放貨電報指明的受貨人，領取貨物後如有任何糾紛，由進口商負責，與目的港的船務代理概無涉。

⑶目的港船務代理在確認無誤後，即簽發小提單 (delivery order) 交給進口憑以辦理報關手續。

㈡匯付方式的電報放貨

1.先裝運後匯款：

⑴賣方交運貨物後取得 B/L，並電知買方匯款。

⑵買方向進口地銀行申請以 T/T 匯出貨款予賣方。

⑶出口地匯入銀行通知賣方前來領取貨款。

⑷賣方將全套 B/L 繳回出口地承運船公司。申請電放。

⑸出口地承運船公司將全套 B/L 上加蓋 "Surrendered" 字樣的戳章，然後以電報通知進口地船務代理放行貨物。

2.先匯款後裝運：

⑴買方向進口地匯出銀行以 T/T 匯款給予賣方。

⑵出口地匯入銀行通知賣方前來領取貨款。

⑶賣方交運貨物，取得 B/L。

⑷賣方將全套 B/L 繳回出口地承運船公司。申請電放。

⑸出口地承運船公司將全套 B/L 上加蓋 "Surrendered" 字樣的戳章，然後電告進口港的船務代理放行貨物。

電報放貨基本上是為了便利收貨者能夠免去憑提單提領貨物。所以就臺灣來說，近洋航線的海運貨物（例如東南亞、東北亞）才有以電報放貨的情形。

至於空運方面，並無電報放貨的做法。

申請電放擔保函

致：**EVERGREEN LINE**，由長榮海運股份有限公司，長榮海運英國有限公司，意大利海運股份有限公司，長榮香港有限公司和長榮海運新加坡公司等聯合組成，及／或其雇員／分公司／代理行，及／或船舶所有人／船舶提供者／船舶經營人（以下簡稱為"貴方"）。

船名／航次＿＿＿＿＿＿＿＿＿＿＿　　提單號碼＿＿＿＿＿＿＿＿＿＿
裝　貨　港＿＿＿＿＿＿＿＿＿＿＿　　卸　貨　港＿＿＿＿＿＿＿＿＿
託　運　人＿＿＿＿＿＿＿＿＿＿＿　　受　貨　人＿＿＿＿＿＿＿＿＿
到貨通知人＿＿＿＿＿＿＿＿＿＿＿＿＿＿＿＿＿＿＿＿＿＿＿＿＿＿
到貨通知人聯絡方式＿＿＿＿＿＿＿＿＿＿＿＿＿＿＿＿＿＿＿＿＿＿
櫃　號／貨物記載＿＿＿＿＿＿＿＿＿＿＿＿＿＿＿＿＿＿＿＿＿＿＿

我方作為前述貨物的託運人，茲交還上述全套正本提單予貴方，並請求貴方將該提單項下的貨物於卸貨港交付給提單的受貨人或貴方認為代表受貨人提領該貨物的任何人。

我方提出的上述請求完全是為了我方單方面的利益和便利，並且完全清楚受貨人憑正本提單向貴方主張提領貨物以及貴方據此向受貨人交付貨物可以完全保障貴方的權益。我公司充分理解、接受並且願意承擔因貴方接受我方上述請求依電放貨物而產生的所有風險，包括但不限於由此產生的任何商業糾紛或錯誤交付貨物而導致的任何責任和損失。

鑒於貴方接受我方的上述請求，我方茲同意：

1. 我方保證無條件賠償貴方因我方電放請求而產生的任何性質的責任、損失、損害、支出及費用（包括但不限於訴訟費、律師費等所有法律費用）。

2. 貴方根據卸貨港當地的作業慣例或法律規定將《到貨通知》及時送達到貨通知人並由任何第三方據此在卸貨港提領貨物，除貴方不承擔因此而產生的任何責任外，我方也保證貴方免於由此而產生的任何訴訟、仲裁或其他解決爭端的機制。如果貴方因此涉訟，我方保證將依照貴方的要求立即足額提供資金以對該程序進行抗辯。

3. 如我方作為承攬運送人並另行簽發無船公共運送人提單或承攬運送人提單予第三人，我方保證在卸貨港放貨前應收回前述全套正本無船公共運送人提單或承攬運送人提單，並承擔因未收回前述全套正本提單而衍生的全部責任。

4. 我方茲確認上述電放請求和貴方據此交付貨物的行為完全不影響貴方提單任何條款的效力和有效性，包括但不限於提單準據法和管轄權條款。

擔保公司名稱（中文）＿＿＿＿＿＿＿＿＿＿＿＿（公司章）
擔保公司名稱（英文）＿＿＿＿＿＿＿＿＿＿＿＿
負　責　人　＿＿＿＿＿＿＿＿＿＿＿＿（簽名）
日　　　期　＿＿＿＿年＿＿＿＿月＿＿＿＿日

FORM NO: DOC-I-018A-00.

資料來源：長榮國際股份有限公司。

習 題

1. 試述我國現行的進口通關程序。

2. 依現行規定，進口貨物應繳納的稅捐有哪些？其稅款如何計算？

3. 一般進口貨物的進口報關期限為何？

4. 何謂完稅價格？其計算的適用順序為何？

5. 請簡介我國的保稅制度。

6. 試述進口檢驗的意義。

7. 試述發生共同海損時的提貨手續。

8. 何謂船邊提貨？適用於何種情形？

9. 何謂電報放貨？適用於何種情形？

第二十二章　貿易索賠

第一節　索賠的意義與種類

從前面各章所述可知國際貿易的進行過程相當複雜，不但需要經過一段漫長的時間，而且涉及眾多的人。在這段漫長的交易過程中，當買賣雙方的任何一方受到委屈或蒙受損害時，自可向應負責任的人索賠。然而，如不能獲得圓滿解決，糾紛將隨之而起。國際貿易索賠糾紛是從事貿易實務的人所最感困擾的事，但事實上又不能避免，因此本章特就這個問題加以說明。

索賠一詞的英文，叫做 Claim，其本義是指「主張權利」而言。在貿易實務中，索賠可分為廣義的索賠與狹義的索賠兩種。狹義的索賠是指損害賠償 (indemnity)、賠款 (compensation)、違約金 (penalty)、慰撫金 (money of consolation) 等的請求而言；而廣義的索賠，則除狹義的索賠之外，尚包括抱怨 (complaint)、紛爭 (trouble) 及糾紛 (dispute) 等問題的平息。

在國際貿易實務中，由於涉及眾多的關係人，索賠的情節也很繁雜。為此，本章擬僅就貿易實務上最常見的索賠，即買賣索賠 (trade claim; business claim)、運輸索賠 (transportation claim) 及保險索賠 (insurance claim) 加以說明。

第二節　買賣索賠

買賣索賠是買賣當事人之間的索賠，以相對人為索賠對象。在國際貿易中，以這類索賠引起的糾紛最多。在運輸索賠及保險索賠，運送人及保險人所應承擔的賠償範圍及賠償金額，除非契約上另有規範，大多有成例可循，較少發生爭執。而在買賣索賠，一方受損害程度如何，應賠金額若干，並無一定標準。所以在國際貿易中，因買賣索賠發生糾紛，終而對簿公堂尋求法律解決的，屢見不鮮。讀者對本節所述，宜特別用心。

一、買賣索賠的分類

買賣索賠因觀點的不同而有各種不同的分類法，常見的有：

1.賣方索賠 (seller's claim) 與買方索賠 (buyer's claim)：索賠由賣方提出的，稱為賣方索賠，例如買方不履行付款義務時賣方即可向買方提出索賠。索賠由買方提出的，稱為買方索賠。買方索賠比起賣方索賠，在種類及範圍上較為繁多，而且占買賣索賠的大部分。

2.正當的索賠與不當的索賠：詳見後述二。

3.依貿易契約內容為根據的索賠：詳見後述三。

二、正當的索賠與不當的索賠

在實務上，就索賠人提出的索賠是否正當而言，可分為正當的索賠與不當的索賠兩種。這種分類法乃為極重要的概念，有助於被索賠人對索賠事件的正確處理。

㈠正當的索賠

正當的索賠 (right claim) 又稱真正的索賠 (true claim) 或合理的索賠，指買賣當事人的一方未能履行其契約義務，致相對人遭受損害，因而提出的索賠而言。下述「三、依貿易契約內容為根據的索賠」，多屬這種正當的索賠。被索賠人對於索賠人所提出的這種索賠，應予妥善的解決，否則難免導致糾紛或甚至涉訟。

㈡不當的索賠

不當的索賠 (wrong claim) 又稱不合理的索賠或無理的索賠，乃基於片面的 (self-conceited; self-satisfactory; self-complacement) 理由所做的草率索賠，或基於惡意 (bad faith) 或誤解 (misunderstanding) 或指超出常理範圍漫天要價的索賠。如加以細分，可分為下面四種：

1.誤解的索賠 (misunderstood claim)：例如對方誤會交易條件，以為交貨時間不符，即提出索賠。例如以 CIF 條件銷智利貨物一批，約定交貨期 (time of delivery) 為 6 月間，實際上賣方也於 6 月間交運 (effect shipment)，貨物於 8 月初運抵智利港口，買方乃以交貨期不符為由而提出索賠。實際上，依各種解釋規則，CIF 條件的交貨期是指賣方將貨物交付運送人裝上運輸工具的日期，而非在目的港實際交貨 (actual delivery) 的日期，買方對貿易條件認識不夠致有此誤解。

2. 轉嫁的索賠 (shift claim)：

(1)買方本身的疏忽或不小心而發生的事故，轉向賣方索賠。例如以 CIF Inchon 條件成交，貨物最後的目的地則為 Seoul，買方因疏忽未指示賣方水險加保到 Seoul，也未自行投保 Inchon 到 Seoul 這段的內陸運輸險，貨物正好在內陸轉運途中受損，保險公司拒予賠償，買方乃以包裝不良為由轉向賣方索賠。

(2)因市場變化，進口貨物價格下跌，買方不甘受損，藉口單據不符或品質不佳等理由，向賣方索賠，此即所謂市場索賠 (market claim)。

3. 誇大的索賠 (exaggerated claim)：貨物可能略有瑕疵，但買方卻誇大其受損程度，向賣方請求鉅額賠償，以備賣方討價還價。又如賣方交貨逾規定期限數日，買方乃以拒絕接受貨物要脅迫使賣方支付鉅額賠償。

4. 謀略的索賠 (plotted claim)：

(1)買方提出索賠的真正目的並不在於獲得賠償，而且事先也知道將為賣方所拒絕，但仍予提出，一旦被拒絕，乃以索賠未獲圓滿解決為由取消契約餘額。這種聲東擊西的索賠方式，稱為虛構的索賠 (fabricated claim)。

(2)賣方報價過高，買進顯無利潤可圖，但為維持公司生存或獲取不正當利益，乃一開始即有計畫的設計索賠陷阱，捏造索賠原因。例如故意開出有陷阱的信用狀，誘使賣方不小心違反信用狀條件，從而迫使賣方減價。這種索賠稱為惡意的索賠 (mala fide claim)。

三、依貿易契約內容為根據的索賠

(一)關於品質方面的索賠

在品質方面的索賠理由，可能涉及的範圍很廣，常見的有下列幾種：

1. 品質不佳 (inferior quality; bad quality; poor quality)：指品質惡劣而言。

2. 劣等品質 (inferior grade)：指整批貨物均屬等級較差者。

3. 瑕疵品質 (defective quality; defects in quality)：指貨物因生產技術較差或設備不佳致品質上有瑕疵而言，多不涉及賣方的故意行為。

4. 混入不良品 (inferior quality mixed in)：指在整批貨物中混有不良品，大多出於賣方的故意或疏忽行為。

5.混入劣等品 (inferior grade mixed in)：指貨物混有劣等品，也多出於賣方的故意或疏忽行為。

6.規格不符 (different specifications)：指貨物品質與契約所定規格不符。

7.品質不符 (different qualities)：指貨物與約定品質不符合。

8.式樣不同 (different types)：指貨物的式樣與樣品不符。

（二）關於數量方面的索賠

數量方面的索賠，其案件之多僅次於品質方面的索賠。茲就其中較常見的略述於下：

1.短失 (shortage)：分為重量短失 (shortage of weight) 及內容短失 (shortage of contents) 兩種。乃指包裝單及出口公證報告均已列明裝運，但到貨後因包件不完整而發生短失。

發生短失的原因不外：①賣方的惡意行為；②包裝不全 (incomplete packing)，以致在裝卸作業中散失；③在運輸途中被挖竊 (pilferage)。

發生短失時，買賣雙方應追究其發生的原因，並研判是否可向船公司或保險公司或其他人請求賠償。

2.短卸 (short landing)、短交 (short delivery)：指卸貨交付數量與提單所列的不符，即保險上的 Non-Delivery（遺失）。

在交易條件為 Landed Quantity Final 時，非保險單所承保的，應由賣方負責，賣方自可向船公司交涉；在 Shipping Quantity Final 時，應由買方負責，由買方向船公司索賠。但短卸或短交所以會成為 CIF 買賣雙方間的索賠，乃因雙方對於保險條件未洽妥，以致發生損失時，無法從保險公司獲得賠償（因船公司所賠償的金額有其限度，通常都按件賠付某一最高限額）。

3.短裝 (short shipment)、漏裝 (non-shipment)：指包裝單內已列明，經開箱檢驗發現短少；或價款已列入發票，包裝單內未予列入，經開箱檢驗也無這項貨物。在短裝的場合，賣方如欲免除責任，應提出反證。在漏裝的場合，賣方應當負責任。

（三）關於價格方面的索賠

買賣契約中如訂明匯率變動風險歸買方負擔，則萬一匯率（應付匯率）下跌時，賣方得就其差額向買方請求補償。如契約中未訂這類條款，而賣方仍向買方要求補償，則因事先無約定，難免因要求不遂而導致糾紛。

(四)關於包裝刷嘜方面的索賠

一般以包裝有瑕疵為由的索賠，有下列數端：

1.包裝不良 (bad packing)、包裝不充分 (insufficient packing)、包裝不全 (incomplete packing)。

因包裝不良、不充分或不全，而可能使買方遭受損失的情形有三：

(1)貨物因而損壞或短失。

(2)貨物連包裝轉售時，貨價受到損失。

(3)在運輸途中因重新包裝 (repacking)、修復 (repairing)，買方提貨時須支付 Repacking Charges 或 Repairing Charges。

2.包裝不符 (wrong packing)：因包裝不符或錯誤，違反進口國家的法令規章，致買方報關時發生困難，買方即可據此向賣方提出索賠。

3.包裝鬆弛 (loose packing)、捆紮鬆弛 (loose bundle)、釘子鬆落 (nails off; nails started)、蓋子鬆落 (top off; cap off; head off) 等。

以上各種索賠理由，是表示到貨包裝有瑕疵的情形，買賣雙方宜注意是否尚有偷竊、碰撞等人為或意外的原因，可否向第三者索賠。

4.破損 (breakage; damage)、漏損 (leakage) 等。發生上述情形的原因，可能是製造上的缺陷（例如使用脆弱的材料），運送途中發生事故、船公司或裝卸公司搬運不當、包裝不良、包裝不全，或因貨物本身性質使然。買方以上述情形為由索賠，雙方應注意是否另有第三者應負責。

以上有關包裝的索賠，固然有些是屬於賣方的責任，但也有些屬於製造商 (maker)、包裝業者 (packer)、運送人 (carrier) 的責任。遇到這種索賠，應追究其應負責任的人。

至於刷嘜方面的索賠，有下面數種情形：

1.漏刷裝運嘜頭 (no shipping mark)、漏刷原產國嘜頭 (no mark of country of origin)、嘜頭不全 (insufficient mark)：上面三種索賠理由，表示因賣方漏刷有關嘜頭或刷嘜不全而引起損失（例如因漏刷原產國嘜頭致違反進口地法令或須適用較高稅率）的索賠。

2.嘜頭不符 (different mark; wrong mark)、嘜頭不清楚 (indistinct mark; unrecognizable mark)、嘜頭混亂 (mark mixed)：上面各種索賠理由，多是因刷嘜錯誤或刷嘜技術欠佳所引起，可能屬於賣責任，也可能屬於其他第三者的責任。

3.嘜頭消失 (mark obliterated)：指因嘜頭消失所致損失的索賠。應追查何以嘜頭會消失，以明責任。

(五)關於交貨方面的索賠

常見的索賠理由有：

1.遲延交貨：遲延交貨的原因很多，大多數情形賣方應負責，但如由於不可抗力事故或買方不配合所致者，可不負責任。

2.轉運：這是約定不得中途轉運，賣方卻選擇中途轉運的運輸工具裝運。對於因中途轉運而發生的貨損，或因轉運引起遲延到達的損失，及轉運船或港口非買方所同意或原訂契約者，買方均可向賣方提出索賠。

(六)關於保險方面的索賠

此處所稱「保險方面的索賠」，是指買賣雙方間有關保險條件的索賠，而非前節所述的向保險公司的索賠。

保險方面的索賠發生在 CIF、CIP 或 C&I 條件的場合，假如契約未訂明保險險類，則買賣雙方各基於本身利益，可能發生如下情形：

1.投保的疏忽：賣方只投保最起碼險類，貨物遭受損害得不到賠償或賠償不足，於是向賣方提出索賠（理由當為投保不足）。

2.兵險費：兵險費上漲，賣方要求買方負擔，而買方不負擔，糾紛乃因此而起。依國際慣例，除非另有約定，這種上漲的部分應由買方負擔。

(七)關於貨款方面的索賠

貨款方面的索賠有下列幾種：

1.不付貨款：以信用狀交易，賣方所開匯票因開狀銀行倒閉或其他事故遭致退票。在這種場合，賣方應向買方提出清償貨款的索賠。另以付款交單 (D/P)、承兌交單 (D/A) 方式貿易，如買方拒絕兌付匯票，自得向其提出索賠。

2.溢付款：凡屬於自然性消耗的貨物的交易，契約約定 Landed Weight Final，而賣方在貨物出口後即以 Shipping Weight 憑信用狀押取貨款，貨物運到進口地時對此類貨物有 3% 的耗損，而非保險人承保責任範圍，則這 3% 貨款自應退還買方。因此買方可向賣方提出退還溢付款的索賠。

3.不付回佣：價款中含有買方回佣，而賣方如未將其從貨款中扣除，則買方自可向賣方提出退還回佣的索賠。

㈧關於信用狀方面的索賠

信用狀方面的索賠，多由賣方提出，常見的有：

1.不開發信用狀：信用欠佳的買方，往往於簽訂買賣契約後，因貨價下跌 (decline in market price) 而拒開信用狀，賣方如因買方拒開信用狀而遭受損失時，自可向買方索賠。

2.未依限開出信用狀、遲開信用狀：契約上所以訂明開發信用狀期限，旨在防止買方提起遲延裝運的索賠以及預防買方拖延開發信用狀的時間。因此如買方遲遲不開出信用狀或未於期限內開出信用狀，即構成違約，賣方自有權向買方提出索賠。

3.開出不當的信用狀、開出不完整的信用狀、開出記載不當的信用狀：以上三種索賠理由，表示買方開來的信用狀或與契約條件不符，或信用狀內容不完整，或信用狀中有不當記載。凡買方開出這類信用狀，賣方宜催告對方限期修改，如不依限修改，自可向買方請求因此而蒙受的損失賠償。

㈨關於牴觸輸出國／輸入國法令方面的索賠

1.牴觸輸入國法律或關稅法規：進口商與出口商串通，將貨物冒充為某國製品，致觸犯關稅法規定。在這種場合，自應由雙方負責。

又如輸出農、水產品因牴觸進口國檢疫法令致無法通關時，也會引起索賠問題。此外，違反食品、藥物、化妝品管理法令也會引起索賠糾紛。

2.侵犯智慧財產權：所謂智慧財產權乃指專利權 (patent)、商標權 (trade mark)、新穎款式、設計及著作權等經登記有案的各種權利而言。

買賣雙方不可盜用、模仿、侵害在買賣雙方或其他國家業經登記的任何商標、專利或著作，但這類權利如由其中一方故意加以利用，而他方不知其侵害他人權利，經享有權利的他人提出損害賠償時，應由故意的一方負責。所以不論買方或賣方，對於對方所指定的商標或有關貨物的專利權及著作權，均宜聲明由指定者負其法律上的責任，以杜日後糾紛。

四、買賣索賠的形式

買賣索賠的形式，是指索賠人 (claimant) 向被索賠人 (claimee) 所要求的具體內容而言。這種具體內容，可分為二大類：第一類為請求金錢的索賠，第二類為請求非金錢的索賠。

(一)金錢的索賠

請求金錢的索賠，是指索賠人要求被索賠人支付金錢的索賠而言。這類請求金錢的索賠有：

1.拒付價款：例如因品質不佳，遲延裝船，而拒付。

2.要求減價或折價：例如因品質不佳，遲延裝船，而要求減價或折價。

3.要求賠償損失：

　(1)買方索賠：例如賣方遲延交貨，致買方工廠停工而生的損失。

　(2)賣方索賠：例如買方不開或遲開信用狀，或開發不當的信用狀。

(二)非金錢的索賠

請求非金錢的索賠，是指索賠人向被索賠人提出金錢以外的索賠而言。這類索賠往往附帶要求支付金錢，例如：

1.拒收貨品並要求退還貨款：同時若因而影響工廠停工或因需另補進貨物而發生損失，則這種附帶損失也可一併向賣方索賠。

2.掉換貨物：若貨物不符契約規定，即可一方面拒收貨物，他方面要求賣方另行補運符合契約規定的貨物。

3.補交：賣方短交時可要求其補交。

4.修護：通常要求修護的情形，以機器類居多，如故障或損壞可經修護而恢復的，經修護後，買方往往仍可要求賣方給予若干的賠款。

5.要求履約：即賣方或買要求對方按照契約條件履行之意。例如對於不交運契約貨物時，買方要求賣方照約交運。又如買方遲遲不開發信用狀時，賣方要求買方依約開發信用狀。對這類索賠，如被索賠人相應不理，索賠人自可要求其因不履約而蒙受的損失賠償。

6.取消契約或取消契約餘額 (cancellation of balance of contract)：前者為要求取消全部契約 (whole contract)，後者為要求取消未裝運或未履行部分的契約。這類取消的請求有時可能附帶請求損害賠償，有時僅作取消的要求。

7.道德制裁 (moral sanctions)：例如拒絕往來、通報同業、請貿易主管當局列入黑名單。

上述各種方式的索賠，有時是單獨提出，有時則同時提出。

五、買賣索賠的提出

(一)提出索賠時應注意事項

1.索賠的提出應力求迅速：索賠的提出，應於發現索賠原因後合理時間內提出，如時間一耽誤，不但證據散失，且失去索賠的意義。很多索賠都是因經過不當時間後才提出，以致貽誤時機，索賠效果大為減低。

賣方為要求買方於合理期間內提出索賠起見，通常多在買賣契約上規定索賠的期限，限定買方如要索賠，應於收到貨物後一定期間內或貨到目的港後一定期間內，或自提單日期後一定期間內提出。

總之，賣方對於裝運出口的貨物，不能無期限負責，通常必有一限期，應於契約或交易協議書中預為規定，如未有這項約定時，買方應於發覺後迅速提出索賠，有些習慣為應於到貨後十四日內提出索賠，換句話說，進口商應於貨到後十四天內提出索賠，否則出口商可能不予受理。

2.提出索賠的內容應力求正確：迅速提出索賠固然重要，但不能因為「速度」而隨便提出內容不正確的索賠。換句話說，一旦要提出索賠，就要力求內容正確，並且必須要有充分的根據與理由。通常為證明其索賠有理，於拆開一、二件貨物後，如發現情勢嚴重，應立即停止拆箱，並馬上電告出口商派代表或通知契約中規定的鑑定人、運送人、保險公司會同檢驗，以便同時確定損失程度，並出具檢驗報告供作索賠的憑據。

3.提出索賠應以誠信為原則 (truthfulness and faith)：商業往來應以誠信為原則，索賠也一樣。因此，提出索賠時，千萬不可有虛偽或欺騙的情事，更不可提出市場索賠 (market claim)。此外，也不可感情用事。

(二)發出索賠通知

就買方而言，貨物到埠後應立即檢查，如果發現數量短失、包裝不良、破損、或貨物有殘損等情事，應即向賣方發出索賠通知 (notice of claim)。這項通知，除了向賣方發出外，必要時也應同時向承運商及保險公司發出，因為索賠的最後解決往往與向保險公司或承運商的索賠有密切而且錯綜複雜的關係存在。

至於賣方對買方發出的索賠通知，主要的有買方不開發信用狀或遲開信用狀或開來不當的信用狀。

㈢提出正式索賠時應提出的文件

買方向賣方提出正式索賠時,應提出的主要文件通常有:①索賠函 (claim letter; claim note);②索賠清單 (statement of claim);③鑑定報告 (survey report);④借項通知單 (debit note);⑤其他單據文件 (other documents)。

六、買賣索賠的受理

當接到對方的索賠通知或索賠函後,被索賠者應立即採取適當的行動,並妥予解決,切勿置之不理。通常收到索賠要求後的處理程序為:①研討索賠通知;②審核索賠理由;③調查索賠發生的情況,探求索賠原因;④研究索賠轉嫁的可能性。

茲分述於下:

㈠研討索賠通知

如前述索賠通知僅是索賠人為爭取時效,於發現有索賠事由後立即向被索賠人發出的初步通知而已,通常內容簡略。因此,被索賠人於收到索賠通知之後除就其索賠內容作有關的審核研判外,應作必要的準備,以便收到正式索賠函之後,可立即採取行動,至於其審核要領如下。

㈡審核索賠理由

1.應審核事項:收到索賠函電後,應謹慎研究索賠理由,這項研究包括:

⑴以冷靜的頭腦詳閱對方索賠函電,切忌慌張。首先分析索賠人的措辭,是否有不清楚或牽強之處,或前後矛盾之處。再進一步研判來文措辭表達方式,藉以察覺其索賠是否公正有理,或者是無理取鬧,或者只是市場索賠或惡意的索賠而已。

⑵審核索賠是否在合理期間內提出。索賠應迅速提出,為國際間公認的慣例。如買賣契約已訂明提出索賠期限,被索賠人應注意買方所提出的索賠是否在規定期限內,這是索賠成立與否的主要關鍵。因為逾期的索賠其原因很可能是索賠人在當地因本身引起糾紛,企圖轉嫁給賣方,也很可能是因市場行情惡化而藉口提出市場索賠。

⑶研究其索賠理由是否充分?合理?出口商不能憑進口商片面理由爽快理賠,世界各地進口商有專以索賠為業的,有專以索賠彌補市價損失的,不可不加防範。在認付前必須確定買方提出的理由是否屬實,索賠內容是否合理。

2.索賠證據文件的檢討：國外寄來的索賠證據文件種類很多，非可盡信，實務上常有陳述 (statement) 不實或措辭含糊或計算錯誤者，如進一步與原買賣契約核對也可能發現對方索賠有欠合理的。因此，被索賠人應就對方所提出的索賠證據詳加檢討。

㈢調查索賠發生的情況，探求索賠原因

調查索賠發生的情形，就被索賠人而言，乃為最重要的事項，這與索賠原因的探求有極密切的關係。因為從調查索賠發生的情形，可以獲悉之所以發生索賠的原因。由此可以判斷對方所提出的索賠是否合理，也可據以確定其索賠的責任所在，以及探討轉嫁索賠的可能性，更可供作將來防止類似索賠的發生。

㈣研究索賠轉嫁的可能性

出口商如接到國外的索賠應即詳研其索賠是否合理，如認為合理，即應研究有無可能將其轉嫁給應負責任的原始製造廠家或船公司、貨運承攬人、報關行或包裝公司。但這項轉嫁，並非隨便藉詞將自己應負責任推諉他人，而是根據調查結果，能提出確實的證據，據以向他人索賠，轉嫁才能成功。

七、買賣索賠糾紛的解決要領

㈠力求合理，並以誠信為原則

處理貿易索賠的第一要領是「力求合理」。換句話說，合理的解決是處理貿易索賠的最基本原則，須知衡平法則 (principle of equity) 乃為一切商務往來的根本原則，欲求索賠合理解決，自應遵循衡平法則。

㈡發揮最高的智慧及技巧

對於索賠，應以最高度的技巧、知識及智慧應付。對方的索賠是否合理，對方的要求是否正當，均須憑靈活的技巧、知識及智慧來因應。

㈢在可能範圍內，當事人間儘量以友好方式私下和解

發生索賠情事時，當事人應盡全力由雙方以友好 (amicably) 方式自行謀求解決。這種方式既無額外費用的負擔，一切又在極友善氣氛中進行，不致傷及情感，是處理國際貿易索賠最理想的方式。

就實務而言，貿易雙方間所發生的索賠，大部分都由雙方自行解決，除非雙方的意見相差太大，甚少付諸調解、仲裁或訴訟。

(四)應迅速解決，切忌拖延

對方既提出索賠，其期待早日解決自屬意中事，尤其對於嚴重案件，更宜早日解決。如拖而不決，對雙方均不利。通常接到對方索賠函電時，宜先用電報扼要答覆，瞭解案情而後再以信函詳為洽詢或解釋可能的原因及處理的誠意。

(五)力求以最小的損失解決

在處理索賠爭執時，當事人應努力謀求以最小的損失解決問題。索賠人固然企求補償全部損失，但被索賠人卻謀以最小的損失解決索賠，索賠人欲求損失可獲全部補償，自應提出對方能接受的充分證據文件 (document of proof) 以證明其所蒙受的實際損失。反之，被索賠人欲求以最小的損失解決索賠，自應充分探求索賠的原因，分析對方的索賠內容，舉證反駁對方的索賠為不當或誇大，同時被索賠人在探求索賠原因時，應判斷其責任由何人負擔，藉以設法轉嫁。

(六)維持友好關係，不可失去顧客

處理索賠，應待之以禮。切須記住：一二宗交易的利益或可犧牲，顧客必須保留。

(七)索賠函電措辭應力求謹慎

切記「待人以禮者，人亦能竭誠以待之」，不宜使用不恭敬言辭。對方即使一無是處，也應婉言釋辯，應付索賠猶如長程賽跑，切忌一開始即氣短，反唇相譏。

八、買賣索賠糾紛的預防

貿易索賠糾紛如同人體生病，防患於病之未發，當比治病於已發者更為重要。雖然生病不可避免，但如平時小心謹慎，則生病機會必然減少，萬一生了病也較輕微而容易治療。同理，在貿易進行過程中，如能經常小心預防，則必能減少索賠糾紛。

1.誠信原則的遵守：商務往來，均建立在互相信任的基礎上。尤其國際貿易雙方遠隔重洋，買賣任何一方如有違背誠實信用原則，則不僅貿易糾紛層出不窮，交易也難繼續進行。因此，欲防範貿易索賠與糾紛的發生，端視於雙方的嚴格遵守誠信原則。

2.嚴格選擇交易對象，並詳辦徵信調查：從事國際貿易的雙方遠隔重洋，無法經常面對面洽談，因此應嚴格選擇往來對象，並做好徵信工作。一般從事貿易的人，

往往認為只要憑信用狀交易，則對方信用情況可不必考慮，此乃嚴重錯誤。因為信用狀無法阻止進口商藉口挑剔單據的瑕疵，以拒付貨款為手段，強迫出口商折價；也無法阻止出口商以偽造單據，詐騙貨款。

　　3.隨時注意對方市場情況的變動：明瞭對方市場的變動，以及財稅、金融、關稅、對外貿易各項措施，保持敏感性，既可發展業務，又可防止市場索賠的發生。

　　4.熟諳國際貿易慣例，及對方國家法令。

　　5.洽談交易及報價、接受報價時應慎重將事，切勿馬虎或粗心大意。

　　6.簽訂貿易契約時應審慎研訂契約條款，避免使用模稜兩可的辭語。尤宜靈活運用免責或限制責任的條款，避免負擔無限責任。

　　7.從事貿易必須以自己能力所及為範圍，不可不自量力，冒險行事，尤其對經營新貨品，更應三思而後行。

　　8.簽署任何文件之前，須先熟讀該文件內容，如有任何疑義或不明之處，應要求對方澄清。

　　9.不要勉強接受不合理的訂單。

　　10.嚴格履行契約條款。

　　11.儘量利用公證檢驗制度。

　　12.儘量利用保險制度：為轉嫁貨物毀損及短少風險應投保適當貨物海上保險，以承兌交單 (D/A)、付款交單 (D/P) 出口則加保輸出保險。

　　13.注重品質管制：貨物製造前，必須嚴格選擇原料，使貨物符合契約所訂的品質標準。

　　14.從接單、訂約、生產、交貨、信用狀交易至履行交貨為止，均須作好追蹤查核工作，掌握貿易流程，對於發生糾紛的徵兆或易啟糾紛之處，迅謀補救或採取防止之道。

🌐 第三節　運輸索賠

一、向船公司的索賠

㈠船公司的責任範圍

　　船公司收受運費為託運人運送貨物，自收貨至交貨的全部過程中，應負責保持

貨物的原狀，亦即船公司對於貨物的滅失、毀損、延誤、遲到等損害，除非能舉證證明船方在收受、運送、交貨過程中船方並未怠忽責任，也無任何過失，否則即不能免除賠償的責任。換句話說，理論上船方除不可抗力或因貨物的性質或因託運人或受貨人的過失所造成的損害外，例須負賠償責任（民法第 634 條）。但在實務上，船公司多在運送契約內或提單內依海商法第 69 條至第 73 條規定列載免責條款以限制或免除其責任。

提單中有關貨物的內容細節，船公司都認為是由託運人填報，所以不能認為船公司已承認貨物的嘜頭、內容、性質等與實際承運貨物相同。提單中有一欄專供記載貨物內容細節之用，欄的上方都載有類如 "Particulars Furnished by Shipper of Goods" 或 "Shipper's Description of Goods" 字樣，表示提單中貨物內容是由託運人填報，船公司並不知情。非但如此，提單中並有文字記載，船公司自託運人收到的是 "Goods or Packages/Said to Contain Goods..." 即謂收到「貨物或包件，包件內容據報是貨物……」。因此，託運人以包件貨物交運，船公司只承認收到「包件，據報其中是貨物」，其中的「據報」，當然是「據託運人所報」。

就事實而言，船公司收貨時，的確未拆包驗貨，實際上也無法拆包驗貨，因此它只承認收到包件「外表狀況良好，除非本提單另有記載」(in apparent good order and condition unless otherwise indicated herein)。

在目的港卸貨時，只要這些包件的外表狀況良好，船公司對於包件內容，可以不負責任。然而，如卸貨時包件已經損壞，船公司對於包件內容的損失，是否一定賠償？關於這一問題，各國海商法都替船公司規定許多免責事項 (immunities)，提單上也載有各種免責條款，其中幾乎包括所有的天災人禍，連船長、船員、及引水人在航行或管理方面的過失所致毀損、滅失也包括在內。例如船隻因船長、船員等的過失而發生沉沒、擱淺、碰撞、觸礁等意外事故而致包件損壞、貨物滅失，船公司對此仍可不負賠償責任。既然如此，則船公司對於所承運的貨物，究竟負有哪些責任？關於這一問題，只好從實務中找答案。就大體而言，一般船公司負賠償責任的事項（也就是不能免責的事項），大約只限於下列範圍：

1.不到貨：或稱為「遺失」，也就是船舶在一路風平浪靜而並無意外事故情形下，失落所承運貨物。

2.短卸：是指船舶在風平浪靜的情況下，短卸所承運貨物而言。

3.堆積不當：是指所承運貨物，因船艙中堆積不當所受的損害，例如將麵粉與糖裝載於同一艙內致兩者混合，或在較輕的貨物上堆積笨重機械致貨物受損。

4.處理粗魯：是指裝貨、卸貨、及堆貨時，貨物因搬動粗魯或不小心所受的損害。

5.偷竊、挖竊：是指貨物在船公司負責運送期間，因偷竊、挖竊所受的損害。

6.海水損害：即貨物在風平浪靜的情況下，因接觸海水所受的損害。

7.雨中強行裝卸：指船方為早日開航，強行在雨中實施裝卸所受的損害。

8.未經託運人同意將貨物裝載甲板上所受的損害。

9.未拒絕裝載禁運或偷運貨物以及貨物性質足以損害船舶與人健康者，因而發生的損害。

10.無正當理由而變更航程所受的損害。

11.未使船舶具有安全航行能力所致的損害。

12.未使船舶配置相當海員、設備及安置的艙位不當時所致的損害。

⑵船公司的責任期間

1.傳統運輸：海運運送人負責運送期間 (duration of carriage)，依海牙規則 (Hague Rules)，始於貨物裝載上船之時，而止於貨物卸離船舶之際。然而何種情形方可視為貨物已裝上或卸離船，海牙規則或海商法卻無明確規定。就習慣而言，除傭船場合須看如何約定外，一般定期船舶公司承運貨物的條件，多為 "End of Ship's Tackle"（或稱 tackle to tackle service），運送期間是開始於貨物在裝貨港搬上船邊索具，而終止於貨物在卸貨港從索具中卸落船邊，換句話說，也就是 "Ship-Side to Ship-Side Service"。所以其責任期間為 "From Tackle to Tackle"。至於貨物收受後裝載前或卸載後交付前，運送人占有貨物期間，運送人雖仍應依海商法第 61 條規定負責，但得以免責條款方式約定減免責任。

2.貨櫃運輸：貨櫃運輸與傳統運輸不同。其應負責的運送期間，原則上始於裝船港貨櫃基地 (container terminal) 時，而止於卸貨港貨櫃基地，所以其責任期間似應為 "From Terminal to Terminal"（但在 door-to-door service 的場合，其責任期間似應為 from door-to-door 的指定卸貨地點）。但依 79 年度臺上字第 1603 號判決，在貨櫃運輸，海商法減輕海上運送人責任的規定應僅適用於船舶海運及卸載過程中所發生的事故，不及於陸上發生者。貨櫃用拖車由碼頭卸船拖運至貨櫃集散站的過程應屬

另一陸上運送契約的附合成為海上運送契約的一部分，在此陸上運送過程中發生的貨損，應適用民法有關陸上運送的規定。

　　(三)船公司賠償金額標準

　　運送人因過失而違反處理承運貨物應盡的注意時，對於承運貨物的毀損、滅失應負責任。即使對於貨物的遲到也應負責任，除非運送人能證明其在處理貨物時已為必要的注意及處置，才可免除其責任。至於運送人應賠償金額，依據海牙一威斯比規則的規定，賠償金額應依契約卸載或應予卸載之時地的貨物價值計算，貨物的價值則依交易價格決定；若無交易價格，應依市價；或如無交易價格或市價，應參照同種類、同數量貨物的正常價值。至我國民法對於賠償金額的計算則有下列的規定：

　　1.民法第 216 條第 1 項規定：損害賠償，除法律另有規定或契約另有訂定外，應以填補債權人所受損害及所失利益為限。

　　2.民法第 638 條第 1 項及第 2 項規定：運送物有喪失、毀損或遲到者，其損害賠償額，應依其應交付時目的地之價值計算之。運費及其他費用因運送物之喪失、毀損，無須支付者，應由前項賠償額中扣除之。

　　有關損害額的計算雖有前述法律規定，但在實務上大多依起運地價格加保險費及運費 (CIF) 的總值為準。

　　此外，船公司都訂有最高賠償限額，其規定大致如下：

　　1.貨價經託運人於裝載前申報並註明於提單者，按申報價值賠償。

　　2.貨價未經聲明者，依據海牙一威斯比規則，最高賠償額為每件或每單位 10,000 法郎或發生毀損或滅失貨載毛重每公斤 30 法郎，以較高者為準。美國海上貨運條例規定為每件 500 美元。我國海商法第 70 條則規定以每件特別提款權 (SDR) 666.67 單位或每公斤特別提款權 2 單位計算所得的金額，兩者較高者為限。

　　3.因遲到的損害賠償金額，以其貨物全部損失時可得請求的賠償額為最高限。

　　(四)索賠注意事項及索賠手續

　　1.賠償的請求要件：

　　　(1)損害通知 (notice of loss/damage) 及時限：依海商法第 56 條（仿海牙規則第 3 條第 6 項）的規定，有受領貨物權利的人，如欲對運送人主張因貨物的毀損、滅失所發生的損害賠償時，應於法定期限內，以書面向運送人或其

代理人發出損害通知，其情形如下：

①如貨物的毀損、滅失顯著時，受領權利人應在提貨前或當時將毀損、滅失情形以書面通知運送人。

②提貨前或提貨當時，貨物的損壞業經運送人會同公證，作成公證報告者。

③如貨物的毀損、滅失不顯著時，受領人應於提貨後三日內，以書面通知。

④受領人若不以書面通知，亦可在收貨證件上註明毀損或滅失。

　　在①、②、③的場合，如貨主未及時發出通知，則貨主的提貨，將視為（海牙規則則「推定為」）運送人已按照提單的記載交清貨物。

⑵損害通知人與通知對象：依海商法第 56 條規定，損害通知以運送人為對象。這種規定已經不能適應現代的運輸方式，海牙規則則規定 "To the Carrier or His Agent at the Port of Discharge"，因此貨主對運送人的代理人所為的損害通知也應視為與對運送人的通知有同樣的效力。同理，損害的通知也不必全由受領權利人辦理，受領權利人的代理人或其他與受領權利人有利害關係的人也可代理通知。

2. 索賠時應提出的文件：貨主向承運人索賠時，應提出下列文件：

⑴索賠函件 (claim letter)。

⑵附屬單據 (supporting documents)：①提單正本或副本；②公證報告或短損報告 (damage and shortage report)；③原始發票；④借項通知單 (debit note)：有些船公司不要求；⑤包裝單 (packing list)；⑥海關申報進口證明等。

3. 損害賠償的起訴期限：如上所述，貨物受損後，受損數量及金額一經確定，即可向運送人提出正式索賠。如運送人拒賠或雙方意見不一致時，可交付調解或仲裁提起訴訟。但依海商法第 56 條及海牙規則第 3 條第 6 項規定，貨主如欲向運送人提起訴訟，應於提貨後一年內起訴，如貨物未經運到（即全損），則應於原可提貨之日起一年內提起訴訟，逾期承運人即免除責任，換句話說，貨主的損害賠償請求權即消滅。

二、向航空公司的索賠

(一)航空公司的責任範圍

在國際航空運輸中，有關航空公司的責任範圍目前多依華沙公約 (Warsaw Convention) 規定為準。茲就以該公約為根據說明航空公司的責任範圍：

1.航空運送人對於已登記的貨物，在航空運送期間內，有毀壞、滅失或損害時，應負賠償責任。

2.航空運送的貨物，因遲到所受的損失，運送人應負賠償責任，本公約對於貨物是否遲到未規定標準。至於以條款規定時間表或以其他方法所預定的時間表，都屬於預定的時間標準，並非保證的確實時間，所以不成為契約的一部分，尚須就各種情形視其是否超過合理時間以決定其是否遲到。

(二)航空運送人的責任期間

航空運送人對已經登記的貨物，在「航空運送期間」內，有毀壞、滅失、或損害時，應負責賠償，所以航空運送人的責任期間為「航空運送期間」。這裡所指「航空運送期間」是指貨物交付運送後的期間而言，即在航空站中、在航空器上或在飛行場外降落的任何地方，均包括在內。

(三)損害賠償金額的標準

在國際航空運輸方面，航空公司對於承運貨物所遭受損害的賠償標準如下：

1.依華沙公約規定，國際航空運輸，除非託運人於託運前報值 (declared value)，否則航空公司對滅失、毀損、遲到所負責任以每公斤 250 金法郎為限（這裡所稱法郎，指重量 65.5 公絲，含純金千分之九百的法國法郎而言）❶。

2.如貨主在提單 "Declared Value for Carriage" 欄所申告金額超過每公斤 20 美元，同時依航空公司運價表支付有關費用，則航空公司的責任限制為申告金額，但理賠時仍以實際損失金額且能提出證明者為限。

3.貨物如僅一部分滅失、毀損或遲到，則在衡度重量以決定運送人的限制責任時，應以相關單一包件或多數包件的總重量為對象。

---

❶　國際清算銀行 (Bank for International Settlements, BIS) 在 2003 年 3 月 10 日宣布，自 2003 年 4 月 1 日起，將以特別提款權 (special drawing right, SDR) 代替金法郎 (gold france)，作為記帳單位。

㈣索賠時應注意事項及索賠手續

1.損害通知及時效：索賠人須在下列期限以書面向有關航空公司提出索賠要求：

⑴可見毀損 (visible damage) 必須在發現當時。不可見毀損應於收到貨物後十四天內。

⑵遲到：於收到貨物後二十一天內。

⑶滅失：簽發提單後一百二十天內。

2.索賠時應提出文件：①索賠函 (claim letter)；②發票；③包裝單；④公證報告；⑤空運提單副本；⑥其他文件。

3.起訴時效：貨主依規定提出異議，而遭拒賠或雙方意見不合時，得提交調解、仲裁或訴訟。但依華沙公約第 29 條規定，損害賠償請求權，自到達目的地之日起，或航空器應行到達之日起，或停止運送之日起，因兩年內不提起訴訟而消滅，所以起訴時效為兩年。

三、運輸糾紛的預防與對策

㈠運輸糾紛的預防

在運輸糾紛方面，運送人所應負責賠償的範圍及賠償金額，除契約另有約定外，大多有成例可循，較少發生爭執。但實務上，貿易廠商與運送人之間仍常有糾紛，為此，貿易廠商為預防運輸糾紛的發生，應注意下列事項：

1.慎選信用良好的運送人：從事國際貨物運送的運送人良莠不齊，貿易廠商託運貨物之前，應事先做好徵信，否則後果不堪設想。

2.充分瞭解運送契約條款：運送契約（尤其是傭船契約）條款多如牛毛，不論是提單背面或傭船契約 (charter party) 的條款，往往艱澀難懂，字體又細小，雙方的權利、責任、義務如何，老實說，貿易廠商固然不一定充分瞭解，運送人也未必瞭解。但一般而言，這些密密麻麻的條款大都有利於運送人，因此，貿易廠商如能充分瞭解這些運送契約條款，就不利的部分提出修正意見，則可預防日後的糾紛。

3.嚴格履行運送契約條款：只要嚴格履行雙方所訂契約條款，就可防範糾紛的發生。

4.熟諳國際海事規則及海商法令：包括海牙規則 (Hague Rules, 1924)、威斯比規則 (Visby Rules, 1968)、漢堡規則 (Hamburg Rules, 1978)、華沙公約 (Warsaw

Convention, 1929)、海牙議定書 (Hague Protocol, 1929)，及我國海商法等。

　　5.隨時注意國際貨運市況的變動：例如出口地或進口地是否有碼頭工人的罷工？運費（尤其是 surcharges）的漲跌如何？進口港是否有擁塞情事或發生戰事？凡此，如能事先知悉並採取適當措施，必可防範很多糾紛或爭執。

　㈡運輸糾紛索賠的對策

　　1.力求合理，並以誠信為原則。

　　2.當事人間儘量以和諧方式自行謀求解決。

　　3.應迅速解決，切忌拖延。

第四節　保險索賠

　　國際貿易中所涉及的保險索賠，除針對貨物本身的貨物運輸保險及產品責任險索賠外，還有輸出保險制度下，專對貨物價款無法收回時損失的索賠。本節所要介紹的僅限於貨物運輸保險索賠。

　　投保人所以要將貨物付保，目的是在貨物受到保險責任內的損壞時可得到賠償，所以懂得如何投保而不懂得如何索賠，仍不實用。海上貨物保險方面的索賠以下列二問題為中心：(1)各種情形下的賠償金額如何計算？(2)向保險人索賠的手續如何進行？以下分別予以說明：

一、賠償金額的計算

　㈠全損的賠償金額計算

　　在貨物發生全損時，不管是實際全損或推定全損，其賠償金額，均為該批貨物的全部保險金額 (insured amount)。

　㈡單獨海損的賠償金額計算

　　貨物發生單獨海損時的賠償金額，因場合不同而有種種計算方法，茲分述如下：

　　1.貨物到達但數量短缺時：這種場合的賠償金額為該短缺部分的法定保險價額或可保價額 (insurable value) 對全部法定保險價額的比例，乘以全部保險金額。其計算公式如下：

$$賠償金額 = \frac{短缺部分的法定保險價額}{全部法定保險價額} \times 全部保險金額$$

這裡所指「法定保險價額」，依據英國保險法第 16 條第 3 項規定，乃指被保貨物的原始成本 (prime cost) 加運費及保險費，事實上就是不含預期利潤的 CIF Value。

2.貨物到達時已受有損壞時：此場合由當事人議定損害率，然後以損害率乘損壞部分的保險金額，即為賠償金額。例如貨物 10 箱，每箱價格相同，共保 US$11,000，其中已損壞的有 2 箱，其損害率當事人協議決定，各為 20% 及 70%，則結果如下：

賠償金額 = US$1,100 × 20% + US$1,100 × 70% = US$990

但是假如當事人關於損害率無法獲得協議，則通常都將已損壞的貨物予以拍賣，並按下面公式計算賠償金額：

$$賠償金額 = 損壞部分的保險金額 × \frac{完好總價 - 損壞總價}{完好總價}$$

上面公式中所謂完好總價 (gross sound value)，乃指損壞部分如能完好到達時的批發市價；如無批發市價可以調查，則加以估定。估價時，輪船運費、報關費用、進口稅及附加稅等，均包括在內。至於上式損壞總價 (gross damaged value) 乃指損壞部分呈損壞狀態拍賣所得的總價款 (gross proceeds)，而並非扣除售貨費用後的淨價。設上例每箱貨物的完好總價為 US$1,200，已損壞的 2 箱各售得 US$920 及 US$300，則其結果如下：

$$賠償金額 = US\$1,100 × \frac{1,200 - 920}{1,200} + US\$1,100 × \frac{1,200 - 300}{1,200} = US\$1,081.70$$

㈢共同海損的賠償金額計算

共同海損制度與海上保險乃二回事。在貨物海上保險中，貨物因所保危險引起共同海損時，都可自保險公司獲得賠償，而其所準據的是有關的保險契約及法律習慣。他方面，在共同海損制度下，凡因共同海損行為所引起的犧牲及費用，均須由共同航海的各財產共同分擔，而通常其所準據的是約克安特衛普規則 (York-Antwerp Rules)。換句話說，就貨物海上保險而言，不論是平安險、水漬險或全險，或 ICC(A)、ICC(B) 或 ICC(C)，凡因所保危險引起的共同海損，均可獲得賠償。在此情況下，貨物可能並未因共同海損行為而受到損害，但也可能因共同海損行為而有所犧牲。保險公司在前一場合，須賠償共同海損分擔 (GA contribution)，在後一場合，須賠償共同海損犧牲 (GA sacrifice)。至於共同海損費用 (GA expenditure) 則因其是由船方付出，所以由船東依據船舶保險單向保險公司請求賠償，而後保險公司再將其賠償金

額算入共同海損分擔額中。

　　茲設某船因火災引起共同海損，全部共同海損為 US$200,000，各財產按比例參加分擔時所依據的分擔價額 (contributory value) 如下：

船舶	US$3,000,000
運費（未付部分）	160,000
棉花	20,000
	⋮
合　計	US$4,000,000

　　那麼，共同海損損害率為 5%（即 $\frac{200,000}{4,000,000}$）。假設棉花全部屬同一貨主所有，則該貨主應分擔 US$1,000（即 US$20,000 × 5%），而這筆金額不論棉花有無犧牲，貨主均須負擔。不過棉花若因共同海損行為而有所犧牲時，貨主可在共同海損關係中另獲賠償。

　　以上為共同海損制度中的理算 (adjustment)。至於海上保險中的理算，則因場合而異。在棉花並無犧牲但須負擔共同海損分擔時，保險公司應賠償若干，須看保險金額與分擔價額何者較大而定。假如前者大於或等於後者，保險公司就須賠償共同海損分擔的全部，否則僅按前者與後者的比例賠償。例如本例棉花的保險金額為 US$24,000，則保險公司就須賠償全部共同海損分擔 US$1,000，如保險金額只有 US$16,000，則僅賠 US$800（即 US$1,000 × $\frac{16,000}{20,000}$），其餘 US$200 由被保險人自行負擔。

　　又如棉花也有犧牲，則保險公司就須按照犧牲部分的保險金額賠償被保險人，但被保險人在共同海損關係中因這種犧牲而享有的權利，則由保險公司代位。設本例的棉花犧牲二分之一 (US$10,000)，保險金額為 US$24,000，則被保險人在保險關係中，就可獲賠 US$12,000，但其於共同海損關係中可獲賠 US$10,000 的權利，則由保險公司代位。

㈣費用的賠償金額的計算

　　這裡所指的費用，是指損害防止費用、施救費用、以及額外費用 (extra charges) 等而言。由於這些費用在計算賠償金額方面頗有不同之處，所以分別說明於下：

　　1.損害防止費用：損害防止費用的賠償金額，為被保險人、其代理人、受僱人、

或受讓人實際支出的金額，即使這些費用與貨物本身賠償金額無關，保險公司仍須照賠。

2. 施救費用：施救費用的賠償金額，看情形而定。如施救行為僅及於所保貨物的情形，其賠償金額即為全部施救費用。反之，如施救行為同時也及於別人的財產，則其賠償金額尚須視保險金額與分擔價額何者較大而定；如保險金額大於或等於分擔價額，則施救費用中由被保險人負擔的部分，全部可獲賠償，否則，保險公司僅按前者與後者的比例計算。但不論哪一種情形，施救費用的賠償金額與貨物本身賠償金額相加，不得超過保險金額，

3. 額外費用：所謂額外費用，即指公證、理算、或拍賣費用等而言。這些費用均與保險金額無關，而是由保險公司另行賠出的，其賠償金額為被保險人實際支出的金額。然而，如貨物本身的損害不能獲得賠償，則這三種費用也無法獲得賠償。

二、保險索賠一般應注意事項

海上貨物運輸保險索賠一般應注意事項可分為四點說明：

(一)損失證明及通知

貨物在漫長的運輸途中常發生滅失或損害。貨主為便於索賠提供證明文件，應作有關的公證，並迅速通知保險人或其代理人。

(二)確實掌握索賠權時效

索賠都有時間的限制，如忽略而逾越時限，雖有充分的理由與證據，也無法獲得賠償，所以應注意索賠時效。

貨物抵埠，自承運船隻卸下後，應儘速提貨，如因其他事故無法迅速提貨時，至遲應於卸貨完畢之日起六十天內提貨，以免逾越保險單時限。因逾期提貨，事後發現損失而要求賠償時，保險公司將根據規定予以拒賠。另外，我國海商法第 151 條規定「要保人或被保險人，自接到貨物之日起，一個月內不將貨物所受損害通知保險人或其代理人時，視為無損害」，所以索賠文件送出不得耽擱。

(三)索賠文件必須齊全

索賠進行採證據主義，因此如無確切的證明文件，則無法獲得圓滿結果。所以索賠事件發生時，應先檢查有關交涉文件是否齊全，缺一即難免函件往返，不只耽誤時效，而且增加處理的困難。

㈣向事故責任人索賠

　　貨物雖已投保保險，但並非因有保險，則任何原因所致的損失均可向保險公司索賠，所以應注意交涉程序。但為保留索賠權，一方面向事故責任人提出索賠，一方面也提出保險索賠，例如貨物的短卸或貨物包裝的破損，應先向承運商（運送人或其代理人）辦理公證手續，並取得短卸證明書 (short-landing report) 或承運商及港務局會簽的事故證明單 (damage and shortage report)，以便由收貨人向承運商索賠，或由保險公司於賠付並取得代位請求權後，轉向承運商索賠。這項索賠期限，依我海商法第 56 條規定為一年，如來不及辦理索賠手續，應再函承運商申請展延，但其展延期限以一年為限。

三、索賠手續

㈠全損的索賠手續

　　貨物發生全損的情形，貨主也許在提貨前已獲悉，也許在提貨時才知道發生了全損，因此其索賠的手續也就略有不同，茲分述如下：

　　1.貨主在提貨前已獲悉貨物發生全損時（即貨物在航海中發生全損）：這時向保險公司索賠應提出下列文件：①索賠函及借項通知單 (debit note)；②保險單；③商業發票正本或副本；④包裝單或重量證明書副本；⑤提單全份；⑥海難證明書副本 (sea protest copy)；⑦承運人全損證明書 (certificate of total loss from the carrier) 或船方出險通知書；⑧公證報告（限於全損，並應於規定期限內作委付通知）；⑨向運送人所發出索賠函副本或其拒賠函。

　　2.收貨人收到貨物後，才發現發生全損時：向保險公司索賠時，除前述①～④、⑧、⑨等文件外，尚須提出下列文件：①提單副本；②輪船貨載授受證 (delivery and receiving certificate; boat note)；③其他能證明各項事實及各項費用的文件。

㈡單獨海損的索賠手續

　　單獨海損的索賠乃最常見的保險索賠，當貨物到埠提貨時，如遇有損失而發生索賠事故，其處理手續較為繁雜，茲將單獨海損索賠手續分兩部分敘述於下：

　　1.索賠通知：貨主在獲得貨物遭受損害的消息後，應迅速對保險公司或其代理人發出索賠通知，等到索賠金額算出後，再備妥正式索賠函件連同其他單據，向保險公司正式請求賠償。

2.正式索賠時應提出的文件：貨主向保險公司提出索賠要求時，除需發出正式索賠函件外，並應同時添附有關的單據。例如：

(1)索賠帳單或索賠計算書 (statement of claim)：索賠帳單乃說明賠償的計算書，在索賠金額需要計算時，通常須添附於索賠函件，一併向保險公司提出。

(2)保險單正本或副本或其號碼：保險單或保險證明書，乃保險契約的證據，保險公司查閱保險單或保險證明書的主要用意，是在於確定其持有人是否有憑以要求賠償的權利。

(3)公證報告正本或副本：公證報告的主要作用，是在於證明貨物的損害原因、程度、及其完好總價。

(4)提單：保險公司查閱提單的主要用意是在查明船名、航次、貨名、嘜頭、及件數是否相符，提單是否清潔，以及運送人的名稱、地址及其責任範圍，部分損失時應檢附經驗證的提單抄本 (certified true copy with signature) 二份。

(5)商業發票副本一式兩份或副本乙份或經驗證的抄本 (certified true copy with authorized signature) 二份：保險公司查閱發票的主要用意，是在於核算貨物價格及索賠金額。

(6)包裝單正本或副本二份：限於非散裝貨物，保險公司查閱包裝單的主要用意，在於查核是否有短裝，因短裝乃出口商的責任。

(7)事故證明文件：如海難證明書、港務局及運送人會簽的事故證明單 (damage and shortage report) 或運送人所簽發的短卸證明書 (short-landing report)。

(8)重量證明單、品質證明文件各一式兩份（是否需要視每案情形而定）。

(9)出口公證報告 (export survey; inspection report) 或大宗物資的裝船公證檢驗報告 (loading survey; inspection report)（如有的話）。

(10)修理或修配費用估價單（機械物資）。

(11)破損或短少貨物單證明文件（商業發票無受損物的單價時須提出）。

(12)破損貨物的剩餘價值估計表。

㈢共同海損的賠償

共同海損在一般貿易上較少發生，但我們仍須知道其索賠手續，以免共同海損

發生時影響索賠。如果船隻在中途發生共同海損事故（如擱淺、焚燬、觸礁或船隻破裂入水等），必定有電報拍回目的地船公司，船公司則迅速通知收貨人，這時收貨人須立即通知保險公司備案。

一經獲悉發生共同海損便要留意輪船抵達日期，當輪船抵達時，應即請保險公司及承運人委請公證人會同公證。因共同海損多少的確定及如何分攤，乃由共同海損理算師 (average adjuster) 制定共同海損理算書 (statement of general average)，這種計算往往費時甚久，因此船公司多委託公證人先作估計而製成共同海損保證書 (average bond) 給收貨人簽署，並交付一筆共同海損保證金 (GA deposit) 而先行提貨。這種共同海損保證金，可請保險人代為繳納或簽發共同海損保證函 (GA letter of guarantee) 以代替保證金。貨主要求保險人繳納保證金或簽發保證函時應提出：

　　1.承運人通知函副本。

　　2.保險單（或保險單號碼）或起運通知書號碼。

　　3.商業發票、提單、包裝單或重量證明單副本各三份並背書。

　　4.共同海損保證書，正副本三份。

假如貨物受損嚴重（即應由保險人負保險責任的損害發生於①航行中變賣貨物達於其全價值四分之三；②貨物的毀損已失去全部價值四分之三時），可將貨物委付 (abandonment) 給保險公司，而換取保險公司的全損賠償金額。這時須填具委付文件給保險公司，並將提單背書後交給保險公司。

四、保險糾紛的預防與對策

㈠保險糾紛的預防

發生保險糾紛時，保險人所應負責賠償的範圍及賠償金額，除契約另有約定外，大多有成例可循，發生爭議情事較少。但實務上，貿易廠商與保險人之間，仍時有索賠糾紛情事，為此，貿易廠商為預防保險糾紛的發生，應注意下列各項：

　　1.慎選信用良好的保險人：信用良好的保險人，向來「承保條件從嚴，理賠從寬」，萬一發生保險事故，信用良好的保險人從速理賠，不致拖泥帶水、吹毛求疵；反之，如保險人信譽較差者，往往拖延理賠，糾紛不斷。

　　2.充分瞭解保險契約條款：對於各項保險條件以及其保險範圍要有充分的理解，哪些保險種類最能保障所投保貨物的運輸風險？哪些保險條款不承保貨物在運輸中

可能遭遇的某種風險？是否要增加額外的保險？凡此，若能事先加以瞭解，萬一發生保險事故時，保險人依約理賠，即可避免應否理賠？應理賠多少？等等的糾紛。

　　3.嚴格履行保險契約條款：例如依保險單規定，發生保險事故時，應迅速通知保險人或其代理人，危險變更時，應立即通知保險人等等，若被保險人怠於通知，則可能喪失索賠之權，以致發生糾紛。

　　4.熟諳各項協會貨物保險條款 (Institute Cargo Clauses) 及有關保險法令。

㈡保險糾紛索賠的對策

　　1.力求合理，並以誠信為原則。

　　2.當事人間儘量以和諧方式自行謀求解決。

　　3.應迅速解決，切忌拖延。

 習　題

1.何謂索賠？運輸索賠？保險索賠？買賣索賠？

2.何謂不當的索賠？發生這種索賠的可能原因為何？

3.試述買方向賣方提出索賠時應注意事項。

4.試述船公司一般負責賠償的範圍及其責任期間。

5.試述保險索賠時應注意事項。

6.試述如何預防買賣貿易糾紛的發生？

第二十三章　國際仲裁與訴訟

第一節　國際貿易糾紛的解決方法

一、當事人間自行妥協或和解

所謂當事人間自行妥協或和解 (compromise between the parties) 是指由當事人，以友好方式 (amicable manners) 直接就糾紛的內容與解決方案互相磋商、溝通，直至獲致圓滿達成協議，而無第三者介入的情形而言。任何糾紛，由當事人直接妥協，具有下列各項優點：

1.當事人對於整個交易過程最為清楚，而且當事人對於發生糾紛的環境、原因與發展過程也知之最深，因此，由雙方自行和解，最為妥當。

2.由當事人自行妥協，最能顧及雙方間的情誼，不僅可迅速獲致圓滿的解決，且不致影響到將來的往來關係。

3.假如糾紛能由當事人自行妥協，而不對外張揚，當能維持良好信譽，不致給別人不良形象。

4.過程簡便，可節省可觀的仲裁或訴訟費用。

二、經由第三人調解

所謂調解 (mediation; conciliation) 就是當事人發生爭執而無法自行妥協或和解時，由第三者，即調解人 (conciliator)，居間協調當事人的爭執，以謀求雙方同意合理解決糾紛的方法。任何糾紛，最好由當事人自行妥協，但如無法自行妥協，則可嘗試經由第三者出面協調，謀求解決。經由調解途徑解決爭端，有下列優點：

1.調解可在保密情況下進行，使當事人的糾紛事件不致在商場上傳開，從而可維護當事人的對外商譽，保持良好形象。

2.調解並非一種強制手段，糾紛當事人可在相當友善氣氛下接受調解人的解決方案，從而可維持當事人間的情誼。

　　3.調解的手續簡便迅速，所費的時間與金錢有限。

　　調解的缺點為經由一般第三人提出的調解方案僅供當事人參考，對當事人並無拘束力 (binding force)，當事人一方如不同意調解方案，其調解即告失敗。

　　調解人應具有廉正高潔、大公無私的品格，且有豐富的貿易知識與經驗，否則無法提出使各方都能折服的調解方案。廣義的調解人包括個人、公會、商會、政府機構、法院或仲裁機構等，其中關於個人、公會、商會的調解屬一般第三人的調解；至於由政府機構參與的調解，例如貿易局，因其具有處罰權力，其調解已非單純的調解。又經法院調解成立者，與法院的確定判決有同樣的法律強制效力。

三、經由仲裁機構仲裁

　　國際貿易中所發生的爭執如不能由當事人以友好方式自行解決而演變成糾紛時，常邀請法院以外的第三者作合情合理公正的處理，以避免正面的法律訴訟。所謂第三者或為調解人或為仲裁機構或仲裁人，如由仲裁機構或仲裁人出面裁定解決，則稱為仲裁 (arbitration)，以別於調解。在國際上，以仲裁方式解決貿易糾紛是常例。

四、經由訴訟途徑解決

　　即向法院提起訴訟，並依法院的判決 (judicial decisions) 解決貿易糾紛。循法律途徑解決貿易糾紛，往往曠日費時，損耗金錢及精神，除非不得已，多非當事人所願採取。

🌐 第二節　仲裁的意義

　　國際貿易索賠與糾紛的解決，一般所採取的方法，不外由當事人自行和解、由第三者出面調解、提交仲裁機構仲裁、以及提出訴訟由法院判決等，已於第一節提及。以上各種解決方法優劣互見，手續繁簡也不同，各有其適用範圍。事實上，糾紛不大的，當事人多能以友好方式自行解決，如不能解決，再進一步邀請第三者出面調解。如情況嚴重，雙方相持不下，才進而提交仲裁甚或提起訴訟。就現代貿易實務看來，循法律途徑以訴訟來解決貿易糾紛的較少，這不僅是因訴訟手續相當複雜，並且訴訟採取三審定讞制度，從起訴以迄最後確定判決，往往稽延時日。而且兩造花費在律師費、訴訟費用及執行費用上的金錢，也頗為可觀。一方縱令勝訴，

也可能得不償失，於是乃有仲裁制度的產生。

所謂仲裁，乃由當事人雙方約定，將彼此間現在或將來的爭議，由選定的仲裁機構來解決紛爭的方法。現代大多數國家，有的在民事訴訟法中規定有關仲裁的條文，有的則制定單行仲裁法規或條例，規定商務糾紛可以仲裁方式來解決。

第三節　仲裁的優點

仲裁的優點很多，例如：

1.簡易快速：以仲裁方式解決當事人間的爭議，手續簡單，所費時間不多，且一經判斷 (award)（又稱裁決）即告確定 (final)，並拘束當事人，比訴訟程序簡單，可獲得迅速的解決。

2.經濟、費用低廉：各仲裁機構均訂有一定的仲裁費用標準（大多依標的金額累退比例計費），仲裁費用有限。一般而言，雙方當事人所需負擔的仲裁費用比訴訟費用要少，因此可節省雙方當事人的費用。

3.專家裁決：仲裁人由雙方當事人審慎選擇，多為精通國際貿易實務，具有豐富的商務經驗與學識，對所爭執的問題熟悉，故其所作判斷，易使當事人心悅誠服。這是仲裁的最大優點。

4.可保密：商務上的爭議，常涉及到雙方當事人的業務機密，如付諸訴訟，無異是將機密公開，非雙方當事人所願。而仲裁乃私人間解決糾紛的方法，可在祕密情況下進行，藉以保持商業上的祕密。

5.具有法律效力：仲裁人所作判斷具有法院裁判效果——如同法院確定判決的效力。因此，在商務上，為有關當事人樂於採用。

6.溫和處理：仲裁判斷比訴訟手段溫和方便。國際商務經營不易，經辛苦建立的客戶業務關係應予珍惜。雙方偶有爭執，應儘量避免對簿公堂，以免破壞未來業務的繼續往來的和諧。仲裁判斷的進行，事先取得當事人共同同意託付，因此交付仲裁的同意較為溫和，不致嚴重損傷雙方情誼。

※第四節　國際仲裁有關公約及規則

如上所述，有關仲裁的法律依據，有的國家是規定於民事訴訟法中，有的國家則另訂單行法或條例，其間可能頗有出入，涉及兩國人民利益的糾紛，究竟應依據

何國仲裁法規仲裁，適用時難免發生爭執。為解決這項法律衝突 (conflict of laws) 的困難，各國仲裁制度乃有統一化及國際化的趨勢，訂定國際間多數國家參加的國際公約，使得參加各國的仲裁判斷都能發生同等的拘束力。

目前，有關仲裁的國際公約及規則，主要的有下列幾種：

1. 仲裁條款議定書 (Protocol on Arbitration Clauses)：1923 年 9 月 24 日於日內瓦簽訂，由 8 條條文構成，是在國際聯盟策動下而訂定。

2. 外國仲裁判斷執行公約 (Convention on Execution of Foreign Arbitration Awards)：1927 年 9 月 26 日於日內瓦簽訂，1929 年 7 月 25 日生效，簽約國有二十八國，公約由 11 條條文構成，乃將上面 1923 年日內瓦議定書予以補充者，通稱日內瓦公約。

3. 外國仲裁判斷之承認及執行公約 (Convention on the Recognition and Enforcement of Foreign Arbitral Awards)：本公約於 1953 年 5 月由國際商會起草，委託聯合國經濟社會理事會加以檢討。之後，於 1958 年 6 月在紐約聯合國本部召開國際商務仲裁會議決議而成。公約由 16 條條文構成，共有三十六國簽約，通稱紐約公約。

4. 國際商會仲裁規則 (ICC Arbitration Rules)：本規則由國際商會於 1955 年制定，並曾於 1975 年、1988 年、1997 年及 2012 年修訂，現行規則（即 2012 年修訂，2012 年 1 月 1 日生效）共由 41 條條文及五個附錄構成。

5. 聯合國國際貿易法委員會仲裁規則 (UNCITRAL Arbitration Rules)：本規則於 1976 年 4 月，由聯合國國際貿易法委員會制定，同年 12 月，聯合國通過決議並向會員國推介採用，由 41 條條文構成。

6. 聯合國國際貿易法委員會國際商務仲裁模範法 (UNCITRAL Model Law on International Commercial Arbitration)：本規則於 1985 年 6 月 21 日由聯合國國際貿易法委員會制定，並經聯合國通過採行，由 36 條條文構成。

🌐 第五節　仲裁條款與提付仲裁協議書

仲裁在現代國際貿易中，已成為一種解決糾紛的重要方法。因此，許多貿易商在其印定的貿易契約書裡都已事先訂定「仲裁條款」(arbitration clause)，約定日後萬一發生糾紛，即依契約所訂提交仲裁。契約既由雙方簽訂，則日後發生爭執而不能

以友好方式自行解決時，任何一方均得逕行提交仲裁，而無須再徵求對方的同意。這種預訂仲裁條款的方式，即所謂「對未來爭執的仲裁」(for the arbitration of future disputes)。另外，在一些交易中，未預先訂有仲裁條款，或未預先約定如何解決糾紛，如一旦發生爭執，雙方也可同意以仲裁方式尋求解決。在此場合，當事人可另訂「提付仲裁協議書」(即仲裁契約) 將其糾紛提交仲裁機構仲裁。這種於糾紛發生後再約定的仲裁，則稱為「對已發生爭執的提付仲裁」(for the submission to arbitration of existing disputes)。

一、仲裁條款

仲裁條款一般多印在貿易契約書上，而成「印定條款」(printed clause)，有的甚至印在報價單上的一般條件中，而構成報價條件的一部分。其條款舉二例於下：

．Any dispute or difference arising out of or relating to the contract, or breach thereof, shall be settled by arbitration in Taiwan, Republic of China in accordance with the rule of the Arbitration Association of Republic of China. The award shall be final and binding on both parties.（因本契約，或違反本契約所引起的任何糾紛或爭議，應依中華民國仲裁協會規則，在中華民國臺灣以仲裁方式解決。該協會的裁定應為最後定讞並對雙方當事人有制裁效力。）

．我國仲裁協會所擬仲裁條款：

㈠先調後仲條款（國內用）

任何由本合約所生或與本合約有關之爭議，得提交中華民國仲裁協會爭議調解中心，依該中心之調解規則於＿＿＿＿＿＿（臺北／臺中／高雄（請選一地））以調解解決之。若該爭議經由調解，仍無法解決，雙方同意該爭議應提交中華民國仲裁協會，依中華民國仲裁法及該協會之仲裁規則於＿＿＿＿＿＿（臺北／臺中／高雄（請選一地））以仲裁解決之。

㈡與本國廠商簽約用（國內用）

任何由本合約所生或與本合約有關之爭議，應提交中華民國仲裁協會，依中華民國仲裁法及該協會之仲裁規則於＿＿＿＿＿＿（臺北／臺中／高雄（請選一地））以仲裁解決之。

㈢與外國廠商簽約用

Any dispute, controversy, difference or claim arising out of, relating to or in connection with this contract, or the breach, termination or invalidity thereof, shall be finally settled by arbitration referred to the Chinese Arbitration Association, Taipei in accordance with the Association's arbitration rules. The place of arbitration shall be in Taipei, Taiwan. The language of arbitration shall be ＿＿＿＿＿. The arbitral award shall be final and binding upon both parties.

二、提付仲裁協議書

貿易契約中未先預訂仲裁條款，發生糾紛後，欲以仲裁方式解決，可由雙方簽訂一協議書，稱為提付仲裁協議書或提付仲裁契約，作為雙方同意以仲裁方式解決糾紛的根據。其格式例舉下：

AGREEMENT OF SUBMISSION TO ARBITRATION

We, the undersigned parties, hereby agree to submit to arbitration by ＿＿＿＿ arbitrator(s) under the rules of the ＿＿＿＿ Arbitration Association, or such other rules as it may designate the following controversy:

....

....

We further agree that we will faithfully observe the agreements and the rules and that we will abide by and perform any award and that a judgement of any court having jurisdiction may be entered upon the award.

ABC COMPANY	XYZ CORPORATION
(signed)	(signed)

提付仲裁協議書

茲同意經由（一位或數位）仲裁人，依據（協會名稱）仲裁協會的規則或其他可指定的規則，交付仲裁，雙方爭執如下：

（說明爭執之所在）

雙方進一步同意將信守此項協議及規則，並同意將服從及履行任何裁決，以及同意此項裁決得向任何有管轄權的法院提出而認證其效力。

三、仲裁協議的有效要件

一個有效的仲裁協議，應具備下列要件：

1.仲裁協議方式：除了一些國家（如日本）外，仲裁協議必須有書面的合意。這種書面包括記載於當事人所簽名或交換的書信、電報、電傳或其他類似方式的通訊（參見我國仲裁法第 1 條第 4 項；1958 年紐約公約第 2 條），口頭承諾、電話約定均無效。

2.仲裁協議必須具備私法上契約成立要件及有效要件。

3.仲裁協議必須就當事人間一定的法律關係及由該法律關係所生的爭議而為，否則仲裁協議無效（仲裁法第 2 條）。也就是說，其法律關係必須具體特定，其僅種類一定，還不夠，例如仲裁協議中訂定「由甲、乙間交易關係所生的一切爭議交付仲裁」，因其法律關係欠缺特定，所以無效。

4.仲裁協議的當事人對於繫爭物——即發生爭議的權利或法律關係——須有以和解加以處分的能力或權限（仲裁法第 1 條第 2 項）。也即紛爭的性質由當事人的自由意志可保全處分者為限。因此破產人就屬於破產財團的財產，不得締結仲裁協議加以處分。又破產管理人未獲得監查人同意之前，不得處分破產財團的財產，因此，破產管理人就屬於其管理的破產財團的財產締結仲裁協議，應經監查人的同意（破產法第 92 條第 9 款）。

🌐 第六節　仲裁協議的效力

一、仲裁協議的效力

1.妨訴抗辯權的發生：由於仲裁協議的生效，當事人關於爭議喪失受通常法院裁判的權利。如當事人一方關於爭議向法院起訴時，他方得以仲裁協議的存在為由，請求法院裁定停止訴訟程序。這種效力一般稱為妨訴抗辯的效力。但這種抗辯權可以放棄（仲裁法第 4 條）。當事人雖然知道有仲裁協議的存在，不提出這種抗辯，就該訴訟為本案辯論或在準備程序，關於本案為陳述時，該抗辯權歸於消滅（參見民事訴訟法第 197 條）。

2.仲裁程序協力義務的發生：由於仲裁協議的生效，當事人負有依協議內容，

為便利仲裁人判斷所必要行為的義務,即仲裁程序的協力義務。例如選定仲裁人、預付仲裁費用的義務等是。

二、仲裁協議的無效問題

仲裁協議遇有下列情形時,即應歸於無效:

1. 欠缺仲裁協議要件(例如仲裁法第 2 條規定)。

2. 仲裁協議締結時,仲裁協議中所指定仲裁人已不存在時,其效力如何?依我國仲裁法第 13 條規定,仲裁協議仍有效,但有些國家的學者則認為該仲裁協議應屬無效。

3. 主契約(例如買賣契約)無效時,其仲裁協議是否也當然無效?關於此,有兩種不同的情況,一種是作為主契約一個條款的仲裁條款在主契約無效時,是否仍屬有效,另一種是主契約以外單獨訂立的仲裁協議在主契約無效時,是否仍屬有效。有些國家的法律對上述兩種情況有所區別。例如英國法認為,契約中的仲裁條款也同時無效,其理由是,仲裁條款是主契約的一個組成部分,主契約既然已經不復存在,那就不會有什麼仲裁條款的存在。因此,仲裁人不能對涉及主契約是否有效的問題作出判斷。但是主契約無效是否會使單獨訂立的仲裁契約也同時歸於無效則是另一回事。因為這種仲裁協議是與主契約分別簽立,是獨立於主契約以外的一個獨立的契約。因此,許多國家的法律都認為,在這種情況下,仲裁人有權根據獨立的仲裁協議,對主契約是否有效的問題作出決定。

目前國際上的趨勢是:對於主契約中的仲裁條款與獨立於主契約之外的仲裁協議不加以區別,主張仲裁協議與主契約應屬分離而獨立,仲裁人有權就主契約的有效性問題作出決定,此即所謂分離原則 (separable doctrine)。聯合國國際貿易法委員會仲裁規則和國際商會仲裁規則都有類似的規定。例如國際貿易法委員會仲裁規則第 21 條規定,契約中的仲裁條款將被視同獨立於該契約其他條款的一種協議,仲裁庭有權據此決定契約的存在和效力。並規定,當仲裁庭作出主契約無效的判斷時,並不影響仲裁條款的法律效力。我國仲裁法第 3 條規定:「當事人間之契約訂有仲裁條款者,該條款之效力,應獨立認定;其契約縱不成立、無效或經撤銷、解除、終止,不影響仲裁條款之效力」。

三、訂有仲裁協議仍可提起訴訟的情形

雙方當事人雖已訂有仲裁協議，但如遇有下列情況之一時，當事人仍可將爭議向法院提起訴訟：

1. 一方或雙方當事人已合法撤銷、解除、終止仲裁協議。

2. 仲裁庭逾法定期限未作成判斷書者，除強制仲裁事件外，當事人得逕行起訴或聲請續行訴訟。其經當事人起訴或聲請續行訴訟者，仲裁程序視為終結。

3. 合議仲裁庭之意見不能過半數者，除當事人另有約定外，仲裁程序視為終結，並應將其事由通知當事人。仲裁程序既終結，當事人得另提起訴訟。但也有學者認為仲裁程序雖終結，原仲裁協議並不因此失效，故當事人仍可另行選定仲裁人重新開始仲裁程序。

4. 仲裁判斷經法院判決撤銷確定者，除另有仲裁合意外，當事人得就該爭議事項提起訴訟。

第七節　仲裁機關與仲裁地點的決定

國際貿易買賣雙方不在同一個國家，仲裁機關與仲裁地點影響雙方的權益甚大，所以當事人在訂定貿易契約時，有關仲裁部分，多希望由自己國家的仲裁機關在自己國家內進行仲裁。因此為避免日後爭執，在訂定仲裁條款或提付仲裁協議書時，應同時約定仲裁機關與仲裁地點。

一、仲裁機關

各國辦理仲裁的機關不一，主要的有下列幾種：

1. 職業團體、社會團體組織擔任仲裁機關：大部分的國家均採用之。我國現行仲裁法也規定得由各級職業團體、社會團體得設立或聯合設立仲裁機構，負責仲裁人登記、註銷登記及辦理仲裁事件。

2. 國際商會：國際商會的仲裁院本身雖不直接辦理仲裁業務，但可任命或核定仲裁人成立仲裁庭 (arbitral tribunal)，由仲裁庭作成仲裁判斷，解決糾紛。

3. 各種商品交易協會：對於一些特種產品的交易，如棉花、咖啡、穀物等，有關品質、數量方面的糾紛，一般多由各種商品交易協會處理仲裁業務。

二、仲裁地點

仲裁地點的選擇，有下列各種方法：

1. 起岸地主義：貿易糾紛多以品質不良為主，仲裁地點選擇在貨物起岸地，便於仲裁人可實際查看貨物情況，然後再下公正判斷（裁決）。以起岸地作為仲裁地點，正可符合這種要求。

2. 被告地主義：貿易糾紛並不僅限於品質方面，除此，尚有延遲交貨、未交貨、未開信用狀等等，這些糾紛並無一定要在貨物起岸地辦理仲裁的必要。何況，仲裁最重要的是裁決以後的執行。仲裁確定後，獲勝的一方為實行已確定的效果，往往還須辦理各項手續。因此，就仲裁判斷以後的執行而言，以指定被告的所在地作為仲裁地點，在執行上應較貨物起岸地有效。

3. 第三國地主義：選擇第三國作為仲裁地點，有時可能基於政治上的理由，但主要的是以第三國的仲裁機關作為仲裁人，可望獲得較公正的裁決。不過選擇第三國作為仲裁地點，也有其不利的地方，就是仲裁判斷後的執行，手續上可能較為不便。

🌐 第八節　仲裁的程序

各仲裁機關的仲裁程序，隨其所依據的仲裁規則 (arbitration rules) 而不同，但大體而言，一般都包括下列步驟：

一、申請仲裁

如貿易契約訂有仲裁條款，當事人的一方（或雙方）得逕行向仲裁機構申請仲裁。如契約未預先訂有仲裁條款，而於發生糾紛後再協議提付仲裁，則由當事人雙方聯名向仲裁機關提出。請求仲裁，依一般規則規定，均須以書面提出申請，仲裁申請書並應包括：

1. 當事人雙方的全名及其地址。

2. 原告案件的陳述。

3. 所有契約的原本（或經證明屬實的抄本），特別是證明仲裁合意的文件（含提付仲裁協議書）、當事人間往來的函電、以及其他可信賴的文件或資料。

4. 提出仲裁人數目，並選定仲裁人或請仲裁機關指定仲裁人。

二、通知被告及被告答辯

仲裁機構接到仲裁申請案件後，即迅速通知被告答辯，被告接到仲裁機關送來的通知後，應在規定時間內對原告所提出的仲裁人數目及選定或指定仲裁人的建議提出答覆，並同時在同一期限內對本案提出答辯，以及提出其建議，附上有關證明證件或文書。如被告不於規定期限內提出答辯，仲裁仍將進行，不受影響。

三、仲裁人的選定

㈠由當事人選定

這是最普通的選任仲裁人的方法，其選任時間又可分為事前與事後兩種，事前選任是指糾紛發生之前事先在仲裁契約中規定；事後選任是指發生爭議後提付仲裁時才選任。其選任方式，通常是由當事人兩造各選任一名仲裁人，再由選出的二名仲裁人共推舉另一仲裁人為主任仲裁人。我國仲裁法第 9 條第 1 項即規定：「仲裁協議，未約定仲裁人及其選定方法者，應由雙方當事人各選一仲裁人，再由雙方選定之仲裁人共推第三仲裁人……」。

㈡由法院選定

在下列情形，法院得依當事人的聲請選定仲裁人：

1.仲裁人於選定後三十日內未共推主任仲裁人者，當事人得聲請法院為之選定。

2.仲裁協議約定由單一的仲裁人仲裁，而當事人的一方於收受他方選定仲裁人的書面要求後三十日內未能達成協議時，當事人一方得聲請法院為之選定。（仲裁法第 9 條第 2 項、第 3 項）

㈢由仲裁機構選定

我國仲裁法第 9 條第 4 項規定：「前二項情形，於當事人約定仲裁事件由仲裁機構辦理者，由該仲裁機構選定仲裁人。」

而根據國際商會仲裁規則規定，仲裁人的選定方法如下：

1.如當事人同意由單一仲裁人解決糾紛時，可經共同協議提名人選，由國際商會仲裁院確認。如雙方無法協議，則仲裁人選將由仲裁院指定。

2.如仲裁人數目為三位，則每一當事人各提一位由仲裁院確認，第三位由仲裁院指定，並擔任仲裁院的主席（主任仲裁人）。如其中一造不提名仲裁人，則由仲裁

院一併指定。

3.如當事人對仲裁人數目不能協議時，仲裁院原則上將指定單一的仲裁人。但如當事人的一造請求提交三位仲裁人，仲裁院將斟酌糾紛的重要性再行決定。

仲裁人裁定糾紛，影響當事人權益甚大，通常須具備下列條件：

1.須具有長年的貿易經驗，並精通實務。

2.熟諳各種複雜的國際貿易慣例。

3.具有豐富的法律知識，特別是國際貿易法及各國商事法。

4.精通商用英文。

5.人格高尚，操守廉潔，態度公正，為人正直。

6.與雙方當事人皆無利害關係。

四、仲裁庭的成立

由仲裁人一人或單數的數人組織而成，並以辦理仲裁事件為目的的機構，稱之為仲裁庭 (arbitral tribunal)。

五、仲裁審理

依我國仲裁法第 23 條第 1 項規定：「仲裁庭應予當事人充分陳述機會，並就當事人所提主張為必要之調查。」國際貿易糾紛，雙方當事人不在同一國家，仲裁機關審理案件，多根據雙方所提供的證據及文件逕行裁決。雖一般規定，如當事人有請求時或有必要時，仲裁人應給予合理的通知後，請當事人在特定地點及時間當面陳述，當事人得親自出席或授權代理人出席，也得委託顧問或律師出席。但以仲裁方式解決糾紛，目的在避免時間金錢的浪費，所以實務上仲裁人當面審理仲裁案件，實不多見。

六、仲裁判斷

仲裁庭審理案件後，應於相當時日內予以裁定，作成判斷書，交付當事人。作成判斷書的時間，依我國仲裁法第 33 條第 1 項規定：「仲裁庭認仲裁達於可為判斷之程度者，應宣告詢問終結，依當事人聲明之事項，於十日內作成判斷書。」我國仲裁法第 21 條第 1 項規定：「仲裁進行程序，當事人未約定者，仲裁庭應於接獲被

選為仲裁人之通知日起十日內，決定仲裁處所及詢問期日，通知雙方當事人，並於六個月內作成判斷書；必要時得延長三個月。」國際商會仲裁規則則明白規定仲裁庭應於簽署「仲裁權限議定書」（terms of reference，又稱審理範圍書）之日起六個月內作成仲裁判斷。

仲裁人如為一人時，由該仲裁人逕行判斷。如為三人時，其判斷以過半數意見決定，不能過半數時，其判斷取決於主任仲裁人。

七、仲裁費用

各地仲裁機關所訂的仲裁費用並不相同。如將貿易糾紛提交國際商會仲裁，每一當事人應先繳登記費 3,000 美元，否則不予受理。而其仲裁費用則包括仲裁人報酬、費用、行政規費，並可能還包括仲裁人個人開支、任何專家鑑定費及類似開支。行政規費按糾紛金額 5 萬美元以下者收 3,000 美元，5 萬美元以上至 10 萬美元者，收 3,000 美元加超過 5 萬美元部分的 4.73%，超過 10 萬美元者手續費遞減，詳情請參閱國際商會仲裁規則的附錄三：仲裁費用表。仲裁人報酬費亦按糾紛金額計算，5 萬美元以下，最少 3,000 美元，最多 18.02%，超過 5 萬美元，費率按金額遞減，1 千萬美元以上至 5 千萬美元者，最少 0.011%，最多 0.058%。

如提交我國仲裁協會辦理，仲裁費用依仲裁機構組織與調解程序及費用規則第 25 條的規定收取，例如仲裁標的金額在 6 萬元以下者，繳費 3,000 元，超過 6 萬元至 60 萬元者，就其超過 6 萬元部分，按 4% 計算……。（以上均指新臺幣）

🌐 第九節　仲裁判斷的效力

仲裁判斷的效力如何，對當事人交付仲裁意願影響甚大。茲分別說明仲裁判斷在國內及國際間的效力。

一、國內效力

我國仲裁法第 37 條規定：「仲裁人之判斷，於當事人間，與法院之確定判決，有同一效力。仲裁判斷，須聲請法院為執行裁定後，方得為強制執行。但合於下列規定之一，並經當事人雙方以書面約定仲裁判斷無須法院裁定即得為強制執行者，得逕為強制執行：一、以給付金錢或其他代替物或有價證券之一定數量為標的者。

二、以給付特定之動產為標的者……。」所謂確定判決，係指法院訴訟的判決，再也不得以上訴方法請求廢棄或變更判決之意。判決確定之後，即產生確定力、形成力與執行力三種法律效力。依上述規定，仲裁判斷原則上只具有其中的確定力與形成力，欲強制執行，則必須聲請法院為執行裁定。但有關金錢事項當事人雙方曾以書面約定仲裁判斷無須法院裁定即得逕為強制執行者，得逕為強制執行。因此，只要在買賣契約書中規定仲裁條款，並約定仲裁判斷無須法院裁定即得逕為強制執行，則仲裁判斷具有強制執行的效力，不必再聲請法院為執行的裁定。

二、國際效力

國際貿易糾紛的當事人往往各屬不同國籍，因此仲裁判斷的作成能否在各當事人所在國被承認與執行，關係當事人的權益甚大。一國的仲裁判斷與司法判決一樣，具有獨立自主權力，他國本無承認與執行的義務。然而，近世以來，國與國之間的來往日益頻繁，如各國都拒絕外國仲裁判斷在本國的效力，則仲裁判斷即失去意義，仲裁制度勢必日趨式微。因此，在尊重各國主權獨立與維護仲裁當事人權益的衡量下，仲裁判斷在國際間的效力益形複雜。

一般而言，欲使一國仲裁機構的仲裁判斷在他國獲得承認與執行，必須滿足下列二種條件之一：

㈠參與簽署有關國際仲裁公約

由三個或由三個以上國家共同簽訂一多邊條約，約定各簽約國相互之間，承認對方仲裁機構所作的仲裁判斷，並且能予執行。一國如果參與簽署這種條約，則有義務承認並執行其他簽約國仲裁機構所作成的仲裁判斷。換言之，在訂有國際仲裁公約（如前面所述的 1923 年日內瓦議定書、1927 年的日內瓦公約以及 1958 年的紐約公約等。）的國家，簽約國家仲裁機關所作的仲裁判斷，在各簽約國家間均有同一效力並具有強制執行力。

㈡簽訂雙邊仲裁條約

雖未參加簽署國際仲裁公約，兩國之間也可訂定仲裁條約，承認相互間仲裁判斷的效力與執行力。

一般而言，兩國雙邊契約的締結，比多邊條約的簽訂來得單純容易。因為雙邊條約參與者僅有二國，比較能夠兼顧國情，雙方利益亦較能平衡，尤其在解決涉及

兩國間性質特殊的事件，亦較能表現出其功能與作用。一國如與他國簽訂雙邊仲裁條約，則此兩國均應依條約內容相互尊重對方的仲裁判斷，並協助予以執行。國際間有關仲裁判斷效力的雙邊條約很多，其中以美國與日本兩國的成就最為顯著。

如果一國未參加簽署國際仲裁公約，也未訂定兩國間的仲裁條約，則其仲裁機關所為的仲裁判斷在他國的效力及執行力，不易確定。當然這並非表示彼此的仲裁判斷將不被對方承認，而是必須依照仲裁當事人所屬國家的有關法規，或當事人間所約定適用的法律來決定。

🌐 第十節　我國的仲裁制度

我國仲裁制度所依據的法令規章約有下列數種：

1. 98 年 12 月 30 日修正的「仲裁法」。
2. 92 年 1 月 22 日修正的「仲裁機構組織與調解程序及費用規則」。
3. 99 年 4 月 26 日修正的「中華民國仲裁協會仲裁規則」。

此外，仲裁法第 52 條規定：「法院關於仲裁事件之程序，除本法另有規定外，適用非訟事件法，非訟事件法未規定者，準用民事訴訟法。」因此，在得準用的場合，非訟事件法、民事訴訟法也間接補充仲裁法不周之處。

我國主要仲裁機構為中華民國仲裁協會，於 43 年 9 月奉准籌組，翌年 9 月 5 日奉內政部核准正式設立，辦理商業仲裁業務。但是成立以來，受理的業務不多，會員也不普遍。主因是除很多貿易糾紛由法院或國際貿易局協調解決外，業者對於以仲裁方式解決糾紛的觀念尚未普及，而我國又未參加有關國際仲裁公約，致我國仲裁機關所作的仲裁判斷未必被承認，也不免使業者缺乏信心。所幸，近年來，中華民國仲裁協會大幅推展仲裁業務，其公信力逐漸獲得業界的信賴。尤其該協會極力宣導以仲裁方式解決糾紛的優點、舉辦講習會、與歐美日等主要貿易國家仲裁機構建立合作關係等等，令人印象深刻。仲裁法於 87 年 6 月經立法院三讀通過（該法於 98 年 12 月 30 日修正），擴大仲裁的適用範圍。因此，我國仲裁業務將有長足的發展。

※第十一節　貿易糾紛與訴訟

一、訴訟解決的性質

　　上述所討論的數種解決貿易糾紛的途徑，即當事人自行妥協、由第三人調解及仲裁等，都是屬於比較自治性的解決手段。現在進一步討論強制性解決糾紛的司法訴訟。

　　當事人所以不得不透過司法訴訟此一極不友好方式來解決糾紛，可能是因無法經由上述自治性途徑解決的結果。然而透過訴訟方式解決貿易糾紛，自起訴開始以迄判決確定，其間須經過漫長繁雜的司法過程。例如自起訴狀的提出、訴訟程序的審查、言詞辯論的準備、人證的詢問、書證與物證的調取、鑑定與勘驗、以及和解的試行等等。這些瑣細冗繁的手續已足夠使當事人疲於奔命，尤其是當貿易糾紛涉及不同國籍的當事人時，其間法律習慣的差異、貿易政策的不同、蒐集人證物證的困難、司法程序的不同、判決能否在他國被承認、執行等等，比一般司法訴訟更為複雜且曠日費時。因此，當事人擬以司法途徑解決貿易糾紛之前，應先考量一切可能遭遇的困難與複雜，以免得不償失。以下就有關透過司法訴訟解決貿易糾紛的問題加以說明。

二、法律的適用

　　一般而言，由於交易而生的債權債務關係，均與當事人所訂的契約有關者居多，貿易糾紛的解決依據也多以當事人所訂貿易契約內容為準。而一般貿易契約均依貿易當事人的自由意思而訂立，由於雙方當事人，往往非屬同一國籍，於是產生訴訟判決所應依據的法律問題。一般而言，在貿易訴訟所適用的法律大致如下：

　　㈠依當事人合意選定適用法律

　　現代各國法律大多准許契約當事人在不違反國家利益、不牴觸社會善良風俗，以及不違反強制法規的情形下，得由當事人以自由意志規定適用法律。

　　㈡如當事人無合意適用某國法律

　　1.適用法庭地法主義：貿易糾紛既然付諸司法途徑解決，則不論在任何一方當事人所在地起訴，法官自有適用法庭地法律的權責，因此法庭地所在地的法律將作為裁判貿易糾紛的依據。

2.適用履行地法主義：付諸訴訟的目的乃在於藉此保障其應有的權益，而債務的履行又係債權債務關係的終極目標。所以在當事人未合意適用法律或對於法律的適用意思不明時，其法律關係的成立要件與效力，自以適用履行地法律較為適宜。在貿易訴訟的場合，即以適用被索賠人 (claimee) 所在地的法律為宜。

3.適用行為地法主義：從理論上言，貿易契約是否有效成立，除當事人的合意行為外，尚須考慮其交易行為是否為行為地的法律所認可。倘訂約地法律認為契約不合法，則該契約即不能有效成立；從實際方面而言，法律行為地的法律當為當事人所熟悉。因此，以行為地法律作為決定契約的成立與效力標準，也屬自然合理。

4.適用債務人所在地法主義：有些人認為有關債的法律，乃為債務人的利益而設，因而認為當事人的意思不明時，其契約是否有效，應依債務人所在地的法律作為裁判的標準。

5.適用本國法兼行為地法主義：即當事人國籍如相同時，應適用當事人的本國法律；如果當事人的國籍不同，則應適用行為地的法律。

上述各種不同主義令人無所適從，不過有關法律的適用問題，我國涉外民事法律適用法採用本國法兼行為地法的觀點。涉外民事法律適用法第 20 條規定如下：

「法律行為發生債之關係者，其成立及效力，依當事人意思定其應適用之法律。

當事人無明示之意思或其明示之意思依所定應適用之法律無效時，依關係最切之法律。

法律行為所生之債務中有足為該法律行為之特徵者，負擔該債務之當事人行為時之住所地法，推定為關係最切之法律。但就不動產所為之法律行為，其所在地法推定為關係最切之法律。」

三、承認外國判決的條件

訴訟的目的乃在於期望藉由判決的執行來維護告訴人的權益，而外國判決是否能在本國有效執行，必須以承認該外國判決為前提。依據一般國際司法慣例，國內法院承認外國法院的判決，至少應具備下列各項條件：

(一)該判決必須為民事或商事判決

外國法院的判決如屬刑事判決或行政法院判決，原則上將不予承認。但貿易糾紛的訴訟係屬商事問題，故符合此條件。

㈡該判決必須為確定判決

外國法院的判決如欲獲得國內法院的承認，該判決必須為確定判決。意指由外國法院，依通常訴訟程序，經過言詞辯論所作成的確定判決。

㈢該判決的法院必須為有管轄權的法院

外國法院必須有涉外訴訟的管轄權，該有管轄權的外國法院所作成的判決才能獲得國內法院的承認及執行。至於該判決法院是否真正具有管轄權，不僅須依照該外國法律來決定，且必須依據國內法律來決定。

㈣該判決必須為有效判決

外國法院所作成的判決必須在該國為有效判決，才可獲得國內法院的承認。如果外國法院的判決在該國都屬無效，則該判決在國內當然也不能獲得國內法院的承認。

㈤該判決必須合乎國內公序良俗

如果外國法院的判決有違背公共秩序或善良風俗者，國內法院將不予承認。

以上是有關承認外國法院判決的一般國際慣例。至於我國，在民事訴訟法第402條有如下規定：「外國法院之確定判決，有下列各款情形之一者，不認其效力：一、依中華民國之法律，外國法院無管轄權者。二、敗訴之被告未應訴者。但開始訴訟之通知或命令已於相當時期在該國合法送達，或依中華民國法律上之協助送達者，不在此限。三、判決之內容或訴訟程序，有背中華民國之公共秩序或善良風俗者。四、無相互之承認者。」

上述民事訴訟法第402條條文的規定是以反面敘述的，我們可以依此整理出正面條件，在這些條件下，我國法院才可承認外國判決：

1.外國法院的判決必須為確定判決：此一條件已於民事訴訟法第402條條文開頭「外國法院之確定判決」等語顯示。

2.作成判決的外國法院應為有管轄權的法院：依我國民事訴訟法第402條第1款的規定，外國法院有無管轄權的標準，應依據中華民國的法律決定。依該國的法律，如果該外國法院對此一訴訟為有管轄權，但依據中華民國法律規定，該訴訟非為該外國法院管轄者，則該外國法院的判決在中華民國境內將不被承認有效。例如某一以信用狀糾紛為標的訴訟案件，外國當事人在該國法院提起訴訟，並經該外國法院依其訴訟程序作成判決，但此一訴訟案例依據中華民國民事訴訟法的規定，應

屬中華民國法院的專屬管轄，則該外國法院依中華民國法律並無管轄權，其判決不能被中華民國法院承認。

3.敗訴的當事人如果為中華民國國民，而該當事人並未應訴者，中華民國法院也不承認該外國法院的判決。這裡所謂「未應訴者」，可分為二種情形：一為該外國法院採取言詞辯論主義者；二為該外國法院採取書狀審理主義者。其採取言詞辯論主義者，如果敗訴的當事人為中華民國國民，而該當事人並未到法院參加言詞辯論，則判定該敗訴人為「未應訴」；其採取書狀主義者，如果敗訴的一造為中華民國國民，其並未提出書狀，則也判定為該敗訴人「未應訴」。但是如果開始訴訟所需的通知或命令，已在該外國送達本人，或者依照中華民國法律的協助送達者，即使敗訴的中華民國國民未應訴，中華民國法院也承認該外國法院的判決。

4.外國法院的判決必須沒有違背本國公共秩序或善良風俗：如果該外國法院的判決對本國的公共秩序或善良風俗有不良影響者，中華民國法院將不予承認其判決。

5.必須該外國對本國訴訟不予歧視者：如果訴訟無國際間相互承認者，本國法院也不予承認。

四、外國法院判決的執行

國內法院對於外國法院判決的執行，各國判例或規定頗為歧異。有些國家採取較為放寬的態度，而有些國家則採取較為嚴格的態度。一般國內法院對外國法院判決的執行，只限於國內法院就經其承認的外國判決准許執行的意思表示時，該外國法院的判決才能被依序執行。即首先必須經過國內法院判定該外國法院的判決，符合上述承認外國法院判決的條件，然後國內法院又有准許執行的意思表示後，才可以予以執行。而且國內法院在作其准許執行的意思表示後，國內法院才循訴訟當事人的請求，執行該外國法院判決的內容。通常，國內法院准許執行外國法院判決的方式有下列三種：

1.經國內法院再審後，發給「執行認許書」。

2.國內法院基於外國法院的判決，作成新的判決。

3.登記外國判決。

至於我國，法院對外國法院判決的執行，強制執行法第 4–1 條第 1 項有如下規定：「依外國法院確定判決聲請強制執行者，以該判決無民事訴訟法第 402 條各款情

形之一，並經中華民國法院以判決宣示許可其執行者為限，得為強制執行。」

由此條文可知，如要聲請執行外國法院的判決，必須符合下列三條件：

　1.該判決必須為外國法院的確定判決。

　2.該判決無民事訴訟法第 402 條各款的情形者。

　3.該判決必須經中華民國法院以判決宣示許可其執行者。

由上述可知，不論是訴訟程序、法律的適用，以及法院判決的承認與執行效力等問題，國際間的訴訟甚為複雜，金額不大的爭執，不宜輕易付諸訴訟。不過，如果所牽涉的金額龐大，而對方又沒有合理解決誠意時，業者也唯有據理力爭，審慎研究以法律途徑解決的可能性，以維護自身的權益，並促進國際交易的合理順序進行。

※第十二節　貿易糾紛與 ADR

ADR 為 Alternative Dispute Resolution 的縮寫，姑譯為「解決糾紛的替代方法」。契約糾紛的解決方式，可分為下列幾大類，即①直接談判 (direct negotiation)；②第三者協助的談判 (third-party assisted negotiation)：即 ADR；③仲裁 (arbitration)；④法院訴訟 (litigation)。

由第三者協助解決糾紛的談判就是 ADR，此第三者，不包括仲裁（廣義的 ADR 則包括仲裁）及法院。為近年來逐漸被採用的糾紛解決方式，它源自美國，因為在美國以傳統方式解決糾紛不僅費時曠日，而且費用高昂，使得業者排斥以訴訟或仲裁方式解決糾紛，而改採 ADR 方式。

常見的狹義的 ADR 形式有：① Conciliation（調解）；② Mediation（調停）；③ Mini-Trial（小型審理）；④ Non-Binding Arbitration（無拘束力仲裁）；⑤ Expert Opinion（專家意見）；⑥ Moderated Settlement Conference（溫和的解決會議）。其中所謂 Mini-Trial 事實上是一種簡化的法庭審理。糾紛雙方需要共同選擇一個「法官」或「中間人」主持 ADR。這個中間人可能是一個退休法官，也可能是資深律師。這種小型審理的判決，與其他 ADR 一樣，是否具有拘束力完全取決於糾紛雙方的選擇。在整個 ADR 過程中，雙方必須有決策者參加，他有權對是否接受中間人的判決作出決策。

至於以 ADR 解決爭議的約定方式，茲舉一例供參考：

If any dispute of difference arises out of or in connection with this contract the parties shall seek to resolve the dispute or difference amicably by using an ADR procedure acceptable to both parties 〔before pursuing any other remedies available to them〕.

If either party fails or refuses to agree to or participate in the ADR procedure or if any event the dispute or difference is not resolved to the satisfaction of both parties within 〔90〕 days after it has arisen the dispute or difference shall be referred to arbitration...〔add arbitration clause〕.

 習　題

1. 試述貿易糾紛的解決途徑。

2. 何謂仲裁？仲裁的優點有哪些？

3. 試述仲裁契約的訂定方法及仲裁契約的內容。

4. 試述國際仲裁的仲裁程序。

5. 何謂仲裁判斷？其效力如何？

6. 外國法院的判決在何種情形下，我國法院才承認並執行？

7. 何謂 ADR？其優缺點為何？

第二十四章 託收方式貿易

第一節　託收的意義

在國際貿易中，託收 (collection) 是常見的結算貨款方式。在託收業務中，作為結算工具的票據和單據的傳遞，與資金的流動方向相反，故屬逆匯 (reverse remittance; to honor draft; to draw)。

所謂託收係委託代收的簡稱。申言之，即由一方（委託人）委託他方（受託人）向第三者收取某一種標的物的行為。「託收」係就委託人的立場而言；如就受託人的立場而言，就是「代收」。

在國際貿易中，所謂託收係指出口商依照買賣契約規定，將貨物裝運出口後，開具以進口商為付款人的金融單據（如匯票）及（或）商業單據，委託他人（通常為銀行）代向進口商收取貨款之意。

在現代國際貿易中，託收的進行固然多委由銀行辦理，但也有委由運送人或應收帳款收買公司 (factors) 辦理者。只因現代的國際託收都委由銀行辦理，所以一般所指的託收，都指銀行託收而言。本文所稱託收，即專指銀行託收而言。

關於銀行託收，國際商會訂有統一規則，以資有關各方遵守。依 1995 年修訂的託收統一規則（Uniform Rules for Collection, 1995 Revision, Publication No. 522, URC，簡稱 URC 522），所謂託收係指銀行依收到的指示，處理金融單據及（或）商業單據，以期達成①獲得付款及（或）承兌；②憑付款及（或）承兌而交付單據；③依其他條件而交付單據的作業過程而言。

第二節　託收方式貿易的關係人

由上述託收方式交易流程可知銀行託收的當事人 (URC 522 Art. 3) 有：

1.委託人 (principal)：又稱為本人，係指委託銀行辦理託收的顧客 (customer)。通常為託收方式交易中的賣方 (seller)，即出口商 (exporter)，也是匯票（或其他金融單據）的發票人 (drawer)，係託收方式交易中的債權人。

2.託收銀行 (remitting bank)：又稱為寄單銀行，係指接受委託人委託辦理託收的銀行。通常為出口地銀行，故又稱為本地代收銀行 (local collecting bank)。此銀行通常與委託人有往來關係，基於委任契約，係委託人的受任人。

3.代收銀行 (collecting bank)：係指託收銀行以外，處理託收的銀行。託收銀行接受委託向國外進口商收取貨款，勢必再委託進口商所在地往來銀行代為執行收款工作。此國外銀行即為代收銀行，又稱為國外代收銀行 (foreign collecting bank)。代收銀行或為託收銀行的國外分支銀行或為其往來銀行，係委託人的複受任人及複代理人。

4.提示銀行 (presenting bank)：又稱交單銀行。是向付款人直接提示匯票和單據的代收銀行。通常向付款人提示匯票和單據的銀行就是代收銀行本身。但是，有時候，買方要求以其往來銀行為代收銀行，而該銀行若與託收銀行無通匯關係時，為了方便其往來銀行向付款人融通資金，託收銀行只好委託代收銀行，請其透過買方所指定的往來銀行，向買方（付款人）辦理提示事宜。在此情形下，該買方所指定的銀行即為提示銀行。

除了上述基本當事人之外，可能還有下列的人：

5.付款人 (drawee)：即依託收指示書，而被提示有關單據的人，通常為託收方式交易中的買方 (buyer)，即進口商 (importer)，也即託收匯票（或其他金融單據）的被發票人。

6.預備人 (case-of-need; c/need; principal's representative; in case of need)：指委託人在進口地預先安排的代表 (representative)。於託收發生拒絕承兌或拒付時，被授權代理委託人出面處理事務者。其所處理的事務包括代為安排貨物存倉、保險、轉售或運回等。

🌐 第三節　託收方式貿易的種類

託收方式貿易的種類因分類標準的不同，可分為多種。本節擬就國際貿易中常見的光票託收 (clean collection) 與跟單託收 (documentary collection) 加以介紹。

一、光票託收

指委託人以未附隨商業單據的金融單據委託銀行代為收取貨款者。依 URC

522，光票託收係指金融單據的託收，而未附隨商業（貨運）單據者。申言之，光票託收係指委託人僅將匯票、支票、本票等金融單據交付銀行代收款項者。至於運送單據、商業發票、保險單等商業單據則由委託人逕寄付款人（進口商），或交由第三者（如運送人）轉交付款人，甚至此項託收根本無商業單據的存在（例如向付款人收取一筆舊欠時所簽發的票據）。

在國際貿易中，光票託收主要用於小額貨款、部分預付貨款、分期支付貨款以及貿易附帶費用的收取。

二、跟單託收

指委託人以商業（貨運）單據委託銀行代為收款者。依 URC 522，託收作業中的單據包括金融單據與商業單據兩種，而在此所謂「跟單託收」的「單」係專指商業單據而言。因此，跟單託收依 URC 522 的定義，又可分為二：

(1)附隨金融單據的跟單託收：指委託人將商業單據及金融單據一併交由銀行託收。銀行則在付款人付款或承兌時，才將商業單據交給付款人。通常所稱跟單託收即指此種託收。

(2)未附隨金融單據的跟單託收：指委託人僅將商業單據交由銀行代收，而未附隨金融單據者。此種託收較少見。

國際貿易貨款的結算採用託收方式時，一般都是指跟單託收。依出口商向進口商交單（貨運單據）條件的不同，跟單託收可分為付款交單與承兌交單兩種：

(一)付款交單 (documents against payment, D/P)

指在跟單託收，委託人裝運貨物出口後，備妥商業單據委託銀行向進口商收款時，指示銀行需俟進口商付款後，才交付商業單據的託收。申言之，進口商須向銀行付清貨款後，才能自銀行取得商業單據提貨。對委託人（出口商）而言，在付款人（進口商）付款後，才交付表彰貨物的商業單據，因此風險較小。

按付款時間的不同，付款交單又可分為即期付款交單與遠期付款交單兩種：

1.即期付款交單 (sight D/P; D/P at sight; documents against payment at sight)：指委託人（出口商）按照買賣契約交運貨物後簽發即期匯票 (sight draft) 連同貨運單據，透過銀行向進口商提示時，進口商審查無誤後，即須全額付款。進口商付清貨款後即可從銀行領取貨運單據。一般所稱付款交單即指即期付款交單。

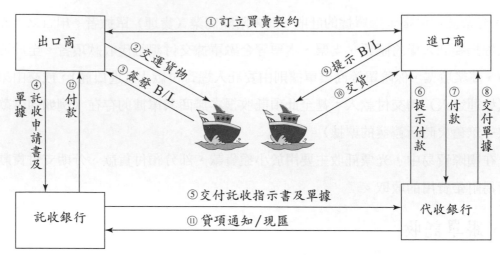

即期付款交單 (sight D/P) 貿易方式作業流程圖

說明：

①進出口商訂立買賣契約。

②出口商依約將貨物交給運送人。

③運送人簽發運送單據 (B/L) 給出口商。

④出口商取得運送單據 (B/L) 後，備齊契約所定的單據，簽發匯票並填具託收申請書，送請銀行代收貨款。

⑤託收銀行收到託收申請書後，審查單據是否齊全。如單據齊全，即填具託收指示書，隨同匯票及單據寄交進口商所在地代收銀行，請其代收。

⑥代收銀行收到託收銀行託收指示書及單據後，即向進口商提示付款。

⑦～⑧進口商付款後，銀行即將單據交付進口商。

⑨～⑩進口商取得運送單據 (B/L) 等單據後，即可向運送人辦理交貨手續。

⑪代收銀行收妥貨款後，即貸記託收銀行的存款帳戶，並將貸項通知 （credit advice，即進帳通知）寄給託收銀行，或匯款。

⑫託收銀行收到貨款通知後，即將扣除一切費用後的餘款付給委託人。

 2.遠期付款交單 (usance D/P; long D/P; documents against payment after sight; D/P after sight; D/P after date)：指出口商依照買賣契約交運貨物後，簽發遠期匯票 (usance draft)，連同貨運單據透過銀行向進口商提示。進口商審查單據無誤後，先在遠期匯票上予以承兌，到期前不必付款。但在付清貨款之前，貨運單據仍由銀行控

制。俟匯票到期（或貨到時）進口商才付清貨款，並自銀行領取貨運單據。

　　國際貿易中，貨物在運送中所需的時間往往較單據送達進口地的時間為長。因此，在付款交單的場合，若出口商簽發的匯票為即期匯票，寄達進口地後，銀行向進口商提示時，貨物尚未運抵目的港，此時進口商即使付款贖單，也無貨可提，徒增其資金的凍結。反之，若出口商簽發的匯票為遠期匯票，則銀行向進口商提示時，進口商可就該匯票先行承兌，暫不必付款，俟到期（或到貨）時才付款領單提貨。如此，進口商即不致有積壓資金之虞。另對出口商而言，因進口商須付款後，才可取得貨運單據，其風險自比承兌交單小得多。

　　以遠期付款交單方式交易時，應特別小心。因為有些國家的銀行往往在收到託收銀行寄來載有按遠期付款交單的託收指示書時，依當地習慣，於付款人在匯票上承兌後即將單據交給付款人。換言之，即是將遠期付款交單當作承兌交單處理。因為他們認為付款人一經在匯票上承兌，就承擔到期付款責任，如代收銀行不將單據交給付款人，就有失公平；也不符合與當地權利與義務相當的法律原則。這種做法雖與託收指示書的指示相違背，但 URC 522 Art. 1 (a) 規定，託收指示不得違反一國、一州或地方的法律及（或）規章，所以實務上常引起糾紛。因此，URC 522 Art. 7 特別規定「託收指示憑付款交付商業單據者，不應含有未來日期付款的匯票（即遠期匯票）」。

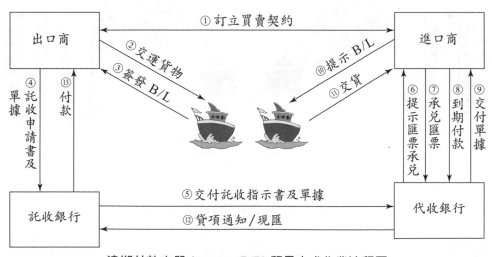

遠期付款交單 (usance D/P) 貿易方式作業流程圖

說明：

①～⑤與即期付款交單①～⑤同。

⑥代收銀行收到託收銀行託收指示書及單據後，即向進口商提示承兌。

⑦進口商承兌匯票後交還代收銀行。

⑧匯票到期付清票款。

⑨代收銀行交付貨運單據。

⑩～⑪進口商向船公司提示提單 (B/L)，至提領貨物。

⑫～⑬與即期付款交單⑪～⑫同。

(二)承兌交單 (documents against acceptance, D/A)

指在跟單託收，委託人（出口商）委託銀行辦理託收時，指示銀行只要付款人（進口商）對金融單據（如匯票）承兌，即可將商業單據交付付款人的託收。在承兌交單託收所用的金融單據，通常係遠期匯票。進口商只要向銀行辦妥匯票承兌手續，即可領取商業單據提貨。俟匯票到期時才付款。對進口商而言，可獲得資金融通的好處。但對出口商而言，除非進口商信用良好，否則進口商於承兌、領單、提貨後，可能因市場或其他因素而拒絕付款，致遭受重大損失，其風險遠較付款交單託收大得多。

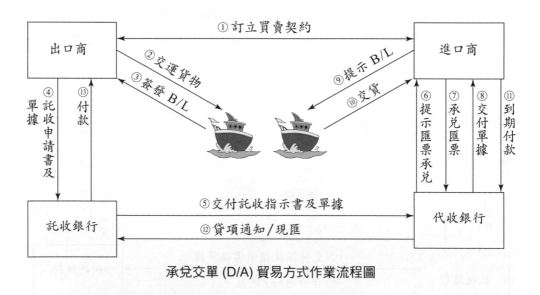

承兌交單 (D/A) 貿易方式作業流程圖

說明：

①～⑤與即期付款交單①～⑤同。

⑥代收銀行收到託收銀行託收指示書及單據後，即向進口商提示承兌。

⑦～⑧匯票經承兌後，即將單據交給進口商。

⑨～⑩進口商取得單據後，即可向運送人辦理提貨手續。

⑪匯票到期，進口商將票款付給代收銀行。

⑫～⑬與即期付款交單⑪～⑫同。

在這裡要補充說明的是：

1.在各國的跟單託收方式交易中，遠期付款交單和承兌交單託收比即期付款交單託收占較大的比重。

在上述兩種遠期金融單據（匯票）中，一般而言，付款交單又比承兌交單多。原因很簡單，在付款交單條件之下，出口商在進口商承兌匯票之後，貨未脫手，遭受全部損失的可能性較少；而承兌交單則貨物光憑進口商在匯票上承兌就被提走，萬一進口商到期拒付，則貨款將落空。

2.貨到後見票的「習慣」：按付款交單或承兌交單條件成交的交易，從理論上說，進口商的義務是見到匯票即需付款或承兌。但實務上，進口商在跟單託收方式下並不完全這樣做，而是要求按所謂「習慣」辦事。也就是說，要求貨物到達進口港後才「見票」（付款或承兌）。如果貨物沒有到達進口港，進口商就有逃避付款的藉口。這一「習慣」有時成為契約中的一個條款，出口商則在託收申請（指示）書中寫明「俟貨到後才提示匯票」(hold for arrival of goods)，或者在匯票中寫明俟貨物到達後才付款或承兌的文句。即使契約中沒有這種約定，許多國家（例如中南美洲國家）的進口商，仍然強調這種「習慣」（須知關於匯票兌付的法律，係以屬地法為準）。出口商採取的對策，是在契約中明確規定進口商「應該在匯票第一次提示時即行付款（或承兌）」。這一規定不一定能完全發生效力，但至少當進口商提出上述「習慣」來拖延付款（或承兌）時，出口商可處於比較主動的地位。

當匯票註明「貨到付款（或承兌）」條款時，付款（或承兌）即以貨物運到為前提條件，匯票因之失去了「無條件付款命令」的特點，持票人失去了票據法的保障。銀行對於讓購這種匯票將會有顧慮。因為在貨物不能到達進口港的場合，付款將不能實現。銀行只有在雙方客戶都比較可靠、貨物投保了適當的險類，並由銀行掌握了保險單時讓購這種匯票。

第四節　託收方式貿易的優缺點

隨著國際交通的快捷便利，各國大型企業紛紛採取跨國籍的多國化策略，母子

公司或關係企業間的往來與交易，日益頻繁。再加上保險制度的發達，託收方式貿易在國際貿易中的地位益趨重要。茲將託收方式貿易對出、進口商的優缺點，分述如下：

一、對出口商而言

優點：

1.簡單又低廉：在託收方式貿易中，一經訂立契約出口商即可依契約規定，將貨物裝運出口。作業方式簡單且委託銀行代收的手續費也較低廉。

2.提高競爭能力：因託收方式付款，對進口商較有利。所以，出口商若採託收方式交易，將較容易獲得訂單，提高拓展外銷市場的競爭力。

3.保障權利：在付款交單的場合，出口商控制代表貨物所有權的單據，直至進口商付款為止。萬一遭拒付，尚可指示銀行安排貨物的交出 (release)、保全 (protection)、倉儲 (warehousing) 或重新裝運 (re-shipment) 等事宜；而在承兌交單時，出口商亦可根據進口商承兌的匯票，請求兌付票款，藉此保障其收取貨款的權利。

4.獲得融資：經由輸出保險的安排，或政府政策性的輔導，大多可獲得外銷融資，便利其營運周轉。

缺點：

1.資金凍結：在託收方式下交易，出口商將貨物裝運出口，需於國外代收銀行收妥貨款並匯入國內託收銀行所指定帳戶後，才可收回價款。因此，若無銀行融資的配合，營運資金易遭凍結，對出口商較為不利。

2.信用風險較大：託收過程中，因無銀行信用作為付款的擔保，進口商往往在市場行情變動激烈時，拒絕提貨或遲延付款，或藉種種理由挑剔要求減價，或進口商因破產或倒閉而無法支付貨款等，出口商缺乏保障。

3.延滯費用：如果進口商拒收貨物，則倉儲費用、保險費、延遲停泊費等，將造成出口商的重大損失。

4.政治風險：因政治或經濟原因，進口國改變外匯貿易政策，進口商無法申領到輸入許可證，或申請不到外匯，以致貨物運抵進口國港而無法進口，或不能付款。

5.匯率變動風險：出貨在前，收款在後，因此若以外幣交易，則難免不遭遇匯率變動風險。

6.代收銀行資信欠佳：代收銀行收到貨款後，未及時將貨款匯付託收銀行，在此期間，若代收銀行陷入財務惡化或倒閉，則出口商即無法收回貨款。有時甚至代收銀行與進口商勾結，提貨後以各種藉口拒付，出口商也將蒙受損失。

二、對進口商而言

優點：

1.節省費用：若以託收方式代替信用狀方式付款，則進口商將不必支付開狀手續費及開狀保證金，從而可降低進口成本，提高貨品競爭力。

2.可檢查貨物或單據：在付款交單的場合，進口商在付款前，可事先查驗單據中描述的貨物數量、品質、規格等。在承兌交單的場合，更可在付清票款前，檢查貨物是否與買賣契約所約定的一致，有無瑕疵，藉此適當保障其權利，降低交易風險。

3.資金調度靈活：進口商不需於貨物裝運出口時即付清價款。採用付款交單方式時，可約定進口商於貨物抵達後（非單據抵達）才付款領回單據；而採承兌交單時，更可於承兌後即提領貨物、轉售，直至付款期限屆滿時才交付貨款，使資金調度更為靈活、容易。

缺點：

1.在付款交單的場合，進口商付款提領貨物後才發現貨物不符契約規定或有瑕疵者，只能事後補救。在承兌交單的情形，提領貨物後發現類似上述情形時，雖可要求減價或拒絕付款，但就法律上言，對於已經承兌的匯票，進口商仍需負票據上的付款責任。

2.由於出口商簽發匯票的錯誤或疏漏，致匯票遭受拒付或作成拒絕證書時，進口商聲譽可能受損。

🌐 第五節　託收方式貿易風險的規避

一、出口商規避風險的方法

跟單託收貿易雖然比匯付方式交易來得安全，但是託收貿易是建立在商業信用基礎上，與以銀行信用為基礎的信用狀交易比起來，其所面臨的風險大得多。其面

臨的風險及規避風險的方法，歸納起來有以下幾種：

1. 資金凍結風險：可安排資金調度措施。託收方式的出口，尤其以承兌交單方式出口時，因收回貨款需一段時間，如無充足的周轉資金，就不可輕易以此種方式貿易。雖然，憑輸出保險或可自銀行獲得融資，但如對於資金的調度事先沒有充分的計畫，則可能發生資金周轉的困難。

2. 信用風險：可加強徵信，做好信用管理。託收方式的交易，其風險較信用狀方式貿易大得多。所以賣方在進行交易之前，必須先就買方的信用作詳實徹底的調查，如調查結果為買方信用良好，才可考慮以託收方式交易。並憑以決定授信額度(credit line)。每批託收金額不宜太大，期限不宜太長。此外，經常調查進口商的資信狀況。

為了考驗進口商的誠意和資力，出口商有時也可要求進口商預付一部分貨款(如從 5% 到 25%)，作為以跟單託收方式發貨的前提。有時也可要求採用部分「信用狀」方式，即 5% 到 25% 以信用狀方式付款，其餘部分辦理託收。

另外，建立健全的管理制度，定期檢查，及時催收清理，若發現問題，應及時採取措施，以避免或減少損失。

3. 政治風險：

(1) 經常調查進口地貿易管制、外匯管制情形的變化。例如：對於有關的商品，對方國家進口時是否需要許可證。如果需要，則應在確實瞭解進口商已領到許可證之後再發貨。謹慎的出口商還要進口商將許可證交給指定的代收銀行保管，並只在代收銀行向出口商證明收妥許可證並報告許可證的有效期限以後才發貨。又如許可證的核發，是否意味著外匯也已自動批准，還是需要另外申請。申請時間限於何時，外匯是否有不批准的可能。還有，進口國對於那些商品明文規定不准以託收方式進口等。

(2) 經常注意進口國政治、軍事及經濟是否穩定：如進口國政治惡化，軍事及經濟情況不穩定，則應避免以託收方式交易。

4. 市場風險：調查清楚進口地有關交易貨品市場的胃納大小、行市是否有趨跌可能等等；在發貨時注意每批數量不超過某一限度，以免進口商拒付而另行出售時，在價格上吃大虧。

(1) 調查清楚進口地倉庫情況，以免萬一被拒付時貨物無法存倉。

⑵考慮進口地的付款習慣：有些地區習慣上以託收方式交易，有些國家不流行託收方式貿易，甚至禁止以託收方式貿易。習慣上使用託收方式的地區，賣方才可考慮以託收方式貿易。

⑶貨物應以不易腐爛變質者為限：鮮魚類、牲畜、鮮果菜蔬等均不適宜以託收方式出口。此外，易變質的貨物以及冷凍食品，賣方可能無法控制買方提貨的時間，因此，最好也不要以託收方式出口。

⑷運輸單據的受貨人應做成指示抬頭 (to order) 然後再背書。嚴格按照買賣契約規定裝運貨物、製作單據，以防止買方找到藉口拒付。

5.法律風險：調查清楚進口地海關及衛生當局的規章。例如：貨到多少天必須報關，否則沒收或處罰；哪些商品到貨後不立即提走，則將被衛生當局視作妨礙公共衛生而銷毀等等。在上述這種情形，出口商應：①儘速寄出提單，並預先約定可靠代理人，在必要時代辦報關提貨等手續；②對易被銷毀的貨物，爭取不以託收方式成交，而改按信用狀方式交易。

6.匯率變動風險：規避匯率變動風險的方法很多，諸如以本國幣計價、以強勢貨幣計價、預售外匯或在售價部分酌予提高等等。

7.在進口地事先安排預備人（代理人），以便萬一遭到拒付時，可委託代理人辦理貨物存倉、保險、轉售或運回等事情，以免不必要的損失和支出。

以上各種風險中，出口商可投保輸出保險來規避信用風險及政治風險。關於信用風險，必要時可要求進口商提供銀行保證函或擔保信用狀規定進口商不履約時，出口商可憑以兌款。至於資金調度方面，也可要求輸出保險機構，憑保單辦理融資。

二、進口商規避風險的方法

在託收貿易，進口商顯然處於較有利的地位，須特別注意的事項較少。但在託收貿易，進口商並無事先檢查貨物之權。若出口商存心詐騙，可能以託收方式引誘進口商，再以劣貨或假單據詐欺進口商。

因此，為了規避上述風險，可採取下列措施：

1.信用風險：慎重選擇交易對象，充分調查出口商的資信情況。

2.在託收的兩種交單 (D/P、D/A) 方式中，最好選擇承兌交單方式。

3.對出口商提示的單據予以嚴格的審核，防止單據偽造。另外，可要求出口商

提供國際上有信譽的檢驗機構所出具的檢驗證明書，以確保品質、數量無誤。

🌐 第六節　適合託收方式貿易的情形

託收對出口商而言，風險較大，但是出口商為什麼仍然願意採用這種付款方式呢？那是出口商有時為了推銷產品不得不採用這種受進口商歡迎的貿易方式。以下就適合付款交單及承兌交單付款方式的情形分述：

一、適合付款交單 (D/P) 付款方式的情形

1.進口商不願以信用狀方式付款，其信用雖尚佳，但無法令出口商十分放心，出口商卻不願放棄交易機會時，即可利用付款交單方式交易。

2.競爭劇烈：進口商要求以遠期付款交單方式交易，則可以貨物運到時才付款，從而降低進口成本。事實上，這種付款方式幾近「交貨付現」(cash on delivery) 條件，對進口商很有利。

3.貨物在國外市場易於處分時：萬一進口商拒絕付款贖單，貨物容易轉售，出口商風險不致太大。

4.當地付款習慣以付款交單方式交易時。

5.在進口地派有長駐人員或特約的當地代理人時：這些人不僅可作為遭拒付時的代理人，而且可以代表出口商在進口地活動，如調查進口商資信、當地法令習慣、市況等。

6.出口貨物為易腐品時，只能採用即期付款交單或承兌交單方式，而不能採用遠期付款交單方式。因為貨物到達進口港時，如不立即提領，就將變為廢物。有些國家，除非提供鉅額保證金，否則無法辦理擔保提貨，如採付款交單則不僅不經濟，也不合理。

7.如貨物需以僱船方式運輸或如液體貨物，須船邊提貨者（如石油、液體瓦斯），如以付款交單交易，事實上也不合理或不可能。

8.在某些拉丁美洲國家，如秘魯和玻利維亞，有特殊的當地慣例，代收銀行只接受辦理即期付款交單託收的委託，而把遠期付款交單當作遠期承兌交單處理，於進口商承兌後即把單據交付進口商。換句話說，遠期付款交單條款，對他們來說是不生拘束力。

二、適合承兌交單 (D/A) 付款方式的情形

1. 競爭劇烈：進口商要求在付款前先獲得貨物才願購買時。

2. 匯票經承兌後可獲得貼現：出口商以承兌交單方式出口，進口商雖尚未付款，但經其承兌的匯票，出口商可以貼現方式很快取得貨款。

3. 出口商可在匯票上記載利息條款，將其授信期間的利息轉嫁給進口商負擔時。

4. 貨物在國外市場易於處分且不易腐壞時。

5. 當地付款習慣以承兌交單方式交易時。

6. 在進口地有長駐或特約代理人時。

🌐 第七節　委託人對託收銀行的指示事項

一、委託人指示的重要性

指示託收銀行於發生某種情況時應遵守的步驟，係委託人的權利與義務，別人無從代庖。委託人指示的原則，首須符合法律規章、URC 522 及商業習慣。其次，其指示必須完整而精確。

若委託人的指示符合法律規章、URC 522 及商業習慣，則託收銀行不得對其指示表示異議。反之，其指示如託收銀行認為窒礙難行，則託收銀行得拒絕受理。託收銀行如接受委託人不合常例的指示，而不表示異議，或雖表示異議，但未獲委託人同意，則不能漠視或改變其指示。

委託人的指示須完整而精確，俾銀行有所遵循。如委託人的指示疏漏，而託收銀行又無法在單據寄往代收銀行之前獲得澄清，則託收銀行得依法律規章、URC 522 及商業習慣，自行作最佳裁奪。但託收銀行應讓委託人知悉其所補充的事項，並取得其承認。以下就委託人於委託銀行代收時，在託收指示（申請）書上應作的指示事項予以說明。

二、委託人的指示事項

㈠付款人的詳細地址或辦理提示處所

依 URC 522 Art. 4 (c) (i) 規定：「託收指示書上應記載付款人的詳細地址，或辦

理提示的處所。如該地址不完整或錯誤時，代收銀行得設法認定其正確地址，但其並無此項義務與責任。」申言之：(1)託收指示書上，應記載付款人的詳細地址或辦理提示的處所。其地址或處所原是記載以供代收銀行向付款人提示者，但實務上均由銀行向該地址或處所發函通知付款人，告以單據已寄達，請前來辦理承兌或付款。(2)如付款人地址不完整或錯誤，代收銀行得設法查出其正確地址，但如無法查出時，代收銀行不負責。在此情形，代收銀行應立即通知託收指示書所由收受的銀行，請其作進一步的指示。

㈡代收銀行的指定

依 URC 522 Art. 5 (d) 規定，代收銀行可由委託人指定，如委託人未指定時可由託收銀行或其他銀行指定。委託人指定代收銀行，可能係因進口商的要求。以下就進口商、委託人（出口商）及託收銀行指定代收銀行的情形，予以比較分析。

1.進口商指定代收銀行的場合：進口商指定代收銀行係指進口商於買賣契約中指定代收銀行，而由出口商於委託銀行代收時，依進口商的意願指定代收銀行。

在託收方式貿易中，進口商可能要求由其指定代收銀行。該指定的代收銀行通常係在進口商所在地，且為其往來銀行。進口商作此要求的動機，一般說來是因對其比較有利，與自己關係密切的銀行往來，可享受到較親切周到的服務和較多的便利（如擔保提貨或信託收據的使用較易獲得）。此外，進口商也可能基於「報答」該銀行的心理，而作此要求。因將代收業務交給該銀行，則該銀行不但可獲得一筆手續費，還可獲得外匯買賣的匯差，他如為避免出口商或託收銀行所指定的代收銀行為進口商所厭惡，或曾與其有過糾紛，乃往往事先指定代收銀行。

進口商所指定的代收銀行若為出口商所熟悉且印象不惡者，其要求固然可接受，但是出口商若輕率接受進口商的指定代收銀行，則可能會使他陷入不利的境地。例如進口商所指定的代收銀行：①可能收取較昂貴的手續費；②工作效率較低，影響收款速度；③根本是假銀行；④進口商與代收銀行勾結等，均將使出口商蒙受不利。

即使無上述情形，出口商仍可能蒙受不利，原因是：出口商於委託銀行代收時，指定了進口商所指定的代收銀行，託收銀行便依其指示與代收銀行締結第二個委託契約。在此情形下，託收銀行對於代收銀行的選任是否合適，及代收銀行處理託收事務的錯誤及疏漏不負責任。代收銀行若是由託收銀行指定，則託收銀行須對代收銀行的選任善盡合理的注意義務。

陽信商業銀行 SUNNY BANK

出口託收申請書

外匯指定單位		日期:
主管	經辦	編號:

陽信商業銀行 台照

茲簽發跟單匯票金額：＿＿＿＿＿＿＿＿＿＿＿＿＿＿＿＿

期限：□見票後 □發票後 □從裝船日起 天或以 年 月 日為到期日
　　　　　　　　　　　□從裝船日後

並附下列單據：

發　票	提　單	保險單	產地證明	檢驗證明	包裝單	

委託 貴行憑 □D/A 承兌交單 □D/P 付款交單

經下列國外進口地代收銀行 （如不指定，委由 貴行指定）代收票據	付款人名稱及地址： ［DRAWEE (NAME & ADDRESS)］

並請囑代收銀行

以 電 報	通　知	如遇付款人不承兌／不付款	寄單方式
□	已承兌／付款	□要 □不要 做成拒絕證書	□AIRMAIL
□	不承兌／不付款	（費用由本公司負擔）	□DHL

代收(國外)銀行有關託收之各項費用由本公司負擔

就以上委託 貴行代收事項，本公司願遵守國際商會理事會決議案－1995釐訂之託收統一規則
（出版 522 號）(UNIFORM RULES FOR COLLECTIONS 1995 REVISION PUBLICATION NO.522)

上述託收款項收妥後依：

□原幣金額折換新臺幣扣除各項費用後，撥入　　□原幣金額扣除各項費用後，請撥入本公司設
　本公司設於貴行新臺幣存款帳號：　　　　　　　於貴行外匯存款帳號：

＿＿＿＿＿＿＿＿＿＿＿＿　　　　＿＿＿＿＿＿＿＿＿＿＿＿

出口商：

電　話：

聯絡人：

	部／分行
主管	核章

A100-4-E312-1

＿＿＿＿＿＿＿＿＿＿＿＿＿＿＿
申　請　人（請蓋原留印鑑）

資料來源：陽信商業銀行。

2.出口商（委託人）指定代收銀行的場合：出口商指定代收銀行，可能係應進口商的要求，也可能係基於自己的理由，不管為何種理由，只要該代收銀行確實存在，且託收銀行並無該銀行信譽欠佳的資料，則此項指示通常會被接受。如果託收銀行不願接受，應請出口商另指定代收銀行，或拒絕受理該託收案件。

若由出口商指定代收銀行，則託收銀行對於代收銀行的選任不負責任，此與前述進口商要求指定代收銀行的情形相同。因此，出口商除非有特別的理由，否則以不指定代收銀行為宜。

3.託收銀行指定代收銀行的場合：若出口商未指定代收銀行，則依 URC 522 Art. 5 (d) 規定，可由託收銀行指定。這種情形對出口商而言，有兩點好處：①託收銀行在選擇代收銀行時，係以專業知識為之；②因託收銀行須負善良管理人的注意，對出口商較有利。

由託收銀行選擇代收銀行，對託收銀行也較有利，如果託收銀行在進口地有分支行，則可交由分支行代收，藉以增加業績；如在進口商無分支行，則可將其交由往來銀行代收，促進友好關係。

(三)遠期匯票單據的交付條件

遠期匯票可分為承兌交單遠期匯票與付款交單遠期匯票，但兩者極易混淆。若代收銀行誤將付款交單遠期匯票認作承兌交單遠期匯票，在付款人承兌匯票時，即將商業單據交給付款人，將來付款人若拒付，後果則不堪設想。因此，將跟單遠期匯票委託代收時，應將交單條件明確指示，以杜糾紛 (URC 522 Art. 7)。

(四)是否作成拒絕證書

付款人拒絕承兌 (non-acceptance) 或拒絕付款 (non-payment) 時，應否作成拒絕證書 (certificate of protest)，應明確指示，拒絕證書的目的在證明執票人已經行使票據權利的必要行為，而未實現，其作用在保全執票人向付款人或背書人行使追索權。再說，拒絕證書有時可以免除，用其他法律程序代替。因此，委託人決定銀行應否作成拒絕證書前，宜先瞭解其利弊。關於此，請參閱本章第九節說明。至於其措詞如下：

拒絕承兌證書：

‧Protest for non-acceptance.（拒絕承兌時，請作拒絕證書。）

‧Do not protest for non-acceptance.（拒絕承兌時，不必作拒絕證書。）

拒絕付款證書：

・Protest for non-payment.（拒絕付款時，請作拒絕證書。）

・Do not protest for non-payment.（拒絕付款時，不必作拒絕證書。）

伍託收情況的通知方式

1.託收情況的通知可分為：拒絕承兌或拒絕付款的通知，其通知方式有：

　(1)以電傳方式通知：

　　① Cable advice of non-acceptance.

　　② Cable advice of non-payment.

　(2)以郵遞方式通知：

　　① Do not cable advice of non-acceptance.

　　② Do not cable advice of non-payment.

　　③ Incur no cable expense.（毋須付電傳費。）

2.承兌通知：

　① Cable advice of acceptance.

　② Do not cable advice of acceptance.

3.付款通知：

　① Cable advice of payment.

　② Do no cable advice of payment.

委託人對於託收情況通知方式的指示，銀行原則上應遵照，但須注意者，如代收銀行認為情事緊急，應以電傳方式通知。

六提示承兌或付款的時期

是否貨到進口港時才提示承兌或付款？雖然 URC 522 Art. 6 規定提示銀行應儘速為承兌或付款的提示，不得遲延，但有些國家仍有貨船到埠時才承兌或付款的習慣。尤其在付款交單的場合，載貨船須經相當時間才到埠的情形，如載貨船尚未到埠即要求先承兌或付款，則對付款人未免太苛，資金有被凍結之虞。於是乃有到貨付款 (payment on arrival) 的約定。 此即為俟貨到埠後才付款贖單的辦法， 稱為 "Documents against payment of the bill on arrival of goods."。

七是否收取利息

由於託收較以信用狀為付款方式者，收取貨款較緩慢，所以，出口商往往在出口貨價中計入預計的利息，以為補償。但，在競爭激烈的場合，出口商常以不包含

此項利息的貨價報價，但另外規定，加收自承兌日起至付款日止的利息，以期進口商提前付款。至於適用利率，或以出口地利率為準，或以進口地利率為準，但實務上以前者為準較多。

URC 522 Art. 20 規定：「(a)如託收指示書中載有收取利息的指示，而付款人又拒絕給付該利息時，除非有本條(c)所述情況，提示銀行得視情形憑付款承兌或其他條件交付單據而不收取該利息。(b)於應收取利息時，託收指示書中應載明利率、期間，及計算基礎。(c)倘託收指示書中明示該利息不得放棄，而付款人對於該利息拒付時，提示銀行不得將單據交付付款人，但對於因此而生的任何交單的任何遲到不負責任。利息被拒付時，提示銀行應儘速將其情形以電傳或其他快捷方法通知所由收受託收指示書的銀行。」依此規定：

　　1.託收指示書中明定收取利息者，進口商除須支付本金外，尚須支付利息。

　　2.託收指示書中未載明收取利息者，進口商只須支付本金，而不須支付利息。

　　3.利息條款須載明利率、期間及計算基礎。

利息條款如下：

Interest is to be collected from the drawee at...% per annum from date of draft to the approximate due date of the arrival of remittance in.... （自匯票寄抵……之適當時日起計息，向付款人收取年息……% 之利息。）

(八)遠期匯票到期前付款的扣息利率

在遠期匯票的場合，若付款人願提早付款，對委託人來說，絕對有好處，因付款愈快，信用風險愈早消失，且可提早運用該筆款項。因此，委託人往往指示付款人提前付款時，得享受扣息 (rebate of interest)，以資鼓勵。例如：

If paid before maturity, allow rebate of...% per annum.

委託人於訂定回扣利率時，宜斟酌本國及付款人所在國的利率水準。因為所訂的利率高於委託人本國利率水準，則委託人須考慮如此作是否值得。其考慮因素為：所冒風險的大小及銀行融資的額度。若付款人所在國利率水準較委託人所在國利率水準為高時，此項利率的訂定便須多費思量。而如遠期匯票已向託收銀行貼現，則託收銀行將不願付款人按高於貼現率扣息，因為如果其扣息率高於貼現率，則託收銀行所能收到的款項，將小於貼現給委託人的款項，此將使託收銀行陷於不利地位。因此，在遠期匯票向託收銀行作貼現時，委託人訂定期前付款的扣息率，尚須考慮

託收銀行貼現率因素。

委託人須訂定此項利率的情形，一般是該遠期匯票係以面額向付款人收款，且託收指示書上未載明付款人應負擔利息的場合。若是匯票上已載明利息條款，則付款人提前付款，自然可依其所載利率扣息，無須委託人再作此指示。若匯票上未註明利息條款，而託收申請書上載明應向付款人收取利息時，即應於託收申請書上一併註明若付款人提前付款時適用的利率，且其利率理應等於前者的利率。

(九)部分付款的准否

依 URC 522 Art. 19 規定：「(a)光票託收的部分付款 (partial payment)，如為付款地現行法律所允許，則得依其所允許的範圍內及條件接受部分付款。但金融單據只有在收到全部款項後才可發放給付款人。(b)跟單託收的部分付款，只有在託收指示書中有特別授權時才得受理。但除非另有指示，提示銀行僅得於收到全部款項後，才可將單據發放給付款人。……(c)不管何種情形，部分付款僅於依第 17 條或第 18 條的規定認為適當時，才可受理。如受理部分付款，應依照 URC 522 Art. 16 的規定辦理。」申言之：

1.在光票託收的場合，如付款地現行法律允許，則提示銀行可依法律規定辦理；在跟單託收的場合，則唯有委託人特別授權的情形下方可辦理。蓋於前者的場合，不是委託人特別信任付款人，就是向付款人追討一筆舊債，因此其部分付款的條件，僅須法律允許即可；而後者的場合，則弊端較多，故限制較嚴。

2.在跟單託收，其部分付款，提示銀行原則上於收到全部款項後，才發放單據予付款人。但託收指示書中得特別授權提示銀行，於全部貨款收到之前即發放單據予付款人。

3.所謂依 URC 522 Art. 17 及 URC 522 Art. 18 的規定，認為適當時才可接受者，乃指不因部分付款的允許，而影響託收指示書中關於付款貨幣種類的規定。即原規定以當地貨幣付款者，部分付款時每次均須使用同一當地貨幣，其餘類推。

4.所謂依 URC 522 Art. 16 的規定辦理，乃指提示銀行每次收得的部分付款款項，均應依照託收指示書中所載規定，匯交託收指示所由收受的銀行，不得遲延，即提示銀行不得要求俟全部貨款收齊後作一次匯寄。

5.依我國票據法第 73 條的規定：「一部分之付款，執票人不得拒絕。」此與跟單託收的部分付款規定相牴觸。當 URC 522 的規定與我國票據法規定相牴觸時，應

依照我國票據法的規定。又我國票據法第74條第2項規定：「付款人為一部分之付款時，得要求執票人在票上記載所收金額，並另給收據。」關於此點，我國票據法與 URC 522 的立法精神則相同。

綜言之，關於部分付款，雖 URC 522 有所規定，但因與我國票據法的規定牴觸，故於進口託收的場合，我國進口商當然可要求部分付款；而於出口託收的場合，委託人欲指示部分付款是否可行，須先參酌進口地的法令規定，以免造成託收的困擾。然而不管如何，若委託人欲允許付款人於部分付款後即可取得單據，則須於託收指示書上特別授權予銀行。

㈩預備人的指定

在銀行託收，不一定要有預備人。但如委託人欲指定預備人，則須於託收申請書中載明其姓名、地址及其權限 (URC 522 Art. 25)。預備人權限的大小，視委託人於託收申請書上所規定者而定。目前，各銀行為免委託人指示在解釋上發生歧見，均在託收申請書上印有固定格式的條款，以供委託人選擇。委託人如欲作其他特殊的指示時，除非有很好的理由，否則託收銀行將不會接受。預備人的指定，固有助於解決收款糾紛，但如銀行已墊款者，預備人的指定可能影響銀行對貨物的控制權。因此，在銀行已墊款的場合，對預備人的指定及其權限，宜加限制，以免預備人藉機行使其權限而影響銀行的利益。

在實務上，預備人的權限可分為：

1.全權委託：即預備人全權代表出口廠商處理事務，其有權變更出口廠商的委託指示。例如：

Whose instructions with respect to this draft (and the documents, if any) you are authorized to follow. He may also change any of our instructions.

2.部分授權：即出口商授權預備人在一定範圍內可自行解決貨款問題。其授權範圍又可分為：

⑴授權延長天數，例如：

Case of need is empowered to grant delays or extensions not exceeding 10 days.

⑵授權降價，例如：

Reduction not exceeding 3% of value of the merchandise.

⑶善意協助，如授權預備人協助銀行促使進口商早日付款而無其他權利。例

如：

Case-of-need will endeavor to obtain the honoring of this draft.

㈠託收費用由何人負擔

委託人應於託收申請書上載明託收手續費及其他費用應由委託人或付款人負擔。委託人在作此指示前，應參酌商場上支付託收手續費及其他費用的習慣，並應與付款人事先約定或有默契，以免引起麻煩。假如委託人堅持這些費用由付款人負擔，須於託收指示中特別載明，該等費用不得免除。如委託人未作特別指示，則是項費用得視情形，免除向付款人收取。但如委託人堅持應向付款人收取時，則其後果由委託人自行負責 (URC 522 Art. 21)。

託收費用，一般而言，可分為手續費及郵電費等。這些費用由何人負擔，依買賣契約規定，其負擔方法不外為：

1.由付款人負擔 (all charges including your collection commission to be paid by drawee)：但依 URC 522 Art. 21 規定，付款人對此費用並不負付款之責。

2.由指定第三人負擔：出口商在進口地設有代理處時，為避免外匯管制的麻煩，大多於託收指示書中規定在國外所發生的費用由其代理人負擔，例如：

Charges are to be paid by ABC branch.

3.由出口商負擔。其狀況又可分為兩種：

(1)無條件由出口商支付 (all charges to be paid by us)。

(2)當進口商拒絕支付費用時，由出口商負擔 (waive all charges if refused by the drawee and charge them to us)。

在上述兩種場合，依 URC 522 Art. 21 規定，代收銀行有權向委託銀行收取有關墊付款、費用及手續費的支出，而託收銀行亦有權不問託收情況如何，向委託人收取因此支付的任何金額，並連同收取其本身的墊付款、費用及手續費。

㈡貨物保全的指示

委託人固然可指定預備人，於託收遭遇困難時，代其出面處理貨物的卸岸、完稅、進倉、保險（火災險、竊盜險），另覓買主以及再裝運 (re-shipment) 等保全措施。但如在進口地無這種足以信託的代理人，而必須委託代收銀行代為照料時，則應在託收申請書中明確指示代收銀行應採取的措施。雖然依 URC 522 Art. 10 (b) 規定，代收銀行對於跟單託收單據所代表的貨物並無採取任何措施的義務，但基於銀行間

的互惠關係，在獲得明確指示且事屬緊急的情況下，代收銀行通常也在不負法律上責任的前提下，採取措施，盡力保全有關貨物。在我國，託收申請書中即表明授予代收銀行採取措施與否的自由選擇權。通常備有如下條款：

In case of dishonor, the goods may, in the option of your correspondent or agents, be landed, cleared through the customs warehouse and insured at our expenses.（若遭拒付，貴行之通匯或代理行可自由裁定，以本人之費用，將貨物卸下、通關、投保。）

第八節　託收遭拒付時賣方應採取措施

在託收貿易下，進口商拒付的情形，通常較信用狀方式貿易者為多。進口商拒付的理由若應由出口商負責者，應儘速與進口商協商補救辦法，若是進口商惡意拒付或因進口商重大變故所造成，則出口商應採取下列措施，以期減少損失。

1. 貨物保全方面：
   (1)請託收銀行轉委託代收銀行，將貨物移倉，一方面可減輕碼頭倉租，他方面也可避免被海關拍賣。
   (2)展延保險，尤其是火險及竊盜險。
   (3)轉售貨物，可透過代收銀行或當地代理人辦理。
   (4)運回貨物，此舉需考慮貨物的價值與運回成本相較，是否值得運回。
   (5)放棄貨物，但如已投保輸出保險者，此舉將喪失保險金。

2. 索賠方面：
   (1)如果買方在國內有資產，可向法院聲請將之扣押。
   (2)如已投保輸出保險，而拒付原因非可歸責於賣方，且賣方已作適當保全者，可向中國輸出入銀行索賠。
   (3)憑拒絕證書繼續向買方追索。
   (4)透過有關主管機關（如我國經濟部國際貿易局）向買方當地政府交涉。
   (5)對買方進行訴訟或交付商務仲裁。
   (6)道德制裁。

第九節　辦理擔保提貨應注意事項

在國際買賣中，賣方於貨物裝運後，有時候因繕製單據費時，或因延遲委託銀

行代收，或因郵寄中途耽誤，致單據無法如期抵達進口地，而貨物則先運抵目的港。此時，進口商為適時提貨起見，可商請銀行作保向船公司出具擔保提貨書，以便先行提貨。

在託收方式下，買方如欲向代收銀行申請辦理擔保提貨，代收銀行未必會答應。因為在託收方式下，代收銀行承作擔保提貨，可能遭遇到比信用狀方式下擔保提貨更大的風險，其原因在於：

(1)託收方式下的單據是否將寄到該銀行尚屬未知。即該銀行是否為該託收項下的代收銀行尚難確定，故銀行若貿然作擔保，將來單據寄到其他銀行，或逕送別人手中，則對該銀行的處境甚為不利。

(2)即使將來該銀行收到單據，很可能發現其已違背託收指示而對無權利的第三人作擔保，致該銀行對該擔保提貨負賠償責任。

因此，銀行對託收方式的擔保提貨不會輕易應允。而買方若急於提貨，則應請代收銀行向託收銀行（或賣方）查詢並確認單據將寄交該銀行，及查明託收指示內容，作好這些措施後，才可能得到銀行的簽發擔保提貨書。

另外，買方可與船公司商量憑買方出具的保證書 (L/G) 辦理提貨，也即實務中所稱的 Single L/G。

(3)在空運貨物的輸入，一般而言，透過銀行寄來的託收貨運單據到達時間多遲於貨物抵達時間。因此，為便於及時提貨，可以往來關係良好的進口地銀行為空運提單的收貨人（但須經銀行同意，同時告知賣方以該銀行為代收銀行），買方則出具 Trust Receipt 憑以領取貨物。

🌐 第十節　託收與資金融通

一、銀行對託收票據的資金融通方式

各國為促進輸出，對出口託收多有一套完善的資金融通制度。銀行承作這種融資時，首先要審查出口商和對方進口商資信，考慮託收項下貨物性質、市場情況、對方國家貿易和外匯管制情況等等；其次要審查託收條件，銀行只有在認為滿意時才肯融資。這種融資通常可分為三種：

(一)出口託收承兌 (acceptance created against export collection)

又稱為「重開票」或「匯票貼現」。即出口商以向國外買方簽發的跟單匯票為擔保，另外開出以託收銀行為付款人的國幣匯票（光票），請託收銀行承兌。之後，將其在當地市場貼現，取得現金使用。此光票期限一般都比預計收到出口票款的日期略長一些，以便光票到期時可用出口票款來抵付。如果原出口匯票被拒付，光票的發票人仍應在出口匯票到期時對承兌銀行付清票款。這種方式的融資，比起將出口匯票直接讓售，或以出口匯票為擔保而取得墊款者更便宜。因其可獲得較低利的資金融通之故。尤其在金融市場緊俏時，銀行更樂於接受這種方式的融資。因為銀行頭寸緊俏時，可隨時將這類承兌匯票以最優利率 (prime rate) 再貼現。

(二)出口託收押匯 (bill purchased against export collection)

所謂出口押匯是出口商將託收單據售給銀行而先取得貨款的資金融通方式。即出口商將貨物裝運出口後，銀行買入託收項下的有關單據和匯票，在扣除單據寄到國外及款項收回為止的時間利息後，將餘額提前結給出口商。然後再憑單據和匯票寄往進口地銀行代收回貨款。實質上，出口押匯是以單據為質押，先墊付一筆資金給出口商，這樣出口商資金運用方面就可得到方便。如果單據及匯票遭到進口商拒付，押匯銀行有權向出口商行使追索權，索回融資的資金及利息。

(三)墊　款

墊款類似押匯，在利率追索權及融資期限方面與押匯相差無幾。但墊款不是貸出匯票的全數金額，而只是其中一部分。而且墊款銀行並不成為匯票的當事人，所以墊款銀行不是匯票的正常持票人 (holder in due course) 又稱善意持票人 (bona fide holder)。

押匯和貼現易混淆，茲將兩者比較如下：

貼　現	押　匯
1.必須要有匯票	1.不一定有匯票
2.必須是遠期匯票	2.遠期和即期均可
3.匯票必須經承兌	3.押匯時尚未經承兌
4.匯票可再貼現	4.無次級市場
5.扣息天數較短	5.扣息天數較長
6.匯票在貼現行所在地支付	6.匯票在國外支付
7.付款人或承兌人在貼現所在地信譽良好	7.付款人或承兌人為國外的當事人
8.銀行風險較小	8.銀行風險較大

　　承作押匯時風險較大，是因為託收時沒有銀行的信用保證，付款與否全靠進口商的信用。

二、銀行受理託收匯票融資時應注意事項

　　銀行在受理託收匯票融資時，應審查或注意下列各基本事項。至於單據的審查則可參酌信用狀項下單據的審查要領，不另贅述。

　　1.讓購申請書及隨附的單據有無簽名？銀行收到讓購申請書等文件時，應就這些文件，作必要的審核。其要領與審查信用狀項下押匯文件相同。不過，託收方式貿易因無信用狀，故審核文件時，應以買賣契約書為依據。

　　2.出口商信用良好否？在讓購付款交單、承兌交單匯票時，應就出口商的資力、信用、業務情況作綜合的瞭解，並注意匯票遭拒付時，出口商有無處理、解決及還款的能力，以免過度授信。此外，尚須注意出口商與該進口商之間，在商業交易上的借貸關係如何。

　　3.進口商的信用良好否？付款交單、承兌交單匯票是否可順利獲得承兌、付款，端視進口商的信用如何而定，其與出口商的關係，往往係 "Like likes like"（性相似者相悅，物以類聚），不僅要查明進口商的資力，且須重視其品性 (character) 及道德 (moral) 如何，即使在輸出保險公司的「國外進口商名錄」中列為甲級 (class A) 的進口商，也應另作信用調查。若屬鉅額交易，則宜委請 Dun & Bradstreet 徵信。

　　4.進口國的情況、進口貨物必需的單據及貿易習慣如何？為期授信的安全，應熟悉或瞭解進口國的政治、經濟、金融情況、貿易政策、外匯管理、外匯情況、貿易習慣、匯票時效、拒絕證書、海關規定等等。此外，應密切注意該出口貨品在進口國的供需關係及市況動向。設法規避國家風險及商業風險。貨物進口通關必需的單據有哪些？銷往中南美時，不可以遠期付款交單交易，而且應注意銷往此地區時，承兌、付款，往往係以 "On Arrival of Goods" 為條件，不可不知。

　　5.買賣契約書是否完備？有無索賠條款？為了日後的索賠，契約內容應力求完備，並將索賠條款予以明確的規定。再者，投保輸出保險時，應訂立符合輸出保險所規定要件的買賣契約。

　　6.是否已取得輸入許可證及外匯核准證？在信用狀交易，因信用狀的開發原則上以已獲得輸入許可證及外匯核准證為前提。因此，不必確認是否已取得這些證明。

但，在承兌交單、付款交單交易則必須事先確認是否已取得輸入許可證及外匯核准證，否則屆時可能發生無法進口或無法支付外匯的情形。

7.在繼續交易的情形，該進口商是否曾有拒付或逾期未付款的不良紀錄？如有此種紀錄，則不宜受理。

8.以 FOB、CFR 等條件交易時，應確認進口商是否已購買保險？承兌交單、付款交單交易，原則上應以 C&I、CIP 或 CIF 條件交易，如因特殊情形不得不按 CFR 或 FOB 條件交易者，應取得進口商已投保適當保險的書面證明。

9.應考慮到 URC 522 的規定：現在的承兌交單、付款交單託收，均以遵守 URC 522 為原則。因此，處理承兌交單、付款交單託收時，其託收指示也應以符合 URC 522 為原則。此外，託收指示也應顧慮到輸出保險的有關規定，例如欲投保輸出保險，應訂有書面買賣契約、匯票應具備一定的要件等等。

10.須符合外匯管理法規。

※讀者對於「託收方式貿易」擬進一步研究者，請參閱拙著《國際貿易付款方式的選擇與策略》(三民版)。

 習 題

1.試述在何種情況下適合採 D/P 方式貿易？何種情況下適合採 D/A 方式貿易？

2.試述託收方式貿易對出口商的利弊。

3.何謂 Long D/P？適用於何種場合？對進口商有何好處？

4.何謂拒絕證書？拒絕證書在託收方式貿易中的重要性為何？

5.試述出口商在決定是否採用託收方式貿易時，應考慮的因素有哪些？

第二十五章

匯付方式貿易

國際貿易付款方式 (methods of payment) 基本上有匯付、託收及信用狀等方式。後二種付款方式已在本書有詳細的介紹。本章將介紹匯付方式及其在國際貿易中的運用。所謂匯付 (remittance) 就是進口商主動將貨款透過銀行（或其他金融機構）匯交出口商之意。

因進口商（債務人）主動將款項付給出口商（債權人）及匯兌工具（匯款通知和票據）移動方向與資金的流動方向相同，故又稱順匯或匯付法。

在國際貿易中的匯付，其匯付時間依付款與裝運先後的關係，可分為下列二種：

1. 裝運前付款 (payment prior to shipment)，又稱先付後裝或先付後運。
2. 裝運後付款 (payment aftere shipment)，又稱先裝後付或先運後付。

在匯付方式貿易中，若約定「裝運前付款」，則在買賣契約的付款條件 (terms of payment) 中通常以「預付貨款」(payment in advance; prepayment; advance payment) 表示。至於約定以「裝運後付款」為條件的匯付貿易又可再分為：

1. 交單付現 (cash against documents)。
2. 交貨付現 (cash/collect on delivery)。
3. 記帳貿易 (open account trade)。
4. 寄售貿易 (on consignment trade)。
5. 分期付款貿易 (instalment trade)。

以下就較常見的「預付貨款方式」貿易與「記帳方式」貿易予以介紹。

※讀者對於「交單付款」、「交貨付現」、「寄售」及「分期付款」等匯付方式貿易有興趣者，請參閱拙著《國際貿易付款方式的選擇與策略》（三民版）。

🌐 第一節 預付貨款方式貿易

一、預付貨款方式貿易的意義

所謂預付貨款方式貿易，就是進口商先將貨款的全部或一部分（例如支付定金

的場合）匯交出口商，出口商則於收到貨款後立即或在一定時間內，交運貨物的一種付款（結算）方式。就進口商而言，是預付貨款，但就出口商而言，卻屬預收貨款方式貿易。

　　茲圖示其作業流程 (work flow) 如下：

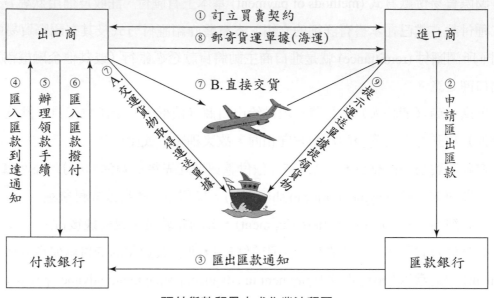

預付貨款貿易方式作業流程圖

說明：

①進出口商雙方訂立買賣契約。

②進口商到銀行申請匯款。

③匯款銀行（remitting bank，匯出銀行）匯款到出口地付款銀行（paying bank，匯入銀行）。

④付款銀行通知出口商前來辦理領款手續。

⑤出口商辦理領款手續。

⑥付款銀行撥款給出口商。

⑦ A. 海運：依約交運貨物取得運送單據。

　 B. 空運：依約直接交貨。

⑧海運者將貨運單據逕寄進口商。

⑨進口商收到運送單據後提領貨物。

　　預付貨款方式貿易的風險，就進口商而言，遠較信用狀、付款交單或承兌交單方式貿易要大。買賣雙方需有高度的互信，或採取適當的避險措施才能順利進行交易。

二、預付貨款方式貿易的種類

　　預付貨款方式的貿易，依其付款的時間區分有：

　　1.訂貨時付現 (cash with order, CWO)：即進口商於簽立契約或進口商下單時，即匯付貨款。

　　2.預付現金 (cash in advance, CIA)：即進口商應於簽發訂單後或簽立買賣契約後若干日內或賣方出貨前若干日之前，匯付貨款。又稱為「出貨前付款」(payment before shipment, PBS) 或「裝運前付現」(cash before shipment, CBS)。

　　3.打包放款信用狀 (packing L/C; red clause L/C)：即買方開出附有特別條款的信用狀，規定賣方在一定條件下，可憑信用狀向指定銀行申請墊款，以購買生產原料。

三、預付貨款方式貿易的優缺點

　　預付貨款的貿易方式，一般而言，有利於出口商，而不利於進口商。茲就對出、進口商的優缺點分析如下：

　(一)對出口商而言

　　優點：

　　1.信用風險小：出口商收款在前，交貨在後，所以無收不到貨款的風險。

　　2.可獲得資金周轉之便：出口商收到貨款之後才安排交貨事宜，因此可獲得營運資金周轉的便利。

　　3.交易手續簡便，費用低廉。

　　缺點：

　　1.缺乏競爭力。

　　2.售價常被壓低：因進口商須預付貨款，除了信用風險較大之外，尚有利息的損失，所以常常在價格上要求優惠或折扣。

　(二)對進口商而言

　　優點：

　　1.在賣方市場或搶購時，為爭取其優先供貨，往往願意預付貨款（例如 2007 年

訂購日本任天堂生產的 Wii 遊戲機，即使預付貨款，須半年才能交貨）。

　　2. 小訂單、試訂時採此方法，手續簡便，費用低廉。

　　3. 在價格上可爭取到一些優惠或折扣 (cash discount)。

缺點：

　　1. 信用風險大：因付款在先，收貨在後，若出口商不履約則進口商將遭受損失。

　　2. 不利於資金周轉：未收到貨物卻先行墊款，占壓了進口商的資金，喪失自預付時起至出口商交貨日止的資金運用便利。

四、預付貨款方式貿易風險的規避方法

(一)對出口商而言

因已收妥貨款，原則上不必採取避險事宜。但注意：

　　1. 忌收私人支票或匯票。若不拒絕，則宜收妥票款後才出貨。

　　2. 若進口商要求出口商提供還款保證函 (repayment/refundment guarantee) 者，應注意該保證函的內容及時效。

(二)對進口商而言

　　1. 加強徵信：除非誠信 (integrity) 可靠、財務健全，否則不宜採取預付方式貿易。

　　2. 按信用評等，設定交易額度。

　　3. 考慮匯付時間與交貨時間的落差，不要太大。

　　4. 約定解付匯款的條件。例如出口商領款時，須提示書面擔保，以保證在一定時間內將貨運單據交付匯入銀行轉交進口商。

　　5. 必要時，要求出口商提供銀行還款保證函保證出口商如期履約，否則承擔退還預付的貨款另加利息。例如保證函中規定：

This L/C (guarantee) is payable against:

a. beneficiary's (importer) draft drawn on issuing bank

b. accountee's (exporter) receipt indicating that accountee has received US$... or less from beneficiary（另請參閱本節第六項列示）

然後，Paying Bank（匯入銀行、付款銀行）憑出口商收據解付匯款，該收據則交由進口商保管。俟出口商出貨後，將貨運單據透過匯出銀行及匯入銀行交付進口商，進口商領單時須繳回出口商原出具的收據。

五、適合預付貨款方式貿易的情形

(一)對出口商而言

1.交易金額較小，屬於試訂或訂購樣品時。

2.買方（進口商）資信欠佳或不明時。

3.賣方市場，貨品是熱門貨，供不應求時。

4.貨物規格特殊，不先付款就不願意產製時。特殊規格的貨物，產製後萬一進口商不付款甚難於轉售，故常要求先付一部分或全部貨款。

5.本國貨幣有升值趨勢時（即可提前收匯）。例如 2017 年 1 月到 4 月，新臺幣對美元大漲，帳上有巨額應收美元者，匯損甚大。

6.買賣雙方有長期良好密切往來關係，且充分信任賣方時。

7.進口國政經情況惡劣，除非進口商預付貨款，否則不願出貨時。

8.買賣雙方為母子公司關係、關係企業或跨國公司時，為避免匯率變動風險及節省交易費用時。

9.出口商資金短絀，須先收貨款，才有能力購料生產，而進口商又迫切需要貨物時。

10.本國市場利率遠高於進口國市場利率時。

(二)對進口商而言

1.在賣方市場，出口商貨物品質好，價格尚屬合理，其他廠牌無法與之競爭時。

2.出口商資信良好時。

3.交易金額較小，屬於試訂或訂購樣品時。

4.資金寬鬆，有足夠資金支應其營運時。

5.出口商願意在價格上給予優惠或現金折扣 (cash discount) 時。

6.即使交易金額較大，若出口商可提供還款保證函，保證其不履約時，將退還預收的貨款，並另加利息時。

7.本國貨幣有貶值趨勢時（即可提早付匯）。

8.本國市場利率遠低於出口國市場利率時。

9.確信輸出入國不至於在其預付貨款之後禁止該交易貨物的輸出入時。

六、預付貨款方式貿易契約重要條件的約定

預付貨款方式買賣契約的內容,原則上與一般貿易契約(例如信用狀或託收項下的交易)內容大同小異,但以下有關條件則值得注意。

(一)價格條件

1.計價幣別最好採用幣值穩定的通貨。

2.假如出口商須提供還款保證,則其費用應估入售價內。

3.出口商預收貨款,所以其售價應比信用狀或託收交易的價格為低。

4.貿易條件:原則上按 CIF 或 CIP 條件交易。因為由出口商安排運輸,保險較為方便。

(二)付款條件(又稱為匯款條件)

應在契約中明確規定匯付方式、時間及金額。

1.匯付方式 (type of remittance):

(1) T/T (SWIFT):電匯。

(2) M/T:信匯,現在很少用。

(3) D/D (D/T draft transfer):票匯。

(4) Personal Check:私人支票,應收妥後才出貨。

2.匯付時間:

(1)下單時。

(2)下單後×××天內。

(3)出貨前×××天內。

3.預付貨款是全額抑是部分貨款?部分貨款時,與其他付款方式如何結合?例如:Payment: Advance payment: 60%; D/P: 30%; D/A: 10%。

茲將預付貨款方式貿易的匯付條款例示於下:

(1) The buyers shall pay 100% of the sales proceeds in advance by Demand Draft to reach the sellers not later than Dec. 15, 20–.

(2) Payment in advance for full contract amount by way of the following means on or before Oct. 10, 20–.

① T/T (SWIFT) or M/T

② Bankers Draft

③ Personal Check (payment shall not be deemed received unless the amount of the check has been collected)

④ International Postal Money Order

⑶ ...% of the total contract value as advance payment shall be remitted by the buyer to the seller through telegraphic transfer within one month after signing this contract.

㈢應提供單據及份數

1.出口商應提供哪些單據？多少份？

在國際貿易中，常見的發票或包裝單，即使未約定，賣方還是有義務提供。但比較特殊的單據則應在契約中加以約定。

2.提供單據方式及時間：

例如：約定出貨後×××天內，將單據以快遞或快郵方式逕寄進口商。

㈣交運時間

例如：約定出口商收到貨款後，應在×××天內交運貨物。至於採海運、空運或快遞，也宜在訂單或契約中約定清楚。

㈤還款保證函例示

在預付貨款方式貿易中，如金額較大時，為防範出口商收到貨款後卻不交貨，為了確保可收回預付的貨款，必要時，可要求出口商提供銀行還款保證函(repayment/refundment guarantee)。其格式如下：

預付款返還擔保信用狀

(Advance Payment Refundment Stand-by Letter of Credit)

（申請人：出口商；受益人：進口商）

目的：本預付款返還擔保信用狀係在擔保進口商（信用狀受益人）對出口商（信用狀申請人）已付定金 (down payment) 或預付款 (advance payment) 的返還 (refund)。

At the request of ___申請人___ (name and address of the Applicant), we hereby issue our irrevocable Stand-by Letter of Credit No...for US$10,000.00 (Say US Dollars Ten Thousand Only) in favor of ___受益人___ (name and address of the Beneficiary) for guaranteeing that the Applicant will ship the goods under Purchase Order No...dated (specific date) to the Beneficiary within the required latest shipment date.

This Stand-by Letter of Credit is available by Beneficiary's Sight Draft(s) drawn on us accompanied by their signed Statement certifying　申請人　(name of the Applicant) have failed to ship the goods under the Purchase Order No...dated (specific date) to the Beneficiary within the required latest shipment date.

This Stand-by Letter of Credit will expire on...(expiry date) at our counters./in the Beneficiary country.

Partial drawings are not allowed.

Documents must be presented to（文件向……提示）(advising bank) for negotiation.

All baking charges outside...(country in which this L/C is issued) are for account of the Beneficiary.

This Stand-by Letter of Credit will become automatically operative upon our receipt of the advance payment for US$10,000.00 in favor of the Applicant who holds Account No. 765123 with us. Once this advance payment is received to the Applicant's account, we will advise you to that effect, making this L/C operative.

Documents must be sent to　開狀銀行　(name and address of this L/C issuing bank) by courier service.

We agree with Beneficiary that Draft(s) drawn under and in compliance with this L/C terms will be duly honored if presented with the Statement on or before the expiry date. Upon receipt of documents complying with this L/C terms, we will remit proceeds according to the instructions of 通知銀行　(name of correspondent bank—L/C advising bank).

This Stand-by Letter of Credit is subject to UCP (2007 Revision), ICC Publication No. 600

第二節　記帳方式貿易

「裝運後付款」的匯付方式貿易，是指出口商先裝運，待進口商收到貨後立即或在一定期間內，將貨款匯交出口商的一種結算方式。這種結算（付款）方式有記帳方式貿易、寄售方式貿易及分期付款等。本節擬就記帳方式貿易予以介紹。

一、記帳方式貿易的意義

又稱記帳買賣 (open account sale, O/A sale)，係「裝運後付款」的一種交易方式。依此方式交易時，買賣雙方訂立買賣契約約定：

　　1.賣方將貨物運出，並將貨運單據逕寄買方，俾其於貨物抵達目的地時可報關提貨。

　　2.貨款則由賣方以應收帳款科目列帳記入買方名下帳戶的借方。

　　3.於約定賒帳期間 (credit period) 屆滿時，由買方將貨款匯付賣方。

　　上述方式的交易稱為記帳貿易。也有人稱為賒銷 (sale on credit) 或賒帳 (sale on account) 或 Open Book Charge Account 方式貿易。

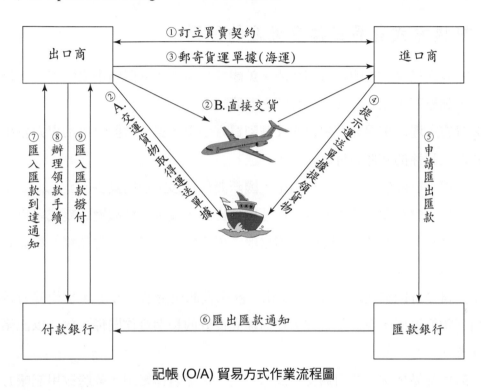

記帳 (O/A) 貿易方式作業流程圖

說明：

①進出口商訂立買賣契約。

② A. 海運方式：依契約交運貨物取得運送單據。

　　B. 空運方式：依約直接交貨。

③海運方式者，出口商將貨運單據逕寄進口商。

④進口商憑運送單據提領貨物。

⑤進口商於到期日 (at maturity) 到銀行申請匯款。

⑥匯款銀行（進口地）電匯至出口地付款（通匯）銀行，請其付款給出口商。

⑦付款銀行通知出口商前來辦理領款手續。

⑧出口商辦理領款手續。

⑨付款銀行將匯入匯款撥付出口商。

記帳方式貿易的風險，較信用狀、託收方式交易大，買賣雙方需有高度的信任 (high degree of trust)、長期正常的業務往來以及進出口國間貨物移動無限制為要件，否則不宜貿然進行。

二、記帳方式貿易日益受歡迎的原因

記帳本來只是一些國家（如美國、英國等）國內或歐盟國家之間流行。但近年來由於下列原因，記帳方式貿易乃隨之而興起：

1.買方市場：市場勢力由賣方移轉到買方手中，買方常要求以約束力較小、付款期間較具彈性的條件來付款。

2.大部分已開發國家貿易自由化，國際間貨物移動限制減少。

3.產品壽命週期縮短：賣方為加速出清貨品，減少資金積壓或變成呆貨，對於壽命較短產品（例如電子產品），在價格無法再降低的情形下以付款條件較寬鬆的記帳來吸引買方。

4.買賣雙方的彼此信任 (trust)：由於國際資訊與交通的發達，買賣雙方距離縮短，相互瞭解更深，更信任對方，從而建立良好的長期合作關係，放心以記帳方式維持往來。

5.節省交易成本：信用狀交易成本較高，單據製作繁瑣，乾脆改用記帳方式貿易，藉以節省交易成本，簡化、加速交易過程。

6.風險轉嫁及銀行金融制度的日益完整，包括遠期外匯操作、Factoring 及輸出保險制度的運用。

7.專業徵信機構的徵信效率提高。

我們可以說，在高科技產品（尤其電子產品）的貿易，以目前來說，記帳已成為國際貿易交易方式的主流。

三、記帳方式貿易的種類

(一)依賣方債權是否確保，可分為

1. 買方提供擔保的記帳：例如買方提供擔保信用狀、銀行保證書。

2. 買方未提供擔保的記帳：即未提供任何擔保。

(二)依記帳帳戶開立方式，可分為

1. 單機制記帳：即應收帳款帳目由賣方設立帳戶記帳。

2. 雙機制記帳：即由賣方及買方就應收、應付帳款設立帳戶記帳。

(三)依買賣雙方是否位於同一國家，可分為

1. 國內記帳 (domestic O/A)：例如我國國內廠商之間的記帳。

2. 國際記帳 (international O/A)：即出口商與進口商之間跨國的記帳。

四、記帳方式貿易的優缺點

(一)對出口商而言

優點：

1. 手續簡化節省交易成本。

2. 具競爭力易於開拓市場，可排除以價格為競爭手段的對手，以獲取潛在或現存的市場機會，尤其適合爭取初次交易者 (It may be the better means to encourage the buyer to trade initially in order to build a more lasting trading relationship which could result in increased sales, using other method of payment)。

3. 單據製作 (documentation) 簡單。

缺點：

1. 信用風險大：按此條件交易時，收到貨款之前，完全喪失對於貨物的控制權。

2. 現金流動風險大：若放帳期間 (credit period) 較長，則資金凍結，影響現金流動性。

3. 匯率變動風險：若放帳期間較長，匯率變動風險難免。應設法避險 (hedge)。

4. 政治風險：若進口國實施外匯管制或發生內亂暴動……，則資金移轉可能發生問題 (transfer of funds being blocked due to political condition)，或因外匯缺乏致遲延付款 (delay in availability of foreign exchange)。

5.轉嫁風險成本較高：若利用應收帳款收買業務 (factoring) 或輸出保險，則其費用將超過交易金額 1% 以上。

(二)對進口商而言

優點：

1.資金周轉便利：買方可先處分或出售貨物，以其所得用來支付賣方貨款。

2.信用風險低：賣方交貨後經過一段時間，買方才付款，可免詐騙。

3.費用低廉：手續簡便，免用信用狀節省銀行費用。

缺點：

1.若付款期間較長，匯率變動風險難免，但可提早結匯。

2.賣方可能將利息及其他風險轉嫁成本灌入貨價，致售價可能抬高。

五、記帳方式貿易風險的規避方法

記帳交易的風險，主要在賣方這一邊。因此對賣方而言，其規避方法如下：

(一)信用風險的規避方法

1.加強徵信，做好信用管理 (credit management)：除透過往來銀行徵信外，可委請信用卓著的專業徵信機構 (credit agency; credit reporting agency) 詳查買方信用。否則很可能錢貨兩空。

2.加強帳款催收：建立健全催收制度。

3.注意對方市況的變化。

4.必要時，要求買方提供擔保信用狀或銀行保證書，並規定買方不履約付款時，賣方可憑以兌款。

5.設定最高信用額度 (limitation of credit line) 及交運限額 (shipping limit)❶。

6.轉嫁風險：

　(1)投保輸出保險 (可洽中國輸出入銀行)。

　(2)安排應收帳款收買業務 (factoring)，將債權轉讓給承購商 (factor) (可詳詢本地銀行)。

(二)現金流動風險 (risk of cash flow) 的規避方法

1.自籌所需資金。

---

❶　交運限額指在一確定期間 (正常為一個月) 內，交貨的限額。

2. 安排銀行融資。

3. 投保輸出保險，憑以辦理融資。

4. 安排 O/A Factoring，請承購商 (factor) 提供所需資金。

5. 按資金鬆緊程度，設定每個月的賒帳額度。

(三)匯率變動風險的規避方法

是否需進行避險？避險管道如何？避險方式的選擇（成本？可行性？）。

如賒帳期間較長、匯率變動大、本國幣有升值趨向時，應考慮預售外匯，或以其他方法避險。

(四)政治風險的規避方法

1. 進口國社會、政治不穩定者，避免以記帳方式貿易。

2. 可投保輸出保險。

六、適合記帳方式貿易的情形

對出口商而言，以下情形均可考慮以記帳方式貿易。

1. 公司內部交易 (inter-company transaction)：即國內外母子公司、附屬公司關係企業或跨國公司之間的交易。

2. 進出口商之間已有長期、經常往來，對進口商的信用、財務狀況已有深刻瞭解。

3. 供應鏈體系 (supply chain management, SCM) 內上中下游廠商經常交易而彼此之間有很好的信用基礎下的交易。

4. 全球運籌管理 (global logistics management, GLM) 體系間的交易（企業的整個物流或供應鏈跨越國境，即形成所謂的全球運籌管理體系）。

5. 進口國政經穩定，無外匯管制，資金移轉不致發生困難。

6. 面臨買方市場 (buyers' market) 眾多競爭者，為提昇競爭力，可以記帳方式貿易，以對抗惡性削價。

7. 出口商有充分的現金流動性，或可獲得廉價融資，以因應較長期的賒銷條件 (If seller has sufficient liquidity or access to outside financing to extend deferred payment terms)。

8. 迫切作成生意或急於開拓市場，尤其推出新產品試探市場反應時可採用記帳

方式貿易。

　　9.進口商願意提供擔保信用狀或銀行保證書以保證付款，或可以較佳條件安排記帳、應收帳款收買業務 (factoring) 或輸出保險時。

　　10.進口國金融體系穩健，財務資訊透明。

　　11.有些鮮活貨品，如雞、鴨、魚、鮮花、蔬菜等交易因注重時間性，採用活鮮隨到隨出，提單隨船帶交進口商，從而可以迅速提貨，不致積壓，並按實際收到數量及品質，匯付貨款結算。

七、記帳方式貿易契約重要條件的約定

㈠關於信用額度的約定

　　1.信用額度及控制：例如以 US$1,200,000 為限。

　　2.借貸期限的長短：例如六十天、九十天、一百二十天。

　　3.借貸期限的起算日：請參閱本項「付款條件」部分。

　　4.提早付款的優待：

　　　⑴按提早日數以年利×××% 給予扣款。

　　　⑵按提早日數給予×××% 折扣。

　　5.逾期付款時：按×××% 利率付息、停止交易、改變付款方式。

㈡價格條件的約定

　　1.計價幣別最好用美元、歐元等貨幣。

　　2.記帳方式的貿易，其計價應考慮的因素有：

　　　⑴放帳期間利息成本。

　　　⑵風險轉嫁成本：包括匯率風險成本或輸出保險費等。

　　　⑶徵信費用。

　　　⑷其他。

　　就第⑴項而言，例如自裝運（船、機）日至收到匯款的期間乘以利率（按 SIBOR 或 LIBOR 等），即可得利息，並將其列入售價因素之一。

　　　　　估計利息＝〔買賣價格×（賒帳日數＋匯款期間）÷365〕×年利率

　　以上係以 B/L Date 後若干天（例如三十天、六十天）付款為例，若約定以 "××× days after cargo arrival" 為條件時，尚須加計航海（空）日數。

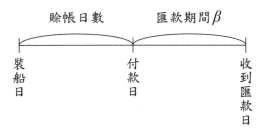

(三)付款條件的約定

記帳方式貿易的付款條件約定方式有下列幾種：

1. O/A, payment to be made within (at) 60 days after on-board B/L date by T/T remittance to our account No. _____ with Bank of _____.

2. O/A, payment in full shall be effected at (within) 90 days after invoice date by T/T remittance to our account No. _____ with Bank of _____.

3. O/A, payment in full to be effected at (within) 30 days after cargo arrival at destination port in _____.（採用 DAT、DAP 時）

4. O/A, deferred payment by cable remittance to shipper's account No. _____ with _____ Bank _____ Branch in _____, remittance to be made within 10 days after receipt of cargo. (shipping documents)（採用 DAT、DAP 時）

5. The buyer unconditionally undertakes and guarantees to the seller that all O/A amount payable to the seller at maturity as set out in this contract of sale shall be promptly observed and pay in full when due to the seller account No. _____ with Bank of _____ (address: _____) and quoting the relevant Order Numbers for identification.

6. O/A payable at 30 days after the date of presentation of shipping documents by T/T remittance to our account No. _____ with Bank of _____.

7. Payment is to be made by remittance to our account No. _____ with _____ Bank _____ Branch, _____, upon your receipt of the goods.

8. Payment shall be effected within _____ days after receipt of the shipping documents stipulated under clause of this contract.

此外可藉折扣 (discount) 誘引進口商提前付款，例如可約定 "2% discount for within 10 days after B/L date"。

9. If payments is made before the maturity date interest (at 5% p.a. _____ days of earlier payment) may be deducted the O/A amount payable to seller.

㈣應提供單據及份數

　　1. 宜約定賣方應向買方提供的單據及份數。

　　2. 寄單時間：例如約定交運×××天內寄出單據。

　　3. 寄單方式：通常以快遞方式逕寄買方。

㈤保　　險

　　無論以 C&I、CIF、CIP 或 DDP 條件貿易均宜投保全險 (All Risks)。

㈥付款保證

　　如進口商信用不是很理想時，可另外要求提供長期（如一年）的擔保信用狀以保證萬一進口商拒付時，出口商可憑信用狀提款，或另行投保輸出保險。

　　付款保證函 (payment guarantee) 係銀行應進口商要求向出口商出具的一份書面保證文件，保證在出口商交運有關貨物或有關技術資料後，進口商一定履約部分或全部付款實務。否則，就由保證人在收到出口商索償通知後償付出口商應付的全部款項。在付款保證函項下，保證人的責任隨進口商或保證人已償付的金額相應遞減。以下為付款保證函例示：

FORM OF PAYMENT GUARANTEE

TO: (BENEFICIARY)

DATE:

Our Irrevocable Letter of Guarantee No. _____

　　We have been informed that _____ (the name of applicant)(hereinafter called the applicant), has entered into contract No. 123 dated July 5, 20– with you, for _____ (description of goods and/or services) at a total price of US$500,000.

　　At the request of the applicant, we, Bank of Taiwan, Branch, _____ (address), hereby irrevocably guarantee that applicant shall effect payment, in accordance with the terms and conditions of the said contract, for your delivery to them (description of goods) totaling US$500,000.

　　Should the applicant fail to make payment wholly or partially within the time limit as stipulated in the contract, we undertake to effect such payment to the extent of the guaranteed amount for the unpaid value, plus interest at ×××% p.a. calculated as from...up to...within ××× days upon receipt by us of your written demand stating that the applicant is in breach of his obligation(s) under the underlying contract.

Your demand for payment must also be accompanied by the following document(s): (specify document(s) if any, or delete)

1.

2.

The guaranteed amount will reduced in proportion to the sum plus interest already paid by the applicant.

This payment guarantee shall become effective from the date when, the applicant receives the goods specified in the contract from you and shall expire on _____ at the latest. Consequently, any demand for payment under it must be received by us on or before that date. Upon expiry, this guarantee shall automatically become null and void and please return it to us for cancellation.

This Guarantee is subject to UCP 600 (2007 Revision) ICC Publication No. 600

Bank of Taiwan

 習　題

1. 何謂匯付方式貿易？匯付方式貿易有哪些？

2. 預付貨款方式貿易的風險、優缺點為何？

3. 記帳方式貿易的風險為何？如何規避其風險？

第二十六章　三角貿易

第一節　三角貿易的意義與種類

一、狹義的三角貿易

甲國廠商（中間商）接受乙國客戶（進口商）的訂貨，轉向丙國供應商（出口商）採購，貨物由丙國供應商逕運乙國的貿易方式，就甲國的立場而言，稱為三角貿易 (merchanting trade)。甲國廠商往往利用其從事國際貿易的經驗、技術、商務關係或地理上的優越地位，對丙國供應商以買方的地位，對乙國進口商則以賣方的地位，分別簽立買賣契約，貨物則由出口國逕運進口國，而甲國廠商只以文件往來方式達成交易，並賺取買賣差價，這種狹義的三角貿易又稱為文件處理 (document process) 的三角貿易。

日本商社多年來即靠這種三角貿易賺取鉅額利潤。過去我國從美國、巴西、澳洲進口的黃豆、小麥、玉米等產品，以及出口到美、歐的紡織品、電子產品等大部分都經由日本商社以三角貿易方式完成。此外，英、法、比等國家的貿易商也以這種方式把持非洲市場。我國為發展三角貿易，經濟部曾於 62 年訂定「申請三角貿易程序說明」，其中第 1 條所稱「限以 Document Process 方式進行」的三角貿易，就是狹義的三角貿易。狹義的三角貿易型態約有三種：

(一)傳統型三角貿易

即指甲國中間商 C 分別與乙國進口商 B 及丙國出口商 A 訂立買賣契約，貨物則由出口國逕運進口國，至於貨款則由中間商 C 以契約當事人立場，一方面自進口商 B 收回，一方面向出口商 A 支付。

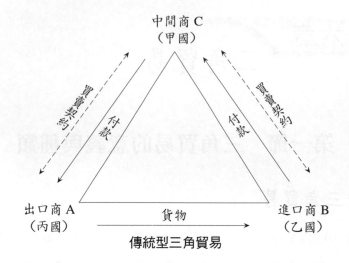

傳統型三角貿易

　　如上圖所示，甲國中間商 C 一方面與乙國進口商 B 訂立銷售貨物的買賣契約，他方面與丙國出口商 A 訂立採購貨物的買賣契約，貨物則由丙國直接運往乙國；至於貨款的清算則一方面由進口商 B 匯付中間商 C，他方面由中間商 C 匯付出口商 A。

㈡仲介型三角貿易

　　即甲國中間商 C 分別與乙國進口商 B 及丙國出口商 A 訂立買賣契約，貨物由出口國逕運往進口國，而貨款則由進口商 B 直接匯付出口商 A。至於買賣差價則由出口商 B 或進口商 A 匯付中間商 C。

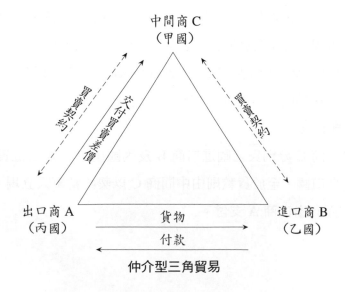

仲介型三角貿易

　　如上圖所示，中間商 C 一方面與進口商 B 訂立銷售貨物的買賣契約，他方面與

出口商 A 訂立採購貨物的買賣契約，貨物由丙國直接運往乙國，貨款則由進口商 B 逕付出口商 A，至於買賣差價則由出口商 A 逕付中間商 C（也可約定由進口商 B 逕付中間商 C）。

㈢轉包型三角貿易

即甲國廠商 C 將整廠設備銷往進口國，而其中部分器材須購自第三國時，由甲國廠商 C 與該第三國出口商 A 訂立買進器材的買賣契約，器材由該第三國逕運往進口國，貨款則由甲國廠商 C 逕付第三國出口商 A，但此項貨款可自整廠設備輸出的貨款中收回。

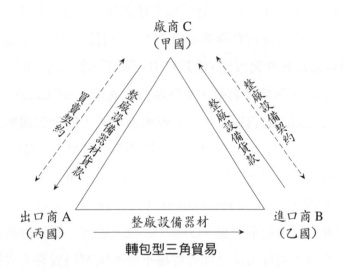

轉包型三角貿易

如上圖所示，甲國廠商 C 銷售一套整廠設備給乙國進口商 B，但其中部分器材無法自行供應，乃與丙國出口商 A 訂立買進器材買賣契約，該器材由丙國直接運往乙國，而其貨款則由廠商 C 逕付予出口商 A，但此部分貨款可自進口商 B 所付整廠設備貨款中收回。

以上三圖中的任何一個角色，不管是中間商、出口商或進口商，均為三角貿易的當事人。

二、廣義的三角貿易

廣義的三角貿易，除了上述狹義者外，尚包括轉口貿易 (entrepôt trade) 及轉換貿易 (switch trade)。

(一)轉口貿易

轉口貿易又稱為「中繼貿易」，即出口國與進口國兩國之間的貨物買賣，透過第三國的商人成交，貨物則自出口國先輸入到第三國後存入保險倉庫 (bonded warehouse) 等，經過改包裝或簡單的加工或原封不動，由該第三國再出口 (re-export) 到進口國的貿易方式，自該第三國立場而言，即稱為轉口貿易。經濟部 69 年公告的「三角貿易實施要點」及 76 年修訂的「三角貿易實施要點」第 1 條所稱「……貨物……經過我國轉運銷售至買方之貿易方式」就是轉口貿易，也即廣義的三角貿易之一。作為轉口貿易的中間港，稱為轉口貿易港 (entrepôt port) 或中繼貿易港 (intermediate port)。轉口貿易港至少應具備下述各條件，否則無法勝任：①須為不課徵關稅的自由港，或設有保稅倉庫的港口；②須為各國貨物的集散地；③須為國際匯兌自由；④須有完善的倉儲設施、電訊自由。例如巴拿馬的箇朗自由區 (Colon free zone)、香港、新加坡、阿姆斯特丹、安特渥普、漢堡、倫敦即是。

發生轉口貿易的原因約有四：(1)基於政治上原因，即供應國與進口國之間存在著某些政治上禁忌，不便進行直接貿易，乃透過第三國進行。(2)基於商業上原因，即供應國與進口國彼此之間，商情不靈通 (lack of information)、缺乏互信 (lack of mutual trust)、欠缺關係 (lack of relationship)，乃由國際上消息靈通、關係良好、信用良好的中間商進行溝通促成交易。(3)基於宗教上原因，例如回教國家與信仰猶太教的以色列水火不容，迫得彼此之間的貿易不得不以轉口貿易方式進行。(4)基於關稅配額的原因，有些供應國的貨品，不得不以轉口方式利用中間國的配額，以達到輸銷進口國的目的。

(二)轉換貿易

所謂轉換貿易，常為一些外匯缺乏的國家地區所採用，其操作方式有兩種：

1.甲國出口商將貨物先運到乙國卸下後，由乙國中間商將貨物轉運至進口國給丙國進口商。貨款清償可以由丙國進口商匯付給乙國中間商，然後再由乙國中間商轉匯給甲國出口商 (在丙國外匯管制下不能直接匯付甲國出口商)，或者也可以由丙國進口商將本國貨幣付給乙國中間商，再由乙國中間商在乙國兌換成其他貨幣後匯付甲國出口商。

2.甲國出口商運出的貨物並不在乙國轉運，而在載運貨物的船舶抵達乙國港口之前，由出口商憑貨運單據透過銀行向乙國中間商收取貨款，然後乙國中間商再把

貨物運至進口國,並向進口商收回貨款。

　　外匯短缺的國家,外匯的支付常受到嚴格的管制,其支付有時限定於某些特定國家,有時甚至無從獲得核配。上述乙國的中間商主要即在安排價款外匯的清算。例如印尼想從我國進口鋼筋,但無自由美元 (free dollar),但對新加坡卻有專戶記帳 (open account) 的順差,於是印尼的進口商可向新加坡的貿易商,以記帳為根據,開出信用狀;新加坡的貿易商則憑此信用狀向我國出口商開出自由美元的信用狀。我國出口商收到新加坡開來的信用狀,即可將鋼筋直接運往印尼,而收回自由美元,貨運單據則寄往新加坡,由新加坡的貿易商轉換 (switch) 提單,然後由其按印尼開來的記帳項下信用狀,將有關貨運單據寄往印尼,收回貨款。由於這一批交易,印尼對新加坡的記帳順差乃減少。

　　此外,與三角貿易相似者,尚有過境貿易 (transit trade) 與轉運貿易 (transhipment trade)。有些國家不臨海,因此也無轉出入海港,於是貨物的轉出入必須借道於鄰國,如奧地利貨物輸入或輸出常須利用德國的漢堡或布萊梅,以保稅方式通過德國境內。這種貨物自輸出國運往輸入國,須通過第三國國境者,就該第三國而言,即為過境貿易。現代國家對於通過本國國境的貨物(以保稅方式)都已不課徵關稅,但因貨物的裝卸、儲存、改裝、轉運而可獲得裝卸費、運費、保險費、倉租及其他各種勞務收入。假如不僅僅是過境,尚且在該第三國將貨物予以加工,然後再轉運他國者,稱這種過境貿易為過境加工貿易 (transit improvement trade)。

　　甲國與乙國之間的貿易,因無直航船可資利用,或即使有直航船,但利用轉船較為有利時,以轉船方式進行的貿易方式,稱為「轉運貿易」。例如由臺灣到丹麥,並無直航船的行駛,於是將貨物先運至漢堡,然後在漢堡轉船運往丹麥,在此場合,就漢堡(德國)立場而言,即為轉運貿易。就其本質而言,轉運貿易係過境貿易的一種。

　　茲將上述各種貿易方式,比較如下:

種類 項目	三角貿易	轉口貿易	轉換貿易	直接過境貿易
貨物在第三國 卸貨與否	貨物逕運往進口國	貨物在第三國卸貨後原封不動，或稍加工後，再轉運到進口國	貨物在第三國實質上或形式上轉運	貨物以保稅方式通過第三國
契約關係	有兩個買賣契約，且同時訂立	有兩個買賣契約，但不一定同時訂立	有兩個買賣契約（表面上），由發貨人與轉換交易商(switcher)，及轉換交易商與進口商訂約	只有一個買賣契約
貨款清償地	貨款在第三國間接清算	同左	同左	由進口國與出口國直接清算
目的地事先已確定與否	貨物在裝運時，真正的目的地已確定	事先未必確定	事先已確定	事先已確定
主體制交易抑佣金制交易	主體制交易，自負盈虧	主體制交易，自負盈虧	佣金制交易，賺取佣金，但也有主體制的情形	主體制交易，自負盈虧

第二節　三角貿易契約的主要內容

在三角貿易（以信用狀為付款條件），中間商須與買方及賣方分別訂立買賣契約。此兩份契約書的主要內容如下：

一、交易貨物的說明 (description of goods)

中間商與買方所訂的售貨契約書、與賣方所訂的購貨契約書中，關於交易貨物的說明應儘量詳細、明確，無論品質、規格、品名在兩份契約書中都要有相同的記載，不可有不一致的情形。

例如在售貨契約書中的 Description of Goods 為 "ABC Brand, KLM Electronic Products Item No. 123, 345, 456, 567"。而在購貨契約書中的 Description of Goods 也應寫成 "ABC Brand, KLM Electronic Products Item No. 123, 234, 345, 456, 567"。

二、信用狀中的貨物說明 (description of goods in L/C)

付款條件為信用狀時，在兩份契約書中應規定二張信用狀中有關貨物的說明必須完全相同。

例如在售貨契約書中規定 ："Description of goods in L/C: ABC Brand, KLM Electronic Products as per Contract No. 310–8× dated March 10, 20–"。

則在購貨契約書中也規定："ABC Brand, KLM Electronic Products as per Contract No. 310–8× dated March 10, 20–"。

或者在兩份契約書中規定將來開出的信用狀中有關貨物的說明僅僅規定 "Electronic Products" 即可。

三、數量 (quantity)

兩份契約書中有關交易數量部分當然要相同，無庸贅述。

四、單價 (unit price)

在正常情形下，中間商的買入價格小於其賣出價格，其差價就是中間商的利潤。

至於計價貨幣，在兩份契約書中都宜採用相同的通貨，例如均採用 US$，以避免匯兌風險。當然，在售貨契約書中用 US$，而在購貨契約書中則用 NT$ 也可以，只是無法避免匯兌風險。

五、貿易條件 (trade terms)

詳本章第六節。

六、裝運 (shipment)

售貨契約書中的裝運期限宜遲於購貨契約書中的裝運期限。中間商從買方（進口商）收到的信用狀中的裝運期限宜遲於中間商開給賣方的信用狀中的裝運期限。

七、包裝與刷嘜 (packing and marking)

中間商應循買方的要求，將其要求的「包裝與刷嘜」，轉要求託運人（賣方）照辦。

八、保險 (insurance)

若貿易條件為 FOB 或 CFR，並約定由買方（進口商）投保時，託運人（賣方）和中間商均不必辦理投保事宜。

但若按 CIF 條件交易時，保險將由託運人或中間商投保，因此，必須將投保人、被保險人、保險金額及保險種類等在契約中明白約定。

九、付款條件 (payment terms)

三角貿易的付款條件，有各種方式。但因是二個貿易契約的組合（即售貨契約書與購貨契約書），站在中間商的立場，固以即期信用狀清償貨款為原則，但以(1)預收貨款條件賣出，並以信用狀條件買進；(2)以承兌交單、付款交單條件買進，而以信用狀條件賣出更佳。

以 L/C-L/C 條件交易的三角貿易中，在售貨契約書中，要約定信用狀的開發時間，在購貨契約書中則規定收到買方（進口商）的信用狀為條件，在×月×日以前開出信用狀 (L/C will be opened by April 20, 20–, subject to our receipt of importer's L/C by the time.)。

另外，在售貨契約書中約定買方（進口商）所開出的信用狀中應規定，(1) Stale B/L Acceptable；(2) Third Party B/L Acceptable（即提單上的託運人不是中間商）；(3) 提單上的 Notify Party：中間商向發貨人開發信用狀時，應考慮以誰為提單上的 Notify Party。假如中間商在進口地有代理商或分支公司，則以他們為 Notify Party 最好，因為如此做，可避免發貨人獲悉誰是真正的進口商。如以中間商為 Notify Party，則最好規定可在中間商所在地換發提單。

信用狀的有效期限：中間商自進口商所收到的信用狀期限應長於中間商開給發貨人的信用狀期限，其差距視發貨地至中間商所在地的郵遞時間而定。或開出的轉開信用狀的有效期限規定以轉開信用狀開狀銀行的櫃檯為準。例如：This L/C is to expire on _____ (date) at the counter of opening bank in Taiwan.

十、應提供單據及份數

可在購貨契約書中規定應提供貨運單據種類、份數及其寄送方式。

十一、索賠問題

為期萬一發生索賠時易於解決起見，最好在買賣契約中約定由發貨人與進口商逕行解決。但這只是一廂情願的想法，而且必將使進口商及發貨人的身分暴露。

第三節　三角貿易契約書實例

一、三角貿易中的售貨契約書（中間商：賣方）

BOEKI JAPAN, INC.,

1–2–3, O-CHO, O-SHI, O-KEN,

311 JAPAN

PHONE: 00–000–0000

FAX: ...

SALES CONTRACT

We, as Seller, confirm having sold to the Buyer named below the following goods on the terms and conditions set forth hereunder and on the back hereof.

TO: (BUYER)

　American Trading Corporation, 101 South San Pedro St., Los Angeles, Calif., 95014 U.S.A.

CONTRACT NO.: 310–8×

DATE: March 10, 20–

1. DESCRIPTION OF GOODS:

　　ABC Brand, KLM Electronic Products, Item No. 123, 234, 345, 456, 567

2. DESCRIPTION OF GOODS IN L/C AS FOLLOWS:

　　Total 5,000 pcs. of ABC Brand, KLM Electronic Products as per Contract No. 318–8× dated March 10, 20–

3. QUANTITY:

　　5,000 pcs. (1,000 pcs. for each item)

4. UNIT PRICE:

　　US$5.00/pc.

5. TRADE TERMS:

　　CFR vessel Los Angeles

　TOTAL AMOUNT:

　　US$25,000.00

6. SHIPMENT:

　　Per ocean vessel sailing from Keelung, Taiwan to Los Angeles, Calif. Freight Prepaid.

　　Latest shipping date: June 20, 20– (L/C Expiry: July 20, 20–)

　　Partial shipments are allowed. Transhipment not allowed.

(Shipment will be done in one lot, but please open L/C as partial shipments allowed.)

Shipper's name: KLM Electronic Co., Ltd., 5–3, Alley 2, Lane 217, Sec. 3, Chung Hsiao E. Road, Taipei, Taiwan

7. PACKING:

50 pcs. to be packed in a carton, then, 10 cartons to be packed in a wooden case.

MARKING:

AMTRA

KLM ITEM NO. 123 etc.　　　　*LOS ANGELES

C/NO. 1–up*　　　　　　　　MADE IN TAIWAN

8. INSURANCE:

To be covered by Buyer

9. PAYMENT TERMS:

Irrevocable L/C at sight in US Dollars, in favor of Boeki Japan, Inc.

Full cable L/C is to be opened and forwarded to us through ×××　Bank, O-shi Branch, which must reach us by the end of March, 20–.

L/C should show "Stale B/L is acceptable", "KLM Electronic Co., Ltd. shown as shipper in B/L acceptable", "Packing List issued by KLM Electronic Co., Ltd. acceptable".

10. DOCUMENTATION:

Shipping advice including Taiwan's Original Certificate of Origin (Form A) and copies of B/L will be forwarded direct from shipper to buyer soon after shipment.

11. OTHER TERMS AND CONDITIONS:

ACCEPTED BY (BUYER)　　　　　　　　　　　　　(SELLER)

　　　　　　　　　　　　　　　　　　　　　　　BOEKI JAPAN, INC.

　　　　　　　　　　　　　　　　　　　　　　　Shigeru Yoshida

PLEASE SIGN AND RETURN ONE COPY

二、三角貿易中的購貨契約書（中間商：買方）

BOEKI JAPAN, INC.,

1–2–3, O-CHO, O-SHI, O-KEN,

311 JAPAN

PHONE: 00–000–0000

FAX: ...

PURCHASE ORDER

We, as Buyer, confirm having bought from the Seller named below the following goods on the terms and conditions set forth hereunder and on the back hereof.

CONTRACT NO.: 310–8×

DATE: March 10, 20–

TO: (SELLER AND SHIPPER)

　KLM Electronic Co., Ltd.,

　5–3, Alley 2, Lane 217, Sec. 3,

　Chung Hsiao E. Road, Taipei, Taiwan

1. DESCRIPTION OF GOODS:

　ABC Brand, KLM Electronic Products, Item No. 123, 234, 345, 456, 567

2. DESCRIPTION OF GOODS IN L/C AS FOLLOWS:

　Total 5,000 pcs. of ABC Brand, KLM Electronic Products as per Contract No. 310–8× dated March 10, 20–

3. QUANTITY:

　5,000 pcs. (1,000 pcs. for each item)

4. UNIT PRICE:

　US$4.50/pc.

5. TRADE TERMS:

　CFR vessel Los Angeles

TOTAL AMOUNT:

　US$22,500.00

6. SHIPMENT:

　Per ocean vessel sailing from Keelung, Taiwan to Los Angeles, Calif. Freight Prepaid.

　Latest shipping date: June 20, 20–

　Partial shipments not allowed. Transhipment not allowed.

　Importer's name: American Trading Corporation, 101 South San Pedro St., Los Angeles, Calif., 95014 U.S.A.

7. PACKING:

　　50 pcs. to be packed in a carton, then, 10 cartons to be packed in a wooden case.

MARKING:

　　AMTRA

　　KLM ITEM NO. 123 etc.　　　　　*LOS ANGELES

　　C/NO. 1–up*　　　　　　　　　　MADE IN TAIWAN

8. INSURANCE:

　　To be covered by Importer.

9. PAYMENT TERMS:

　　Irrevocable L/C at sight in US Dollars, in favor of KLM Electronic Co., Ltd.

　　L/C will be opened by April 20, 20–, subject to our receipt of importer's L/C by the time.

10. DOCUMENTATION:

　　Documents negotiated by your Bank are to be sent to our Bank in one lot.

　　Shipping advice including Taiwan's Original Certificate of Origin (Form A) and copies of B/L shall be airmailed direct from shipper to American Trading Corp. soon after shipment. Another shipping advice including copies of invoice, packing list, B/L, etc. has to be airmailed to us soon after shipment.

11. OTHER TERMS AND CONDITIONS:

ACCEPTED BY (SELLER)　　　　　　　　　　　(BUYER)

　　　　　　　　　　　　　　　　　　　　　BOEKI JAPAN, INC.

　　　　　　　　　　　　　　　　　　　　　Shigeru Yoshida

　　　　　　　PLEASE SIGN AND RETURN ONE COPY

 # 第四節　三角貿易付款方式的組合

　　在國際貿易中，付款方式主要可分為匯付、信用狀及託收三種，前已敘及。而在三角貿易中，就中間商立場來說，其付款方式則主要有下列二十五種組合：

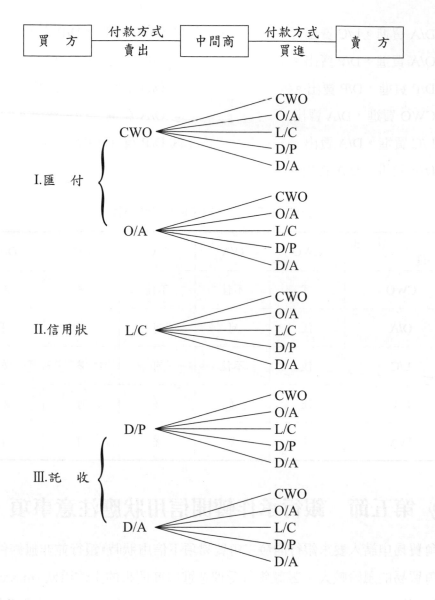

說明：

① CWO 買進，CWO 賣出。　　　② O/A 買進，CWO 賣出。

③ L/C 買進，CWO 賣出。　　　④ D/P 買進，CWO 賣出。

⑤ D/A 買進，CWO 賣出。　　　⑥ CWO 買進，O/A 賣出。

⑦ O/A 買進，O/A 賣出。　　　⑧ L/C 買進，O/A 賣出。

⑨ D/P 買進，O/A 賣出。　　　⑩ D/A 買進，O/A 賣出。

⑪ CWO 買進，L/C 賣出。　　　⑫ O/A 買進，L/C 賣出。

⑬ L/C 買進，L/C 賣出。　　　⑭ D/P 買進，L/C 賣出。

⑮ D/A 買進，L/C 賣出。　　⑯ CWO 買進，D/P 賣出。

⑰ O/A 買進，D/P 賣出。　　⑱ L/C 買進，D/P 賣出。

⑲ D/P 買進，D/P 賣出。　　⑳ D/A 買進，D/P 賣出。

㉑ CWO 買進，D/A 賣出。　　㉒ O/A 買進，D/A 賣出。

㉓ L/C 買進，D/A 賣出。　　㉔ D/P 買進，D/A 賣出。

㉕ D/A 買進，D/A 賣出。

各種付款方式組合對中間商的優缺點

買進 ＼ 賣出	CWO	O/A	L/C	D/P	D/A
CWO	可	不佳	不佳	差	差
O/A	佳	可	可	可	可
L/C	佳	不佳	可	差	差
D/P	佳	差	差	可	差
D/A	佳	差	差	可	可

🌐 第五節　銀行承作轉開信用狀應注意事項

三角貿易申請人要求銀行開發三角貿易項下信用狀時，銀行並非無條件地受理，因為三角貿易的風險較大。茲就銀行受理憑進口商開來的主信用狀 (master L/C) 開發轉開信用狀 (secondary L/C; back-to-back L/C) 時，應注意事項，列舉於下：

1. 轉開信用狀的開狀申請人必須為主信用狀的受益人。
2. 轉開信用狀的開狀申請人必須為往來密切的優良廠商。
3. 承辦開發轉開信用狀的銀行宜為主信用狀的通知銀行。
4. 如主信用狀有關條件將使替換單據發生困難者，應請修改主信用狀。
5. 轉開信用狀的受益人應為國外供應商。
6. 轉開信用狀的金額不得大於主信用狀的金額。
7. 轉開信用狀的裝船期限及有效期限應早於主信用狀所規定的期限。若主要單

據不需替換時，受益人如在亞洲地區者，宜較主信用狀提早二十天左右，受益人如在其他地區者，則宜提早三十天左右。

8. 轉開信用狀的貨品名稱應與主信用狀所列者完全相同。

9. 轉開信用狀宜規定國外押匯銀行將所有單據一次寄出。

10. 轉開信用狀的有效期限最好以開狀銀行的櫃檯為準（例如：This L/C is to expire on _____ at opening bank's counter.）。

11. 視風險的大小，得要求申請人提供適當的保證。

第六節 從事三角貿易應注意事項

1. 貿易條件：中間商從事三角貿易，在實務上，以 CFR 或 CPT 條件買進，而以 CIF 或 CIP 條件賣出最理想。換言之，保險由中間商購買，運費則由發貨人預付。當然也可以 FOB (FCA) 買進，而以 FOB (FCA) 或 CIF (CIP) 賣出，或以 CIF (CIP) 買進並以 CIF (CIP) 賣出。但是以 CIF (CIP) 或 C&I 買進時，不僅在保險方面的保險金額、理賠地點，在處理上易生錯誤，而且轉售價格亦易為發貨人所知悉，因而引起不愉快的事情。如由中間商付保則可避免上述情事。

關於提單方面，如以 Freight Collect（如 FOB、C&I）買進，而以 Freight Prepaid（如 CIF、CFR）條件賣出，則中間商須支付運費後將提單加註 Freight Prepaid。在此情形下，如在中間商所在地無該承運船隻的船公司或代理行，無從支付運費並請加註 Freight Prepaid 字樣。因此，以 Freight Prepaid（即 CIF、CFR）條件買進較妥。

此外，固然亦可以 FOB（或 C&I）條件買進，並以同樣條件（即 FOB 或 C&I）賣出，但就中間商的立場來說，以儘量避免由進口商購買保險較安全。

根據上述，綜合如下：

賣出　買進	FOB	CFR	C&I	CIF
FOB	稍差	不佳	稍差	不佳
CFR	－	稍差	不佳	最佳
C&I	－	－	不佳	不佳
CIF	－	－	－	不佳

2.開狀時期：中間商應於收到進口商開來信用狀之後，再向發貨人開出信用狀。中間商收到國外開來信用狀時，應注意開狀銀行的可靠性。然後應留意開給發貨人的信用狀條件與進口商開來的信用狀條件密切配合，以免將來押匯發生問題。

3.提單上的 Notify Party：中間商向發貨人開發信用狀時，應考慮以誰為提單上的 Notify Party。假如中間商在進口地有代理商或分支公司，則以他們為 Notify Party 最好，因為如此做，可避免發貨人獲悉誰是真正的進口商。如以中間商為 Notify Party，則最好規定可在中間商所在地換發提單。

4.提單上的託運人：假如可能的話，發貨人所提出的提單，宜以中間商為託運人，因為這樣才可避免買方獲悉誰是真正的發貨人（賣方）。

5.信用狀的有效期限：中間商自進口商所收到的信用狀期限應長於中間商開給發貨人的信用狀期限，其差距視發貨地至中間商所在地的郵遞時間而定。或開出的轉開信用狀的有效期限規定以轉開信用狀開狀銀行的櫃檯為準。例如："This L/C is to expire on...(date) at the counter of opening bank in Taiwan"。如可能，以付款交單、承兌交單方式買進，再以信用狀或預收貨款方式賣出。

6.中間商的利潤：至少要有 3%–5% 左右。

7.交易貨幣：以同一種貨幣交易為原則，以免匯率變動的風險。

8.法令：注意進出口兩地的外匯、貿易管理法令。

9.付款條件：以即期信用狀清償貨款為原則，但以預收貨款條件賣出，並以信用狀條件買進，或以付款交單、承兌交單條件買進，而以信用狀條件賣出更佳。

10.押匯期限：開給發貨人的信用狀最好規定 "Negotiation must be effected within...days after B/L date" 以免發生陳舊提單的問題。進口商開來的信用狀最好規定 "Stale B/L Acceptable"。

🌐 第七節　三角貿易風險與糾紛的預防與規避

三角貿易的風險較普通貿易為大，因此欲從事三角貿易者不可不知其風險，同時應設法予以預防或規避。

1.貨物品質不良的風險：發貨人（賣方）以劣質貨物運交買方時，買方將向中間商索賠。因此中間商應在信用狀上規定貨物須由國際知名的公證行檢驗，並憑其所簽發的公證報告押匯；或由中間商在發貨地親自檢驗，並憑其所簽發之檢驗證明

書押匯。

2.延遲交貨 (delay shipment) 的風險：賣方延遲交貨須由中間商向買方負責理賠。因此，中間商應在契約中約定因延遲而生的一切責任，歸賣方負責。必要時，要求賣方提供履約保證 (performance bond)。

3.貨物數量的滅失 (loss)、短少 (shortage)：應約定由投保人投保滅失、短損險，以便萬一發生滅失或短少時，可由保險公司賠付。

4.匯率變動的風險：只要使用同種幣類交易，即可避免因匯率變動而生的風險。如不得不用不同幣類交易時，應預購預售遠期外匯。

5.遭拒付的風險：為了避免主信用狀的開狀銀行拒付，中間商應要求主信用狀須由信用卓著、國際知名的一流銀行開發。此外，除要求轉開信用狀的開狀銀行在審查發貨人單據時應特別嚴格外，中間商於繕製主信用狀項下單據時，尤宜謹慎。

 習　題

1.何謂三角貿易？

2.何謂轉口貿易？

3.三角貿易付款方式的組合有哪些？

4.從事三角貿易應注意事項有哪些？

5.試述從事三角貿易可能遭遇的風險與其規避之道。

第二十七章

相對貿易

第一節　相對貿易的意義與種類

一、意　義

相對貿易 (countertrade, CT) 一詞迄無權威性的定義，但大體說來，所謂「相對貿易」係指買賣雙方中之一方，以商品（或勞務）或以一部分商品（或勞務）抵償他方所供應商品價款的交易行為而言。例如昔日西方國家賣方向東歐國家買方輸出機器設備、製品或技術時，約定西方賣方須自東歐買方輸入一定金額的商品以抵償其所供應商品（或勞務）價款，就是典型的相對貿易的一種。

二、種　類

相對貿易依其特性可分為多種。以下就常見的易貨貿易、補償貿易、相對採購貿易、產品購回協定、轉換貿易及抵補貿易加以介紹。

第二節　易貨貿易

一、易貨貿易的定義

易貨貿易的基本型態為「古典式易貨」(classical barter)。依傳統定義，所謂易貨貿易，乃指貿易雙方（通常為兩個或兩個以上國家），以一份契約規定雙方就約定的同額貨品或勞務，在規定期間內，以記帳的方式，進行貨品或勞務直接交換的貿易方式，其中兩國間沒有現金的移轉或流通。簡言之，即一方出售貨品或勞務，換回他方貨品或勞務以抵付所償價款的交易，故又稱「純粹易貨」(pure barter)。例如德國一家汽車製造廠商出售小汽車給捷克，並承諾接受捷克所提供等值的綿羊以抵充所出售小汽車的貨款。

二、易貨貿易的特性

根據上述定義，易貨貿易有下列特點：

1. 交易性質：交易係短期一次性交易，並非持續性動態關聯交易。

2. 交易當事人：交易僅涉及雙方當事人，沒有第三者（如轉換交易商）參與。實務上，第三者技術上可涉及交易，但不能真正參與易貨採購或銷售合約的簽署。

3. 契約數目：只簽訂一份契約涵蓋雙方當事人間貨品的抵換貿易。

4. 契約記載：契約中載明雙方所要交換貨品的名稱、規格、數量、價值。

5. 清償方式：訂有易貨協定國家間的貨品輸出入，其貨價支付係由雙方合意的貨品抵換為之，並未涉及貨幣的融通，而是採記帳方式來沖銷債權債務。

6. 支付協定：為了結清雙方帳戶借貸關係，通常訂有支付協定 (payments agreements)，允許雙方易貨帳戶可維持一定累積限額，亦即容許一定限額的「懸欠餘額」(swing balance) 存在。

7. 交換比率：出口貨品價值與進口貨品價值等。

8. 易貨承諾移轉性：通常約定易貨承諾不得移轉予第三者；唯事實上並不盡然。

9. 交易期限：貨品交換通常同時進行，或在較短期間內先後完成，在原銷貨與相對交貨之間不超過一年；因而產品輸出入的時差較小，此可避免易貨產品的國際價格波動過大。

易貨貿易雖無貨幣的交流，但就實際交易而言，所交換的貨品總額，名目上，仍以貨幣表示。通常以本國貨幣 (local currency) 表示，經由相互的銀行帳戶，採取抵銷的清算方式。

三、易貨貿易的適用性

在傳統國際貿易現金買賣裡，賣方獲得兌付保證，買方也獲得可收到貨物的保證（或表彰貨物所有權的運送單據）後，交易才能順利進行。在信用狀付款條件交易場合，上述兩種保證由買方開狀銀行所簽發的信用狀來權充。可是在易貨貿易場合，因為不需要現金支付，故不必簽發信用狀。然則，又如何確保雙方履約呢？通常，易貨貿易雙方都由相對方獲得雙方往來銀行所提供的擔保信用狀 (stand-by L/C) 或履約保證 (performance bonds)，擔保任一方未履約時，他方得憑擔保信用狀或履約

保證獲得補償。

二次大戰結束之初，易貨貿易曾廣泛地使用於東西方貿易之間。現在已甚少採用，原因如下：

1. 不易找到價值恰好相等的貨品互相交換，且交換回來的貨品常非其所需。

2. 交換貨品的品質常與契約規定者有相當差異。

3. 交換貨品的價值常因人為地抬高，與國際市價相差很多。

4. 運送事宜及運費負擔，往往因貨品種類有別而很難協調一致。

5. 雙方往往不信任相對方所提供貨品的價值與品質。

6. 一份契約涵蓋兩筆交易，基於交貨條件、交貨時間及履行無法一致等問題，致危險很大，不易獲得銀行融資及保證。

基於上述，昔日唯有在共黨國家間及第三世界較貧窮落後國家之間，採行這種交易，先進國家則僅偶爾採用此種方式與第三世界國家進行交易。

🌐 第三節　補償貿易

一、補償貿易的定義

這裡所指的補償貿易 (compensation trade) 乃為嚴格定義的補償貿易 (strict compensation trade) 或傳統型態的補償貿易 (oldstyle compensation trade)，以別於有些文獻將產品購回協定 (buy-back agreements) 稱為補償貿易者。

在補償交易下，交易雙方簽訂一份補償契約 (compensation contract) 涵括二筆交易——原銷貨交易 (primary sales transaction) 與補償購買交易 (compensation purchase transaction)。原銷貨的廠商同意接受相對方以全部或部分產品抵付貨款，但原銷貨的廠商也必須在約定期限內（通常為三年以內）向相對方採購。此種交易依補償金額多寡及補償購買承諾可否轉讓，有完全補償貿易 (full compensation trade)、部分補償貿易 (partial compensation trade) 及三角補償貿易 (triangular compensation trade) 等型態。

二、補償貿易的特性

補償貿易除了發生現金流通及可將補償購買義務轉讓予第三者外，其他特徵與易貨貿易大致相同。茲說明如後：

1. 契約數目：僅簽訂一份契約，規定交易雙方同意的銷售事宜及補償購買承諾。

2. 交易當事人：補償貿易可有二個（或以上）的當事人參與。如所謂的「三角補償交易」即是。

3. 清償方式：每筆交貨均有相對應的貨幣支付。或利用特殊信用狀，如 Escrow L/C、Back-to-Back L/C、Tomas L/C 等；或設置清算帳戶 (clearing accounts)；或設立 "Evidence Account" 以為清算。某些個案，交貨付款係直接借記清算帳戶，而也在個別國家內各自獲得其貨款兌付。

4. 產品關聯性：相交換的產品在生產技術上並無關聯，亦即提供補償採購的貨品非原銷售貨品所生產出來的產品。但通常係來自同一產業。

5. 交易期限：交貨不必同時履行，通常補償購買履行期間在三年以內。

6. 發票幣別：相對於易貨貿易，產品係以貨幣計算價值。而雙方發票以同意的可兌換通貨開製。

7. 補償比率：交易雙方同意的某一比率，通常為 20%–100%。

8. 補償購買承諾移轉：補償購買承諾可移轉於第三者。

三、補償貿易的適用性

補償貿易通常適用於消費品及中間財部門的小筆(或中額)、非計畫輸出入交易。根據西方廠商經驗，較多用於補償貿易的產品包括汽車、食品、紡織品與某些化學品──化妝品、藥品、家庭用清潔劑，以及光化學品。昔日在東歐國家 FTO (Foreign Trade Organization) 辦理「非計畫案進口」(extra-plan imports) 時，常常會強制西方廠商接受補償貿易的提議，以非計畫案所生產的貨品作為補償貨品以抵付西方廠商的貨款。此種非計畫性貨品主要是供應其國內市場或其他共黨國家市場所需，在現貨市場上多半屬於弱勢商品。因此，不論在品質、包裝、式樣上均難以符合先進國家市場的要求，在銷售上也比較困難。

以前西方廠商之所以願意與東歐 FTO 進行補償交易，一為開發新市場；二為東歐 FTO 進口並非迫切需要的貨品，因而使西方廠商處於不利的談判地位，而不得不接受補償貿易方式。除此之外，一般廠商都盡可能拒絕補償貿易。

第四節　相對採購貿易

一、相對採購貿易的定義

上世紀西方先進國廠商對非市場經濟國家或在若干開發中國家拓銷其產品時，在交易協商過程中若承諾採購或協助行銷彼等國家的產品，則較容易獲得訂單，此種連鎖式交易，若相互交易的產品其間無關聯，即屬於本節所述「相對採購貿易」(counterpurchase trade, C/P trade)。

交易雙方以相互連鎖的二份分立契約：①原銷貨契約 (primary sales contracts)；②指定購買契約 (specific purchase contracts)。(按二份契約間通常以 "Protocol"——協議書加以連結) 規定一方銷售貨品（機器設備、技術等）或勞務至另一方時，須附帶地承諾在約定期限內向他方（或其指定人）購買一定比率之與原銷售貨品無關聯的產品，此種交易謂之「相對採購」(counter purchase, C/P)。

二、相對採購貿易的特性

相對採購貿易本質上具有下列特點：

1. 契約數目：簽訂二份（或以上）契約——原銷貨契約及相對採購契約係分立且各具法律效力，以分別規定原銷貨事宜及指定採購承諾。

2. 交易當事人：相對採購貿易除交易雙方當事人之外，可能有第三者介入，如交易商或其他轉銷中介，由其履行相對採購義務。

3. 產品關聯性：產品屬於非衍生或非相關產品，可能由不同產業提供。原銷售貨品常為機器設備、技術或勞務等；而相對採購產品多半為原材料、農產品或其他輕工業製品、半成品，其性質、範圍及數量通常在「架構契約」(frame/skeleton contracts) 中加以規定。

4. 相對採購產品價格：指定採購契約除規定相對採購產品價格外，還須規定適用競爭性價格的 「定價公式」 (price formula)，比如契約中記載 "...the recognized international price at the time of purchase."

5. 清償方式：各筆交貨均以貨幣清償，發生貨幣的移轉或流動。通常簽發一般跟單信用狀，任一方只要裝運貨品即可獲得貨款的兌付。

6.交易期限：原銷售交貨與相對採購交貨不一定要同時履行，一般而言，其完成期限較短，通常在一年至五年。

7.發票幣別：以約定可兌換貨幣開製發票。

8.相對採購比率：通常規定相對採購金額占原銷貨值的某一比率，而原銷售金額與相對採購產品金額不一定要相等。一般而言，在東西貿易或南北貿易中，先進國家的相對採購金額通常低於原銷貨值；但也有等值或超額的情況。

9.相對採購義務移轉性與條件的解除：雙方訂有相對採購承諾是否可移轉給第三人的成立條件，及解除相對採購義務條件。

10.轉銷限制：履行相對採購產品購買義務者受轉銷至本國市場或第三國市場的限制。

三、相對採購貿易的適用性

相對採購貿易方式為各種相對貿易中最普遍被採用，也是開發中國家最樂於採用者。因為它們可藉此利用對方的行銷專長，為它們的新產品尋找新市場。

在此種交易方式下，強勢貨幣國家所買進的貨品往往非其本國所需，因此需設法另找出路。例如昔日英國化學品出口商將其產品銷到波蘭之後，即將自波蘭購入的波蘭製 FIAT 汽車銷到阿根廷，以獲取強勢貨幣。

🌐 第五節　產品購回協定

一、產品購回協定的定義

所謂「產品購回協定」(product buy-back agreement) 係屬於工業補償貿易的一種，指「不同國家的二個（或以上）當事人間簽署一種特別的長期性經濟契約，按信用原則，一方輸出貨品或勞務（通常為機械設備、生產技術、專利權、商標或技術授權，甚至整廠設備）給另一方，同時須在約定期限內購回其所輸出貨品或勞務所衍生的產品或相關產品，以抵付全部或部分原銷售貨款」的交易方式。亦即，昔日先進國家銷售其科技或設備給外匯短缺的東歐國家或第三世界國家，協助此等國家設廠；俟其工廠開始運轉正式生產後，才購回此等工廠的產品以為抵付貨款，或自行使用（包括在本國銷售），或轉銷其他國家以換取強勢貨幣的做法。產品購回協定在

東歐國家間稱為「工業合作」或「技術合作」，對於整廠生產設備 (turnkey production facilities) 或有關礦產探勘及提煉、生產的產量分成投資 (production sharing ventures)，由西方提供技術、設備、資金，並附帶地需協助行銷所生產的貨品。

二、產品購回協定的特性

與對等採購貿易比較，產品購回協定的履行義務期限較長，普通多為五年以上，交易金額較高，動輒上億美元。購回產品品質多能達到原廠水準，且在國際市場上有需求存在。同時，往往可協商按低於國際價格的折扣價購回產品，使得原銷貨廠商轉售此種不得不購回的產品變得有利可圖。

茲將產品購回協定的特性說明如後：

1. 契約數目：簽訂二份（或以上）契約，原銷貨契約及產品購回契約係分立且各具效力，個別規定原銷貨事宜及產品購回承諾。

2. 交易當事人：除交易雙方外，可能有第三者介入，如交易商或其他轉銷中介，以及供應回銷產品的其他廠商。

3. 產品關聯性：回銷產品係原銷貨機器設備的衍生產品或相關產品。

4. 購回產品價格：產品購回合約除規定有回銷產品價格外，還須規定「定價公式」以資適用。

5. 清償方式：通常係開發一般跟單信用狀，各筆交易均按約定貨幣來清償，發生貨幣移轉。

6. 交易期限：契約期限較長，少則三年，普通則為五年至十年，甚至長至二十五年者均有；且相對交貨間的時距 (time lag) 較大。

7. 發票幣別：按約定可兌換貨幣開製發票。

8. 購回比率：於契約期限內回銷交易不限次數；貨品購回金額累計常達100%，甚至超過。

9. 購回承諾及其移轉性：原銷貨廠商承諾按其銷貨價的某一比率購回衍生產品或相關產品，此種購回承諾可移轉予第三者承擔。

三、產品購回協定的適用性

產品購回協定貿易的安排，主要係昔日東西貿易中西方國家為輸出「交匙式工

程項目」(turnkey project) 予東歐國家而設計。咸信各種相對貿易中成長最為快速者要屬產品購回協定；其之所以受許多國家歡迎，就西方國家而言，可獲得長期廉價原材料、能源、產業製品等供應。蓋共產國家或第三世界國家的工資較為低廉，與本國工資的差額常高於兩國間的運輸成本及關稅。因此購回協定的貨品可能較本國生產者有利。此外，可免除在本國製造時需與強大的工會勢力折衝所帶來管理上的困擾。就第三世界國家而言，則可獲得技術移轉及產品供應，且無虞外匯短缺困擾；再者，其所獲得先進國家技術管理與經驗投入的水準，將遠較一般國際專利或商標授權方式為高，此乃因最終產品要回銷先進國家市場，故產品品質的要求上較為嚴格。此外，還可獲得先進國家行銷技術的傳授以及新市場的代為開拓，自是獲益匪淺。

🌐 第六節　轉換貿易

一、轉換貿易的定義

　　所謂 「轉換貿易」 (switch trade) 係利用 「雙邊清算協定」 (bilateral clearing agreement) 中清算貨幣來進行多邊貿易的一種貿易方式。雙邊清算協定中規定清算盈餘國（順差國）可將代表貨品購買力的清算貨幣全部或部分按某一折扣轉讓給第三者，通常為專業轉換交易商 (switcher)，由第三者用來購買清算赤字國（逆差國）貨品，經過一連串複雜的國際性交易活動（包括易貨貿易），將此等貨品轉換成強勢貨幣；其後，將扣除約定折扣的貨款償付清算盈餘國，此種交易方式稱為轉換貿易。清算帳戶所累積的盈餘，通常並不能直接兌換成現金，僅代表對赤字國有貨品購買權。在清算時，往往盈餘國無法自赤字國進口合適的貨品以平衡清算帳戶。因此，盈餘國將可購買赤字國貨品的權利移轉給另一國買主，取得此等清算貨幣的廠商再透過轉換交易商的運用，轉換成強勢貨幣。此種安排，可使缺乏強勢貨幣的國家避免其貨幣不能直接兌換成強勢貨幣所生的資金困難。

　　例如，巴西與波蘭二國之間簽訂雙邊清算協定。巴西持有 100 萬美元的清算盈餘，將其作價 90 萬美元售予西方的專業轉換交易商，並以之直接或透過此轉換交易商從英國進口所需貨品。另方面，轉換交易商再將此 100 萬元的清算貨幣用來進口波蘭貨品，並轉銷最終客戶使用以換取強勢貨幣。

二、轉換貿易的特性

1.契約數目：以雙邊清算協定為前提；其後，簽訂運用清算債權的原銷貨契約與涉及清算債權轉讓的購買及銷售契約。

2.交易當事人：除雙邊清算協定項下進行易貨貿易的當事人外，尚包括有第三國廠商、轉換交易商及最終客戶。

3.清償方式：除雙邊清算協定項下原易貨協定清償方式之外，轉換購買合約涉及清算權的抵付，而轉換銷售則可能涉及其他易貨及傳統貿易的清償。

4.產品關聯性：提供轉換的貨品與原銷貨貨品間技術上多無關聯，且不見得源自同一產業。

5.交易期限：轉換貿易完成期限多半在半年之內。

6.轉換貨品轉讓性：一般而言，除特別約定外，轉換貨品可作無限制的轉讓銷售。

三、轉換貿易的適用性

相對貿易中交易程序繁複且牽涉最為廣泛者當數轉換交易。因此，昔日西方廠商總是盡可能地加以避開；但排除轉換貿易的接受，可能意味著恣意放棄某些銷售機會及早經建立而收益頗豐的市場。轉換貿易雖以清算協定中清算權多邊運用為基礎，轉換市場活動扮演著由清算權轉讓以達結清債權債務關係的「宣洩活門」(escape valve) 的角色，欲完成此種任務，追本溯源是以清算權的移轉使用為基本要件。因此，轉換貿易的實施條件為雙邊清算協定內必須載明清算權可有限額的轉讓給第三者。

🌐 第七節　抵補貿易

一、抵補貿易的定義

抵補貿易 (off-set trade) 又稱沖銷貿易或對沖貿易，其涵義相當複雜，但同時也是自由世界最熟悉的一種相對貿易型式。根據美國財政部 1983 年的一份報告，將它分類如下：①合作生產 (co-production)；②直接授權生產 (direct licensed production)；③轉包生產 (subcontracting production)；④海外投資生產 (overseas investment production)；⑤技術移轉 (technology transfer)；⑥其他相對貿易。根據此一分類，抵

補貿易可說將全部工業補償貿易協定及商業補償交易協定——從易貨、相對採購、合作生產、強制轉包生產 (mandatory subcontracting production)、直接投資生產、授權生產，以至其他高級製程製技的移轉均包括在內，這是廣義的抵補交易。也有人稱此相對貿易為「工業合作」(industrial cooperation)。

就廣義抵補貿易而言，除規定有原銷貨事宜外，尚包括有關合作生產（具體做法為：使進口國就其所購買的貨品，例如飛機、核子工廠，能參與其零件的生產，或加工、裝配，藉以獲得出口國的技術，並製造就業機會）或直接投資生產、轉包生產、技術移轉、產量分成投資及抵補承諾等。如抵補承諾提供的貨品為關聯性產品，無論是出自技術移轉生產、合作生產或係直接授權生產者均可，此為「直接補償貿易」(direct off-set trade) 方式，不過權充抵補的貨品不一定限於衍生產品，有關但非衍生產品，只要是原銷貨廠商可自行使用的貨品均可。若提供抵補的貨品非關聯性產品則屬於「間接補償貿易」(indirect off-set trade) 方式。當地轉包生產、產量分成投資及其他相對貿易交易方式均屬於間接補償貿易。此外，某些個案中，對原銷貨廠商的抵補義務僅要求承諾者善盡「最大努力」(best efforts)，此點頗為類似對等採購變型交易中「君子協定」常出現的約定。

至於狹義的抵補貿易，做法上頗似相對採購貿易，係由交易雙方當事人同時訂定二個須以現金償付貨款而金額大致相等的契約，其中交易雙方當事人均為買方，亦均為賣方。原銷貨廠商須承諾於約定期限內採購（或協助行銷）相對方的貨品或協助發展當地工業作為銷貨的附帶條件。按此等安排可使得外匯短缺的相對方能同時獲得外匯資金以融通進口所需，或可降低其進口必須支付的外匯資金。

二、抵補貿易的特性

1. 契約數目：有些抵補貿易採用「備忘錄方式」(memorandum of understanding, MOU) 載明抵補貨品範圍、金額及履約期限，但日後未履約毋庸受罰；有些則包括簽訂兩份契約有如平行易貨情形者。

2. 交易當事人：抵補交易僅有兩個當事參與者；有相對方係多個國家組成共同參與抵補活動者（如北大西洋公約組織 (NATO) 與美國政府間的安全協防計畫）；有協助行銷、轉包生產涉及兩個以上當事人者。

3. 交易金額：由於抵補貿易大部分屬於軍事武器、飛機、造船設備、太空科技

及其他政府大宗建設採購，其交易金額相當高，通常為幾千萬美元至幾十億美元。

4.產品關聯性：抵補貨品有原銷售貨品所衍生的零件組件及其他相關產品、非相關產品、技術移轉、整套研究發展規劃，以及對衍生產品提供行銷上的協助。

5.交易期限：抵補承諾履行期限通常為三年至五年，但亦有長達十五年以上者。

6.抵補比率：抵補比率視抵補承諾或技術上的協助程度（包括技術移轉、行銷協助）而定，可從 20%–50%，甚至高達 100% 以上者亦有。

三、抵補貿易的適用性

基於聯防安全考慮，抵補貿易的運用曾盛行於先進國家之間的軍售；此點與部分相對貿易交易僅於昔日東西方貿易間流行者不相同。

先進國家間採用抵補貿易進行軍售主要是作聯防安全考慮，而非植基於商業獲利性，北大西洋公約組織內部會員國採用抵補貿易理由即是。此外，其他可能考慮的理由有下列幾點：

1.協助本國發展更專業化且更高效率的出口競爭產業，以及刺激本國技術進步。

2.融通進口必需品採購所需資金。

3.改進工業設計水準及提昇品質保證水準。

4.創造國內就業機會。

5.平衡國際收支。

 習　題

1.何謂相對貿易？

2.試述採行相對貿易，對當事人有何潛在優點？

3.何謂補償貿易？其特性為何？

4.何謂相對採購貿易？其特性為何？

5.何謂產品購回協定？其特性為何？

6.何謂轉換貿易？其特性為何？

7.何謂抵補貿易？其特性為何？

第二十八章

投標買賣

🌐 第一節　投標買賣的意義

投標買賣 (tender bidding) 又稱招標與投標，係指一方以公告或寄發通知方式邀請不特定或特定的多數對方，在指定期限內，按照一方所規定的條件，提出報價，從而在符合規定的條件下，以最低（或最高）的價格買進（或賣出）貨物（或其他財物，以下同）或發包工程的交易方式。上述「一方」稱為招標商，「對方」稱為投標商 (bidder; tenderer)。招標商的邀請報價行為稱為招標；投標商的報價行為稱為投標。因此，投標買賣是由招標和投標結合的；因而也叫做招標買賣。茲進一步說明招標與投標的意義。

所謂招標 (invitation to tender; invitation for bid; call for tender) 指在買賣貨物或工程營建活動中，買方（或發包者）或賣方公開或非公開地邀請不特定或特定的賣方（或承包商）或買方就某種貨物的買進（或發包工程）或出售方案進行報價 (bid; tender)，從而以理想的條件買進貨物（發包工程）或出售貨物的行為。其中「買方（或發包者）或賣方」稱為招標商，買方（或發包者）以招標方式買進貨物（或發包工程），稱為標購 (procurement through tender)；如賣方以招標方式出售貨物，則稱為標售 (sale through tender)。

所謂投標 (submission to tender) 是指賣方（或承包商）或買方應招標商的邀請，就其買進某種貨物（或發包工程）或出售某種貨物方案進行報價的行為。其中「賣方（或承包商）或買方」稱為投標商，「賣方（或承包商）」是針對上述標購而言；「買方」是針對上述標售而言。

從法律觀點而言：招標是一種要約誘引 (invitation to offer) 行為；投標是契約締結過程中的一種要約 (offer) 行為。投標一經被招標人接受或承諾（accept，授標），契約即告成立。

第二節　投標買賣的優缺點

招標制度乃機關團體或公營機構採購或標售財物最民主的制度。但一種制度有利必有弊，茲就其優缺點分述於下：

優點：

1.使合格的廠商都有機會在公平的條件下自由競爭。

2.可使招標商在多數廠商競爭中，選擇最有利的投標商與之成交。換言之，投標商為競爭得標，對於標購報價必低，對於標售報價必高，使招標商能以最理想的價格購得或出售商品。

3.公開辦理各項手續，可避免徇私，防止弊端。

4.可減輕經辦人的行政責任。

缺點：

1.手續較繁，曠時費錢，不夠機動，尤其不適於緊急招標。

2.可能發生搶標、圍標等情事（低價搶標，再轉包，故意壓低價格）。

3.如對投標商的信用調查不確實，則難免發生違約情事。例如在標購案件，難免發生品質不符、遲延交貨、不交貨等情事；在標售案件，難免發生無法付款提貨或延期付款等情事。

4.投標商為應付複雜手續及繳付押標金、履約保證金等增加負擔，難免轉嫁於標價之內（即在標購案件，加價；在標售案件，減價）。

5.特殊商品無法採用。例如治療罕見病症的藥品，只有一家廠商能夠供應者。

第三節　投標買賣的基本原則

1.投標商對於招標單上所規定的條件，原則上不得更改。如有任何更改，則將被視為無效。

2.投入的報價，如招標商發現與標單規定有不符之處，招標商有權拒絕。

3.投標商的報價單必須在標單所規定日期內送達招標商，逾期無效。但招標規定以郵戳日期為憑者，則以投郵日期戳為憑。

4.投標商的報價單一經送達招標商，即生效，不得撤回。

5.投標商的報價單，應採密封方式，開標前招標商不得拆封。開標時當眾拆封，

當眾宣讀，並由現場有關人員簽章證明。

6.投標商資格應符合招標單的規定。

7.報價單如訂有有效期限者，逾期即自動失效，如招標商在逾期後徵得投標商的同意展延有效期限者，則可繼續有效。

8.投標商所報的貨品，不能符合招標單規定或所報價格超過標購底價或低於標售底價，招標商有權宣布廢標。

9.招標商所訂招標商品條件須一一載明於印發標單內，以為招標準則，未列入標單內者，嗣後不能補列，除非在開標以前，公告修正，方屬有效。

10.開標時可當場決定得標商 (successful bidder)，也可相隔若干時日，會同有關人員研究是否符合條件後，再以決標單 (award list) 公布得標者。

11.投標商在投標前原則上須繳付押標金（bid bond，也稱押標保證金），以示投標意向並防止悔標。未得標者於決標後即無息發還。得標者，應在規定期間內辦理簽約手續，否則沒收押標金。標單規定有繳付押標金規定，而投標商未照繳者，得拒絕其投標。

12.決標後，得標商簽約時，通常須繳付履約保證金 (performance bond)，以示履約誠意，於交貨驗收無誤（標購案件）或付清貨款（標售案件）後無息發還。如未履約者，招標商得沒收部分或全部履約保證金。

🌐 第四節　招標的種類

一、依招標的地域範圍，可分為

1.國際招標 (international tender/bidding)：即招標的地域不限於國內，而是面向國際市場，一切願意參加投標競爭的賣方（或買方）或承包商，凡是符合招標文件要求，通過資格預審合格的，均可參加投標。

2.國內招標 (domestic tender/bidding)：即招標的地域只限於國內，禁止外商參加投標。

二、依競爭性強弱和有無限制，可分為

1.無限競爭性招標 (unlimited competitive tender)：又稱公開招標 (open tender)。

採用這種招標時，一切有興趣參加投標的賣方（或買方）或承包商，只要通過預審合格的都可以參加投標競爭。當然，無限競爭性招標的範圍也並不是不受任何約束，不同國家或國際組織對國際招標的範圍一般都有某些程度不同的限制。

2.有限競爭性招標 (limited competitive tender)：又稱選擇性招標 (selective tender) 或比價 (limited tender)。只有經過招標人邀請的賣方（或買方）或承包商才能參加投標競爭，因此這種招標的競爭是有限的。

3.排他性招標：在利用政府貸款採購物資或建設工程項目時，一般都規定必須在借款國和貸款國同時進行招標，只有借、貸兩國的賣方或承包商可以參加投標，其他國的人不得參加。這種招標稱為排他性招標。

三、依採購抑出售，可分為

1.採購招標 (procurement thru tender)：即標購之意，以招標方式買進財物或發包工程者稱為標購。

2.出售招標 (sale thru tender)：即標售之意，以招標方式售出貨物或其他財物者稱為標售。

🌐 第五節　招標實務

一般招標步驟包括擬訂招標單、公開招標、投標商資格審查、收取押標金、訂定底價、接受投標、開標及審標、決標、簽約及收取履約保證金等階段。以下以物資採購的招標為例，按其進行順序介紹操作實務。

一、招標單的擬訂

招標在法律上乃為一種向不特定人的買賣要約引誘行為，在招標之前，招標商首先要擬訂招標單 （一般招標單兼具投標須知）。 所謂招標單 (invitation-to-bid; invitation) 乃規定標購商品名稱、規格、數量、交貨、付款、驗收、投標商資格、開標時地、押標金、決標方法者。

二、公告招標 (anouncement of tender; publication of tender)

1.公告內容：招標商製妥招標單（及投標須知）後，應即公告周知，其目的乃

使合格的廠商均能有參加競標的機會。公告內容應摘列招標單規定各要項。例如商品名稱、數量、招標地區（採購地區）、投標商資格、投標商辦理登記及投標時間、地點、開標時間、地點等。

　　2.公告方式：公告方式有二：(1)在招標機構門口公告欄公告，這種方式通常多限於小量交易，為節省廣告費用，不另刊報。(2)除在招標機構門口公告欄公告外，並在各大報紙刊登啟事。除此，招標機構也可向各國使領館通報或向特定廠商通報。

　　公告應在印妥招標單後立即為之，以爭取時效，並避免走漏消息，以維公平。

三、投標商資格審查 (screening of qualification and requirements of bidders)

　　公開招標往往限制投標商資格，其目的在於確保開標簽約後交貨或付款的安全。換言之，為求招標能順利完成，必須具有合法組織（例如須有開業執照、營業執照等）以及充分能力及信用（例如須具有某種設備、生產能力、營業成績），才准投標，否則得標後可能悔標，或簽約後可能不履約，造成招標商的損失。

　　原則上，投標資格不能限制太嚴，限制愈多，投標商愈少，容易造成圍標，抬高價格，難以決標。

四、押標金的收受

　　招標機構對大宗招標案件，為杜絕投標商故意取巧悔標，以防止損失，多規定投標商在投標時，應繳存相當的保證金作為保證得標後必能依照標單簽約，否則任由招標商沒入 (confiscate)。這種保證金稱為押標金 (bid bond)。

　　押標金額，原則上以推測最低標（標售時為最高標）與次低標（標售時為次高標）間所可能發生的差額為準，備以預防得標者悔標時所可能發生的損失。然而，此項推測不易，且商品性質、招標地區等等多可影響押標金的多寡。通常國內標大約為報價的 5% 以上，國際標為報價的 1% 以上。但也有免繳或高達 10% 以上者（若干重要特殊案件，不容延誤交貨時間者，即提高至甚高）。押標金偏低或偏高都會影響招標，所以應力求適當。

　　繳納押標金數額、手續、時間、地點，均須予以規定。退還押標金須說明開標後無息退還。並規定在何種情形下可沒入押標金。

　　繳納押標金，除現金 (cash) 外，可否以銀行本票 (cashier's check)、政府公債 (government bond)、儲蓄存款單、其他有價證券（股票等）、保付支票 (certified check)、信用狀 (L/C)、銀行保證書 (bank guarantee)、擔保債券 (surety bond)、銀行匯票 (bank draft) 等抵繳，也須一併說明，押標金係為防止悔標而設，故其繳納期限極關重要，普通多於投遞標單的同時繳納，但也有投標前或開標前繳納者，應視投標須知而定。

五、底價的訂定

　　底價在標購案件而言，即為招標商願支付的最高價格 (ceiling price)；在標售案件而言，乃為招標商願出售的最低價格 (floor price)。底價的訂定應力求合理，底價不合理，可肇致糾紛與困擾。至於什麼是合理的底價，須視個別案情而定。例如交貨緩急、地點遠近、品質檢驗寬嚴、包裝、運輸、付款方式、違約罰則輕重及其他條款等等均可影響買賣價格，因而影響底價的高低。要之，為求底價的合理，在招標之前，應先行調查市場價格，力求底價不致偏低也不致偏高。標購案件的底價偏低，則招致投標商裹足不前或得標者可能不簽約，即使簽約也可能不履約，底價偏高則易引起圍標。在標售案件，如底價偏低，則易遭損失，過高則投標商可能裹足不前，或得標者可能不簽約，即使簽約也可能不履約。

六、投　標

　　詳後述投標 (tenders) 實務。

七、開標及審標

(一)開標 (opening of bids)

　　所有招標案件，招標商應按標單及投標須知所定開標日期，於開標地點，準時開標。開標時完全公開，投標商均可到場參觀，以昭大信。開標時由招標商當眾將標箱啟封並將各投標商的報價標單取出逐一開拆，將每一標單內所填報的項目當眾宣讀，並填寫開標紀錄，在開標紀錄及報價標單的每頁上會同簽章。

　　標購案件，如所有報價均超過底價；或標售案件，所有報價均低於底價者，招標商得於開標後當眾宣布廢標，另行招標。

㈡審標 (examination/screening of bids)

1. 審查規格：投標報價中附有規格者應由有關專家審查是否與標單上所載明的規格性能要求相符，並據以決定可否接受，如規格不符，應於審查意見書內說明理由，在審查中間如需向投標商索取補充資料或說明時亦得通知投標人到場辦理，此舉需在審查意見書內註明，由招標單位依據決標會議紀錄洽投標商辦理，審查人為避嫌，不要直接與投標人連繫。

2. 審查報價單價格：開標單位應製作價格審查比較表以供審查，其內容應具備：

⑴證件是否相符。

⑵押標金繳付情形。

⑶報價單的填寫格式、內容、有效期限、條件、單總價計算有無錯誤、貨幣種類等項有無符合標單規定。

⑷報價單有無經過投標廠商的簽字等。

經審查上開內容如不符規定應註明在比較表內，以供決標時的參考。

八、決　標

㈠決標 (award) 的意義

決標即為決定哪一投標商得標的行為。也可說是招標過程中最具決定性的行為。買賣成交與否，完全維繫於此。經此審決通過，其後的簽約工作，則不過執行決標的一種例行手續而已。

㈡決標的方式 (types of award)

一般決標形式，大約有兩種：

1. 當場決標 (award at tender opening)：凡招標商品規格簡單、數量小、價格波動激烈，或屬緊急招標，而能或需當場決定哪一投標商的報價符合規定者，即當場公布得標商。一般而言，當場決標可避免引起誤會、糾紛。

2. 定期決標 (award at stated time)：招標商品種類繁多，規格品質複雜或特殊，須詳細審核或須經專家鑑定檢驗者，無法於開標當場決標，而須在開標後將各投標商報價再經專家審查比較，才能決定得標商並公布。如決標過遲，已逾報價期限者，報價人自可不受決標的拘束。所以招標商在逾期決標之前，應另行通知可能得標商展延報價期限，定期決標通常行之於標購案件。

九、得標通知書

所謂得標通知書 (notice of award)，乃指招標案件於決標後，根據決標單填發通知得標商的函件。

得標通知書的內容，包括得標項目、商品名稱、數量、總價、裝運時間、契約號碼及繳納履約保證金的金額與期限。

決標單公布連同得標通知書發出後，決標即告正式有效。

十、收受履約保證金

履約保證金 (performance bond) 乃指得標商為保證契約的履行而所繳交的現金、有價證券、信用狀、保證函或擔保債券。公開招標乃為競標買賣，標購案件中，投標商為得標起見，或因報價偏低、或因誤解、或因物價上漲，致無利可圖，於是為企圖避免或減少虧損，乃不交貨，或以劣貨充數，或短交或遲延交貨；在標售案件中，投標商則或因報價偏高，或因誤解或因物價下跌，致無利可圖，為避免或減少虧損，乃不付款提貨或遲延付款等等。這種違約難免使招標商遭受損失，所以招標商為防止得標商違約，通常多規定得標商於簽約時，須繳交履約保證金，如有違約即沒入履約保證金，使其無法取巧。

得標商應繳存的履約保證金金額，並無一定標準，雖然通常約為契約金額 5%，但須視個別招標案件而定。有的高達 20%，而有的則不必繳存。

至於履約保證金的繳存與押標金一樣，得以現金、有價證券、信用狀、保證函或擔保債券方式為之，但在國際招標，多以信用狀、保證函或擔保債券方式繳存。

凡應繳履約保證金者，得標商於接到決標通知後規定期限內，按招標規定繳存。如得標商遇有特殊事故，未能在規定期限內繳存履約保證金，並提出要求延期繳存，而其理由確當，可以同意者，應即再通知限期繳存，否則即取消其得標權，並沒入押標金。

招標單位收取履約保證金時，應即審查所繳保證金是否符合規定（例如以信用狀、保證函、擔保債券繳存者，應審查金額、有效期限、簽發人資格，以及其他有關條款），如不符，應即通知其修改。

十一、簽　約

公開招標經決標後，得標商即可與招標商簽訂契約，作為雙方履約的根據。如前所述，決標後的簽約工作，通常不過是執行決標的一種手續而已。因為一切契約條款皆須依決標內容而訂定，在實質上不得作任何其他的增減。

憑公開招標簽訂契約的方式，與一般買賣契約並無不同。然而，由招標而投標以至簽約，文書作業 (paper work) 甚繁雜，為簡化起見，可以將招標 (invitation)、投標 (bid) 以及契約 (contract) 合併成一定的格式，稱為 "Invitation, Bid and Contract"，將有關各種條件或規定，印妥備用，甚為方便。

🌐 第六節　投標實務

一、投標機會的發掘

招標商擬進行招標時，通常必會發布招標消息，其發布方式，有下列幾種，但多數情形，數種併用：

1. 招標機構為政府機構時，在其所發行的公報 (official gazette) 公布或在報紙上刊登。

2. 由招標機構向駐當地國外使領館發出通報，再由其向國內報告、公布。

3. 由招標機構向其駐外使領館通報，再由其公布。

4. 由招標機構向特定的廠商通報。

5. 由招標機構在其辦公處所布告欄張貼。

投標廠商應就這些來源密切注意，設法儘早獲得招標消息，以有所準備。為此，投標廠商在國外的駐在員以及其國外分支機構平時就應積極蒐集情報。假如無國外駐在員也無分支機構，則應與當地與招標機構有密切往來的貿易商號保持密切聯繫，設法及早獲取招標情報。

在標購案件，可在正式發布招標消息之前，即與招標機構接觸，取得先期情報 (preliminary information)，如屬計畫型 (project type) 的招標，則可與設計計畫工程的顧問接觸，藉以獲得招標的先期情報。

二、對於招標商的認識

招標商大多是政府機構、公營事業機構或半官半民的公共機構 (public organization) 或者是大型企業。儘管招標商是上述各種機構，對於這種招標商的選擇卻不能掉以輕心。尤其是標購案件，投標商更應提高警戒。例如：關於進口國，應就下列各點加以周詳的調查以及謹慎的選擇：

1. 政治上安定否？是否有不穩定的跡象？
2. 經濟上穩定否？有無發展的希望？
3. 有無通貨膨脹的顧慮？
4. 社會、政治、經濟體制、組織如何？
5. 教育、勞動組織如何？
6. 國民性、勞動意願如何？

關於進口國的企業業種，應作下列調查：

1. 該企業業種的現況以及將來的展望。
2. 該企業業種的技術水準。
3. 該企業業種所製產品的市況、價格、市場性的展望。
4. 該企業業種的生產性及生產力。
5. 該企業當地的經濟的、社會的各種情況。

關於買方，則應就下列各點加以調查：

1. 企業經營者的資金及融資（財務）能力。
2. 企業經營者的信用。
3. 企業經營者的經營能力。
4. 民間企業的場合，其徵信資料。

必須就以上各種作調查，嚴格選擇對象之後，才可與之交易。

三、標單的購領及招標內容的研究

投標商應隨時注意招標啟事或公告。如發現適合的招標案件，應即刻購領空白標單及投標須知。詳加研究其招標條件 (terms of tender) 而決定是否參加投標。招標條件包括投標須知 (instructions to bidders; information for bidders)，其中必有規定投

標日 (tender date)。所謂投標日即指投標截止日 (closing date of tender) 而言，也即投標商應將其投標單向招標商提出的最後日期。在當場開標的情形，此投標截止日通常也即開標日 (opening date of tender)。

投標條件（包括投標須知）並規定招標機構擬購買的貨物、品質、規格、數量以及招標機構所希望的其他條件（或購入條件）。這種投標條件，簡單的只有一、二頁，但通常都是篇幅冗長，有時洋洋大觀，多達數十頁。

投標條件的主要內容，通常有下列各項：

1. 標購或標售貨物名稱、種類、規格等。

2. 標購或標售數量。

3. 付款條件。

4. 交貨期。

5. 在計畫型的標購案件，則有關安裝、建設、運轉操作條件。

6. 在標購案件時，有關運轉操作的保證。

7. 應繳押標金金額及得標後應繳履約保證金金額。

8. 其他條件。

這些招標條件內容的特色是：多是記載有利於招標商的片面條件，至於對投標商絕對不可缺的免責條款 (negligence clauses) 則幾乎略而不提。因此，欠缺契約法上的「衡平原則」(principles of equity)。

本來，貿易契約的當事人係居於對立的立場，而此「對立」統一時，貿易契約即告成立。所以投標商在應標之前，應將投標條件詳加研讀，繕製投標報價單時，應貫徹自己的立場與主張。再者，「招標公告」在性質上乃為招標商向不特定的人所發出的一種「報價的照會」(enquiry for offer) 或「報價的邀請」(invitation of offer; invitation to bid)，也即招標商誘引或邀請投標商提出報價的一種意思表示。所以，一般公開招標的「招標案件」都站在招標商的立場，規定了很多有利於招標商的片面條件，實為無可厚非。然而，作為投標商對於這種自私自利的條件卻不可無條件地接受。換言之，投標商在提出投標報價單時，應將保護自己的條件逐一列入，以免吃了一面倒的虧。

國際投標通常由投標商在當地的代理商 (agent) 代為投標，因此當代理商獲得招標消息時，即立刻將此消息通知國外投標商。

四、標單的填寫

標單的格式隨招標機構、招標案件而異，以中信局國外採購英文標單為例，所採用的標單乃為三用式標單，所謂三用式標單，乃指標單包括招標單 (invitation)、投標單 (bid) 及契約 (contract) 三種用途者。中信局將擬購的商品的規格、數量等條款列在招標單部分，投標商則將其所報價格及條件分別填在價格欄及投標單各欄簽署後投入標箱，經中信局審核認為可接受時，將契約各欄予以填註，並經負責人簽署後即構成契約，發出標單時照例附有投標須知 (instructions for bidding)。

五、押標金的繳存

押標金 (bid bond) 為投標商因投標而向招標商繳存的保證金。投標商於得標後如拒絕簽約時，招標商即可沒收該項保證金。參加國際投標時多以銀行保證函或擔保信用狀代替現款或票據。繳存押標金應注意事項：

1. 應按招標機構所指定的方式繳納：繳納押標金的方式有多種，例如現金、政府公債、或經招標商認可的其他有價證券 (股票等)、銀行本票、保付支票、信用狀、銀行保證書、銀行匯票、保險公司簽發的擔保債券等，究竟應以何種方式繳存，應注意招標商的規定。

2. 押標金金額：原則上按招標商的規定繳納，但為避免洩漏或被刺探投標金額，在標購案件，寧可多繳。

3. 繳納押標金時間。

六、應　標

參加投標 (bidding; join tender) 稱為「應標」或「參標」，投標可由廠家本人參加，也可委由貿易商代表參加。但有些規定只限廠家參標者，此時，只好由廠家本人參標或委託貿易商以廠家名義應標。

投標商應在投標截止日（即投標日）以前提出標單。投標的方法有二種。一為以電傳 (teletransmission) 投標，一為以報價單投標。投標條件複雜者，大都採用後者的方式。然而，即使用電傳投標，在拍電後，宜另繕製確認書 (confirmation) 以航郵寄送招標機構。以報價單投標者，故以航郵遞送（也有親身遞送者），但應寬計郵寄

天數，提前付郵，否則如因郵遞延誤，致無法於截止日前送達招標商手中，則將喪失投標資格，白費心機。尤其開發中國家的郵政機構效率較差，一不留意即誤事。曾有因對方國郵政罷工，寄出的報價單雖是最低標，卻因未能在截止日期限之前送達招標機構，以致喪失數百萬美元交易機會的案例。

因此，為防備萬一，以郵寄遞送報價單時，宜同時拍發電傳告知招標商略以已寄出報價單，並將其重要內容（價格及其他重要條件）在電傳中列明，那麼即使郵寄的報價單遲到也不致因而喪失投標資格。

倘投標商在招標商所在地無代理商時，可利用電傳投標。

七、繳存履約保證金與簽約

1. 繳存履約保證金。

2. 簽約：公開招標，經過決標之後，得標商 (successful bidder; awarded bidder) 即可與招標單位簽訂契約，作為雙方權利義務的根據。

契約的形式與一般買賣契約的形式並無不同。

 習　題

1. 何謂招標？何謂投標？

2. 試述招標方式交易的優缺點。

3. 廠商如何發掘國際投標的機會？

4. 廠商在決定是否參加某項國際投標時應考慮的因素有哪些？

5. 試闡述參加國際投標的技巧。

第二十九章

整廠輸出貿易

🌐 第一節　整廠的定義

狹義的「整廠」(plant) 乃指重型機械及構成工廠主要部分的機械設備而言。廣義的「整廠」則指經過系統工程設計、生產產品或提供勞務的完整設施而言，其範圍包括①整體規劃、工程設計、廠房建築、動力供應；②機械設備的製造供應、安裝、試車；③技術訓練與經營管理（財務控制、產品銷售）。

綜上所述，「整廠」的範圍有廣狹兩種：

狹義的整廠──指以構成工廠主要部分的機械設備為主的硬體 (hardware) 而言，其所含軟體 (software) 較少，規模較小，屬一種能適應市場需求，提高商品水準，或支援某一種工業的整套設備。

廣義的整廠──從規劃、生產到行銷，自市場分析、製造流程、工程設計、成本分析到 Know-How，包含了機械設備、人員訓練、技術移轉及經營管理等軟硬體。

🌐 第二節　整廠輸出的定義

整廠輸出又稱整廠設備輸出 (plant export; package plant export; whole factory export)，原本係指構成工廠主要部分的機械設備的輸出而言。但是在契約實務上，整廠輸出並非僅將機械設備交付買方即完成交易，通常還包括廠房的設計、機械的安裝、試車、運轉操作、附屬設施的工程建設，乃至有關智慧財產權的授權及技術人員勞務的提供等事項。所以整廠輸出乃指包括構成整廠設備的機械、器具及材料的製作、買賣、與發揮整廠設備整體機能所需 Know-How 及技術人員勞務在內的一切有形或無形的事物、人員的輸出，以及在國外的工程建設承攬業務而言。

🌐 第三節　整廠輸出的效益

1. 具有高度的生產技術性，可提高附加價值，所獲外匯較一般商品輸出為多。
2. 可帶動本國相關工業發展，改善工業結構，促進工業升級。

3. 不受輸入國進口配額限制，可促進貿易流通。

4. 可促進國際間的經濟合作。

5. 可整合廠商，強化國際分工。

※第四節　整廠輸出的特性

1. 交易金額大。

2. 交易期間長，故風險大（價格、匯率及政治等風險）。

3. 往往以公開招標方式處理，國際競爭激烈。

4. 整廠輸入國家多為開發中國家，其國際收支多欠佳，外匯短絀，所以多採用延期付款方式，付款期限長。

5. 這些開發中國家整廠輸入的貸款往往需要政府政策性的低利融資。

6. 賣方通常須在進口地將設備交付給買方，並加以裝配、裝置、安裝、試車及保證其能操作運轉。

7. 整廠設備的裝配、裝置、安裝及操作運轉，通常賣方需派遣技術人員提供售後服務。

8. 設備的輸出需附帶提供 Know-How 及技術人員勞務，因此會有 Know-How 費用及勞務費用等的附加價值的收入。

9. 整廠輸出契約較一般商品輸出契約複雜。

※第五節　整廠輸出的契約型式

整廠輸出的作業，不僅僅是將生產的機器設備交運後就算完畢，事實上，其間尚包括有工程方案實施前的市場調查、可行性分析、機器設備的製造、工廠工程的興建、完成後的啟動試車、業務的營運以及工廠的經營管理等。由於買賣雙方所牽涉到的權利義務項目相當繁多，因此整廠輸出契約的分量大都很厚重。

整廠輸出的契約型式，依契約所訂權利義務範圍的不同，可分為 FOB 型契約與統包 (turnkey) 型契約兩大類。不過，契約上的業務範圍，有時會因買賣雙方國情的不同，而無法截然畫分。因此，有時 FOB 型契約會接近於 Turnkey 型契約；有時 Turnkey 型契約也會接近於 FOB 型契約。市場上所稱的 Semi-Turnkey 型契約及 Chef Montage 型契約，雖被歸類於 Turnkey 型契約，但實際上是介於 FOB 型及

Turnkey 型契約的折中型式。

茲將整廠輸出契約的型式，依其業務範圍分列如下：

FOB 型契約 {
① FAS 型契約
② FOB 型契約
③ CFR 型契約
④ CIF 型契約
}

Turnkey 型契約 {
① Semi-Turnkey 型契約
② Chef Montage 型契約
③ Full Turnkey 型契約
}

所謂 FOB 型契約，是指賣方須承擔風險直至將整廠所需的機器設備，在其本國的港口裝上船 (free on board) 為止的一種整廠輸出契約。不過賣方並不是交運機器設備就算完成責任，通常還要附帶整個工程方案的指導，諸如工程安裝、工程興建以及生產操作等方面的圖面及技術資料，都須提供給買方。一般而言，賣方通常都會派遣指導員赴買方工地，進行指導性的工作。

至於 FAS 型契約、CFR 型契約與 CIF 型契約，都可以一併歸納在 FOB 型契約的項下，因為其間的差異只在於海運費及保險費的負擔歸屬而已。

Turnkey 型契約則指賣方除負責依約交付機械設備外，尚須負擔履行在買方工地的工程安裝、興建、試車等現場作業的全部或部分的一種整廠輸出契約。簡單的說，賣方負責承包的工作是一直到買方能以鑰匙 (key) 來啟動 (turn) 生產的運行階段，才算完成。

Turnkey 型契約又可分為：

1. Full Turnkey 型契約：在這種契約之下，賣方須負擔：①設備的設計、負責、製造；②出口地至進口地的運輸、保險；③在買方工地安裝、試車；④附帶設施的興建；⑤提供試車所需技術、技術人員及勞務等綜合性的責任。一般而言，已開發國家對開發中國家輸出整廠設備時，多採此契約型式。

2. Semi-Turnkey 型契約：賣方僅負擔整廠設備的設計、製造及交貨等義務，即 Turnkey 型契約的前段部分，至於在買方工地的廠房建設、試車及其他附帶工作等後段部分，則由買方與他人另訂契約。

3. Chef Montage 型契約：這類型的契約，按字義可翻譯成「專責共力型契約」，就內容來看，則可解釋為「FOB 又含指導型契約」，亦即賣方須派遣指導員赴買方工地指導工程的安裝及工程的興建，工程安裝及興建所需的人力、資材，由買方自費提供，但其管理的責任則由賣方負責。這種型式契約之下的賣方雖然須在 FOB 型契約責任之外，另擔負指導責任，但是由於賣方對於工程安裝及興建的結果須負最終責任，因此其性質已隸屬 Turnkey 型契約。由此可見，FOB 型契約與 Turnkey 型契約並非截然畫分為二，而是有相互的連貫性在。

🌐 第六節　簽訂整廠輸出契約應注意事項

一、確定契約範圍

簽約時應明確約定契約包括哪些項目，亦即契約範圍如何？一般而言，整廠輸出契約的簽訂方式可分為：

1.單一契約（整廠承包契約）：將設計、製造、買賣、建廠、安裝、試車、人員訓練及生產技術提供等全部納入單一契約，亦即自設計開始，迄建廠完成，從事生產等均於單一契約內訂明，以期明確規定雙方的權利義務。

2.個別契約 (separate contract)：將整廠輸出貿易的各項內容，依其性質分別訂定個別契約。例如：

(1)設計契約：初步與細部的設計，通常均在出口國進行。

(2)買賣契約：有關整廠機械設備的買賣，包括品名、規格、價格、付款方式等，均於本契約中訂明。

(3)建廠契約：有關機械廠房、宿舍等的建造契約。

(4)安裝契約：有關機械設備的安裝、試車、驗收等事項均包括在本契約內。

(5)人員訓練契約：有關操作與生產技術人員訓練的契約。

(6)技術移轉契約（技術合作契約）：約定提供技術的範圍、報酬金的計算及合作的期間等事項。

以上多項契約又可合併為兩種或三種契約。例如將買賣、建廠與安裝契約合併為一種契約，或僅將建廠與安裝合併為一種，究竟採用何種方式，端視雙方的能力及考量稅捐與外匯的利益而定。

二、確定契約用語

契約中易產生解釋歧異或誤解的用語，應加以定義，以避免日後糾紛。

三、各項契約價格（或費用）應明確約定

㈠價格（或費用）的計收方式

1.就單一契約而言：可將設計費、建廠技術服務費、安裝試車費及人員訓練費等計入機械設備售價內，由當地銀行保證按工程進度收取價款。這種方式的優缺點如下：

(1)優點：可依一般貿易方式解決收款問題。

(2)缺點：機械設備的價格因而提高，應付的進口稅捐增加，將減弱賣方的價格競爭。

2.就個別契約而言：應分別訂明價格或費用，亦即：

(1)在買賣契約中應列明機械設備本身的價格及付款條件。

(2)在其他契約（例如設計契約、建廠契約、安裝契約、人員訓練契約等）中，則可約定設計費、建廠服務費、安裝費、人員訓練費的計收方式。例如以人／日計算，但採分期付款。這種方式的優缺點為：

①優點：可減少當地課徵的進口稅捐，依當地法律規定，某些費用可享有稅賦優惠。

②缺點：契約分別訂定，內容複雜，如屬實施外匯管制的國家，尚須事先經政府核准。

㈡價格的基本條件

由於報價方式的不同，在契約中應明確地規定價格的基本條件，究竟所報的價格是固定價格 (fixed price) 呢？還是附有變動條款 (escalation clause) 的價格呢？是總價 (lump sum price) 呢？還是成本另加費用 (cost plus fee) 的價格？

㈢計價的幣別

是以何種貨幣為支付的基準，美元？還是其他關鍵通貨 (key currency)？

四、支付條款

整廠輸出的付款條件比較複雜，因為它通常都不是一次付清，同時又有分期付款的手續作業，因此在契約中一定要將付款條件約定清楚，諸如付款地點、付款方式、付款時間、付款保證等。大型的整廠輸出，大都附有分期付款的條件，當適用賣方貸款 (seller's credit) 時，應詳細規定分期付款的條件，若是適用買方貸款 (buyer's credit)，則基本上形同現金付款，條文的規定較簡單。

五、保證條款

整廠輸出與一般商品輸出不同之處，在於前者不僅須保證其所交付的 Plant 及其構成部分的機械、器具、物料、零組件乃至 Know-How 具有契約所定的品質、規格及性能，而且須保證其在買方工地建廠、試車後能發揮滿意的運轉操作效果。因此買方會要求賣方提供機器及技術交付保證 (delivery guarantee)、性能保證 (performance guarantee)、產能保證 (production guarantee) 及機械性能保證 (machinery and workmenship guarantee) 等。然而這些保證正是賣方應考慮要求免責者，賣方不宜予以無條件的保證。

六、保險及賣方（或承攬人、供應商）的責任限制

1.保險：為因應意外事故可能導致的損失，應約定購買有關保險，例如工人險、責任險、水險、綜合工程險及工程機械險等，以降低風險。

2.賣方責任的限制：賣方應於契約中約定下列免責事項：

　⑴因戰爭產生的損害，賣方免責。

　⑵賣方對於損害的賠償僅限於已投保的保險為準。例如賣方對損失的應賠償金額如超過契約金額的某一百分比時，賣方可免負任何責任，並可立即解約。

　⑶因買方（訂作人）或其代理人的行為而生的損害，賣方不負責任。

七、交付時間

基於整廠輸出交付地點的特色，其交付時間也因而與一般商品交易不同：

1. FOB 型契約：整廠輸出的全套機械設備很少是一次裝船交運的，分批交運乃是常態，買方可在契約中限制分批交運的批數 (lot number)。若只是限制賣方的最後裝船日 (last shipment) 時，則需註明全部機器設備或主要機器設備的交貨期限。這類型的輸出契約，原則上是以出口港船上交貨的時間作為交付時間。

2. Turnkey 型契約：

　⑴以單體輸出時：於試車或操作運轉順利，並經買方驗收完畢時，亦即完成 Turnkey Job 時，視為交付時間。

　⑵以裝配整廠輸出時：

　　①以裝配、安裝或建設工程完成時作為交付時間，或

　　②以 Turnkey Job 完成時為交付時間。

一般的商品買賣契約，多會約定賣方遲延交貨的免責條款，亦即所謂不可抗力條款 (force majeure clauses)。在整廠輸出契約中，不僅約定這種不可抗力條款，尚且約定其他多種免責條款，例如工程遲延免責條款等是。

八、危險與所有權的移轉

1. FOB 型契約：整廠設備的所有權 (title) 與風險，於出口港裝船時，移轉給買方，而工廠所有權，在解釋上則本來就隸屬於買方。

2. Turnkey 型契約：

　⑴以單體輸出時：於 Turnkey Job 完成時移轉。

　⑵以裝配整廠輸出時：

　　①於裝配、安裝或建造工程完成時移轉，或

　　②於 Turnkey Job 完成時移轉。

以 Turnkey 型契約方式的整廠輸出，由於是在進口地的買方工地交貨，危險及所有權的移轉時、地都延至機械設備運抵進口地之後。換言之，賣方自貨物裝船一直到工地建設工程完成的全部期間，對於整廠或其構成部分的機械、機器、機具、材料及零組件等一切均享有所有權，並承擔危險。因此，如後述，凡海上運輸保險、進口地內陸運輸保險及工程保險等都須由賣方自行投保，並以自己為受益人。

雖然賣方可保有整廠的所有權直至買方工地，乃是因為賣方對所交付的貨物須負安裝、運轉操作等責任的當然結果。然而卻不可輕視其對賣方的益處。因為大多

數的整廠輸出都採延期付款的方式，即使價款的收款有銀行的保證。但如果賣方能較長期地保有整廠的所有權，對賣方而言，毋寧是有益無害。

在若干情形，Turnkey 型契約下的整廠輸出，雙方也有約定以出口港船上作為危險移轉時、地。在這種情形，賣方可免除裝船以後的危險負擔，至於在買方工地的安裝、裝置及建設工程，則僅以包商的身分承作。

九、技術人員的派遣

技術指導員所扮演的角色可分為兩種，一種稱為諮詢者 (advisor)，另一種稱為指導者或監督者 (supervisor)，前者是指賣方的技術人員，就買方技術人員所提出的問題予以答覆，至於其答覆的意見，是否為買方所採納，由買方自己做主；後者是指賣方的技術人員指示怎麼做，買方技術人員就依指示行事。在整廠輸出契約中，雙方除應訂明賣方派遣技術人員的人數、時間、期間、權限及責任範圍等之外，對於技術指導的實施方式也要明確規定，因為諮詢者 (advisor) 與監督者 (supervisor) 在使用上並不易區分，所以最好在契約中訂明技術指導人員的工作性質。

十、保　險

1.海上貨物運輸保險：在 FOB 型契約下，出口港至進口港的海上貨物運輸保險，由何方負責投保，視其貿易條件而定，若係按 FOB 或 CFR 交易，則由買方負責投保，若係按 CIF 交易，則由賣方負責；在 Turnkey Job 型契約下，海上貨物運輸保險由賣方負責。

2.陸上貨物運輸保險：此項保險係指由進口港至買方工地現場的陸上貨物運輸保險，在 Turnkey 型契約下，係由賣方負責投保。

3.工程安裝保險：為保障在工地現場裝配、建設、建造及安裝時可能發生的危險，在 Turnkey Job 型契約下，賣方須負責投保。

4.機械保險 (machinery breakdown insurance)：為保障在工地現場試驗及檢查過程中可能發生的危險，在 Turnkey Job 型契約下，賣方須負責投保此項保險。

十一、進口通關、稅捐負擔等問題

在 Turnkey 型契約下，賣方出售的機械設備，在進口國卸貨港通關的手續，除

另有約定外，由賣方負責自行辦理。但在辦理通關時，買方應予全力的協助。

　　至於機械設備的進口稅捐，除另有約定外，也由賣方負擔。

 習　題

1. 何謂整廠輸出？

2. 整廠輸出交易的特性為何？

3. 整廠輸出的契約型式有哪些？

4. 簽訂整廠輸出契約應注意事項有哪些？

第三十章　OEM 貿易

🌐 第一節　OEM 貿易的形成

有些國外廠商，因本身產製的商品供不應求，或因自行產製的成本較高，或因本身不從事生產作業，或基於全球運籌 (global logistics) 經營策略，而將商品委託國內製造廠商生產。製成之後，以國外廠商自己的品牌或商標在市場上行銷。這種委託製造的貿易方式，盛行於國際間。例如日本一些著名家電廠商委託我國家電製造廠商生產錄放影機，而以日本原廠品牌行銷；美國 IBM 公司委託我國內廠商生產電子產品，而以 IBM 品牌行銷國際市場。以上這些做法就是所謂的「OEM 貿易」的由來。

OEM 貿易是目前流行的一種合作生產暨貿易方式。在國際上，原料、人工成本高昂的國家，可利用原料、人工低廉國家的廠商生產 OEM 產品，從而降低生產成本，提高競爭力。OEM 產品製造廠商則除了可賺取加工費外，還可學到新的生產技術、管理方法，並提昇自身的製造能力。我國過去及中國大陸目前外銷產品就有不少是採 OEM 方式，例如運動鞋、電話機、玩具、手機及電子產品等。

我國外銷商品以 OEM 方式出口所占的比例甚高，對承製 OEM 產品的受託廠商而言，其生產的產品冠以他人高知名度的品牌行銷，在短期內確可獲得大量訂單，但卻只能賺取微薄的加工利潤，並無長期利益可言。故就長期觀點來看，業者應致力開拓自己的品牌市場，以創造可觀的「行銷利潤」。

🌐 第二節　OEM 的定義

OEM 為 Original Equipment Manufacturing、Original Equipment Manufacture 或 Original Equipment Manufacturer 的縮寫，目前國際間尚無統一的定義，在國內的譯名也相當不一致，以 "Original Equipment Manufacturing" 而言，就有以下各種譯名：原廠委託製造、原廠委託加工製造、授權委託製造、委託製造、委託產製、委託代工、委外代工、專業代工或代工生產 (例如晶圓代工)。就本質而言，Original Equipment

Manufacturing 乃契約製造 (contract manufacturing) 的一種,通常是指委託廠商(客戶、買方)將設計好的或確認的商品圖樣、規格、零件、半成品或成品,委託另一廠商(即受託廠商、代工廠商)依規定的加工程序、方法和品質標準加工生產,然後將生產的產品以委託廠商的品牌或商標,由委託廠商在市場上行銷,受託廠商僅負責生產,賺取加工費,這種做法稱為 OEM。因此 OEM 契約的當事人為委託廠商與受託廠商。

就 Original Equipment Manufacture 而言,TAITRA (外貿協會) 將 OEM 定義為:「OEM 係指受託廠商按原廠需求及授權,依特定的材質、規格、加工程序、檢驗標準及品牌或標示而生產供應的零配件、半成品及成品。」簡單的說,就是「原廠委製產品」或「原廠裝配產品」的意思,對受託廠商來說,OEM 為「原廠委製產品」,對委託廠商來說,則稱為「原廠裝配產品」,亦即「原廠品牌產品」(OEM brand product),以有別於自行產製的「自有品牌產品」(own brand product)。

此外,OEM 也常為 Original Equipment Manufacturer 的縮寫,即「原廠」或「原製造廠」或「原廠設備商」之意。

本書為求明確,將在 OEM 之後附帶名詞以明其意義,例如:

1. **OEM Export**(外銷、原廠委製出口):是指以受託製造方式外銷給原委託廠商。

2. **OEM Trade**(貿易、代工):是指以 OEM 外銷所構成的貿易活動。(即在國際貿易活動上,對於不使用真正製造廠商的品牌,而冠上委託廠商的品牌行銷者,即稱為 OEM 貿易。)

3. **OEM Manufacturer**(廠商、受託廠商、受託製造廠商、承製廠商):係指受託製造 OEM 產品的廠商。又稱為 OEM Supplier(供應商)、OEM Seller(賣方)、OEM Company(公司)或 OEM Factory(工廠)。

4. **OEM Buyer**(委託廠商):是指委託他人製造 OEM 產品者,又稱為 OEM Customer(客戶)、OEM Purchaser(購買者)或 OEM Orderer(訂購者)。

5. **OEM Products**(產品):是指以 OEM 方式產製出來的產品。

6. **OEM Price**(原廠價格):指供裝配用製品的價格。

7. **OEM Parts**(原廠零配件):指以原廠委製品的名義行銷,專用於修護的零配件。

8. OEM Contract（契約）：是指委託廠商與受託廠商間有關 OEM 交易的契約。

9. OEM Order（訂單）：指委託廠商向受託廠商訂購 OEM 產品的訂單。

🌐 第三節　OEM 貿易的型態

一、依受託廠商在承製 OEM 產品時投入技術的多寡和產品開發的自主程度，可分為

㈠ A 型 OEM——OEM（委託代工）

又稱為低層次 OEM (lower-level OEM) 或代工型 OEM (subcontracting OEM)，係指受託廠商完全依照委託廠商所提供的設計圖樣與規格製造產品的方式。在這種型態下，受託廠商賺取的只是純加工的勞力錢，不僅處於被動的地位，而且往往是處於挨打的地位。例如當客戶不斷要求降價，受託廠商在缺乏談判籌碼下，為爭取訂單，只好配合答應，以致利潤越來越薄。因此受託廠商常有任人宰割的情形。

㈡ B 型 OEM（合作開發代工）

又稱為合作開發型 OEM，即委託廠商（原廠）與受託廠商（廠商）合作開發產品，再以 OEM 方式售給委託廠商。實務上，通常是由委託廠商提供產品規格及部分設計，與受託廠商合作開發完成新產品，然後將其掛上委託廠商品牌，由其獨家買斷，在市場上行銷。

㈢ C 型 OEM——ODM（原廠委託設計）

又稱為高層次 OEM (higher-level OEM)、重貼標籤 (relabeling) 或 ODM (original design manufacturing，原廠委託設計製造或設計代工)，係指受託廠商（廠商）自行設計開發產品——標準品 (commodity)，然後將此標準品（以原樣或依委託廠商要求作微幅修改）掛上委託廠商（原廠）的品牌並由其買斷銷售國外市場的做法。例如我國廠商自有的產品為外商看中，願意買斷其產品，但要求貼上該外商的品牌，由其獨家行銷市場，即是典型的 C 型 OEM。當一家製造廠商能同時具備：①自行開發與設計新產品的能力；②自我行銷能力及行銷網路；③建立自有品牌 (self-brand; own brand) 能力等三項條件時，該製造廠即可謂已具有 ODM 的條件，因該製造廠可以將自己生產的標準品掛上自己的品牌在市場上行銷（即經營自有品牌的市場），也可以

應客戶要求掛上客戶的品牌出售（即經營 OEM 市場或代工市場），所以其工廠生產較單純，產量可以擴大，客戶也可以分散，主權比較容易操在自己手中，惟自行設計開發產品的 R&D 投資較大，廠商也必須不斷地強化自身的業務拓展能力與市場掌握能力。

若能持續提升自我行銷能力、強化行銷網路、建立自有品牌 (OBM, original brand manufacturing, own brand marketing)，將可創造長期的行銷利潤。

在民國 80 年代，臺灣產業多是在 OEM 階段。當時在工業局開始進行對產業的設計輔導計劃，提升廠商的設計能力，目的是要使我國產業逐漸轉型為 ODM 導向。目前（2017 年）國內仍以 OEM、ODM 廠商為主，但已有不少由 ODM 轉型為 OBM 的成功案例出現。

㈣ EMS

EMS(electronics manufacturing service) 也稱 CEM(contract electronics manufacturing)，中文為「專業電子製造服務」。EMS 的主要概念為：擁有自有品牌的產品公司（原廠），專注於其核心競爭力之上，也就是產品、創意規劃及市場行銷等方面；至於生產、組裝、測試、物料管理及配銷、維修、服務等其他業務，則交由 EMS 廠商處理。最近十幾年隨著 3C 全球市場的興盛，為配合國際大廠的全球布局，EMS 在臺灣逐漸流行。例如國人熟悉的鴻海／富士康、廣達、仁寶、華碩等，即是屬於此類廠商。

EMS 是代工的一種，但與 ODM 廠商大多只涵蓋到純粹的製造層面者不同。EMS 廠商是接受品牌廠商的委託，提供生產所需的綜合性服務，而且沒有自有品牌，原則上不提供研究設計，但現在為因應全球激烈的競爭，也開始提供共同設計的服務，協助品牌原廠。

以全球前幾大 EMS 企業來說，由於在全球廣為設廠，產品可在最接近的地方製造，可為客戶省下大量成本；加上若原料的採購量大，有議價能力，可大幅降低採購成本。因此 ODM 轉型成 EMS 也可說是另一出路。

二、依委託者係製造商抑中間商，可分為

1.生產廠商品牌的 OEM：又稱為生產廠 OEM 或 OEM Brand，指委託製造者本身有工廠從事生產作業，但為了補充產品線，或基於成本效益，而以 OEM 方式，將

一部分產品委託其他製造廠商代為生產。

2.中間商品牌的 OEM：又稱為貿易商 OEM 或 Private Brand，指委託製造者為專業貿易商或銷售公司，本身沒有生產工廠，它向 OEM 供應商採購成品，憑藉強大的行銷能力，以自有品牌行銷國際市場。例如日本綜合商社向我國工廠以 OEM 方式採購電話機，掛上自己的商標品牌行銷國際市場。

三、依受託廠商生產規劃的不同，可分為

1.計畫生產式 OEM：業者（製造廠商）事先即規劃一年的生產量，然後依計畫生產的作業方式。只要主客戶的訂購量能維持穩定，業者即可根據過去的業績及未來的發展，事先安排生產計畫。此種方式可提高生產績效，易達到生產穩定的要求，且較合乎經濟效益。

2.訂單式 OEM：業者於接獲訂單後才開始生產的作業方式。以此方式，經常會發生因訂單過多而必須加班趕工，或無訂單而必須停產的情形。此種方式生產不穩定，且因型式多，經常變換生產線，也不符經濟效益。

四、依委託廠商是否對受託廠商有所限制，可分為

1.限制型 OEM：委託廠商為維護公司產品設計與製造技術的權益，限制受託廠商對受委託製造的產品，只能為該委託廠商製造生產，不能以相同的設計、式樣或技術為他人生產。

2.自由開放型 OEM：委託廠商尊重受託廠商的意願，並不限制受託廠商僅能為其生產製造某項商品，可任意與其他企業交易，充分發揮其能力。

🌐 第四節　OEM 貿易的優缺點

一、OEM 貿易的優點

OEM 貿易除了能滿足委託廠商與受託廠商的需求，形成「兩利則合」的產銷分工合作外，尚有以下各項優點：

㈠對委託廠商而言

1.可降低成本：可利用受託廠商較佳的生產條件（諸如低廉的工資、廉價的原

料與充沛的技術人力等），降低生產成本，從而獲得比較利益的好處。

2.可避免生產設備的過度投資：透過 OEM 的運作，毋需分散內部資源，僅需以 OEM 產品，迅速填補產品線的空隙，就可以使企業集中資源生產最擅長的產品，同時又可擁有完整的產品線，以提高或維持競爭力。

3.可快速進入外國市場：委託廠商以道地的受託國產品，掛上自己的品牌，行銷該受託方國家，是一種進入外國市場的便捷方式。

4.克服投資或貿易障礙：利用 OEM 方式委託國外廠商生產，可克服該國對外資企業的嚴格限制，或對外國產品的進口障礙。

5.提昇利潤：委託廠商可以賺取到受託廠商賺不到的業務與行銷利潤。

(二)對受託廠商而言

1.可以提高生產規模、減低成本：受託廠商可藉由委託廠商的市場開發能力，彌補本身行銷能力的不足，大幅減輕投注於市場開發的心血及成本，而且憑藉委託廠商在市場上的既有基礎，受託廠商得以快速進入大量生產的階段，達到經濟生產的規模，從而降低成本，提高競爭力。

2.可以帶動產業升級：在 OEM 貿易過程中，委託廠商為維持其一貫的品質水準，一方面提供生產技術，另一方面還嚴格督導要求受託廠商在品質上不斷改良。這種要求與督導對受託廠商有示範及鞭策作用，可增進其生產技術，提昇其產品品質與管理水準，進而帶動其產業升級。

3.拓展國外市場的捷徑：以 OEM 方式將產品銷往國外市場，毋需花費人力與財力在調查市場、設置通路，以及廣告促銷等事務上，正由於採 OEM 方式外銷，沒有市場行銷的風險，因此頗適合作為將產品打入國際市場的第一步，也是日後自創品牌或擴大業務的先期試探。

4.可瞭解國外市場：藉由承作 OEM 業務，可瞭解國外市場的習性，從而作為日後在當地行銷的先期經驗，尤其是對於需要售後服務或銷售人員需作特別訓練的產品，更有其特殊意義。此外，由於 OEM 交易的委託廠商，大都具有相當的規模，並擁有專業的企業能力及行銷眼光，其所委託製造的產品必定是國際市場所需要，受託廠商可從中迅速瞭解到國際市場的趨勢。

5.信用風險較低：一般而言，OEM 客戶大都是大企業，財務健全，因此收款較安全，遲付或倒帳的情形較少。

二、OEM 貿易的缺點

(一)對委託廠商而言

1.鵲巢鳩占：當 OEM 受託廠商在市場上建立知名度後，可能會以自有品牌自行銷售，而不再向委託廠商供貨，這時若委託廠商無法自行生產或無法立即找到替代廠商，便可能因貨源中斷而失去市場。

2.養癰遺患：在 OEM 合作關係上，委託廠商常對受託廠商提供生產技術，並協助其管理與改良品質，這種技術大量移轉的結果，無異培養了未來的競爭對手，危害本身的基礎。

(二)對受託廠商而言

1.受制於人，無法主動控制市場：受託廠商為人代工，不僅無法明瞭市場、掌握市場，而且容易造成仰賴委託廠商的情勢，於是委託廠商的動向便攸關到受託廠商的生存與發展。

2.易疏於自創品牌與研究發展：受託廠商平時若不積極自我培養、致力研發、自創品牌，不僅無法成長壯大，而且一旦遭受打擊，就站不起來。

3.為人作嫁，利潤微薄：由於生產原料成本極易估算，價格競爭壓力大，利潤因而減少。

4.作業繁瑣：由於受託生產產品的各項細節必須一清二楚，而且任何一項小更正都必須獲得委託廠商的確認，因此作業繁雜，同時往來聯絡費用也頗為可觀。

※第五節　OEM 契約的法律性質

在 OEM 契約，受託廠商有為其委託廠商製造並供應約定產品的義務，因而可能被誤認為是一種「工作供給契約」(werkliefe ungsvertrag)。但事實上，OEM 契約的標的，並非委託廠商所定作的個別工作，而是交付或供應該受託廠商以此工作方式，所生產製造出來的產品為標的。因此重點不在於特定工作的執行，而是特定產品的交付。從而在 OEM 契約中，當事人間所存在的法律關係為買賣契約關係，是故民法買賣編的規定有其適用。但是 OEM 契約並不作為固有意義的買賣契約而締結，它僅是訂定 OEM 產品買賣一般條件的契約（即僅屬所謂的框架契約），而並非固有的買賣契約。OEM 契約著重於較長期的合作關係，通常會持續較長的期間（例如數年），

在此期間，委託廠商反覆購進契約標的產品。因此，在訂立 OEM 契約時，通常無法預見，也不敲定確切的產品交易額。

在 OEM 契約期間，委託廠商可向受託廠商依 OEM 契約中確認的方式訂購（委製）OEM 產品，經受託廠商接受，即成立固有意義的買賣契約。這種訂購行為即為民法上所稱的要約。至於承諾的方式通常也已適當地在 OEM 契約中加以訂定，因此，只要依雙方約定的方式承諾，買賣契約即告成立。

🌐 第六節　訂定 OEM 契約應注意事項

一、委託廠商（買方）應注意的交易條件事項

　　1.確保產品的穩定供應。

　　2.確保產品的品質。

　　3.產品規格、價格變更，或市場需求變化時的因應措施。

　　4.侵害智慧財產權的問題。

二、受託廠商（賣方）應注意的交易條件事項

　　1.確保產品的穩定下單。

　　2.為確保已有的行銷管道，對售價和銷售網作適當的規範。

　　3.保留變更產品規格、改良產品，以及新產品開發的權利。

茲就上述有關事項做更進一步的說明：

㈠交易數量的約定

一般而言，委託廠商為確保產品的穩定供應，受託廠商為確保產品的穩定下單，會在契約中對交易的數量加以約定，例如：

　　1.約定全年最低交易量及每季或每月最低訂（供）貨量。

　　2.約定每年最低交易量，並且必須預先下單訂購三個月至六個月的數量。

　　3.約定預定的交易數量，雙方須努力達成該項目標。

　　4.約定雙方有優先向對方下單或供貨的義務，至於交易的數量，再另行協商。

此外，契約長期化也是保障穩定供貨及下單的重要手段，契約期間的長短，宜視受託廠商投資生產設備、人工成本，以及其回收時間等因素而定。由於一般的 OEM

契約均為長期性契約，受託廠商多會在契約中限制委託廠商解除或終止契約的權利，以避免委託廠商動輒以微不足道的小事要求解除或終止契約。

(二)品質條件的約定

由於商標具有品質保證的機能，委託廠商為維護其商標信譽，對於 OEM 產品的品質要求必然特別重視，在與受託廠商磋商品質條件時，應就委製產品的規格、詳細尺寸、外觀及用途等詳細說明，必要時還可附上圖樣或樣品，以作為雙方洽談及訂約的依據。總之，對品質的描述務求具體、正確與詳盡，且雙方應充分瞭解，才不致發生爭議進而導致糾紛。

通常造成品質發生問題的原因有如下幾項：

1. 品質條件約定模糊不清。
2. 雙方對品質條件的認知有差異。
3. 受託廠商內部品管不夠完備。
4. 受託廠商再向其他廠商轉包委製。
5. 受託廠商偷工減料。

為確保委製產品的品質，委託廠商往往會在契約中要求受託廠商須負擔嚴格的品質瑕疵擔保責任，模具及樣品須經委託廠商確認後才可進行生產，並要求嚴密實施品管。另一方面，受託廠商為避免負擔過多的品質責任，可在契約中規定因委託廠商的指示，或其所提供的規格、藍圖設計、技術等所引起的產品瑕疵，導致第三人損害時，受託廠商不必負責。受託廠商賠付給第三人的損害，均得向委託廠商請求賠償。因此，OEM 契約中經常規定委託廠商須投保適當的產品責任險。

(三)產品規格變更權

由於工業技術的日新月異，市場需求的快速變化，買賣雙方都必須不斷地推出改良品或開發新產品；有時則為了配合法令（如標準法等）的改變，必須變更產品規格，甚至有時為因應市場需求的變化，必須停止已訂定的生產計畫，或正在進行中的生產。因此契約中對於這些規格變更或停止生產的情形，也應有所規定，例如：①約定雙方各保有規格變更權或停止生產權；②約定雙方均有提案權，但須由雙方協議；③約定變更權或停產權由一方保留，但他方有提案權。

總之，OEM 契約中一味地限制一方行使變更規格或停止生產的權利，在貿易及市場實務上不免扞格難行，且使雙方的關係陷入僵局。解決之道在於將行使變更規

格及停產的權利作適當合理的限制即可。例如：須於約定的期限之前以函電通知另一方，或委託廠商應合理補償受託廠商生產線停頓及呆料的損失等，方能合乎貿易實務並顧及雙方的權益。

㈣產品價格的磋商

價格是買賣契約條件中極為重要的一項，在 OEM 契約中，雙方對於產品價格的磋商，主要有以下兩項：

1.產品價格如何決定？其約定方式有：①依合理成本（諸如材料費、勞務費、雜費、稅捐等）決定；②依供需狀況決定；③依其他同業競爭狀況而定。

2.產品價格如何計算？其約定方式有：①依以往經驗方式計算；②依圖面或樣品按材料、費用等分析估算；③依其他發生過的實例比較推算。

㈤交貨期的磋商

交貨期可分為期限（時日）與期間（日程）兩種不同的意義與限定方式。契約雙方對於交貨期的有效控管，可促使準時交貨、達成生產目標並減輕製品庫存壓力，進而使資金得以有效運用。實務上的做法，大多是先依委託廠商的需求，並參考受託廠商的實績經驗，商定時程，再敲定契約的交貨期限，同時契約中應訂明有關生產技術等的提供時程與責任，方能有效控制交貨期。此外，有些 OEM 契約尚規定有關遲延交貨的懲罰條款。

㈥檢驗條件

1.檢驗的意義：

⑴檢查：憑五官查看判斷或用記號來鑑別產品的外觀品質。

⑵試驗：以物理或化學分析方式鑑定產品的規格、性能或成分。

2.檢驗的方法：

⑴品質檢驗：①憑樣品檢驗；②憑標準或雙方約定的規範檢驗；③性能檢驗；④成分檢驗；⑤壽命檢驗。

⑵外觀檢驗。

⑶數量檢驗。

3.檢驗的時間：①生產中檢驗；②裝運前檢驗；③到貨時檢驗。

4.檢驗者：①委託具有公信力的檢驗機構檢驗；②由委託廠商派員檢驗。

(七)付款條件

委託廠商的付款方式可以採用下列各種不同的方式：

1. 匯付：①預付貨款；②記帳；③寄售；④分期付款。

2. 託收：①付款交單；②承兌交單。

3. 信用狀。

(八)侵害智慧財產權的問題

OEM 產品貼掛委託廠商的品牌或商標，在各國大力取締仿冒之下，受託廠商應先取得委託廠商的商標授權使用書(但受託廠商不應以一紙商標授權使用書為已足，仍應進一步調查委託廠商是否為真正的商標所有權人，至少須確認委託廠商在貨物輸出目的地國家已合法取得商標權)，以免觸法，惹禍上身。再者，在 OEM 契約中，有些是按委託廠商提供的模具、藍圖、設計、規格指示或技術等來製造產品或零組件，因此委託廠商應就其提供的技術或藍圖，向受託廠商保證無害 (hold harmless)，亦即保證受託廠商不必承擔智慧財產權的侵害責任。

(九)相互行銷管道的保護

受託廠商除向委託廠商供應 OEM 產品外，也常以相同的產品掛上自己的品牌（own brand product，即為 OBM product）對外行銷，兩種品牌難免會有殺價競爭或其他破壞行銷秩序的狀況，因此雙方應事先就售價及行銷網路等加以規範：

1. 價格協定：雙方通常僅就產品的最低價格加以協定，也有就價格的上下限加以規定者。此外，也有進一步就行銷末端的零售價或再販賣價格加以規定的，惟須注意是否違反公平交易法。

2. 行銷通路協定：雙方將市場加以畫分，各方在分配到的地域享有獨家行銷權。

3. 產品區分協定：就所生產產品的種類加以協定，例如委託廠商委製的 OEM 產品為 A 機種，受託廠商自己行銷的產品（即 OBM product）為 B 機種，互不侵犯對方的產品。

(十)保密契約的問題

在 OEM 貿易中，常由委託廠商提供生產技術、設計、圖樣、程式或規格等供受託廠商使用，因此契約中往往訂有保密條款，規定受託廠商應於契約期滿或解約時，返還此等商業機密文件。保密義務的對象包括受託廠商的董事、股東、受僱人及代理人等，因此一旦受託廠商接受此種保密規定，即必須與公司內部的職員及轉包商

作相同的保密規定。另一方面，委託廠商因 OEM 貿易而獲悉有關受託廠商的生產技術、Know-How 或其他商業秘密，也應予以保密。

㈡降低成本與價格調整的問題

降低生產成本使產品價格更具競爭力乃為市場經濟的必然現象，在 OEM 契約，委託廠商也常要求受託廠商逐年自動降價若干百分點，受託廠商為因應這種情勢，只有從降低生產成本著手。當然，委託廠商為達降價的目的，也應同意協助受託廠商改善生產方法以降低生產成本。

㈢只有製造權，無行銷權

在 OEM 契約中往往規定受託廠商所得到的僅是「製造權」，而非使用委託廠商商標的「行銷權」，例如約定：

Seller shall not by virtue of this agreement, obtain the right to use, market, licence or distribute in any manner whatsoever any product or portion thereof in accordance with the terms and conditions hereof.

不過就長期策略而言，受託廠商不應以為人作嫁為滿足，應進一步自創品牌、開拓市場，以創造行銷利潤。在承製 OEM 產品的過程中，近程目標宜於契約內課以委託廠商提供市場商情資料及商情報告等的義務，俾使受託廠商瞭解市場的習性及變化趨勢；中程目標則應由 OEM 邁向技術或商標授權 (licensing) 的階段，使受託廠商得以介入產品的行銷層面；長程目標則為雙方品牌併用，以培養自有品牌及產品形象，如此才合乎受託廠商的最大利益。

㈣模具及開發費用

為生產 OEM 產品，常須開發模具 (tooling)，因此可約定由受託廠商自行開模，以供大量生產或製造之用，開模費用通常由委託廠商負擔全部或一部分，以分期給付或由逐次訂購的金額中扣除。至於模具的所有權或屬於委託廠商所有，或與受託廠商共有。契約中並經常規定受託廠商僅能使用該模具於生產委託廠商所委製的產品，不得用於生產他人訂購的產品。此外，開發費用 (development cost) 的負擔也同樣涉及到所有權歸屬的問題，因此也應事先約定由何方負擔。

※第七節　受託製造廠商的選擇

受託製造廠商必須能夠滿足委託廠商對於產品品質、價格、數量及交貨期等各

方面的要求，故在選擇受託製造廠商時應考慮以下各點：

1. 經營層面：①企業的組織、歷史與資本；②經營者的人格（聲望）與經營能力；③經營狀況（營業額及盈虧）。

2. 技術設備層面：①生產設備如何？性能如何？②技術能力如何？③有無生產同樣產品的經驗與實績？④技術人員人數及程度如何？

3. 品管與檢驗層面：①品管制度與流程如何？②檢驗儀器設備如何？③檢驗標準如何？④檢驗方式如何？⑤品管與檢驗人員的人數與素質如何？

4. 公司管理層面：①管理制度；②管理人員的素質；③勞資關係；④工作環境與員工待遇。

5. 其他層面：①地理位置；②進出廠手續；③原料取得的難易度；④衛星工廠支援度；⑤交易習慣；⑥運輸方式及成本；⑦稅捐。

 習　題

1. 何謂 OEM？ODM？OBM？

2. OEM 貿易主要有哪些型態？

3. OEM 貿易的優缺點為何？

4. OEM 契約的法律性質為何？

5. 訂立 OEM 契約時應注意哪些事項？

6. OEM 與委託加工有何區別？

第三十一章

其他貿易方式

貿易方式 (trade/trading method) 是指在國際貿易中所採用的各種具體交易方式。隨著國際貿易的日益擴展，貿易方式也越來越多樣化。當前國際貿易中，最常用、最簡單的貿易方式是一般的單邊出口 (straight sale) 或單邊進口 (straight purchase) 貿易，即買賣雙方直接透過函電往來和面談，就商品的交易條件進行磋商，經過詢價、報價、還價、接受等程序達成交易，簽訂契約，然後履行交貨、付款。

此外，還有其他各種貿易方式，例如經銷、代理、投標買賣、委託加工、三角貿易、相對貿易等。除了單邊出口（或進口）貿易、三角貿易、相對貿易及投標買賣等已介紹外，本章將進一步介述經銷、代理、委託購買及委託加工等的貿易方式。

🌐 第一節　經　銷

一、經銷的意義

經銷 (distributorship) 在國際貿易中，係指出口商或生產廠商與國外某一地區的一個或一個以上的進口商簽訂經銷契約 (distributorship agreement)，規定該國外進口商，即經銷商 (distributor)，可以優惠的買賣條件，在一定期間，於該地區內銷售契約商品 (goods contracted) 的貿易方式。所以，經銷商與出口商或生產廠商的關係是買賣關係，前者從後者購入商品後在市場上轉售，從中獲得利潤。

二、經銷的種類及其優缺點

㈠種　類

經銷方式按經銷權利的大小，可分為非獨家經銷 (non-exclusive distributorship) 與獨家經銷 (exclusive distributorship) 兩種。非獨家經銷又稱非總經銷，享有經銷商品的優惠權利，包括價格和付款條件等的優惠；獨家經銷又稱總經銷，不僅享有經銷商品的上述權利，而且還享有專營權利 (monopolistic trading right; exclusive selling right，又稱獨家經銷權)。

　　有些出口商在開拓國外市場時，初期往往在同一市場選定數家經銷商，讓其經銷，並從中進行比較考察。假如這些經銷商中的某一經銷商經銷成績特別令人滿意，即可進一步審度這位優越經營者的資信、能力和他本人的願望，考慮將這一地區的獨家經銷權授與該經濟商，以利穩定拓展市場。

(二)優缺點

　　授予獨家經銷權的優缺點如何呢？就出口廠商而言，其優點有：

　　1.可獲得經銷商充分的合作。

　　2.透過經銷商的專心推銷，出口廠商可免與個別顧客直接接觸，從而節省開支。

　　3.宣傳、廣告方面易於獲得合作。

　　4.可減少國外顧客的信用風險。

　　5.彼此間的意見易於溝通，從而獲得必要的支援與建議，並且如發生爭議也易於獲得解決或善後。

　　6.可透過經銷商提供售後服務，從而建立良好的行銷系統。

　　7.可配合顧客的需要，予以周全的考慮，從而建立商譽。

　　但是其缺點也不少，例如：

　　1.進口業者一旦取得經銷權，可能只顧主張權利，坐享其成，而不努力推銷，有負授權人期望之虞。

　　2.取得經銷權的進口業者，常常同時經銷具有競爭性的他人商品，以致影響授權人的權益。

　　3.進口業者要求授與獨家經銷權的目的，不在於使其能專心從事推銷，而是想藉此要脅其他賣主。

　　4.經銷商消極地依賴賣方，而不主動開拓市場或不努力推銷。

　　5.銷售實績達到約定標準後，就不再努力推銷。

　　6.因賣方未與顧客直接往來，不易瞭解對方市場情況，甚至被矇蔽。

　　7.容易受經銷商控制，予取予求。

　　由上述可知，獨家經銷權的授與，其效果是有其限度的，也就是說經銷系統的建立，並非促進銷售的唯一途徑。

　　至於如何有效地發揚其優點，以及如何消除其缺點，乃為訂立經銷契約時，應充分考慮的重要課題。

三、經銷契約的內容

採用經銷方式，進出口雙方的權利與義務是藉由經銷契約確定的，兩者簽訂的買賣契約也必須符合經銷契約的規定。一般而言，經銷契約包括下列主要內容：

1.出口商與經銷商的關係：明確規定出口商與經銷商之間的關係是本人與本人 (principal to principal) 的買賣關係。經銷商是買方，而不是賣方的代表或代理人。經銷和一般的商品買賣不同的是，經銷商與賣方訂有經銷契約，該契約規定了雙方當事人的權利與義務，這不是一般商品買賣所具有的。

2.經銷區域：①約定經銷區域；②經銷區域的擴大或縮小要件及方法。

3.經銷商品：①約定經銷商品項目；②經銷商品項目增減要件及方法；③新產品是否包括在內？

4.獨家經銷權（限於獨家經銷時）：①禁止賣方間接直接銷售到經銷區域內；②例外情形；③禁止經銷商經營與經銷商品有競爭性的商品。

5.最低經銷額：①規定最低經銷額（數量或金額）；②最低經銷額的計算方法；③未達最低經銷額時，賣方的權利。

6.個別買賣契約與其經銷契約的關係：經銷契約本身並不是買賣契約，在經銷契約中應規定：①透過雙方簽訂和履行個別買賣契約來實現經銷契約；②該買賣契約應受經銷契約的拘束。

7.作價方法：經銷商品的作價辦法，有不同做法，其中一種作法是在規定的期間內，一次作價，即無論經銷商品價格上漲或下跌，均以經銷契約中規定的價格為準。另一種作法是在規定的經銷期間內分批作價。一般採用分批作價者居多。

8.經銷期間：經銷期可長可短。在初期，可以一年為期間，但也有不規定期間，只是規定終止條款或續約條款等。

9.商情報告：①報告事項；②報告時期。

10.推銷與宣傳廣告：①努力推銷；②提供宣傳品；③宣傳廣告費用的分擔。

11.智慧財產權的保護。

12.保密事項。

13.禁止越區銷售。

關於經銷契約書的撰寫實務，讀者可參閱拙著《英文貿易契約撰寫實務》(三民版)。

◉ 第二節　代　理

　　代理 (agency) 是現代商人在從事國際貿易業務中習慣採用的一種貿易做法，在國際市場上存在著名目繁多的代理商 (agent)。在我國對外貿易中，為了擴大貿易，靈活貿易方式，也與不少國家和地區的商人建立了代理業務關係。

一、代理的概念與基本特點

　　代理是指代理商 (agent) 按照本人 (principal)，或稱貨主或委託人的授權 (authorization) 代表委託人跟第三人訂立契約或其他法律行為，而由此產生的權利與義務則直接歸屬委託人的制度。因此，代理方式與經銷方式比較，它有下列基本特點：

　　1.代理商與委託人之間的關係屬於委託買賣關係。代理商在代理業務中，只是代表委託人行為，例如招攬客戶、招攬訂單、代表委託人簽立買賣契約、收取貨款等，他本人並不是買賣契約的一方。

　　2.代理商通常並不以代理商自己的名義與第三者簽訂契約。

　　3.代理商賺取的報酬即為佣金。

　　代理方式不僅適用於推銷商品，而且廣泛使用於與商品買賣有關的服務性活動，例如：採購代理、運輸代理……。

二、代理的種類

　　1.根據委託人授權的大小，代理可分為下列三種類型：

　　⑴總代理 (general agency)：指在特定地區作為委託人全權代表的代理。這種代理商除了有權代表委託人與第三者簽訂買賣契約、處理貨物等商務活動外，尚且有權代表委託人進行非商業性的活動。他有權指派分代理商 (subagent)，並可分享分代理的佣金❶。

---

❶　總代理通常有兩種用法，一種是指代理商有權指派分代理商 (sub-agent) 和處理他與分代理商間的業務關係問題，前者叫總代理商 (general agent)；另一種是指與獨家代理商 (exclusive agent)有不同權利的代理商。在有獨家代理商的地區，出口商不能再委派分代理商；在委派總代理商的情況下，出口商仍可指派若干分代理商。後者與總代理商的業務關係，可在代理契約中規定，一般應允總代理商有分享分代理商所得佣金的權利。

⑵獨家代理 (exclusive/sole agency)：指在特定地區享有銷售指定商品的專營權的代理，委託人不得在同一地區內就同一商品指派其他第二個代理商。

⑶佣金代理 (commission agency)：又稱一般代理，指不享有專營權的代理，也即非獨家代理 (non-exclusive agency)。委託人可在同一地區內同時委託幾個佣金代理商代銷同樣商品。佣金代理商根據銷貨的實際金額或根據約定的辦法和百分比向委託人收取佣金。

2.依其涵義的廣狹可分為：

⑴廣義的代理：即以自己或授權人（本人）名義，代授權人所為或所受意思表示，而使授權人與第三人直接或間接發生法律關係的行為──使所生法律效果直接、間接將屬於授權人的行為。這種廣義的代理包含兩種：

①間接代理（德：mittelbare agentur）：即以自己名義，代本人（授權人）所為或所受意思表示，而其法律效果間接將屬於本人的行為。

②直接代理（德：unmittelbare agentur）：即以本人名義，代本人所為或所受意思表示，而使其法律效果將直接屬於本人的行為。

⑵狹義的代理：即指直接代理而言。

大陸法系國家所稱代理通常指狹義的代理而言；英美法系國家所稱代理則指廣義的代理。準此，英、美商務代理 (mercantile agent) 包括了居間 (broker)、行紀 (factor; commission merchant)、拍賣人 (auctioner) 及佣金代理商 (commission agent) 等。由上述可知德、日、中法系與英美法系對於代理人的定義未必相同。例如：

1.行紀人（德：kommissionar；英：factor；美：commission merchant）：乃以自己名義代客買賣的人。既係以自己名義而行為，則一切法律效果皆直接將屬於自己，在德國法系（包括中、日）不認其為代理人。

2.代表或使者（德：bote；英：messenger）：此在德國法系認其在擔任此職時，只是本人的機關或工具，而無獨立的人格或自由裁量的意志，自非代理人。反之，代理人在為代理時，絕非本人的機關或工具，而有獨立的人格或自由裁量的意志，故一般謂其為意思或行為的當事人，而本人則為效果當事人。在英美法系，對後者（代理人）固然認其為代理人，而對前者（代表或使者）因著重其對本人的代理關係，也認其為代理人。

三、我國進出口代理商的類型

經營國際貿易的商人，有將其大部分人力、財力從事於代理業務者，就國內情形而言，常見的進出口代理商類型約有下列幾種：

(一)代理商兼經銷商 (agent-distributor)

即一方面代理國外廠商向國內推銷產品，一方面又充任該國外廠商的在臺灣地區經銷商。此類代理商與國外廠商訂契約時，可能有兩種方式，一為分別訂定契約 (agency agreement) 及經銷契約 (distributorship agreement)，一為將兩種契約訂在一起，而稱其為 "Agency Agreement"，實質上則為 "Agency-Distributorship Agreement"。例如臺北某進口商代理澳洲某牌號奶粉廠商，約定每季代銷若干箱，並由其負責買進轉銷國內，且享有臺灣地區的獨家代理權及經銷權。

(二)代理商兼進口商 (agent-importer)

即本國進口商兼國外廠商代理商，專門為國內顧客代辦該國外廠商產品的進口，代理商本身並不買進該產品，但因代理進口，由國外廠商給付佣金。例如臺北有若干美、日、德、義、法及英國等汽車廠商代理商，向國內爭取顧客購買卡車，每次出售車輛，均由各該國汽車廠商給付佣金。這些代理商有的享有臺灣地區獨家代理權，有的則未享有獨家代理權。

(三)投標代理商 (agent for bidding)

即代理國外廠商參加國內的國際招標案件的商號。這種代理商在開發中國家特別多。因為開發中國家政府或工廠所需物資，須自先進國家輸入，而採購方式每以公開招標招國際標，以期能購得物美價廉的物資。投標代理商經常將標購物資規格內容以及標單等通知國外廠商報價，然後交由投標代理商參加投標，或由國外廠商直接以通信方式向招標機構投標。

參加每項投標，由國外廠商 (manufacturer) 或供應商 (supplier) 與國內投標代理商合作完成。投標代理商或與國外廠商、供應商訂有長期代理契約，或就某一招標案件臨時指定其代理投標。在後者的情形，只有授權書 (power of attorney)，就某一招標案件規定其代理權限。

(四)廠商外銷代理商 (manufacturer's export agent)

國內廠商自己不直接經營外銷，或雖直接經營外銷，但因不熟悉國外市場，或

因未設有專人辦理外銷事務，於是在國內指定代理商，即廠商外銷代理商，代理外銷工作，並就其服務酌付若干佣金。廠商外銷代理商除了在出口實績表現其能力外，對國際市場需要情形與變化，必須消息靈通，並隨時向廠商提供技術、品質改進的意見。除此之外，如代理商享有獨家外銷代理權時，代理商對廠商往往須予以財務上的援助──即融資。

四、代理契約的內容

不論是哪種方式的代理，代理契約是用以規範委託人與代理人（商）之間權利與義務的法律文件，就銷售代理契約 (sales agency agreement) 而言，其主要內容包括下列幾項：

1.代理契約的當事人：通常代理契約的雙方為委託人與代理商。契約的雙方是互為獨立的、自主的法人或自然人，契約中要正確表明每一方的全稱、地址、法律地位（如獨資、合夥、或公司），並註明執照號碼、成立日期及地點等，載明代理商有無締約權？抑僅有媒介權？

2.代理區域：①約定代理區域；②代理區域擴大或縮小的要件及方法。

3.代理商品：①約定代理商品項目；②代理商品項目增減要件及方法；③新產品是否包括在內？

4.代理權限：代理權限的內容取決於不同性質的代理商。

　(1)佣金代理契約時：在契約中應規定：委託人有權在代理商的代理地區內，在代理商未參與的情況下，直接與買方進行買賣的權利。

　(2)獨家代理契約時：通常要規定提供專營權的條款，其內容為：

　　①禁止委託人直接或間接銷售到代理區域內。

　　②例外情形。

　　③禁止代理商經營與代理商品有競爭性的商品。

5.最低代銷額：指代理商應負責的最低代銷額。

　(1)最低代銷額的計算方法。

　(2)未達最低代銷額時，委託人的權利。

6.訂單的處理：

　(1)媒介代理時：①無權代為接受 (accept) 訂單或簽約；②訂單立即轉交委託人

（即賣方）；③委託人有權決定接受訂單與否；④委託人迅將接受訂單與否通知代理商。

⑵締約代理時：①規定報價時效；②成交時將訂約內容立即通知委託人；③ Over-Price 部分歸何方享受？

7. 費用負擔：①代理商執行業務費用由誰負擔？②由委託人分擔時，如何分擔？

8. 佣金：

⑴計算基礎：

①(a)按收到 (received) 訂單額。

(b)按訂約額。

(c)按裝運額。

(d)按收到貨款額。

②以 FOB 為準抑以其他數額為準？

③ CFRC5、CIFC5 時。

⑵佣金率。

⑶佣金請求權發生時期。

⑷佣金匯付時期。

9. 商情報告：①報告事項；②報告時期。

10. 推銷宣傳廣告：①努力推銷；②提供樣品、宣傳品等；③宣傳、廣告費用的分擔。

11. 代理期間。

關於代理契約書的撰寫實務，讀者可參閱拙著《英文貿易契約撰寫實務》(三民版)。

🌐 第三節　委託購買

一、委託購買的意義

與寄售相反，由進口商委託出口地的商號就地代辦採購的交易，稱為委託購買 (indent)。使用國外原料的加工廠商、郵購商 (mail order house)、百貨店 (department store) 及連鎖商店 (chain store) 等常常利用委託購買方式達成進貨的目的。至於專業

的貿易商很少委託國外商號代辦採購貨物。 我國一些專業進口商也有受國內用戶
——政府機構、廠家——的委託自國外進口物資者，然而，這到底是國內的事情，
與這裡所要介紹的國際委託購買不同。

　　在委託購買交易中，委託商稱為 "Indentor"，受託商稱為 "Indentee"，而這種駐
在出口國以代國外進口業者購買出口國貨物為業的 "Indentee" 一般又稱為購貨代理
商或採購代理商 (buying agent; export commission house; export commission agent)。購
貨代理商循國外委託商的指示自國內廠家或供應商購入貨物並予以裝運出口交付委
託商，從而就其服務向委託商酌收報酬，這種報酬即為購貨佣金 (buying
commission)。

二、委託購買的法律性質

　　在委託購買交易，購貨委託商與購貨代理商之間的關係，在法律上雖為「本人
與代理人」(principal to agent) 的關係，但是購貨代理商自國內供應廠商購買託購貨
物時，通常並不透露國外購貨委託商的真名實姓。換言之，購貨代理商是以自己的
名義向國內供應廠商購入貨物，並由其負責支付貨款。從這一點來看，受託商或購
貨代理商在實質上應為行紀人 (factor; commission merchant) 的一種，而並非我民法
上所指的代理商（即代辦商），茲將其關係圖解如下：

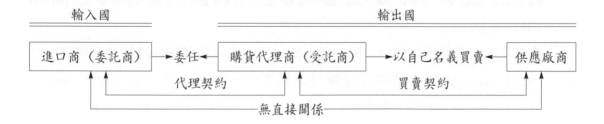

三、委託購買運作實務

　　國外進口業者（包括用戶，mail order house、chain store、department store 等）
委託出口地的購貨代理商在出口國採購貨物時，購入價格的決定方式，與寄售一樣，
也可分為三種，即：

　　1. 限價委託購貨 (with price limit)：即限定最高購入價格 (maximum price)。對於

有限價的委託購買，委託商於委託時，應標明限價。所謂限價即購貨代理商在此限價之下，可任意代為購入，不必請示，但並不限制購貨代理商向委託商請示提高購價。故在市價上漲時，仍有商榷餘地，只是超過限價時，不得任意代為購入而已。同樣地，在市價下跌時，委託商也可降低其限價，或電令限制購入數量。

2.無限價委託購買 (without price limit)：即委託購貨代理商隨市價以最便宜的價格代為購入 (at best price obtainable)。

3.購入前須徵得委託商同意：此一方式最富彈性，也最普遍採用，即購貨代理商接獲賣方報價後，應拍電徵求委託商意見，經來電接受或確認後，才可代為購入，或先將市況告知委託商，並誘請其報價。

無論採取哪一種方式，委託商有時指定向某一供應廠商購入，有時則隨購貨代理商自由，向任何人採購。前一種稱為 "Specific Indent" 或 "Special Indent" 或 "Closed Indent"，後一種稱為 "Open Indent"。

委託商於委託購買時，須向購貨代理商發出一種稱為購貨委託書 (indent; indent form) 的指示書 (order)，而購貨代理商則於代為購入託購貨物時，也應立即向委託商造具購貨報告 (purchase report)。購貨委託書並無一定的內容，但無論如何，所有的購貨委託書都有一共同的特性，即購貨委託書中都載明授權購貨代理商為其購買某種商品。標準的購貨委託書 (standard indent)，其開頭多有類如下面的措詞：

We hereby authorize you to purchase and ship on our account and risk the whole or any portion of the following goods:

購貨代理商於運出貨物時，與普通出口一樣，須繕製發票連同其他貨運單據辦理押匯或託收等事宜。這種委託購買交易下的發票稱為委託購買發票 (indent invoice)。其記載方式為：先列載購入成本 (first cost; ex factory price)，而後再將內陸運費、倉租、火災保險費、打包費、通關費、裝船費、海洋運費、保險費以及其他代墊費用逐一列載，最後再加上佣金，其所得總金額即為購貨代理商應收的發票金額。

進口商（委託商）在委託購買前，有時要求購貨代理商提供估價計算單，以便瞭解購入價格資料。在此場合，購貨代理商應按發票形式開製估價單，詳列該貨物運到進口港的各項費用，寄交委託商，這種發票稱為預期發票 (proforma invoice)。

四、委託購買契約的內容

委託購買契約書又稱為購貨代理契約書或稱為代理採購契約書，其內容與寄售契約書類似。如進口商僅就某一購案委託代理商代為購買，而不準備維持繼續關係時，可以類如第 810 頁的購貨委託書委託購買，不必另訂購貨委託契約書。

然而，通常委託商多與代理商訂立長期委託購買契約，維持繼續的關係。在此場合所訂的代理契約，其內容包括：

1. 交易性質：言明其為委託購買交易，受託商（購貨代理商）只是採購代理商，不是賣方。

2. 採購地區。

3. 採購商品項目。

4. 購貨代理商是否享有獨家代購權？委託商可否直接、間接從指定區域的其他人購買？一般而言，購貨代理商都享有獨家 (exclusive) 代購權。

5. 購買價格的決定方法。

6. 清償貨款的方法。

7. 佣金的規定。

8. 利息及交互計算。

9. 費用（代墊）。

10. 購貨代理商的義務。

至於其他有關一般事項，諸如商情報告、準據法、仲裁、法院管轄等等也宜在契約中規定，以求完整。

INDENT
No. 64

19–21 Victoria Street,
MONTREAL
10th February, 20–

To Messrs. H. Hopkinson & Co.
　Commission Agents and Shippers,
　41 King Street,
　MANCHESTER, M60 2HB
Dear Sirs,

　　Please purchase and ship on our account for delivery not later than March 31 the undermentioned goods, or as many of them as possible. Arrange insurance for amount of your invoice, plus 10% to cover estimated profit and your charges.

Yours faithfully,
for N. WHARFE & Co. LTD.
J. G. Gartside
Director

Marks etc.	Quantity	Description of Goods	Remarks
N.W. 64 Nos. 1–12	48 sets	H.M.V. Radiograms Model 1636 Walnut finish	Pack 4 per case
N.W. 64 Nos. 13–37	25 bales	Grey shiriting Medium weight About 1,000 yards per bale	Pack in oil bags
N.W. 64 Nos. 38–39	4 gross	Assorted House Slippers Men's ($1\frac{1}{2}$ gr.) Women's ($1\frac{1}{2}$ gr.) Children's (1 gr.)	Pack in plain wooden cases

Ship　　: By Manchester Liners Ltd.
Delivery: CIF Montreal
Payment: Draw at 60 d/s, D/A, through Royal Bank of Canada, London

🌐 第四節　委託加工貿易

一、委託加工貿易的意義

委託加工貿易 (processing deal contract trade) 是指國外（或國內）的委託人或委託方（trustor，定作人）提供全部或一部分原料或半成品委託國內（或國外）的受託人或受託方（trustee，承攬人）按委託人要求進行加工，製作成品後，運交委託人或運往委託人所指定的他國銷售，並由委託人以外匯、原料或部分成品支付加工費用 (processing charges) 的一種貿易方式。

二、委託加工貿易的法律特性

1.委託加工貿易是指國外（或國內）委託人和國內（或國外）受託人之間，以一定工作為內容，建立在雙務、有償、諾成契約基礎上的債的關係。

2.委託加工貿易是指國外（或國內）委託人與國內（或國外）受託人之間的一種加工承攬關係，即受託人以自己的設備、技術和勞力，為委託人加工生產成品，委託人接受受託人完成的成品，並給付報酬，此報酬稱為加工費用或工繳費。

3.委託加工貿易為勞務貿易的一種，在這種貿易中，雖然也有物的移動，即原料或零組件（半成品）的「進口」和成品的「出口」，但是並無這些物的所有權移轉。不論是原料、半成品（零組件）或是成品，其所有權始終屬於委託人。受託人的任務是對屬於委託人所有的原料、半成品進行加工，然後收取報酬。所以這類交易，是一種勞務貿易，是以商品為載體的勞務交易。根本不屬於貨物買賣的範疇，不受貨物買賣法規的約束。

4.國外（內）委託人對自己所提供的原料或零組件，在加工過程中的一切風險須自行承擔。因而應由國外（內）委託人自行保險；如果委託受託人代為保險時，應明確保險的險別和範圍，並將保險費計入加工費用（即工繳費）中。

5.受託人對所收到的加工原料或零組件具有保管的責任，如果保管不善或使用不當，超過正常損耗，須對定作人賠償。

三、委託加工貿易的種類

1. 依受託加工或委託加工，可分為：

(1)輸出委託加工貿易 (processing trade for export)：即由國外委託人提供原料或半成品，委託國內受託人（加工廠）加工的委託加工貿易，又稱為主動加工貿易 (active processing trade)，日本則稱為順委託加工貿易 (processing deal trade)。加工後的成品若輸往原料或半成品來源國以外的第三國，則稱這種委託加工貿易為過境加工貿易 (transit processing trade)。

(2)輸入委託加工貿易 (processing trade for import)：即由國內委託人提供原料或半成品委託國外受託人（加工廠）加工的委託加工貿易，又稱為被動加工貿易 (passive processing trade) 或委外加工貿易，日本則稱為逆委託加工貿易 (inverse processing deal trade)。

2. 依供料比重與分量，可分為：

(1)部分供料（或供件）的委託加工貿易：這是指委託人提供部分原材料或零組件進行的委託加工。其他加工所需的原材料和零組件由受託人提供，可以使用國產原材料、零組件，也可以自行進口。

(2)全部供料（或供件）的委託加工貿易：這就是由委託人提供全部原材料或零組件的委託加工。

(3)全部供料（或供件）並提供輔料的委託加工貿易：即委託人不僅提供全部原材料或零組件，而且提供輔助材料和包裝材料，這是附帶輔助材料和包裝物料的委託加工。

(4)提供設備的委託加工貿易：有時，根據需要可以商定由委託人提供必要的機器、工具或檢驗機器等生產設備，這些設備的價款，由受託人收入的工繳費分期償還。

四、洽談委託加工貿易契約時應注意事項

在訂立委託加工貿易契約時，當事人應掌握下列各項規定：

1. 關於委託人所提供原材料品質、數量和到貨時間的規定：在委託加工貿易中能否按時、按質、按量交付加工成品，在很大程度上取決於委託人能否按時將符合

要求的原材料或零組件如數送到指定地點。因此，在契約中必須就原材料、零組件的品質要求、具體數量和到達時間作出明確規定。為了明確責任，應同時規定，原材料、零組件如有短缺，委託人應予補足；以及如未能按時提供原材料、零組件的處理辦法。

　2.關於加工成品和品質要求的規定：應明定加工成品品質的標準。加工過程中不可避免產生的副次品占成品的比率也應作成規定。

　　為防止不必要的爭議，應在契約中規定成品驗收辦法。

　3.關於加工成品數量和交貨期的規定：在契約中應規定契約期間的加工成品總額，同時又應規定每期的加工數量和具體交貨時間，以及發生不能按時交貨或交貨數量不足時的處理辦法。

　4.關於工繳費的規定：加工的報酬如何計算，直接涉及當事人利害。因此，對於加工報酬（工繳費）的計算及給付方式，應有明確的規定。

　　關於工繳費的給付方法約有二種方式：

　　⑴如原材料、零組件及成品均不作價，則可規定：對受託人，由委託人在受託人交付成品後以信用狀或匯付方式，向受託人支付工繳費。

　　⑵如果契約規定原材料、零組件和成品分別作價，即所謂各作各價，則可規定受託人開遠期信用狀或以遠期託收的方式，「支付」委託人的原材料、零組件價款，委託人以即期信用狀或以即期託收方式支付成品價款。受託人用所收入的成品價款沖付原材料、零組件價款後，剩餘部分即為工繳費收入。在採用此方式時，應注意受託人開立的遠期信用狀或承兌的遠期匯票，其付款期限應略長於成品的加工及交付時間，以免墊付外匯。

　5.關於保險責任和保險費的規定：委託加工貿易從送交原材料、零組件到加工成為成品後交給委託人，大致可分三個階段，即從國外運進原材料、在國內加工、加工成品裝運出口。以上三段的保險由何方負責投保，必須在契約中加以明定。如由受託人負責投保，則應明定保險費由委託人負擔（如已將保險費計算在工繳費之內則除外）。

　6.運輸問題：根據委託加工貿易的一般做法，工繳費是淨收入。原材料、零組件和成品的運輸應由委託人負責。如契約中規定受託人代辦運輸，運輸費用和風險應由委託人負擔。

7.有關加工成品率及耗損率的規定：雖然委託加工是屬於承攬性質，但由原材料經加工成為成品的比率如何，對於當事人而言，極為重要，自應於契約中明定。

8.關於預防性和約束性條款：即智慧財產權免責條款，委託加工貿易是按委託人提供的品質、規格、外形設計進行生產，委託人必須保證其所提供的品質、規格、外形設計或樣品沒有侵犯第三者的權益。如果使用委託人指定的商標，則委託人應持有該商標的專用權。倘若成品的生產或銷售侵犯他人智慧財產權，概由委託人承擔一切責任。

規定委託人在契約期間不委託第三者加工同類產品，作為對等義務，受託人也應承諾在契約期間不接受第三者的委託。

 習　題

1.什麼叫經銷？什麼叫代理？它們的主要區別何在？

2.經銷契約和代理契約主要包括哪些內容？

3.委託加工貿易有什麼特點？

4.何謂委託購買？

第三十二章 貿易融資

第一節 貿易融資概說

一、貿易融資的意義

貿易融資 (trade financing) 乃指銀行、金融公司或其他人對進出口商因進出口貨物所需資金予以周轉而言,貿易融資對於促進貿易具有重大意義。假如沒有方便的融資制度,貿易就不容易順利進行。

貿易融資的特性約有三:

1.銀行多憑信用狀融資:國際貿易的付款方式有多種,其中以信用狀最為普遍,故銀行多憑信用狀給予進出口廠商資金融通的便利。

2.多涉及匯票及貨運單據的處理:國際貿易多以匯票為財務單據,而貨物所有權則多以貨運單據為憑。故在融資過程中,為便於債權的控制,多涉及匯票及貨運單據的處理。

3.風險大、範圍廣:貿易融資面臨的風險有信用風險、政治風險、匯率變動風險及外匯移轉風險等,其較國內一般融資所面臨者大且繁雜。

二、貿易融資的種類

㈠依貿易種類,可分為

1.出口融資 (export financing):即對出口廠商因出口所需資金而進行的融資。

2.進口融資 (import financing):即對進口廠商因進口所需資金而進行的融資。

㈡依融資時間,可分為

1.出口前融資 (pre-export financing):又稱裝運前融資 (pre-shipment financing),為對出口貨品搜購、加工、生產、包裝所需資金的融通。例如我國目前的一般性外銷貸款即屬於出口前融資。

2.出口後融資 (post-export financing):又稱裝運後融資 (post-shipment

financing)，為對出口商在貨品裝運出口後至貨款收回為止這段期間所需的資金融通。例如出口押匯、出口託收融資、記帳及分期付款的融資是。

　　3.進口前融資 (pre-import financing)：為對進口商在占有進口貨品之前所需資金的融通。例如進口商以即期信用狀進口貨品，則銀行為進口商開出信用狀時起，進口前融資即開始。當進口商前往銀行還款贖單，則進口前融資即告結束。

　　4.進口後融資 (post-import financing)：指進口商在占有進口貨物之後至貨物出售收回貨款止所需資金的融通，進口商以遠期信用狀、付款交單託收方式進口所需的融資大都屬於進口後融資。

(三)依融資的期限，可分為

　　1.短期融資 (short term financing)：指融資期限在一年以內者。在短期進口融資方面，多採買方遠期信用狀 (buyer's usance L/C) 方式辦理。在短期出口融資方面，分出口前融資及出口後融資。前者如外銷貸款，後者如出口押匯。

　　2.中期融資 (medium term financing)：指融資期限一年以上七年以下者。此項融資適用於單價較高的消耗性耐久財、輕資本財 (light capital goods)，如通訊設備、卡車等。

　　3.長期融資 (long term financing)：指融資期限在七年以上者，適用於單價更高的生產設備及交通設備，如整廠機器設備、航空器、船舶等重資本財 (heavy capital goods)，此項融資由於金額大、期間長、貸款條件較複雜，因此，通常係由中國輸出入銀行融資。

(四)依資金的提供者，可分為

　　1.出口廠商：即賣方信貸 (seller's/supplier's credit)，例如賣方遠期信用狀、出口託收、記帳。

　　2.進口廠商：即買方信貸 (buyer's credit)，例如預付貨款、紅條款信用狀。

　　3.一般商業銀行：購料貸款、外銷貸款。

　　4.輸出入銀行：中長期輸出融資。

　　5.部分商業銀行：應收帳款收買業務 (factoring)、中長期出口票據貼現業務 (forfaiting)。

(五)依融資幣別，可分為

　　1.本國貨幣：融資幣別以本國貨幣為準。例如在我國以 NT$ 融資。

2.外國貨幣：融資幣別以外國貨幣為準。例如在我國以 US$、HK$ 融資。

㈥依抵押品的情況，可分為

1.無抵押品融資：指不需提供擔保品的貸款，即一般所稱的信用貸款。

2.以交易標的物為擔保的融資：即以貸款案項下的交易標的物作為擔保的貸款。如購料貸款以其所購的貨物、原材料作押即是。

3.提供其他抵押品或擔保的融資：即除了以貸款案項下的交易標的物作為擔保之外，尚須提供貸款人認可的其他抵押品。例如以土地、定存單作為擔保的貸款。

🌐 第二節　我國各種貿易融資

一、出口融資

出口廠商因生產或採購國內製品及支應日常營運費用，須支付貨款、費用在先，而裝運出口辦理押匯或託收貨款於後。因此，如何取得融資以補自有資金的不足，是很重要的財務管理工作。就我國目前情形來說，其取得資金融通的方法，大致有下列幾種方式：

1.一般性營運周轉金貸款：即一般的信用、抵押貸款。出口廠商可以不動產、動產質押，甚至憑信用，向往來銀行借貸資金。

2.託收方式外銷融資：中國輸出入銀行於 68 年開始辦理「託收方式 (D/P、D/A) 輸出綜合保險」，出口商以付款交單、承兌交單方式外銷貨物者，可向中國輸出入銀行投保「託收方式 (D/P、D/A) 輸出綜合保險」，取得保險單後，可憑其向一般商業銀行申貸「託收方式 (D/P、D/A) 外銷貸款」。

3.中長期外銷貸款：出口商輸出機器設備、整廠設備及其他資本財，而付款條件為中長期延付 (deferred payment) 者，可向中國輸出入銀行申貸中長期外銷貸款，期限以不超過七年為原則，且須提供國內外金融機構保證，或銀行認可的擔保品或保證人為擔保。

4.外商銀行的預售外匯外銷貸款 (export loan, EPL)：與外國銀行在臺分行有往來的廠商，可向該等分行申貸以外銷契約幣別為記帳單位的外幣外銷貸款。此項貸款係由外商銀行調借國外資金（如亞洲美元）轉貸，利率為國外資金成本加銀行的利潤率（1%–2% 不等），通常較一般營運周轉金貸款利率為低，但較外銷貸款利率

略高，由於手續簡便，頗受歡迎。

5.出口押匯：出口押匯為銀行讓購信用狀項下跟單匯票或單據，以資金協助出口廠商的一種授信業務。銀行承作出口押匯，往往因單據的瑕疵、開狀銀行的倒閉或進口國發生政變、經濟惡化，以致無法收回押匯款，所以銀行對申請押匯廠商的信用、擔保品、保證人等很重視。

6.紅條款信用狀下的融資 (red clause L/C financing)：出口商如手頭上有紅條款信用狀 (red clause L/C)，則可在貨物裝運出口之前，憑該信用狀向通知銀行申借周轉出口貿易所需（購料、生產、工資、包裝等）資金。所借的款項則於辦理出口押匯時扣還。

7.背對背信用狀下的融資 (back-to-back L/C financing)：出口商向供應商購買輸出貨物時，如果供應商不同意賒帳，則出口商可憑國外開來的信用狀（稱為 master L/C）請外匯銀行開發以供應商為受益人的背對背信用狀 (back-to-back L/C)。因有銀行信用的介入，供應商也就可放心接受訂購而生產交貨，出口商也不必另籌資金，以因應貿易資金的周轉。這種資金周轉方式，在國內甚為普遍。

8.憑擔保信用狀的融資 (stand-by L/C financing)：國外進口商為協助國內出口商融通周轉金，除開發紅條款信用狀外，還可委請當地銀行開發擔保信用狀給國內出口商所在地的銀行，擔保其貸款給出口商。屆時如出口商未能還款付息，則貸款銀行可憑該擔保信用狀兌款收回貸款本息。

9.買方信貸下的融資：訂立貿易契約時，約定付款條件為預付貨款 (prepayment)，則因出口商可於交貨前預收貨款，對於貿易資金的周轉頗有助益。但為了減少進口商的利息負擔及增加其信心，出口商一方面可酌減貨價，一方面提供保證履約的擔保信用狀以保護進口商。

10.應收帳款收買業務 (factoring)：詳見本章第三節。

11.中長期出口票據貼現業務 (forfaiting)：詳見本章第四節。

二、進口融資

從國外進口原料、機器等物資，如能獲得國內銀行的融資，或國外出口商的同意延期付款，調配貿易資金的收付，當大有助於進口商資金的周轉。我國進口融資方法，主要有下列幾種（但可能隨時變動或停辦）：

1. 一般性營運周轉金貸款：與出口貿易同，由銀行貸與進口所需的周轉資金。

2. 進口押匯（即期信用狀）：如前所述進口押匯係指銀行受國內進口者委託，對國外賣方簽發的即期跟單匯票先行墊付票款，再通知借款人（國內進口者）在合理期限內（一般為通知到單後十五天左右）備款贖單的票據融通方式。所以進口押匯為極短期的進口融資方式。

3. 購料貸款（買方遠期信用狀）：為融通進口貨物所需資金，進口商可向銀行申請核給一貸款額度，憑以向銀行申請開發買方遠期信用狀 (buyer's usance L/C)。銀行對外所開發信用狀的付款期限為即期 (at sight)，也即國外出口商可憑信用狀立即取得貨款，但進口商則可自國外付款日起，於一百八十天內還款。在這段期間，所墊付的款項是開狀銀行的資金，銀行承作這種墊款是為便利進口商購料之用，故稱為購料貸款。

4. 購料保證（賣方遠期信用狀）：進口商（買方）與出口商（賣方）洽訂的付款條件為貨物裝運後（或跟單匯票發票後、或承兌匯票後）九十天、一百二十天、一百八十天……付款，但須以銀行信用狀擔保付款承諾時，進口商委託銀行所開發的就是賣方遠期信用狀 (seller's usance L/C)。進口商申請開發賣方遠期信用狀，就國內開狀銀行而言，可說是對國外出口商的一種「保證」，其手續與前述購料貸款相同。賣方遠期信用狀是真正意義的遠期信用狀（以別於前述對賣方是即期付款，僅對買方屬遠期的買方遠期信用狀）。出口商因為要到遠期匯票到期後才能獲得付款，貨物價格比起以即期信用狀支付時當然較為高。換言之，通常把遠期利息成本灌在貨價裡，以便於出口押匯時逕行扣除貼現息後的押匯款淨額與即期信用狀時的情形相同。

5. 中小企業信用保證基金對進口融資的保證：本辦法在便利中小企業獲得進口所需資金，凡中小企業無不良紀錄者，均得向已與該基金簽訂信用保證契約的外匯銀行申請進口融資額度，在契約有效期限及額度內由基金向銀行作信用保證。

承辦銀行負擔 20% 風險，另 80% 風險由信用保證基金承擔。每戶融資金額在新臺幣 500 萬元以下者，承辦銀行可先行承作，再報基金保證，超過 500 萬元時，應先報基金核准後再辦。

6. 進口機器設備分期償還的貸款：國內廠商為向國外採購機器設備等有關資本財的輸入，其金額較鉅，價款無法在付款日起一百八十天內一次還清，故不能適用上述購料貸款、購料保證等方式辦理，必須改為長期的貸款，由借款人分期按約定

的還款期限，以新臺幣結匯攤還本金。承辦銀行可向中央銀行結回外匯。進口的機器應辦理動產擔保登記，將登記證明交存銀行，同時應辦妥火險，以銀行為優先受償人。通常尚須另提新臺幣本票，作為領單後與動產抵押辦妥前的過渡時期的保證品。

7.進口機器設備分期償還的保證：前項貸款方式，其分期償還的資金是由國內銀行融通；而本項保證分期償還的資金，係由供應商方面融通，稱為供應商的授信或供應商信貸，由保證銀行負不可撤銷及無條件的保證責任 (irrevocable and unconditional guarantee)，保證按約定分期償付日期歸還，被保證者即為國外供應商或者供應商指定的一家金融機構。

8.生產企業進口機器外幣貸款：係依據中央銀行對生產企業進口機器外匯資金融通辦法，對生產企業進口機器設備所需外幣資金的融通。按進口機器價款的七成撥貸，期限最長五年，於撥款後，每半年一期分期平均攤還，以貸款項下所進口的機器設備作押，資金悉由央行提供外幣。

9.賣方信貸下的融資：以上所述是銀行對進口商的融資。除了銀行之外，也可利用出口商授予的信用，以延期付款方式達到進口融資的目的。此項延期付款包括遠期付款交單、承兌交單、記帳及分期付款等。出口商對進口商的授信，固然有助於進口貿易資金的周轉，但出口商必然會考慮到延期收回貨款的資金成本問題，以及進口商屆時是否會準時付款，也即信用風險問題。對於第一個問題，出口商通常會將利息費用加計於貨價中，從而提高貨價；對於第二個問題，出口商可能會要求進口商提供適當的保證，包括擔保信用狀、銀行保證函或不動產的保證。

※第三節　應收帳款收買業務

一、應收帳款收買業務的意義

「應收帳款收買業務」是英文 Factoring 一詞的中譯，有人譯成「應收帳款讓售業務」或「應收帳款受讓業務」或「應收帳款承購業務」或「應收帳款受讓承購業務」等。就其表面語意而言，似有「應收帳款買賣業務」之感，但事實上 Factoring 係泛指應收帳款的綜合管理業務，它除了應收帳款的收買之外，還附帶辦理債權的管理、債權的催討、周轉性融資、買方信用調查、承擔信用風險，以及代辦其他代理業務等，所以有些人稱其為「應收帳款受讓管理業務」或「應收帳款綜合管理服

務業務」。因此，應收帳款收買業務可謂具有融資與服務業的雙重性質與功能。

參與應收帳款收買業務的基本當事人有三，即：

1. Factor：從事應收帳款收買業務的機構，可譯為應收帳款收買公司、應收帳款收買商或應收帳款承購商，簡稱承購商，主要是銀行和金融公司。

2. Client：與承購商簽立應收帳款收買契約 (factoring agreement)，利用應收帳款收買業務的企業，一般即指賣方或出口商。

3. Customer：即向賣方或出口商購買貨物的買方或進口商。

二、應收帳款收買業務的交易流程（以單承購商應收帳款收買為例）

首先由賣方與承購商洽談，提出申請，申請書中除應陳述其本身的有關資料(主要為交易內容、資產負債狀況，尤其應收帳款的消長、壞帳比率等)，並列出其擬辦理應收帳款收買的主要客戶名單、地址、往來銀行、商品種類、交易條件、一般交易量及預期交易量等以供承購商分析。

承購商接獲申請後，雖也調查賣方的信用，但特別重視買方的付款紀錄與信用。承購商經調查分析後即答覆賣方其是否同意承作應收帳款收買業務，若同意，則通知簽訂應收帳款收買契約，約定承作的範圍與額度。承購商雖同意承作特定範圍(如特定地區、客戶、幣別)，但仍保留隨時變更或終止的權利，完成上述手續後，賣方即可按下列程序進行應收帳款收買業務的交易：

1. 賣方向買方報價，付款條件為記帳。

2. 買方接受報價，發出訂單。

3. 賣方收到訂單後，將買方的資料送交承購商供其審查。

4. 承購商經審查後即答覆賣方同意承擔風險及收買債權。

5. 賣方裝運貨物，並將發票副本、「債權或應收帳款讓與及通知」(notification and transfer of receivables; notice and transfer list) 列出買方名稱、發票號碼、交易條件、到期日及貨款金額，附具債權讓與條件等送交承購商。

6. 承購商按發票金額墊付 75%–90% 的貨款， 並扣除 0.75%–2% 的手續費及利息。

7. 承購商憑「債權或應收帳款讓與及通知」向買方收款。

8.買方於到期日向承購商付款。

9.承購商將保留款 10%–25% 的貨款扣除銷貨退回等後的餘款付給賣方。

茲將上述程序圖示如下：

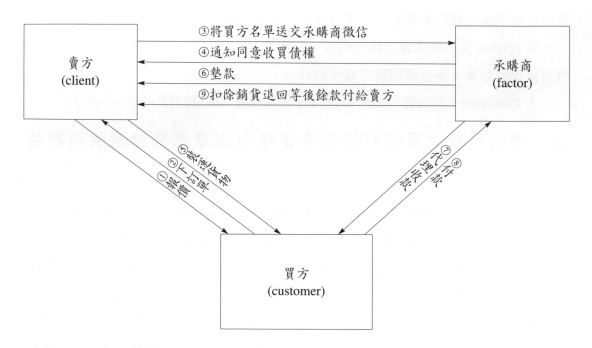

三、應收帳款收買業務的種類

應收帳款收買業務因區分標準的不同有多種分類，以下僅就較重要的區分法加以分類。

㈠依有無融資，可分為

1.到期應收帳款收買業務 (maturity factoring)：指出口商 (client) 將有關出口單據（債權）賣給承購商，承購商則在應收帳款到期後，才將貨款無追索權地支付給出口商。換言之，承購商並不墊付部分貨款。因此，到期應收帳款收買業務自始排除融資功能，而著重於帳務管理、帳款催收及保證到期付款等。

2.融資應收帳款收買業務 (advance factoring; financed factoring)：是指出口商將有關單據（債權）賣給承購商後，承購商扣除融資利息和費用，立即以預付款方式付給出口商 80% 左右的發票金額，其餘 20% 於貨款收妥後再結算，這是典型的應收帳款收買業務方式，至於預付款是否有追索權 (right of recourse)，視契約內容而定（參

閱以下㈢說明）。

㈡依有無追索權，可分為

1.有追索權應收帳款收買業務 (with recourse factoring)：又稱非買斷式應收帳款收買業務，即承購商收買賣方的應收帳款債權後，到期若買方無力支付或拒付，則承購商有權向賣方追還其墊付的帳款。在這種應收帳款收買業務之下，承購商雖擔負記帳、債權管理及予以融資，但不承擔買方的信用風險。

2.無追索權應收帳款收買業務 (without recourse factoring)：又稱買斷式應收帳款收買業務，即承購商收買賣方的應收帳款債權後，如買方無力支付或拒付，其風險全由承購商負擔，其已墊付給賣方的帳款，不能追還。但承購商所承擔的風險只限於買方的信用風險，並不承擔因交易糾紛而起的風險，例如因違反買賣契約——諸如品質、價格、交貨期的糾紛——而遭拒付者，承購商仍可向賣方追還墊付的帳款。

㈢依國內抑國外交易性質，可分為

1.國內應收帳款收買業務 (domestic factoring)：即承購商所收買的應收帳款債權係國內賣方與國內買方間基於國內買賣而生的應收帳款。因此，承購商、賣方及買方都在同一國內。

2.國際應收帳款收買業務 (international factoring)：即承購商所收買的應收帳款債權係基於國際貿易而生的應收帳款。國際應收帳款收買以承購商所在地為準，可分為：

(1)出口應收帳款收買業務 (export factoring)：即出口商向出口國所在地的承購商辦理的應收帳款收買業務。

(2)進口應收帳款收買業務 (import factoring)：即出口商向進口國所在地的承購商辦理的應收帳款收買業務。例如我國出口商將商品賣給美國進口商後，將其應收帳款讓與美國的承購商，即為進口應收帳款收買業務。

㈣依承購商作業模式，可分為

1.單承購商應收帳款收買業務 (single-factor factoring)：在本模式下，出口地銀行不是出口承購商，它與出口商之間沒有訂立應收帳款收買契約，所以它不是應收帳款收買業務的當事人，而是中間媒介。單承購商應收帳款收買業務的當事人有三個：出口商、進口應收帳款承購商 (import factor)、進口商。

出口商要與進口承購商簽署應收帳款收買契約，再由出口地的一家銀行與進口

承購商簽署 General Factoring Agreement，它只擔任傳遞函電及劃撥款項的工作（參閱下圖）。

　　2. 雙承購商應收帳款收買業務 (two-factor factoring)：在本模式下，出口地的銀行擔任出口承購商角色，由其委託進口地的合作承購商，即進口承購商，對買方辦理徵信核給額度，並將受讓的應收帳款債權轉讓給進口承購商，由進口承購商承擔買方的信用風險及提供帳款催收服務。出口承購商以進口承購商核准的應收帳款承購額度為限，提供賣方所需的營運資金融通及帳務管理服務。在雙承購商應收帳款收買業務下，有四個當事人：出口商、出口承購商、進口承購商、進口商（參閱下圖）。

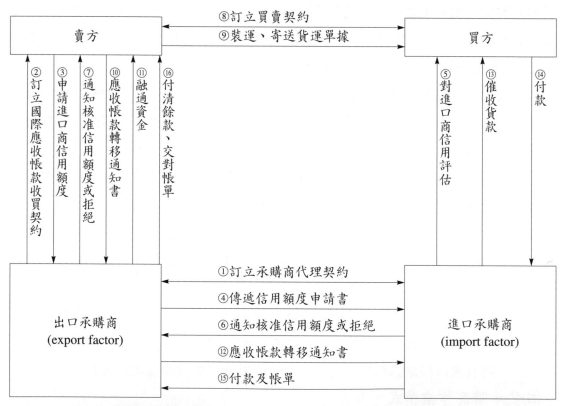

雙承購商應收帳款收買業務 (two-factor factoring) 交易流程

四、應收帳款收買業務對出、進口商的優缺點

(一)對出口商而言

優點：

1.營運方面：出口商利用應收帳款收買業務，可無需操心資金問題，而專注於生產及銷售業務，且因承購商擔任債權記帳工作、債權管理及收回等工作，出口商省卻此類工作的人力及費用。

2.資金方面：利用應收帳款收買業務，應收帳款變現較快，資金周轉較靈活。

3.行銷方面：可以承兌交單、記帳等付款條件交易，將使出口更具競爭力。

4.諮詢方面：出口商可利用承購商提供有關生產、銷貨、經營各方面所需的經營管理諮詢服務。

缺點：

1.付款期限：應收帳款收買業務主要適用於承兌交單、記帳場合，如付款期限較長，則對出口商是一大負擔，即使可獲得承購商的融資，利息費用也不能忽視。

2.費用負擔：應收帳款收買業務的手續費通常為 1%–1.5%，在微利時代，對出口商而言，不能說不昂貴。

3.徵信費時：承購商承作應收帳款收買業務之前需先對進口商徵信，俟信用核准後，買賣雙方才能進行交易，若徵信費時，則貽誤商機。

(二)對進口商而言

優點：

1.免提供擔保：進口商不需提供擔保，就能由承購商取得保證信用額度。

2.資金周轉：利用承兌交單、記帳進口，不需急於付款，資金周轉靈活，競爭力提高。

3.擴大進口：利用承兌交單、記帳的保證額度，可向出口商採購更多的商品。

4.節省費用：利用應收帳款收買業務，進口商不需開發信用狀，節省開狀費用。

5.利率差距：當進口國利率水準高於出口國時，以承兌交單、記帳付款方式交易，則進口商可享受其利差，即以出口國的較低利率資金，取代進口國較高利率資金。

缺點：

1.成本增加：由於出口商的資金及交易成本增加，勢必將其轉嫁到貨價上。因

此，應收帳款收買業務下的貨價通常比信用狀付款條件者為貴。

2.信用評定：在應收帳款收買業務下，進出口雙方是否成交，承購商對進口商信用評定有相當大的決定性力量，而一些小進口商或新進口商儘管有發展潛力，因不易獲得承購商的認可，而喪失貿易機會。

五、有關國際應收帳款收買業務的公約與通則

1.有關國際應收帳款收買業務 (international factoring) 的公約：為了促進國際應收帳款收買業務在國際貿易中的使用，消除由於各國法律制度的不同而帶來的法律障礙，統一國際應收帳款收買業務的法律制度，保障在國際應收帳款收買業務交易中各當事人的公平利益，私法統一國際研究所 (UNIDROIT) 草擬了「私法統一國際研究所國際應收帳款收買業務公約」 (UNIDROIT Convention on International Factoring)，於 1988 年 5 月加拿大渥太華 (Ottawa) 召開的外交會議中審議並獲通過。該公約共有 23 條。本公約為在國際貿易中使用國際應收帳款收買業務提供了統一的業務標準和法律依據，明確了各方當事人的權利和義務，對於統一國際應收帳款收買業務的有關法律，促進國際應收帳款收買業務的發展，產生了推動作用。

2.有關國際應收帳款收買業務的通則：國際應收帳款收買商聯合會 (Factors Chain International, FCI) 為便於會員的業務運作有共同的作法，乃於 1990 年 6 月頒布了一套通則，稱為「國際應收帳款收買業務通則」(Code of International Factoring Customs)，後來經修訂並改名為「國際應收帳收買業務統一規則」(General Rules for International Factoring, GRIF)，最新版本為 2013 年版，共有 32 條，為國際應收帳款收買業務提供了統一的業務做法，有助於國際應收帳款收買業務的發展。

※第四節　中長期出口票據貼現業務

一、中長期出口票據貼現業務的意義

Forfaiting 一詞，中文姑譯為「中長期出口票據貼現業務」，也有人譯成「中長期應收票據收買業務」，中國將它譯成「福費廷」，美國則稱為 "structured trade finance"，是指貼現商（稱為 forfaiter）在無追索權的基礎上，對輸出資本財（如機械、整廠設備）的出口商，以固定利率貼現方式買進進口商所開發且經往來銀行保

證付款的票據（匯票或本票），並於預扣利息後將現金付給出口商的一種中長期融資業務。若票據到期不獲兌現，貼現商無權向出口商追索。此項業務具有銀行融資、債權管理、買方信用風險承擔、收買債權及提供徵信與商情諮詢等現代綜合性金融的功能。中長期出口票據貼現業務一詞源自法文的 àforfait，係表示「讓出權利」(surrender of rights) 之意。中長期出口票據貼現業務起源於 1950 年代末期，當時資本財的貿易已漸轉變為買方市場，進口商不斷要求出口商給予更長的信用期限。此外，東歐與第三世界的進口需求日益增加，而西方國家的供應商鑑於該等國家的信用難以評估，不願提供中長期的融資，於是中長期出口票據貼現業務乃應運而生。

參與中長期出口票據貼現業務的基本當事人有四，即：

1. 貼現商 (forfaiter)：又稱收買商或買斷銀行，指從事中長期出口票據貼現業務的機構，通常是銀行或金融公司。貼現商以某一貼現率貼現而保有票據，並於票據到期時透過保證銀行向進口商收款。

2. 出口商 (exporter)：輸出資本財的外銷廠商。

3. 進口商 (importer)：買入資本財或勞務的企業。

4. 保證銀行 (guaranteeing/avalising bank)：保證票據付款的銀行。

二、中長期出口票據貼現業務的交易流程

中長期出口票據貼現業務的具體做法如下：

1. 出口商與進口商訂立買賣契約，買賣標的是大型機械設備或其他資本財，並約定用中長期出口票據貼現業務方式融通資金。

2. 出口商與出口地的一家貼現商洽談中長期出口票據貼現業務事宜，並訂立中長期出口票據貼現契約。此項洽談事實上是與上述貿易洽談同時進行。假如融資問題無法解決，訂立買賣契約也是徒勞無功。

進口商要提供保證銀行，並經出口地的貼現商同意，否則貼現商將不願承作此項業務。

3. 出口商依買賣契約規定，向進口商發貨。

4. A. 進口商按貨價總額開具按每半年一次平均分攤額的本票若干張或承兌出口商所簽發每半年一次平均分攤額的匯票若干張。

　　B. 該掌握經保證銀行保證後轉交出口商。

5.出口商將保證銀行轉來的票據向貼現商申請貼現。

6.貼現商按票面金額及不同的到期日扣除貼現息和費用後，將餘款一次付給出口商。

　7. A. 貼現商則按匯票的不同到期日，向保證銀行提示。

　　B. 保證銀行將該票據向進口商提示。

　8. A. 進口商則按匯票的不同到期日，向保證銀行贖票。

　　B. 保證銀行向貼現商支付到期的票據。

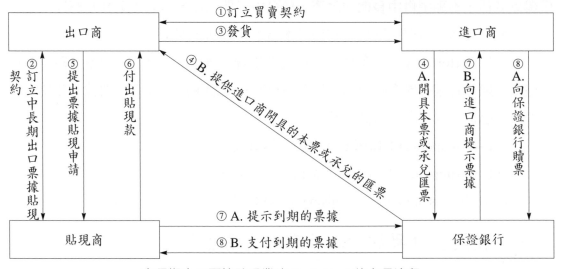

中長期出口票據貼現業務 (forfaiting) 的交易流程

　　國內對中長期出口票據貼現業務比較陌生，目前本國銀行雖承作此項中長期出口票據貼現業務，但業績不甚理想，稱為「遠期信用狀買斷業務」，從出口商立場又稱「遠期信用狀賣斷業務」。

　　目前國內出口商利用中長期出口票據貼現業務的情形主要是以出口商所收到的遠期信用狀為前提而進行。即出口商提供遠期信用狀相關資料經往來銀行（慣稱押匯銀行）轉知合作的外商銀行（即買斷銀行），買斷銀行依據信用狀內容相關資料、開狀銀行及國家信用等，評估收買額度及核予貼現利率。出口商同意買斷銀行報價後，將出口單據經押匯銀行以轉押匯方式向買斷銀行提示，買斷銀行俟開狀銀行承兌票據後，買斷即生效力。

　　茲將國內信用狀買斷的中長期出口票據貼現業務交易流程圖示如下：

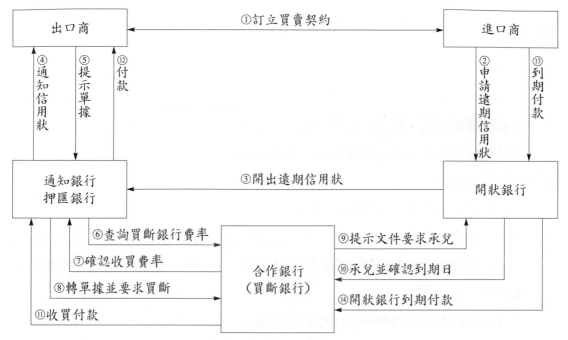

信用狀買斷的中長期出口票據貼現業務交易流程

三、中長期出口票據貼現業務的特性

1.融資對象：以資本財的出口商為主。

2.融資期限：通常為中期 (medium term) 性融資，但短至六個月，長至十年以上者也非罕見。

3.融資幣別：通常為國際性貨幣 (international currencies)，例如美元、歐元、英鎊等。

4.融資利率：整個融資期間採固定利率。

5.融資工具：本票或匯票。

6.債權確保方式：由進口商所在國的國際著名金融機構或政府機構於本票或匯票上保證付款。

7.債權追索：原則上對出口商無追索權，即買斷或賣斷。

8.出口商與貼現商間的權利義務畫分明確。

四、中長期出口票據貼現業務對出、進口商的優缺點

(一)對出口商而言

優點：

1.出口貨物之後，能立刻變現，增強其周轉能力。

2.財務結構改善，應收票據變現，資產負債表上不含有一般票據貼現的或有負債，增加借貸能力。

3.無須負擔進口商拒付票款的風險。

4.如果買賣契約以外國貨幣訂定，由於出口商因貼現而取得現款，等於提早收回貨款，所以無匯率變動風險。同時貼現商係以一固定利率貼現，因此也沒有利率變動風險。

5.政治風險與外匯移轉風險由貼現商承擔。

6.中長期出口票據貼現業務交易所需文件簡單，中長期出口票據貼現契約與利率的報價均可在短時間內完成。

7.交易隱密 (confidential) 不易為外人所知。

8.給與進口商較長期的授信，易於擴大交易。

缺點：

因貼現商需負擔各種風險（政治、匯率、利率、外匯移轉等），以致中長期出口票據貼現業務的交易成本較高（即融資成本較昂貴）。

(二)對進口商而言

優點：

1.可以較具競爭性的利率獲得國際性通貨的融資。

2.可獲得中長期性融資，紓解財務壓力。

3.財務費用固定，可不受利率變動的影響。

4.增強購買能力。

5.利用中長期出口票據貼現業務手續簡便。

6.加速買賣契約的簽立。

缺點：

由於貼現息和所有費用負擔都將計算在貨價之內，貨價將大幅提高。此外，進

口商為尋求保證銀行,需向保證銀行支付一定金額的保證費用或提供擔保品。

五、應收帳款收買業務與中長期出口票據貼現業務的比較

種類 項目	應收帳款收買業務 (factoring)	中長期出口票據貼現業務 (forfaiting)
主要融資用途	消費性商品的輸出	資本財的輸出
融資期限	六個月以下	六個月至十年不等
融資金額	約為債權的 80% 左右	依債權的 100% 買入
追索權	對出口商或有,或無追索權	對出口商無追索權
承擔風險	通常並未涵蓋政治風險	風險概由貼現商承擔
第三人的保證	不需要	需要
債權形式	應收帳款	匯票或本票
適用法規	以民法與應收帳款收買契約為依據且有國際公約或業務規則的規範	以票據法及中長期出口票據貼現契約為依據。國際商會與 IFA (International Forfaiting Association) 於 2013 年 1 月制定了 Uniform Rules for Forfaiting(URF 800,福費廷統一慣例),另請參閱本書第 851 頁 URF 的說明
契約安排	涉及的不只是單一的基礎契約,而是以對出口商所核准的信用額度為限	基於單一基礎契約產生的應收債權
服務項目	應收帳款的收款和催討且包括記帳和分析	無

六、各種融資方式的手續費比較

融資方式	出口商負擔的手續費
信用狀 (L/C)	押匯:0.1% 轉押匯:0.2%
託收 { 付款交單 (D/P) 承兌交單 (D/A) }	0.1%
輸出保險(記帳 (O/A) 六十天)	約 0.35%–1%

應收帳款收買業務 (factoring)	1%–1.5%
中長期出口票據貼現業務 (forfaiting)	視保證銀行而定

第五節　貿易廠商透過 OBU 的財務操作模式

OBU 為 Offshore Banking Unit 的縮寫，我國正式名稱為「國際金融業務分行」，也有人稱為「境外金融中心」。依據我國「國際金融業務條例」第 3 條規定，凡經中央銀行指定，辦理外匯業務的本國銀行，以及在臺設有分行的外商銀行，均可設立會計獨立的國際金融業務分行（事實上係銀行的一個業務部門，而非獨立的分行），經營國際金融業務分行業務。

一般而言，國際金融業務分行的服務對象為境外的客戶，交易的貨幣為外幣（業務的操作實際上是在本國境內發生）。為吸引境外客戶參與交易，法令多規定國際金融業務分行可享有免除稅捐、利率限制、免提撥存款準備金等優惠。依據國際金融業務條例第 4 條規定，我國銀行國際金融業務分行部門目前可承辦的業務項目有：

1. 收受中華民國境外之個人、法人、政府機關或境內外金融機構之外匯存款。

2. 辦理中華民國境內外之個人、法人、政府機關或金融機構之外幣授信業務。

3. 對於中華民國境內外之個人、法人、政府機關或金融機構銷售本行發行之外幣金融債券及其他債務憑證。

4. 辦理中華民國境內外之個人、法人、政府機關或金融機構之外幣有價證券或其他經主管機關核准外幣金融商品之買賣之行紀、居間及代理業務。

5. 辦理中華民國境外之個人、法人、政府機關或金融機構之外幣信用狀簽發、通知、押匯及進出口託收。

6. 辦理該分行與其他金融機構及中華民國境外之個人、法人、政府機關或金融機構之外幣匯兌、外匯交易、資金借貸及外幣有價證券或其他經主管機關核准外幣金融商品之買賣。

7. 辦理中華民國境外之有價證券承銷業務。

8. 境外外幣放款之債務管理及記帳業務。

9. 對中華民國境內外之個人、法人、政府機關或金融機構辦理與前列各款業務有關之保管、代理及顧問業務。

10.辦理中華民國境內外之個人、法人、政府機關或金融機構委託之資產配置或財務規劃之顧問諮詢、外幣有價證券或其他經主管機關核准外幣金融商品之銷售服務。

11.經主管機關核准辦理之其他外匯業務。

本國企業於海外投資所設立的工廠或公司，即屬「境外法人」，該境外法人可在臺灣的國際金融業務分行開戶，成為國際金融業務分行的客戶。近年來兩岸貿易頻仍，臺商在中國大陸設立的公司，雖然符合境外法人的資格，可以在臺灣的國際金融業務分行開戶，然而由於受到中國大陸外匯管理法令的限制，多無法至中國大陸以外的地區開戶或尋求融資。因此，在第三地設立公司，回臺灣的國際金融業務分行開戶，並利用國際金融業務分行進行財務操作的臺商急速成長，蔚為風潮。此外，也有許多企業在境外設立公司，並以境外公司名義對中國大陸進行投資，以規避風險。而境外公司的註冊國，大多在香港、新加坡、英屬維京群島 (Virgin Islands)、開曼群島 (Cayman Islands) 等地。

有了境外公司在臺灣的國際金融業務分行帳戶，便可以境外法人身分在臺灣和國內外的廠商進行交易，在臺灣開狀、押匯、託收及處理所有進、出口或三角貿易的相關文件。對業者而言，國際金融業務分行可自由調度資金，不受國內管理外匯條例的限制。更重要的是，透過國際金融業務分行的服務，可達成各種財務操作的目的：

1.優惠的利率：由於國際金融業務分行免除各項管制，存款利率相對較高，貸款利率則較低，廠商若將預定投資海外的資金存在國際金融業務分行，比存放在國內銀行或其他國家的銀行有利，而且以此外匯存款作為質押，又可獲得銀行的授信保證。若以境外客戶的名義向國際金融業務分行辦理進出口融資，例如出口遠期匯票貼現，或進口遠期信用狀融資等，可享有較優惠的利率。

2.節稅的規劃：在出口的場合，原來由臺灣母公司所承作的報價與接單工作，改以境外公司的名義取代，境外公司對外的通信地址與通訊，都經由臺灣母公司的地址與通訊代轉，而不使用其境外註冊地址，請國外買主開具信用狀給該境外公司，以該境外公司名義出貨，在臺灣的國際金融業務分行押匯。因為押匯所得屬該境外公司，不須對本國繳稅，藉此操作模式，可節省營利事業所得稅、營業稅與印花稅，而且在國際金融業務分行的存款利息亦不須繳稅。該境外公司的所得則依其宗主國

的規定報稅，若稅制為零稅率地區（如開曼群島）或屬地主義地區（如香港），同樣可免除稅捐的負擔。

　　此外，還可以將直接貿易轉成三角貿易，三角貿易轉成多角貿易，並且在貿易價格上做適當調整，以達成節稅的規劃運用。例如安排由境外公司以原始的契約價格接單，信用狀或匯款則請國外買主送臺灣的國際金融業務分行，境外公司再以較低的價格向臺灣母公司採購，付款方式為記帳 (O/A)，俟於國際金融業務分行收妥國外買主的貨款（押匯、託收或匯款）後，再將成本從國際金融業務分行轉往母公司在本國銀行的帳戶，差價則保留於境外公司的國際金融業務分行帳戶內。母公司申報銷售對象為其境外設立註冊的公司，由於壓低價格，減少營業收入，可達節稅目的。這種方式之下，係由臺灣母公司開出金額較低的發票給境外的公司，再由境外公司開出金額較高的發票給國外買主，故一般稱為 Re-invoicing。

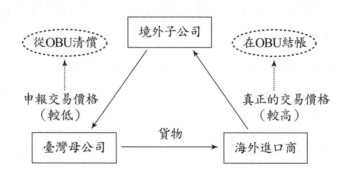

　　如果臺灣企業在海外投資設廠，該海外公司一樣可以在臺灣的國際金融業務分行開戶，貨物直接從投資地出口，貨款則請進口商匯到該海外公司在臺灣的國際金融業務分行帳戶，再透過另一家海外公司當作買主，將較低的貨款匯回投資地，同樣可以 Re-invoicing 達到節稅的目的。茲以圖舉例說明如下：

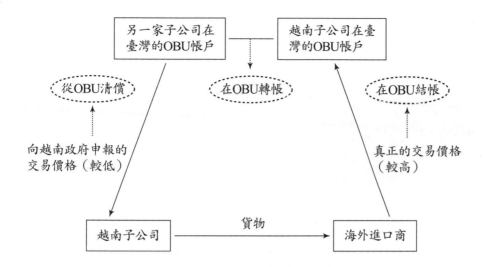

在進口的場合，原來由臺灣母公司向外詢價採購的工作，改以境外公司的名義取代，境外公司以原始的契約價格下單，於國際金融業務分行申請開狀、接受國外供應商的託收文件，或匯款給國外供應商。境外公司再以較高的價格，以記帳的方式將進口貨物賣給臺灣母公司，母公司申報其購貨來源為其境外公司，從國內銀行帳戶付款給境外公司設在國際金融業務分行的帳戶，由於墊高進口成本，可降低營業利潤，進而達到節稅的目的。

該筆保留於國際金融業務分行帳戶內的款項，享有較優惠的利率，除可隨時支援虧損或需要增資擴廠的海外子公司，還可用以增加授信額度，並規避款項匯回臺灣母公司後，再匯出時的法令限制問題以及匯兌風險。

3.美化財務報表：上述方式若反向操作，則可提高臺灣母公司的出口售價，或壓低進口成本，創造財務報表上的營業利潤，增加債信。

4.隱藏海外客戶：透過上述由境外公司接單或下單的方式，同時可以隱藏海外供應商或採購商的資料，保有商業機密。

 習　題

1.何謂貿易融資？其特性為何？

2.何謂裝運前融資？其資金提供者為誰？

3.就融資期限，說明進出口融資的種類。

4.試述銀行對託收票據的融資方式。

5. 何謂應收帳款收買業務 (factoring)？其優缺點為何？

6. 何謂中長期出口票據貼現業務 (forfaiting)？其優缺點為何？

7. 貿易廠商如何透過國際金融業務分行 (OBU) 進行財務操作？

第三十三章

國際貿易公約、慣例及規則

　　國際貿易是跨越國境的交易行為，其具有「國際性」，甚為顯然。但迄目前為止，國際上仍無共同的國際貿易法可供大家遵循。世界各國貿易商所依據的是各國的商事法規以及一些國際上通行的規約和貿易慣例。然而，各國的商事法規本非出於一源，各國規定自難雷同。而所謂貿易慣例，乃原先行諸於一特定地方的習慣和做法，這種習慣和做法，逐漸普及於其他各地，最後乃成為國際間貿易往來共同遵循的貿易習慣，即貿易慣例。這種貿易慣例，本身並不是一種嚴格的規範，各國貿易習慣不盡相同，解釋上難免發生歧異。為期國際貿易圓滑進行，國際有關機構很早就不斷致力於有關國際貿易慣例的統一。這種工作目前已獲致相當的成效，並制定了一些成文規則。這些經國際有關機構制定的貿易統一成文規則，即為「國際貿易統一慣例」(uniform customs and practices of international trade)。但距貿易世界的一致採用，恐尚有一段距離。以下就有關機構所制定的主要國際貿易公約、慣例及規則介述於下。

第一節　國際貨物買賣公約、慣例及規則

一、聯合國國際貨物買賣契約公約

　　聯合國為統一有關國際貿易的法律，於 1966 年成立國際貿易法委員會 (United Nations Commission on International Trade Law, UNCITRAL)，並自 1968 年開始著手研擬有關貿易法的統一化。其中有關買賣法的公約，經過八、九年的研討、審查，終於 1980 年 4 月，在奧地利的維也納通過，稱為「聯合國國際貨物買賣契約公約」(UN Convention on Contracts for the International Sale of Goods)，簡稱 1980 Sales Convention 或 CISG，本公約共分四個部分：①適用範圍；②契約的成立；③貨物買賣；④最後條款，全文共有 101 條條文。本公約已於 1988 年 1 月 1 日生效。為目前有關國際貨物買賣的一項最重要的公約。美國於 1986 年 12 月 11 日批准參加該公約。截至 2014 年 6 月止，已有八十餘國批准參加該公約，包括：阿爾巴尼亞、阿根

廷、新加坡、荷蘭、加拿大、法國、義大利、俄羅斯和日本等。

二、國際商會貿易條件解釋規則

　　國際商會於 1936 年制定一套有關 FOB、CIF 等貿易條件的國際性解釋規則，稱為 International Rules for the Interpretation of Trade Terms，簡稱 Incoterms 1936（Incoterms一詞，我國一般稱為「國貿條規」），並先後於 1953 年、1967 年、1976 年、1980 年、1990 年、2000 年、2010 年及 2020 年修訂，目前通行的版本為 Incoterms® 2020，該版本對於依 FOB、CIF 等十一個貿易條件交易時，買賣雙方的義務作詳細的規定。國際商會的此項規則，本身並非國際法或條約，故無絕對的法律拘束力。因此，買賣契約的當事人如要採用本規則，可在個別契約中訂明其契約悉依 Incoterms® 2020 規定辦理 (This contract is governed by the provisions of Incoterms® 2020)，則本規則對買賣雙方當事人將具有拘束力。

三、美國對外貿易定義

　　美國對外貿易定義 (American Foreign Trade Definitions) 是 1919 年在紐約舉行的全美貿易會議時制定，並先後於 1941 年及 1990 年由美國商會、全國進口商委員會及全國對外貿易委員會三機構組成的聯合委員會加以修訂，稱為「1990 年修訂美國對外貿易定義」(Revised American Foreign Trade Definitions,1990，簡稱 American Definitions 或 RAFTD)。全國對外貿易定義與 Incoterms 一樣，並無法律地位，但買賣雙方當事人可於買賣契約中約定，作為契約的一部分。美國對外貿易定義與 Incoterms，對於同一貿易條件的解釋不盡相同，在 1969 年舉行的國際商會年會中，美國委員曾經表示為促進國際規則的統一，該國對外貿易宜採用 Incoterms，又於 Incoterms 1980 公布之後，美國商會、美國進出口商全國委員會、全國對外貿易委員會等七個主要商業團體也向美國貿易界推薦 Incoterms 以取代美國對外貿易定義。然而，衡諸實際，美國商用教科書如行銷學、會計學等所使用的貿易條件仍以美國定義為準，美國商人迄仍採用「美國對外貿易定義」的貿易條件。因此，業者與美國商人交易時，應特別注意。

四、華沙牛津規則

國際法協會 (International Law Association) 與國際商會一樣覺得國際貿易業者所使用的貿易條件過於紊亂，認為有必要加以畫一。於是參照英國的貿易習慣及判例，就 CIF 條件下買賣雙方的權義訂下 22 條規則，於 1928 年的華沙會議中提出討論，終獲通過，稱為華沙規則 (Warsaw Rules)。嗣獲得國際商會的協助，重予修訂，改為 21 條規則，於 1932 年牛津會議中通過，改稱為「1932 年華沙、牛津 CIF 契約規則」 (Warsaw-Oxford Rules for CIF Contracts, 1932)，簡稱「華沙牛津規則」(Warsaw-Oxford Rules)。

本規則對 CIF 條件的解釋，其詳細程度遠超過「國際商會貿易條件解釋規則」及「美國對外貿易定義」。但本規則自 1932 年修訂以來，已逾 80 年，迄無修訂，其中若干規定已難適合實務上的需要。

五、國際貨物買賣代理公約

國際貨物買賣代理公約 (Convention on Agency in the International Sales of Goods) 係於 1983 年根據私法統一國際研究所 (UNIDROIT) 所擬草案，而在日內瓦外交會議中簽署通過的一項有關貨物國際買賣代理的公約。本公約分為五章，共有 35 條條文。第一章為適用範圍與總則；第二章為有關代理權的建立與其範圍；第三章為有關代理商行為的法律效果；第四章為規範代理商權的終止問題；第五章為最終規定。

六、國際代理契約模範格式

國際商會有鑑於國際商務代理契約當事人在訂定國際商務代理契約時，缺少公認的國際準則，乃於 1990 年，在吸取關於代理法各國國內法的普遍承認原則和國際貿易實務基礎上，制定了「國際代理契約模範格式」(ICC Model Form of International Agency Contract)。

本契約模範格式的條款包括：①地區與產品；②誠信及公平交易原則；③代理人義務；④本人接受訂單的權義；⑤禁止競業；⑥銷售組織、廣告與展覽；⑦最低銷售目標保證；⑧次代理人；⑨告知本人義務；⑩財務責任；⑪本人的商標及標誌；⑫客戶的投訴；⑬獨家代理；⑭通知代理人事項；⑮代理人的佣金；⑯佣金計算及

支付方式；⑰未成交業務的佣金；⑱契約期限；⑲未完成業務的佣金；⑳提前終止契約；㉑契約終止後的補償；㉒其他。

七、國際經銷契約模範格式

買賣雙方在磋商國際經銷契約時，往往苦於國際貿易的領域中，迄無統一的規則可循。即使有，也屬於國內層次的（諸如國內供應商與國內批發商）法律關係，不適合用作洽訂國際經銷契約的準繩。誠然，國際間已建立了一些原則，但那是屬於反托拉斯法下，用來探討獨家經銷 (sole distributor)、銷售地區限制等的限制性條款的效力問題，並未觸及國際經銷當事人間的權利義務。

國際商會有鑑於此，乃參考實務上有關的做法 (practice)，於 1993 年制定「國際經銷契約模範格式」(Model Form of International Distributorship Contracts)，期望此一套「統一契約規則」(uniform contractual rule) 能使國際經銷契約的供應商與進口經銷商 (distributor-importer) 間的利益取得平衡，用來保護及平衡雙方的權利與義務，本契約模範格式共有 25 條條款。

八、國際商會國際買賣契約範本

國際商會為充分平衡買賣雙方權義，基於公平原則，於 1997 年針對國際貿易買賣契約制定了一套契約範本 (model contract)，稱為「國際商會國際買賣契約標準範本」(ICC Model International Sale Contract)，本範本的特性有二：(1)一套屬於中性的、能為買賣雙方接受的契約範本；(2)將契約條款分成一般條款（B 部分）與特別條款（A 部分）。一般條款共有 14 條條款，特別條款共有 16 條條款。

九、國際商務契約通則

為了消除因國際商務契約適用各國國內法而產生的衝突，也為了進一步改善國際商務慣例，私法統一國際研究所 (UNIDROIT) 於 1994 年 5 月通過了「國際商務契約通則」(Principles of International Commercial Contracts)。該通則由前言和 119 條條文構成。分為總則、契約的成立、契約的有效性、契約的解釋、契約的內容、契約的履行和不履行等七章。

十、美國統一商法第二編——買賣法

詳閱美國統一商法 (Uniform Commercial Code) 第二編。

🌐 第二節　國際貨物運輸公約、慣例及規則

一、統一提單規則國際公約——海牙規則

　　海上運送人因其法定責任較陸上運送人為輕，故每於提單中任意訂立不平衡的條款，企圖推卸責任。在極端的情形下竟企圖將一切責任予以免除，損害貨主權益。這種現象殊足影響提單的信用，損及交易的安全。於是國際法協會於 1921 年擬訂提單規則。其後國際海事委員會 (CMI) 於 1924 年在比利時布魯塞爾 (Brussels) 舉行國際海洋會議，就上述提單規則加以修改，制定了「統一提單規則國際公約」(International Convention for the Unification of Certain Rules Relating to Bills of Lading, 1924)，簡稱海牙規則 (Hague Rules)。本公約計有 16 條條文。自頒布後，世界各國多依此公約修訂有關海上運送的國內法。

二、威斯比規則

　　二次大戰後，尤其是二十世紀六十年代以後，隨著國際政治、經濟的變化和海運技術的發展，海牙規則已難適應當前國際海運的需要。發展中國家強烈要求海牙規則的修改。針對這種情況，國際海事委員會毅然決議檢討海牙規則，經過調查、分析、研究，並得到許多專家、有關人士、保險商的建議，訂定修正要點二十二項，並據此作成草案，提交國際海事委員會討論後，送交 1968 年在布魯塞爾召開的外交會議討論，結果簽訂了「修改海牙規則的議定書」(Protocol to Amend the International Convention for the Unification of Certain Rules of Law Relating to Bills of Lading)，又稱「1968 年布魯塞爾議定書」(Brussels Protocol) 或「海牙－威斯比規則」(Hague-Visby Rules)。因該議定書的準備工作是在威斯比 (Visby) 完成，所以也稱為 "Visby Rules 1968"（威斯比規則）。威斯比規則於 1977 年 6 月 23 日生效。

　　威斯比規則主要是提高了運送人對貨物損害賠償責任的最高限額，確定了貨櫃 (container)、墊板 (pallet) 或類似運輸容器運輸中計算貨物最高賠償責任的數量單位，

但對於海牙規則中的損害賠償責任畫分基本原則則並未作實質性的修改。

三、漢堡規則

由於威斯比規則只溫和地修改了海牙規則，並沒有作太多的改變，在該規則通過之後，許多發展中國家繼續在聯合國的會議上強烈要求對海牙規則作全面性的、實質性的修改。到了二十世紀七十年代，聯合國國際貿易法委員會 (UNCITRAL) 經過多年的準備，草擬了一項「海上貨物運輸公約草案」。1978 年 3 月，七十八個國家的全權代表在德國漢堡召開會議，正式通過了「聯合國海上貨物運送公約」(UN Convention on the Carriage of Goods by Sea)，又稱 Hamburg Rules。本公約廢除海牙規則中航海技術過失免責的規定，增列遲延交貨的賠償責任。由於運送人責任加重，各海運國家多不願採用，致本公約遲至 1992 年 11 月才正式生效。

四、鹿特丹規則

聯合國國際貿易法委員會於 2008 年 12 月針對「門至門」(door to door) 的運輸方式制定的 「聯合國全程或部分海上國際貨物運送契約公約」 (United Nations Convention on Contracts for the International Carriage of Goods Wholly or Partly by Sea)。該公約於 2009 年 9 月在鹿特丹開放簽署，所以稱為「鹿特丹規則」(Rotterdam Rules)。本規則擴充了適用主體的範圍，將運送人分為運送人與履約方。履約方又分為①海運履約方；②非海運履約方。該規則旨在取代現行的海事公約 (如海牙規則、威斯比規則及漢堡規則等)。

五、海運貨單統一規則

1983 年，國際海事委員會 (CMI) 在威尼斯召開了關於提單的研討會，會議中決定在不需要可轉讓單據的情形下，簽發提單的做法不應鼓勵。會議結束後，成立了關於海運貨單 (sea waybills) 統一規則分委員會，專門研究海運貨單統一規則制定事宜。該分委員會經過多次會議草擬統一規則條文。終於在 1990 年 6 月，在國際海事委員會第三十四屆大會上，通過了「1990 年國際海事委員會海運貨單統一規則」(CMI Uniform Rules for Sea Waybills)，該規則共有 8 條條文。

六、電子提單規則

電子提單不是紙本運輸單據 (paper transport document)，而是一系列有關海上貨物運輸契約的電子資料 (electronic data)，按特定規則組合而成，並以電腦通訊途徑進行傳輸，係屬於無紙運輸單據 (paperless transport document)。為配合電子提單的使用，國際海事委員會於 1990 年頒布了電子提單規則 (CMI Rules for Electronic B/L)，該規則共有 11 條條文。

七、約克安特衛普規則

共同海損制度起源甚早，但各國立法紛歧，適用上頗感不便，乃有畫一規定之議。於是國際法協會於 1864 年在英國約克 (York) 開會議定 York Rules。1877 年在比利時安特衛普 (Antwerp) 再議定 Antwerp Rules，至 1890 年又在英國利物浦 (Liverpool) 開會修訂，定名為 York-Antwerp Rules。本規則歷經多次修訂，現行的規則是國際海事委員會 (CMI) 於 2004 年修訂者，稱為「2004 年約克安特衛普規則」(York-Antwerp Rules, 2004)，本規則獲得國際法協會的認可，因此廣為國際海運、保險和貿易界所接受。

八、聯合國國際貨物複合運輸公約

為瞭解決複合運輸帶來的一連串法律問題，國際組織和國際商業團體紛紛制定有關複合運輸的國際公約或規則草案，但是由於其內容大多明顯地保護航運先進國家運送人的利益，因此受到開發中國家的強烈反對，未能討論通過。後來在聯合國貿易暨發展會議 (UNCTAD) 的主持下，起草了一項「聯合國國際貨物複合運輸公約」(UN Convention on International Multimodal Transport of Goods)，以下簡稱公約。這個公約已於 1980 年 5 月 24 日在日內瓦會議上獲得一致通過，有六十七個國家在會議最後文件上簽字。

本公約的制定明確了國際複合運輸的概念，尤其是確定了複合運送人的全程單一負責制，從而避免了貨物發生危險時查找應負責的運送人的困難，無疑該公約對國際複合運輸的發展產生正面的影響。由於該公約代表開發中國家利益，遭到航運先進國家反對，以致遲至 1992 年 10 月才生效。

九、國際商會複合（聯合）運輸單據統一規則

　　四、五十年來，由於貨櫃運輸的發展，運輸方式已由傳統的單一運輸方式 (single mode transport) 邁進門至門 (door-to-door) 的複合運輸 (multimodal transport)。運輸單據也由單一方式的或分段式的單據，演變成複合（聯合）運輸單據 (combined transport document, CT Document)，致現有公約已無法適應。國際商會乃於 1973 年制定了「複合（聯合）運輸單據統一規則」(Uniform Rules for a Combined Transport Document) 以因應需要，嗣於 1975 年修訂，全文共有 19 條條文。

十、聯合國貿易發展會議／國際商會複合運輸單據規則

　　鑑於聯合國國際貨物複合運輸公約遲遲未能生效，而國際商會制定的「複合運輸單據統一規則」又無強制拘束力，UNCTAD 乃與 ICC 共同成立工作小組，以海牙規則、海牙─威斯比規則及現行的複合運輸單據（例如 FBL）為基礎，於 1991 年制定了一套複合運輸單據的規則，稱為 "UNCTAD/ICC Rules for Multimodal Transport Documents"，並自 1992 年 1 月 1 日起生效。本規則共有 13 條條文。

十一、華沙公約

　　華沙公約的全名為 「統一國際航空運輸若干規則公約」 (Convention for the Unification of Certain Rules Relating to International Carriage by Air)。本公約於 1929 年在華沙簽訂，所以簡稱為「1929 年華沙公約」(Warsaw Convention, 1929)，自 1933 年 2 月 13 日起生效。本公約規定了以航空運輸運送人為一方和以旅客及貨主為另一方的法律義務和相互關係，為規範國際航空運輸的主要公約。

十二、海牙議定書

　　海牙議定書全名為「修訂 1929 年 10 月 12 日在華沙簽訂的統一國際航空運輸若干規則公約的議定書」(Protocol to Amend the Convention for the Unification of Certain Rules Relating to International Carriage by Air, Signed at Warsaw on 12 Oct., 1929)。本議定書在 1955 年 9 月 28 日於海牙制定，所以簡稱為 「1955 年海牙議定書」 (The Hague Protocol, 1955)， 也有人稱為 「華沙公約修訂本」 (The Amended Warsaw

Convention)，自 1963 年 8 月 1 日起生效。隨著國際航空事業的發展，人們發現華沙公約的部分內容已不能適應時代的需要，尤其是對旅客傷亡的責任限制太寬，所以各國代表於 1955 年在海牙召開會議，就責任限制、運輸單據的項目、航行過失免責及索賠期限等事項，對華沙公約作修改。

十三、瓜達拉哈拉公約

瓜達拉哈拉公約的全名是「統一非訂約運送人所從事國際航空運輸若干規則以補充華沙公約的公約」(Convention Supplementary to the Warsaw Convention, for the Unification of Certain Rules to International Carriage by Air Performed by a Person Other Than the Contracting Carrier)。由於無論是 1929 年華沙公約或是 1955 年海牙議定書都未明定它們所說的「運送人」究竟是指與旅客或貨物託運人訂立運輸契約的運送人，抑或還包括根據訂約運送人的授權負責實際履行運輸事宜的運送人。因此，各國外交代表於 1961 年在墨西哥的瓜達拉哈拉 (Guadalajara) 簽訂了本公約以補充上述兩個公約的不足。因在瓜達拉哈拉簽訂，所以簡稱為「1961 年瓜達拉哈拉公約」(Guadalajara Convention, 1961)。本公約於 1964 年 5 月 1 日起生效，將華沙公約有關運送人的各種規定的適用，擴及到非訂約運送人，即實際運送人。

十四、蒙特婁議定書

除了上述十一至十三的三個國際公約外，於 1975 年在國際民航組織 (ICAO) 主持下在蒙特婁 (Montreal) 召開的國際航空法會議中又通過了四個附加議定書，分別修訂了華沙公約和海牙議定書，即：

1. 第一號議定書修正 1929 年的華沙公約。
2. 第二號議定書修正 1955 年的海牙議定書。
3. 第三號議定書修正 1971 年的瓜地馬拉議定書。
4. 第四號議定書修正華沙公約的貨運條款。

這些修正議定書中以 SDR 來取代金法郎作為價值單位。第四號議定書則旨在促進貨運條款的現代化，允許使用包括電子的其他記錄來代替空運提單。

以華沙公約為主軸的規範國際空運或議定書，一般稱為華沙體系 (Warsaw System)，彼此同時存在，有些國家仍然適用華沙公約，有些則適用修正的議定書，

在適用上似乎有些混亂。

十五、國際公路貨物運輸契約公約

國際公路貨物運輸的重要性日益增加，對之適用的國際公約是 1956 年 5 月 19 日在日內瓦簽署的「國際公路貨物運輸契約公約」(Convention on the Contract for the International Carriage of Goods by Road)，簡稱 CMR，於 1961 年生效，全文共 51 條。其目的在於對管理國際公路貨物運輸契約條款予以標準化，尤其對運送人的責任及運輸單據規定甚詳。依照此一公約，可僅憑一紙依據公約所規定的運輸規範製作的公路貨運單 (consignment note)，於公約締約國之間通行無阻。

本公約的適用範圍為：凡契約規定的接貨和指定交貨地點是分處兩國而其中至少有一個國家是接受公約的締約國的有償公路車輛貨運契約，都適用國際公路貨物運輸契約公約 (CMR Art. 1 (a))。

公約還規定，如果裝有貨物的車輛，在運輸途中有一部分是經由海上運輸、鐵路運輸、內河水路運輸或航空運輸，而除發生緊急情況外，貨物並未從車上卸下來，國際公路貨物運輸契約公約則適用於整個運輸過程。但是，貨物如果在用其他運輸工具運輸過程中，發生不是由於公路運送人的行為或懈怠引起的滅失、毀損或延誤，則公路運送人應負的責任不取決於國際公路貨物運輸契約公約，而取決於其他可資適用的國際公約；但如果無這種公約，則適用國際公路貨物運輸契約公約(CMR Art. 2)。

十六、國際鐵路貨物運輸公約

十九世紀鐵路運輸發展神速，歐洲各國為照顧本國利益，紛紛從事立法而為不同的規定。1870 年普法戰爭期間，貨載滅失、毀損情形嚴重，由於運送人責任的歧異，而發生很大困擾。於是歐洲各國於 1890 年 10 月 14 日於瑞士伯恩 (Berne) 簽署了 「國際鐵路貨物運輸公約」 (International Convention Concerning the Carriage of Goods by Rail)，簡稱 CIM，其後，歷經多次修訂，最近一次是 1970 年，全文共計 70 條。

國際鐵路貨物運輸公約僅適用於二個以上締約國間的國際運輸，該運輸應發行按規定的格式而包括全程的鐵路貨運單 (consignment note)，且為國際鐵路中央辦事處 (Central Office for International Railway Transport (Berne)) 登記有案的路線所進行

的運輸 (CIM Art. 1(a))。

國際鐵路貨物運輸公約的規定，如契約的訂立與履行，運送人的責任，彼此間關係等等，與 CMR 大多類似。

🌐 第三節　國際貨物運輸保險契約的法律

大多數國家都設有保險法或海上保險法以規範海上貨物保險契約，我國也不例外。我國於 18 年 12 月 30 日公布海商法，20 年 1 月 1 日施行，最近一次修正公布是在 98 年 7 月 8 日，在新舊海商法中均列有海上保險章。同時我國保險法也將海上保險列為財產保險之一。關於海上保險，適用海商法海上保險章之規定（我國保險法第 84 條）。依海商法規定，關於海上保險，海商法海上保險章無規定者，適用保險法的規定（我國海商法第 126 條）。

但是，海上保險具有國際性，其當事人及關係人往往身處不同國家、地區，難免由於各國法律規定的不同，而在發生海上保險理賠糾紛時滋生困擾。於是為使這種困擾減至最低限度，乃有國際共同認可的處理準則的產生。英國保險業在國際保險界影響力最大，各種國際性的保險單及條款，莫不以倫敦保險業所使用的保險單及條款為藍本，甚至很多國家地區的保險單及條款明定以英國法律及慣例為準，例如載明 "This insurance is subject to English Law and usage/practice"。我國保險界簽發的海上貨物保險單及條款都採用倫敦保險人協會制定的保險單 (MAR Form) 及倫敦國際保險人協會 (IUA) 與勞依茲市場協會 (LMA) 共同制定的保險單及協會貨物保險條款 (Institute Cargo Clauses)，保險單及協會貨物保險條款都明定以英國法律及慣例為準。因此，英國海上保險法乃成為規範國際海上貨物保險的重要法律。

🌐 第四節　國際貿易貨款支付公約、慣例及規則

一、聯合國國際匯票和國際本票公約

世界各國票據法可分為三大法系，而票據的使用並不局限於一國之內，於國際間也不斷流通，因而各國票據法制若不趨於統一，則勢必發生諸多不便，影響國際貿易甚大，各國有鑑於此，主張把各國的票據法加以統一，制定一些有關票據的統一公約。經過長期的醞釀準備，終於在 1930 年代初期通過了四項關於票據的日內瓦

公約，即：

　　1. 1930 年統一匯票暨本票法公約。

　　2. 1930 年解決匯票暨本票法律牴觸事項公約。

　　3. 1931 年統一支票法公約。

　　4. 1931 年解決支票法律牴觸事項公約。

　　現代大多數歐洲國家以及日本和一些拉丁美洲國家已經以上述公約為基礎修訂了本國票據法及支票法，也就是說屬於大陸法的法國法系與德國法系各國自此以後，其票據法已大致趨於一致。但是英美等國則從開始起就拒絕參加日內瓦公約，結果歷來的三大法系變成日內瓦統一法系與英美法系的兩大法系。茲將各法系的變遷圖示如下：

　　　　法國法系（荷、比、西、葡、拉丁美洲）⎫
　　　　　　　　　　　　　　　　　　　　　　⎬大陸法系→日內瓦統一法系
　　　　德國法系（義、日、瑞、俄、中）　　　⎭

　　　　英國法系（美、加、澳、印）──────→英美法系

　　二次大戰後，UNCITRAL 為推行使用國際統一票據規則，於 1973 年成立國際票據法工作小組，著手起草國際票據統一法草案，經過十多年的努力，終於在 1988 年 10 月通過了「聯合國國際匯票和國際本票公約」(UN Convention on International Bills of Exchange and International Promissory Notes, 1988)，簡稱 CBEPN，全文共 90 條。

二、國際商會信用狀統一慣例

　　國際商會除了制定 Incoterms 外，並於 1933 年制定了信用狀統一慣例，後經 1951、1962、1974、1983、1993、2007 年六度修訂，目前通行者為「2007 年修訂信用狀統一慣例」(Uniform Customs and Practice for Documentary Credits, 2007 Revision, UCP 600)，共有 39 條條文。此慣例廣為世界各國所採用，不只為大多數國家的銀行公會認可，並為一百六十多個國家的外匯銀行所遵循，可說是名副其實的國際貿易慣例。

三、國際商會電子信用狀統一慣例

國際商會為了因應電子貿易的需要，於 2002 年制定了「信用狀統一慣例補篇——電子提示」(Supplement to UCP 500 for Electronic Presentation)，即「電子信用狀統一慣例」(eUCP)，用以規範電子信用狀交易中電子單據單獨或與紙面單據合併的提示。本慣例為配合 UCP 600 的修訂，也推出更新版（即 eUCP Version 1.1），共有 12 條條文，並自 2007 年 7 月生效。

四、信用狀項下銀行間補償統一規則

為了規範信用狀項下開狀銀行、補償銀行及求償銀行間有關授權補償、求償及補償事宜，國際商會於 1995 年間制定了「信用狀項下銀行間補償統一規則」(Uniform Rules for Bank-to-Bank Reimbursements under Documentary Credits, URR)，以 ICC Publication No. 525 刊行；並於 2008 年修訂，以 ICC Publication No. 725 刊行，自 2008 年 10 月實施。本規則除另有規定外，適用於其經載入補償授權書本文的一切銀行間補償。

五、國際商會審查跟單信用狀項下單據的國際標準銀行實務

由於各國對 UCP 500 的理解及各國銀行審查單據標準的不一，近年來有 60%–70% 的信用狀，在第一次交單時被認為有瑕疵 (discrepancy) 而遭致拒付。此一情況嚴重影響了國際貿易的發展，並引起很多爭議乃至訴訟。

為解決此問題，國際商會於西元 2002 年秋制定了「審查跟單信用狀項下單據的國際標準銀行實務」 (International Standard Banking Practice for the Examination of Documents under Documentary Credits, ISBP)，並由國際商會於 2003 年以 ICC Publication No. 645 刊行。

這套文件對於各國從業人員正確理解和使用 UCP 500，統一和規範信用狀單據的審查實務，減少不必要的爭議無疑具有重要意義。須注意者，ISBP 的大部分內容是 UCP 500 沒有直接規定的，是對 UCP 500 的補充，而非 UCP 500 的修訂。

為配合 UCP 600 的修訂，這套文件於 2007 年 6 月更新 (ISBP 681)，共計 185 條條文。並於 2013 年 7 月作了首次的修訂 (ISBP 745)，條文從 185 條變成 298 條。

六、國際擔保函慣例

　　過去許多擔保信用狀 (stand-by L/C) 按照原為商業信用狀而制定的 UCP 開立。然而實務上發現 UCP 對擔保信用狀不能完全適用，也不適合。各界覺得亟需制定一套關於擔保信用狀的單獨規則。於是在美國的國際銀行法律與實務學會 (The Institute of International Banking Law and Practice, Inc.) 與國際商會攜手合作，草擬了一套有關擔保信用狀的單獨規則，最後由國際商會的銀行技術與實務委員會於 1998 年 4 月 6 日批准，稱為「98 年版國際擔保函（備用證）慣例」(International Stand-by Practices, ISP 98)，以國際商會第 590 號出版物 (ICC Publication No. 590) 出版，並自 1999 年 1 月 1 日生效。

　　因 ISP 98 統一了全球銀行與企業界對擔保信用狀的運作，而且 ISP 98 在適用於國際擔保信用狀的同時也適用於國內擔保信用狀，其應用範圍相當廣泛。我國銀行界與企業界應仔細研究並儘快熟悉這一慣例。

七、國際商會即付保證函統一規則

　　國際商會鑑於其在 1978 年所制定「契約保證統一規則」(Uniform Rules for Contract Guarantees, ICC Publication No. 325) 與現行銀行及商業實務做法有一段距離，未能廣為所用，乃另草擬新規則，於 1992 年 4 月以國際商會第 458 號出版物刊行，就是「即付保證函統一規則」(Uniform Rules for Demand Guarantees, ICC Publication No. 458, URDG) 以取代「契約保證統一規則」，以期其能廣泛適用，發揮更大效果。本規則由 28 條條文構成。本規則於 2009 年 9 月修訂，改稱 URDG 758。

八、國際商會託收統一規則

　　託收結算所依據的法規就是託收統一規則，它是有關國際託收的統一規則。由國際商會於 1956 年制定了商業票據託收統一規則 (Uniform Rules for Collection of Commercial Paper)，並於 1967 年修訂。嗣為配合國際商務的變遷，先後於 1979 年及 1995 年二次修訂，並改稱「託收統一規則」(Uniform Rules for Collections, URC)，並以該會第 522 號出版物公布，自 1996 年 1 月 1 日起開始實施。全文共有 26 條，包括託收的定義，各當事人的義務與責任，有關提示、付款、承兌、拒絕證書、利

息及費用等規定。

九、國際應收帳款收買業務公約

　　鑑於國際應收帳款收買商聯合會 (FCI) 的統一規則重點在於保護其會員，再加上其他聯盟也有自己的規則，統一及和諧各聯盟間的規則或慣例乃成為各方所期待。於是設立在羅馬的私法統一國際研究所（又稱私法統一國際協會，UNIDROIT）於 1988 年制定了「私法統一國際研究所國際應收帳款收買業務統一公約」(UNIDROIT's Convention on International Factoring, IFC)，本公約共有 23 條條文。

　　本公約為國際應收帳款收買業務提供了法律依據和統一業務的標準，也克服了英美與大陸法系間的主要法律障礙，該公約的適用範圍為應收帳款收買契約及應收帳款的轉讓 (the convention governs factoring contracts and assignment of receivables)，對各方當事人間的權利義務關係規定較簡易；此外，大部分的規定採用所謂的美式做法 (American practices)。

十、國際應收帳款收買業務統一規則

　　應收帳款收買業務 (factoring) 在國外已行之經年。為建立從事該項業務最高指導原則，全球最大組織的國際應收帳款收買商聯合會 (Factors Chain International, FCI，成立於 1968 年，至今共有一百五十餘獨立會員機構分布於五十三個國家)。該聯合會制定了「國際應收帳款收買業務統一規則」(General Rules for International Factoring)，最新版本為 2013 年版，本規則分為八章共有 32 條。第一章為總則；第二章為有關應收帳款讓與的有效性問題；第三章為有關信用風險的規定；第四章為有關應收帳款的收款問題；第五章為有關資金移轉的規定；第六章為有關應收帳款收買業務的糾紛處理準則；第七章為有關聲明、保證及承諾的規定；第八章為用 EDI 傳輸時必須遵守的特別規定及違反本規則的條文。

十一、福費廷統一慣例（或規則）

　　福費廷統一慣例 (Uniform Rules for Forfaiting, URF) 係由國際商會與 IFA 共同制定，有關 Forfaiting 交易的統一慣例或規則，於 2013 年 1 月正式生效，共有 14 條條文。因它是第一套有關 Forfaiting 的規則，與我國實務上的情形，有相當的出入。

十二、美國統一商法第五編——信用狀法

詳閱美國統一商法 (Uniform Commercial Code) 第五編。

🌐 第五節　國際仲裁公約、慣例及規則

一、聯合國外國仲裁判斷的承認及執行公約

聯合國經濟社會理事會 (ECOSOC) 有鑑於 1923 年的「仲裁條款議定書」(Protocol on Arbitration Clauses) 以及 1927 年的「外國仲裁判斷執行公約」(Convention on the Execution of Foreign Arbitral Awards) 已不符當時國際貿易的需要，乃根據 1953 年 5 月由國際商會 (ICC) 所起草的內容，於 1958 年 6 月 10 日在紐約召開的國際商務仲裁會議中決議通過「外國仲裁判斷的承認及執行公約」(Convention on the Recognition and Enforcement of Foreign Arbitral Awards)，簡稱「紐約公約」(New York Convention)，全文共計 16 條條文。本公約已於 1959 年 6 月 7 日起生效。

二、國際商會仲裁規則

有關仲裁的法律規定，各國並不一致，國際商會有鑑於此，特成立一個仲裁院 (Court of Arbitration)，並於 1955 年制定了「調解與仲裁規則」(The Rules of Conciliation and Arbitration, 1955)，以供解決國際貿易糾紛時採用。本規則於 1975 年、1988 年、1997 年及 2012 年先後修訂了四次。1997 年修訂時，改稱為「國際商會仲裁規則」(Rules of Arbitration of the ICC)。

三、聯合國國際貿易法委員會仲裁規則

聯合國國際貿易法委員會 (United Nations Commission on International Trade Law, UNCITRAL) 於 1976 年 4 月制定了一套作為世界各國共同採用的仲裁規則，稱為「聯合國國際貿易法委員會仲裁規則」(United Nations Commission on International Trade Law-Arbitration Rules)，簡稱 UNCITRAL Arbitration Rules。並於同年 12 月，經聯合國大會決議通過向各會員國推介採用。全文計 41 條，適用於非常設或專設的

仲裁庭 (arbitration tribunal)，採書面合議原則，仲裁判斷以當事人指定的適用法為準，可用一人或三人仲裁。原則上，仲裁費用由敗訴的一方負擔，但亦得斟酌由雙方當事人分擔。

※第六節　特定商品適用的標準契約格式

在國際上，某些特定商品和資本財交易大多採用標準契約格式 (standard contract forms)。這些標準契約格式大部分是由各種國際貿易協會所設計，但也有一些是由聯合國歐洲經濟委員會研擬。所有這些標準格式普通只有契約當事人同意時才採用。同時，也可以根據契約當事人的協議就標準契約格式中的若干條款，加以變更。

一、各種交易協會印行的標準契約格式

英國各行業的交易協會針對一些重要商品的交易設計了許多標準契約格式。這些標準契約格式不僅在英國廣為採用，其他國家的貿易商也常以這些標準格式為範本，訂定其買賣契約。

下面是已有標準契約格式的商品，以及設計各該標準格式的協會：

商　品	協會名稱	商　品	協會名稱
原　木	英國原木交易聯合會	毛織品	英國毛織品協會
穀　類	倫敦穀物交易協會	油　類	倫敦油類及油脂協會
油菜籽	倫敦油菜籽協會	飼　料	倫敦飼料交易協會
精製糖	倫敦精製糖協會	可　可	倫敦可可協會
黃　麻	倫敦黃麻協會	咖　啡	咖啡出口商協會
毛　皮	倫敦毛皮交易協會	椰　子	倫敦椰子協會
橡　膠	倫敦橡膠交易協會	獸　皮	英國獸皮託運人及代理人協會
羊　毛	英國羊毛聯合會		

二、聯合國歐洲經濟委員會提供的標準契約格式

聯合國歐洲經濟委員會 (ECE) 也研擬多套的買賣一般條件和標準契約格式，重

要的有：

格　式	採用時機
188	供應輸出工廠和機器（適用於自由市場企業間）
574	供應輸出工廠和機器（適用於國家計劃經濟企業間）
188A	供應及建造輸出入工廠及機器
574A	供應及建造輸出入機器
188B	格式 188 及 188A 的附加條款
574B	格式 574 及 574A 的附加條款
188D	格式 188 及 188A 供應及建造國外整場和機械設備的附加條款
730	供應輸出耐用消費財及工程項目時採用

格式 188 及其補充格式（即 188A、188B、188D）適用於自由市場的企業間；格式 574 及其補充格式（即 574A、574B）則適用於國家計畫經濟的企業間，以及自由經濟與計畫經濟的企業間；格式 730 則可適用於任何經濟體制企業間的國際交易。

除了上面的標準契約格式外，聯合國歐洲經濟委員會還草擬了穀物、柑橘、軟木、燃料、番茄、及鋼鐵製品等買賣方面的標準契約格式。

※第七節　個別交易採用的一般交易條件

在國際貿易中，草擬完善的一般交易條件 (general terms and conditions) 極為重要，尤其在無統一的交易條件，亦無標準的契約格式時為然。平常賣方在報價單或契約書上印上一般交易條件，這些條件即構成報價或接受的一部分。事實上，這些一般交易條件在所有的交易中，廣被採用。

賣方的一般交易條件中最重要的條款約有下列四種：

1. 每一買賣契約均以賣方的銷售條件為準。

2. 賣方保留銷售貨物的所有權，直至收到貨款為止。

3. 除了價格及費用是確定者外，賣方在報價日期至交貨日期之間，因價格和費用的上升多支付的金額，賣方有權提高同額。

4. 有關契約的成立、效力、以及履行所引起的糾紛，依賣方所在地法律解決，

並由賣方所在地的仲裁院仲裁。

　　一般交易條件可清楚地印在價目表、產品目錄、估價單、報價單及類似的文件上。只要這些條件印在報價單上，這些條件即構成賣方報價的一部分。對於印在背面或附件上的一般交易條件，賣方應以醒目文字記載以讓買方知道。然而，須注意的是，有些國家的法院，對於未列入契約中的一般交易條件，並不加以採納。

 ## 習　題

1. 何謂國際貿易慣例？其特性為何？

2. 試述有關「貿易條件」的國際貿易慣例有哪些？

3. 試述有關付款的國際貿易慣例有哪些？

4. 「聯合國國際貨物買賣契約公約」的重要性為何？有哪些主要內容？是何時生效的？哪些國家已經批准參加？我國是否已參加？

5. 何謂標準契約格式 (standard form contract)？其效力為何？

索 引

國貿條規解說與運用策略（修訂二版）　　張錦源；劉鶴田／著

　　國際商會制定的國貿條規 (Incoterms) 已在國際貿易社會中取得主導地位，並對國際買賣具有深遠的影響。本書作者研究 IncotermsR 2020 後，撰成本書。

　　本書除詳細解說與分析 IncotermsR 2020 的內容外，更用心歸納出 Incoterms 的 12 個基本原則，並佐以相關的案例來幫助讀者瞭解，且各章末皆附有習題供讀者練習，是一本理論與實務並重的書籍。

　　此外，本書尚從策略面剖析廠商與業界人士選用貿易條件的方式，並對與貿易物流有關的付款方式、運送組織與保險應用等皆有具體的闡述，深信對廠商、業界人士以及相關科系的學生能有很大幫助。

國際貿易實務新論（修訂十七版）（附習題解答光碟）

張錦源；康蕙芬／著

　　本書旨在作為大學與技術學院國際貿易實務課程之教本，並供有志從事貿易實務的社會人士參考之用。

本書特色有：

一、內容詳盡

　　按交易過程先後步驟詳細說明其內容，使讀者對全部交易過程能有完整的概念。

二、習題豐富

　　每章章末均附有習題和實習，供讀者練習。

三、備課方便

　　提供授課教師教學光碟，以提升教學成效。

國際貿易法規（修訂七版）　　方宗鑫／著

　　國際貿易業者除了必須遵守國內相關之貿易法規外，尚須遵守國際貿易公約、協定、慣例，與主要貿易對手國之貿易法規及其他相關之貿易法規。因此，本書主要分為四大部分：

一、國際貿易公約

　　主要包括：1.關稅暨貿易總協定 (GATT)；2.世界貿易組織 (WTO)；3.聯合國國際貨物買賣契約公約；4.與貿易相關之環保法規，如華盛頓公約、巴塞爾公約、生物多樣化公約、蒙特婁議定書、聯合國氣候變化綱要公約、京都議定書及巴黎（氣候）協定。

二、主要貿易對手國之貿易法規

　　主要介紹美國貿易法中的 201 條款、232 條款、301 條款、337 條款、反傾銷法及平衡稅法。

三、國際貿易慣例

　　主要包括：1.關於價格條件的國貿條規 (Incoterms 2000)；2.關於付款條件的信用狀統一慣例 (UCP 600)、國際擔保函慣例 (ISP 98)、託收統一規則 (URC 522) 及協會貨物保險條款（2009 年 ICC）等。

四、其他相關之貿易法規

　　主要包括：1.貿易法；2.國際貨幣金融體制與管理外匯條例；3.國際標準化組織與商品檢驗法；4.世界海關組織與關稅法。

國貿業務丙級檢定學術科教戰守策（含活動夾冊）（修訂十四版）

張 瑋／著

　　本書內容主要是依據勞動部最新公告國貿業務丙級技能檢定學術科測試參考資料內容所編撰而成，其特色為：

一、學科部分：
　　國貿業務丙級技能檢定學科 80 題測驗題全部取自於 800 題題庫，讀者大多發揮死背的精神，但往往因題目太多且相似題目容易混淆，臨考時反倒更易出錯，考後也可能全盤忘記。故本書在每單元前增加重點提示，讓讀者不僅能釐清觀念，更能理解幫助記憶，達到背過即不忘之功夫。

二、術科部分：
　　國貿業務丙級技能檢定術科涵蓋貿易流程、基礎貿易英文、商業信用狀分析、貿易單據製作及出口價格核算五大部分，每部分都有完整的重點提示。此外，國貿實務教科書多缺乏練習題，本書放入許多模擬試題，幫助讀者從練習中達到學習的效果。

三、模擬試題：
　　本書附有五回合完整的仿真模擬試題，可供讀者計算測驗時間之用。

四、最新年度試題解析：
　　本書於最後附有 107 及 108 年國貿業務丙級技能檢定術科試題解析，使讀者得以熟悉考題類型與出題趨勢。

國際貿易與通關實務

賴谷榮；劉翁昆／編著

　　市面上的通關實務操作書籍相當稀少，雖然國際貿易得力於通關才能順利運行，但此部分一直是國際貿易中相當重要卻令人陌生的黑盒子，故本書之目的便是希望讓光照進黑盒子中，使讀者全面掌握國貿概念與通關實務。

　　本書第一篇為「貿易實務」，著重在國際貿易概念、信用狀以及進出口流程等國際貿易中的實務部分。第二篇「通關實務」大篇幅說明進出口通關之流程、報單、貨物查驗、網路系統等實務操作，亦說明關稅、傾銷、大陸物品進口以及行政救濟之相關法規。第三篇「保稅與退稅」，說明保稅工廠、倉庫以及外銷沖退稅之概念及相關法規。

　　全書皆附有大量圖表以及實際單據，幫助讀者降低產學落差，與實務接軌。而各章章末也收錄練習題，方便讀者自我檢測學習成果。

國際貿易原理與政策（增訂五版）

康信鴻／編著

　　本書專為大專院校國際貿易課程設計，亦適用於讀者自學。特色如下：

1. 基礎理論到實務
　　本書詳盡說明基礎國貿理論，並延伸至近期國際熱門議題如中美貿易戰、TPP 改組、英國脫歐等，使讀者能夠全方位地理解理論與實務。

2. 立足臺灣看世界
　　各章內容皆以臺灣為出發點，詳盡說明國際貿易議題及其對臺灣之影響，擴展讀者視野，瞭解國際情勢其實與生活息息相關。

3. 摘要習題加討論
　　各章章末皆附有摘要和習題，幫助讀者複習。內文段落亦提供案例討論，有助教師授課以及讀者延伸思考。

國貿業務丙級檢定學術科試題解析（修訂六版）

康蕙芬／編著

　　本書係依據勞動部公告之「國貿業務丙級技術士技能檢定」學科題庫與術科範例題目撰寫，其主要特色如下：一、學科部分：本書將學科題庫 800 題選擇題，依據貿易流程的先後順序作有系統的分類整理，共十一章。每章先作重點整理、分析，再就較難理解的題目進行解析，使讀者得以融會貫通，輕鬆記憶學科題庫，節省準備考試的時間。二、術科部分：本書依據勞動部公告之範例，共分為基礎貿易英文、貿易流程、商業信用狀分析、貿易單據製作與出口價格核算五大部分，以五個章節分別解說。首先提示重點與說明解題技巧，接著附上範例與解析，最後並有自我評量單元供讀者練習。讀者只要依照本書按部就班的研讀與練習，必能輕鬆考取。

國際貿易實務（修訂九版）

張錦源；劉玲／編著

　　本書以簡明淺顯的筆法闡明國際貿易的進行程序，內容包括國際貿易慣例與規則、國際貿易交易的基本條件、進出口簽證、信用狀、貨物運輸保險、輸出保險、進出口報關、貨運單據、進出口結匯、索賠與仲裁及 WTO 相關規範等。

　　本書附有周全的貿易單據，如報價單、輸出入許可證申請書、郵遞信用狀、電傳信用狀、商品輸出報驗申請書、海運提單、空運提單及保結書等，同時提供填寫方式與注意事項等的說明，再輔以實例連結，更能增加讀者實務運用的能力。

　　最後，本書於每章之後，均附有豐富的習題，以供讀者評量閱讀本書的效果。

國家圖書館出版品預行編目資料

國際貿易實務詳論／張錦源著;康蕙芬修訂.——修訂
二十二版一刷.——臺北市: 三民, 2021
面; 公分

ISBN 978-957-14-7067-2 (精裝)
1. 國際貿易實務

558.7   109021434

國際貿易實務詳論

作 者	張錦源
修 訂 者	康蕙芬
發 行 人	劉振強
出 版 者	三民書局股份有限公司
地 址	臺北市復興北路 386 號 (復北門市)
	臺北市重慶南路一段 61 號 (重南門市)
電 話	(02)25006600
網 址	三民網路書店 https://www.sanmin.com.tw
出版日期	初版一刷 1987 年 9 月
	修訂二十二版一刷 2021 年 4 月
書籍編號	S550781
I S B N	978-957-14-7067-2